O jovem Hegel

György Lukács em Moscou, década de 1930.

György Lukács

O jovem Hegel

e os problemas da sociedade capitalista

Tradução: **Nélio Schneider**
Revisão técnica e notas da edição: **José Paulo Netto**
e **Ronaldo Vielmi Fortes**

© 2018, Boitempo (desta edição)
© 2014, The Estate of György Lukács

Tradução dos originais alemães *Der junge Hegel. Über die Beziehungen von Dialektik und Ökonomie* (Zurique, Europa, 1948; 3. ed. Neuwied/Berlin, Hermann Luchterhand, 1967) e *Der junge Hegel und die Probleme der kapistalistischen Gesellschaft* (Berlim, Aufbau, 1954)

Direção geral	Ivana Jinkings
Coordenação da Biblioteca Lukács	José Paulo Netto e Ronaldo Vielmi Fortes
Edição	Isabella Marcatti
Assistência editorial	Thaisa Burani e Artur Renzo
Tradução	Nélio Schneider
Revisão técnica	José Paulo Netto e Ronaldo Vielmi Fortes
Preparação	Thais Rimkus
Revisão	Clara Altenfelder
Coordenação de produção	Livia Campos
Capa	David Amiel
	sobre foto, na contracapa, de György Lukács, em 9/4/1948 – ano da primeira edição de O *jovem Hegel* –, na Academia Política do Partido Comunista Húngaro
Diagramação	Antonio Kehl

Equipe de apoio: Ana Carolina Meira, Ana Yumi Kajiki, André Albert, Bibiana Leme, Clarissa Bongiovanni, Eduardo Marques, Elaine Ramos, Frederico Indiani, Heleni Andrade, Ivam Oliveira, Kim Doria, Luciana Capelli, Marlene Baptista, Maurício Barbosa, Renato Soares, Talita Lima, Thaís Barros, Tulio Candiotto

---

CIP-BRASIL. CATALOGAÇÃO NA PUBLICAÇÃO
SINDICATO NACIONAL DOS EDITORES DE LIVROS, RJ

L98j

Lukács, György, 1885-1971
    O jovem Hegel e os problemas da sociedade capitalista / György Lukács ; tradução Nélio Schneider ; revisão técnica e notas da edição José Paulo Netto , Ronaldo Vielmi Fortes. - 1. ed. - São Paulo : Boitempo, 2018.
    (Biblioteca Lukács)

    Tradução de: Der junge hegel und die probleme der kapistalistischen gesellschaft
    ISBN 978-85-7559-656-2

    1. Hegel, Georg Wilhelm Friedrich, 1770-1831. 2. Idealismo alemão. 3. Filosofia marxista. I. Schneider, Nélio. II. José Paulo Netto. III. Fortes, Ronaldo Vielmi. IV. Título. V. Série.

18-52815   CDD: 335.4
                                                                                                  CDU: 330.85

 A tradução desta obra teve o apoio do Goethe-Institut, que é financiado pelo Ministério das Relações Exteriores da Alemanha.

É vedada a reprodução de qualquer parte deste livro sem a expressa autorização da editora.

1ª edição: novembro de 2018

BOITEMPO EDITORIAL
Jinkings Editores Associados Ltda.
Rua Pereira Leite, 373
05442-000 São Paulo SP
Tel.: (11) 3875-7250 / 3875-7285
editor@boitempoeditorial.com.br | www.boitempoeditorial.com.br
www.blogdaboitempo.com.br | www.facebook.com/boitempo
www.twitter.com/editoraboitempo | www.youtube.com/tvboitempo

A Biblioteca Lukács

Desde 2010, a Boitempo desenvolve sistematicamente o projeto de publicação das obras de György Lukács (1885-1971). O diferencial dessas edições, em face das anteriores de textos lukácsianos em português, não se reduz ao esmero da apresentação gráfica nem ao cuidado na escolha de especialistas para a redação dos subsídios (prefácio, posfácio, texto para as orelhas e para a quarta capa dos volumes) oferecidos ao público. O diferencial consiste na tradução – com revisões técnicas – que se vale dos originais alemães, devidamente autorizada pelos detentores dos direitos autorais.

A Boitempo não se propõe entregar ao leitor de língua portuguesa as obras completas de Lukács, como também não ambiciona elaborar – no sentido estrito – edições críticas. O projeto em curso ousa oferecer o essencial do pensamento lukácsiano em traduções confiáveis e dignas de crédito, posto que se conhecem a complexidade e a dificuldade da tarefa de verter textos tão densos, substanciais e polêmicos.

Aos livros anteriormente publicados (*Prolegômenos para uma ontologia do ser social*, 2010; *O romance histórico*, 2011; *Lenin* e *Para uma ontologia do ser social I*, 2012; e *Para uma ontologia do ser social II*, 2013), juntaram-se *Reboquismo e dialética* (2015), que inaugurou uma nova fase do projeto, batizado como Biblioteca Lukács, e *Marx e Engels como historiadores da literatura* (2016). Este *O jovem Hegel* é o terceiro volume dessa nova fase.

Verifica-se como, ao longo de quase uma década, com o trabalho de tradutores de competência comprovada, de revisores técnicos de alto nível e com subsídios de intelectuais destacados, vem avançando a missão de divulgação para o leitor brasileiro do pensamento daquele que foi o maior filósofo marxista do século XX. E a Boitempo, empenhada em alcançar seu objetivo, tem orgulho de contar, na equipe responsável pela Biblioteca Lukács, com a colaboração permanente dos professores José Paulo Netto (coordenador) e Ronaldo Vielmi Fortes (coordenador adjunto).

Sumário

Nota editorial 11
　Sobre a tradução 15
Apresentação – Os novos problemas da pesquisa hegeliana 19
　Nota introdutória 19
　A conferência.. 20

Prefácio 41

Introdução 45

1. O período republicano do jovem Hegel (Berna, 1793-1796) .. 67
　I. O período "teológico" de Hegel: uma lenda reacionária..... 67
　II. O que significa "positividade" no caso do jovem Hegel? 85
　III. Concepção da história e o presente 99
　IV. As repúblicas antigas... 113
　V. Cristianismo: despotismo e escravização dos homens 129
　VI. O significado da "positividade" para o desenvolvimento
　intelectual de Hegel... 147

2. A crise das concepções sociais de Hegel e os primórdios de seu
　método dialético (Frankfurt, 1797-1800) 167
　I. Caracterização geral do período de Frankfurt 167
　II. O velho e o novo nos primeiros anos de Frankfurt 183

III. Fragmentos de duas brochuras sobre questões
alemãs atuais..210
IV. Análise crítica da ética de Kant......................................229
V. Os primeiros estudos econômicos 255
VI. "O espírito do cristianismo e seu destino".......................269
VII. O fragmento de sistema de Frankfurt.............................305
VIII. A nova formulação do problema da positividade 322

3. Fundamentação e defesa do idealismo objetivo
(Iena, 1801-1803) 339
I. O papel de Hegel na separação de Schelling e Fichte.......340
II. A crítica do idealismo subjetivo..363
III. Contra o individualismo abstrato na ética......................391
IV. A concepção hegeliana de história nos primeiros
anos em Iena..410
V. A economia do período de Iena......................................431
VI. O trabalho e o problema da teleologia..........................453
VII. As limitações da economia hegeliana............................484
VIII. "A tragédia no ético"..525

4. O rompimento com Schelling e *Fenomenologia do espírito*
(Iena, 1803-1807)...555
I. O amadurecimento das diferenças entre Schelling
e Hegel até o rompimento 555
II. A orientação política e a concepção de história de
Hegel no período de *Fenomenologia do espírito* 585
III. Esboço da estrutura de *Fenomenologia do espírito* 605
IV. A "alienação" como conceito filosófico central de
Fenomenologia do espírito 687

Índice de autores e obras citados..725

Nota editorial

Este livro, que agora enriquece a Biblioteca Lukács, traduzido pela primeira vez para o português por Nélio Schneider a partir da 3ª edição alemã da obra[1], é consensualmente avaliado como um dos trabalhos filosóficos mais importantes de György Lukács e mereceu diferentes versões em idiomas neolatinos e em inglês. O texto publicado pela H. Luchterhand, sobre o qual Schneider elaborou sua tradução, reproduziu o título da edição original[2], mas outras versões, autorizadas pelo autor, optaram por alterá-lo, como se verifica em distintas traduções[3].

A presente edição retoma o título da segunda, preparada para os leitores da então República Democrática da Alemanha, O jovem Hegel e os problemas

---

[1] *Der junge Hegel. Über die Beziehungen von Dialekitk und Ökonomie* [O jovem Hegel. Sobre as relações entre dialética e economia] (3. ed., Berlim/Neuwied, H. Luchterhand, 1967).

[2] *Der junge Hegel. Über die Beziehungen von Dialektik und Ökonomie* (Zurique/Viena, Europa, 1948).

[3] Ver *Il giovane Hegel e i problemi della società capitalistica* (Turim, Einaudi, 1960), em tradução de Renato Solmi (1927-2015); *El joven Hegel y los problemas de la sociedad capitalista* (Cidade do México, Grijalbo, 1963), em tradução de Manuel Sacristán (1925-1985); *The Young Hegel. Studies in the Relations between Dialectics and Economics* (Londres, Merlin Press, 1975), em tradução de Rodney Livingstone (1934); *Le jeune Hegel. Sur les rapports de la dialectique et de l'économie* (Paris, Gallimard, 1981), em tradução de Guy Haarscher (1946) e Robert Legros (1945). No prólogo que escreveu, em fevereiro de 1963, para a citada versão espanhola da Grijalbo, Lukács menciona ainda, de O *jovem Hegel*, uma edição abreviada no Japão e uma integral na então Iugoslávia – não pudemos localizar nenhuma das duas.

da sociedade capitalista[4], em cujo prefácio, datado de janeiro de 1954, Lukács escreveu:

> Este livro foi concluído no fim de 1938. A irrupção da guerra, que ocorreu logo em seguida, impediu sua publicação. Quando a impressão se tornou possível entre 1947 e 1948, submeti o texto a uma revisão minuciosa; contudo, em consequência das muitas tarefas que demandavam minha atenção, foi-me possível levar em conta somente uma pequeniníssima parcela da literatura sobre Hegel publicada depois de 1938. A nova edição disponibilizada para a República Democrática Alemã passou por outra revisão, mas, além de melhoramentos estilísticos, o texto praticamente não sofreu modificações.[5]

É fato que, no curso das diferentes edições autorizadas dadas à luz em vida de Lukács, o texto finalizado no outono de 1938 e só publicado dez anos depois[6] não passou por nenhuma modificação substancial ou teórico-metodológica – são registráveis mudanças pontuais e tópicas, sempre adjetivas, especialmente na supressão de qualificações ideológicas. Compreendem-se tais mudanças recorrendo-se, entre outros escritos de Lukács, ao prólogo que o filósofo redigiu, em fevereiro de 1963, especialmente para a edição espanhola de O *jovem Hegel e os problemas da sociedade capitalista*:

> A causa principal do atraso da aparição desta obra (dez anos depois de sua redação) foi a "nova concepção" da filosofia hegeliana formulada durante a guerra

---

[4] *Der junge Hegel und die Probleme der kapistalistischen Gesellschaft* (Berlim, Aufbau, 1954). Em carta a Wolfgang Harich, responsável pela reedição do livro na Alemanha, Lukács sugere retomar o título original dos manuscritos, que, na época da primeira edição, por recomendação do então editor da Europa Verlag, Emil Oprecht, havia sido modificada provavelmente por razões políticas. Reproduzimos, aqui, o trecho da carta encaminhada por Lukács datada de 4 de maio de 1953: "Sobre [o livro O *jovem*] *Hegel*, eu sugeriria retornar ao título antigo e original que tive de declinar por causa da covardia de Oprecht. Nesse caso, o subtítulo atual a ser substituído pode ser omitido, mas também pode eventualmente permanecer. Escreva-me sua opinião sobre isso" (*Deutsche Zeitschrift für Philosophie*, Berlim, Akademie, ano 45, n. 2, 1997, p. 296).

[5] Ver, neste volume, p. 41.

[6] Entrementes, como anotou Guido Oldrini, em seu alentado e brilhante ensaio *György Lukács e i problemi del marxismo del Novecento* (Nápoles, La Città del Sole, 2009), p. 260-1, o texto, logo que concluído, foi anunciado por Lukács como monografia dirigida ao Instituto de Filosofia da Academia de Ciências da URSS, que, em dezembro de 1942, conferiu-lhe o título de doutor em Filosofia (ver também István Mészáros, O *conceito de dialética em Lukács*, trad. Rogério Bettoni, São Paulo, Boitempo, 2013, p. 108). Lembre-se de que o título de doutor em Direito de Lukács, obtido em 1906, foi cassado pelo regime implantado por Horthy na Hungria após a derrota da Comuna Húngara (1919) – o mesmo regime que o condenou à morte *in absentia*.

por Jdánov[7]. Como parte da propaganda de guerra grosseiramente simplificadora produzida durante o período de Stálin, decidiu-se, por decreto, que Hegel fora um representante da reação feudal contra a Revolução Francesa. Essa concepção, ademais, coincidia amplamente com a vulgarização geral própria da tendência dominante naquele período.[8]

Com efeito, as teses centrais constitutivas de *O jovem Hegel* colidiam frontalmente com a vulgata dogmática patrocinada por Stálin e que Jdánov operacionalizava no plano da política cultural. A interpretação lukácsiana do jovem Hegel, propondo-o como precursor de Marx e da dialética materialista, bem como desmistificando o traço reacionário que o jdánovismo lhe atribuía, era um capítulo da *luta de princípio* que Lukács levava a cabo nas difíceis condições de um *partisan* – a atmosfera cultural da União Soviética, durante a segunda metade dos anos 1930, era, para dizer o mínimo, muito rarefeita[9].

O significado deste livro, porém, ultrapassa largamente tanto a biografia intelectual de Lukács quanto a recepção de Hegel nos séculos XIX e XX – ainda que ele expresse uma essencial inflexão nesses dois âmbitos.

No primeiro, o da constituição do pensamento de Lukács, *O jovem Hegel* assinala a conclusão do processo evolutivo mediante o qual o filósofo húngaro incorporou criativa e integralmente em seu universo teórico a elaboração de Marx e de Lênin, processo iniciado em Moscou, entre 1930 e 1931, com o

---

[7] Andrei A. Jdánov (1896-1948) foi o principal ideólogo da política cultural do período stalinista; algumas de suas ideias estão acessíveis em Maksim Górki e Andrei A. Jdánov, *Literatura, filosofia y marxismo* (Cidade do México, Grijalbo, 1968). Sobre Jdánov, ver Dênis de Moraes, *O imaginário vigiado* (Rio de Janeiro, José Olympio, 1994), p. 113-30; para uma didática síntese de sua intervenção, ver Leandro Konder, *Os marxistas e a arte* (São Paulo, Expressão Popular, 2013), p. 89-94.

[8] György Lukács, *El joven Hegel y los problemas de la sociedad capitalista*, cit., p. 9.

[9] Para uma aproximação a essa atmosfera, há elementos importantes em László Sziklai, *Georg Lukács und seine Zeit. 1930-1945* (Viena, Böhlau, 1986) e Guido Oldrini, *György Lukács e i problemi del marxismo del Novecento*, cit., esp. p. 131-91. A relação de Lukács com a era stalinista (durante a qual foi preso pela polícia política de Stálin, em 1941, e teve seu enteado F. Jánossy prisioneiro por anos) já foi objeto de enorme documentação; apenas para ilustrar interpretações muito diversas, ver Michael Löwy, "Lukács and Stalinism", *New Left Review*, Londres, New Left, n. 91, 1975; Alberto Scarponi, "Lukács critico dello stalinismo", *Critica Marxista*, Roma, Riuniti, n. 1, jan.-fev. 1979; Nicolas Tertulian, "G. Lukács e o stalinismo", *Práxis*, Belo Horizonte, Projeto 2, set. 1994; Michael Löwy, *A evolução política de Lukács. 1909-1929* (São Paulo, Cortez, 1998); e Tibor Szabó, *György Lukács. Filosofo autonomo* (Nápoles, Città del Sole, 2005), esp. p. 152-9; vale ainda ler a correspondência (1961-1969) reunida em György Lukács, *Cartas con W. Hofmann sobre el stalinismo* (Buenos Aires, Kohen e Asociados Internacional, 1994).

conhecimento de textos até então desconhecidos do *jovem* Marx e com o estudo sistemático de Lênin[10]. Tais conhecimento e estudo permitiram a Lukács, de uma parte, superar concretamente a concepção teórico-filosófica que desenvolvera em *História e consciência de classe* (1923)[11] e, doutra, elevar a um novo plano sua crítica literária e sua reflexão estética[12]. É nessa década que o perfil teórico de Lukács adquire seus traços mais decisivos e duradouros – e eles comparecem, consolidados, em O *jovem Hegel*.

Quanto à recepção de Hegel, o livro de Lukács oferece um aporte radicalmente original, seja no marco da bibliografia até então produzida referida a Hegel, seja no campo dos estudos conduzidos por marxistas. Confrontando-se com as várias apropriações operadas por pensadores de distinta extração (neo-hegelianos tradicionais, outros ideólogos de inclinação fascista e ainda alguns que, contemporaneamente, trilhavam vias irracionalistas), Lukács polemiza com intérpretes relevantes (por exemplo, Dilthey) e introduz na análise da obra de Hegel uma nova perspectiva para situá-lo no interior da cultura filosófica. E, em face da posição até então dominante no campo marxista, ele rompe decisivamente tanto com os vestígios de uma interpretação positivizada quanto com as concepções que não apreendiam as reais e profundas conexões entre Marx e Hegel; nesse campo, a contribuição de Lukács inaugurou efetivamente um padrão analítico inédito.

O significado de O *jovem Hegel*, entretanto, vai além do que sumariamente se registrou nas linhas acima: é nesta obra que se delineia a concepção segundo a qual no pensamento de Marx há uma *constitutiva e ineliminável inspiração ontológica*. É na década de 1930 que a reflexão do filósofo húngaro apreende esse substrato fundamental da elaboração de Marx, numa óptica que permitiria ao "último" Lukács formular, de forma sistemática (ainda que inacabadamente), sua concepção da obra marxiana como uma *ontologia do ser*

---

[10] Ver György Lukács, "Meu caminho para Marx" (1933), *Revista Ensaio*, São Paulo, Ensaio, n. 11-12, 1983.

[11] Observe o leitor, especialmente, o item IV, "A 'alienação' como conceito filosófico central de *Fenomenologia do espírito*", do capítulo 4 deste volume.

[12] Elevação visivelmente flagrante, ademais de O *romance histórico* (São Paulo, Boitempo, 2011), em ensaios ainda inéditos em português, como os reunidos (em 1947) em *Goethe und sein Zeit* [Goethe e sua época] (Neuwied/Berlim, Luchterhand, 1964) e alguns outros coligidos em *Deutsche Realisten des 19. Jahrunderts* [Realistas alemães do século XIX] (Neuwied/Berlim, Luchterhand, 1964).

social[13]. Aqui, portanto, *O jovem Hegel* aparece como um ponto de inflexão também na história do que a tradição – inclusive Lukács – convencionou designar como marxismo; de fato, nenhuma história que pretenda resgatar a riqueza do movimento das ideias que o constituem pode ser construída sem levar em conta esse significado do livro que agora entregamos ao leitor de língua portuguesa.

Sobre a tradução

Para esta edição foram utilizadas as duas edições alemãs disponíveis, a de 1943 e a edição de 1956. Muito embora apresentem subtítulos diferentes, no cotejamento feito entre ambas as edições não se observou nenhuma modificação; o texto se mantém o mesmo, indicando que Lukács não se deu ao trabalho de reescrever nenhuma das passagens de seu texto.

Nesta edição foi necessário fazer opções bem específicas quanto à tradução de termos já consagrados no pensamento ocidental. O primeiro desses termos, *Aufhebung*, decerto um dos mais referidos na filosofia hegeliana, nos colocou diante de dificuldades. Optamos por traduzir o termo alemão *Aufhebung* por "superação". Muito embora não se negligenciem outras opções feitas por tradutores para as edições das obras de Hegel – por exemplo, o uso de "suprassunção" em particular em *Fenomenologia do espírito* –, como o leitor poderá verificar, Lukács destaca o sentido completamente distinto dessa terminologia nas obras de juventude. Assim, usar "suprassunção" nesses casos poderia induzir o leitor a equívocos no que tange à trajetória da construção do pensamento de Hegel.

Outro termo já consagrado em traduções brasileiras é a expressão alemã *bürgerlichen Gesellschaft*, geralmente traduzida por "sociedade civil". A opção aqui foi por manter a literalidade da expressão em alemão, ou seja, "sociedade burguesa". Vale lembrar, a esse propósito, que tanto em Hegel quanto em Marx

---

[13] Ver György Lukács, *Prolegômenos para uma ontologia do ser social* (trad. Lya Luft e Rodnei Antônio do Nascimento, São Paulo, Boitempo, 2010), *Para uma ontologia do ser social I* (2. ed., trad. Carlos Nelson Coutinho, Mario Duayer e Nélio Schneider, São Paulo, Boitempo, 2018) e *Para uma ontologia do ser social II* (trad. Ivo Tonet, Nélio Schneider e Ronaldo Vielmi Fortes, São Paulo, Boitempo, 2013). Precisamente por isso, não seguimos o modelo dos títulos precedentes da coleção Biblioteca Lukács, nos quais a *apresentação* coube a especialistas – neste volume, para o mesmo espaço, concedemos a palavra ao próprio Lukács: verificará o leitor que sua conferência, transcrita adiante, já assinala algumas das teses seminais que articulam estas duas obras.

a assim chamada "sociedade civil" coincide com o surgimento da "sociedade burguesa", momento em que esta se emancipa do Estado, retirando as amarras que obstavam seu livre desenvolvimento. Trata-se do surgimento, em Marx, da separação entre o *citoyen* e o indivíduo privado, tal como aparece descrito em *Sobre a questão judaica*[14].

Cabe também advertir para a tradução das expressões *Entäusserung* (alienação) e *Entfremdung* (estranhamento)[15]. Sem desconsiderar o largo debate para seus correlativos em português, aqui seguimos indicações feitas pelo próprio Lukács por ocasião de sua conferência em Paris em 1949. Como o próprio autor salienta, "podemos também traduzir *Entäußerung* por 'exteriorização'; essa palavra é uma tradução do termo econômico 'alienação', que Hegel recolheu provavelmente da economia inglesa, mas que nele perde outra vez seu sentido econômico e prático"[16]. Seguindo aqui as considerações do próprio Lukács sobre as origens da terminologia na língua alemã, mantivemos o correlato oriundo dos economistas ingleses, qual seja, *alienation*[17]. Quanto ao termo *Entfremdung* (estranhamento) quer nos parecer que, nesta obra em particular, Lukács o utiliza praticamente como sinônimo de *Entäusserung*. Embora este último seja bem mais frequente, pode-se observar que a opção pelo *Entfremdung* por parte de Lukács acompanha, em linhas gerais, as citações e comentários feitos por ele da obra marxiana *Manuscritos econômico-filosóficos*[18],

---

[14] Trad. Nélio Schneider e Wanda Nogueira Caldeira Brant, São Paulo, Boitempo, 2010.

[15] Remetemos também às considerações de Marcelo Backes na "Nota à tradução" de Karl Marx e Friedrich Engels, *A sagrada família ou a crítica da Crítica crítica: contra Bruno Bauer e consortes*, trad. Marcelo Backes (São Paulo, Boitempo, 2003), p. 10-1.

[16] Ver, neste volume, p. 34.

[17] Nossa opção toma por base igualmente a tradução feita por Karl Marx em seus manuscritos sobre *As teorias da mais-valia*, conforme pode se observar na seguinte passagem: "Diese falsche Auffassung des Geldes beruht aber bei Ric[ardo] darauf, daß er überhaupt nur die *quantitative Bestimmung* des Tauschwerts im Auge hat, nämlich daß er = bestimmtem Quantum Arbeitszeit, dagegen die *qualitative* Bestimmung vergißt, daß die individuelle Arbeit nur durch ihre **Entäußerung (alienation)** als *abstrakt allgemeine gesellschaftliche* Arbeit sich darstellen muß" [Essa falsa concepção do dinheiro repousa entretanto em Ric[ardo] sobre o fato de que para ele apenas a *determinação quantitativa* do valor de troca é considerada, ou seja, que ele = um quantum determinado de tempo de trabalho, e esquece por sua vez sua determinação *qualitativa*, a saber que é preciso que o trabalho individual se apresente, por meio de sua alienação (*alienation*), como trabalho *social abstratamente geral*.] (*Werke*, 26.2, p. 504-5; MEGA II, 3.3, p. 1.126). Os parênteses são de Marx, está grafado em seu manuscrito desse modo, indicando a forma pela qual ele traduz a expressão inglesa *alienation* para o alemão.

[18] Trad. Jesus Ranieri, São Paulo, Boitempo, 2004.

em que o pensador alemão faz uso das duas expressões quase sempre de maneira simultânea. Não nos cabe aqui dar a palavra definitiva sobre a adequação mais precisa da tradução desses termos para o português. Julgamos ser mais importante utilizar duas terminologias distintas para indicar ao leitor o uso de expressões diferentes por parte do próprio autor. Cabe, evidentemente, ao leitor estudioso a palavra final sobre se os termos são apresentados nessa obra como termos correlatos, ou se estes apresentam sutis diferenciações. Essa não deixa de ser uma questão relevante para os estudiosos do autor, pois em sua obra tardia, *Para uma ontologia do ser social*, Lukács faz uma clara distinção entre ambas as categorias.

Nesta edição, mantivemos as notas de rodapé inseridas pelo autor o mais próximo possível da edição original, em vez de submetê-las ao padrão editorial adotado pela Boitempo, para que o leitor que queira se remeter ao texto em alemão tenha mais facilidade no cotejo.

Por fim, procuramos destacar ao longo de todo o texto o termo original em alemão, em particular para aquelas categorias mais decisivas do pensamento hegeliano e da filosofia em geral. Foi a forma encontrada para apresentar da maneira mais precisa possível as categorias originais da língua alemã, buscando com isso deixar claro ao leitor os elementos conceituais clássicos da tradição filosófica presentes nas elaborações do pensador húngaro.

Apresentação
Os novos problemas da pesquisa hegeliana

Nota introdutória

A conferência apresentada nas próximas páginas – pronunciada por Lukács em francês na sessão de 29 de janeiro de 1949, iniciada às 16h30, da Sociedade Francesa de Filosofia – foi originalmente publicada, com evidentes marcas de oralidade, sob o título "Les Nouveaux problèmes de la recherche hegelienne", no *Bulletin de la Société Française de Philosophie*, Paris, ano 43, n. 2, abr.-jun. 1949, p. 53-80. Não reproduzimos aqui o debate que a ela se seguiu e do qual participaram os filósofos E. Bréhier, J. Hyppolite e J. Wahl. Observe-se que nenhuma das notas apostas a este texto, salvo o roteiro que abaixo se reproduz, consta do original publicado.

Previamente, Lukács apresentou o seguinte roteiro para a conferência:

São os problemas do presente que determinam as novas questões da história da filosofia. Se considerarmos Hegel um precursor de Marx, descobriremos novos aspectos do próprio Hegel. Tratei dessa questão em meu novo livro sobre o jovem Hegel: *Der junge Hegel. Uber die Beziehung von Dialektik und Ökonomie* (Zurique/Viena, Europa, 1948). Nesta oportunidade, limitar-me-ei a destacar alguns dos problemas mais importantes tratados nessa obra: 1. *Hegel e a economia política*. É importante saber que o jovem Hegel foi adepto da Revolução Francesa e que foram as esperanças nela depositadas que determinaram a filosofia da história que ele elaborou no período de Berna. Depois do Termidor, sua tomada de posição se modificou, tornando-se mais positiva no que se refere à sociedade burguesa de seu tempo. Disso resultam seus estudos de economia (Steuart, Smith). A influência deles na criação e na elaboração da dialética. A importância das categorias econômicas em *Lógica* de Hegel (teleologia e trabalho); 2. *As relações de* Fenomenologia do espírito *com as opiniões políticas e econômicas de Hegel.* Sua atitude em face de Napoleão; as perspectivas históricas de *Fenomenologia* em comparação com a ulterior filosofia da história de Hegel. A estrutura de *Fenomenologia*. A relação da existência individual e da existência histórica; 3. "Entäusserung" *[exteriorização]* e "Er-Innerung" *[interiorização] como categorias estruturais fundamentais*. A relação da *Entäusserung* com a concepção de *Positivität* [positividade] do jovem Hegel. Hegel como precursor da teoria do fetichismo de Marx. Os limites idealistas de Hegel e suas contradições internas no que se refere a essa questão.

O texto a seguir foi publicado pela primeira vez em português em György Lukács, O *jovem Marx e outros escritos de filosofia*, organizado por Carlos Nelson Coutinho e José Paulo Netto (Rio de Janeiro, Editora UFRJ, 2007), e revisto para a presente edição.

A conferência

Há cerca de dez anos concluí um longo estudo sobre o jovem Hegel, o qual foi publicado no ano passado, em alemão, por uma editora de Zurique[1].

Sinto-me numa situação bastante difícil, já que não posso expor aqui nada além de um esboço deste livro, ou melhor, nada além dos fragmentos de um esboço. Assim, vou apresentar, muito sinteticamente, como posso fazê-lo numa conferência, alguns desses fragmentos – os momentos mais importantes de meu livro.

Decerto este esboço sumário não pode fornecer do livro um verdadeiro quadro. O famoso escritor russo Turguêniev disse, de forma bem acertada, que o verdadeiro talento se mostra nos detalhes. As reflexões que vou apresentar agora – que parecem excessivamente abstratas ou até mesmo, se escutadas pela primeira vez, arbitrárias – não podem ser demonstradas em detalhes durante uma conferência. Posso apenas declarar que tais detalhes existem na edição alemã a que me referi.

Proponho-me a apresentar em seguida alguns pontos de vista que me parecem interessantes sobre o problema de Hegel. Para isso, é necessário, antes de mais nada, deixar claro meu ponto de partida, ou seja, o de que Hegel é o precursor da dialética materialista de Marx. Examinar a história da filosofia, o passado, do

---

[1] Lukács remete ao livro que cita no roteiro apresentado na nota anterior e que o leitor de língua portuguesa tem agora em mãos.

ponto de vista do presente não é algo de todo novo. A primeira história clássica da filosofia, precisamente aquela que Hegel nos legou, foi também elaborada segundo essa perspectiva, buscando demonstrar como a filosofia, o pensamento dialético, caminha na direção de sua conclusão na filosofia do próprio Hegel.

Abordar assim a história da filosofia – isto é, do ponto de vista do presente – é algo bastante frequente na historiografia filosófica de nosso tempo. O problema é que, neste caso, utiliza-se um princípio subjetivo que relativiza a história da filosofia. No entanto, a proposta de encaminhar a análise a partir do presente tem também um sentido objetivo. Se olharmos a filosofia como parte importante do movimento total da história, se observarmos que este movimento da história tem certa direção, fica claro que o presente pode trazer à tona tendências latentes no passado; e, se tendências latentes vêm à tona, torna-se naturalmente possível enxergar num filósofo do passado bem mais coisas do que puderam ser vistas por seus contemporâneos.

Temos muitos exemplos disso na história da filosofia. Acredito que obteremos novos esclarecimentos sobre Hegel se o examinarmos como precursor de Marx. Essa observação não é nova – já foi feita por Engels e por Lênin. Foram muitos os que se ocuparam dessa questão. Creio, contudo, que fui um dos primeiros que, ao examinar Hegel desse ponto de vista, colocou a relação entre economia e dialética como questão fundamental do método filosófico. Naturalmente, a relação entre a dialética materialista e a revelação das contradições da economia capitalista é um princípio fundamental do próprio Marx, como sabem todos os que conhecem sua evolução.

Podemos agora propor a seguinte questão: tal relação não estaria também na origem da dialética de Hegel? Colocando assim a questão, entramos em contradição com o modo pelo qual o próprio Hegel trata a história da filosofia: em suas lições sobre esse tema, ele põe como premissas históricas de sua própria filosofia, da realização da dialética, o pensamento de Kant, Fichte e Schelling. Num plano genérico, seria possível de certo modo aceitar essa formulação; mas, quando se observa o problema mais de perto, surgem dificuldades para explicar o que efetivamente ocorreu.

Desse modo de tratar a filosofia pelo próprio Hegel deduziu-se, em primeiro lugar, a seguinte consequência: teria havido um período "schellinguiano" na evolução de Hegel, assim como haveria um momento "fichtiano" na evolução de Schelling. Não me parece inteiramente correto tratar as coisas desse modo. Se lermos com atenção o primeiro escrito que Hegel publicou com seu nome

– ou seja, *Diferença entre a filosofia de Fichte e a de Schelling* –, encontraremos decerto uma obra plenamente acabada e madura; mas os que estudaram e conhecem bem Hegel sabem que já se manifesta aqui uma dialética de tipo mais elevado do que aquela proposta por Schelling. Isto é, Hegel jamais foi um verdadeiro schellinguiano.

Há, porém, outro aspecto que nos faz desconfiar dessa concepção apresentada pelo próprio Hegel. Schelling soube distinguir o idealismo subjetivo do idealismo objetivo e operou concretamente a passagem de um para o outro; mas, se examinarmos o debate entre Fichte e Schelling, travado essencialmente por meio de cartas, veremos que Schelling não tinha muita consciência do passo que estava dando. E, se analisarmos esse debate num espectro mais amplo, veremos que a demonstração decisiva da incompatibilidade entre o idealismo subjetivo e o idealismo objetivo foi feita por Hegel, não por Schelling. Já em 1842, em seu panfleto contra Schelling, Engels demonstrou o papel desempenhado por Hegel na diferenciação entre a filosofia de Fichte e a de Schelling[2].

Tudo isso mostra como é importante observar exatamente a evolução de Hegel antes de sua chegada a Iena[3]. Para tanto, devem ser examinados com atenção os manuscritos de sua juventude, que não foram publicados durante a vida do autor (e muitos deles se perderam para sempre). Uma análise desse período é importante também porque, na história da filosofia das últimas décadas, predominou, pelo menos na Alemanha, a concepção de Dilthey, segundo a qual haveria um período teológico na evolução do jovem Hegel[4]. Nesse suposto período teológico, Hegel teria sido um irracionalista, um precursor da filosofia da vida, segundo expressão utilizada no período imperialista. Na história da filosofia alemã – por exemplo, em Glockner[5] e nos demais neo-hegelianos –,

---

[2] Lukács se refere certamente ao escrito do jovem Engels, publicado em maio de 1842, intitulado *Schelling e a revelação. Crítica da mais recente tentativa da reação contra a filosofia livre*. Antes, em dezembro de 1841, Engels publicara o texto "Schelling sobre Hegel".

[3] Como verificará o leitor de *O jovem Hegel*, Lukács demarca três períodos na evolução do filósofo: o de Berna (1793-1796), o de Frankfurt (1797-1800) e o de Iena (1801-1807). No fim deste último período, Hegel escreve *Fenomenologia do espírito*.

[4] Wilhelm Dilthey (1833-1911), um dos principais expoentes da "filosofia da vida", foi o primeiro a tratar em detalhes dos manuscritos juvenis de Hegel, publicados postumamente. Ver Wilhelm Dilthey, "Die Jugendgeschichte Hegels" (1907), em *Gesammelte Werke* (Leipzig/Berlim, B. G. Teubner, 1921), v. 4, p. 219 e seg.

[5] Hermann Glockner (1896-1987), que buscou aproximar Hegel do irracionalismo, foi responsável pela primeira edição crítica das obras do filósofo alemão; ver G. W. F. Hegel, *Sämtliche*

manifestou-se também uma tendência a colocar em oposição o jovem Hegel e o Hegel da maturidade. Tudo isso significou uma tentativa de aproximar a filosofia de Hegel do irracionalismo contemporâneo. Também na França, manifestam-se tendências semelhantes, como, por exemplo, no livro de Jean Wahl, em que é muito clara a aproximação entre Hegel e Kierkegaard[6].

Tentei apresentar até aqui um esboço desses problemas. Agora vou examinar algumas questões que considero importantes nessa direção. No início, falei da relação de Hegel com a economia política. Infelizmente, os manuscritos em que ele trata deste assunto se perderam. O jovem Hegel estudou economia na obra do inglês James Steuart; conhecemos apenas os títulos de seu comentário, escrito entre fevereiro e maio de 1799. No entanto, as poucas linhas que Rosenkranz escreveu sobre isso mostram que o biógrafo nada compreendeu do assunto[7]. Conhecemos bem mais os manuscritos sobre economia que Hegel redigiu em Iena. Sabemos que ele estudou atentamente Adam Smith. Em meu livro, busquei demonstrar filologicamente, com base nos textos escritos ainda em Frankfurt, que Hegel já dominava bem a economia de Smith na época e que já havia aplicado em seus manuscritos o conceito de trabalho criado por Adam Smith.

Por que o período de Frankfurt foi tão importante para a evolução de Hegel? Antes de mais nada, porque tal período precede imediatamente os primeiros textos publicados de Hegel, que comentarei em seguida, mas também porque podemos encontrar nele a chave para o seguinte problema: como e por que esses textos iniciais de Hegel são tão acabados em termos de conteúdo, tão maduros nos pontos de vista que adotam? Como já observei, esse período está no centro das interpretações irracionalistas de Hegel por Dilthey e sua escola. Pode-se provar filologicamente que Hegel se ocupava intensamente de economia política no período de Frankfurt e que essa ocupação estava em estreita relação com suas concepções filosóficas.

Para compreender isso de modo adequado, temos de voltar atrás e, embora apenas por breves observações, recordar o primeiro período da evolução de

---

Werke. Jubiläumsausgabe (ed. Hermann Glockner, Stuttgart-Bad Cannstatt, Frommann--Holzboog, 1927-1940, 20 v.).

[6] Jean Wahl (1888-1974), *Le Malheur de la conscience dans la philosophie de Hegel* (Paris, PUF, 1929).

[7] Karl Rosenkranz (1805-1879), discípulo de Hegel, publicou uma biografia intelectual do mestre em 1844.

Hegel, ou seja, aquele transcorrido em Berna, entre 1793 e 1796. Em meu livro, apresento uma análise bem detalhada desse período, com base nos textos de que dispomos. Aqui, exponho apenas os pontos de vista mais importantes.

Nesse período, Hegel é, antes de tudo, um defensor da Revolução Francesa. Contudo, apesar disso, ele muito cedo adotará uma posição contrária às tendências extremistas plebeias e jacobinas, mas aceitando sem reservas as ideias revolucionárias francesas. Ele está, então, sob influência espiritual do período do Iluminismo, ou seja, no plano internacional, dos iluministas franceses, ingleses e alemães. É preciso destacar a grande influência que exerce sobre Hegel, nesse período, o escritor alemão Georg Foster, que foi um dos fundadores da república da Mogúncia durante a ocupação pelos exércitos revolucionários franceses e que morreu em Paris como jacobino exilado[8].

O jovem Hegel formula uma filosofia da história na qual é possível descobrir, ainda que esquematicamente, uma espécie de tríade dialética. Temos como primeiro período a Antiguidade, o período das repúblicas grega e romana, da pólis, ou seja, o período da liberdade antiga. Depois tem lugar um grande período de decadência, que começa com a queda dessas repúblicas, ou seja, particularmente no caso de Roma, com a fundação do Império Romano e da religião cristã, período que, segundo o jovem Hegel, dura até nossos dias. A importância da Revolução Francesa, para o jovem Hegel, consiste precisamente no fato de que ela pode vir a ser um renascimento da Antiguidade, uma síntese desse primeiro grande empreendimento que ele esboçou em sua obra juvenil.

Se observarmos como essa filosofia foi construída no plano estrutural, encontraremos um conceito central e decisivo para o jovem Hegel; esse conceito se modificará, sofrerá uma evolução, mas permanecerá central para toda a filosofia hegeliana. No período juvenil de Hegel, tal conceito recebe o nome de *Positivität* [positividade]. Com esse termo, Hegel designa o que chamamos, em geral, de religião positiva, de direito positivo, em oposição à religião natural, ao direito natural etc. É assim que Hegel define "positividade" em seus manuscritos de Berna, os quais apontam como "positivas" verdades e instituições que existem independentemente de nós, que se impõem a nós com a força da autoridade, que são puramente objetivas e que, ao mesmo tempo, exigem que nós não só as reconheçamos como objetivas, mas também que as

---

[8] Georg Foster (1754-1794) foi figura relevante na breve experiência da república da Mogúncia (outubro de 1792-julho de 1793).

integremos em nossa subjetividade, que as vivenciemos e as façamos nossas como se fossem coisas subjetivas. Se compreendermos em sua origem esse conceito de positividade, compreenderemos também o conceito de liberdade próprio das pólis republicanas da Antiguidade.

Hegel, para resumir tudo em uma ou duas frases, compreende a coisa do seguinte modo: nem o Estado nem as religiões da Antiguidade eram, em nenhum sentido da palavra, positivos. Estado e religiões eram um produto imediato da subjetividade, mas não da subjetividade do homem isolado, e sim da subjetividade do homem que vive em sociedade, do homem cuja subjetividade consiste em sua condição de ser social. Pode-se facilmente ver aqui o ideal do homem cidadão próprio da Revolução Francesa, o qual, na concepção do jovem Hegel, não tem de modo algum traços burgueses.

O declínio e a decadência dessas repúblicas – e surge aqui o primeiro momento em que um ponto de vista econômico ingressa na concepção do jovem Hegel – têm razões econômicas, em particular o aumento das riquezas. Conhecemos muito bem o ponto de vista jacobino, segundo o qual o fundamento de uma verdadeira república é a igualdade relativa das propriedades; portanto, sob a influência da Revolução Francesa, o jovem Hegel vê com clareza que a supressão dessa igualdade de propriedades é, ao mesmo tempo, a supressão da liberdade e desse período não positivo, ou seja, período da verdadeira liberdade tal como ele a concebe.

Essa dupla supressão marca o nascimento da positividade. É nela que se baseia o despotismo dos imperadores romanos. É nela que se baseia a religião cristã, que o jovem Hegel vê como a religião desse período de despotismo, de decadência do homem, período do homem privado, do homem burguês, que se ocupa somente de si mesmo, de seus próprios interesses individuais e egoístas, econômicos. Esse período prossegue até o presente. Na Revolução Francesa, porém, temos o renascimento do período não positivo, do período da Antiguidade. Basta aqui recordar que esse ideal da Antiguidade desempenhou um enorme papel na ideologia da Revolução Francesa, em particular no jacobinismo.

Ao traçarmos assim as principais características do período de Berna, torna-se mais fácil compreender o que é conhecido como a crise de Frankfurt: trata-se do colapso dessa concepção, provocado pelo Termidor[9] e por suas consequências.

---

[9] Designação do décimo primeiro mês do calendário criado pela Revolução Francesa, vigente entre 1792 e 1805. Lukács refere-se ao golpe que derrubou, em 1794, o governo jacobino.

A visão do mundo de Hegel se altera: torna-se agora necessária uma reconciliação com a existência da sociedade burguesa, da sociedade capitalista.

Gostaria apenas de observar que a palavra e o conceito de "reconciliação" – que, como todos os conhecedores de Hegel sabem muito bem, é uma categoria central do Hegel maduro, o que demonstra precisamente que o conceito apenas reflete a tomada de consciência de uma tendência da realidade objetiva – surgem pela primeira vez na crise do período de Frankfurt. Em Berna, Hegel rechaçou de modo claro e enérgico qualquer ideia de reconciliação com a sociedade de seu tempo. Mais uma vez, só podemos aqui tentar demonstrar alguns pontos principais.

Antes de mais nada, a Antiguidade – que, no período de Berna, aparecia como uma época que deveria renascer em nosso tempo – é então considerada algo definitivamente ultrapassado. Embora Hegel continue a caracterizar a Antiguidade do mesmo modo que fazia antes, considera agora que ela não tem mais atualidade para nossos dias, situando-se inelininavelmente no passado.

Essa nova posição liga-se estreitamente ao fato de que Hegel não mais condena de forma global o individualismo do homem privado, como o fizera no período de Berna, mas, ao contrário, passa a vê-lo como o fundamento da busca de um novo caminho para uma vida livre e humana. Nesse período de Frankfurt, Hegel utiliza uma terminologia nova, falando em amor, destino etc.; Dilthey vale-se de tal terminologia para defender uma interpretação irracionalista de Hegel. Pode-se, porém, dizer que Hegel usa novos termos para dizer o que já vinha dizendo: ou seja, ele busca encontrar nessa nova forma de vida, diante da qual assume agora uma atitude filosófica de reconciliação, as características que permitem ir além da positividade. Ele busca compreender como esse tipo de atividade pode levar a uma vida verdadeiramente humana. E, aqui, a atividade econômica do homem privado torna-se uma coisa importante: torna-se, como diz Hegel, um destino no qual o homem deve buscar seu próprio destino, seu caminho, aceitando que essa vida privada, essa atividade econômica privada, passe a ser um dos fundamentos de sua vida.

A religião cristã continua a ser para Hegel, também nesse novo período de sua evolução, a religião do homem individual, do homem privado; mas aqui já não nos encontramos diante de uma recusa global da religião cristã. Podemos ainda encontrar críticas bastante duras, mas que apresentam agora outra tendência: Hegel critica a ética cristã por sua atitude contra a atividade econômica, contra a propriedade privada, e defende essa instituição da vida moderna contra Jesus Cristo, demonstrando que ela é necessária para a vida tal como ela é hoje.

Isso tem uma consequência muito importante na concepção do que chamei de "positividade". Como tentei demonstrar, Hegel – antes da "reconciliação" – colocava a seguinte questão: qual estrutura da sociedade, qual estrutura da inter-relação entre sujeito e objeto, pode ser designada como positiva? Agora, ele põe a questão do seguinte modo: como algo se torna positivo – por exemplo, uma religião se torna positiva? Em outras palavras, ele se aproxima de uma visão histórica, o que implica o abandono da formulação própria do período de Berna, quando o que deve ser aceito e o que deve ser rejeitado eram apresentados de modo abstrato. Nesse período, tínhamos a realidade superior, a realidade grandiosa das repúblicas antigas, em contraste com a vida mesquinha dos homens privados do Império Romano. Agora, para empregar uma fórmula de Hegel, uma religião pode expressar a natureza dos homens inteiramente mesquinhos e pode ela mesma ser mesquinha, mas sem ser positiva. Se houver confluência entre sujeito e objeto, se surgir nos homens mesquinhos uma vontade de liberdade, então a mesma religião que, num primeiro momento, não era positiva torna-se, em função dessa mudança da estrutura da relação entre sujeito e objeto, positiva. Isso significa que não mais existe, historicamente, privilégio para um pensamento, para uma instituição: tudo pode se tornar positivo e tudo pode deixar de ser positivo.

É nesse contexto que devemos examinar as consequências metodológicas do interesse do jovem Hegel na economia política. Antes de mais nada, ele vê na economia política o método para buscar e encontrar o que há de verdadeiro nas contradições da atividade social do homem, da propriedade privada capitalista, a qual, como já vimos, ele considera absolutamente necessária para o presente. Aqui posso apenas mostrar alguns fragmentos do esboço.

Em Frankfurt, e mais ainda em Iena, Hegel apresenta a dialética econômica de toda sociedade, a qual – na sociedade capitalista, por exemplo – se manifesta por meio da contradição entre o crescimento da riqueza e o necessário crescimento da miséria, do crescimento da pobreza das massas. Contudo, o pensamento mais importante que resulta desse estudo da economia por Hegel é a descoberta do trabalho como atividade fundamental da humanidade, como relação fundamental entre o homem e a natureza, até mesmo entre o homem e a realidade. Sobre isso, posso expor aqui apenas alguns dos aspectos mais importantes.

Creio que, filosoficamente, o mais importante é que Hegel foi, ao que me consta, o primeiro a mostrar que o trabalho é ao mesmo tempo teleológico e causal; com isso, ele deu ao conceito de teleologia uma nova formulação no pensamento filosófico. Podemos precisar essa formulação dizendo que o trabalho tem uma estrutura teleológica. Tanto no plano ideal quanto no fático, é necessário de início formular a finalidade, ou seja, a finalidade deve existir idealmente antes mesmo que o trabalho comece. O trabalho, por sua essência, é uma atividade teleológica; mas essa atividade teleológica é inseparável da categoria da causalidade, já que somente se conhecermos as relações causais entre as coisas, a qualidade da matéria com que trabalhamos, a qualidade dos instrumentos de que nos valemos, somente assim é que um trabalho efetivo é possível. Quanto maior for nosso conhecimento, mais amplo será nosso trabalho. Nos textos escritos em Iena, Hegel mostra isso por deduções muito espirituais, mas o fundamental são as relações entre teleologia e causalidade no próprio trabalho.

Há outra categoria que se tornará fundamental no pensamento de Hegel, a de *List der Vernunft* [astúcia da razão]. Hegel vê no trabalho a mobilização das forças da natureza independentemente de suas tendências naturais, até mesmo contra suas tendências naturais, com base no conhecimento da causalidade nelas presente e de sua utilização pela teleologia do trabalho concreto.

Com tudo isso, no entanto, essa dialética ainda não está completa, nem em seus traços mais simples. Vemos aqui o ponto de vista teleológico (a finalidade) e a causalidade como meios. Agora, porém, essa relação se inverte. Hegel mostra que, para quem trabalha, a finalidade é uma coisa particular e individual, ou seja, o interesse do indivíduo que trabalha. Mas o meio com que ele trabalha – o instrumento do trabalho, a máquina – torna-se algo geral, universal, social, que vai muito além dessa pequena finalidade particular do trabalho individual. Temos aqui, portanto, a afirmação dialética – que se encontra com frequência na *Filosofia da história*[10] e em outros textos hegelianos – segundo a qual o meio é algo mais elevado, mais geral, mais universal do que as finalidades individuais dos homens.

E essa estrutura é estreitamente ligada à "astúcia da razão": no meio, na atividade do homem, realiza-se algo inteiramente diverso do que ele projetou. O homem trabalha de acordo com suas finalidades, com seus projetos; mas o

---

[10] A obra hegeliana aqui referida, *Vorlesungen über die Philosophie der Geschichte*, foi publicada postumamente, em 1837.

sentido objetivo da história, da evolução das sociedades, é algo inteiramente diverso das finalidades a que os homens, enquanto indivíduos, enquanto singularidades, se propuseram.

Não posso aqui nem mesmo esboçar o modo como esse problema foi tratado antes de Hegel. Contudo, se recordarmos a filosofia do século XVII, a de Espinosa ou a de Hobbes, por exemplo, veremos que teleologia e causalidade estão numa relação de completo antagonismo. Em minha opinião, que aqui não posso justificar, foi Kant quem tentou uma reconciliação, mas foi Hegel quem conseguiu formular o problema de um modo decisivo para o futuro da filosofia. E isso coloca outro problema de extrema importância para toda a filosofia de Hegel: Hegel vê o homem como criador de si mesmo. O homem, ao trabalhar, faz de si mesmo um homem: ele se torna homem por meio do trabalho. É esse o pensamento principal de *Fenomenologia do espírito*.

Recordemos o capítulo muito conhecido desse livro, dedicado ao senhor e ao escravo. Esse capítulo foi examinado em muitas histórias da filosofia, mas nem sempre de modo adequado à compreensão do que Hegel efetivamente quis dizer. Se o senhor fez do outro um escravo, foi porque ganhou a liberdade para viver uma verdadeira vida humana; e o escravo, comparado a seu senhor, vive uma vida não muito humana. Mas, para a evolução da humanidade (o que pode ser visto se examinamos o conjunto de *Fenomenologia*), o senhor é um episódio na evolução do gênero humano; a evolução ulterior da humanidade tem seu ponto de partida no escravo, no trabalho do escravo. É a evolução desse trabalho que se torna o veículo, o motor do processo que faz avançar cada vez mais a história do gênero humano.

Naturalmente, encontramos aqui uma das mais importantes contradições da filosofia hegeliana, a qual só posso abordar em seus aspectos principais:

1) Temos de início a afirmação de que o homem, ao trabalhar, se faz homem, que ele se torna homem trabalhando. Poderíamos dizer que se encontra aqui a fórmula definitiva de um ateísmo histórico. Com tal afirmação, Deus é completa e definitivamente eliminado da história; já nem mais lhe cabe, como se supunha no século XVII, dar corda ao relógio; ele não é mais de modo algum necessário na história. Mas sabemos muito bem que continua a existir um Deus na filosofia da história de Hegel.

2) Hegel não pode ser consequente até o fim em sua argumentação porque, nele, a esfera do Estado e do direito em sua totalidade não nasce organicamente dessa estrutura do homem que trabalha, da existência econômica do homem,

mas é uma superestrutura mais elevada e independente dessa existência. Segundo a fórmula de Hegel, a função do Estado, da organização jurídica da sociedade humana, é o reconhecimento dos fatos econômicos; contudo, o Estado se torna não somente uma potência mais elevada, mas também algo independente desse fundamento real da atividade humana.

3) É preciso mencionar que Hegel, com suas concepções do trabalho, racionalizou a teleologia, dela eliminando todos os elementos teológicos. No entanto, se observarmos o modo pelo qual Hegel aborda a totalidade da história, veremos surgir de novo o *Weltgeist*, o "espírito do mundo", que funciona para a totalidade do mundo como uma espécie de demiurgo ao velho estilo. Também aqui, portanto, Hegel não retira todas as consequências concretas de suas afirmações para a estrutura da filosofia.

Depois desse esboço, torna-se possível encarar *Fenomenologia do espírito* como uma síntese, um resumo enciclopédico dessas ideias de Hegel. Tudo isso foi preparado em Frankfurt, aperfeiçoado em Iena, mas chega à maturidade em *Fenomenologia do espírito*. Muito se discutiu para saber se *Fenomenologia do espírito* pode ser colocada ao lado das obras do Hegel maduro. Vemos em todas as questões puramente filosóficas, em todas as questões metodológicas, que Hegel já é senhor absoluto da dialética. Pode-se, com facilidade, ver a *Lógica* hegeliana como o anunciado segundo volume de *Fenomenologia*. Sabe-se que *Fenomenologia do espírito* foi publicada como primeiro tomo de uma obra cujo segundo tomo deveria ser uma lógica ou uma espécie de enciclopédia, compreendendo a lógica e as filosofias da natureza e da história.

Caso se queira compreender concretamente a posição de *Fenomenologia do espírito* no conjunto do sistema de Hegel, é preciso examinar a situação histórica. Esse livro foi escrito na época de Napoleão – mais precisamente, foi concluído nos dias da batalha de Iena[11]. *Lógica* e, sobretudo, *Enciclopédia* foram escritas depois da queda de Napoleão. Essas diferenças na evolução histórica tiveram enormes e decisivas consequências na visão do mundo de Hegel.

Hegel era um adepto entusiasta de Napoleão. Aqui posso apenas lembrar que essa adesão pode ser comprovada em suas obras, particularmente nas cartas que escreveu ao amigo filósofo Niethammer[12]. Ele via em Napoleão não o gênio,

---

[11] A batalha de Iena, em outubro de 1806, marcou a vitória de Napoleão sobre as forças prussianas.

[12] F. I. Niethammer (1766-1848).

não o general vitorioso, mas aquele que deveria liquidar os restos do sistema feudal, o que mais tarde foi chamado de "miséria alemã". Numa carta, ele o chama de "grande mestre do direito público", que vive em Paris e que deve trazer a ordem à Alemanha, que deve fazer nascer uma nova Alemanha. E é possível acompanhar, por meio de suas cartas, como Hegel se desencantou, como surgiu nele uma crise depois de compreender que a queda de Napoleão era inevitável.

Não estamos aqui diante de problemas biográficos, mas de questões de filosofia da história: só as podemos ver com clareza se compreendermos que o método empregado por Hegel em *Fenomenologia do espírito* se torna seu método permanente. Podemos ver como os conteúdos e as posições de Hegel mudaram nos diversos períodos históricos. Tomarei como exemplo um momento absolutamente decisivo – a posição do filósofo em face da história, em face de seu presente. Hegel demonstra que, na evolução histórica, todo fenômeno, todo momento se apresenta, de início, de modo abstrato para, em seguida, tornar-se concreto. Hegel manter-se-á fiel a esse pensamento por toda a vida.

Estamos no início de um novo período histórico: é o que Hegel nos diz nos cursos ministrados em Iena. A evolução da humanidade – que conheceu uma crise na época da Ilustração e, em particular, com a Revolução Francesa – atingiu agora uma nova forma, recebeu uma nova figura no período napoleônico; e a tarefa da Alemanha é encontrar em sua literatura, em sua filosofia, a ideologia e o espírito do novo período. Essa é a razão pela qual, nesse momento, tudo é novo, tudo é apenas nascimento, começo, abstração. Mesmo polemizando com Schelling, Hegel demonstra a necessidade histórica do abstrato. E é por isso que o capítulo VI de *Fenomenologia do espírito* contém somente a crítica de Kant, de Fichte e de Jacobi. E é por isso que, referindo-se ao presente, ele fala apenas por indicações, sentindo que a essência dos tempos modernos só pode ser expressa de modo ainda abstrato.

Repito: o caminho do abstrato ao concreto permanece como um fundamento metodológico da filosofia da história de Hegel. No entanto, no período sucessivo à queda de Napoleão, a grande crise, o começo dos novos tempos, deixa de ser a Revolução Francesa e passa a ser visto no Renascimento, na Reforma protestante. Isso quer dizer que o processo que leva do abstrato ao concreto dos novos tempos vai da Reforma a nossos dias. O período de Hegel – quando ele escreve, por exemplo, *Filosofia do direito*[13] – é já um período concreto, um

---

[13] Hegel publicou essa obra (*Philosophie des Rechtes*) em 1821.

período pleno de conteúdo, no qual o processo de formação já se concluiu. E, por isso, a filosofia não tem mais um papel de vanguarda, papel de antecipação de um período que ainda irá se completar. É conhecida a afirmação de Hegel, na introdução a *Filosofia do direito*, segundo a qual a filosofia, como a coruja de Minerva, só levanta voo ao entardecer: agora estaríamos já no fim de uma época, enquanto em *Fenomenologia*, ao contrário, Hegel supunha que estávamos no começo de um período histórico.

São certamente de grande alcance as consequências que isso teve sobre a estrutura da filosofia hegeliana, mas não disponho do tempo necessário para abordá-las aqui. Gostaria, contudo, de tratar ainda de duas importantes questões. A primeira delas diz respeito à estrutura de *Fenomenologia do espírito*. Não se deve esquecer que Hegel concebeu essa obra como introdução à filosofia. No entanto – e temos aqui a essência da filosofia hegeliana –, a introdução à filosofia não é algo que deva ser feito antes do ingresso na filosofia: trata-se da própria filosofia, de parte essencial da filosofia, da evolução da humanidade.

Todos sabem que, em *Fenomenologia do espírito*, há dois caminhos cujos traçados se entrelaçam continuamente. Um é o caminho do indivíduo, que vai da certeza sensível ao saber absoluto; nesse sentido, trata-se de uma introdução à filosofia. O outro é uma reprodução abreviada da trajetória do gênero humano; nesse caminho, devemos encontrar todas as etapas importantes da evolução histórica, todas as categorias importantes da filosofia. Naturalmente, todas essas etapas e todas essas categorias aparecem relacionadas com o caminho do sujeito. Nesse duplo sentido, Engels dizia que *Fenomenologia do espírito* era uma embriologia e uma paleontologia do espírito[14]. Esse ponto de vista determina a estrutura de *Fenomenologia do espírito*.

Não pretendo aqui analisar em detalhe tal estrutura. Gostaria apenas de assinalar rapidamente, sem pretender propor nenhuma polêmica, a solução que julgo ter encontrado para a relação desses dois caminhos. Creio que nada é arbitrário em *Fenomenologia do espírito*; mas a organização não arbitrária provém do fato de que o caminho histórico é percorrido não uma vez, mas três vezes, e que há duas recapitulações de toda a história. Permitam-me tentar demonstrar, naturalmente de modo muito breve, sem apresentar as provas, a solução que acredito ter encontrado.

---

[14] Lukács refere-se a uma passagem engelsiana contida em *Ludwig Feuerbach e o fim da filosofia clássica alemã* (1888). Ver Karl Marx e Friedrich Engels, *Obras escolhidas em três volumes* (Rio de Janeiro, Vitória, 1963), v. 3, p. 175.

O ponto de partida para Hegel, como se sabe, é a consciência natural, a consciência ordinária, e trata-se aqui do caminho que vai da certeza sensível à razão, à autoconsciência. Essa elevação da consciência, porém, é objetiva; ela é, em si, o produto de toda a evolução global da humanidade. E é preciso percorrer essa evolução. Mas – e insisto nisso – não ainda como história conscientemente compreendida, e sim, num primeiro momento, como uma série de destinos humanos que têm em si uma ordem objetiva. E uma ordem objetiva que ainda não se tornou consciente para o sujeito, para a "figura da consciência", como diz Hegel, que age sobre essas etapas somente quando, no fim dessa evolução, nasce a autoconsciência. Essa evolução vai do primeiro ao quinto capítulo da obra que estamos analisando. Somente então a consciência compreende num plano abstrato, precisamente de modo consciente, que a história é sua própria história.

Voltamos ao segundo ponto: já que a construção de *Fenomenologia do espírito* é histórica, já que ela é a unidade dialética da evolução do indivíduo e daquela do gênero humano, não basta constatar abstratamente a chegada a esse nível, no qual o sujeito compreende agora a história como a própria história. É necessária ainda uma explicação concreta, ou seja, é preciso, no novo nível, recapitular mais uma vez a história, mas, dessa feita, a história como história efetiva, isto é, não mais como objetividade real, que nasce para o sujeito como algo morto, e sim como produto consciente da atividade, da práxis da própria humanidade. É o que vemos no sexto capítulo de *Fenomenologia do espírito.*

Penso que se pode também observar que a expressão hegeliana "figura da consciência", que se tornou popular, altera-se neste ponto. Nesse período que chamei de história efetiva, nessa primeira recapitulação da história, não se trata mais de figura da consciência, mas de figura do mundo real, de figura real. *Gestalt des Bewusstssein* [figura da consciência] era a terminologia de Hegel na primeira parte; na segunda, temos *Gestalt einer Welt* [figura de um mundo], com o que ele pretende assinalar o início de algo novo. Caso se examinem as partes A, B e C do sexto capítulo, pode-se ver que ele começa na Antiguidade e vai, passando pela Revolução Francesa, até os dias de Hegel.

Percorrendo a evolução da humanidade pela segunda vez, o sujeito agora de fato chegou a si mesmo, criou seu mundo próprio, e lança um olhar retrospectivo sobre sua história. Temos aqui a segunda recapitulação da história em sua totalidade. No entanto, nesse momento não se trata mais – e me permitam insistir nessas distinções – de realidade histórica; aqui se trata das leis, da compreensão do caminho que a humanidade já percorreu. Vale dizer: agora, no primeiro plano, não estão mais as atividades da humanidade, não mais as etapas, as revoluções, os momentos econômicos, a atividade humana. O sétimo e o oitavo capítulos de *Fenomenologia do espírito* tratam do problema que, mais tarde, Hegel chamará de espírito absoluto, ou seja, a arte, a religião e a filosofia.

A categoria central desse período é o que Hegel designou como *Er-Innerung*, em contraste com *Entäußerung*, que aparece na primeira e na segunda partes (respectivamente capítulos I-V e capítulo VI). É difícil traduzir com acuidade essas palavras; costuma-se traduzir *Er-Innerung* por "interiorização", mas *Er-Innerung* também quer dizer "recordação"; ou seja, a humanidade atinge sua meta e agora olha para trás. Embora eu use "interiorização", gostaria de recordar que *Er-Innerung* tem sempre esse duplo sentido. Podemos também traduzir *Entäußerung* por "exteriorização"; essa palavra é uma tradução do termo econômico "alienação", que Hegel recolheu provavelmente da economia inglesa, mas que nele perde outra vez seu sentido econômico e prático.

Esse movimento de "interiorização" significa a retomada do processo objetivo pelo sujeito, ou seja, a conclusão de *Fenomenologia do espírito*, a transformação da substância em sujeito, a realização do sujeito-objeto idêntico, que é a base necessária de todo idealismo objetivo. Se examinarmos essa esfera, veremos que ela se hierarquiza, indo da arte à religião e desta à filosofia. A retomada da objetividade pelo sujeito, o aniquilamento da exteriorização pela interiorização, é realizada de modo cada vez mais profundo. Isso determina a gradação hierárquica entre arte, religião e filosofia.

E vemos aqui uma contradição central da filosofia de Hegel no que se refere ao posto da religião nessa esfera. Em *Fenomenologia do espírito*, Hegel interpreta a religião e, em especial, a religião cristã de tal modo que encontra em seus mitos todas as categorias importantes da dialética. Mais precisamente, ele projeta todas as categorias dialéticas nos mitos religiosos. A contradição reside em que, depois de projetar essas categorias em tais mitos, ele censura a religião por ser apenas percepção, por não ser capaz de expressar adequadamente essas relações dialéticas, por expressar todas essas estruturas dialéticas de modo imperfeito. Eis uma das maiores ambiguidades da filosofia de Hegel, que se expressa de modo mais intenso na questão da religião.

Com tudo isso, chego à última questão, ou seja, a da importância do *Entäußerung*, da exteriorização, na filosofia de Hegel. Desde o início, a "exteriorização" teve relações com a "positividade". Já falei das acepções de positividade no período de Berna e no período de Frankfurt. Já vimos também como a concepção de *Entäußerung* ganha essa designação somente nos cursos filosóficos que Hegel ministrou em 1805, recebendo sua forma definitiva apenas em *Fenomenologia do espírito*. Se analisarmos mais de perto essa concepção de exteriorização, de *Entäußerung*, constatamos três diferentes acepções, mescladas entre si.

A primeira refere-se ao trabalho, sobre o qual já falei – e nunca pecaremos por excesso ao sublinhar sua importância na filosofia de Hegel. Temos no trabalho uma estrutura das relações sujeito-objeto na atividade humana, relações que determinam o que poderíamos chamar de dinamismo do processo histórico: o trabalho torna possível o desenvolvimento de toda a história como história da atividade humana. E pode-se facilmente ver o progresso contido nessa concepção hegeliana se a compararmos, por um lado, com a filosofia do século XVIII, na qual as explicações sociais eram dadas somente por categorias tomadas da natureza (clima etc.), e, por outro, com a filosofia alemã, com Kant e Fichte, que tentavam explicar a história da atividade humana, mas concebiam essa atividade de modo abstrato e como ato puro. Aqui, nesse conceito, Hegel é claramente um precursor da filosofia marxista.

A segunda acepção do conceito de *Entäußerung* é uma espécie de antecipação do que Marx irá chamar de "fetichismo da mercadoria". Sobretudo no capitalismo, as relações entre os homens aparecem numa forma coisificada; o capitalismo é um sistema ao mesmo tempo coagulado e dinâmico, cabendo ao pensamento dissolver essa estrutura reificada, ao mostrar que, por trás da aparência coisificada, escondem-se relações verdadeiramente dinâmicas dos homens entre si, das classes entre si. Os limites das concepções econômicas de Hegel determinam aqui limites análogos. Por isso, essas antecipações do fetichismo na sociedade mesclam-se sempre à primeira acepção do conceito, ou seja, à estrutura do trabalho como exteriorização.

A terceira acepção é a mais elevada do ponto de vista da abstração ou da generalização filosófica, ou seja, a que identifica exteriorização com objetividade. Quando emprego a palavra "objetividade", não quero que se pense apenas no termo alemão *Objektivität*, mas também em *Gegenstandlichkeit*, que é decisivo para o pensamento de Hegel nessa época – e até mesmo para toda a sua filosofia. É em *Gegenstandlichkeit* que penso quando falo em "objetividade". Se a exteriorização é idêntica à objetividade, isso significa que todo o mundo dos objetos, das coisas etc., nada mais é do que o espírito objetivado; ou seja, se conhecermos a verdade sobre as coisas e suas relações, conheceremos a nós mesmos na medida em que participamos do sujeito universal da evolução, do gênero humano, do *Weltgeist* [espírito do mundo]. Nesse sentido, a interiorização torna consciente o que era em si no processo total da história: o que era inconsciente torna-se aqui consciente e para si.

Isso me parece profundo e justo quando se trata do problema da fetichização, das relações sociais que têm uma aparência reificada e que podem ser reduzidas à atividade humana, ao dinamismo das relações entre as classes. Essa mesma concepção, porém, torna-se caricatural e mistificadora quando se trata da objetividade que existe independentemente de nossa consciência, como é o caso da objetividade natural: em Hegel, esta aparece como *Entäußerung*, como exteriorização que pode ser retomada pelo sujeito, na forma da interiorização. Se toda a natureza e todo o mundo exterior aparecem como simples produto do espírito, como matéria-prima à qual o espírito atribuiu conteúdo, então a interiorização retoma do mundo objetivo aquilo que ela projetou nele.

Temos aqui dois problemas. A grande contradição da filosofia da história, e até mesmo de toda a filosofia de Hegel, é que, se ele tomasse sua concepção ao pé da letra, essa filosofia deveria se concluir num apocalipse. O espírito do mundo retoma em si toda a objetividade do mundo. Se levarmos isso a sério – e temos de levar a sério um grande filósofo –, estamos em meio a um apocalipse. Naturalmente, Hegel era muito apegado à razão para chegar à afirmação desse apocalipse. De qualquer modo, dada toda a fenomenologia de Hegel, o problema de um fim da história torna-se nele um problema não resolvido. E aqui vemos com clareza os limites do idealismo objetivo em sua forma mais consequente, precisamente aquela que assumiu em Hegel.

Depois da morte de Hegel, essas contradições de sua filosofia foram sentidas de modo ainda mais vivaz. De Heine a Bruno Bauer, falou-se disso com frequência, afirmando-se que a filosofia de Hegel é uma totalidade, mas uma totalidade com essa contradição fundamental, como o jovem Marx já dizia: o *Weltgeist*, o espírito do mundo, deve fazer toda a história, como Hegel efetivamente pensava; mas, na verdade, o espírito do mundo faz a história só aparentemente, já que apenas *post festum*, ao fim do processo, esse espírito chega à consciência de algo que – seria possível dizer – faz-se independentemente dele. Pode-se ver que, formulada de outro modo, estamos diante da mesma contradição a que me referi antes.

Numa obra publicada somente há mais ou menos quinze anos[15] e que é certamente uma das mais importantes de sua juventude, Marx critica *Fenomenologia do espírito*; não é casual que, falando do problema da relação entre economia e dialética, Marx faça uma análise exata do trabalho, demonstrando os limites precisos que distinguem, por um lado, o trabalho tal como é em si, enquanto relação entre o homem e a natureza e, por outro, o trabalho capitalista, no qual, nas condições da sociedade capitalista, nasce essa forma específica de *Entäußerung*, de exteriorização.

Essa distinção é anulada na filosofia hegeliana. Ou seja, Hegel não compreendeu essa diferença decisiva entre o trabalho e o trabalho capitalista. E essa é uma das razões pelas quais se dá, em sua concepção, aquela confusão entre exteriorização e objetividade, confusão que leva – sendo-lhe estreitamente ligada – à própria contradição de seu sistema fundado no idealismo objetivo.

Tudo isso se liga estreitamente à concepção hegeliana de *Gegenstandlichkeit*. Marx mostra que essa categoria é independente da exteriorização; que, para o homem, ser objetivo e viver num mundo objetivo é a mesma coisa; que o homem só pode ter uma atividade objetiva, só pode agir sobre o mundo dos objetos porque ele mesmo é um momento da natureza; que ele é feito pelo mundo da *Gegenstandlichkeit*, produto desse mundo, ou seja, dessa estrutura. Nesse momento, nasceu o materialismo dialético, do qual não conseguiremos tratar em detalhes aqui.

Com essa crítica de Marx, a grande descoberta de Hegel no que se refere às ligações entre economia política e dialética tornou-se efetivamente racional. Sabemos que, com o sistema de Hegel, encerrou-se o período dos grandes sistemas do idealismo objetivo. Depois dele, temos uma época de idealismo subjetivo, que se afasta cada vez mais dos problemas da sociedade e se torna cada vez mais subjetivo, acadêmico, metodológico etc. Mais tarde, no período do imperialismo, muitas filosofias se valem do mito, da fabricação de mitos, para criar uma forma de pseudo-objetividade, com a qual criam uma pseudoteoria da sociedade. Não vou aqui tratar de todos esses filósofos, começando com Nietzsche e chegando a nossos dias.

Vemos assim que, com Hegel, ao mesmo tempo se inicia e se encerra um período. Essa época da filosofia começa pela compreensão das relações entre

---

[15] Trata-se dos *Manuscritos econômico-filosóficos de 1844*, publicados somente em 1932. Para a crítica marxiana referida aqui por Lukács, ver Karl Marx, *Manuscritos econômico-filosóficos* (trad. Jesus Ranieri, São Paulo, Boitempo, 2004), p. 115-37.

dialética e economia e pela vinculação dos problemas mais abstratos e mais importantes da filosofia à práxis do homem e da humanidade. Nesse sentido, temos o início de um período. No entanto, na medida em que Hegel construiu sua filosofia com base numa concepção idealista-objetiva, encerra-se um grande período da filosofia. Com Marx, inicia-se um novo.

*A Michail Alexandrovitch Lifschitz,
com admiração e amizade*

Prefácio

Este livro foi concluído no fim de 1938. A irrupção da guerra, que ocorreu logo em seguida, impediu por muitos anos sua publicação. Quando a impressão se tornou possível entre 1947 e 1948, submeti o texto a uma revisão minuciosa; contudo, em consequência das muitas tarefas que demandavam minha atenção, foi-me possível levar em conta somente uma pequeníssima parcela da literatura sobre Hegel publicada depois de 1938. A nova edição disponibilizada para a República Democrática Alemã passou por outra revisão, mas, além de melhoramentos estilísticos, o texto praticamente não sofreu modificações.

Na Introdução, o leitor encontrará informação detalhada sobre os pontos de vista metodológicos que orientaram o autor. Quanto a esse aspecto, não vejo qualquer razão para reconsiderar as exposições que fiz há dezesseis anos. As tentativas francesas de "modernizar" Hegel num sentido existencialista-irracionalista – como se vê, sobretudo, no famoso livro de J. Hippolyte* – não oferecem o menor motivo para modificar ou mesmo complementar algo em minhas exposições. A crítica fundamental ao hegelianismo do período imperialista também está relacionada aos esforços franceses de produzir uma nova interpretação de Hegel, sendo óbvio que as condições tanto exteriores quanto

---

* Lukács refere-se certamente ao livro de Jean Hippolyte, *Genèse et structure de la* Phenomenologie *de Hegel* (Paris, Aubier, 1946). Ed. bras.: *Gênese e estrutura da "Fenomenologia" de Hegel* (trad. Silvio Rosa Filho, São Paulo, Discurso, 2003). (N. E.)

interiores dessa "renascença de Hegel" serão distintas em muitos aspectos das condições vigentes na Alemanha.

Para o leitor alemão de minhas demais obras, na maioria escritas depois desta, sejam admitidas aqui algumas poucas observações. A exposição do desenvolvimento do jovem Hegel complementa em muitos aspectos aquilo que tentei formular sobre a história da filosofia e da literatura alemãs em outros estudos. Assim, tem-se aqui, acima de tudo, uma imagem positiva contraposta ao período "clássico" do irracionalismo que descrevi em *Die Zerstörung der Vernunft* [A destruição da razão]. A mesma luta que é analisada lá como luta de Schelling e seus sucessores aparece neste livro da parte de Hegel como crítica e suplantação (*Uberwindung*) do irracionalismo, embora seja apenas um motivo crítico negativo para a fundamentação do novo método dialético-idealista. A complementação recíproca das duas obras, porém, vai além disso. Nos estudos sobre Hegel oferecidos aqui, foi possível aclarar de modo muito objetivo a razão pela qual justamente a filosofia hegeliana constituiu o grande adversário dos irracionalistas desse período e por que estes, com razão, combateram Hegel como o representante mais notório do progresso filosófico-burguês de sua época; ao mesmo tempo, foi possível aclarar por que a crítica dos irracionalistas à dialética do historicismo conseguiu encontrar nos erros e nas limitações idealistas de Hegel pontos de apoio reais, pretextos para uma crítica – relativamente – certeira. Assim, a exposição e a crítica do desenvolvimento do jovem Hegel também indicam a razão pela qual, depois que o socialismo científico entrou em cena como principal inimigo do irracionalismo, necessariamente se perderiam com Nietzsche até os vestígios de fundamentação filosófica com que o irracionalismo ainda contava na época do jovem Schelling. Para que se entenda cabalmente o papel não só imediato, mas às vezes também amplamente mediado, de Marx no desenvolvimento intelectual alemão, é absolutamente necessário ter um conhecimento real de Hegel – de sua grandeza e de seus limites.

Essa questão não é menos importante para a compreensão da literatura alemã em seu apogeu. Em meus estudos sobre Hölderlin ou Heine, sobretudo nos estudos sobre *Fausto* de Goethe, apontei para essas relações do ponto de vista da poesia alemã. Ora, o fato de, neste livro, *Fenomenologia do espírito* estar no centro das exposições, sendo que naturalmente também aqui é evidenciada a profunda afinidade intelectual e ideal com *Fausto*, pode proporcionar ao leitor atento um complemento talvez até bem proveitoso à análise da obra de Goethe anteriormente publicada, na qual, pela própria natureza do tema, as proporções tiveram de ser invertidas. Similar é a situação em relação a quase todos os complexos de problemas da literatura progressista alemã. Considerando que o acerto de contas ideológico com o romantismo reacionário constitui questão central da história da literatura alemã, considerando que quanto mais reacionários seus representantes, tanto mais desmesuradamente glorificados eram, e considerando que a história da literatura alemã do período imperialista, quando não atuava de modo aberta e militantemente reacionário, tentava eliminar a oposição entre o classicismo alemão e o romantismo, o resgate intelectual das relações corretas é tarefa científica importante.

Essa empreitada é, ao mesmo tempo, do tipo que imediatamente reverte para a esfera político-cultural geral. Numa época em que o povo alemão ainda está em busca de seu rumo, em que parcelas importantes da inteligência alemã ainda não decidiram se querem avançar ou retroceder, a noção correta das lutas espirituais do passado mostra-se simultaneamente uma bússola para o futuro. O esforço deste autor com seus trabalhos na área da filosofia e da história da literatura sempre esteve a serviço das grandes tarefas daí resultantes. Ele acha que a aclaração da filosofia do próprio Hegel, bem como de sua relação com as tendências progressistas e reacionárias de seu tempo, igualmente pode ajudar a lançar mais luz sobre essa questão tão importante e tão atual.

Em tais decisões ideológicas, a questão da relação com Marx desempenha papel decisivo. Nesse tocante, reveste-se de importância não só a relação com Marx como pensador e político, filósofo, economista e historiador, mas também a compreensão do que Marx significou e significa para a cultura alemã. Thomas Mann escreveu há cerca de três décadas:

> Eu disse que a Alemanha só estará bem e terá encontrado a si mesma quando Karl Marx tiver lido Friedrich Hölderlin – um encontro, aliás, que estaria prestes a acontecer. Esqueci-me de acrescentar que uma tomada de conhecimento unilateral necessariamente permaneceria infecunda.

Isso por si só já é um programa cultural promissor, especialmente quando se recupera o autêntico Hölderlin – como tentou aqui e em outras ocasiões o autor deste livro. Seria, contudo, uma ilusão perigosa pensar que esse programa já tenha se concretizado, por pouco que seja, no povo alemão. A exclusão de Marx da consciência cultural alemã de amplas camadas da população representa uma imensa debilidade, que se manifesta a cada dia e a cada hora em todos os âmbitos da vida. O povo alemão, que tem tradições revolucionárias objetivamente mais fracas do que as de outras nações, não pode se dar o luxo de renunciar a esse valor central. Muitos caminhos levam ao desejável objetivo de evitar essa renúncia. Um deles é pôr a descoberto as raízes alemãs específicas da obra marxiana e, desse modo, deixar clara a profunda ligação de Marx com o desenvolvimento progressista alemão de Lessing a Heine, de Leibniz a Hegel e Feuerbach, o caráter profundamente alemão de sua obra desde a estruturação das ideias até a articulação linguística. Uma análise histórica apropriada de Hegel, que desde o princípio o examine e interprete da perspectiva de Marx, pode ser uma contribuição também para a resolução dessa tarefa.

Naturalmente, o presente livro é, antes de tudo, uma investigação científica de fatos e interconexões filosóficas e histórico-filosóficas. Seu valor depende de como ela logrou dar a essas questões uma explicação mais clara do que a que tinha sido alcançada até agora. Contudo, não há conhecimento isolado. A noção correta do desenvolvimento de Hegel levanta todas as questões que acabamos de esboçar, e este livro também pretende ter um efeito esclarecedor em todos esses sentidos. Se foi bem-sucedido ou malsucedido, não cabe ao autor se pronunciar. Ainda assim, é seu dever expor abertamente ao leitor suas intenções.

Budapeste, janeiro de 1954

Introdução

A história da gênese e do desenvolvimento da filosofia alemã clássica constitui um problema importante, ainda não totalmente esclarecido, para a história marxista da filosofia. Não obstante os clássicos do marxismo terem apontado reiteradamente a importância extraordinária dessa questão, não obstante Engels ter incluído Kant, Fichte e Hegel no rol dos ancestrais da filosofia do movimento revolucionário dos trabalhadores, não obstante Marx, Engels e Lênin, em diversos trabalhos bastante profundos, terem lançado uma luz bem forte sobre as questões centrais desse complexo, ainda falta muito para dar por terminada a elaboração dessa história.

Nem chegamos a uma aclaração histórica da formulação concreta dos problemas, a uma análise concreta dos fatos e dos textos disponíveis, a uma crítica radical das principais teorias burguesas falsas e equivocadas presentes nesse desenvolvimento.

A interpretação do surgimento histórico e do desenvolvimento da filosofia alemã clássica foi determinada por muito tempo, na ciência burguesa, pela concepção genial, embora idealisticamente desfigurada e em muitos aspectos esquematizada, do próprio Hegel. A ideia histórica genial de Hegel consiste na constatação da conexão interior, dialética, entre os sistemas filosóficos. Ele foi o primeiro a alçar a história da filosofia da condição de coletânea de anedotas e biografias, de constatações metafísicas a respeito da exatidão ou da falsidade das visões individuais de filósofos específicos, às alturas de ciência histórica efetiva. Em relação à história da filosofia alemã clássica, significa o seguinte: Hegel identifica na "filosofia transcendental", ou seja, na filosofia "crítica" de Kant, o ponto de partida da ascensão da filosofia dialética do idealismo, cuja culminação e finalização ele considera, com razão, seu próprio sistema, e com grande perspicácia e profunda capacidade de penetração nos problemas mais importantes da dialética (a coisa em si e sua cognoscibilidade, a antinomia e a teoria da contradição etc.) demonstra como das contradições e das ambiguidades do sistema kantiano se originou a problemática central de Fichte e como as contradições e as questões não resolvidas por este conduziram a Schelling e, em seguida, até ele mesmo.

Existe em tudo isso muito de verdadeiro e também de importante para a história marxista da filosofia. Ao ver, porém, na condição de idealista objetivo, a filosofia como o automovimento do conceito, Hegel é forçado a colocar, também nesse ponto, as conexões de cabeça para baixo. Engels mostra de forma reiterada que os sistemas filosóficos singulares partem diretamente dos problemas não resolvidos de seus predecessores, mas, na condição de dialético materialista, ele demonstra várias vezes que essa conexão puramente filosófica representa só a superfície da conexão real, que a história da filosofia precisa descer até as razões objetivas, mais profundas, reais, do desenvolvimento da filosofia. Quando o modo de manifestação imediato da história da filosofia é absolutizado idealisticamente como sequência "imanente" de sistemas filosóficos singulares que assume o caráter de "história dos problemas", como ocorre com o próprio Hegel, isso leva a que também o núcleo de verdade presente na constatação de tais conexões se manifeste de forma desfigurada, exagerada. A consequência disso já para o próprio Hegel é que o caráter irregular e intrincado da história real da filosofia inclusive desse período tenha de ser negligenciado e os reflexos, na realidade bastante complexos, dos processos reais da história, bem como as tentativas científicas de apreender dialeticamente os resultados do desenvolvimento da ciência natural, sejam reduzidos à conexão "imanente" de algumas categorias – muito importantes, sem dúvida.

Desse modo, surge um esquema de apreensão das conexões histórico-filosóficas que, no decorrer do posterior declínio da filosofia burguesa, levou a distorções e deturpações da história que nada tinham de científico.

No período da Segunda Internacional, essa concepção esquematicamente "imanente" da história da filosofia penetrou também na concepção de marxistas como Plekhánov e Mehring. As concepções histórico-filosóficas do idealismo de tendência menchevique são fortemente influenciadas pelos erros e pelas debilidades da concepção hegeliana da história da filosofia. Só mediante a suplantação desses erros, só mediante o conhecimento do progresso filosófico representado pelo período leninista-stalinista do marxismo, só mediante o estudo em especial das obras filosóficas de Lênin, conseguimos obter as condições para assumir um posicionamento coerentemente marxista-leninista também em relação a esses problemas. Nessa história da filosofia alemã clássica, nesse estudo crítico de seu desenvolvimento, as obras de Marx e Engels recém-descobertas e publicadas nas últimas décadas também desempenham papel decisivo.

Na filosofia burguesa mesma, a concepção hegeliana da história da filosofia não sobrevive por muito tempo após a derrota da revolução burguesa de 1848. Já antes desse período, entraram em cena muitas concepções hostis à história real, situadas bem abaixo do nível de Hegel. A principal dessas concepções a-históricas, a de Arthur Schopenhauer, só começou a exercer influência sobre círculos mais amplos depois da Revolução de 1848. A ideia básica de Schopenhauer consiste em considerar como grande *deviação* as tentativas empreendidas por Fichte, Schelling e Hegel de superar as contradições de Kant. Segundo Schopenhauer, a filosofia deve retornar ao único método correto: o de Kant; tudo o mais não passaria de enganação, palavreado vazio, charlatanice. Portanto, Schopenhauer liquida, por um lado, todo o desenvolvimento dialético da filosofia clássica alemã e exige um retorno à concepção metafísica da realidade. Por outro, ele "depura" o próprio Kant de todas as oscilações na direção do materialismo, reduzindo Kant e Berkeley a um denominador comum. (Em alguns aspectos, situa-se nessa mesma linha a influência de Herbart, que de resto é de outra natureza.)

Uma forma ainda mais tacanha dessa concepção, que no fundo representa uma anulação completa da história da filosofia clássica alemã, aparece nos neokantianos posteriores. O exemplo mais evidente disso pode ser visto nas obras de Otto Liebmann (*Kant und die Epigonen* [Kant e os epígonos], de 1865, etc.). Liebmann confere a supremacia filosófica ao neokantismo alemão que transforma Kant num filósofo 100% subjetivista e agnóstico, que rejeita como "metafísica não científica" toda busca por conhecer a realidade objetiva como ela é, independentemente da consciência. Desse modo, é desenvolvida no neokantismo, de forma coerente, em um tom mais prosaico e sem as intemperanças pitorescas de Schopenhauer, a linha schopenhaueriana da história da filosofia, a saber, a concepção da filosofia pós-kantiana como grande deviação da linha subjetivista de Kant, considerada a única correta. Hegel é tratado como "cachorro morto".

Essa concepção determina a maioria das exposições da história da filosofia alemã clássica, especialmente da hegeliana, escritas em meados do século XIX. No entanto, sobrevivem nesse período também resquícios do hegelianismo liberal nacionalista raso. Sua concepção ganha expressão nas conhecidas histórias da filosofia de Kuno Fischer e J. E. Erdmann. Contudo, o escrito mais importante publicado nessa época sobre Hegel, o de Rudolf Haym, no fundo não passa de um grande panfleto contra a "não cientificidade" do objetivismo e da dialética em Hegel.

Só no período imperialista seria retomado o estudo da filosofia clássica alemã. O neokantismo liberal satisfaz cada vez menos as necessidades ideológicas da burguesia imperialista da Alemanha. Surgem tendências cada vez mais fortes que, mesmo deixando intocados os fundamentos agnósticos do neokantismo, buscam uma renovação reacionária do idealismo objetivo (renovação do romantismo, "filosofia da vida", fenomenologia husserliana, "psicologia realista" de Dilthey etc.). Em contato íntimo com essas correntes reacionárias, ocorre uma renovação da filosofia clássica alemã, em primeira linha da hegeliana; em estreita conexão com ela, é levantado o problema de sua história, com a tendência de ir além tanto do esquematismo dos hegelianos tardios quanto de sua rejeição completa por parte dos neokantianos ortodoxos.

A "renascença" da filosofia clássica alemã no período imperialista não é, por conseguinte, nenhuma renovação nem um aprofundamento da dialética hegeliana, não é nenhuma concretização do historicismo hegeliano, mas uma tentativa de colocar a filosofia hegeliana a serviço da reconstrução reacionária e imperialista do neokantismo. Por essa razão, a polêmica dos teóricos e historiadores dos primórdios do neo-hegelianismo voltou-se principalmente contra os argumentos do período em que Hegel foi desacreditado, os quais contrapuseram Kant e Hegel de modo excludente. O neo-hegelianismo imperialista ignora por completo a crítica profunda e aniquiladora que Hegel fez do subjetivismo e do agnosticismo kantianos. Sua tese fundamental, ao contrário, é esta: a *unidade* da filosofia clássica alemã, sobretudo a unidade de Kant e Hegel. Todos esses filósofos (Windelband, J. Ebbinghaus, Brunstäd etc.) se empenham em provar que *todos* os problemas da filosofia de Hegel já estariam presentes em Kant, que Hegel teria apenas tornado consciente e explícito o que em Kant já existia de forma inconsciente e implícita. Desse modo, surge uma concepção da história que só na aparência externa constitui uma reiteração e uma renovação do esquema hegeliano do desenvolvimento da filosofia clássica alemã, concepção que contém uma versão intensificada de todos os erros idealistas e dos erros decorrentes da construção esquemática. Na realidade, porém, essa concepção é totalmente contrária à de Hegel. O próprio Hegel criticou com firmeza todos os predecessores pelos erros em que ficavam aquém do ponto de vista do idealismo objetivo e da dialética; ao mesmo tempo, ressaltou enfaticamente os traços em que havia pontos de partida de formulação e solução dos problemas dialéticos, submetendo-os à apreciação de sua importância histórica; os neo-hegelianos imperialistas, em contrapartida, tomaram o caminho inverso. Eles derivam Hegel de Kant, isto é, reconhecem em Hegel somente aquilo que pode ser coadunado sem esforço com o agnosticismo kantiano. Eles rebaixam toda a história do desenvolvimento da filosofia clássica alemã a um nível kantiano. Essa tendência pode ser vista com toda a clareza no neo-hegelianismo do período do pós-guerra – que opera de muitas maneiras com outros motivos ainda mais abertamente reacionários. Hermann Glockner, editor responsável pela nova edição das obras de Hegel, um dos líderes do neo-hegelianismo do pós-guerra, disse isto claramente no primeiro congresso sobre Hegel: "A questão hegeliana é, hoje, na Alemanha, em primeiro lugar, uma questão kantiana".

Só podemos apontar aqui de maneira sucinta os fundamentos gerais de cunho classista e os panos de fundo políticos dessa mudança da compreensão de Hegel. Um cotejo poderá lançar luz sobre essa situação modificada. Quando Haym, na época, combateu o objetivismo e a dialética da filosofia de Hegel, a principal tendência que o levou a fazer isso era liberal, ainda que já pendesse para o liberalismo nacionalista. Em todo caso, ele rejeitou como reacionárias as ideias de Hegel, ignorando por completo seu caráter dialético, e, ao fazê--lo, pensou que a eliminação da filosofia de Hegel fosse facilitar a formação de uma ideologia liberal. Em contraposição, para o conhecido historiador do período imperialista Friedrich Meinecke, estreitamente ligado aos neokantianos do sudoeste da Alemanha (Windelband, Rickert), a filosofia hegeliana é uma precursora da política e da concepção de Estado bismarckianas. A renovação do hegelianismo está, portanto, estreitamente ligada ao fato de já terem se extinguido no seio da burguesia alemã as resistências contra a forma bismarckiana da fundação do império, contra o caráter reacionário pseudoconstitucionalista da Constituição alemã – resistências que na época de Haym ainda estavam vivas e ativas, mesmo com a vacilação e a inconsequência próprias dos liberais. A intenção do neo-hegelianismo é promover ideologicamente a visão de mundo que possibilite a "reconciliação" completa, positiva e concreta da burguesia alemã com a forma do Estado bismarckiano. Está claro, portanto, que, para isso, ocuparão o primeiro plano justamente os motivos reacionários do pensamento filosófico de Hegel em todos os aspectos.

É óbvio, no entanto, que esses motivos reacionários do pensamento hegeliano não provêm só do âmbito histórico-político imediato. Os neo-hegelianos de que tratamos até agora almejaram uma ampliação e uma modernização do neokantismo, expandindo sua esfera de validade para toda a história da filosofia clássica alemã. No entanto, isso nem de longe satisfez todas as necessidades ideológicas reacionárias do período imperialista. Já falamos da importância crescente das correntes irracionalistas, da "filosofia da vida". A grande popularidade da forma diltheyana de renovação do hegelianismo está associada exatamente ao fato de que nela a dialética hegeliana foi falsificada no sentido da recepção filosófica do irracionalismo. Nesse aspecto, a monografia de Dilthey sobre o jovem Hegel*, datada de 1906, representou uma reviravolta na concepção alemã de Hegel. Nesse tocante, o essencial do ponto de vista da história da filosofia é que Dilthey vai ao encontro das tendências reacionárias imperialistas de renovação do romantismo pelo fato de situar Hegel no contexto mais próximo possível do romantismo filosófico – desconsiderando ou distorcendo os fatos históricos mais importantes.

O neo-hegelianismo do período do pós-guerra toma essencialmente os caminhos sinalizados por Dilthey, embora aproveite os resultados filosóficos das demais correntes do neo-hegelianismo. No livro *Von Kant zu Hegel* [De Kant a Hegel], decisivo para a fase posterior de desenvolvimento do neo--hegelianismo, Richard Kroner diz o seguinte: "A dialética é o irracionalismo transformado em método, feito racional". E a aspiração geral desses neo-hegelianos – como claramente se reflete nos discursos de Kroner, Glockner etc. em diversos congressos sobre Hegel – é efetuar, com o auxílio da "reconciliação" hegeliana e a aparente aplicação do método hegeliano da história da filosofia, uma "síntese" de todas as correntes filosóficas contemporâneas em seu tempo (incluindo a do fascismo).

---

* Wilhem Dilthey, *Die Jugendgeschichte Hegels und andere Abhandlungen zur Geschichte des deutschen Idealismus*, em *Gesammelte Schriften*, v. 4 (Leipzig/Berlim, B. G. Teubner, 1921). (N. E.)

Não é nenhum acaso que no início de todo esse desenvolvimento se encontre a monografia de Dilthey sobre Hegel, que tem o *jovem* Hegel como tema central. Dilthey supôs descobrir nos períodos de transição do desenvolvimento de Hegel, nos momentos de crise dessa mudança, certos motivos de seu pensamento que julgou aproveitáveis para realizar uma interpretação místico-irracionalista da filosofia de Hegel. Muito antes disso, ele já havia falsificado de modo correspondente a figura de Hölderlin, amigo de juventude e companheiro de Hegel exatamente nesse período. (Fiz uma crítica detalhada dessa falsificação reacionária de Hölderlin no meu ensaio sobre o seu *Hyperion* intitulado *Goethe und seine Zeit** [Goethe e sua época].) A concepção irracionalista que Dilthey tem da filosofia de Hegel introduz de modo retroativo na interpretação de Hegel certas tendências da dissolução alemã do hegelianismo. Em seu período tardio, o famoso esteticista hegeliano F. T. Vischer voltou-se contra suas próprias origens hegelianas e contrapôs à dialética hegeliana uma teoria mítica irracionalista. Dilthey, então, introduziu essa teoria retroativamente na interpretação da filosofia de Hegel. (Sobre essas conexões, confira o meu ensaio "Karl Marx und Friedrich Theodor Vischer" no livro *Beiträge zur Geschichte der Ästhetik*** [Contribuições à história da estética].)

Como vimos, a concepção diltheyana de Hegel tornou-se determinante para o desenvolvimento posterior do neo-hegelianismo. E isso levou a figura do jovem Hegel, que em Kuno Fischer ou Haym desempenha papel episódico, a ocupar de modo progressivo o centro do interesse da pesquisa sobre o hegelianismo. De modo cada vez mais enfático, os esboços e as anotações de Hegel, que em geral não eram destinados à publicação, passaram a ser interpretados de maneira que possibilitassem o surgimento do perfil de um filósofo "autenticamente alemão", isto é, irracionalista-místico, conveniente ao fascismo. O ponto alto desse desenvolvimento é representado pela monografia de T. Haering sobre Hegel (volume 1, 1929).

Embora representasse o ponto culminante da falsificação da história da filosofia na Alemanha em relação a Hegel, esse movimento gerou um resultado proveitoso: os manuscritos da juventude de Hegel, que até aquele momento se encontravam dispersos, ocultos e esquecidos, enfim foram publicados.

---

* Berlim, Aufbau, 1950. (N. T.)
** Berlim, Aufbau, 1953. (N. T.)

Desse modo, começamos a ter certa visão de conjunto do material referente ao desenvolvimento de Hegel na juventude.

Menciono a seguir as publicações mais importantes a esse respeito, às quais deveremos recorrer ininterruptamente na investigação concreta do desenvolvimento de Hegel em sua juventude:

Hegels theologische Jugendschriften [Os escritos teológicos da juventude de Hegel], editado por Hermann Nohl, Tübingen, 1907 (doravante citado como "Nohl");

"Die Verfassung Deutschlands" [A Constituição da Alemanha] e "System der Sittlichkeit" [Sistema da eticidade], ambos publicados nos *Schriften zur Politik und Rechtsphilosophie Hegels* [Escritos de Hegel sobre política e filosofia do direito], editados por G. Lasson, Leipzig, 1923 (doravante citado como "Lasson");

Jenenser Logik, Metaphysik und Naturphilosophie Hegels [Lógica ienense, metafísica e filosofia da natureza de Hegel], editado por G. Lasson, Leipzig, 1923 (doravante citado como *"Jenenser Logik"* [Lógica ienense]);

a preleção de Hegel da época que antecedeu imediatamente *Fenomenologia do espírito*, publicada sob o título *Jenenser Realphilosophie* [Filosofia real de Iena], volumes I e II, publicados por J. Hoffmeister, Leipzig, 1931 (doravante citado como *"Realphilosophie"* [Filosofia real]);

Dokumente zu Hegels Entwicklung [Documentos referentes ao desenvolvimento de Hegel], publicados por J. Hoffmeister, Stuttgart, 1936 (doravante citado como "Hoffmeister").

Todas essas publicações fornecem um material bastante rico – e até agora praticamente inexplorado – sobre a história da gênese da dialética hegeliana. A elaboração dessa história da gênese é facilitada em certos pontos pelo trabalho filológico realizado em conexão com a edição e a utilização desses textos. Nohl, Hoffmeister, Haering, Rosenzweig e outros, com base nas cartas e nos manuscritos que podem ser datados com segurança, fizeram uma investigação cronológica exata dos manuscritos de Hegel. Eles determinaram com precisão a cronologia da mudança de sua caligrafia e com a ajuda desses pontos de apoio fixaram a data em parte exata, em parte aproximada de cada um dos manuscritos. Na medida em que essa datação não puder ser verificada por nós, devemos tomá-la como base também para nossa cronologia, exceto quando se levantarem objeções muito graves de teor filosófico contra ela.

Contudo, isso nem de longe significa que já contemos com todos os documentos referentes ao desenvolvimento de Hegel em sua juventude ou que os tenhamos em condição cientificamente utilizável. Os editores originais do legado hegeliano foram inacreditavelmente levianos e negligentes com esse material. Parte dos manuscritos mais importantes de Hegel, pelo visto, está irremediavelmente perdida. É o caso, por exemplo, dos primeiros manuscritos econômicos do período de Frankfurt, sobretudo do grande comentário às obras de Steuart. No segundo capítulo deste livro, veremos claramente o tamanho do prejuízo que a perda justamente desse manuscrito representa para a pesquisa do desenvolvimento das noções econômicas de Hegel. Rosenkranz, que ainda o teve em mãos, não tinha a menor noção da importância da economia para as concepções de Hegel. Baseados apenas em suas observações, não conseguiríamos formar nenhuma visão clara sobre elas. Portanto, justamente em uma reviravolta decisiva do desenvolvimento de Hegel, dependemos de conjecturas, deduções a partir de observações dispersas, inferências a partir de obras posteriores etc.

Também no que se refere aos manuscritos que Rosenkranz editou integral ou parcialmente, as bases para a utilização científica são bastante imprecisas. Por exemplo, em sua descrição da vida de Hegel, ele imprimiu – todavia apenas parcialmente – anotações históricas de Hegel do período de Berna, observações filosóficas do período de Iena, mas sem indicar a que fase desses períodos pertencem as observações em questão. Não teria sido muito difícil para ele determinar isso, já que tinha os manuscritos em mãos. Hoje, depois que os manuscritos foram perdidos, dependemos também nesse ponto de conjecturas. A importância concreta das observações publicadas para o desenvolvimento de Hegel é muito grande, às vezes até determinante. Assim, as anotações de Berna contêm algumas observações sobre a Revolução Francesa. Nesse ponto, seria muito importante determinar exatamente a cronologia para discernir cada uma das fases do posicionamento de Hegel sobre essa questão; para distinguir, por exemplo, a que acontecimentos da Revolução Francesa elas respondem diretamente. Ainda mais importante seria o conhecimento da cronologia exata das anotações filosóficas de Iena. Como se sabe, em Iena Hegel lutou primeiro ao lado de Schelling contra Kant e Fichte; em seguida, na Introdução a *Fenomenologia do espírito*, voltou-se também contra o próprio Schelling. Essas anotações de Iena passam a apresentar observações críticas sobre os alunos de Schelling e também sobre o próprio Schelling. É evidente que, bem nesse ponto, o conhecimento do instante em que Hegel começou a voltar-se contra Schelling com sua crítica contundente, com certeza num tempo em que ele ainda não se pronunciava publicamente contra ele, mostraria o desenvolvimento de Hegel em sua juventude de modo bem mais concreto do que é possível fazer hoje de forma objetiva. Na exploração de um material desse tipo, portanto, só se pode considerar como base assegurada o período geral de seu surgimento.

No entanto, apesar de todas essas lacunas e deficiências, temos à disposição uma quantidade relativamente grande de material referente ao desenvolvimento de Hegel em sua juventude. E, dado que o neo-hegelianismo de matiz fascista usou esse período para fazer de Hegel um irracionalista conveniente aos fascistas, trata-se de tarefa essencial confrontar essas falsificações históricas com fatos históricos. Isso é tanto mais urgente porque as vozes da "novíssima ciência" se infiltraram também nos escritos marxistas, valendo-se da circunstância de os marxistas até agora quase não terem se ocupado com o desenvolvimento de Hegel em sua juventude. Devido a isso, no ano do centenário da morte de Hegel, 1931, os pseudomarxistas assumiram e difundiram literalmente a concepção diltheyana do desenvolvimento de Hegel em sua juventude.

O interesse pelo desenvolvimento de Hegel em sua juventude vai além da tarefa de destruir essas falsidades históricas de tendência fascistizante. Se examinarmos esse desenvolvimento com olhos marxistas, necessariamente veremos que se trata de uma fase muito importante da *história do surgimento da dialética* na Alemanha. Tampouco é indiferente para a correta concepção marxista das obras maduras de Hegel conhecer os caminhos pelos quais ele chegou a suas concepções. Desse modo, o posicionamento que assumiu em relação a seus predecessores, em relação a Kant, Fichte e Schelling, é iluminado de maneira bem mais concreta do que foi até agora. A lenda da vinculação de Hegel com o romantismo evidencia-se em completa nulidade e insustentabilidade. Em suma – e para um marxista isso de qualquer maneira está claro: é possível chegar a uma compreensão incomparavelmente melhor do Hegel tardio depois de acompanhar a história do surgimento de seu sistema, quando não se vinculam nem se contrastam, por exemplo, as obras da maturidade de Schelling com as obras maduras de Hegel de modo direto, sem examinar a gênese de ambas, como faz o próprio Hegel ao tratar as questões na perspectiva histórico-filosófica.

Ao mesmo tempo, a história do desenvolvimento da filosofia de Hegel suscita as grandes questões históricas que constituíram a base geral para o desenvolvimento da filosofia clássica na Alemanha, para o desdobramento do método dialético no interior dela até chegar à versão hegeliana da dialética. O presente trabalho não tem a pretensão de abranger toda a amplitude dessa grande questão nem mesmo em sua conexão com o desenvolvimento pessoal de Hegel. Ele se limita a *um componente* do desenvolvimento, a saber, o componente histórico-social.

Pois, no surgimento da dialética na filosofia clássica alemã, revestem-se de importância nada menos que decisiva a crise que imperava naquela época no desenvolvimento das ciências naturais, as descobertas extraordinariamente valiosas que revolucionaram os fundamentos da ciência natural estabelecida, o surgimento da nova ciência da química, a formulação dos problemas genéticos nas mais diferentes ciências naturais etc. Em seu livro sobre Feuerbach*, Engels descreve com riqueza de detalhes a influência dessa revolução das ciências naturais sobre a crise do pensamento metafísico e sobre o impulso da filosofia na direção da apreensão dialética da realidade.

Esse processo tão fundamental de desenvolvimento ainda não foi de fato investigado em sua totalidade. Por um longo período, a história burguesa da filosofia olhou para as "especulações filosófico-naturais" da filosofia clássica alemã do alto de sua arrogância. Em meados e no fim do século XIX, Marx e Engels foram os únicos que viram com clareza e consideraram condignamente os problemas reais desse período, apesar de sua forma de manifestação não só idealista, mas muitas vezes nada menos que mística demais. Engels escreve sobre isso no Prefácio de *Anti-Dühring*:

> É muito mais fácil atacar a antiga filosofia da natureza, em companhia do vulgo insensato ao estilo de Karl Vogt, do que valorizar o seu significado histórico. Ela contém muita coisa absurda e fantasiosa, mas não mais que as teorias não filosóficas contemporâneas dos pesquisadores empíricos da natureza, e, desde a disseminação da teoria da evolução, começou-se a reconhecer que ela também contém muita coisa com sentido e entendimento. [...] Os filósofos da natureza se comportam em relação à ciência da natureza conscientemente dialética como os utopistas em relação ao comunismo moderno.**

A pesquisa marxista dessas conexões pressupõe um conhecimento vasto e profundo da história concreta do desenvolvimento das ciências naturais em seu

---

* *Ludwig Feuerbach und der Ausgang der klassischen deutschen Philosophie* [Ludwig Feuerbach e o fim da filosofia alemã clássica], em Karl Marx e Friedrich Engels, *Werke*, v. 21 (5. ed., Berlim, Dietz, 1975), p. 259-307. (N. T.)

** Friedrich Engels, *Anti-Dühring. A revolução da ciência segundo o senhor Eugen Dühring* (trad. Nélio Schneider, São Paulo, Boitempo, 2015), p. 38, nota *. (N. T.)

conjunto. O autor deste livro não se considera competente nem mesmo para tangenciar essas questões. Essas observações visam tão somente a evidenciar ao leitor a necessária unilateralidade e a necessidade de complementação do presente estudo.

Essa complementação é necessária, importante e atual não só pelas razões há pouco indicadas. É preciso acrescentar que a atual filosofia reacionária do período imperialista adota uma postura bem mais positiva que a de suas predecessoras em relação à filosofia da natureza. Essa guinada, contudo, deixa a questão ainda mais confusa e distorcida. Isso porque aqueles que hoje chegaram a uma avaliação positiva da filosofia da natureza extraem justamente o que ela tem de absurdo, justamente o misticismo, justamente o aspecto reacionário em termos de ciência com a intenção de usá-la, desse modo, como arma para combater a concepção científica da natureza. A pesquisa sobre a conexão real entre o desenvolvimento da ciência natural daquela época e o surgimento do método dialético inclui, portanto, a luta contra as teorias fascistas hostis à ciência e contra suas precursoras.

Nosso estudo se ocupará ainda de outro complexo de questões concernentes à história do surgimento da dialética na filosofia clássica alemã, que igualmente se reveste de importância extraordinária, a saber, com a influência dos grandes acontecimentos sociopolíticos daquele período, em primeira linha com a Revolução Francesa e suas consequências para o nascimento do modo dialético de pensar na Alemanha.

A história das influências que a Revolução Francesa exerceu sobre a Alemanha também é uma área que nem de longe foi suficientemente investigada. A ciência histórica burguesa, em especial após 1848, sempre esteve empenhada em relegar as aspirações democrático-revolucionárias existentes na vida alemã ao mais completo esquecimento. Hoje não sabemos quase nada a respeito do grande número de alemães que aderiu de forma direta à Revolução Francesa. O único que não caiu no esquecimento total foi Georg Forster, graças ao renome de que já gozava como cientista da natureza e autor de livros, embora tampouco disponhamos hoje de uma investigação de fato marxista de sua atividade e de suas obras. Forster, contudo, é apenas um entre muitos – e só conseguiríamos um panorama real da influência da Revolução Francesa se fosse possível pesquisar esses fatos de maneira tão ampla quanto profunda. Ao fazer isso, é claro que seria preciso tentar investigar igualmente o estado de espírito das massas populares. O livro de memórias de Goethe, por exemplo, apesar da maneira extraordinariamente cuidadosa com que se expressa, permite ver com clareza quanto os acontecimentos na França afetaram a opinião pública alemã.

Tal investigação, porém, jamais deixará de considerar quanto a Alemanha daquela época estava atrasada tanto em termos socioeconômicos como em termos políticos. As declarações e os posicionamentos individuais de alemães a respeito da Revolução Francesa precisam ser analisados sempre segundo essa perspectiva. As categorias políticas que surgiram e se desenvolveram na França como consequências necessárias das lutas de classes reais não podem, portanto, ser aplicadas de maneira mecânica, sem mais nem menos, aos reflexos ideológicos desses eventos na Alemanha atrasada. Pondere-se, por exemplo, que, na própria França, os girondinos passaram um longo período participando das reuniões do clube dos jacobinos, e só o aguçamento das reais lutas de classes provocou a diferenciação clara e apropriada dos partidos. Por isso, seria procedimento mecânico e falso usar as etiquetas políticas da própria Revolução Francesa para caracterizar posicionamentos e declarações alemãs específicas, visto que aquela diferenciação social real só se constituiu na Alemanha muito tempo depois.

Acrescente-se a isso ainda outro problema fundamental, a saber, questão central da revolução burguesa na Alemanha. Como se sabe, Lênin caracterizou a instauração da unidade nacional dos alemães como a questão central dessa revolução na Alemanha. Ora, o entusiasmo com a Revolução Francesa forçosamente produziu na Alemanha uma tremenda intensificação do sentimento nacional, um forte anseio por acabar com a fragmentação em pequenos Estados feudais absolutistas e com a impotência nacional, um desejo profundo de ter uma Alemanha livre e unida. Contudo, os fundamentos histórico-universais dessas tendências abrigavam uma contradição indissolúvel. Marx escreve que, na luta dos espanhóis para se libertarem de Napoleão – como em todo movimento libertário similar da época –, "a reação se parelha com a restauração"*. O conteúdo dessa observação penetrante de Marx aplica-se tal e qual à Alemanha daquele tempo. Por um lado, as guerras revolucionárias da República francesa forçosamente se converteram em guerras de conquista. E mesmo que as

---

* A frase completa de Marx é: "Todas as guerras de independência travadas contra a França portam um rótulo comum: o da restauração pareada com a reação; mas em lugar nenhum tão intensamente quanto na Espanha". Karl Marx, *Das revolutionäre Espanha* [A Espanha revolucionária], em Karl Marx e Friedrich Engels, *Werke*, v. 10 (Berlim, Dietz, 1961), p. 444. (N. T.)

conquistas napoleônicas tenham eliminado todos os resquícios feudais, inclusive e em especial na Renânia, e, desse modo, tenham cumprido objetivamente a missão da revolução burguesa, essas mesmas conquistas concomitante e necessariamente deixaram o povo alemão ainda mais desunido e impotente. Por outro lado, em decorrência do atraso social da Alemanha, os movimentos nacionais estavam imbuídos de um misticismo reacionário. Eles não eram capazes de se livrar revolucionariamente do jugo dos pequenos príncipes para depois organizar uma resistência nacional democrática contra a conquista napoleônica. Eles estavam tão enfraquecidos que nem mesmo conseguiram levantar essa questão – e tentaram organizar a resistência nacional em aliança com e sob a liderança das monarquias reacionárias da Prússia, da Áustria etc. Por essa razão, tornaram-se objetivamente, por necessidade histórica, promotores da reação que dominou toda a Alemanha após a queda de Napoleão.

Encontramos essas contradições objetivas na vida, no pensamento e nos atos de todos os alemães eminentes desse período. Quer se trate de comandantes militares e estadistas como o barão de Stein, de Gneisenau ou de Scharnhorst, quer se trate de escritores como Goethe e Schiller, quer se trate de filósofos como Fichte e Hegel: toda a obra da vida deles é dominada por essas contradições e por sua insolubilidade.

A descrição histórica desse período conta, portanto, com a tarefa complexa e dupla de ter em vista constantemente a um só tempo o grande acontecimento histórico-universal e seu reflexo distorcido na Alemanha atrasada. Marx expressou claramente essa conexão em relação a Kant em *A ideologia alemã*; ele encontra no pensamento de Kant uma reverberação da "forma característica que assumiu na Alemanha o liberalismo francês, que se baseia em interesses de classe reais"*, e acrescenta de imediato que, pelo atraso da Alemanha, ocorre, nesse ponto, uma deturpação essencial dos problemas. Marx explica: Kant

> separou essa expressão teórica dos interesses que ela expressa, fez das determinações materialmente motivadas da vontade dos burgueses franceses *puras* autodeterminações da "*vontade livre*", da vontade em si e para si, da vontade humana, transformando-a, desse modo, em puras determinações conceituais ideológicas e postulados morais.**

---

* Karl Marx e Friedrich Engels, *A ideologia alemã* (trad. Rubens Enderle, Nélio Schneider e Luciano Martorano, São Paulo, Boitempo, 2007), p. 194. (N. T.)

** Idem. (N. T.)

Aqui Marx desvendou com inigualável precisão uma das razões essenciais pelas quais, na Alemanha, esse desenvolvimento filosófico tinha de ser idealista. Ao fazê-lo, caracterizou de modo igualmente preciso e claro as deformações inevitáveis dos problemas que o idealismo filosófico produziria.

Contudo, esse tipo de explicação genética do caráter idealista da filosofia clássica alemã e essa crítica enérgica de suas debilidades idealistas de modo nenhum esgotam os problemas históricos dessa época da história da filosofia. O próprio Marx enfatiza, em Teses sobre Feuerbach, os aspectos positivos do idealismo clássico. Após uma crítica ao caráter meramente contemplativo do antigo materialismo, ele diz: "Daí o lado *ativo*, em oposição ao materialismo, ter sido abstratamente desenvolvido pelo idealismo – que, naturalmente, não conhece a atividade real, sensível, como tal"*. Desse modo, Marx enuncia os princípios essenciais de uma crítica correta e fecunda, autenticamente histórica, da filosofia hegeliana, de uma crítica feita por ele mesmo em seus escritos da juventude e feita também, muitas décadas depois dele, por Lênin, em observações geniais sobre as obras de Hegel**.

A tarefa do historiador da filosofia clássica alemã consiste, portanto, em elaborar concretamente para a dialética o efeito fecundo desse "lado ativo". Ele deve mostrar em paralelo como, em decorrência do reflexo de grandes acontecimentos da história universal na Alemanha atrasada, surgiu essa abstração idealista da atividade humana real e, ao mesmo tempo, como foram apreendidos de modo genial, nesse reflexo abstrato e parcialmente distorcido da realidade, determinados princípios universais da atividade, do movimento etc. Pois a tarefa do historiador da filosofia seria simples, unilateral e limitada demais se ficasse reduzida à constatação das consequências negativas do atraso da Alemanha. O papel que a filosofia clássica alemã desempenhou na história mundial em prol do pensamento humano constitui fato histórico que precisa ser derivado em termos marxistas das circunstâncias sociais concretas daquela época.

Foi nessa linha que Marx e Engels criticaram a filosofia clássica alemã. Nesse tocante, sua tradição desapareceu durante o período da Segunda Internacional. E também nesse ponto Lênin foi o primeiro a retomar, renovar e aprofundar a linha de Marx. Ele escreve sobre a crítica feita a Kant por seus contemporâneos:

---

* Karl Marx, 1. Ad Feuerbach (1845), em Karl Marx e Friedrich Engels, *A ideologia alemã*, cit., p. 533. (N. T.)

** Vladímir Ilitch Lênin, *Cadernos sobre a dialética de Hegel* (Rio de Janeiro, Editora UFRJ, 2011); a passagem citada encontra-se na p. 157. (N. E.)

1. Plekhánov critica o kantismo (e o agnosticismo em geral) mais do ponto de vista materialista vulgar que do ponto de vista materialista dialético, *na medida em que refuta* as argumentações apenas *a limine*, mas não as *retifica* (como Hegel retificou Kant), pois senão as teria aprofundado, generalizado, ampliado, teria evidenciado as *interconexões* de todos e cada um dos conceitos e as *transições* entre eles. 2. Os marxistas criticam (no início do século XX) os kantianos e os adeptos de Hume mais nos termos de Feuerbach (e Büchner) que nos de Hegel.*

É evidente que o conteúdo dessas importantes observações de Lênin também se refere tal e qual à metodologia da abordagem histórica e crítica da filosofia de Hegel.

Em uma de suas cartas, Engels demonstrou de modo elegante e convincente que a hegemonia filosófica passou sucessivamente da Inglaterra para a França, da França para a Alemanha, e que também na área da filosofia de modo nenhum o papel de liderança foi sempre desempenhado pelo país econômica e socialmente mais desenvolvido; que, nesses países específicos, de modo nenhum o ponto culminante do desenvolvimento econômico sempre coincide com o da filosofia; que, portanto, também essa área é regida pela lei do desenvolvimento desigual.

Os lances fecundos e geniais da filosofia clássica alemã estão estreitamente ligados ao reflexo intelectual que ela operou dos grandes acontecimentos mundiais desse período. Da mesma forma, os aspectos obscuros não só do método idealista em geral, mas também de sua execução concreta em pontos específicos, constituem reflexos da Alemanha atrasada. É a partir dessa interação bastante complicada que deve ser elaborada a interconexão dialética viva no desenvolvimento da filosofia clássica alemã.

Repetimos: os acontecimentos históricos centrais, cujos reflexos intelectuais temos de examinar aqui, são a Revolução Francesa e as grandes lutas de classes que decorreram dela na França, bem como sua influência sobre os problemas internos da Alemanha. E, de modo geral, pode-se dizer que os grandes representantes ideológicos desse período ficam tanto maiores quanto mais intensamente os acontecimentos internacionais da história universal ocupam o primeiro plano de seus interesses. A filosofia de Fichte ruiu diante da insolubilidade das contradições da revolução nacional-democrática na Alemanha.

---

* Vladímir Ilitch Lênin, Konspekt zu Hegels "Wissenschaft der Logik" [Conspecto da "Ciência da lógica" de Hegel], em *Werke*, v. 38 (Berlim, Dietz, 1964), p. 168. (N. T.)

Em contraposição, a poesia de Goethe, *Fenomenologia do espírito* e *Lógica* de Hegel são obras que, desde o surgimento, tiveram influência decisiva sobre todo o desenvolvimento ideológico.

A posição que Hegel assume nesse desenvolvimento e sua orientação nos grandes acontecimentos contemporâneos e significativos para a história universal, porém, têm um traço peculiar que o diferencia de todos os contemporâneos na área da filosofia. Hegel não só detém, na Alemanha, a compreensão mais elevada e justa da essência da Revolução Francesa e do período napoleônico, como é, ao mesmo tempo, o único pensador alemão que analisou seriamente os problemas da Revolução Industrial na Inglaterra; ele foi o único a estabelecer uma conexão entre os problemas da economia inglesa clássica e os problemas da filosofia, ou seja, os problemas da dialética. Em *A ideologia alemã*, Marx mostrou que as ideias econômicas adquiriram, entre os materialistas franceses, uma formulação filosófica abstrata, que correspondia às necessidades ideológicas da burguesia que se preparava para a revolução. Ele mostrou, ainda, que essas ideias retornaram em seguida para a Inglaterra a fim de receber ali uma formulação economicamente mais concreta, que, no entanto, entre os ideólogos da burguesia que já tomara o poder, necessariamente levou a uma superficialidade filosófica completa (cf. Marx sobre Bentham*). Por outro lado, a oposição diversificada às influências sociais e econômicas do violento desenvolvimento capitalista constitui um dos principais momentos geradores do romantismo. A apreensão dialética desses problemas por Hegel encontra-se tão distante da superficialidade de Bentham quanto da falsa e reacionária "profundidade" do romantismo. Seu empenho vai, sobretudo, no sentido de apreender cognitivamente a real estrutura interior, as reais forças motrizes de seu tempo – ou seja, do capitalismo –, e desvendar a dialética de seu movimento.

Seria errado restringir essa tendência da filosofia de Hegel às observações em que ele discute expressa e diretamente os problemas da sociedade capitalista. Essa discussão determina, muito antes, a construção de seu sistema, a peculiaridade e a magnitude de sua dialética. Justamente nesse ponto reside uma das fontes mais importantes de sua superioridade filosófica, de sua superioridade dialética em comparação a seus contemporâneos. Nosso estudo se propõe a

---

* Karl Marx e Friedrich Engels, *A ideologia alemã*, cit., p. 397-9. Cf. também Karl Marx, *O capital: crítica da economia política*, Livro I: *O processo de produção do capital* (trad. Rubens Enderle, São Paulo, Boitempo, 2013), p. 684-7. (N. T.)

apontar pelo menos os indícios, a apresentar um esboço dessa interação no que se refere ao desenvolvimento do jovem Hegel. Ele indicará que, em um ponto crítico decisivo de seu desenvolvimento, a saber, no período em que se desiludiu com os ideais revolucionários da grande revolução contemporânea, foi exatamente o estudo da economia política, das condições econômicas da Inglaterra, que lhe proporcionou a bússola para sair desse labirinto e encontrar o caminho que o levaria à dialética. Procuraremos mostrar concretamente que a apreensão dos problemas econômicos foi de suma importância para o surgimento do pensamento conscientemente dialético no jovem Hegel.

Essa concepção da filosofia hegeliana nada mais é que a tentativa de aplicar ao desenvolvimento pelo qual Hegel passou na juventude a concepção genial enunciada por Marx em 1844, em *Manuscritos econômico-filosóficos*:

> A grandeza da *Fenomenologia* hegeliana e de seu resultado final [...] é que Hegel toma, por um lado, a autoprodução do homem como um processo [...] é que compreende a essência do *trabalho* e concebe o homem objetivo, verdadeiro, porque homem efetivo, como o resultado de seu *próprio trabalho*.*

Marx mostra aqui que a filosofia hegeliana constitui um movimento intelectual muito análogo à economia inglesa clássica. Todavia, ao passo que nesta aparecem os problemas concretos das sociedades burguesas em sua legalidade econômica concreta, Hegel apresenta apenas o reflexo (idealista) abstrato de seus princípios gerais: em contrapartida, Hegel é o único que apreende o caráter dialético desse movimento e, a partir daí, avança para a formulação da dialética universal. (Devo relembrar ao leitor o que já ressaltamos: com tudo isso apenas tocamos um dos aspectos do surgimento da dialética hegeliana.)

De acordo com as exposições feitas até aqui, deve ter ficado claro para o leitor que essa grandiosa concepção da dialética da sociedade humana é precisamente uma dialética *idealista*, com todos os equívocos, as limitações e as deturpações que o idealismo necessariamente introduz na concepção da dialética. A missão deste estudo é evidenciar de modo concreto precisamente a interação viva entre os aspectos significativos e os aspectos débeis em cada uma das etapas do surgimento da dialética hegeliana. O autor espera que logo surjam trabalhos que complementem e corrijam a unilateralidade com que o

---

* Karl Marx, *Manuscritos econômico-filosóficos* (trad. Jesus Ranieri, São Paulo, Boitempo, 2004), p. 123. (N. T.)

problema foi exposto aqui – trabalhos que se ocupem da influência das ciências naturais sobre o surgimento da dialética hegeliana. Somente quando estes estiverem disponíveis, teremos diante de nós de maneira clara e compreensível o desenvolvimento de Hegel em seu conjunto. É provável que eles concretizem e corrijam o que neste trabalho deriva, necessariamente, da unilateralidade de sua colocação. O autor espera, contudo, que tenha exposto de modo correto *em seus traços básicos* o desenvolvimento de Hegel – na medida em que se pode apreendê-lo com base no material conhecido até o momento.

Se alcançar esse objetivo, o estudo terá levado para o primeiro plano um ponto de vista metodológico para a história da filosofia, cuja importância transcende o fato de ser um passo inicial para a compreensão correta do desenvolvimento de Hegel em sua juventude. Referimo-nos à conexão entre economia e filosofia, entre economia e dialética. Com o passar do tempo, a exposição da história da filosofia, visando a desvendar e explicitar as conexões mais profundas, cada vez mais viu-se forçada a ir além dos complexos de problemas filosóficos no sentido estrito e voltar sua atenção para o crescimento histórico do pensamento humano na ampla totalidade da apreensão científica da realidade concreta. É natural que, nesse processo, as ciências naturais ocupassem e ocupem o primeiro plano. A investigação da interação entre ciência natural, de um lado, e metodologia filosófica, teoria do conhecimento e lógica, de outro, gerou resultados consideráveis, ainda que permanentemente tenha padecido do fato de vislumbrar no agnosticismo de Kant ou de Berkeley-Hume o ponto alto, o parâmetro metodológico e, por essa razão, não tenha se dado conta das inter-relações complexas entre a dialética filosoficamente consciente, embora idealista (filosofia alemã da natureza), e a dialética teoricamente não aclarada que brota da práxis das ciências naturais (Lamarck, Darwin etc.). Em contrapartida, a relação metodológica entre filosofia e assimilação intelectual dos fenômenos sociais praticamente ainda não foi investigada.

Acreditamos que não seja casual. A razão está na própria situação social e em seu desenvolvimento. Enquanto nos primórdios da economia burguesa os grandes representantes da nova ciência a identificaram, de um lado, como a ciência fundamental da vida social e, de outro, com imparcialidade honrada e ingênua vislumbraram nas categorias econômicas *relações entre seres humanos*, depois a fetichização das categorias econômicas, levada a cabo de maneira crescente e com necessidade objetiva pelo desenvolvimento do capitalismo, penetrou cada vez mais fundo e de modo determinante na metodologia das ciências sociais. A metodologia passa a operar cada vez mais exclusivamente com tais categorias fetichizadas, sem conseguir chegar às relações entre os seres humanos (e, por intermédio destas, a suas relações com a natureza); de ciência fundamental da vida social, a metodologia econômica se converte – em paralelo a esse desenvolvimento e muito em decorrência dele – em ciência das numerosas disciplinas científicas individuais rigorosamente especializadas. Visto que a filosofia também tomou – em grande parte – esse caminho da especialização das ciências específicas, é compreensível que nem tenha ocorrido aos filósofos a ideia de se deixar inspirar metodologicamente pelo estudo específico do desenvolvimento das categorias econômicas.

Repetimos: a posição dos antigos economistas em relação a essas questões era bem diferente. Galiani disse que "o valor é uma relação entre pessoas" e, ainda na época da dissolução da escola de [David] Ricardo, esse caráter das categorias econômicas é consciente e energicamente ressaltado, por exemplo, por Thomas Hodgskin. Esse importante conhecimento, contudo, é só metade da verdade. Ao citar as palavras recém-referidas de Galiani, Marx faz o seguinte comentário: "Ele deveria ter acrescentado: uma relação escondida sob um invólucro material (*dinglich*)"*. E, em sua análise crítica de Hodgskin, Marx expõe o seguinte:

> Noutras palavras, diz, portanto, Hodgskin: os efeitos de determinada forma social do trabalho são imputados à coisa, aos produtos desse trabalho: a relação mesma é fantasiada em forma *material* (*dinglich*). Vimos que essa é uma característica específica do trabalho baseado na produção de mercadorias, no valor de troca, e que esse quiproquó se manifesta na mercadoria, no dinheiro (o que Hodgskin não vê) e com potência mais alta no capital. Os efeitos das coisas como momentos objetivos do processo de trabalho lhes são atribuídos no capital, como se os possuíssem em sua personificação, em sua independência em relação ao trabalho. Cessariam de ter esses efeitos, se cessassem de se comportar dessa *forma estranhada* em confronto com o trabalho. O *capitalista* como capitalista é mera personificação do capital, essa criação do trabalho em oposição ao trabalho, dotada de vontade própria e personalidade. Hodgskin concebe isso como ilusão puramente subjetiva, atrás da qual se escondem a impostura e o interesse das classes exploradoras. Não vê que o modo de representação surge da própria relação real, esta não expressa aquela, mas ao contrário.[1]

---

* Sobre essa citação, ver Marx, O *capital*, Livro I, cit., p. 149, nota 27. (N. T.)

[1] [Karl] Marx, *Theorien über den Mehrwert* (Stuttgart, [Dietz,] 1921), v. III, p. 354 e seg. [Ed. bras.: *Teorias da mais-valia*, trad. Reginaldo Sant'Anna, São Paulo, Difel, 1985, v. III, p. 1.342-3, modif.]

Desse modo, encontramo-nos no centro da inter-relação de categorias econômicas e categorias filosóficas: as categorias dialéticas das ciências sociais aparecem como reflexos intelectuais da dialética que sucede na vida dos seres humanos de maneira objetiva e independentemente de seu saber e sua vontade, da dialética cuja objetividade converte a realidade social em "segunda natureza". Uma reflexão mais aprofundada mostra, ademais, que exatamente nessa dialética da economia, quando compreendida de forma correta, ganham expressão as relações inter-humanas mais originárias, fundamentais, mais determinantes; que é justamente a economia que constitui o terreno em que a dialética da vida social pode ser estudada em sua feição genuína. Por isso, de modo nenhum é casual que a hora do nascimento do materialismo dialético – do ponto de vista da teoria da ciência – tenha coincidido com a descoberta dessa dialética da vida econômica. O "esboço genial"* que Friedrich Engels elaborou das categorias econômicas em *Anais Franco-Alemães* e *Manuscritos econômico-filosóficos* de Marx assinala claramente esse início. Tampouco é casual que esta última obra forneça uma análise, de um lado, da essência dialética das concepções dos clássicos da economia e, de outro, das bases econômicas de *Fenomenologia do espírito***, de Hegel.

Como verá o leitor, essas observações de Marx se tornaram determinantes para nosso estudo. Estendemo-nos um pouco mais sobre elas por pensar que, nesse ponto, abre-se uma porta para a ampliação metodológica fecunda da história da filosofia. Nosso estudo examina a inter-relação do desenvolvimento das concepções econômicas de Hegel e de sua dialética puramente filosófica, e esperamos que com o auxílio desse novo ponto de vista tenhamos logrado revelar no âmbito científico conexões ainda não identificadas ou que até agora foram vistas de maneira equivocada.

E se restringiria a Hegel essa formulação do problema? Seria ele o único pensador importante, em cuja obra a economia ocupa posição destacada? De

---

* Referência a "Umrisse zu einer Kritik der Nationalökonomie", em Karl Marx e Friedrich Engels, *Werke*, v. 1 (Berlim, Dietz, 1976), p. 499-524 (ed. bras.: Friedrich Engels, "Esboço de uma crítica da economia política", em *Temas de ciências humanas*, v. 5, trad. Maria Filomena Viegas, São Paulo, 1979, p. 1-29), primeiro publicado em *Anais Franco-Alemães*. Marx o qualificou de "esboço genial" em "Zur Kritik der Politischen Ökonomie" [Para a crítica da economia política], em Karl Marx e Friedrich Engels, *Werke*, v. 13 (7. ed., Berlim, Dietz, 1971), p. 10. (N. T.)

** Trad. Paulo Meneses, Petrópolis/Bragança Paulista, Vozes/Universidade São Francisco, 2002. (N. T.)

imediato todo conhecedor da filosofia inglesa negará energicamente. Ele sabe das relações existentes entre Hobbes e Petty; ele sabe que Locke, Berkeley e Hume também eram economistas, que Adam Smith também foi filósofo, que não se pode sequer pensar em separar as concepções sociais de Mandeville de suas noções econômicas etc. etc. Ao mesmo tempo, ele sabe que a conexão metodológica, por exemplo, entre a economia e a teoria do conhecimento de Locke constitui um tema até agora inexplorado, que a bibliografia disponível se limitou a constatar essa união pessoal de economia com filosofia no plano biográfico e, em seguida, tratou separadamente os dois campos de atividade dos referidos pensadores.

Obviamente tais conexões não existem só na filosofia inglesa. Desde Platão e Aristóteles, e mesmo desde Heráclito, dificilmente haverá um pensador universal, um verdadeiro filósofo, que deixe totalmente de lado esse complexo de problemas. Todavia, de modo nenhum é necessário que os pensadores ocupados das relações entre os homens – que, na era moderna, tornaram-se objeto da própria ciência da economia – tenham feito isso conscientemente e as tenham concebido como problemas específicos da economia; basta que de alguma forma as tenham formulado como problema.

Na opinião deste autor, deparamo-nos aqui com um campo novo extraordinariamente fértil da história da filosofia. Por conseguinte, ele finaliza estas observações introdutórias na expectativa de que esse campo muito em breve seja cultivado com energia e de que esta primeira tentativa de desvendar tais conexões logo seja suplantada por outros trabalhos mais abrangentes.

1
O período republicano do jovem Hegel (Berna, 1793-1796)

I. O período "teológico" de Hegel: uma lenda reacionária

O ponto de partida para o desenvolvimento de Hegel, como o de quase todos os personagens significativos da Alemanha que viveram nessa época, é o Iluminismo. Esse também é um campo vasto e até agora pouco investigado da história da filosofia. Pois, por um longo período, a história da literatura e da filosofia na Alemanha esteve empenhada em levantar uma muralha chinesa entre o Iluminismo e o período clássico. De maneira completamente equivocada, concebeu-se inclusive o *Sturm und Drang* [Tempestade e ímpeto] como diametralmente oposto ao Iluminismo. Foi só nas últimas décadas, em que a ciência histórica começou a remodelar também o Iluminismo em sentido reacionário e apologético, que se conferiu um pouco mais de peso a essas conexões, visando a facilitar uma reinterpretação reacionária dos vultos significativos do período clássico com o auxílio dessa concepção de Iluminismo.

Uma história da filosofia de cunho marxista terá de examinar mais detidamente o caráter de classe do Iluminismo alemão, bem como a influência do Iluminismo francês e do inglês sobre a Alemanha. Ela terá de desvendar quais foram os antagonismos de classe que imperaram no Iluminismo alemão. Pois de pronto se vê que, na Alemanha, a ideologia do Iluminismo serviu tanto aos propósitos do absolutismo dos pequenos Estados feudais quanto aos dos revolucionários burgueses ideologicamente organizados. Esse antagonismo no interior do Iluminismo já havia sido ressaltado por Marx em *A ideologia alemã*.

A condição mais avançada da França e a correspondente diferenciação bem mais nítida das classes, o caráter mais resoluto e claro da luta de classes, fizeram com que ali os iluministas mais significativos se tornassem ao natural os ideólogos da preparação para a revolução burguesa. Como na Alemanha a revolução burguesa não constava de fato na ordem do dia, a influência dos iluministas franceses sobre ela foi muito mais difusa e dividida do que na própria França.

O absolutismo feudal e seus ideólogos tentaram muitas vezes se aproveitar de determinados aspectos do Iluminismo para seus próprios fins. A oposição, especialmente a oposição sociopolítica dos iluministas alemães, era muito mais fraca do que teria sido em um país economicamente mais desenvolvido. E esse caráter do Iluminismo alemão se reflete em todos os terrenos ideológicos. Enquanto a linha de desenvolvimento na França segue cada vez mais claramente na direção do materialismo resoluto de Diderot, Holbach e Helvécio, o Iluminismo alemão é dominado apenas pela ideia de uma "religião da razão". Na Alemanha daquela época, ateístas e materialistas constituem exceções, sendo, na maioria, figuras solitárias (como, por exemplo, J. C. Edelmann). O extremo do radicalismo a que chegaram os precursores do Iluminismo alemão foi um panteísmo espinosista. No entanto, mesmo o ato de confessar-se adepto de tal panteísmo, como foi o caso do velho Lessing ou do jovem Goethe, provocava perplexidade e susto nas fileiras dos iluministas alemães comuns. É extraordinariamente significativo que Lessing não tenha compartilhado suas convicções espinosistas com o iluminista alemão Moses Mendelssohn, com quem de resto cultivava estreita amizade, e que, por isso, Mendelssohn tenha ficado profundamente abalado quando esse espinosismo de Lessing se tornou conhecido após sua morte por meio da publicação do diálogo com F. [Friedrich] H. [Heinrich] Jacobi.

O âmbito deste estudo obviamente não permite investigar o Iluminismo alemão como tal. Para nossos fins, deve satisfazer a constatação de que o ensino no Tübinger Stift*, onde o jovem Hegel cumpriu seus estudos universitários, era conduzido nos termos de um Iluminismo adaptado às condições da corte. Recentemente chegou a nossas mãos uma série de excertos (publicados por Hoffmeister)** dos quais se depreende com clareza que o jovem Hegel tinha intimidade com toda a literatura do Iluminismo alemão, assim como do francês

---

* Fundação Evangélica de Tübingen, internato de alto nível fundado na época da Reforma luterana para garantir a formação de pastores para as novas comunidades; tornou-se referência em formação teológica e humanista de alto nível na Alemanha. (N. T.)

** Johannes Hoffmeister, *Dokumente zu Hegels Entwicklung* (Stuttgart, F. Fromanns, 1936). (N. T.)

e do inglês. Também seus estudos posteriores em Berna evidenciam que ele se ocupou detidamente da literatura do Iluminismo, abrangendo não só a ciência histórica e a filosofia, mas também as belas-letras desse período. (Assim, por exemplo, nos excertos de Berna, é citado um romance de Marivaux.) A maior parte dessas leituras, ainda mais no período inicial, é de iluministas alemães. Nos já mencionados excertos de Tübingen, encontramos praticamente todos os iluministas alemães, inclusive os do baixo escalão, não só listados, como tratados de modo mais ou menos extenso. Em especial no início do período em Berna encontram-se seguidamente referências a uma obra muito famosa naquela época: *Jerusalém*, de Mendelssohn*. Hegel recorre com bastante frequência aos escritos e às poesias de Lessing, em primeira linha a *Natan, o sábio***.

Isso, contudo, nem de longe esgota o leque a leituras do jovem Hegel no período em que estudou em Tübingen. De suas anotações decorre muito claramente que ele tinha conhecimento preciso dos grandes vultos do Iluminismo francês, de Montesquieu, Voltaire, Diderot, Holbach, Rousseau e outros. Seus estudos históricos devem ter sido bem amplos, em especial em Berna. O teor dos excertos deixa claro que ele pesquisou minuciosamente as obras de Hugo Grotius, *História da Índia* de Raynald, *História da Grã-Bretanha* de Hume***, *Declínio e queda do Império Romano* de Gibbon****. Acrescenta-se a leitura de obras históricas de Schiller, de alguns artigos de Benjamin Constant e dos escritos do revolucionário alemão Georg Forster. É óbvio que, pelas condições da formação oferecida naquela época, Hegel tinha um conhecimento preciso dos filósofos e historiadores da Antiguidade. Neste ponto, é importante constatar que sua interpretação de historiadores e filósofos da Antiguidade situa-se do início ao fim na linha do Iluminismo franco-inglês. Também para o jovem Hegel – como mostraremos em detalhes nas exposições a seguir – a antiga república citadina (*pólis*) não é um fenômeno social do passado que nasceu e morreu sob condições concretas bem determinadas, mas constitui o modelo eterno, o ideal não alcançado para uma mudança atual da sociedade e do Estado.

---

*   Moses Mendelssohn, *Jerusalem oder über religiöse Macht und Judenthum* (Berlim, Maurer, 1783). (N. T.)
**   Gotthold Ephraim Lessing, *Nathan der Weise. Ein dramatisches Gedicht* (Stuttgart, Reclam, 1779). (N. T.)
*** David Hume, *Geschichte von Großbritannien* (Frankenthal, Gegel, 1786). (N. T.)
**** Edward Gibbon, *The History of the Decline and Fall of the Roman Empire* (Dublin, William Hallhead, 1781). (N. T.)

A partir disso tudo, já se pode vislumbrar a tendência da leitura do jovem Hegel. Nas lutas entre as correntes internas que atravessam todo o Iluminismo alemão, o jovem Hegel se posiciona cada vez mais decididamente ao lado da ala esquerda democrática que critica e combate os traços do Iluminismo alemão que surgiram da adaptação ao absolutismo dos pequenos Estados alemães. O desenvolvimento ocorrido na passagem de Tübingen para Berna vai exatamente no sentido de que o interesse do jovem Hegel volta-se de forma gradual dos iluministas alemães para os iluministas franceses e ingleses. E, quando se reporta a iluministas alemães no período em Berna, estes pertencem em quantidade cada vez maior à ala radical do Iluminismo alemão. Portanto, é digno de nota e significativo que, nessa época, Hegel se reporte com frequência à crítica da religião, bastante radical para as condições alemãs da época, contida no drama recém-citado de Lessing. Igualmente digno de nota e característico é o fato de que sua avaliação da relação entre a Antiguidade e o tempo presente, formulada com base na relação entre a arte antiga e a arte cristã, remonta a noções enunciadas no livro *Ansichten vom Niederrhein* [Impressões da Baixa Renânia], de Georg Forster*. Hegel fez extensos excertos desse livro. Característica da tendência de seus editores modernos é a atitude de Herman Nohl, que, mesmo forçado a admitir a existência factual desses excertos, não os imprime em seu livro para dificultar ao leitor a avaliação de sua importância para o desenvolvimento de Hegel.

Mais adiante teremos de ocupar-nos detalhadamente do fato notável de que o jovem Hegel era bastante indiferente a problemas filosóficos no sentido estrito. Ele leu os filósofos mais antigos, Espinosa e Kant, mas de suas leituras de Espinosa só se tem como certa a do *Tratado teológico-político***. Essa leitura pode muito bem ter sido feita em conexão com seus estudos de crítica da religião e de história da religião.

Nesse contexto, é preciso mencionar ainda a leitura de *História da Igreja* de Mosheim***, pois todos os editores e os intérpretes modernos do desenvolvimento do jovem Hegel conferem um peso enorme a essa leitura com a intenção de demonstrar, a partir disso, seus interesses religiosos e teológicos. Trataremos

---

* Georg Forster, *Ansichten vom Niederrhein, von Brabant, Flandern, Holland, England und Frankreich* (Berlim, Voss, 1791). (N. T.)

** Espinosa, *Tractatus theologico-politicus* (Amsterdã, Christoffel Conrad for Jan Rieuwertsz, 1670). Ed. bras.: *Tratado teológico-político*, São Paulo, Martins Fontes, 2008. (N. T.)

*** Johann Lorenz von Mosheim, *Kirchengeschichte des Neuen Testaments* (Heilbronn, In der Eckebrechtischen Buchhandlung, 1784-1788). (N. T.)

com profundidade dessa questão nas exposições a seguir. Neste ponto, seja dito apenas que as obras históricas já mencionadas da época do Iluminismo tratam de muitas formas da história das religiões, em especial a do cristianismo. E, ao passo que de Mosheim Hegel faz apenas excertos atinentes a fatos, em suas exposições seu posicionamento é decididamente favorável à crítica acerba do cristianismo presente nos escritos de Gibbon, Forster etc. Dizer que Hegel deve ter estudado, nesse contexto, também os místicos alemães (Meister Eckhart, Tauler e outros) tampouco constitui prova a favor das construções de Dilthey, Nohl e consortes. Pois, como veremos em detalhes adiante, para a concepção que Hegel tinha do cristianismo naquela época, o sectarismo se revestia de grande importância. Do mesmo modo que revelou e criticou o caráter sectário do cristianismo primitivo, ele decerto se ocupou, nessa época, movido por um interesse histórico e polêmico, também das seitas posteriores.

Retomando a questão da leitura filosófica do jovem Hegel, naturalmente é preciso ressaltar, acima de tudo, o conhecimento que ele tinha sobre Kant, que, com certeza, remonta ao período de estudos em Tübingen. Para o nível de desenvolvimento daquela época e para o estado de espírito da geração filosófica mais jovem, entretanto, é significativo que tanto o jovem Hegel quanto o jovem Schelling concentraram interesse em *Crítica da razão prática** – sendo que Hegel até mais que Schelling. Não se encontra nenhuma nota do período em Berna que indique análise mais profunda dos problemas de *Crítica da razão pura***, dos problemas gnosiológicos no sentido estrito. Da mesma forma, a troca de correspondência com Schelling deixa claro que o jovem Hegel se ocupou de modo hesitante, sem nenhum grande interesse, dos primeiros escritos de Fichte e assumiu em relação a eles, na medida em que se vê isso a partir do material disponível, postura bastante crítica. Em contraposição, é muito significativo que *Cartas sobre a educação estética****, de Schiller, tenha provocado nele um autêntico entusiasmo – mais precisamente,

---

* Immanuel Kant, *Critik der practischen Vernunft* (Riga, J. F. Hartknoch, 1788). Ed. bras.: *Crítica da razão prática* (trad. Valerio Rohden, São Paulo, Martins Fontes, 2003). (N. T.)

** Idem, *Critik der reinen Vernunft* (2. ed., Riga, J. F. Hartknoch, 1787). Ed. bras.: *Crítica da razão pura* (trad. Valerio Rohden e Udo Baldur Moosburger, São Paulo, Nova Cultural, 1996). (N. T.)

*** Friedrich von Schiller, "Über die ästhetische Erziehung des Menschen in einer Reyhe von Briefen", em idem (ed.), *Die Horen* (Tübingen, J. G. Cotta, 1795), p. 7-48. Ed. bras.: Friedrich Schiller, *A educação estética do homem numa série de cartas* (trad. Roberto Schwarz e Márcio Suzuki, São Paulo, Iluminuras, 2002). (N. T.)

correspondendo à tendência geral de seu pensamento naquela época, não tanto por causa do teor filosófico-estético, mas pela crítica acerba que faz à falta de cultura da Idade Moderna, pela comparação dessa decadência cultural com a grandeza da cultura antiga.

Óbvio que nada disso significa que o jovem Hegel com toda a sua concepção de mundo possa ser simplesmente enquadrado no Iluminismo. Nem sequer no Iluminismo alemão. O que o separa de franceses e ingleses é seu ponto de vista que, desde o princípio, foi *idealista*. Hegel nunca oscilou seriamente para o lado do materialismo filosófico, como ocorreu com muitos de seus contemporâneos importantes. Em *Empiriocriticismo**, Lênin constatou essa oscilação em Kant; nos primeiros trabalhos do jovem Schiller, no período em que cursava a faculdade de medicina, igualmente se encontram certas tendências ao materialismo; e, quando expusermos o período ienense do desenvolvimento de Hegel, teremos condições de mostrar a força que essas oscilações por vezes ganharam no período em que Schelling estudou a filosofia da natureza. Hegel foi bem mais coerente que os referidos pensadores e permaneceu um filósofo idealista durante toda a vida. Sua aproximação em relação ao materialismo, como constata Lênin em alguns trechos de suas observações sobre a *Lógica* de Hegel, surgiu no desvio pelo idealismo objetivo, no desvio pela vastidão enciclopédica de seu saber e pela observação sóbria e imparcial dos fatos. Seu pensamento filosófico consciente, porém, sempre foi idealista.

Já ressaltamos que, em Tübingen e Berna, o jovem Hegel não se ocupou detidamente de problemas propriamente filosóficos, que, na época, seu interesse nunca esteve voltado para as questões da teoria do conhecimento. Apesar disso, emerge, no caso dele, um ponto de vista unitário no que se refere ao juízo que formula sobre os fenômenos da sociedade e da história; e há poucos indícios de que ele de fato tenha se ocupado detidamente de problemas da filosofia da natureza em Berna. No entanto, o jovem Hegel não examina filosoficamente as bases filosóficas desse ponto de vista unitário. A exemplo de muitos de seus contemporâneos importantes, ele quer aplicar a problemática kantiana à sociedade e à história a partir de *Crítica da razão prática*. Nesse processo, o ponto de vista de Kant prevalece em dois aspectos: primeiro, porque Hegel concebe os problemas sociais principalmente como problemas morais e, segundo,

---

* Vladímir Ilitch Lênin, *Materialismus und Empiriokritizismus* (Viena/Berlim, Dietz, 1927). Ed. port.: *Materialismo e empiriocriticismo* (Lisboa, Estampa, 1975). (N. T.)

porque, para ele, o problema da práxis, isto é, da reconfiguração da realidade social pelo ser humano, constitui o cerne de seu pensamento.

Contudo, em um ponto decisivo, Hegel vai além de Kant já em sua mais tenra juventude. Kant investiga os problemas morais do ponto de vista do indivíduo; para ele, o fato moral fundamental é a consciência. E ele só consegue chegar a uma pseudo-objetividade idealista projetando os traços comuns, a legalidade universal da ética, que ele procura desvendar, em um sujeito fictício, aparentemente supraindividual, mas que na realidade é individual mistificado: no assim chamado "eu inteligível". Em Kant, os problemas sociais se originam apenas de forma secundária pela interligação posterior dos sujeitos individuais examinados em primeiro lugar.

Em contraposição, o subjetivismo do jovem Hegel, direcionado para a prática, é coletivo e social desde o início. Para Hegel, é sempre a atividade, a práxis da sociedade que constitui o ponto de partida e também o objeto central da investigação. Nisso reside uma metodologia que tem certos pontos de contato com a de Herder. Herder foi o primeiro a levantar, no Iluminismo alemão, o problema da práxis social coletiva, sem que tivesse, contudo, condições de fixar em uma conceituação clara o tipo do sujeito que age dessa maneira e as leis reais de seu modo de agir; no caso dele, persiste o tempo todo, justamente no aspecto metodológico, um lusco-fusco indiscernível. Não é comprovado que o jovem Hegel tenha aderido a um ponto das investigações históricas de Herder nem existe qualquer documento indicando que Herder tenha causado alguma impressão nele. Contudo, na Alemanha daquela época, as ideias de Herder, por assim dizer, pairavam no ar; por essa razão, seria um trabalho filológico ocioso rastrear passagens paralelas em Herder e no jovem Hegel.

Contudo, o seguinte ponto é importante para todo o desenvolvimento de Hegel: ele parte do conceito de sujeito coletivo, não elucidado por Herder. No período de Berna, ele nem se empenha em aclarar sua essência em conceitos gnosiológicos. Ele investiga, especialmente, esse sujeito coletivo, seus feitos e suas vicissitudes no curso do evento histórico, da transformação da realidade social. Veremos que, nessa investigação, o papel decisivo é desempenhado pela desintegração desse sujeito coletivo em indivíduos "privados", cuja simples "soma" dali em diante perfaz a sociedade.

No período de Berna, o jovem Hegel assume, como veremos, também essa desintegração como simples fato histórico, sem extrair dele consequências filosóficas de maior alcance. O principal problema que enfrenta nesse período é de ordem prática: ele se pergunta como foi possível essa desintegração da subjetividade coletiva das antigas repúblicas citadinas. Desse modo, surge diante dele o reflexo mental daquela ilusão significativa para a história universal que norteou a ação dos líderes jacobinos da Revolução Francesa, de Robespierre ou Saint-Just. Só depois da derrota do jacobinismo, após o Termidor, emerge da crise frankfurtiana de seu pensamento o problema de uma avaliação positiva da sociedade moderna, da sociedade do burguês, do indivíduo "privado", e veremos como dessa crise se originam, estreitamente inter-relacionadas, tanto a ocupação com os problemas da economia política quanto a concepção dialética da realidade social.

Por enquanto, estamos lidando, portanto, com esse sujeito histórico coletivo ainda não analisado conceitualmente e sabemos que todos os problemas históricos e sociais que daí emergem assumem, para o jovem Hegel, a forma de problemas morais. De uma problemática dessa natureza decorre necessariamente que a *religião* desempenha um papel determinante nas respectivas análises histórico-filosóficas. Esse é precisamente um daqueles pontos que a filosofia reacionária do período imperialista usou para falsificar a imagem de Hegel. Sintomaticamente Herman Nohl intitula sua edição dos fragmentos da juventude do período de Berna e de Frankfurt Os *escritos teológicos do jovem Hegel*[*]. A intenção é sublinhar a concepção de que Hegel não concluiu o curso de teologia no Tübinger Stift só como necessária habilitação para o exercício profissional, mas também que os problemas teológicos constituíram a base e o ponto de partida de todo o seu pensamento. Essa tendência é enfatizada por outro novo editor de Hegel, a saber, Georg Lasson. Para este, religião e teologia de modo geral constituem o eixo de todo o sistema hegeliano; ele critica quem quer que emita um juízo sobre Hegel – por mais reacionário que de resto seja – sem colocar o ponto de vista religioso de modo absoluto no centro da interpretação de Hegel. É nesse contexto que se insere, ainda, a ideia básica da grande monografia moderna sobre o jovem Hegel de T. L. Haering[**], que vê Hegel como "pedagogo popular", reinterpretando o ponto de partida prático de Hegel, recém-analisado por nós, como tentativa de instrução religiosa do povo.

---

[*] Herman Nohl (ed.), *Hegels theologische Jugendschriften* (Tübingen, J. C. B. Mohr, 1907). (N. T.)

[**] Theodor Lorenz Haering, *Hegel. Sein Wollen und sein Werk. Eine chronologische Entwicklungsgeschichte der Gedanken und der Sprache Hegels* (Leipzig/Berlim, Scientia, 1929-1938, 2 v.). (N. T.)

Então, o que há de realidade nesse caráter "teológico" dos escritos da juventude de Hegel? O leitor imparcial e atento encontrará extraordinariamente pouco de teológico nesses escritos e até se deparará no jovem Hegel do começo ao fim com um estado de espírito declaradamente hostil à teologia. É óbvio que a questão religiosa desempenha, como já ressaltamos, um papel muito importante no complexo de problemas históricos de que tratou o jovem Hegel, e a religião, como sabemos, jamais deixa de desempenhar tal papel no sistema de Hegel.

Contudo, é preciso examinar concretamente, em primeiro lugar, qual é a natureza desse ocupar-se da religião por parte do jovem Hegel e, em segundo lugar, qual é a base histórica dessa formulação do problema, quais são suas circunstâncias e suas condições históricas. Começando pela segunda questão, devemos constatar de saída que a pergunta pelo teor histórico, pela atuação histórica das religiões, sobretudo do cristianismo, foi constantemente um dos problemas centrais de todo o Iluminismo alemão até Reimarus e Lessing. E é preciso acrescentar que, na época da dissolução do hegelianismo, esse problema ressurge nos escritos de Strauß, Bruno Bauer, Feuerbach etc. Na formulação dessa questão, portanto, o jovem Hegel se enquadra na linha geral do Iluminismo alemão. Engels revelou com clareza as reais razões desse fenômeno no caso de Feuerbach: "Naquela época, a política era uma área bastante espinhosa, e assim a luta principal se voltou contra a religião; que, em especial a partir de 1840, de fato foi indiretamente também uma luta política"[1].

Esse caráter indiretamente político da religião e da luta contra a religião existia tal e qual no período em que o jovem Hegel escreveu seus "escritos teológicos"; enquanto, no período imediato de preparação para a revolução de 1848, o radicalismo filosófico logo deixou para trás a crítica da teologia como meia medida, como forma insuficiente de oposição ideológica, no Iluminismo alemão do século XVIII, correspondendo às condições menos desenvolvidas, toda iniciativa séria de análise crítica da teologia era tida necessariamente como revolucionária em uma intensidade muito maior. Os "escritos teológicos" do jovem Hegel se inserem nesse contexto. Sua tendência básica é contrária à religião cristã. Já tangenciamos as ideias básicas da filosofia da história de Hegel daquele tempo, a saber, que a desintegração das antigas repúblicas citadinas representou a decadência da sociedade da liberdade e da grandeza humanas,

---

[1] [Friedrich] Engels, *Ludwig Feuerbach und der Ausgang der klassischen deutschen Philosophie* [Ludwig Feuerbach e o fim da filosofia alemã clássica] (Berlim, [Dietz,] 1952), p. 13.

a transformação do *citoyen* [cidadão] republicano heroico da pólis em mero "homem privado" egoísta da sociedade moderna, no *bourgeois* [burguês]. Antecipando sucintamente aqui o resultado final da análise hegeliana da essência da religião cristã nessa época, devemos dizer que o jovem Hegel vê o cristianismo exatamente como a religião do "homem privado", do burguês, a religião da perda da liberdade humana, a religião do despotismo e da escravidão milenares. Com essas ideias, Hegel se move na linha geral do Iluminismo.

É preciso acrescentar, contudo, que o jovem Hegel, como o Iluminismo alemão em geral, nunca foi tão longe no combate à religião cristã como os grandes ingleses e franceses. Sua luta contra o cristianismo jamais chega às raias de um ateísmo materialista. Muito pelo contrário. O cerne de sua aspiração é religioso: a investigação das condições sociais sob as quais a religião do despotismo e da escravidão poderia ser novamente substituída por uma religião da liberdade segundo o modelo da Antiguidade.

Sob as condições alemãs, não há nada de notável nesse fato. Engels inclusive mostrou em relação a Feuerbach que sua luta contra a religião, seu desmascaramento da religião, por vezes reverte em exigências de uma religião nova, "depurada". E Engels também mostra que a superestimação da importância histórica da religião, a concepção de que as grandes reviravoltas históricas do desenvolvimento da humanidade foram condicionadas pelas transformações religiosas, é característica também da concepção de história de Feuerbach. Tudo isso vale em medida ainda maior para os iluministas alemães que atuaram antes de Hegel. Pense-se, em primeira linha, em um pensador tão honesto e importante como Lessing, cujas lutas iluministas foram constantemente emolduradas por um horizonte religioso. Em contrapartida, na análise histórica desse período, não se pode deixar de considerar que, embora nunca tenha atingido, na luta antirreligiosa, a firmeza materialista e ateísta que encontramos em Diderot, Holbach ou Helvécio, o Iluminismo alemão em parte foi além deles na concepção histórica do surgimento da religião, das raízes sociais da mudança de suas formas (Lessing, Herder).

Exatamente aí reside a importância dos escritos da juventude de Hegel. O jovem Hegel coloca no centro de sua investigação com grande radicalidade a questão das razões sociais do surgimento do cristianismo. Ele vê o cristianismo – com aquela superestimação idealista do papel histórico da religião, da qual acabamos de falar – como a causa última decisiva de todas as ocorrências sociais e políticas da vida moderna contra as quais ele luta em primeira linha.

Seu objetivo prático central, a renovação da democracia da pólis, da liberdade e da grandeza da pólis, necessitava, conforme as concepções que tinha naquele tempo, de uma fundamentação histórica, um embasamento histórico: a evidenciação dos movimentos sociais, da decadência social e política, da qual o cristianismo saiu como religião dominante. Sua meta é eliminar todo esse complexo histórico. Ele investiga as causas de seu surgimento para conseguir registrar claramente a perspectiva de seu ocaso.

Nesse ponto, pode-se ver claramente o quanto todas essas concepções do jovem Hegel surgiram sobre as bases da influência da *Revolução Francesa*. O entusiasmo que Hegel teve desde o começo pela Revolução Francesa é de conhecimento geral. Como se sabe, seus amigos de juventude, Hölderlin e Schelling, plantaram ainda em Tübingen uma árvore da liberdade e dançaram em volta dela entoando canções revolucionárias. Diz a tradição que eles também teriam fundado no Tübinger Stift o núcleo de um clube secreto dedicado à leitura dos escritos proibidos sobre a Revolução Francesa. Esse entusiasmo faz parte do estado de espírito geral com a Revolução Francesa entre os melhores quadros da inteligência alemã daquele tempo, assunto de que tratamos antes. Já indicamos que esse entusiasmo foi de curta duração em muitos autores proeminentes daquela época. Bem poucos foram os intelectuais alemães contemporâneos capazes de entender e avaliar corretamente os acontecimentos de 1793-1794. A ditadura plebeia dos jacobinos parisienses deixou a maioria perplexa e intimidada (é o caso, por exemplo, de Klopstock, Schiller etc.). No entanto, é lenda histórica burguesa que essa decepção teria feito deles inimigos resolutos da Revolução Francesa como tal, que eles teriam abjurado os princípios de 1789. Na maioria dos casos, aconteceu exatamente o inverso. É o caso especialmente do jovem Hegel.

Em carta a Schelling (Natal de 1794), Hegel escreveu, por exemplo: "Que Carrière foi guilhotinado deve ser de seu conhecimento. O senhor ainda lê papéis *franceses*? Se bem me lembro, disseram-me que foram proibidos em Württemberg. Esse processo é muito importante e revelou toda a vilania dos robespierrubros*"[2]. Essa passagem epistolar mostra muito claramente que o jovem Hegel já tinha uma posição hostil ao jacobinismo plebeu. A posição singular de Hegel entre seus contemporâneos alemães não reside em seu

---
* *Robespierroten*, que literalmente significa "os vermelhos de Robespierre", designa os adeptos de Robespierre. (N. T.)

[2] K[arl]. Rosenkranz, *Hegels Leben* (Berlim, [Duncker und Humblot,] 1844), p. 66. Doravante essa obra será citada como "Rosenkranz".

radicalismo político. Forster foi muito mais longe nessa questão – pois também o fez na prática –, assim como Fichte; e iluministas mais antigos como Herder ou Wieland mantiveram por muito mais tempo uma vívida simpatia também pelos extremos da Revolução Francesa. A posição específica de Hegel reside no fato de que ele, embora tenha rejeitado desde o início a extrema esquerda da Revolução Francesa, apegou-se durante toda a vida à ideia da *necessidade histórica* dessa revolução, vislumbrando nela até o fim de sua vida a *base da sociedade burguesa* (*bürgerlichen Gesellschaft*) *moderna*.

Todavia, em relação à sociedade burguesa, suas concepções sofreram mudanças decisivas. No período de sua juventude em Berna, sobre o qual estamos nos detendo agora, Hegel vê a sociedade burguesa, apesar de rejeitar a política de Robespierre, como o fundamento da vindoura renovação da sociedade. Mais tarde, após a crise de Frankfurt, quando alcança uma visão mais profunda da essência econômica da sociedade burguesa, ele não considera mais a Revolução Francesa o impulso, o veículo para uma futura renovação da sociedade, e sim, pelo contrário, a base historicamente passada, ainda que historicamente necessária, da realidade vigente exatamente na sociedade de seu tempo. Nesse processo, ele chega a sentir um entusiasmo, ainda que historicamente moderado, também pelas facetas radicais da Revolução Francesa.

Mais tarde poderemos acompanhar esse desenvolvimento de Hegel com base nas declarações disponíveis até o famoso capítulo de *Fenomenologia do espírito*. O que importa agora é conhecer mais de perto e mais concretamente o estado de espírito de Hegel naquele tempo. Em carta dirigida pouco depois a Schelling (16.4.1795), ele escreve:

> Acredito que não haja sinal dos tempos mais promissor do que este: *a humanidade sendo exposta diante de si mesma como digna de todo o respeito*. É uma prova de que o nimbo que envolve a cabeça dos opressores e dos deuses da Terra está desvanecendo. Os filósofos comprovam essa dignidade e os povos aprenderão a sentir-se assim e não reivindicarão, mas reerguerão os direitos espezinhados e se apropriarão deles. Religião e política se divertiram debaixo da mesma coberta. Aquela *ensinou* o que o despotismo *quis*: o desprezo pelo gênero humano, incapacitando-o de fazer qualquer coisa boa, de tornar-se algo por si mesmo. A difusão da ideia de como tudo *deve* ser fará com que desapareça a indolência das pessoas acomodadas que sempre aceitam tudo como *está*.[3]

---

[3] Publicada por Rosenkranz, cit., p. 70.

A carta é interessante em muitos aspectos. Em primeiro lugar, por mostrar muito bem que o ponto de partida do jovem Hegel foi *Crítica da razão prática*. Em contraste total com suas concepções posteriores, nas quais justamente o ponto de partida na realidade e a rejeição do dever kantiano abstrato encontram-se no centro da metodologia da ciência social, aqui Hegel contrapõe, de maneira kantiana, o dever-ser transformador ao ser inerte e reacionário. Ao mesmo tempo, contudo, é visível o tanto que ele reinterpreta Kant sem se importar muito com as bases gnosiológicas. O dever-ser tem aqui um significado puramente sociopolítico, seu caráter moral apenas constitui a base universal idealista. Ademais, aqui a oposição entre ser e dever não constitui uma oposição no interior da psique individual do homem individual nem entre eu empírico e eu inteligível, como em Kant, mas entre tendências progressistas e tendências reacionárias na própria vida sociopolítica.

No que se refere a esse conteúdo sociopolítico, pode-se ver claramente que a luta de Hegel contra a filosofia e a religião dominantes é a parte ideológica da luta que travou naquele tempo contra o despotismo em geral. Ao conceber a crítica do cristianismo como componente da luta geral contra o despotismo absolutista feudal, Hegel se encontra no mesmo *front* do Iluminismo e, em especial, das grandes lutas de classes que foram travadas também em torno da religião na Revolução Francesa. Engels ressalta, de modo correto, o caráter irreligioso como característica essencial da Revolução Francesa – em contraposição a todas as revoluções burguesas precedentes. Enquanto as anteriores, inclusive a inglesa do século XVII, ainda tinham sido travadas sob um estandarte religioso, a Revolução Francesa apelou para "ideias jurídicas e políticas [...] e se preocupou com a religião somente na medida em que esta lhe barrou o caminho, mas não lhe ocorreu pôr uma nova religião no lugar da antiga; como é sabido, o único intuito neste sentido, o de Robespierre, fracassou"[4].

Desse modo, Engels caracterizou acertadamente a linha básica dos acontecimentos reais ocorridos na própria Revolução Francesa. Ao abordar agora a relação do jovem Hegel com esses acontecimentos, no entanto, não podemos desconsiderar o ponto de vista já enfatizado, a saber, o reflexo distorcido que esses acontecimentos tiveram na Alemanha em decorrência do atraso econômico e político alemão. Pois, por mais que as lideranças políticas da Revolução

---

[4] [Friedrich] Engels, [*Ludwig*] *Feuerbach* [*und der Ausgang der klassischen deutschen Philosophie*], cit., p. 33.

Francesa estivessem imbuídas dos mais diferentes preconceitos e ilusões (em parte também na questão religiosa), elas enfrentaram esse problema como pensadores políticos. Na realidade, a relação entre o Estado revolucionário na França e a religião católica foi determinada por dois fatos: de um lado, a Igreja católica constituiu um centro ideológico e organizacional da contrarrevolução monarquista e, de outro, as lideranças políticas reconheceram – ou ao menos intuíram – que a influência da religião católica sobre as massas de agricultores não pode ser aniquilada sem mais nem menos, simplesmente decretando sua abolição. A caracterização feita por Engels se confirma por completo quando se analisam em detalhes os complicados fatos históricos que constituem a cambiante e instável linha de desenvolvimento desse problema durante a Revolução Francesa[5].

Os historiadores burgueses que escreveram sobre os movimentos religiosos durante a Revolução Francesa coincidem em um ponto: superestimam extraordinariamente a importância real deles. Assim, por exemplo, Mathiez deu grande peso às relações entre a conspiração de Babeuf e os teofilântropos, ainda que de sua própria exposição, dos fatos que ele mesmo divulga, decorra claramente que Babeuf e seus correligionários só se valeram dos encontros religioso-morais dessa seita a fim de garantir a si mesmos uma legalidade relativamente segura para as próprias reuniões[6]. E dos fatos divulgados por Aulard e Mathiez decorre claramente que a luta de Danton e Robespierre, inclusive contra as concepções religiosas de Hébert, Chaumette etc., teve bases puramente políticas: o temor de que sua agitação extremista pudesse tanger todo o campesinato para o lado da contrarrevolução monarquista.

E até mesmo a tentativa de Robespierre de fundar uma nova religião no último período de seu domínio, o culto ao "ser supremo", adquire matiz específico a partir das concepções rousseaunianas de Robespierre, a partir das ilusões que ele e seus adeptos alimentavam acerca da perspectiva e da possibilidade de desenvolvimento da revolução democrático-burguesa, mas igualmente é, em sua essência e em primeira linha, uma ação política e não religiosa, mesmo que se trate da ação de um político desesperado em uma situação também desesperadora no plano social objetivo. No fato de Robespierre ter deslocado

---

[5] As monografias mais importantes sobre isso são: [Alphonse] Aulard, *Le Culte de raison et le culte de l'être suprême* (Paris, 1909); [Albert] Mathiez, *Les Origines des cultes révolutionnaires* (Paris, 1904); [Albert] Mathiez, *La Théophilanthropie et le culte décadaire 1796-1801* (Paris, 1904).

[6] [Albert] Mathiez, *Théophilanthropie*, [cit.,] p. 40 e seg.

cada vez mais intensamente a questão da moral para o centro do terror revolucionário dos jacobinos reflete-se sua luta desesperada contra as tendências capitalistas liberadas pela revolução, as quais forçaram a liquidação da ditadura plebeia dos jacobinos e a instauração da ditadura escancarada e descarada da burguesia, o Termidor. O terror em nome da virtude republicana, a luta contra todas as formas de decadência moral e corrupção, constitui em Robespierre a faceta ideológica da defesa do modo plebeu de levar a termo a revolução democrático-burguesa não só em oposição à contrarrevolução monarquista, mas também contra a própria burguesia. É certo que a perspectiva dessa política de Robespierre estava baseada em ilusões e que a ditadura plebeia dos jacobinos necessariamente tinha de desabar depois de cumprir sua tarefa de salvar a revolução da intervenção estrangeira mediante a mobilização das massas, mas isso não muda em nada o fato de que as ações de Robespierre em seu último período de domínio, inclusive no que se refere à questão religiosa, tinham caráter eminentemente político.

Portanto, quando Robespierre[7], em seu discurso na Convenção de 5 de fevereiro de 1794, diz que se fará uma contrarrevolução moral como preparo para a contrarrevolução política, ele tem toda a razão a partir de seu ponto de vista – obviamente descontando as necessárias ilusões. E sua aspiração de fundar uma nova religião, o culto ao "ser supremo", baseia-se justamente na tentativa de criar, em função da salvaguarda e da continuidade da revolução, uma base ampla nas concepções morais do povo, um contrapeso tanto à agitação da Igreja contrarrevolucionária quanto à subversão e à corrupção que provinham da burguesia[8].

No curso das lutas de classes oscilantes travadas após o Termidor, surgiram na França diversas seitas que igualmente quiseram preservar o espírito do republicanismo, exercendo influência religiosa e moral sobre as massas. A mais importante delas foi a dos "teofilântropos". Formada na maioria por republicanos moderados, ela obteve temporariamente certa influência sobre alguns membros de mentalidade republicana do Diretório. Ela parte do pressuposto de que as antigas religiões são ineptas para reformatar os costumes no sentido republicano e que, em contrapartida, sem tal reforma moral, a República não conseguiria ter nenhum ponto de apoio nas massas, nos costumes do povo.

---

[7] Œuvres de Robespierre. Ed. por A. Vermorel (Paris, [Cournel,] 1867), p. 302.
[8] Discurso na Convenção de 7 de maio de 1794. Publicado por ibid., p. 308 e seg.

O próprio Robespierre já considerava as grandes festas populares, os costumes republicanos associados aos principais eventos da vida cotidiana (nascimento, casamento, sepultamento), um meio importante de exercer tal influência religiosa e moral sobre o povo. No discurso mencionado proferido na Convenção, ele detalha a importância das festas populares gregas, em especial a importância que desempenhava nelas a atividade autônoma do povo, e conclui na perspectiva de que tudo isso poderia ser redescoberto e renovado em maior escala na França: "Um sistema de festas desse tipo seria simultaneamente o laço mais delicado da fraternidade e o meio mais poderoso da regeneração"[9]. Obviamente esses momentos mais exteriores da "renovação religiosa" são muito mais importantes para o movimento sectário posterior ao Termidor do que para o político Robespierre.

Já apontamos para o fato de que historiadores como Aulard e Mathiez decididamente superestimam a importância desses movimentos religiosos. Com relação a nosso problema, contudo, não entra em cogitação de antemão a importância que esses movimentos de fato tiveram na própria França revolucionária, mas o modo como foram acolhidos na Alemanha atrasada, principalmente a impressão que causaram no jovem Hegel.

Não temos de fato uma comprovação direta de que Hegel tenha se ocupado a fundo dessas correntes religiosas atuantes na França revolucionária. Contudo, a probabilidade de que ele tivesse conhecimento delas é enorme. Mathiez[10] oferece em seu livro uma bibliografia extensa das revistas que publicaram artigos a favor ou contra os teofilântropos. Entre outras, constam *Der Teutsche Mercur* [O Mercúrio alemão] de Wieland, uma das revistas mais lidas daquela época, bem como *Minerva* de Archenholz. Sabemos com certeza que Hegel conhecia e lia esta última revista[11]. Sabemos também que, na Suíça, ele acompanhou com afinco as mais diferentes publicações francesas; por isso, é altamente improvável que, diante de seu interesse pela renovação religiosa e moral da humanidade em conexão com a Revolução Francesa, ele não tivesse ciência dos movimentos religiosos na França.

Mais importante do que essa conexão exterior, porém, é a conexão interior. No decorrer deste capítulo, quando tratarmos de sua concepção da

---

[9] Ibid., p. 329 e seg.
[10] [Albert] Mathiez, *Théophilanthropie*, p. 390 e seg.
[11] Carta a Schelling, Natal de 1794, Rosenkranz, p. 65.

Antiguidade, detalharemos a grande importância atribuída por Hegel às festas populares gregas e à atividade autônoma do povo nelas e na religião grega em geral; suas linhas de pensamento têm estreita afinidade com as do discurso recém-citado de Robespierre. No que se refere a exercer influência geral sobre os costumes mediante a nova religião em gestação, a ser criada sobre a base da renovação da Antiguidade, essa questão está no centro dos interesses que ele tinha naquela época.

A exemplo da maioria dos idealistas alemães daquele tempo, Hegel considera a renovação moral do povo pressuposto mais do que consequência da revolução. Tal concepção já era sustentada por Schiller em suas *Cartas estéticas**, cuja impressão sobre o jovem Hegel já constatamos. Contudo, a concepção de Schiller é pessimista. Justamente por considerar a renovação moral do povo pressuposto incontornável de uma revolução exitosa, ele desesperou de sua possibilidade, mesmo vendo a substituição do sistema absolutista feudal característica da Alemanha da época como necessidade histórica e moral. Mas, nesse tocante, também no caso de Schiller é digno de nota e importante que, na questão da renovação moral do povo, ele considera impossível toda e qualquer influência educativa da parte do Estado.

O jovem Hegel se diferencia de Schiller nessa questão justamente no otimismo quanto à possibilidade de renovação da humanidade, de um período revolucionário e de um novo despertar da liberdade e humanidade. É por isso que, na concepção idealista de sua juventude, a religião adquire um tão grande papel. Ele vê – igualmente em conexão com a ética e a teoria social kantianas – que o Estado é capaz de impor aos cidadãos apenas o cumprimento exterior a leis, apenas a legalidade, não a moralidade. Como a seu ver, porém, a solidez de um regime depende justamente de seu enraizamento nas concepções morais dos cidadãos, ele busca na história aqueles fatores que determinam essas concepções morais e encontra a religião como o mais eficaz deles. Em consequência, no mais importante de seus tratados do período de Berna, intitulado *A positividade da religião cristã*, diz o seguinte sobre essa relação entre cidadãos e Estado:

> Ele [a saber, o Estado – G. L.] só consegue levar os cidadãos a servir-se desses institutos mediante a confiança que ele próprio precisa despertar neles. A religião se oferece primorosamente como meio para isso, e do uso que o Estado faz dela

---

* Friedrich von Schiller, "Über die ästhetische Erziehung des Menschen in einer Reyhe von Briefen", cit. (N. T.)

depende se está apta a corresponder ao fim. Esse fim é evidente nas religiões de todos os povos; todas elas têm em comum o fato de sempre se referirem à produção da mentalidade que não pode ser objeto de leis civis [...].[12]

Acreditamos que aqui fica evidente o que significa o caráter "teológico" dos escritos da juventude de Hegel. O jovem Hegel pensa que as mudanças importantes da história para ele, a saber, a passagem da liberdade na Antiguidade para o despotismo medieval e moderno e a esperada passagem desse despotismo para a nova liberdade, estão intimamente associadas às mudanças religiosas; que tanto a democracia quanto o despotismo precisam de religiões adaptadas a seus fins específicos para ter existência duradoura. E a partir das exposições feitas até aqui ficou suficientemente claro que o modo como Hegel formula metodologicamente a questão da futura religião e a questão de sua relação com a renovação da Antiguidade tem grande afinidade com as ilusões dos revolucionários franceses, com as aspirações moralistas de cunho religioso presentes na Revolução Francesa. Entre as consequências necessárias da germanidade de Hegel está o fato de reagir, na juventude, de maneira tão intensa a uma faceta que, no fundo, é uma das mais secundárias no desenvolvimento ideológico da Revolução Francesa. Veremos, porém, nas exposições a seguir, que, mesmo dessa perspectiva distante, ele foi capaz de captar alguns momentos objetivamente importantes do desenvolvimento sócio-histórico.

Todavia, é da essência da filosofia idealista valorizar além da conta o papel histórico da religião. E essa superestimação permeia todo o desenvolvimento de Hegel. Mais tarde, como veremos, Hegel reviu a fundo suas opiniões juvenis no que se refere a quase todas as grandes questões da concepção de história. Ainda em sua preleção sobre a filosofia da história ministrada em Berlim, ainda naquelas exposições que já se referiam à Revolução de Julho de 1830, contudo, ele retorna à mesma problemática. Nela, polemiza contra o liberalismo dos países da Europa ocidental, dizendo: "Trata-se de um falso princípio soltar as algemas do direito e da liberdade sem que haja a libertação da consciência, haver revolução sem reforma"[13]. Como se vê, esse ponto de partida metodológico do jovem Hegel em relação à efetividade histórica das religiões o acompanha por toda a vida – ocorrem, todavia, consideráveis mudanças de conteúdo.

---

[12] Nohl, p. 175.
[13] Hegel, ["Vorlesungen über die Philosophie der Geschichte", em] *Werke* (Berlim, 1840), v. IX, p. 542.

Esse é um legado insuperável do idealismo filosófico. Não obstante isso tudo, a concepção de um período "teológico" do jovem Hegel não passa de lenda histórica de apologistas reacionários do imperialismo.

II. O que significa "positividade" no caso do jovem Hegel?

A questão central efetiva do período em que o jovem Hegel estudou em Berna é a da "positividade" da religião, em especial a cristã. Para que a ideia central de Hegel fique imediatamente clara para o leitor, é preciso dizer o seguinte: para o jovem Hegel, a religião positiva do cristianismo constitui um esteio do despotismo e da opressão, ao passo que as religiões antigas não positivas foram as religiões da liberdade e da dignidade humanas. Segundo a concepção do jovem Hegel, a renovação delas constitui a finalidade revolucionária, de cuja realização a humanidade de seu tempo estava incumbida.

É preciso aclarar, portanto, antes de tudo, o que o jovem Hegel entende por positividade de religião. Ele enuncia essa ideia em diversas passagens de seus escritos de Berna. A seguir, ofereceremos algumas citações para apresentar ao leitor esse conceito central do jovem Hegel, na medida do possível com suas próprias palavras:

> Uma fé positiva é um sistema de proposições religiosas do tipo que deve ser considerado como verdadeiro porque nos foi ordenado por uma autoridade, à qual não podemos recusar-nos a submeter nossa fé. Nesse conceito, tem-se primeiro um sistema de proposições ou verdades religiosas que devem ser encaradas como verdades independentemente de nossa aceitação como verdadeiras, proposições que continuariam sendo verdades mesmo que jamais fossem do conhecimento de ninguém, mesmo que ninguém as tivesse aceito como verdadeiras, e que, por isso, frequentemente são chamadas de verdades objetivas – o que se pretende é que essas verdades agora também se tornem verdades para nós, ou seja, que se tornem ainda verdades subjetivas.[14]

O essencial dessa caracterização hegeliana é a independência das proposições religiosas positivas em relação ao sujeito, aliada à exigência dirigida ao sujeito para reconhecer como obrigatórias para ele essas proposições que ele mesmo não criou. Positividade significa aqui, portanto, acima de tudo, a superação (*Aufhebung*)* da autonomia moral do sujeito. Nesse aspecto,

---

[14] Nohl, p. 233.

* Como observamos na "Nota editorial", optamos por traduzir o termo alemão *Aufhebung* por "superação". Muito embora não se negligenciem outras opções feitas por tradutores

essa concepção teria muita afinidade com a moral kantiana, e ela realmente contém muitos elementos dessa afinidade. Devemos chamar atenção, porém, para o fato de que o sujeito que Hegel tem em mente não é propriamente idêntico ao sujeito moral kantiano; ele sempre é, muito antes, algo sócio-histórico. A determinação que o jovem Hegel dá desse sujeito é extraordinariamente difusa e rutilante, pois o conteúdo de sua concepção – na medida em que se trata do helenismo não positivo e, portanto, do ideal histórico-moral – consiste na coincidência de autonomia moral do sujeito isolado (*Einzelsubjekt*) com a coletividade democrática do povo todo. A contradição entre subjetividade do indivíduo e atividade social da totalidade social só surgiria, segundo a concepção do jovem Hegel, com a decadência da democracia da pólis e, em conexão com essa decadência, pela religião cristã. A religião cristã passa a confrontar-se com o sujeito isolado como algo objetivo, positivo, sendo que o cumprimento de seus mandamentos é, de um lado, consequência da perda da liberdade e, de outro, reprodução constante da opressão e do despotismo.

Segundo a concepção do jovem Hegel, esse período do despotismo dura até o presente e permeia todas as manifestações da vida social e da ideologia. O jovem Hegel avalia a decadência dos homens principalmente pelo seguinte critério: em que medida eles de fato se conformaram com a perda da liberdade, em que medida resolvem as questões ideológicas na direção da liberdade ou na direção da submissão à positividade. Uma passagem extraída do diário de viagem de Hegel do período em Berna (julho-agosto de 1796) caracteriza com muita precisão esse seu estado de espírito e lança ainda mais luz sobre a determinação geral da positividade citada. Nessa época, Hegel fez uma curta viagem às terras altas de Berna e observou a natureza árida da região e as enormes dificuldades que as pessoas enfrentavam para criar, naquelas condições, uma base de vida, uma existência, por meio do trabalho. De acordo com os interesses que tinha naquele tempo, ele levanta a pergunta de qual seria a religião, qual seria a visão de mundo que deveria surgir sob essas condições de vida; chega à seguinte solução, bem característica:

---

para as edições das obras de Hegel, como, por exemplo, o uso de "suprassunção" em particular em *Fenomenologia do espírito*, como o leitor poderá verificar, Lukács destaca o sentido completamente distinto dessa terminologia nas obras de juventude. Usar "suprassunção" nesses casos poderia induzir o leitor a equívocos no que tange à trajetória da construção do pensamento de Hegel. (N. E.)

Nestas solidões áridas, é provável que os eruditos talvez tivessem inventado todo tipo de teorias e ciências, mas dificilmente teriam chegado àquela parte da fisicoteologia que demonstra, para orgulho do ser humano, que a natureza disponibilizou tudo para seu desfrute e seu bem viver; *um orgulho que caracteriza simultaneamente a nossa era*, na medida em que ela tem sua satisfação com a ideia de que tudo lhe foi propiciado por um ser estranho mais do que teria com a consciência de que foi ela quem propriamente determinou à natureza todos esses fins.[15]

Aqui se pode ver com muita clareza o subjetivismo radical do jovem Hegel. Kant também combate os argumentos da concepção grosseira e dogmática da conformidade a fins (*Zweckmäßigkeit*) na assim chamada fisicoteologia. Ele, no entanto, faz isso apontando para a contradição interna dessa concepção de conformidade a fins, evidenciando a antinomia que se origina dela. Nada disso interessa ao jovem Hegel. Para ele, a questão é que tipo de homem acredita na fisicoteologia e que tipo de homem a rejeita; o homem tem orgulho do que ele mesmo faz, do que ele mesmo criou, ou se satisfaz com a ideia de que um poder estranho (Deus) provê tudo a ele? Hegel quer, portanto, depurar a moral de todos os elementos teológicos – positivos – não por considerar os objetos da teologia incognoscíveis – como faz Kant –, mas por considerar a fé como tal incompatível com a liberdade e a dignidade humanas. O jovem Hegel rejeita, portanto, energicamente a concepção kantiana que procura reintroduzir na visão de mundo, com o auxílio dos "postulados da razão prática", todo o teológico que a "crítica da razão pura" desfez gnosiologicamente e declarou como incognoscível.

O jovem Hegel não está sozinho nessa luta contra a renovação da teologia com o auxílio da ética kantiana; nessa questão, ele assume a mesma linha de seu amigo de juventude Schelling. Em carta de 1795, Schelling se queixa para Hegel de que *Crítica da razão prática* havia se convertido em Tübingen, onde residia naquela ocasião, em pretexto para a reanimação da teologia ortodoxa, reacionária.

> Todos os possíveis dogmas já receberam o carimbo de postulados da razão prática e, quando as provas histórico-teóricas não são suficientes, a razão prática (tübinguense) corta o nó com um talho. É um deleite assistir ao triunfo desses heróis filosóficos. Os tempos da tribulação filosófica, previstos na Escritura, são coisa do passado![16]

---

[15] Rosenkranz, p. 482.
[16] [Gustav Leopold] Plitt, *Aus Schellings Leben: in Briefen* (Leipzig, 1809), v. 1, p. 72. Doravante citado como "Plitt".

Nessa luta, o jovem Schelling apoia-se essencialmente na filosofia de Fichte. Hegel concorda inteiramente com a luta de Schelling contra a teologia dessa mais nova observância kantiana. Sua resposta, porém, apresenta alguns traços bem característicos que devemos abordar aqui. Acima de tudo, ele se mostra bastante indiferente aos problemas filosóficos em sentido estrito e, ao mesmo tempo, assume, já nessa fase, uma postura bastante crítica em relação a Fichte. Depois de concordar com Schelling, ele escreve:

> A respeito do disparate sobre o qual escreve, e cujo ato final posso muito bem imaginar qual foi, é preciso dizer que as porteiras para ele foram inquestionavelmente escancaradas por *Fichte* com sua *Crítica da revelação**. Ele mesmo fez uso moderado disso, mas uma vez que seus princípios foram assumidos com firmeza não há mais como direcionar nem represar a lógica teológica. Ele formula a partir da santidade de Deus aquilo que precisaria e deveria fazer em virtude de sua natureza moral e, por essa via, reintroduz a velha mania de apresentar provas na dogmática. Talvez valha a pena definir melhor isto: *após a consolidação da fé moral, em que medida a ideia legitimada de Deus* pode ser usada por nós retroativamente, por exemplo para explicar a relação de finalidade etc. ou em que medida podemos até levá-la conosco da *eticoteologia* para a *fisicoteologia* e passar a atuar com o auxílio dela.[17]

Se recordarmos a passagem citada anteriormente sobre a fisicoteologia, veremos claramente que Hegel tenta depurar a razão prática kantiana, a autonomia moral do homem, dos elementos teológicos de maneira muito mais radical do que fizeram todos os contemporâneos dele; veremos que, em todas essas aspirações de Kant e também de Fichte, ele nada vislumbrava além de uma continuação da positividade cristã em forma modificada.

A resposta a Schelling contém ainda outra passagem tão característica do jovem Hegel que não podemos deixar de citá-la. Enquanto se mostra bastante indiferente aos aspectos gnosiológicos da questão da positividade na religião e na teologia, Hegel analisa a fundo a base social da polêmica, fazendo uma caracterização categoricamente naturalista dos fundamentos reais dessa renascença teológica.

---

* Johann Gottlob Fichte, *Versuch einer Kritik aller Offenbarung* [Ensaio de crítica de toda revelação] (Königsberg, Hartung, 1792; 2. ed., 1793) ou *Johann Gottlieb Fichtes sämmtliche Werke*, v. 5 (Berlim, Veit, 1845-1846). (N. T.)

[17] Rosenkranz, p. 67 e seg.

O que me conta do andamento teológico-kantiano – *si Diis placet* [se os deuses quiserem] – da filosofia em Tübingen não é de se admirar. Não haverá como abalar a ortodoxia enquanto professá-la estiver ligado a vantagens mundanas, enquanto ela *estiver entretecida no todo do Estado*. Esse interesse é forte demais para que se possa renunciar a ele tão cedo e atua sem que, no conjunto, se tenha clara consciência disso.[18]

Essa passagem epistolar permite ver com clareza como o conceito de prática (*Praktischen*) é muito mais amplo e social no jovem Hegel do que em Kant, em Fichte e até no jovem Schelling. Hegel de fato toma o conceito prático de liberdade de Kant como ponto de partida filosófico para suas exigências de liberdade e dignidade humanas, mas sua concepção da realização dessas exigências transita de imediato para o social. Nesse período, ele não está nem um pouco preocupado em saber como esse ponto de partida idealista subjetivo pode ser compatibilizado gnosiologicamente com as consequências históricas e sociais reais que ele vincula com tais exigências. Como se sabe, no decorrer de seu desenvolvimento posterior, Hegel submeteu o subjetivismo da ética kantiana a uma crítica muito incisiva e, ao fazê-lo, tentou resolver os problemas sociais reais contidos nessa ética com base no idealismo objetivo, da dialética objetiva do desenvolvimento social concebida em termos idealistas.

Contudo, no período de Berna, Hegel ensaia uma interessante elaboração histórico-social do dualismo de Kant-Fichte, que, no caso dele, também decorre necessariamente da concepção idealista subjetiva do núcleo da moral. Para Kant, existem dois mundos radical e intransponivelmente separados um do outro: o mundo da ética, do eu inteligível (*noumenon*), no qual as categorias do mundo fenomênico (causalidade etc.) não têm vigência, e o mundo do conhecimento, do eu empírico (*phainomenon*), no qual vigem essas categorias. Com sua teoria do "não-eu" (isto é, do mundo exterior como um todo) posto pelo "eu", Fichte desloca esse problema para o plano filosófico universal, fazendo da fundamentação kantiana da ética a base e o ponto de partida da gnosiologia. Essa concepção, como logo veremos, influenciou de maneira decisiva a filosofia do jovem Schelling.

O jovem Hegel vê a relação entre a consciência moral livre e a realidade objetiva de maneira bem diferente. Para ele, essa realidade objetiva também é um mundo exterior e estranho à consciência moral, que se confronta com a subjetividade

---

[18] Ibid., p. 67.

viva como um mundo exterior "morto" e objetivo. No caso dele, contudo, não se trata de um antagonismo "eterno", não é um antagonismo filosófico, gnosiológico, como em Kant e seus seguidores, mas um antagonismo *histórico*. Ele é o elemento historicamente característico da Idade Média e da era moderna; mas não existiu nas repúblicas democráticas citadinas da Antiguidade, e a perspectiva de sua supressão é o núcleo das esperanças do jovem Hegel para o futuro.

Somente sob essa luz torna-se visível, para nós, toda a importância do cerne do período em Berna, ou seja, a questão da positividade da religião cristã. Segundo a concepção do jovem Hegel, essa positividade é a realidade social real que corresponde ao dualismo kantiano na ética. Apenas quando divisamos com clareza essa problemática conseguimos entender que a indiferença do jovem Hegel em relação à reforma fichtiana da filosofia kantiana não se originou de estados anímicos não filosóficos. Não queremos dar a impressão de que o jovem Hegel não se ocupou de problemas filosóficos reais nem de que a biografia de Hegel seria a história *de seu despertar para a condição de filósofo*. Pelo contrário, adiante veremos que a maior parte das peculiaridades de sua filosofia brotou organicamente de dentro dessa concepção do antagonismo entre positividade e subjetividade moral. Os problemas gnosiológicos da filosofia de Hegel só aflorariam, só se tornariam conscientes como problemas filosóficos centrais, quando o caráter contraditório dessa concepção original aparecesse diante dele enquanto caráter contraditório objetivo inerente à própria realidade social, quando a gnosiolgia se convertesse na dialética da própria realidade.

Por essa razão, esse caráter estranho, morto, "dado", das leis morais é, para o jovem Hegel, a característica mais importante da positividade. Ele diz que faz parte da essência de toda lei moral que o próprio sujeito moral seja legislador.

> A religião cristã, porém, anuncia a lei moral como algo que existe fora de nós, como algo dado, necessitando, portanto, fazer com que seja respeitada por outra via. No conceito de religião positiva poderia ser acolhida a característica de que ela propõe a lei moral às pessoas como algo dado.[19]

Ora, o resultado disso para a religião cristã é uma casuística complexa da moral em contraposição ao funcionamento livre do senso incorrupto de moralidade na condição social de uma religião não positiva. A Igreja cristã tem um código, no qual está prescrito

---

[19] Nohl, p. 212.

em parte [...] o que o homem deve fazer, em parte o que ele deve saber e crer, em parte o que ele deve sentir. Sobre a posse e o manejo desse código está fundado todo o poder legislativo e judiciário da Igreja, e é contrário ao direito racional de todo e qualquer homem estar submetido a tal código estranho, o que torna ilegítimo todo o poder da Igreja; e nenhum homem pode renunciar ao direito de dar a lei para si mesmo, devendo prestar contas unicamente a si mesmo do manejo desse direito, pois com tal alheação (*Veräußerung*) ele deixaria de ser um ser humano.[20]

Aqui foi formulada com nitidez a contradição insolúvel entre religião positiva e liberdade humana. No escrito mais importante do período em Berna, *A positividade da religião cristã*, do qual acabamos de citar uma passagem e logo adiante citaremos mais algumas, Hegel elabora esse antagonismo para todas as áreas da vida moral do homem e para partes essenciais dos problemas sociais. Segundo a concepção do jovem Hegel, o caráter assim descrito da positividade da religião é o momento que determina decisivamente toda a vida da Idade Média e da era moderna. Essa determinação obviamente alcança a área do conhecimento, do entendimento e da razão. De acordo com Hegel, a perda da liberdade moral necessariamente acarreta a perda do uso autônomo da razão. O objeto estranho, morto, dado e, não obstante, dominante da religião positiva esfacela a unidade e a coesão da vida em que vivia o homem antigamente, na era de sua liberdade, e transforma as questões decisivas da vida em problemas transcendentes, incognoscíveis e fora do alcance da razão.

Para o jovem Hegel, o surgimento de tais complexos de problemas é igualmente consequência da religião positiva. A força desta reside justamente no fato de que o homem reconhece esse poder estranho sobre si em toda a dimensão de seu ser e pensar; depois de renunciar a sua liberdade moral, ele não pode mais escapar à supremacia da religião positiva. Esta passa a estender seu poder sobre todas as áreas da vida e abafa no nascedouro toda tentativa de usar livremente a razão humana.

> A aptidão para tal [para a fé positiva – G. L.] pressupõe necessariamente a perda da liberdade da razão, de sua autonomia, que não é capaz de contrapor coisa alguma a um poder estranho. Esse é o primeiro ponto do qual parte toda a fé ou a descrença em uma religião positiva, sendo, ao mesmo tempo, o centro em torno do qual giram, por isso mesmo, todas as discussões, e, mesmo que não se torne claramente

---
[20] Ibid.

consciente, ele perfaz a razão de toda subserviência ou rebeldia. A esse ponto os ortodoxos precisam se ater, nele nada podem perdoar [...].[21]

Esse domínio refere-se, portanto, também ao âmbito do conhecimento. Sobre as assim chamadas verdades históricas da religião, para não falar de milagres etc., a razão é obrigada a julgar que se trata apenas de imaginações, de "poesias" etc. A religião positiva não tolera isso,

> ela precisa recorrer a uma potência superior, diante da qual o próprio entendimento tem de silenciar, e a fé é convertida em uma questão de dever e remetida à região do suprassensível, à qual o entendimento não mais tem acesso; nesse tocante, fé significa o mesmo que ater-se a um encadeamento de eventos entregue à força da imaginação e diante do qual o entendimento sempre recorre a outra instância – por dever, isto é, neste caso, por temor ao poderoso senhor –, sendo obrigado a, além de tudo, oferecer pessoalmente seus préstimos a essa atividade que para ele é abominação [...].[22]

Aqui se vê o quanto esses escritos supostamente teológicos do jovem Hegel são, no fundo, um grande libelo contra o cristianismo. Todo conhecedor da literatura do Iluminismo encontrará em exposições como as que acabamos de citar alguma coisa em que ressoa a luta antirreligiosa generalizada dessa época. É necessário, porém, ao lado da constatação desse tipo de concordância no que se refere à tendência anticristã, ressaltar com nitidez simultaneamente as diferenças metodológicas entre Hegel e o Iluminismo. Já chamamos atenção para o fato de que Hegel nunca combateu a religião em geral, como o fizeram Diderot, Holbach ou Helvécio, mas se limitou a contrapor de forma polêmica o cristianismo positivo a uma religiosidade não positiva. (Nesse aspecto, é de Rousseau que ele se aproxima mais.) A isso se soma, porém, uma divergência na metodologia geral da luta anticristã: os iluministas eminentes falam, como faz Hegel, com muita frequência dos efeitos escravizadores do cristianismo, que destroem a liberdade e a dignidade humanas. No caso deles, contudo, esse motivo nunca ocupa o centro da polêmica de maneira tão exclusiva quanto em Hegel. Para eles, é no mínimo tão importante contrastar as doutrinas do cristianismo e das religiões em geral com os fatos da realidade como constatados pela ciência e, dessa forma, desmascarar a vacuidade e o caráter contraditório das religiões.

---

[21] Ibid., p. 234.
[22] Ibid., p. 236.

Para o jovem Hegel, esse motivo desempenha um papel inteiramente secundário. Ele alude de maneira esporádica, como vimos, ao fato de os dogmas do cristianismo serem incompatíveis com a realidade e com a razão: essa constatação, porém, tem um papel apenas episódico para ele. Até nos casos em que chega a falar expressamente dessa questão, decisivo não é o aspecto científico, a saber, a não concordância dos dogmas religiosos com a realidade, mas a exigência amoral descabida da Igreja à razão humana de tornar tais dogmas, sem nenhuma verificação, positivamente, objeto da fé e do sentimento religioso. Essa metodologia mostra, com toda clareza, onde e como os grandes iluministas franceses erguem-se sobranceiros acima do jovem Hegel no que se refere à determinação para a luta antirreligiosa. Podemos constatar ao mesmo tempo, porém, que o subjetivismo do jovem Hegel, que levou a essa formulação do problema, mesmo originando-se social e ideologicamente do atraso da Alemanha, do Iluminismo alemão, da filosofia kantiana etc., constitui, ao mesmo tempo, a base para a elaboração tanto do "lado ativo" quanto do historicismo de seu modo de análise.

Voltaremos forçosamente a ocupar-nos a fundo, neste capítulo, das bases filosóficas e das consequências da concepção hegeliana de positividade. O que importava até então era tornar compreensíveis ao leitor a linha básica e os contornos principais desse conceito central do período em Berna – e apenas o suficiente para entender corretamente a concepção filosófico-histórica do jovem Hegel.

Como mostramos, o jovem Hegel é adepto do "primado da razão prática". Para ele, o absoluto, o autônomo e o prático passam a ser simplesmente idênticos. Esse apelo exclusivo à razão prática é o traço comum entre sua filosofia da juventude e a filosofia de Schelling. Já tivemos a oportunidade de observar tanto a concordância quanto a diferença entre o jovem Hegel e o jovem Schelling na questão da relação entre razão prática e teologia. Ora, visto que a amizade filosófica inicial de Hegel e Schelling e sua posterior divergência desempenham um papel importante na história da gênese da dialética, consideramos inevitável apresentar sucintamente aos nossos leitores o ponto de vista de Schelling nessa época. Em uma de suas primeiras obras, *Nova dedução do direito natural* (início de 1796), Schelling explica, mostrando concordância com Fichte e certa afinidade com a concepção da positividade de Hegel, que o incondicional, o absoluto, jamais pode ser objeto.

> Quando procuro retê-lo como objeto, ele retorna aos limites da condicionalidade. Aquilo que é *objeto* para mim só pode aparecer: no momento em que se torna mais do que aparição/fenômeno para mim, está destruída a minha liberdade [...]. Se

eu quiser realizar o incondicional, este tem de cessar de ser objeto para mim. O absoluto é idêntico ao eu.²³

Essas concepções de Schelling aparecem ainda mais claramente com todas as suas consequências em um pequeno ensaio não destinado à publicação, cujos fragmentos chegaram a nós por meio de uma cópia feita por Hegel em 1796. A cópia começa na parte ética. Não sabemos o que havia antes dessa parte. Talvez simplesmente tenha se perdido, talvez – o que não deixa de ser característico do jovem Hegel – só essa parte tenha sido copiada. Schelling explica, nesse escrito, que toda a filosofia (ele diz: metafísica) é idêntica à moral; Kant teria iniciado esse desenvolvimento, mas nem de longe o teria esgotado. A partir dessa concepção, seria preciso chegar a conceitos totalmente novos sobre a natureza, sobre a ciência natural. Os primeiros devaneios filosófico-naturais do jovem Schelling se anunciam aqui. Para nossa questão, contudo, o mais importante é sua concepção de sociedade e Estado. Schelling diz sobre isso:

> A partir da natureza, chego à *obra humana*. Tendo à frente a ideia da humanidade, pretendo mostrar que não existe ideia de *Estado*, porque o Estado é algo *mecânico*, assim como não existe ideia de *máquina*. Tão somente aquilo que é objeto da *liberdade* chama-se *ideia*. Portanto, temos que ir além do Estado! Pois todo Estado é obrigado a tratar homens livres como engrenagens mecânicas – e não é para ser assim; portanto, ele deve *cessar (aufhören)*.²⁴

Tomando essa reflexão como ponto de partida, o jovem Schelling pretende assentar os princípios para uma história da humanidade "e desnudar toda a miserável obra humana constituída por Estado, constituição, governo, legislação". Ele pretende expor, em seguida, as ideias do mundo moral e da religião.

> Que a própria razão derrube toda superstição e persiga o sacerdócio que recentemente passou a simular racionalidade. Liberdade absoluta para todos os espíritos que trazem dentro de si o mundo intelectual e que não podem se permitir buscar nem Deus nem a imortalidade *fora de si mesmos*.*

O fragmento conclui proclamando a estética como ponto alto da filosofia do espírito, com a exigência da criação de uma nova mitologia de cunho popular.

---

[23] [Friedrich Wilhelm Joseph] Schelling, ["Neue Deduktion des Naturrechts", em] *Werke*, ed. por M. Schröter (Iena, 1926), v. 1, p. 108.

[24] Publicado por Hoffmeister, p. 219 e seg.

* Idem. (N. T.)

Não é difícil reconhecer, nessas observações lançadas no papel pelo jovem Schelling, ideias básicas importantes de seu famoso período filosófico-natural em Iena. Tampouco é difícil reconhecer o quanto as aplicações e as extensões da "razão prática" levadas a cabo por Schelling se aproximam da concepção hegeliana da positividade. Compreende-se muito bem, portanto, por que Schelling e Hegel na juventude se consideraram aliados filosóficos. Contudo, é importante ver claramente que, já nesse período, existem antagonismos profundos entre Schelling e Hegel, mesmo que eles jamais tenham sido verbalizados de forma aberta. Schelling, como vimos, vai bem mais longe do que o jovem Hegel na rejeição de toda e qualquer "positividade". Para ele, o Estado e tudo o que está associado a ele é tido de antemão e por princípio como "positivo" no sentido hegeliano; para ele, a libertação da humanidade é idêntica à libertação em relação ao Estado em geral. Isso mostra que, já nesse período, Schelling não compartilhava – ou, pelo menos, não compartilhava mais – das ilusões revolucionárias do jovem Hegel quanto a uma renovação radical do Estado e da sociedade, uma renovação que tem como consequência a supressão de suas propriedades "positivas". Desse modo, porém, a utopia concretamente revolucionária do jovem Hegel se transforma em uma utopia anarquista – para usar um conceito posterior – de libertação da humanidade sem Estado. E, do mesmo modo, torna-se nitidamente visível que essa concepção, não importando se é causa ou consequência, está em íntima conexão com o fichtianismo resoluto que o jovem Schelling cultivou naquela época.

O jovem Hegel se diferencia de saída de seu aliado filosófico por formular a questão *em termos mais históricos*. Para ele, de modo nenhum é o Estado em geral que é positivo, mas só o Estado despótico da Roma imperial até a sua época. O Estado da Antiguidade, por sua vez, em nítido contraste com aquele, é produto e expressão da livre autonomia dos homens, da sociedade democrática. De modo correspondente, sua finalidade e sua perspectiva de desenvolvimento não comportam a aniquilação do Estado em geral, mas a restauração da antiga cidade-Estado – não positiva –, da democracia livre e autônoma da Antiguidade.

Aparentemente e a julgar pelos usos metodológicos da época, a formulação da questão pelo jovem Hegel é menos filosófica do que a de Schelling, que emprega os antagonismos "liberdade-necessidade", "essência-fenômeno", característicos de Kant-Fichte (para ele e para Fichte esses pares opostos coincidem de forma bem mais imediata do que para o próprio Kant), de um modo que faz a teoria do conhecimento desembocar inteiramente na ética. Tudo o que para a ética se mostra apenas o objeto – e não o sujeito – da prática converte-se em simples objeto (é "positivo", segundo a terminologia do jovem Hegel). Esse mundo da objetividade morta é, ao mesmo tempo, idêntico ao mundo kantiano dos "fenômenos"; somente a prática conecta o homem com a verdadeira realidade, com a essência. É possível ver aqui claramente a conexão entre a teoria do conhecimento kantiana do jovem Schelling e seu ponto de vista anti-histórico. Ao mesmo tempo, torna-se compreensível aqui por que o jovem Hegel, para quem a positividade era, em primeira linha, um problema histórico, não deu muita importância ao aspecto gnosiológico da continuidade do kantismo levada a termo por Fichte-Schelling.

A indiferença de Hegel que aqui assoma diante das formulações ético--gnosiológicas de seu amigo de juventude de modo nenhum é, portanto, uma postura não filosófica. Na verdade, podemos vislumbrar já nesse ponto os primeiros embriões da grandiosa concepção posterior de Hegel que estabeleceu estreita ligação entre os problemas filosóficos, os problemas das categorias, e o desenvolvimento histórico da realidade objetiva. Ao colocar no centro o conceito da positividade, que tivera caráter a-histórico e universal na teologia e na ciência do direito, ou seja, constituíra o polo oposto à religião natural deísta, ou ao direito natural, o jovem Hegel deu o primeiro passo inconsciente na direção de sua posterior concepção dialética da história. Todavia, é preciso reiterar aqui que, nesse período, o jovem Hegel não só não conseguiu divisar o alcance filosófico de suas formulações da questão, como também pouco se preocupou com sua fundamentação filosófica, com suas exigências filosóficas.

Esse caráter histórico da formulação da questão central pelo jovem Hegel só se explicitaria aos poucos. No entanto, na medida em que dispomos das fontes de seu desenvolvimento, certos enfoques estão presentes já no começo, em especial o contraste entre a Antiguidade e o cristianismo. O historicismo da formulação da questão, porém, só se explicitaria de maneira gradativa; no próximo capítulo, por ocasião da análise do período em Frankfurt, veremos o tanto que o conceito de positividade, entendido em termos históricos já em Berna, continua sendo desenvolvido ali por Hegel de modo ainda mais elástico no sentido da historicidade.

No período de estudos em Tübingen, a maneira de Hegel formular essas questões ainda tinha caráter fortemente antropológico-psicológico. Dissemos termos uma quantidade relativamente grande de anotações e excertos de

Hegel datados dessa época sobre a abordagem antropológica das faculdades espirituais, das diferentes propriedades físicas e espirituais do homem, nos quais está contida a quase totalidade da literatura pertinente do Iluminismo alemão e nos quais concomitantemente há alusões a importantes escritos do Iluminismo francês e inglês. Esses excertos, que só vieram a público nas últimas décadas (primeiro na revista *Logos*, depois no livro de Hoffmeister), ainda não foram explorados pela pesquisa sobre Hegel. Um ponto específico que ainda nem foi abordado pela pesquisa é a quantidade de conteúdo desses excertos que passou às partes antropológicas da *Fenomenologia* e da *Enciclopédia*.

Uma investigação dessa questão extrapola o âmbito do nosso estudo. Queremos registrar aqui apenas a observação metodológica geral de que a historicização da antropologia figura entre as características gerais do desenvolvimento global de Hegel. Isso não só no sentido de que, na *Fenomenologia*, ele procura integrar os problemas da antropologia em um processo dialético-histórico, mas também no sentido de toda a posterior estrutura do sistema. Assim, intuição, representação e conceito, tratados nos excertos originais como problemas antropológicos, são, para o Hegel posterior, de um lado, princípios de sistematização (intuição: estética; representação: religião; conceito: filosofia) e, de outro e simultaneamente, base da periodização (estética: Antiguidade; religião: Idade Média; filosofia: era moderna).

Tendo em vista nosso problema, adquire importância o contraste originalmente antropológico de memória e fantasia. Nessa época, Hegel contrasta religião objetiva e subjetiva; para a religião objetiva,

> o entendimento e a memória são [...] as forças atuantes nesse caso. [...] Da religião objetiva podem fazer parte também conhecimentos práticos, mas, enquanto tais, são apenas capital morto – a religião objetiva pode ser organizada mentalmente, posta em um sistema, exposta em um livro e apresentada a outros de forma discursiva; a religião subjetiva só se manifesta por meio de sensações e ações [...] a religião subjetiva é viva, é efetividade no interior da essência e atividade para o exterior.[25]

Em seguida, ele compara a religião subjetiva com os seres vivos da natureza mesma e a religião objetiva com os animais empalhados do laboratório de ciências naturais. Essa confrontação é efetiva durante todo o período em Berna. Para o leitor das exposições que fizemos até aqui, está claro que a

---

[25] Nohl, p. 6 e seg.

religião objetiva das anotações de Tübingen é uma forma prévia idealizada da positividade do cristianismo formulada em Berna. Cito apenas uma frase extraída dos estudos históricos de Berna para deixar claro o efeito continuado desses argumentos: "A memória é o patíbulo no qual pendem enforcados os deuses gregos [...] a memória é o túmulo, o receptáculo que conserva o morto. O morto repousa ali como coisa morta. Faz-se referência a ele como a uma coleção de pedras". Na sequência, tem-se um forte ataque às cerimônias cristãs, das quais se diz: "É assim que age o morto. O homem tenta converter-se totalmente em objeto, tenta deixar-se reger inteiramente por um estranho. Esse serviço se chama devoção"[26].

No período de Tübingen, o jovem Hegel adota uma postura de polêmica incisiva, no sentido iluminista, dirigida contra a religião objetiva. A seu ver, só a religião subjetiva tem valor. Esta, todavia, ainda conta com uma nuança não histórica, oriunda da "religião natural" ou "religião racional" do Iluminismo; essa concepção do jovem Hegel evidentemente recebeu sua influência mais forte de Lessing.

> A religião subjetiva é praticamente igual entre os homens bons; a religião objetiva pode assumir quase qualquer coloração – o que me torna um cristão para vós torna-vos judeus para mim, diz Natan [ato 4, cena 7 de *Natan, o sábio*, de Lessing – G. L.] – pois religião é coisa do coração, o qual muitas vezes age de modo inconsequente contra os dogmas aceitos por seu entendimento ou sua memória [...].[27]

Esse antagonismo de religião subjetiva e religião objetiva cruza-se, porém, no período em que o jovem Hegel estudou em Tübingen, com o antagonismo de religião pública e religião privada: devendo-se observar que uma união histórico-metodológica dos dois pares antagônicos só aconteceria no período em Berna. Já em Tübingen, a concepção de Hegel estabelece estreita conexão entre religião pública e religião subjetiva e entre religião privada e religião objetiva.

Aqui se torna palpável a dialética primordial do jovem Hegel, muito antes de o problema da dialética aflorar conscientemente em seu pensamento, pois, de acordo com toda concepção metafísica formal, o que deveria se combinar com o subjetivo é o privado, mais que o público. Ora, a razão pela qual Hegel rompe espontaneamente os limites impostos ao pensamento metafísico é, de um lado,

---

[26] Rosenkranz, p. 518 e seg.
[27] Nohl, p. 10.

o efeito de sua concepção histórica que de forma gradual começava a tomar corpo e, de outro lado, o impulso irresistível para a liberdade desencadeado nele por influência da Revolução Francesa. Segundo sua concepção, a religião subjetiva é uma verdadeira "religião do povo" (*Volksreligion*) ou nacional. Ele resume da seguinte maneira as exigências a serem feitas a tal religião: "I. Suas doutrinas devem fundar-se na razão universal. II. Fantasia, coração e sensibilidade não podem ser ignorados. III. Ela deve ser constituída de tal forma que a ela se liguem todas as necessidades da vida – os atos públicos do Estado". No trecho seguinte, de cunho polêmico negativo, Hegel rejeita toda crença fetichista, incluindo nela os apologistas pseudoiluministas do cristianismo[28].

Essas observações falam uma linguagem clara. É preciso acrescentar tão somente a seguinte observação: Hegel parte aqui expressamente da *racionalidade* da religião subjetiva e pública. Desse modo, todas as interpretações reacionárias do período imperialista, que vislumbram na confrontação de fantasia e memória por parte de Hegel um sinal de seu "irracionalismo", comprovam-se como distorções e difamações. No que se refere ao conteúdo social dessas exigências, Hegel também se manifestou de maneira inconfundivelmente clara nesse período. Ele acentua que a religião pública não só precisa conter mandamentos e proibições diretos, como, por exemplo, o de que não se deve roubar, mas

> especialmente os mais remotos devem ser levados em conta e muitas vezes considerados como de suma importância. Trata-se principalmente da elevação, do enobrecimento do espírito de uma nação – que seja despertado o sentimento de dignidade tantas vezes dormente em sua alma, que o povo não se humilhe e não se permita humilhar.[29]

A religião subjetiva, a religião pública, é, portanto, já para o Hegel que estudou em Tübingen, a religião da autolibertação do povo.

III. Concepção da história e o presente

O jovem Hegel procura, portanto, fazer da religião subjetiva, da religião pública, o fundamento e o suporte do movimento libertário na Alemanha. Já vimos que dessa busca surgiu, no período em Berna, uma mescla singular de objetividade histórica e subjetivismo filosófico radical. O problema histórico

---
[28] Nohl, p. 20 e seg.
[29] Nohl, p. 5.

do jovem Hegel é retratar concretamente o subjetivismo democrático da sociedade em sua forma suprema e mais desenvolvida na Antiguidade, depois descrever com cores lúgubres o desaparecimento desse mundo e o surgimento do período despótico, estranho ao humano, morto, da religião positiva, a fim de obter desse contraste a perspectiva da libertação futura. A confrontação de Antiguidade e cristianismo, de religião subjetiva e religião positiva, é, portanto, a base da filosofia política do jovem Hegel em Berna.

É claro que também seus intérpretes reacionários necessariamente perceberam esse caráter prático de sua filosofia. Haering chega mesmo a colocar esse problema no centro, concebendo as tendências "pedagógico-populares" do jovem Hegel como os traços mais essenciais de seu desenvolvimento filosófico. Até esse ponto, tudo bem. No entanto, Haering e outros apologistas reacionários tomam como ponto de partida para a interpretação das concepções do jovem Hegel os traços reacionários de seus posicionamentos políticos posteriores, consideram estes a "essência" sempre presente da filosofia de Hegel, tentam se aproveitar das abundantes e inevitáveis confusões do jovem Hegel, em especial no campo das questões religiosas, para colocar tendências reacionárias desde o primeiro momento no centro do pensamento hegeliano.

Todavia, não há como silenciar por completo as tendências republicanas do jovem Hegel. Tanto quanto possível, elas são apagadas ou silenciadas, mas não podem ser totalmente desconsideradas. A saída que os apologistas imperialistas encontram em tais casos é ver o republicanismo do jovem Hegel como uma "doença infantil". Franz Rosenzweig, por exemplo, vê Hegel como precursor ideológico da política bismarckiana. De maneira totalmente anti-histórica, que mascara os fatos históricos, em primeiro lugar, ele não diz que nem sequer o velho Hegel poderia ter sido precursor de Bismarck, que mesmo suas concepções mais reacionárias correm em uma direção diferente da tomada por Bismarck; em segundo lugar, ele esconde as grandes crises históricas (Termidor, derrubada de Napoleão) que determinaram o caráter político do desenvolvimento de Hegel e provocaram no Hegel tardio aquele estado de espírito profundamente resignado tão característico dos alemães eminentes que esperavam do período napoleônico uma renovação da Alemanha. (Pense-se no Goethe tardio.) Ora, depois de descobrir a semelhança de Hegel com Bismarck "pré-formada" na alma do jovem Hegel, fica fácil apresentar todo o republicanismo, toda a relação com a Revolução Francesa, como algo superficial, que vai sendo gradativamente eliminado com a crescente "maturidade".

O período republicano do jovem Hegel | 101

Ao proceder assim, esses apologistas não dão a mínima importância para o fato de que, também nos escritos do velho Hegel, encontra-se inconfundivelmente expressa a noção da necessidade histórica da Revolução Francesa, ou seja, a concepção de que a Revolução Francesa constitui a base da cultura de seu tempo. Daremos apenas um exemplo dessa mistura engenhosa de citação e silenciamento. Rosenzweig remete a um escrito político do jovem Hegel e ressalta todas as passagens de que se poderiam talvez inferir indícios de seu antirrepublicanismo, sua oposição ao Iluminismo, mas acrescenta, então – de modo aparentemente objetivo, mas na realidade deformando os fatos –, fazendo pouco-caso: "Mas, naquela época, de fato ainda não havia muito que Hegel reconhecera a Monarquia"[30].

Já sabemos que, no jovem Hegel, o caráter prático da filosofia estava estreitamente ligado a seus sonhos políticos. Temos de mostrar de forma breve agora, com o auxílio de algumas citações, o tanto que ele concebeu a condição da Alemanha naquela época como produto do desenvolvimento cuja característica, a seu ver, foi a positividade da religião, pois a partir disso veremos com toda clareza que o destaque dado à liberdade e à democracia da Antiguidade constitui, para o jovem Hegel, um contraste revolucionário diante das condições em que se encontrava a Alemanha naquele tempo.

Pelo que foi exposto até aqui, não causará surpresa a ninguém que o ponto de partida das análises de Hegel também nesse caso tenham sido as concepções religiosas, as tradições religiosas. Por essa razão, ele diz sobre a Alemanha:

> Nossa tradição – canções populares e tudo o mais. Nenhum Harmódio, nenhum Aristogíton*, acompanhados de glória eterna por terem matado o tirano e proporcionado direitos e leis iguais a seus cidadãos, vivendo na boca do povo e em suas canções. Quais são os conhecimentos históricos do nosso povo? Falta-lhe a tradição peculiar, pátria, a memória e a fantasia estão entulhadas com a história das origens da humanidade, com a história de um povo estranho, com as façanhas e os crimes de seus reis, que nada têm a ver conosco.[31]

Nesse contexto, Hegel compara a arquitetura alemã com a grega; no jovem Hegel, porém, essa comparação não é, em primeira linha, estética. Interessa-lhe, muito antes, comparar os diferentes hábitos de vida, ou seja, a vida livre e bela

---

[30] [Franz] Rosenzweig, *Hegel und der Staat*, v. 1 (Munique/Berlim, [R. Oldenbourg,] 1920), p. 51.
* Harmódio e Aristogíton, os "tiranicidas" atenienses que mataram Hiparco, filho de Pisístrato. (N. E.)
[31] Nohl, p. 359.

dos gregos com a vida estreita, mesquinha e filisteia dos alemães, interrompida apenas por patuscadas ruidosas e estúpidas. A diferença entre as arquiteturas é, para o jovem Hegel, apenas a expressão da diferença entre o teor da vida social dos diferentes povos. (Também nesse ponto já se evidencia um modo de ver as coisas que é mantido na estética posterior, claro que em um nível bem diferente da dialética e da concretude histórica da análise.)

Voltamos a encontrar as considerações mais importantes sobre a Alemanha de seu tempo na principal obra escrita pelo jovem Hegel em Berna, intitulada *A positividade da religião cristã*. Nela, ele afirma que a conquista romana e, mais tarde, o cristianismo destruíram as religiões nacionais originais, inclusive a dos alemães. E o desenvolvimento alemão teria sido do tipo que não se mostrou capaz de alimentar uma fantasia religiosa nacionalista.

> Além de, por exemplo, Lutero entre os protestantes, quais poderiam ter sido nossos heróis, nós que nunca fomos uma nação? Quem seria nosso Teseu que teria fundado um Estado e dado as leis? Onde estão nossos Harmódios e nossos Aristogítones para que lhes entoemos loas como libertadores do país? As guerras que devoraram milhões de alemães foram guerras pela honra ou pela independência dos príncipes; a nação foi apenas instrumento e, mesmo que tenha lutado com ferocidade e fúria, no fim não saberia dizer por que lutou nem o que ganhou com isso.[32]

Na sequência, Hegel faz uma descrição muito cética da sobrevivência das tradições históricas protestantes, cujo ponto alto é a afirmação de que os detentores do poder na Alemanha estavam pouco ligando para o fato de a faceta libertadora do movimento protestante permanecer viva entre o povo.

Para Hegel, dessa análise da situação alemã decorre que o povo alemão, por não ter nenhuma fantasia religiosa que tenha brotado de seu próprio chão, que tenha estado enraizada em sua própria história, também está "pura e simplesmente sem nenhuma fantasia política"[33]. E essa falta de uma vida anímica própria, nacional, acaba se expressando depois em toda a cultura alemã. O que interessa ao jovem Hegel em primeira linha nesse aspecto – uma vez mais, muito característico dele – não é o nível absolutamente elevado das realizações culturais alemãs, embora tenhamos visto que ele tinha profundo conhecimento delas, mas a falta de caráter popular da cultura alemã, a ausência

---

[32] Nohl, p. 215.
[33] Idem.

de enraizamento no povo. Essa falta constitui sua principal crítica à cultura alemã de seu tempo.

Nessa área, as belas peças teatrais de Hölty, Bürger, Musäus* decerto estão totalmente perdidas para o nosso povo, dado que, no restante da sua cultura, ele está muito atrasado para ser receptivo à fruição das mesmas – como também a fantasia das parcelas cultas da nação encontra-se em um campo bem distinto daquele em que se movem os estratos populares, e os autores e artistas que trabalham para aquelas pura e simplesmente não são entendidos por estes no que se refere à disposição da cena e dos personagens.

A essa análise se acrescenta uma confrontação entre a Alemanha e a Antiguidade, na qual se enfatiza que justamente a arte elevada da Antiguidade clássica, a de Sófocles e Fídias, foi uma arte popular que tocou toda a nação[34].

Nesse contexto, o jovem Hegel se empenha para que a futura cultura alemã seja edificada sobre tradições clássicas. Ele vislumbra na recepção delas o único progresso verdadeiro e combate especialmente as concepções de Klopstock, que, em função de sua poesia, recorre em parte à história das origens do povo alemão (batalha de Armínio ou batalha da floresta de Teutoburgo**), em parte a tradições judaico-cristãs (o recurso a essas tradições constitui um eco tardio – e abrandado para adaptar-se ao jeito alemão, devido à influência de Milton – das tradições ideológicas da Revolução Inglesa). À formulação anticlássica de Klopstock para a questão "Desde quando a Acaia é a pátria dos tuiscões?"***, Hegel responde, em primeiro lugar, com uma explicação extensa, dizendo que uma renovação artificial da tradição alemã antiga em seus dias seria tão sem perspectiva quanto a tentativa feita pelo imperador romano Juliano, em seu tempo, de renovar a religião antiga. "Aquela fantasia alemã antiga não encontra, em nossa era, onde se apoiar, não tem ponto de contato, está totalmente desvinculada de todo o âmbito de nossas representações, opiniões e crenças, ela nos é tão estranha quanto a ossiânica ou a indiana [...]". Quanto à renovação da tradição judaico-cristã, ele levanta, então, a contrapergunta: "O

---

* L. H. Hölty (1748-1776), G. A. Bürger (1747-1794) e J. K. Musäus (1735-1787), escritores alemães do século XVIII. (N. E.)
[34] Ibid., p. 216.
** Batalha em que tribos germânicas, chefiadas por Armínio, derrotaram legiões romanas, 9 d. C. (N. E.)
*** *Tuiskonen*, nome antigo dos *Teutonen*, teutões, agora *Deutschen*, alemães. (N. T.)

que aquele poeta brada para seu povo em vista da mitologia grega teríamos o mesmo direito de bradar para ele e seu povo em vista da mitologia judaica, perguntando: desde quando a Judeia é a pátria dos tuiscões?"[35].

Nesse ponto, também vemos, em especial em relação às tendências alemãs antigas, um posicionamento que Hegel manteria durante toda a vida. Como observaremos, ele adota uma postura política de rejeição não só das guerras de libertação, mas também de todas as aspirações germanizantes do romantismo. Isso também é silenciado ou "reinterpretado" de maneira correspondente pelos falsificadores imperialistas de Hegel que querem colar nele o rótulo de romântico.

Essa imagem da falta de liberdade e da trivialidade da atualidade alemã, da falta de uma cultura popular verdadeira, está estreitamente ligada a toda a postura política democrática do jovem Hegel. Durante sua estadia em Berna, que naquela época era governada por uma oligarquia patrícia, Hegel chega a formular sobre a cidade suíça juízos tão depreciativos quanto sobre a Alemanha. E seu juízo é ainda mais claramente político, dado que foi emitido em uma carta e não, por exemplo, em escritos destinados à publicação, nos quais ele precisava levar em conta a censura alemã. Hegel escreveu no dia 16 de abril de 1795 a Schelling:

> A cada dez anos, o *conseil souverain* [conselho soberano] repõe os membros eventualmente falecidos nesse período. Nem encontro palavras para descrever como é humano esse processo, pois todas as intrigas tecidas nas cortes principescas por primos e primas nem de longe se comparam com os conluios tramados aqui. O pai nomeia seu filho ou o genro que trouxer o maior dote etc. Para conhecer de verdade uma constituição aristocrática, é preciso ter passado aqui o inverno que antecede a Páscoa em que acontece essa reposição.[36]

Essa carta decerto não necessita de comentário. Em vista do desenvolvimento futuro de Hegel, tão somente é preciso observar ainda que suas experiências em Berna implantaram nele um desprezo indelével exatamente pelo regime oligárquico-aristocrático. Essa rejeição não mudou nem mesmo depois que ele reviu profundamente as demais convicções que cultivara em Berna no campo da política.

---

[35] Ibid., p. 217.
[36] Rosenkranz, p. 69.

Hegel passa a considerar tal condição tanto política quanto cultural o produto de um desenvolvimento, cuja força motriz foi o domínio da religião positiva de cunho cristão. E diante do fato de que, em idade avançada, Hegel ainda chamou a Revolução Francesa de "magnífica aurora", não é difícil imaginar a impaciência com que, naquela época, esperou dela a renovação do mundo. No caso dele, essa renovação tem como pressuposto polêmico a crítica do cristianismo, e seu conteúdo positivo se apresenta como renovação da Antiguidade. Nesse contexto, a análise e a exaltação da democracia antiga revestem-se, portanto, de grande importância *política atual* para Hegel.

Nesse tocante, a concepção hegeliana também tem muitos precursores. Nas grandes lutas de classes que foram travadas em torno da liquidação da sociedade feudal, o modelo da democracia antiga desempenha um papel determinante nos escritos da vanguarda ideológica desde a Renascença. Também nesse tocante, figura entre as maiores deficiências da historiografia do campo ideológico o fato de ainda não ter sido elaborada em lugar nenhum essa conexão entre a Renascença da Antiguidade e a luta da classe burguesa por sua libertação. Aliás, a historiografia burguesa sempre se empenhou em apagar esses vestígios, visando a apresentar a renovação da Antiguidade como assunto imanente da arte, da filosofia etc. A verdadeira história desses embates ideológicos, que vão da arte figurativa à ciência do Estado e à historiografia, mostraria como eram estreitas essas conexões e como – para ilustrá-las também com o auxílio do contraexemplo – a admiração pela Antiguidade foi privada de imediato de seu significado progressista e degenerou em academicismo vazio quando perdeu esse teor sociopolítico no decurso do século XIX. Obviamente não podemos apresentar aqui nem mesmo um esboço desse desenvolvimento que vai de Maquiavel a Rousseau, passando por Montesquieu, Gibbon etc., no qual emergem, como Engels ressalta com clareza, nesse mesmo contexto, os primeiros rudimentos de uma dialética do desenvolvimento social.

Do que foi dito até agora, decorre claramente que Hegel tinha profundo conhecimento da maior parte dessa literatura. (Só de Maquiavel parece que ele tomou conhecimento apenas depois, talvez no fim do período em Frankfurt.) Porém, mesmo sem tais influências literárias, é inquestionável a conexão essencial entre a admiração pela Antiguidade no jovem Hegel e esse desenvolvimento, pois a filosofia política da Revolução Francesa, a sistematização de suas ilusões heroicas, apoia-se sobre os ombros de todo esse desenvolvimento. Os líderes jacobinos são discípulos diretos de Rousseau.

Por mais que a ideologia jacobina da renovação da democracia antiga tivesse sido uma ilusão heroica de revolucionários plebeus, ela de modo nenhum pairava completamente no ar. Os ideólogos dessa renovação social partiram de pressupostos socioeconômicos bem determinados e bem reais. Entre eles e os representantes menos resolutos da revolução democrática há precisamente uma diferença econômica: na visão dos jacobinos radicais, a *relativa igualdade dos patrimônios* forma a base econômica para uma democracia real, e a desigualdade crescente das relações patrimoniais dos cidadãos de um Estado necessariamente levaria à aniquilação da democracia, ao surgimento de um novo despotismo. Essa doutrina está contida na parcela radical da literatura mencionada sobre a renovação da Antiguidade, e o desenvolvimento no sentido de vislumbrar na relativa igualdade dos patrimônios a base da democracia chega a seu ponto alto exatamente no *Contrato social* de Rousseau.

O grande papel dos debates sobre esse problema na própria Revolução Francesa pode ser constatado pela leitura de qualquer história conscienciosa dessa época. Citemos apenas alguns exemplos característicos. Em um artigo publicado na *Chronique de Paris* em 1793 e muitas vezes citado, Rabaut-St. Étienne faz as seguintes exigências: "1. Distribuir os patrimônios do modo mais uniforme possível; 2. Criar leis para sua conservação e para a prevenção da desigualdade futura"[37]. No mesmo ano, a revista *Révolution de Paris* escreve o seguinte: "Para impedir a grande desigualdade de patrimônios dos republicanos, que são todos iguais, é preciso estipular um limite máximo de patrimônio, para além do qual não é permitida nenhuma aquisição nem mesmo pelo recolhimento correspondente de impostos"[38]. Teor semelhante tem uma resolução da Associação dos Moradores de Castres: "Jamais abandonar os verdadeiros princípios e nunca aceitar alguém que tenha um patrimônio gigantesco enquanto não for reconhecido como patriota puro e fervoroso e não tiver usado todos os meios à disposição para acabar com essa desigualdade"[39]. De modo similar expressa-se Cambon no debate sobre imposto progressivo e empréstimo compulsório (1793): "Esse sistema é o mais racional e o que mais corresponde a nossos princípios, pois por meio de tais medidas produzireis

---

[37] *Apud* [Alphonse] Aulard, *Politische Geschichte der Französischen Revolution*, v. I (Munique/Leipzig, [Duncker und Humblot,] 1924), p. 364. Rabaut, na maioria das vezes, acompanha os girondinos. Essa sugestão, porém, obviamente não encontra eco entre eles (ibid., p. 365).
[38] Ibid., p. 366.
[39] Ibid., v. II, p. 723.

a igualdade que algumas pessoas querem relegar ao reino da fábula"[40]. Os exemplos poderiam ser multiplicados à vontade.

Marx desmascarou impiedosamente o caráter ilusório da renovação da Antiguidade almejada pelos revolucionários jacobinos, submetendo a disparidade econômica dos dois desenvolvimentos a uma análise rigorosa. Ele escreve sobre isso em *A sagrada família*.

> Robespierre, Saint-Just e seu partido sucumbiram por terem confundido a antiga *comunidade realista-democrática*, baseada na *real escravidão*, com o *moderno Estado representativo espiritualista-democrático*, que descansa sobre a *escravidão emancipada*, sobre a *sociedade civil-burguesa*. Que ilusão colossal ter de reconhecer e sancionar nos *direitos humanos* a sociedade civil-burguesa moderna, a sociedade da indústria, da concorrência geral, dos interesses privados que perseguem com liberdade seus próprios fins, da anarquia, da individualidade natural e espiritual alienada (*entfremdeten*) de si mesma e, ao mesmo tempo, anular *a posteriori* em alguns indivíduos concretos as *manifestações de vida* dessa sociedade e, ao mesmo tempo, formar a *cabeça política* dessa sociedade à maneira *antiga*![41]

Na própria França, contudo, tratava-se de ilusões heroicas de políticos revolucionários plebeus, isto é, elas estavam estreitamente ligadas – a despeito de seu caráter ilusório – a momentos específicos do modo de agir político real do partido plebeu nas circunstâncias concretas de 1793 e 1794. Portanto, com essas fundamentações ilusórias puderam ser implementadas, na própria França, medidas políticas que foram indispensáveis do ponto de vista do desenvolvimento real. Destacamos apenas duas. Em primeiro lugar, a condução da guerra por parte da França ameaçada pela coalizão da Europa inteira exigiu a implementação de uma série de medidas compulsórias, tanto no plano político, visando a conter correntes contrarrevolucionárias – inclusive na burguesia –, quanto as que aspiravam a assegurar o provimento do Exército e o abastecimento mínimo das camadas baixas citadinas, que constituíam a base social do jacobinismo radical. Em segundo lugar, a implementação radical da revolução democrática levou ao confisco e à repartição de grande parte das propriedades feudais e, portanto – segundo a intenção e, ao menos em parte, na realidade por algum tempo –, ao nivelamento da posse fundiária com base na propriedade de parcelas agrícolas.

---

[40] Ibid., v. I, p. 367 e seg.
[41] [Karl] Marx, [Friedrich] Engels, *Die heilige Familie* (Berlim, 1953), p. 250-1. [Ed. bras.: *A sagrada família*, trad. Marcelo Backes, São Paulo, Boitempo, 2003, p. 141.]

O ilusório nas ações dos jacobinos se refere, portanto, em correspondência à crítica de Marx recém-citada, ao fato de não entenderem as reais razões sociopolíticas de suas medidas revolucionárias e nutrirem concepções basicamente equivocadas em relação à perspectiva do desenvolvimento que deveria ser desencadeado como consequência de tais medidas revolucionárias. Esse caráter ilusório, por conseguinte, de modo nenhum anula a essência democrática, o caráter revolucionário de seu modo de agir. Pelo contrário. Exatamente essa mistura indissolúvel de *Realpolitik* democrático-revolucionária acertada de cunho plebeu com ilusões fantásticas sobre a perspectiva de desenvolvimento das forças da sociedade burguesa desencadeadas pela revolução democrática constitui a contradição dialética viva que caracteriza esse período da revolução.

É desse ponto de vista que se deve analisar a relação dos preparadores ideológicos da revolução democrática e dos próprios jacobinos com a Antiguidade. Marx indica com muito acerto que essa concepção ilusória é tão completamente negligente em relação à base real da economia antiga, à escravidão, quanto é incapaz de compreender intelectualmente a posição e o papel do proletariado no quadro que compõe da sociedade burguesa. Esse caráter equivocado da concepção básica, contudo, não anula a sensação correta – no interior de determinados limites históricos concretos – de que houve certa conexão entre a propriedade relativamente igual das parcelas e a democracia antiga. Justamente Marx constata essa conexão com grande nitidez. Ele diz:

> A livre propriedade parcelária de camponeses que trabalham as próprias terras, enquanto forma normal e dominante, constitui, por um lado, a base econômica da sociedade nas melhores épocas da Antiguidade clássica e, por outro, é a base que podemos encontrar entre os povos modernos como uma das formas que surgem da dissolução da propriedade fundiária feudal. É o caso da *yeomanry* na Inglaterra, do campesinato na Suécia, dos camponeses na França e no leste da Alemanha. [...] A propriedade da terra é tão necessária para o pleno desenvolvimento dessa atividade quanto a propriedade do instrumento para o livre desenvolvimento do artesanato. Tal propriedade forma aqui a base para o desenvolvimento da independência pessoal [...].[42]

---

[42] [Karl] Marx, *Das Kapital*, v. III (Berlim, [Dietz,] 1953), p. 858. [Ed. bras.: *O capital: crítica da economia política*, Livro III: *O processo global da produção capitalista*, trad. Rubens Enderle, São Paulo, Boitempo, 2017, p. 866-7.]

Em muitos aspectos, essas observações de Marx se revestem de extraordinária importância para o nosso problema. Acima de tudo, Marx constata aqui em poucas palavras a conexão econômica entre o período de florescimento das democracias antigas e a relativa igualdade da propriedade de parcelas camponesas. Ao lado disso, o destaque dado à *yeomanry* é extraordinariamente significativo, pois como, nas guerras da República francesa e de Napoleão, os camponeses parceleiros libertados pela revolução perfizeram o núcleo do Exército, assim também, na Revolução Inglesa, a *yeomanry* constituiu a principal tropa responsável pela libertação do povo do jugo dos Stuart.

Até esse ponto, as ilusões jacobinas têm um núcleo econômico real. O caráter ilusório de suas concepções se revela no fato de os jacobinos terem vislumbrado nessa condição econômica de transição para o capitalismo desenvolvido uma condição permanente da humanidade libertada, de terem tentado fixar como definitiva essa condição transitória. Os trabalhos históricos de Marx e Engels demonstraram com profusão de provas o quanto essas ilusões foram infundadas e falsas. Assim, Engels constata que a mesma *yeomanry* que havia travado as batalhas de Cromwell desapareceu um século depois de Cromwell quase sem deixar vestígios na tempestade da acumulação primitiva, do cercamento das propriedades fundiárias. Assim, Marx mostra, em suas obras históricas sobre a Revolução Francesa de 1848, que o camponês parceleiro francês libertado do jugo feudal fora submetido ao jugo ainda mais pesado do capital usurário. A ilusão dos revolucionários jacobinos está, portanto, "apenas" no fato de não terem se dado conta do pequeno detalhe de que as medidas revolucionárias tomadas por eles objetivamente desencadearam o desenvolvimento capitalista.

Essa realidade e essa ideia exerceram uma influência extraordinariamente profunda e decisiva sobre o desenvolvimento da filosofia alemã daquela época. No momento em que passamos a examinar mais de perto essas repercussões, temos de lembrar uma vez mais que a filosofia alemã daquela época é de muitas maneiras um eco dos acontecimentos da Revolução Francesa, só que sob as condições de uma Alemanha atrasada tanto econômica quanto politicamente. Já indicamos que desse atraso se originou o caráter idealista da filosofia alemã da época. E o efeito desse idealismo, por sua vez, é este: o reflexo intelectual e o processamento filosófico dos acontecimentos da Revolução Francesa partem justamente do ponto mais ilusório da ideologia dos atores reais. A filosofia alemã da década de noventa do século XVIII toma justamente essas ilusões como ponto de partida e, ao sistematizá-las e aprofundá-las filosoficamente, reforça seu caráter ilusório. Se em si e por si sós essas ilusões já são um reflexo idealisticamente distorcido da realidade objetiva, as elaborações alemãs delas nada mais fazem que intensificar esse caráter. São ilusões em segunda potência.

Na Alemanha, entre todos os filósofos, Fichte é o que de modo mais resoluto se posiciona a favor das ideias da Revolução Francesa. Seus primeiros livros – publicados anonimamente – são posicionamentos abertos e panfletários a favor da Revolução Francesa e contra seus inimigos, contra as monarquias feudais absolutistas da Europa. E, ainda no ano 1796, quando decide sistematizar suas concepções sobre a filosofia prática no sentido estrito, em sua obra *Fundamento do direito natural**, ele tira consequências extremamente radicais das concepções jacobinas ilusórias da Revolução Francesa. O direito natural fichtiano, a exemplo dos escritos de filosofia do direito dos séculos XVII e XVIII, tem como base a teoria do "contrato social", contudo de tal modo que é determinado, de um lado, pelo subjetivismo da filosofia kantiana e, de outro, pelas concepções sociais dos jacobinos. Para Fichte, o contrato social inclui, de modo correspondente, o compromisso da sociedade – no quadro da relativa igualdade dos patrimônios – de prover a existência de seus membros.

> Todo direito de propriedade está fundado no contrato de todos com todos, com o seguinte teor: todos nós ficamos com isto com a condição de deixar para ti o que é teu. Portanto, quando alguém não consegue viver do trabalho, não lhe é deixado o que é simplesmente seu, sendo o contrato, pois, anulado no tocante a ele; a partir desse momento ele não tem mais o compromisso legal de reconhecer a propriedade de nenhum homem.[43]

Essas concepções de Fichte se coadunam com as da extrema esquerda jacobina. É interessante que, entre os filósofos alemães de renome, Fichte é o que por mais tempo adere a essas concepções. Benjamin Constant certa vez zombou do fato de, ainda no ano de 1800, Fichte escrever uma utopia (*O Estado comercial fechado*)**, cujos princípios coincidem em muitos aspectos com os da política social e econômica do último período do regime de

---

* Johann Gottlieb Fichte, *Grundlage des Naturrechts nach Principien der Wissenschaftslehre* (Iena/Leipzig, C. E. Gabler, 1796). Ed. port.: *Fundamento do direito natural segundo os princípios da doutrina da ciência* (trad. José Lamego, Lisboa, Calouste Gulbenkian, 2012). (N. T.)

[43] *Fichtes Werke* (Leipzig, 1908), v. II, p. 217.

** Johann Gottlieb Fichte, *Der geschlossene Handelsstaat* (Tübingen, Cotta, 1800). (N. T.)

Robespierre. Obviamente é preciso acrescentar que a sistematização filosófica dessas concepções por Fichte, por sua vez, toma um rumo que leva essas ilusões ao extremo do idealismo. (O desenvolvimento posterior de Fichte, os conflitos internos que surgem em suas concepções filosóficas em decorrência de sua adesão ao movimento nacional de libertação, situa-se fora do âmbito de nossas investigações. Assim, uma breve indicação se fez necessária porque a historiografia burguesa silencia ou falsifica também no caso de Fichte os problemas e os conflitos reais que surgem nesse contexto.)

Nem no período em Berna o jovem Hegel foi tão longe quanto Fichte. Já depreendemos de sua carta a Schelling que ele assume uma postura hostil diante da ala plebeia radical do jacobinismo. Apesar disso, é preciso constatar que a ideia rousseauniana-jacobina da igualdade relativa dos patrimônios constitui o fundamento econômico de sua filosofia da revolução. Essa sua filosofia, porém, conta com uma peculiaridade curiosa, para a qual devemos chamar atenção já neste ponto, mesmo que só nos inteiremos de seu real alcance por ocasião da exposição detalhada das concepções de Hegel sobre a Antiguidade e o cristianismo. Trata-se, em suma, do fato de, aos olhos do jovem Hegel, a Antiguidade aparecer como um período quase "sem economia". O jovem Hegel parte da concepção dogmaticamente aceita da igualdade relativa dos patrimônios nas antigas repúblicas citadinas e dali em diante se limita a analisar os fenômenos políticos, culturais e religiosos nos quais se manifesta a peculiaridade desses Estados. Em contraposição, suas análises do cristianismo ainda são bastante ingênuas, pois a seu ver esse é o período do homem privado, que está preocupado com sua propriedade – e *só* com ela. O definhamento da vida pública da Antiguidade, o período do despotismo, representa para o jovem Hegel justamente esse momento da vida econômica como ele passou a entendê-lo. Somente quando suas ilusões jacobinas entraram em conflito com a realidade, ele começou a sentir a necessidade de obter uma concepção econômica mais bem fundamentada. É muito característico, portanto, que a constatação do papel da escravidão na Antiguidade por parte de Hegel só aflore relativamente tarde, em seu período em Iena.

Isso de modo nenhum significa, porém, que o jovem Hegel estivesse cego para os problemas sociais. Pelo contrário. O problema da divisão do trabalho se reveste de grande importância em sua concepção da diferença entre Antiguidade e cristianismo. O caráter ilusório de sua filosofia da história evidencia-se também no fato de idealizar a precariedade da divisão do trabalho na Antiguidade e esperar da revolução democrática o retorno desse traço da Antiguidade.

Em si e por si só, todavia, a análise crítica da divisão capitalista do trabalho constitui um momento muito progressista da filosofia humanista desse período. O mérito de ter posto essa questão no centro dos interesses deve-se especialmente a Schiller. E já sabemos que o jovem Hegel leu com entusiasmo o trabalho decisivo de Schiller sobre esse assunto, a saber, *Cartas sobre a educação estética*. Em uma investigação específica sobre a estética de Schiller, expus em detalhes que essa crítica da divisão capitalista do trabalho não é produto de um anticapitalismo romântico, mas a continuação da melhor tradição do Iluminismo, com destaque para a de Ferguson[44]. É difícil de constatar em que medida as concepções do jovem Hegel foram influenciadas por Schiller e em que medida remontam ao próprio Ferguson, que ele com certeza conheceu. Importante é a concordância metodológica que há entre Schiller e Hegel em comparação com Ferguson: em ambos, a base econômica da divisão capitalista do trabalho aparece bastante esbatida, e os dois se preocupam em primeira linha com as consequências ideológicas e culturais da divisão do trabalho. Hegel, todavia, tem a nuança especial de que, para ele, não é pela via da arte, mas pela via da ação política, que se chega ao ideal humanista do homem não cindido pela divisão do trabalho. A grandeza da arte antiga é um problema central para Schiller, a saber, como forma de manifestação do homem integral, ainda não fragmentado. Para Hegel, esse mesmo ideal está corporificado na ação política plenamente humana da democracia antiga; o jovem Hegel recorre à arte da Antiguidade apenas de forma esporádica e para ilustrar este que, para ele, constitui o nexo central.

Mais importante ainda, contudo, é a diferença entre Schiller e Hegel na concepção filosófico-histórica. Schiller escreveu sua obra em um período do seu desenvolvimento em que já havia se afastado do modo da práxis da Revolução Francesa. Em correspondência, sua obra é permeada por um forte pessimismo em relação a seu tempo e, para ele, a Antiguidade é um período grandioso da humanidade que eternamente servirá de modelo, mas que pertence completa e definitivamente ao passado. O jovem Hegel do período em Berna defende o ponto de vista contrário. Para ele, a Antiguidade é um modelo vivo e atual; é certo que já passou, mas é preciso renovar sua grandeza, e essa renovação representa precisamente a tarefa política, cultural e religiosa central do presente.

---

[44] Cf. o ensaio "Schillers Theorie der modernen Literatur" [A teoria de Schiller sobre a literatura moderna] em meu livro *Goethe und seine Zeit* (Berlim, 1950); *Werke*, v. 7, p. 125-63.

IV. As repúblicas antigas

A Antiguidade é, portanto, para o jovem Hegel, uma imagem utópico--política de contraste com o presente. Os trabalhos fragmentários de seu período em Berna, publicados por Nohl, proporcionam uma imagem clara da noção que ele tinha da cultura antiga na época. Contudo, para compreender de fato a importância política dessa imagem, precisamos recorrer a alguns fragmentos de seus estudos históricos do período em Berna, nos quais a relação com o presente aflora de maneira ainda mais plástica do que nos estudos editados por Nohl. Pela importância dessas questões, devido à falsificação sistemática do desenvolvimento hegeliano pela historiografia filosófica burguesa, somos obrigados a citar esses fragmentos em seu teor integral. Pedimos, portanto, aos leitores que nos desculpem pela extensão das citações. Hegel escreve o seguinte:

> Nos *Estados da época mais recente, a segurança da propriedade* é o pivô em torno do qual gira toda a legislação, ao qual se refere a maioria dos direitos dos cidadãos do Estado. Em várias repúblicas livres da Antiguidade, a constituição do Estado já restringira o direito estrito à propriedade, que é a preocupação de todas as nossas autoridades, o orgulho de nosso Estado. Na constituição lacedemônia, a segurança da propriedade e da indústria é um ponto que quase não foi considerado, do qual quase se poderia dizer que foi esquecido. Em Atenas, os cidadãos ricos costumavam ser despojados de parte de seu patrimônio. No entanto, usava-se um pretexto honroso para a pessoa que se pretendia despojar, a saber, ela era nomeada para um cargo público que exigia um investimento gigantesco. Quem fora eleito para um cargo dispendioso nas *tribus* em que estavam repartidos os cidadãos podia tentar encontrar entre os cidadãos de sua *tribus* um que fosse mais rico do que ele. Quando acreditava ter encontrado alguém e este afirmasse não ser tão rico, aquele poderia propor a troca dos patrimônios, o que este, por sua vez, não poderia recusar. O tanto que a riqueza desproporcional de alguns cidadãos era perigosa até para a mais livre das formas de constituição e capaz de destruir a própria liberdade é evidenciado pelos exemplos históricos de Péricles em Atenas, dos patrícios em Roma (cuja decadência a iminente influência dos Graco e de outros procurou* em vão conter mediante a proposição a leis agrárias), dos Médici em Florença – e seria importante investigar quanto do direito estrito de propriedade teria de ser sacrificado à forma duradoura de uma república. Talvez

---

* Correção do verbo na terceira pessoa do plural (*suchten*) para a terceira pessoa do singular (*suchte*). Cf. a edição corrigida das obras de Hegel. (N. T.)

se tenha cometido uma injustiça contra o sistema do sans-culotismo na França ao identificar a rapacidade como única fonte da maior igualdade de propriedade visada por ele.[45]

Essas exposições não necessitam de comentário porque serão iluminadas em seus muitos aspectos pelas passagens que adiante extrairemos dos estudos que Hegel realizou em Berna. A única razão que nos levou a começar por esse fragmento é que nele aparece mais claramente do que nas demais anotações de Hegel em Berna a conexão entre a igualdade dos patrimônios na Antiguidade e na Revolução Francesa, o problema da igualdade dos patrimônios como base da liberdade republicana.

Talvez ainda mais interessante seja o fragmento a seguir, escrito em francês, sobre a relação entre a organização militar e a condução da guerra na Monarquia e na República. Sobre esse fragmento, irrompeu entre os apologistas imperialistas uma grande discussão filológica sobre o fato de se tratar de um trabalho próprio de Hegel ou de um simples excerto. Depois de publicar pela primeira vez esse fragmento, Rosenkranz disse que se trata de um trabalho autônomo de Hegel, caracterizando-o como o fim de um ensaio sobre as mudanças que surgem na direção da guerra quando um Estado passa da Monarquia para a República. (Neste ponto, devemos lamentar novamente a inaudita negligência com que os discípulos imediatos de Hegel trataram seu legado, pois entrementes se perdeu o manuscrito do ensaio, cujo fim Rosenkranz publicara.) Os representantes da "nova ciência" na pesquisa sobre Hegel – a saber, Lasson, Rosenzweig, Hoffmeister e outros – passaram a contestar, por sua vez, que se trataria de um trabalho próprio de Hegel. "O texto é antes um discurso demagógico de um general francês do que o de um ensaio de Hegel", diz Hoffmeister[46]. O teor objetivo dessa "crítica" obviamente é nulo, pois, em primeiro lugar, os senhores neo-hegelianos alegam, sempre que lhes apraz, que Rosenkranz, um discípulo direto de Hegel, dispunha de tradições vivas para suas publicações e, só em casos como esse, o primeiro e até agora mais consciencioso biógrafo de Hegel "de repente" não lhes parece digno de confiança. Em segundo lugar, nada ficaria provado se Hoffmeister e cia. tivessem razão e de fato se tratasse do excerto de um manifesto francês. Nesse caso, seria preciso levantar a

---

[45] Rosenkranz, p. 525.
[46] Hoffmeister, p. 466. Algo muito parecido dizem de Lasson, p. VII-XII, e [Franz] Rosenzweig, [*Hegel und der* Staat,] cit., v. I, p. 239.

pergunta de por que o jovem Hegel copiou para si justamente esse manifesto e em que contexto ele constava no ensaio – extraviado – de Hegel. E, dado que todo leitor imparcial das anotações feitas por Hegel em Berna é obrigado a constatar uma profunda concordância das concepções aí desenvolvidas com o conjunto de sua filosofia da sociedade e da história, objetivamente a "perspicácia filológica" dos senhores neo-hegelianos nada aportou a seus fins falsificadores.

O teor do fragmento francês é este:

> Dans la monarchie le peuple ne fut une puissance active, que pour le moment du combat. Comme une armée soldée il devoit garder les rangs non seulement dans le feu du combat même, mais aussitôt après la victoire rentrer dans une parfaite obéissance. Notre expérience est accoutumée de voir une masse d'hommes armés entrer, au mot d'ordre, dans une furie réglée du carnage et dans les loteries de mort et de vie, et sur un même mot rentrer dans le calme. On l' demanda la même chose d'un peuple, qui s'est armé lui même. Le mot d'ordre étoit la liberté, l'ennemie la tyrannie, le commendement en chef une constitution, la subordination l'obéissance envers ses réprésentants. Mais il y a bien de la différence entre la passivité de la subordination militair et la fougue d'une insurrection: entre l'obéissance à l'ordre d'un général et la flamme de l'enthousiasme que la liberté fond par toutes les veines d'un être vivant. C'est cette flamme sacrée, qui tendoit tous les nerfs, c'est pour elle, pour jouir d'elle, qu'ils s'étoient tendus. Ces efforts sont les jouissances de la liberté et Vous voulez, qu'elle renonce à elles; ces occupations, cette activité pour la chose publique, cet intérêt est l'agent, et Vous voulez que le peuple s'elance encore à l'inaction, à l'ennui?[47]

A linguagem dessas duas passagens é suficientemente clara. Elas evidenciam a profunda e estreita ligação entre o entusiasmo de Hegel pelas democracias

---

[47] Rosenkranz, p. 532. Traduzido, esse fragmento tem o seguinte teor: "Na Monarquia, o povo só se torna uma força ativa no momento do combate. Como um exército mercenário, ele não só deve cerrar fileiras na batalha, mas também após a vitória retornar à perfeita obediência. Nossa experiência nos habituou a ver uma massa de homens armados, à palavra de ordem, lançar-se com fúria metódica à carnificina e à loteria de vida e morte, para então, também a uma palavra de ordem, voltar à calma. Pede-se a mesma coisa de um povo que armou a si próprio. A palavra de ordem é liberdade; o inimigo, a tirania; o comandante em chefe, uma constituição; a submissão, a obediência aos representantes desta. Há, contudo, uma grande diferença entre a passividade da subordinação militar e o ímpeto de uma insurreição, entre a obediência à ordem de um general e a chama do entusiasmo que a liberdade injeta nas veias de um ser vivo. Essa é a chama sagrada que tensiona todos os nervos; é por ela, é para desfrutá-la, que eles se tensionaram. Esses esforços são a fruição da liberdade e vós quereis que se renuncie a eles? Essas ocupações, essa atividade em prol da coisa pública, esse interesse, é *o agente*, e vós quereis que o povo se entregue novamente à inação, ao tédio?".

antigas e sua tomada de posição pela Revolução Francesa. Nossa tarefa agora é – se possível com base nas palavras do próprio Hegel, dado que suas formulações são extraordinariamente características e não devem ser atenuadas na interpretação – compor um quadro tão sintético quanto possível do modo como o ideal antigo tomou corpo em sua alma nesse período de seu desenvolvimento. Temos de iniciar nossas exposições com uma extensa citação sintetizadora extraída do escrito principal de Hegel em Berna, já várias vezes citado, sobre *A positividade do cristianismo*, para então passar à exposição de seus pontos de vista sobre os aspectos específicos da vida antiga.

> A religião greco-romana era uma religião unicamente para povos livres, e com a perda da liberdade necessariamente se perderam o sentido, a força da mesma, sua adequação para os homens. De que servem para um exército canhões que já gastaram toda a munição? Ele precisa sair em busca de outras armas. De que servem para um pescador as redes, se o rio secou?
> Como homens livres, eles cumpriam leis que haviam imposto a si mesmos, obedeciam a homens que haviam posto sobre si mesmos, travaram guerras que eles mesmos decidiram, entregavam sua propriedade, suas paixões, sacrificavam mil vidas por uma causa que era sua – não ensinavam nem aprendiam, mas exercitavam mediante ações as máximas virtuosas que consideravam inteiramente suas; tanto na vida pública quanto na vida privada e doméstica cada qual era um homem livre, cada qual vivia segundo as próprias leis. A ideia de sua pátria, seu Estado, era o invisível, o mais elevado, pelo qual ele trabalhava, que o impulsionava, era sua finalidade para o mundo ou a finalidade de seu mundo – que ele encontrava representada na realidade ou, então, ajudava a representar e manter. Diante dessa ideia, desaparecia sua individualidade; ele pedia conservação, vida e longevidade somente para a pátria e era capaz de realizar tudo isso pessoalmente; não lhe ocorria ou raramente lhe ocorria pedir ou mendigar longevidade ou vida eterna para si; somente em instantes de inatividade, de indolência, era capaz de sentir com maior intensidade um desejo que apenas a ele dizia respeito. Catão só se voltou para o *Fédon* de Platão depois que foi destruído o que para ele até ali fora a ordem suprema das coisas, seu mundo, sua república; só então ele foi buscar refúgio em uma ordem ainda mais elevada.
> Seus deuses governavam o reino da natureza, governavam tudo o que podia fazer as pessoas sofrer ou ser felizes. Paixões elevadas eram obra sua, do mesmo modo que os grandes dons da sabedoria, do discurso e do conselho provinham deles. Pedia-se conselho a eles em razão do desfecho feliz ou infeliz de algum empreendimento e rogava-se sua bênção, rendia-se graças a eles por todo tipo de dádivas – a esses mesmos governantes da natureza, a esse poder, o homem podia

contrapor a si mesmo, sua liberdade, quando entrava em rota de colisão com eles. Sua vontade, a vontade dos homens, era livre, obedecia às próprias leis; eles não aceitavam mandamentos divinos ou, quando denominavam a lei moral um mandamento divino, este não lhes havia sido dado em lugar nenhum, mediante uma letra sequer, mas seu império era invisível (Antígona). Desse modo, eles reconheciam o direito de cada qual ter sua vontade, fosse esta boa ou má. Os bons reconheciam como seu o dever de ser bons, mas respeitavam, ao mesmo tempo, a liberdade do outro de poder também não o ser, e, por conseguinte, não estatuíam uma moral, fosse ela divina, fosse feita ou abstraída por eles próprios, para apresentá-la como exigência descabida a outros.
Guerras bem-sucedidas, multiplicação da riqueza e tomada de conhecimento de várias comodidades da vida e do luxo fizeram surgir em Atenas e Roma uma aristocracia com reputação guerreira e detentora de riqueza, o que lhe proporcionou domínio e influência sobre muitos homens que, cativados pelas façanhas daqueles homens e mais ainda pelo uso que faziam de suas riquezas, de bom grado e voluntariamente lhes concediam supremacia e poder no Estado. [...] Logo a supremacia livremente concedida passou a ser afirmada mediante o poder, e já essa possibilidade pressupõe a perda do sentimento, da consciência que Montesquieu denominou virtude e converteu em princípio das repúblicas, e que constitui a habilidade de sacrificar o indivíduo por uma ideia que, para os republicanos, foi realizada em sua pátria.
A imagem do Estado enquanto produto de sua atividade desapareceu da alma do cidadão; o cuidado, a supervisão do conjunto passou a repousar na alma de um único ou de alguns poucos; cada qual tinha seu lugar, o lugar mais ou menos limitado que lhe fora designado, distinto do lugar do outro; o governo da máquina estatal foi confiado a uma pequena quantidade de cidadãos que serviam apenas como engrenagens específicas, que adquiriam valor apenas em conexão com outros – a parte confiada a cada qual era tão insignificante em relação ao todo fragmentado que o indivíduo não precisava conhecer nem visualizar essa proporção – ser útil ao Estado era o grande fim que o Estado propunha aos súditos, e o fim que eles propunham para si nesse processo era a aquisição de bens e a subsistência, além de, por exemplo, a vaidade. Toda atividade, todos os fins, passaram a referir-se ao plano individual; não havia mais atividade tendo em vista o todo, em prol de uma ideia – ou cada qual trabalhava para si ou era forçado a trabalhar para outro indivíduo. Foi excluída a liberdade de cumprir leis autoimpostas, de obedecer autoridades autoinstituídas na paz e a generais na guerra e executar planos decididos com a participação de todos; foi excluída toda liberdade política; o direito do cidadão resumiu-se a um direito à segurança da propriedade, que passou a preencher todo o seu mundo; o fenômeno que esfacelava toda a trama de seus fins, a atividade de toda a vida, a saber, a morte, tinha de ser algo terrível para

ele, pois nada sobrevivia a ela – a República sobrevivia ao republicano –, e ele intuiu a ideia de que sua alma seria algo eterno.[48]

Aqui aparecem claramente diante de nossos olhos as linhas básicas da concepção que Hegel tinha das democracias antigas. A relação com o tempo presente, com a Revolução Francesa, transparece claramente do próprio texto para todo leitor imparcial dessa passagem, e uma comparação com as passagens citadas anteriormente só a reforça. Por exemplo, é característico que o jovem Hegel com frequência abandone o tom objetivo do historiador narrativo e simplesmente fale de republicanos e de virtudes republicanas, e, mesmo que Montesquieu seja citado, todo leitor involuntariamente é levado a pensar na virtude republicana posta na ordem do dia por Robespierre.

Essa conexão ainda é sublinhada pelo fato de a supressão da igualdade dos patrimônios ser apresentada como a causa decisiva da decadência do mundo republicano da Antiguidade; nesse tocante, todo leitor perceberá o modo ingênuo e ideológico com que Hegel ainda formula a passagem da liberdade para a falta de liberdade. Ele reconhece a importância dessas causas econômicas que assumiu de Rousseau, mas por enquanto faz isso somente de um modo bastante abstrato, sem ser capaz de intercalar, a partir daí, quaisquer elos intermediários concretos com os problemas ideológicos que lhe interessam em primeira linha.

O problema ideológico central para o jovem Hegel é, nesse caso, uma vez mais, aquilo que ele chama de subjetividade em contraposição à positividade. No campo da pura política, é relativamente fácil expressar a subjetividade de forma clara: os homens cumprem leis redigidas por eles mesmos, obedecem a autoridades eleitas por eles mesmos etc., sendo o Estado permanentemente produto de sua própria atividade. E, para a concepção que o jovem Hegel tinha naquela época, era bem característico que ele rejeitasse todo estamento, fosse mundano, fosse sacro, para esse estado de sociedade. Já sabemos que o jovem Hegel negligenciou completamente a existência e a importância da escravidão na Antiguidade. Sua concepção da democracia antiga não continha nenhuma estratificação em estamentos. No momento em que se consolidaram econômica e politicamente as diferenças entre os estamentos, acabou, segundo sua concepção, a liberdade efetiva.

É preciso observar ainda que ele descreve esses processos de modo extraordinariamente abstrato e em um tom bastante ideológico. Assim, em

---

[48] Nohl, p. 221 e seg.

um de seus – na ordem cronológica – primeiros estudos escritos em Berna, ele escreve o seguinte:

> Porém, quando um estamento, o regente ou o sacerdotal, perde – ou quando ambos simultaneamente perdem – esse espírito de simplicidade que estabeleceu e até aquele momento inspirou suas leis e seus ordenamentos, ele não só está irremediavelmente perdido, como também a opressão, a desonra e a humilhação do povo são certas (é por isso que a separação em estamentos já é perigosa para liberdade, porque pode haver um *esprit de corps* [espírito corporativo], que logo se contrapõe ao espírito da totalidade).[49]

Essa rejeição dos estamentos na democracia é tão resoluta quanto ingenuamente fundamentada. Apesar disso, não se pode deixar de perceber que aqui despontam em Hegel as primeiras intuições de uma representação da sociedade gentílica. Todavia, nem mais tarde Hegel chegaria a uma concepção concreta da sociedade gentílica – Bachofen é o único que tem uma representação correta de traços importantes dela, ainda que distorcida em termos idealistas e místicos –, mas é inquestionável que, por exemplo, a análise do conflito trágico da Antígona em *Fenomenologia do espírito** ou toda a concepção estética posterior da "era dos heróis" em *Estética* abrigam sob uma capa mística nítidas intuições desse estado de sociedade. No jovem Hegel, essa faceta do quadro ainda é bastante abstrata: de um lado, a igualdade abstrata (sociedade sem estamentos); de outro, autogestão total, autonomia completa do povo. E o realismo sóbrio de Hegel na observação dos fatos cotidianos, com que já nos deparamos em sua carta a Schelling sobre as razões materiais que movem a ortodoxia, também transparece com frequência aqui. Não deixa de ser interessante observar, por exemplo, que Hegel fala com o maior entusiasmo das festas da Antiguidade, mas não se esquece de acrescentar o traço essencial de que é o povo que não só organiza as festas, como também dá o devido destino a todas as oferendas religiosas[50].

Essa liberdade e essa autonomia do povo põem em evidência o caráter não positivo, não fetichizado, não objetivo da religião antiga. Todavia, inclusive o jovem Hegel, apesar de toda a extravagância idealista-subjetiva na absolutização da "razão prática", sabe muito bem que um mundo totalmente sem

---

[49] Nohl, p. 38.
* Trad. Paulo Meneses, Petrópolis/Bragança Paulista, Vozes/Universidade de São Francisco, 2002, p. 302 e 325. (N. T.)
[50] Nohl, p. 39.

objetividade, sem nenhuma objetivação dos sentimentos e das ideias, é impossível. Em descrições e análises bastante complexas, ele procura, então, expor em que consiste o específico dessa objetividade não objetiva da Antiguidade.

Escolhemos entre essas análises um caso extremo e, por isso, bem significativo. Nos estudos históricos realizados em Berna, Hegel trata dos funerais públicos dos atenienses e das carpideiras que neles atuam. Hegel vê as lágrimas como objetivação da dor.

> Porém, como a dor é subjetiva por natureza, só muito a contragosto ela sai de si mesma. Só a suprema necessidade pode levá-la a isso. [...] Não há nada heterogêneo que possa provocar isso. Somente na medida em que é dada a si mesma, a dor se tem como si mesma e como algo em parte fora de si. [...] A fala é a forma mais pura de objetividade para o subjetivo. Ela ainda não é algo objetivo, mas já é o movimento rumo à objetividade. O lamento em forma de canto tem, além disso e ao mesmo tempo, a forma do belo, porque se move segundo uma regra. Nênias de mulheres contratadas são, por conseguinte, o que há de mais humano para a dor, para a necessidade de se aliviar dela, explicitando-a ao máximo e exibindo-a para si em toda a sua intensidade. Unicamente esse ato de exibi-la constitui o bálsamo.[51]

Para o jovem Hegel, o elemento decisivo nessa análise é o caráter não fixo da objetividade, o fato de não estar estabelecida para sempre; nada definitivamente objetivo deve surgir; o que deve haver é apenas um mover-se na direção do objetivo e outra vez de volta para a subjetividade modificada, depurada.

Na filosofia da cultura do jovem Hegel, essa linha de pensamento está estreitamente ligada com a imagem puramente política, puramente cidadã que ele tem da Antiguidade. A vida dos homens da Antiguidade está centrada na esfera pública. Nela, porém, os homens são indivíduos livres e autônomos, com destino próprio. Suas ideias, seus sentimentos e suas paixões no plano privado precisam, portanto, ser de tal ordem que jamais se fixem nesse nível, mas que sempre possam desembocar sem atrito na vida pública.

Nesse período, o jovem Hegel traça vários paralelos entre Jesus e Sócrates. Ao fazer isso, ele constata, de um lado, o caráter fetichista do número tradicional de alunos de Jesus (doze), mas coloca o peso principal no fato de Jesus tirar seus alunos da vida, da sociedade, isolá-los dela, remodelando-os em homens, cujo traço principal é justamente ser seu discípulo, ao passo que os alunos

---

[51] Rosenkranz, p. 519 e seg.

de Sócrates permanecem socialmente o que são – nem sua individualidade é artificialmente transformada. Os alunos de Sócrates retornam, portanto, enriquecidos para a vida social, "cada um de seus alunos era um mestre por si só; muitos fundaram escolas próprias, vários foram grandes generais, estadistas, heróis de todo gênero", ao passo que de Jesus proveio uma seita fechada, de mentalidade estreita; "entre os gregos, Jesus teria sido motivo de riso"[52].

Segundo a concepção do jovem Hegel, é nesse caminho de retorno instantâneo à vida pública, sempre aberto ao indivíduo, que reside a base do caráter normal do mundo antigo em contraposição à patologia deturpadora e deturpada da vida no cristianismo.

De novo, o modo mais fácil de ilustrar as concepções de Hegel é por meio de um caso extremo escolhido por ele. Repetidamente ele analisa a diferença entre a bruxaria da Idade Média e as bacantes da Antiguidade. "Às mulheres gregas era concedido, nas *festas báquicas*, um espaço legítimo para dar vazão à raiva. À exaustão do corpo e da imaginação seguia-se um retorno tranquilo ao círculo das sensações habituais e da vida tradicional. No restante do tempo, a mênade desvairada era uma mulher sensata." O essencial na Antiguidade é, portanto, o "retorno à vida habitual", ao passo que a bruxaria cristã é "o progredir de ataques de loucura esporádicos para o desarranjo total e permanente do espírito"[53]. Não importa aqui se Hegel interpretou corretamente o culto bacântico da Antiguidade; o que interessa é essa sua caracterização geral da vida na Antiguidade, dessa conexão viva entre vida pública e vida privada, dessa entrega* livre e autônoma da vida privada à vida pública, que se verifica inclusive quando são tematizadas, como nesse exemplo, facetas da vida psíquica humana que chegam às raias do patológico.

O conhecimento exato dessa interação é importante para a concepção do jovem Hegel também porque, a partir dele, conseguimos depreender ainda mais claramente que o subjetivismo republicano das concepções que ele sustentava naquela época pouco tem a ver com um individualismo no sentido moderno; pode-se afirmar inclusive que a concepção hegeliana constitui nada menos que o polo intelectual oposto ao individualismo moderno. Este, de fato, foi examinado pelo jovem Hegel, que, contudo, encarou-o como

---

[52] Nohl, p. 33. Cf. também ibid., p. 162 e seg.
[53] Rosenkranz, p. 524. Cf. também Nohl, p. 54 e seg.
* Correção do texto original de *Aufgaben* [tarefas] para *Aufgeben* [entrega, renúncia]. (N. T.)

produto da decadência, da positividade da religião, como produto do período cristão. E apesar de todo o enredamento do jovem Hegel em ilusões, apesar de todo o destempero de seu idealismo subjetivo, é bem característico de seu olhar histórico aguçado o fato de visualizar com nitidez a conexão intrínseca do individualismo moderno, como sentimento vital e visão de mundo, com a fragmentação e a atrofia factuais da personalidade humana no desenvolvimento medieval e moderno. Em contrapartida, ele tinha uma ideia igualmente clara de que a personalidade humana multifacetada e desenvolvida só tem como surgir e se desenvolver quando e onde as relações sociais conferem a possibilidade dessa coincidência de vida pública e vida privada do homem, dessa interação viva entre vida pública e vida privada.

Por essa razão, o empobrecimento e a mutilação da vida humana são elementos principais da crítica de Hegel à cultura da era moderna. Tomando como ponto de partida excertos do grande relato de viagem *Ansichten vom Niederrhein* [Impressões da Baixa Renânia], do jacobino Georg Forster, de Mainz, sob forte influência da confrontação que este faz entre cultura e arte da Antiguidade e cultura e arte modernas – contraste que, no caso de Forster, resulta igualmente de um espírito republicano –, Hegel traça os seguintes paralelos entre a vida antiga e a vida moderna:

> Em uma república, trata-se de uma ideia pela qual se vive; em monarquias, sempre se vive para o individual – mas nestas os homens tampouco conseguem passar sem uma ideia e fazem para si uma ideia individual, um ideal. Naquela, uma ideia de como deve ser; nestas, um ideal que é, que raramente foram eles que criaram para si, a divindade. Na República, o homem de espírito põe todas as suas forças físicas e morais a serviço da sua ideia, todo o seu âmbito de atuação tem unidade – o cristão piedoso que se consagra totalmente a serviço de seu ideal é um entusiasta místico; caso seu ideal o preencha totalmente, ele não pode se dividir entre este e seu âmbito de atuação mundano, investindo todas as forças nesse campo e tornando-se uma madame Guyon* –, as exigências de contemplar o ideal serão satisfeitas pela força exacerbada da imaginação e inclusive a sensibilidade não será privada de seus direitos: exemplos são incontáveis monges e monjas que flertaram com Jesus e acreditaram abraçá-lo. A ideia do republicano é do tipo em que todas as suas energias mais nobres encontram satisfação no trabalho autêntico, enquanto a do entusiasta se resume à ilusão da força da imaginação.[54]

---

* Madame Guyon (1648-1717), mística quietista francesa. (N. E.)
[54] Nohl, p. 366 e seg.

Em seguida, igualmente sob forte influência de Forster, Hegel faz uma confrontação entre arte antiga e arte cristã (arquitetura); é óbvio que ela é totalmente favorável à arte da Antiguidade, devendo-se constatar, contudo, também que, nela, a arte não é examinada em separado, mas como expressão dos diferentes sentimentos em relação à vida social dos dois grandes períodos.

A radicalidade do posicionamento do jovem Hegel ao condenar todo o desenvolvimento moderno em comparação com a Antiguidade é evidenciada por uma passagem polêmica dirigida contra o esteta Schiller, já nesse período muito venerado por ele. No ensaio "Über naive und sentimentalische Dichtung" [Sobre a poesia ingênua e sentimental] (1795-1796)*, fundamental para o conhecimento do caráter específico da poesia moderna, Schiller até reconheceu a grandeza perene e incomparável da poesia antiga; ao mesmo tempo, tentou fundamentar filosófica e historicamente a razão de ser da poesia moderna. Mais tarde, essas aspirações de Schiller – bem como as tendências contemporâneas e similares de Goethe – exerceram considerável influência sobre a concepção hegeliana da arte moderna. No período ora em questão, no entanto, Hegel não dá nenhuma atenção a essas descobertas filosóficas e históricas. Ele até polemiza, ainda que sem citar o nome de Schiller, contra uma passagem importante desse tratado.

Em seu ensaio, Schiller ressalta a superioridade dos poetas modernos em relação aos da Antiguidade na exposição do amor.

> Sem incorrer em um excesso de sentimentalismo, que decerto não enobrece a natureza, mas a abandona, oxalá seja permitido admitir que a natureza é capaz de um caráter mais nobre com respeito à relação entre os sexos e ao afeto do amor que aquele que lhe foi conferido pelos antigos.**

A título de ilustração desse fato, ele se reporta às obras de Shakespeare ou Fielding. Na exposição da história do amor individual e de seu reflexo na poesia, somos levados a pensar na obra fundamental de Friedrich Engels,

---

* Friedrich Schiller, "*Über* naive und sentimentalische Dichtung", *Die Horen* (Tübingen, Cotta, 1795-1796). Também publicado em *Sämtliche Werke* (3. ed., Munique, Hanser, 1962), v. 5, p. 693-779. Originalmente publicado em três artigos separados: "Über das Naive", *Die Horen*, n. 11, parte VIII, p. 43-76, 1795; "Die sentimentalischen Dichter", *Die Horen*, n. 12, parte I, p. 1-55, 1795; "Beschluß der Abhandlung über naive und sentimentalische Dichter", *Die Horen*, n. 1, parte VII, p. 75-122, 1796. Ed. bras.: *Poesia ingênua e sentimental* (trad. Márcio Suzuki, São Paulo, Iluminuras, 1991). (N. T.)

** F. Schiller, "Über naive und sentimentalische Dichtung", *Sämtliche Werke*, cit., p. 755. (N. T.)

intitulada *Origem da família**, para ver como Schiller intuiu de forma correta as reais conexões históricas, mesmo que obviamente não fizesse ideia de suas reais causas. A polêmica do jovem Hegel, porém, volta-se exatamente contra a constatação dessa conexão histórica correta. Ele vê essa superestimação do amor nos tempos modernos e o pouco apreço por ele na Antiguidade como consequência do antagonismo sociopolítico reiteradamente analisado por ele. Ele pergunta: "Acaso esse fenômeno não tem tudo a ver com o espírito de sua [a saber, dos gregos – G. L.] vida livre?". Ele imagina o caso fictício em que um cavaleiro narra ao estadista ateniense Aristides todas as façanhas que realizou movido pela paixão amorosa, sem, no entanto, mencionar o objeto dessas façanhas. Nesse caso, segundo Hegel,

> Aristides, que não sabia a quem fora dedicado todo esse dispêndio de sensações, façanhas, entusiasmo, porventura responderia nos seguintes termos: consagrei minha vida a minha pátria; eu não conhecia valor mais elevado que sua liberdade e seu bem-estar; trabalhei por isso sem qualquer direito a distinção, poder ou riqueza, mas estou ciente de que não cheguei a tanto por ela, não senti reverência tão singular e tão profunda; certamente conheço outros gregos que fizeram mais, com mais entusiasmo, mas não conheço nenhum que tenha chegado ao nível do sentimento de autonegação que vós atingistes. E qual é o objeto dessa vossa vida elevada? Ele deve ser infinitamente maior, mais digno, que a coisa mais elevada que sou capaz de imaginar, muito maior que pátria e liberdade![55]

Aqui, na rejeição irônica de toda a cultura moderna dos sentimentos do amor individual, está contida uma exaltação entusiástica da vida normal da Antiguidade. Toda a cultura dos sentimentos da era moderna é rejeitada por Hegel como extrapolação, como desperdício de sentimentos mais elevados em objetos meramente individuais, meramente privados e, por conseguinte, indignos, pois objetos dignos de feitos heroicos são para ele apenas a pátria e a liberdade.

Nessas concepções está contido certo grau de ascetismo republicano, que igualmente integrava a filosofia dos adeptos jacobinos de Rousseau, para

---

* Friedrich Engels, *Der Ursprung der Familie, des Privateigentums und des Staats* (Hottingen-Zürich, Schweizerische Genossenschaftsbuchdruckerei, 1884; 2. ed., Stuttgart, Dietz, 1892). Disponível em: <http://www.mlwerke.de/me/me21/me21_025.htm>; acesso em: jul. 2018. Ed. bras.: *A origem da família, da propriedade privada e do Estado* (trad. Nélio Schneider, São Paulo, Boitempo, no prelo). (N. T.)

[55] Rosenkranz, p. 523 e seg.

quem o jovem Hegel também fora filosoficamente preparado pelo ascetismo idealista de *Crítica da razão prática*. Também nesse ponto, em termos de radicalismo, ele vai muito além de Kant e o critica pela incoerência de sua concepção ascética da moral.

Como se sabe, em sua ética, Kant rejeita toda referência dos deveres à sensibilidade, toda influência sobre seu conteúdo e sua forma por exigências da felicidade sensível do ser humano. Hegel concorda com isso. Ele é contrário tão somente ao fato de Kant sustentar que às inferências religiosas de sua ética caiba algum mérito na obtenção da felicidade, que essa categoria se revista de grande importância em conexão com o aparecimento de Deus como "postulado da razão prática". Hegel vê nisso, acima de tudo, uma renovação da positividade da religião. Segundo sua concepção, a ética kantiana demanda

> uma essência estranha com a qual coabita o domínio sobre a natureza, do qual esta agora sente falta e o qual agora já não pode mais desprezar. Nesse tocante, fé significa falta de consciência de que a razão é absoluta, completa em si mesma – que sua ideia infinita deve ser criada apenas por ela mesma, livre de interferência estranha, que essa ideia só pode ser consumada mediante o afastamento exatamente desse estranho que tenta impor-se [a saber, o Deus kantiano – G. L.] e não mediante uma afiguração (*Anbildung*) a ele. A finalidade da razão condicionada dessa maneira propicia a fé moral na existência de Deus, que não pode ser prática [...].[56]

Hegel critica aqui a ética kantiana a partir dos próprios pressupostos e consegue depurá-la das provas da existência de Deus sub-repticiamente introduzidas, chegando a uma rejeição da doutrina kantiana sobre a fé; ele, no entanto, faz isso com base em uma intensificação ainda maior do ascetismo moral de *Crítica da razão prática*.

Contudo, não é esse o motivo decisivo da rejeição. Hegel também vê no Deus kantiano algo positivo, no sentido incisivamente criticado no período em Berna; ele rejeita essas linhas de pensamento da ética kantiana principalmente por vislumbrar nelas um obstáculo à formulação de uma moral republicana heroica, por vislumbrar nelas uma expressão do filistinismo moderno. Por isso, zomba: "Se alguém teve uma morte honrosa ou morreu pela pátria ou pela virtude, só em nossos tempos se diria que esse homem teria merecido destino melhor". E, polemizando incisivamente contra o caráter positivo da vinculação kantiana de felicidade e moral no Deus postulado, acrescenta:

---
[56] Nohl, p. 238.

Quem – como, por exemplo, um republicano ou um guerreiro –, mesmo não lutando diretamente por alguma pátria, luta pela honra, quem, portanto, pôs para sua existência um propósito que não contempla a segunda parte – a bem-aventurança – tem um propósito cuja realização depende inteiramente dele, não necessitando, portanto, de auxílio estranho.[57]

É evidente que Hegel louva aqui o heroísmo ascético da Revolução Francesa, chegando a transportar para a Antiguidade seus traços que de muitas formas são estranhos a esta. Ainda assim, fica evidenciado em todas essas explicações de Hegel o quanto ele, nesse período, vislumbra o cumprimento integral dos objetivos da vida humana, o desdobramento real das energias essenciais da personalidade humana na dedicação absoluta à pátria, aos interesses da vida pública, da República; que ele não vê nada além de filistinismo em toda aspiração direcionada para a vida privada do indivíduo.

Também no caso dessa crítica irônica do filistinismo é preciso levar em consideração as circunstâncias históricas exatas, pois a historiografia burguesa na Alemanha segue o esquema geral de divisar em toda luta contra o filistinismo algo romântico. No caso em pauta, porém, essa caracterização seria totalmente equivocada. Os historiadores burgueses da literatura classificaram como romântico Hölderlin, autor que ideologicamente tem grande afinidade com o jovem Hegel; e hoje tornou-se moda generalizada na história burguesa da filosofia aproximar também Hegel do romantismo. Diante disso, é preciso dizer fundamentalmente que a crítica romântica do filistinismo volta-se contra suas facetas prosaicas modernas e lhe contrapõe um ideal estético. Em consequência, a crítica romântica do filistinismo, de um lado, incorre com bastante frequência em uma apologética de tendências boêmio-anarquistas e, de outro lado, glorifica a estreiteza intelectual e moral da produção artesanal pré-capitalista, anterior à divisão capitalista do trabalho.

A luta do jovem Hegel e de seus correligionários contra o filistinismo nada tem a ver com isso. Para o jovem Hegel, o filistinismo é precisamente o prolongamento vivo do horizonte medieval estreito para dentro da vida e do pensamento de seu tempo presente. E ele jamais contrapõe algo estético ao filistinismo. Pelo contrário, para o jovem Hegel, ficar enredado nos problemas dos interesses vitais puramente privados é a característica essencial do filistinismo; e o contraste com isso é, por isso mesmo, como vimos, a dissolução

---

[57] Ibid., p. 239.

completa do cidadão antigo na vida pública. Marx caracterizou também nesse aspecto com profunda visão histórica os traços específicos da frente de batalha dos jacobinos. Ele diz: "*O terrorismo francês como um todo* não passou de um *jeito plebeu* de lidar com os *inimigos da burguesia*, ou seja, com o absolutismo, o feudalismo e o *filistinismo* [ênfase minha – G. L.]"[58]. Fica claro, portanto, que também a luta do jovem Hegel contra o filistinismo se insere no âmbito de sua luta ideológica em prol dos objetivos da revolução democrática.

À moral filisteia cristã do "homem privado", o jovem Hegel contrapõe, portanto, a moral heroica da vida pública. Nessa contraposição, ele chega a ponto de defender – com exemplos extraídos da Antiguidade e fundamentações estoicas – o direito ao suicídio em vista da moral filisteia cristã. Esse posicionamento não é um caso isolado entre a inteligência progressista do fim do século XVIII. Encontramos, por exemplo, uma defesa ardente desse direito ao suicídio em *Werther** de Goethe. Ali, esse posicionamento também foi fundamentado em conexão com a luta democrática pela liberdade. Contudo, também nesse ponto o jovem Hegel vai mais longe, mais precisamente na direção do predomínio exclusivo da vida pública, dos interesses da República e da liberdade. Apenas nesse contexto ele considera o suicídio moralmente justificável. Ele cita diversas condenações filisteias cristãs do suicídio e acrescenta a título de conclusão:

> Para Catão e Cleômenes e outros – que tiraram a própria vida após a revogação da constituição livre de sua pátria –, era impossível retroceder à condição privada; sua alma havia abraçado uma ideia pela qual agora se tornara impossível trabalhar; escorraçada da esfera ampla de atuação, sua alma ansiava por libertar-se das amarras do corpo e passar para o mundo das ideias infinitas.[59]

Da confrontação que o jovem Hegel estabelece entre a grandeza republicana antiga e a mesquinhez e a baixeza cristã modernas faz parte, ainda, também o problema da morte e do morrer. O jovem Hegel não acompanha a contraposição

---

[58] Artigo de Marx na *Nova Gazeta Renana*, 15 dez. 1848 (MEGA I, v. 7, p. 493). [O texto citado está traduzido, noutra versão, em Karl Marx, *Nova Gazeta Renana*, trad. Lívia Cotrim, São Paulo, Educ, 2010, p. 323. – N. E.]

* Johann Wolfgang von Goethe, *Die Leiden des jungen Werther* (Leipzig, Weigand, 1774). Ed. bras.: *Os sofrimentos do jovem Werther* (trad. Marcelo Backes, Porto Alegre, L&PM, 2004). (N. T.)

[59] Nohl, p. 362.

cristã primária de vida e morte; ele vê o morrer como continuação necessária e orgânica do modo como a vida foi conduzida em termos gerais.

> Os heróis de todas as nações morrem da mesma maneira, pois viveram e aprenderam em sua vida a aceitar a força da natureza – mas o inconformismo diante desta, diante de seus males menores, também deixa a pessoa despreparada para suportar seus efeitos maiores. Se não fosse assim, como é que os povos que têm como um dos pontos principais de sua religião – como uma pedra angular de todo o edifício – a preparação para a morte morrem, em geral, tão sem hombridade, enquanto outras nações encaram esse instante com naturalidade?*

Segue-se a isso uma descrição da bela morte entre os gregos, influenciada em muitos traços pelos poemas filosóficos de Schiller. Em seguida, Hegel contrapõe a essa beleza a estreiteza mesquinha da religião positiva, do cristianismo: "Por isso, vemos os leitos dos doentes rodeados de religiosos e amigos que pelo exemplo mostram à alma angustiada do moribundo como emitir lamentos impressos e prescritos"[60]. Em outra passagem, o jovem Hegel dirige seu escárnio contra nada menos que a morte de Jesus. De modo irônico, ele diz que, por causa dessa morte sacrificial, o mundo inteiro deveria ser imensamente grato à pessoa de Jesus,

> como se muitos milhões de pessoas já não tivessem se sacrificado por objetivos bem menores, com um sorriso – sem suar sangue em angústia, entregando-se com alegria por seu rei, por sua pátria, por sua amada – e com disposição muito maior teriam morrido pelo gênero humano.[61]

Esses são os traços essenciais com que o jovem Hegel caracteriza a Antiguidade em contraposição ao cristianismo. Depois que o leitor tomou conhecimento desse material, creio não ser preciso provar-lhe outra vez que, no jovem Hegel, a imagem da Antiguidade flui para dentro da representação utópica do futuro republicano, que de forma ininterrupta são transpostos traços de uma para a outra. Do ponto de vista do desenvolvimento posterior de Hegel, esse posicionamento em relação à Antiguidade deve ser sublinhado de modo especial – ou seja, o fato de que, para o jovem Hegel, a Antiguidade não era um período histórico passado, mas um modelo vivo para o presente: "Séculos

---

* Ibidem, p. 46. (N. T.)
[60] Ibid., p. 46.
[61] Ibid., p. 59.

ainda se passarão até que o espírito dos europeus aprenda a reconhecer e a fazer aquela diferença na vida ativa, nas legislações, à qual o sentimento correto dos gregos os levou espontaneamente"[62]. Esse caráter exemplar, como vimos, tem como conteúdo político o republicanismo democrático. Seu modo de manifestação filosófico é o subjetivismo idealista radical do jovem Hegel, seu combate enérgico e ardente à religião do despotismo estranho ao homem, à religião positiva do cristianismo.

V. Cristianismo: despotismo e escravização dos homens

Ao passar agora para a exposição do cristianismo, da corporificação odiada e desprezada da positividade filosófica, do despotismo político, encontraremos não só um tom bem diferente no modo expositivo – o que é natural –, mas também um modo de investigação totalmente diverso, muito *mais histórico*, claro que dentro do quadro geral possível para o historicismo do jovem Hegel no período em Berna.

Vimos que Hegel estabeleceu um vínculo estreito entre a grandeza da Antiguidade e o heroísmo republicano, de um lado, e sua base econômica concebida em termos rousseaunianos, de outro. Vimos ainda que a questão do *surgimento* de tal sociedade, de tal Estado, não aflora nem mesmo como pergunta. Para o jovem Hegel, a Antiguidade é um ideal puramente utópico. Essa ausência de historicidade na metodologia não é só consequência de seu subjetivismo filosófico extremo, pois pudemos observar em alguns detalhes que, no caso dele, esse subjetivismo de modo nenhum exclui uma concepção bastante realista de relações sociais concretas. Acreditamos, muito antes, que essa falta de problematização histórica da Antiguidade esteja relacionada às condições econômicas e políticas da Alemanha, ao atraso das mesmas. Por mais ilusório que fosse o sonho da renovação do republicanismo antigo também na França, ali ele se encontrava em estreita conexão real com objetivos reais de uma revolução de fato e de sua preparação ideológica. Por essa razão, a possibilidade e a necessidade de estabelecer uma conexão real entre esses ideais e essas ilusões e a realidade social o obrigaram a assumir, na França, um grau maior de historicidade da Antiguidade também em relação ao passado. Na Alemanha, porém, as condições sociais reais ainda não haviam posto a revolução democrática na ordem do dia da política. Por isso mesmo, o entusiasmo do

---
[62] Ibid., p. 211.

jovem Hegel por ela era puramente ideológico. Por essa razão, no caso dele, a imagem da realização de seus sonhos, o como de sua realização, sempre é a parte mais fraca, mais pálida, menos concreta de suas explanações. (Veremos que essa debilidade da filosofia de Hegel permanecerá inalterada ainda por muito tempo e jamais será inteiramente suprimida em seu desenvolvimento.) O período que Hegel passou em Berna não só é o ponto culminante de seu entusiasmo revolucionário, como, ao mesmo tempo – em decorrência da grande distância que havia entre a estipulação da finalidade ideológica e a condição social real da Alemanha –, o auge da abstração. Essa abstração, essa distância em relação à perspectiva de futuro, reflete-se no caráter abstrato, na maneira a-histórica de formular a questão referente ao modo como surgiu de fato a imagem ideal das repúblicas antigas.

Algo bem diferente sucede com a concepção do cristianismo. Nesta, a formulação histórica da questão decorre diretamente do entusiasmo revolucionário do jovem Hegel. Quanto mais ele se entusiasmava pela vida da Antiguidade, quanto maior a nitidez com que via o contraste entre esta e a miserabilidade do desenvolvimento posterior, quanto mais ele sofria sob essa vida cristã moderna, tanto mais enérgica, concreta e historicamente ele foi obrigado a formular a seguinte questão: como foi possível que desaparecesse uma sociedade tão bela e digna da humanidade para dar lugar a uma sociedade tão miserável? Sobre isso, Hegel escreve o seguinte:

> A supressão da religião pagã pela cristã é uma das portentosas revoluções, e a averiguação de suas causas é um tema que deve manter ocupado o pesquisador sensato da história. As grandes e notáveis revoluções devem ser precedidas no espírito da época de uma revolução silenciosa, secreta, que não é visível a todos, e quem menos condições reúne para observá-la são os contemporâneos; essa revolução é tão difícil de descrever em palavras quanto de conceber. O desconhecimento dessas revoluções que ocorrem no mundo espiritual faz com que seu resultado cause espanto: uma revolução do tipo que leva à supressão de uma religião autóctone antiquíssima por uma religião estranha, uma revolução dessas que sucede diretamente no reino espiritual precisa ter causas tanto mais diretas no próprio espírito da época. Como pôde ser suprimida uma religião que há séculos esteve estabelecida nos Estados, uma religião que esteve intimamente ligada com a constituição do Estado? Como pôde cessar a crença nos deuses, aos quais as cidades e os reinos atribuem seu surgimento, aos quais os povos ofereceram sacrifícios diários, cuja bênção rogavam para todos os seus negócios, sob cujo estandarte os exércitos foram vitoriosos, aos quais agradeceram suas vitórias, aos quais o contentamento dedicava suas canções tanto

quanto a seriedade suas orações, cujos templos, altares, riquezas e estátuas eram o orgulho dos povos, a glória das artes, cuja adoração e cujas festas eram motivos de alegria geral? Como pôde a crença nos deuses, entrelaçada com mil fios no tecido da vida humana, ser arrancada dessa conexão?[63]

A resposta histórica fundamental de Hegel a essa pergunta já é de nosso conhecimento a partir da extensa citação que extraímos do estudo realizado em Berna sobre *A positividade da religião cristã*: a causa é o surgimento da desigualdade dos patrimônios, desigualdade que, tanto segundo Hegel quanto segundo todos os seus predecessores franceses e ingleses, necessariamente acarreta a perda da liberdade e o despotismo. Também nesse plano, Hegel nem de longe atinge a concretude histórica de Gibbon ou Ferguson, de Montesquieu ou Rousseau. Quando falamos de um historicismo maior na formulação da questão nesse âmbito, temos de repetir que ele obviamente só existe no quadro das possibilidades que se ofereciam ao jovem Hegel naquela época.

Esse espírito mais histórico da formulação da questão, porém, evidencia-se, sobretudo, no fato de que, para explicar o domínio do cristianismo, Hegel passou a investigar não em primeira linha a história do surgimento do próprio cristianismo, mas a história da decadência dos Estados antigos. Ele parte, portanto, do fato de que há a necessidade social de uma religião para o estado de decadência da liberdade, para o despotismo, e explica a vitória do cristianismo a partir da constatação de que este conseguiu suprir tais demandas.

> Nessa situação sem fé em algo durável, em algo absoluto, nesse hábito de obedecer a uma vontade estranha, a uma legislação estranha, sem pátria, em um Estado que não podia constituir motivo de alegria [...] nessa situação ofereceu-se aos homens uma religião que já estava adequada às necessidades da época, por ter surgido de um povo cuja decadência era similar e cuja vacuidade e insuficiência eram parecidas, embora tivessem outro matiz, ou a partir da qual as pessoas podiam conferir forma, podiam apegar-se àquilo que sua necessidade demandava.[64]

O elemento primário é, para Hegel, portanto, a dissolução da antiga liberdade democrática, da antiga autoatividade do povo, mediante o surgimento da desigualdade dos patrimônios. À situação antiga corresponde a religião natural não positiva, que propriamente não passa de incentivo e motor para

---
[63] Nohl, p. 220.
[64] Ibid., p. 224.

feitos heroicos em meio a uma vida estreitamente ligada à natureza, vivida em conformidade com a natureza. A destruição desses modos de vida é o processo mais importante que Hegel investiga aqui. Ele fala e reitera que a expansão do Império Romano nivelou as diferentes nações e aniquilou religiões nacionais. Nas investigações subsequentes, contudo, ele vai além disso e constata uma aniquilação das antigas relações do ser humano com a natureza em conexão com a decadência da República romana.

> Mediante a instauração do Estado romano, que tirou a liberdade de quase toda a Terra conhecida, a natureza foi submetida a uma lei estranha ao ser humano, e a conexão com ela foi rompida. Sua vida se transformou em pedras e paus; os deuses se converteram em seres criados e servis. Onde o poder agia, a boa ação se manifestava e a grandeza imperava estavam o coração e o caráter do homem. Para os atenienses, Teseu só se tornou herói depois de morto. [...] Os césares romanos foram endeusados. Apolônio de Tiana realizava milagres. A grandeza não era mais divina e, portanto, não era mais bela nem livre. Nessa *separação de natureza e divino* um ser humano se tornou o elo entre ambos e, portanto, o reconciliador e redentor.[65]

Hegel passa a investigar, então, as diversas correntes espirituais na Roma decaída, visando a indicar ali o caminho que levaria a aceitar a religião cristã por necessidade histórica.

> Após o ocaso da liberdade grega e romana, quando foi tirado dos homens o domínio de suas ideias sobre os objetos, o gênio se separou da humanidade. O espírito da *massa pervertida* disse aos objetos: "Pertenço a vocês, disponham de mim!". Lançou-se na correnteza dos mesmos, deixou-se arrastar por eles e naufragou em sua inconstância.*

Segue-se a isso uma análise das diferentes correntes espirituais que se opunham a essa tendência e, valendo-se de uma visão histórica admirável para a época, Hegel descobre que essas correntes, apesar de fazerem oposição ao curso básico da época, não conseguiram mudar em nada a postura fundamental. Assim, a partir dessa estrutura, ele explica por que os estoicos romanos tardios voltaram as costas à vida. (É característico que, nessa época, ele não se ocupa nem dos epicuristas nem dos céticos. O estudo do ceticismo grego emerge, no período em Iena, em um nível muito elevado de compreensão.

---

[65] Rosenkranz, p. 522.

* Ibidem, p. 521 e seg. (N. T.)

Com Epicuro, Hegel nunca chegou a estabelecer relação adequada.) Em seguida, Hegel mostra como o sentimento de impotência levou à aceitação de objetos invisíveis aos sentidos, à sua adoração e às correntes teúrgicas. Ele mostra ainda que essas correntes levaram em linha reta ao cristianismo. À guisa de conclusão, ele diz:

> A Igreja já formada uniu as duas coisas, o desejo dos estoicos e o daqueles espíritos interiormente alquebrados. Ela permite que as pessoas vivam no redemoinho dos objetos e promete elevá-las acima deles mediante exercícios fáceis, manipulações, mussitações etc.[66]

O ponto essencial, portanto, que, segundo a concepção de Hegel, provocara em Roma, em todo o mundo romano, a necessidade de uma nova religião, que foi depois satisfeita pelo cristianismo, é a supressão da esfera pública republicana e da liberdade da vida, a *privatização* de todas as manifestações da vida humana. Nessa atmosfera social, surge, segundo Hegel, o individualismo no sentido moderno: o indivíduo preocupado unicamente com suas necessidades estreitas, próprias, materiais e, quando muito, espirituais; o indivíduo que se sente um "átomo" isolado da sociedade, cuja atividade social só pode ser a de uma pequena engrenagem dentro de uma gigantesca maquinaria, cuja totalidade, finalidade e meta ele não consegue nem quer discernir. Segundo Hegel, o individualismo moderno é, portanto, ao mesmo tempo produto da divisão social do trabalho. Em tal sociedade, surge a demanda por uma religião privada, por uma religião da vida privada.

Já sabemos, a partir das anotações que o jovem Hegel fez em Tübingen, que ele visualizou nesse caráter privado o momento decisivo do cristianismo. Em contraposição às religiões antigas, que sempre se dirigem a todo o povo, a marca característica do cristianismo é justamente se referir ao homem singular, à redenção, à salvação da alma do indivíduo.

Hegel, porém, levanta aqui ainda outra questão histórica. O cristianismo que foi acolhido pela Roma imperial não é certamente idêntico à fundação original do cristianismo por Jesus, do modo como a fundação dessa religião nos foi transmitida em certas passagens do Novo Testamento.

Essa confrontação se mostra uma questão antiquíssima da história das religiões. Já os movimentos sectários revolucionários da Idade Média confrontaram

---
[66] Ibid., p. 521 e seg.

polemicamente os ensinamentos originais de Jesus com a Igreja católica e viram a apostasia em relação a eles como a razão que levou o cristianismo a decair e a tornar-se uma religião de espoliadores e opressores. Essas doutrinas ainda se revestem de grande importância para os adeptos de Thomas Münzer e para a ala radical dos puritanos na Revolução Inglesa. Após a Revolução Inglesa, certas doutrinas e narrativas do Antigo e do Novo Testamentos deixaram de ser usadas como bandeiras ideológicas por grupos políticos radicais. A preparação da revolução democrática burguesa na França volta-se de forma cada vez mais resoluta contra o cristianismo, contra religião e Igreja em geral. Isso não significa, contudo, que a confrontação entre os ensinamentos morais de Jesus e a amoralidade da práxis antissocial da Igreja tenha deixado de ter qualquer importância nas polêmicas antieclesiásticas do Iluminismo. Até na Revolução Francesa aparece às vezes, em termos propagandísticos, a ideia do "bom *sans-culotte* Jesus" contraposto aos sacerdotes contrarrevolucionários e monarquistas. Na Alemanha atrasada, onde, como vimos, não havia como surgir um materialismo decididamente ateísta nem uma luta radical contra a religião em geral, onde até mesmo no campo do Iluminismo a "religião da razão" assume uma posição ideológica central, muitos ditos e ensinamentos de Jesus (Sermão da Montanha etc.) são explorados ideologicamente com naturalidade como elementos da "religião da razão".

É natural que essas concepções predominantes na Alemanha também exercessem influência sobre o jovem Hegel. Como veremos no próximo capítulo, esse modo alemão de formular a questão ainda reforçará essencialmente, no curso da crise de Frankfurt, sua perspectiva do desenvolvimento da humanidade e levará à concepção do fundador do cristianismo como figura trágica da história mundial. Em Berna, sua simpatia e sua empatia por Jesus ainda são bem menos intensas. Ele até nutre certa simpatia por ele como mestre de uma moral pura, mas mesmo como tal ele o coloca, como vimos na seção anterior, bem abaixo de Sócrates. Essa comparação desfavorável a Jesus resulta organicamente da concepção global do jovem Hegel. Como mestre, Jesus educa seus discípulos para o isolamento em relação à vida em sociedade, para uma encapsulação individual, ao passo que Sócrates conduz seus discípulos para dentro da atividade da vida pública.

Portanto, por maiores que sejam as diferenças entre a religião de Jesus e o cristianismo posterior, as duas ainda assim são religiões privadas. Por essa razão, a comunidade original de discípulos de Jesus já tem, aos olhos do jovem

Hegel, certo caráter "positivo". Isso se expressa já no número dos discípulos de Jesus, no qual o jovem Hegel vislumbra um sinal de fetichismo[67].

Segundo Hegel, a base dessa positividade, inclusive dos ensinamentos e da atividade de Jesus, reside no fato de que Jesus se dirige fundamentalmente e sempre ao *indivíduo* e por princípio não dá atenção aos problemas da sociedade. Isso se expressa exatamente em sua atuação contra a riqueza, a desigualdade etc., na qual ele parece sustentar pontos de vista que deveriam conquistar a simpatia do jovem Hegel, mas que este rejeita – de modo coerente – por causa do caráter associal de sua proclamação. Hegel fala, por exemplo, da seguinte maneira sobre o famoso caso do jovem rico*:

> Se quiseres ser perfeito, vende o que tens e dá teus bens aos pobres, diz Cristo ao jovem. Essa imagem da perfeição que Cristo propõe aqui constitui em si mesma a prova de que, em seu ensino, Cristo tinha em vista apenas a formação e a perfeição do homem individual e que não é possível estendê-lo a uma sociedade em grande escala.[68]

Com isso chegamos à segunda questão histórica levantada por Hegel nesse contexto. A necessidade que o cristianismo tem de tornar-se positivo no sentido hegeliano consiste nos mandamentos morais dirigidos unicamente ao indivíduo e cuja finalidade é apenas seu aperfeiçoamento como indivíduo sendo estendidos à sociedade no curso do desenvolvimento. E Hegel diferencia diversos estágios desse desenvolvimento: em primeiro lugar, o ensino do próprio Jesus e sua relação com seus discípulos imediatos; em segundo lugar, a seita cristã que surgiu após sua execução, na qual aparecem de forma ainda mais evidente os traços positivos que sempre existiram embrionariamente e que converteram a pretendida associação moral da primeira comunidade dos cristãos em uma seita religiosa com fortes traços positivos; em terceiro e último lugar, a extensão ulterior dessas doutrinas para a sociedade inteira, o cristianismo como Igreja dominante, na qual essas forças da positividade estranhas e hostis à vida adquirem o significado fatal que determina todo o desenvolvimento da Idade Média e da era moderna.

---

[67] Nohl, p. 33.
* Novo Testamento, Evangelho de Marcos, 10:17-22; Evangelho de Mateus, 19:16-22; e Evangelho de Lucas, 18:18-23. (N. T.)
[68] Ibid., p. 360.

Percebe-se que o esquema desse desenvolvimento é incomparavelmente mais histórico que a concepção que o jovem Hegel tinha da pólis antiga. No que se refere a esse aspecto, é interessante e digno de nota que, para o jovem Hegel, a base desse desenvolvimento histórico seja constituída pela ideia rousseauniana do efeito qualitativo exercido sobre as democracias pela expansão quantitativa destas. Na seção sobre democracia (*Contrat social*, livro 3, capítulo 4), Rousseau fala justamente que a expansão meramente quantitativa de uma democracia pode ser perigosa ou até fatal para seu caráter democrático*. Ora, essas observações de Rousseau, que no texto se referem diretamente às democracias antigas, foram aplicadas por Hegel bem caracteristicamente – só ao cristianismo. Nesse caso, no entanto, houve um deslocamento essencial do acento, no sentido de que o motor da decadência não é uma dialética interior das democracias imediatas, como em Rousseau, mas a dialética da extensão para uma sociedade maior da moral privada, dos mandamentos éticos, que se referem aos indivíduos como tais. O aumento da sociedade produz, então, para o jovem Hegel, dependendo de sua expansão quantitativa, diversas formas qualitativas de desenvolvimento da positividade. (Nesse ponto, pode-se observar, portanto, a primeira forma esquemática e inconsciente, ainda bastante primitiva, da passagem de quantidade para qualidade em Hegel. Não deixa de ser interessante mencionar que essa ideia rousseauniana retorna mais tarde, ainda que generalizada e modificada, expressamente em relação a questões atinentes ao Estado e à constituição, como, por exemplo, na *Enciclopédia*, § 108, adendo**.)

Hegel parte, portanto, da suposição de que as posteriores facetas terríveis do cristianismo "já estavam contidas em seu primeiro esboço inacabado – e depois foram usadas e ampliadas pelo despotismo e pela hipocrisia". Ele ainda acrescenta, generalizando: a história da religião cristã

> nos oferece um novo exemplo, ao lado de muitos, de que instituições, leis de uma pequena sociedade, na qual todo cidadão tem a liberdade de ser membro ou não,

---

* Jean-Jacques Rousseau, *Du contrat social ou Principes du droit politique* (Paris, Serpent à Plumes, 1998; fac-símile da ed. original de 1762), p. 81 e seg. Ed. bras.: *Do contrato social* (trad. Lourdes Santos Machado, São Paulo, Nova Cultural, 1997), p. 149 e seg. (N. T.)

** Georg Wilhelm Friedrich Hegel, *Enzyklopädie der philosophischen Wissenschaften im Grundrisse* (3. ed., Heidelberg, Oßwald, 1830). Ed. bras.: *Enciclopédia das ciências filosóficas em compêndio*, v. I: *A ciência da lógica* (trad. Paulo Meneses, São Paulo, Loyola, 1995), p. 215-6. (N. T.)

quando estendidas à grande sociedade civil-burguesa jamais são convenientes e não conseguem subsistir ao lado da liberdade civil.[69]

Hegel passa a analisar de maneira bastante minuciosa as modificações que cada um dos ensinamentos e dos mandamentos de Jesus experimentou já na comunidade primitiva e como continuou a desenvolver-se mais tarde na Igreja cristã já formada até chegar à positividade completa, à hipocrisia do despotismo. A minuciosidade da análise é compreensível a partir das condições em que a Alemanha se encontrava naquela época; pois sabemos a partir das cartas de Hegel como a ortodoxia reacionária explorou, por exemplo, a filosofia de Kant para seus fins. É claro que essas investigações tampouco tornam os escritos da juventude de Hegel "teológicos", já que seu conteúdo básico é totalmente antiteológico; no entanto, a história da degeneração de cada uma das doutrinas cristãs não nos interessa mais muito. Vamos nos restringir, portanto, à exposição da faceta fundamental do desenvolvimento histórico. E, nesse ponto, é preciso ressaltar, uma vez mais, que o jovem Hegel complementa em toda parte o motivo da expansão quantitativa da comunidade cristã com a constatação de que nela penetraram diferenças econômicas e sociais – isto é, também nesse ponto, a questão histórica fundamental para Hegel, o problema da desigualdade dos patrimônios, desempenha o papel determinante. Assim, com a extensão da comunidade, perdem-se a união e a irmanação originalmente estreitas dos membros. Dessa forma, cessa a comunhão de bens original das primeiras comunidades justamente porque o conjunto de membros é composto de estratos material e socialmente distintos. Essa comunhão de bens original

> não é mais requerida como condição de sua [do membro – G. L.] aceitação [...], mas tanto mais [se esperam] as contribuições voluntárias para a caixa da sociedade, como meio de comprar a entrada no céu [...]; por essa via, o clero acabou ganhando, na medida em que recomendava aos leigos essa liberalidade para com eles, mas se precavia de desperdiçar a propriedade que adquiria para si, enriquecendo desse modo a si mesmos, ditos pobres e necessitados, e transformando a outra metade da humanidade em mendigos.*

Do mesmo modo, a igualdade original se transformou em hipocrisia, em dogma religioso positivo: "Essa teoria, no entanto, foi mantida em toda a sua

---

[69] Nohl, p. 44.
* Ibidem, p. 167 e seg. (N. T.)

magnitude, mas espertamente se acrescenta que seria assim aos olhos do céu e, por conseguinte, não se toma mais conhecimento disso nesta vida terrena"[70]. Desse modo, todos os usos e todas as cerimônias do cristianismo se tornam positivos, isto é, se convertem em comédias estranhas aos homens, comédias que ignoram com hipocrisia a condição real desses mesmos homens. Assim, a Santa Ceia foi originalmente o evento em que o mestre se despediu de seus discípulos, transformando-se depois em festa em memória do amado mestre falecido, sendo que nesta a igualdade e a fraternidade entre os discípulos também constituiu o problema moral e religioso determinante. "Como, porém, na universalização do cristianismo instalou-se uma maior desigualdade hierárquica entre os cristãos, que foi condenada na teoria, mas mantida *in praxi*, esse tipo de fraternização acabou."[71] O cristianismo evolui em todas as áreas para uma Igreja positiva e transforma a moral privada original de seu fundador naquela hipocrisia dogmática que, segundo a concepção do jovem Hegel, constitui a religião necessária e adequada a uma sociedade baseada em interesses privados, a sociedade do burguês.

Segundo a concepção do jovem Hegel, só existe uma saída dessa situação: a renovação das antigas liberdade e autonomia dos homens. Já fizemos referência ao fato de os intérpretes imperialistas do desenvolvimento do jovem Hegel alegarem triunfantes que ele estudou a fundo *História da Igreja*, de Mosheim. Nem daí, porém, é possível extrair um argumento a favor do caráter teológico do desenvolvimento de Hegel em sua juventude, pois Hegel rejeita de saída, como sem perspectiva de êxito, qualquer tentativa de suplantar a positividade do cristianismo por vias religiosas cristãs. Pelo visto, ele estudou a história dos movimentos sectários posteriores, mas, desse modo, chegou ao referido resultado desaprovador. Fazendo referência exatamente à obra de Mosheim, ele fala dos homens que de tempos em tempos sempre aparecem querendo suplantar a positividade morta do cristianismo mediante um retorno a sua moralidade original. Sobre o destino reservado aos que cultivam tais aspirações, ele diz o seguinte:

> Se não ficassem com sua crença só para si, seriam fundadores de uma seita que, no caso de não ser reprimida pela Igreja, se espalharia e, na medida em que se distanciasse de sua fonte, de novo só lhe restariam as regras e leis de seu

---
[70] Ibid., p. 167 e seg.
[71] Idem.

fundador, que para os adeptos não seriam mais leis decorrentes da liberdade, mas voltariam a ser estatutos eclesiais; o que outra vez acarretaria o surgimento de novas seitas [...].[72]

A positividade do cristianismo com todas as suas consequências fatais será, portanto, insuperável enquanto persistir aquela forma da sociedade humana à qual o cristianismo deveu sua difusão e seu domínio.

Os escritos do jovem Hegel contêm descrições bem detalhadas de como o cristianismo distorceu todos os problemas morais, de como eles foram transformados em hipocrisia, em subserviência ao despotismo. Omitiremos todas as investigações de Hegel sobre questões da moral puramente individual e voltaremos nossa atenção à crítica que ele faz à atuação do cristianismo no âmbito da vida pública, do Estado, da história.

Encontramos as observações críticas mais características e mais afiadas nas exposições que Hegel redigiu em Berna, em conexão direta com os excertos da obra histórica de Gibbon. Ali Hegel diz o seguinte:

> Os primeiros cristãos encontraram em sua religião consolo e esperança de recompensa futura para si mesmos e castigo para seus inimigos – seus opressores, que eram idólatras –, mas o súdito de um monastério ou de modo geral o súdito de um Estado despótico não pode invocar sua religião para vingar-se de seu prelado nem do rentista que vive no luxo e esbanja o suor dos pobres, dado que este também ouve as mesmas missas e até as diz e assim por diante – mas ele encontrou em sua religião mecânica tanto consolo, tanta compensação pela perda de todos os seus direitos humanos que, em sua animalidade, perdeu também o sentido de sua humanidade. [...]
> Sob os imperadores romanos, a religião cristã não foi capaz de represar a decadência de toda virtude, a opressão da liberdade e dos direitos dos romanos, a tirania e a crueldade dos regentes, a decadência do gênio e de todas as belas-artes – de todas as ciências fundamentais –, não foi capaz de reerguer o ânimo decaído, revitalizar todo ramo ressequido da virtude nacional e da bem-aventurança nacional, mas carcomida, envenenada por essa peste generalizada e constituindo com seus serviçais, nessa figura distorcida, uma ferramenta do despotismo, ela própria provocou o declínio das artes e das ciências – a paciência passiva diante do espezinhamento de toda bela floração do gênero humano, da humanidade e da liberdade –, a obediência ao déspota dentro de um sistema, como advogada e a mais ardorosa enaltecedora dos clamorosos crimes do despotismo e, o que é ainda pior que enaltecer esses crimes

---
[72] Ibid., p. 210 e seg.

individuais, do próprio despotismo que suga toda a força vital da humanidade e a solapa com seu veneno de efeito lento e furtivo.[73]

Hegel não pinta esse quadro sombrio dos efeitos históricos do cristianismo somente em relação à Roma decadente, mas também em relação a toda a história medieval e recente. Em outra passagem, ele diz o seguinte sobre a atuação histórica efetiva da religião cristã:

> Ela conseguiu fazer muito pouco para prevalecer contra a degeneração de todos os estamentos, contra os tempos de barbárie, contra os preconceitos grosseiros dos povos. Os adversários da religião cristã que leram com o coração repleto de sentimentos humanos a história das cruzadas, a do descobrimento da América, a do atual comércio de escravos, e não só a desses acontecimentos brilhantes, nos quais a religião cristã em parte desempenhou papel excepcional, mas de modo geral a história de toda a corrente de corrupção dos príncipes e de desconcerto das nações, cujo coração sangrava enquanto liam essa história – contrapondo a ela em seguida as pretensões de excelência e de utilidade geral e outras declamações proferidas pelos mestres e serviçais da religião –, só podiam encher-se de amargura, de ódio contra a religião cristã [...].[74]

Em toda parte, Hegel trata de modo semelhante os efeitos da religião cristã em todos os períodos da história, em todos os âmbitos de sua atuação histórica efetiva. Por exemplo, ele com frequência ressalta que justamente aqueles países em que a influência da Igreja é mais forte, como no Estado eclesiástico ou em Nápoles, são os mais degradados da Europa em termos sociais e políticos. Ele verte a acusação recorrente contra a Igreja para a seguinte fórmula concisa: "A Igreja ensinou a desprezar a liberdade civil e política como se fosse excremento em comparação com os bens celestiais e a fruição da vida"[75]. Desse modo, o cristianismo produziu durante todo o seu domínio um rebaixamento da humanidade; desse modo, ele se torna o esteio principal de toda arbitrariedade despótica, de todo e qualquer reacionarismo obscuro. Para o jovem Hegel, não se trata, nesse caso, de abusos isolados, de excessos protagonizados por tiranos eclesiásticos ou seculares degenerados. Segundo suas concepções, esse efeito do cristianismo decorre, muito antes, de sua essência mais intrínseca: de sua positividade.

---

[73] Ibid., p. 365 e seg.
[74] Ibid., p. 39.
[75] Ibid., p. 207.

De exposições anteriores de Hegel, nas quais ele contrastou a miserabilidade do cristianismo com a moral heroica da Antiguidade, depreendemos de modo suficientemente claro o quanto o cristianismo como religião da vida privada, dos interesses privados, como religião que se dirige ao indivíduo, foi obrigado a aniquilar todas as virtudes elevadas da Antiguidade. Ele produz uma visão de mundo que considera todo heroísmo e toda abnegação algo risível. Um homem que se preocupa exclusivamente com sua propriedade só pode achar risível todo sacrifício heroico da vida pelo bem comum[76]. Do mesmo modo, o jovem Hegel rejeita as satisfações mais sutis, mais espirituais, do individualismo como expressões de um egoísmo filisteu. É o caso especialmente da crença na imortalidade da alma, na bem-aventurança eterna. Lembremos ao leitor as exposições de Hegel sobre o heroísmo dos republicanos da Antiguidade, que, exatamente porque sua vida se resumia por completo na da comunidade republicana, não necessitavam nem buscavam imortalidade individual.

A base desse heroísmo era, como sabemos, a autoatividade do povo nas antigas repúblicas citadinas. Em conexão com as concepções pertinentes de Hegel, indicamos que ele concebeu as repúblicas antigas como sociedades sem estamentos. Em contraposição, como decorre claramente de suas declarações citadas até agora, ele estabelece uma estreita conexão entre o cristianismo e a estratificação estamental da sociedade; ele considera particularmente os sacerdotes como estamento específico. Para ele, essa segregação por estamentos – por vezes, Hegel compara o estamento sacerdotal com as guildas – se refere a todos os interesses materiais e espirituais da sociedade. Já vimos como Hegel descreveu a transformação da comunhão de bens em enriquecimento egoísta dos mosteiros como um processo histórico necessário. Em outra passagem, ele detalha a autoatividade do povo ainda não dividido em estamentos e lhe contrapõe o sacerdócio cristão como "depositário das sagas"[77], como monopolizador das verdades religiosas. Esse monopólio também constitui um meio pelo qual o estamento sacerdotal exerce seu próprio domínio e apoia o despotismo dos detentores do poder secular. O fato de esses mitos e essas sagas do cristianismo serem estranhos aos povos da Europa ainda aumenta, aos olhos de Hegel, tanto o poder desse monopólio quanto seu caráter coercivo.

---

[76] Ibid., p. 230.
[77] Ibid., p. 65.

Portanto, sob o domínio da religião positiva do cristianismo, os homens vivem em um mundo social com o qual se deparam como irrevogavelmente "dado", como completamente estranho. A missão histórica funesta da religião positiva do cristianismo é sintetizada pelo jovem Hegel nos seguintes termos: ela quebra no homem a vontade de ser autoativo, de viver em uma sociedade de homens livres. Por essa razão, Hegel, resumindo, diz o seguinte sobre a função social da religião cristã:

> [A razão jamais poderia desistir de encontrar em algum lugar o absoluto, o autônomo, o prático, que não era mais possível encontrar na vontade humana*;] ele ainda se mostrava a ela na divindade que a religião cristã lhe ofereceu, fora da esfera de nosso poder, nosso querer, mas não nosso suplicar e pedir – portanto, *só se podia ainda desejar* (pois desejamos o que não podemos realizar pessoalmente; esperamos consegui-lo sem nossa contribuição) *e não mais querer* a realização de uma ideia moral. Uma revolução desse tipo, que fosse levada a termo por um ser divino, os homens adotando uma atitude totalmente passiva, era motivo de esperança também dos primeiros divulgadores da religião cristã e, quando essa esperança morreu, todos se contentaram com esperar que a referida revolução da totalidade acontecesse no fim do mundo.[78]

É possível perceber aqui com muita clareza que o ódio e o desprezo do jovem Hegel pela religião positiva, pelo cristianismo, têm sua fonte mais profunda em seu entusiasmo pela revolução. Pelo fato de imaginar a revolução de modo puramente idealista, como realização da "razão prática" reinterpretada por ele em termos sociais, a questão do querer desempenha para ele papel decisivo. Como vimos, para o jovem Hegel, a vontade é não só o princípio do prático, mas, ao mesmo tempo, o próprio absoluto. Tudo depende dessa vontade. Enquanto os homens quiseram livremente, persistiu a glória das antigas repúblicas citadinas. Quando o cristianismo converteu o querer ativo e livre em um desejar passivo e submisso, o despotismo pôde e teve de imperar no mundo. É óbvio que Hegel detectou razões histórico-sociais para essa transformação do querer em simples desejar, mas justamente por ser alemão – e, nessa época, não se vislumbravam, na Alemanha (mesmo que ele não tivesse tantos preconceitos

---

* A parte entre colchetes não consta no original de Lukács, sendo acréscimo do tradutor a partir do texto original de Hegel, visando a possibilitar a compreensão correta da frase seguinte. (N. T.)

[78] Ibid., p. 224 (ênfase minha – G. L.).

nem tantas ilusões idealistas), forças objetivas que impelissem para uma revolução democrática –, sua esperança revolucionária utópica foi forçada a concentrar-se em um querer idealista exacerbado e esfuziante.

Em tal visão de mundo idealista, a religião por sua natureza necessariamente é o motor central desse movimento histórico. Por essa razão, a positividade da religião aparece para o jovem Hegel como aquele obstáculo decisivo à libertação da humanidade, como aquele monstro contra o qual ele, a exemplo de Voltaire, lança seu "*écrasez l'infâme!* [esmaguem o infame!]". Por isso, ele resume suas concepções sobre a religião e seu papel histórico da seguinte maneira:

> Assim, o despotismo dos príncipes romanos havia escorraçado o espírito humano da face da Terra; a privação da liberdade obrigou o homem a buscar refúgio para sua eternidade, para seu absoluto, na divindade – a miséria que ele disseminava forçara-o a buscar a bem-aventurança no céu e a esperá-la de lá. A objetividade da divindade acompanhou o passo da degeneração e da escravidão dos homens, e ela não passa propriamente de uma revelação, de uma aparição desse espírito do tempo [...] o espírito do tempo revelou-se na objetividade de seu Deus, quando ele [...] foi posto em um mundo que nos é estranho, de cujo território não temos parte, no qual não podemos nos estabelecer mediante nosso fazer, mas no qual podemos, no máximo, entrar mendigando (*hineinbetteln*) ou fazendo mágica, já que o próprio homem era um não-eu e sua divindade era outro não-eu. [...] Foi em um período como esse que a divindade deve ter deixado definitivamente de ser algo subjetivo, convertendo-se por completo em objeto; e aquela deturpação das máximas morais foi, então, justificada pela teoria de maneira muito fácil e coerente. [...] Esse é o sistema de qualquer igreja [...].[79]

Para finalizar, precisamos ressaltar somente mais uma faceta da crítica hegeliana da religião cristã, a saber, a questão da *reconciliação com a realidade* – sobretudo porque, nessa questão, aparece de modo especialmente crasso o contraste entre o jovem Hegel e seu desenvolvimento posterior. Hegel aborda essa questão reiteradamente e vale-se das expressões mais duras possíveis. Citaremos apenas uma das passagens mais características.

> No seio dessa humanidade corrompida, forçada a desprezar a si própria no aspecto moral, [...] tinha de ser gerada e aceita de bom grado a doutrina da depravação da

---

[79] Ibid., p. 227 e seg. Exatamente aqui, no ponto mais decisivo de sua luta contra o cristianismo, a influência das concepções de Georg Forster é visível até no estilo. Assim, por exemplo, Hegel copiou a expressão plástica "*hineinbetteln* [mendigar a entrada, entrar mendigando]" em seus excertos de Forster e a usou aqui, em um contexto parecido, à maneira do próprio Forster.

natureza humana; ela [...] satisfez [...] o orgulho, livrando-se da culpa e fazendo do próprio sentimento de miserabilidade motivo de orgulho; ela honrou o que é vergonhoso, santificou e eternizou a incapacidade, ao transformar em pecado até mesmo a possibilidade de crer em uma capacidade.[80]

Em outra passagem:

Mas quando o cristianismo penetrou na classe mais nobre e mais depravada, quando dentro dele próprio surgiram grandes diferenças entre nobre e humilde, quando o despotismo envenenou todas as fontes da vida e do ser, aquela era ostentou toda a irrelevância de sua essência mediante a reformulação de seus conceitos à luz da divindade de Deus e das desavenças a respeito dela, exibindo sua nudez com grande desenvoltura ao cobri-la com o nimbo da santidade e enaltecê-la como a honra suprema da humanidade.[81]

Por fim, volta a dizer:

Um povo com essa disposição de ânimo forçosamente saudaria uma religião que pôs no espírito dominante da época, na impotência moral, na desonra de ser espezinhado em nome da obediência passiva, o carimbo de honra e suprema virtude, operação mediante a qual os homens viram com alegre estupefação o desprezo de outros e seu próprio sentimento de vergonha serem transformados em paz e orgulho.[82]

Foi preciso comprovar essas concepções de Hegel com citações assim extensas para que o conhecedor de seus pontos de vista posteriores visualize toda a distância que, quanto a essa questão, separa o jovem Hegel de seu desenvolvimento posterior. Sabemos que a "reconciliação" com a realidade é ponto central da posterior filosofia da história de Hegel, embora deva também ser entendida daquela maneira dialética com que Engels expõe essas concepções de Hegel em seu livro sobre Feuerbach. No decurso de nossas análises, quando abordarmos a história da gênese desse ponto de vista na crise de Frankfurt e depois em Iena, vemos a quantidade de contradições internas contidas nessa relação madura de Hegel com a realidade histórica. O núcleo dialético recorrente dessa visão, porém, é o reconhecimento da realidade social como ela é; mesmo que essa realidade represente, por sua natureza, apenas um estágio, apenas um momento no desenvolvimento histórico – mesmo que

---

[80] Ibid., p. 225.
[81] Ibid., p. 226.
[82] Ibid., p. 229.

essa realidade então, por sua natureza, deva também ser transformada, no curso do desenvolvimento histórico, em não realidade, em não ser, em ser superado. É por isso que, para o Hegel posterior, as visões de mundo tinham de aparecer como sínteses historicamente necessárias do tempo em forma de pensamentos. Essa concepção posterior pressupõe uma imagem da história na qual um desenvolvimento contínuo da dialética da história leva dos primórdios do gênero humano ao tempo presente.

Para o Hegel posterior, "reconciliação" é uma categoria em que se expressa a independência do curso objetivo da história em relação às aspirações e às avaliações morais dos homens nele atuantes. As diferentes visões de mundo, religiões etc. aparecem de modo correspondente, nesse contexto, como sínteses intelectuais de determinado período histórico. Por essa razão, o Hegel posterior é coerente ao rejeitar sua avaliação puramente moral, o que não significa, claro, que ele não se posicione em relação a ditas sínteses. Só que o elemento decisivo, nesse tocante, é o caráter progressivo ou reacionário e não, como aqui, a relação com uma moral eterna, supra-histórica. Nesses termos, a "reconciliação" implica um grande passo à frente no desenvolvimento do sentido histórico de Hegel.

Esse desenvolvimento, contudo, é muito contraditório. Pois, por sua vez, a aplicação dessa categoria significa também uma reconciliação real com as tendências miseráveis e retrógradas do passado e do presente; ela implica em especial embelezar instituições miseráveis e reacionárias na atualidade alemã, leva a desistir de toda luta, de toda e qualquer crítica real, ainda mais ao cristianismo. O passo histórico-científico para além da indignação moralizante do período em Berna custa a Hegel, portanto, grandes perdas no caráter progressista de seu pensamento.

O jovem Hegel ainda não vislumbra nenhum caminho objetivo historicamente necessário que levaria ao presente "real". O presente real é, para ele, o grande milagre da Revolução Francesa, a renovação ilusória da liberdade democrática da Antiguidade. E entre a Antiguidade propriamente dita e sua renovação no futuro situa-se agora o período corrompido e decadente do despotismo, da opressão, da religião positiva. E Hegel de fato vê a necessidade histórica que levou ao surgimento dessa religião positiva, mas não consegue visualizar nenhuma força histórica real que estivesse atuante nela e cuja dialética interna poderia levar à renovação da Antiguidade. (É bem característico não termos nenhuma anotação do jovem Hegel tratando das *causas reais* da Revolução Francesa.)

Esse caráter demasiado ilusório de seu anseio por uma renovação revolucionária da humanidade não deixa sua filosofia da história chegar a um ponto de vista metodologicamente unitário, não permite que ela de fato indique, a partir da própria dialética, o caminho para o tempo presente e para a perspectiva de futuro. Assim, sua perspectiva de futuro, a renovação da liberdade antiga, permanece mero postulado – e esse postulado abstrato tem como complemento orgânico e necessário aquele ódio inflamado contra o cristianismo, cujas manifestações há pouco observamos. A fonte desse ódio é a concepção que o jovem Hegel tem da liberdade e de outros conceitos morais como categorias *eternas*, supra-históricas. A seu ver, o cristianismo transgride essas verdades eternas da moral, perverte-as, cobrindo o vil, o eternamente condenável, com o nimbo dissimulado da santidade. É contra essa perversão dos conceitos morais que o jovem Hegel descarrega todo o seu ódio revolucionário.

Não seria correto interpretar o amadurecimento de Hegel simplesmente como progresso de suas concepções. É claro que, em seu desenvolvimento, está implicado um progresso portentoso, em especial no tocante à concepção da história. Exatamente por afastar-se dos ideais revolucionários de sua juventude, Hegel se tornou o expoente filosófico do idealismo alemão, exatamente por isso ele apreendeu a necessidade do desenvolvimento histórico e a metodologia para compreendê-lo do modo mais profundo e verdadeiro que seria possível apreendê-las a partir do idealismo. No entanto, o fato de que esse desenvolvimento e essa maturidade só puderam acontecer com base em uma renúncia às metas da revolução democrática é, em Hegel, expressão do caráter trágico do atraso econômico e social da Alemanha. Marx e Engels indicaram repetidas vezes o fato de que, na luta contra a "miséria alemã", até os maiores vultos alemães desse tempo saíram derrotados; eles mostraram como até um gigante como Goethe só conseguiu ser "ora colossal, ora mesquinho"[83]. Hegel tampouco foi capaz de escapar desse destino. E, ao acompanhar o desenvolvimento de suas concepções até aquela forma grandiosa em que

---

[83] [Friedrich] Engels, *Deutscher Sozialismus in Versen und Prosa II* [Socialismo alemão em verso e prosa II], MEGA I, v. 6, p. 57. Cf. também [Karl] Marx, [e Friedrich] Engels, *Über Kunst und Literatur* (Berlin, [Bruno Henschel und Sohn,] 1950), p. 218. [O juízo de Engels aqui referido por Lukács encontra-se em Karl Marx e Friedrich Engels, *Cultura, arte e literatura. Textos escolhidos* (trad. José Paulo Netto e Miguel Makoto Cavalcanti Yoshida, São Paulo, Expressão Popular, 2010), p. 245. – N. E.]

sintetizou a dialética idealista em um método unitário, sempre devemos ter em mente essa ambiguidade do desenvolvimento alemão, que tornou também Hegel "ora colossal, ora mesquinho".

VI. O significado da "positividade" para o desenvolvimento intelectual de Hegel

Nas exposições feitas até aqui, apresentamos o âmbito da filosofia da história do jovem Hegel. Passaremos a caracterizar agora, mediante algumas observações, o significado filosófico dos conceitos centrais usados por ele nesse período. No processo, ainda não procederemos a uma crítica efetiva desses conceitos hegelianos, pois, por enquanto, nossa tarefa consiste em acompanhar o desenvolvimento das concepções de Hegel em suas linhas fundamentais até chegar à primeira formulação definitiva e historicamente significativa dessas ideias em *Fenomenologia do espírito*. Só nessa altura será possível, necessário e de fato instrutivo verificar o teor de verdade do estágio da dialética alcançado por Hegel, confrontando-o com a dialética materialista, visando a constatar desse modo a grandeza histórica e o limite filosófico desse ponto culminante da dialética idealista. Até lá, a formulação do problema se mantém, até certa medida, no âmbito do próprio desenvolvimento hegeliano, isto é, tentaremos constatar o significado de determinadas formulações e soluções de problemas para os estágios posteriores, mais aperfeiçoados, de desenvolvimento da dialética hegeliana. Decerto não seria difícil submeter, já neste momento, todos os conceitos, inclusive os desse período, a uma crítica materialista detalhada. Porém, de um lado, o próprio Hegel suplanta, nos estágios posteriores de seu desenvolvimento, certos erros e certas unilateralidades, certas facetas não dialéticas de seu pensamento e, de outro lado, as debilidades idealistas jamais suplantadas de suas concepções são basicamente as mesmas em todos os períodos. Portanto, nos dois casos, uma crítica filosófica detalhada neste momento levaria necessária e inevitavelmente a repetições.

Vimos que o conceito central, tanto filosófica quanto historicamente decisivo, com que Hegel opera nesse período é o de positividade. Na forma da filosofia de Hegel a que chegamos até o momento, na confrontação de autoatividade subjetiva e liberdade com a objetividade morta, com a positividade, está contida embrionariamente uma questão central da dialética hegeliana desdobrada posteriormente: aquela que Hegel mais tarde costumaria designar com o termo "alienação" (*Entäußerung*)* e na qual está contido – segundo as concepções que posteriormente receberam uma formulação abrangente e sistemática de Hegel – todo o problema da objetividade no pensamento, na natureza e na história. Basta recordar que, segundo a filosofia posterior de Hegel, a natureza inteira é concebida como alienação do espírito.

Nesse período, Hegel ainda não levanta nenhum problema no sentido expressamente gnosiológico. Mesmo que por vezes ele recorra, por exemplo, à terminologia de Fichte e caracterize os homens e o Deus do cristianismo com a expressão "não-eu", isso nem de longe significa, como vimos, que ele simplesmente tivesse como base a gnosiologia fichtiana. Ele usa essa expressão para expor em termos plásticos e patéticos uma condição sociomoral da humanidade. Ele toma essa mesma liberdade quando lida com as categorias da filosofia de Kant. O que lhe interessa, poderíamos até dizer, exclusivamente nesse período é a conexão entre a práxis social e a ideologia moral-religiosa, sendo que, para o estágio do desenvolvimento aqui alcançado, é bem característico que o sujeito dessa práxis social seja concebido pelo jovem Hegel seguidamente como coletivo; no entanto, ele não faz nenhuma tentativa de aclarar filosoficamente a essência desse sujeito, de determinar com exatidão seu conceito. Para quem conhece o desenvolvimento posterior da filosofia de Hegel está claro que esse sujeito mais tarde assume a figura do "espírito", que a coroação de seu sistema construído sobre a lógica e a filosofia da natureza representa um desenvolvimento que vai do espírito subjetivo ao espírito absoluto, passando pelo espírito objetivo. Não se fala dessa sistemática conceitual nem em Berna nem em Frankfurt. A primeira formulação desse desenvolvimento só apareceria em *Fenomenologia do espírito*. Nos estudos realizados em Berna, o interesse imediato de Hegel é de cunho histórico: ele quer acompanhar o destino real desse sujeito coletivo (portador idealisticamente mistificado da continuidade do desenvolvimento social) no curso da história concreta. O fato de esse mesmo curso da história ser formulado em termos abstratamente idealistas constitui um capítulo à parte; porém, reveste-se de suma importância para todo o seu

---

* Esta tradução acompanha a opção editorial das coleções Marx-Engels e Biblioteca Lukács, da Boitempo, para a tradução do termo: reserva-se "alienação/alienar" para *Entäusserung/ entäussern*; "estranhamento/estranhar" para *Entfremdung/entfremden* e "exteriorização/ exteriorizar" para *Äusserung/äussern*. Cf. também as ponderações do tradutor Jesus Ranieri a respeito da complexidade do significado desses termos em Hegel e Marx, na introdução a Karl Marx, *Manuscritos econômico-filosóficos* (trad. Jesus Ranieri, São Paulo, Boitempo, 2004), p. 15-6. (N. T.)

desenvolvimento filosófico posterior o fato de, nessa investigação histórica, Hegel ter se deparado com o conceito de positividade, de objetividade.

Pois é desse modo que ele chega à concepção de que a objetividade propriamente dita, a independência dos objetos em relação à razão humana, é produto do desenvolvimento dessa mesma razão, é produto da atividade dessa razão. Assim, já nesse ponto ele tangencia os raciocínios que constituiriam um ponto alto de sua dialética desenvolvida; ao mesmo tempo, ergue e fixa para si mesmo o limite do idealismo que seu pensamento jamais conseguirá transpor. O segundo momento é diretamente compreensível a todo materialista e, no quarto capítulo, recorreremos em detalhes à crítica extraordinariamente profunda de Marx a esse limite idealista de toda a filosofia hegeliana. O primeiro momento – todavia em seu enredamento indissolúvel com os limites que decorrem do segundo momento – se reveste de importância determinante para surgimento da dialética hegeliana. Nele está contida a concepção de que todo o desenvolvimento social, incluindo todas as formas ideológicas que ele gera no decorrer da história, é produto da própria atividade humana, é um modo de manifestação da autoprodução e autorreprodução da sociedade. Por meio dessa concepção dialética da história, o idealismo alemão consegue transpor certos limites – igualmente idealistas – da concepção de história do materialismo mecanicista. Este, de um lado, só conseguia incluir em suas análises históricas essencialmente as condições naturais constantes de cada sociedade (clima etc.) e, de outro, limitava a investigação da práxis humana à investigação das razões visíveis e palpáveis que determinam o agir dos homens singulares. Engels ressalta energicamente essa superioridade da filosofia da história – todavia posterior – de Hegel em relação à de seus predecessores.

> A filosofia da história, em contraposição, principalmente a representada por Hegel, reconhece que as motivações ostensivas e também as realmente efetivas dos homens que atuam historicamente de modo nenhum são as causas últimas dos acontecimentos históricos, que por trás dessas motivações encontram-se outras forças motrizes que é preciso investigar; mas ela não procura essas forças na própria história; ela, muito antes, importa-as de fora, da ideologia filosófica, para dentro da história.[84]

Esse reconhecimento e essa crítica da filosofia hegeliana da história precisam ser modificados no que se refere ao jovem Hegel no sentido de que, no

---

[84] [Friedrich] Engels, *Ludwig Feuerbach und der Ausgang der klassischen deutschen Philosophie*, cit., p. 48.

caso dele, os erros idealistas estão presentes em grau mais intenso, ao passo que da formulação da questão importante para o desenvolvimento da ciência histórica só se encontram os rudimentos.

Não há dúvida, porém, de que esses rudimentos estão presentes. Por um lado, na socialidade fortemente enfatizada das forças motrizes do desenvolvimento histórico (por mais que essas forças sejam idealisticamente mistificadas) e, por outro, no fato de que, já para o jovem Hegel, o núcleo do desenvolvimento histórico é a história da liberdade humana. Justamente pelo fato de a positividade da religião implicar uma concepção geral da objetividade e, não obstante, constituir por essência um resultado do desenvolvimento social surgido historicamente e que deve ser suprimido no curso da história, surge uma dialética histórica da liberdade que, todavia, é formulada em termos bastante abstratos, bastante idealistas. No período que o jovem Hegel passou em Berna, o processo histórico consistiu de uma grande construção triádica: liberdade e autonomia originais da sociedade humana – perda dessa liberdade sob o domínio da positividade – reconquista da liberdade perdida. É evidente a conexão entre essa filosofia da história e as concepções dialético-idealistas da história de Rousseau.

Para o jovem Hegel, esse processo de perda e reconquista da liberdade se concentra no problema da religião. O caráter sem vida da objetividade, da positividade, sua essência estranha e hostil ao homem, adquire, para o jovem Hegel, de um lado, sua expressão máxima na religião cristã e, de outro, essa religião é, segundo sua concepção – e apesar de todas as tentativas de lançar mão de razões econômicas e sociais para explicar essa transformação –, a causa última dessa condição humanamente indigna da sociedade, dessa relação humanamente indigna entre o homem e seu mundo exterior. Por essa razão, o ato de compreender, de sacudir de si esse jugo despótico, significa, para o jovem Hegel, em primeira linha, libertar-se dessa positividade – a libertação do homem de uma religião, cujos objetos, para ele, estão no além, são transcendentes. Por essa razão, o jovem Hegel exige da filosofia o desmascaramento teórico e a aniquilação da objetividade transcendente da positividade, a reversão de toda objetividade em subjetividade autoativa. "Descontando algumas tentativas feitas no passado, ficou reservado precipuamente a nosso tempo reivindicar, pelo menos na teoria, como propriedade humana os tesouros que foram malbaratados ao céu [...]."[85]

---

[85] Nohl, p. 225.

Nessas e em semelhantes asserções do jovem Hegel, ganha expressão uma tendência filosófica que mostra certa afinidade com Feuerbach. Essa afinidade já fora percebida por Rudolf Haym, pesquisador liberal de Hegel da década de 1850, sendo que Haym, ao mesmo tempo, chama atenção para uma diferença entre o jovem Hegel e Feuerbach, desconsiderando completamente, no entanto, a superioridade do materialismo feuerbachiano em relação ao de Hegel. Ele diz: "A verdadeira essência de Deus é a essência do homem, diz Feuerbach. Hegel diz que a verdadeira essência de Deus é a essência da comunidade política consumada"[86].

Haym, cujo desenvolvimento filosófico situa-se ainda no período anterior a 1848, por ter vivenciado pessoalmente a dissolução do hegelianismo e a forte influência de Feuerbach em sua juventude, pelo menos tem noção das reais conexões filosóficas e não pretende deturpar nem distorcer essas conexões conscientemente, como fazem os neo-hegelianos do período imperialista. Segundo sua concepção, todavia, ele ressalta apenas o lado forte da filosofia de Hegel diante de Feuerbach, negligenciando o reverso materialista, que faz com que o balanço da comparação produza um resultado bem diferente. É certo que a crítica feuerbachiana da religião também tem lados fracos, idealistas, que foram severamente criticados por Engels. Este diz que Feuerbach "de modo nenhum quer abolir a religião; ele quer levá-la à perfeição. A própria filosofia deve resolver-se em religião"[87]. Essa fraqueza idealista de Feuerbach, contudo, não deve impedir-nos de reconhecer claramente a superioridade de seu materialismo mecanicista nas questões decisivas da gnosiologia, que exerceu influência significativa sobre a crítica da religião, mesmo que Feuerbach nem sempre tenha ido até as últimas consequências em sua aplicação.

Essa superioridade do materialismo evidencia-se justamente em relação à categoria de positividade, decisiva para o jovem Hegel. Não por acaso foi justamente Feuerbach que dirigiu seus ataques críticos devastadores contra a concepção posterior, mais desenvolvida, filosoficamente mais bem pensada da positividade hegeliana, contra a "alienação". O jovem Marx sempre reconheceu esses méritos de Feuerbach na crítica do idealismo hegeliano, dando continuidade e aprofundando dialeticamente os aspectos valiosos dessa crítica. No quarto

---

[86] [Rudolf] Haym, *Hegel und seine Zeit* (1887; 2. ed., Leipzig, [W. Heims,] 1927), p. 164.
[87] [Friedrich] Engels, *Ludwig Feuerbach und der Ausgang der klassischen deutschen Philosophie*, cit., p. 30.

capítulo, trataremos em detalhes dessa questão. Aqui deve bastar a indicação de que Feuerbach concebe os objetos da natureza como independentes da consciência humana. Portanto, quando Feuerbach dissolve antropologicamente a representação de Deus, quando ele concebe a divindade da religião como criada pelos seres humanos conforme sua imagem, isso, no caso dele, de modo nenhum leva a uma dissolução da objetividade, como em Hegel; leva, sim, a uma confirmação da objetividade real, da independência do mundo exterior em relação à consciência humana. Só essa concepção permite uma real dissolução das representações religiosas, pois só nela aflora sua objetividade falsa, aparente, usurpada. Só no contraste nítido com a objetividade real do mundo exterior afloram com clareza a falsidade, a vacuidade e a irrelevância (*Gegenstandslosigkeit*) dos objetos da religião. E mesmo que Feuerbach não tenha sido capaz de ir até as últimas consequências com sua superação materialista da religião – o que foi corretamente percebido e criticado por Engels –, em sua formulação materialista da questão está contido um ponto de partida correto de como as representações religiosas devem ser filosoficamente resolvidas.

Por isso, o assim chamado método antropológico da crítica da religião, a demonstração de que as representações religiosas não passam de projeções do pensamento, objetivações aparentes do que o homem pensa sobre si mesmo, sente, deseja etc., é de fato um método correto apenas como parte de uma crítica materialista real da religião. Lênin reconheceu com muita clareza essa debilidade e a verbalizou de modo conciso: "Justamente por isso a designação 'princípio antropológico', de Feuerbach e Tchernichevski, é *estreita* na filosofia. Tanto o princípio antropológico quanto o naturalismo constituem apenas circunscrições imprecisas, fracas do *materialismo*"[88]. Desse modo, Lênin caracteriza e critica com sua argúcia habitual as debilidades da filosofia feuerbachiana e, além disso, oferece uma ampla perspectiva para a crítica do princípio antropológico sempre que este emerge no quadro de uma filosofia idealista.

É o caso do jovem Hegel. O erro grave de Haym reside em tomar o princípio antropológico e abstraí-lo completamente do idealismo e do materialismo, ao passo que ele adquire um significado completamente novo no contexto de uma concepção idealista. Pois para o idealismo não existe objetividade independente da consciência. A verdadeira objetividade dos objetos do mundo exterior e a

---

[88] [Vladímir Ilitch] Lênin, *Aus dem philosophischen Nachlaß* (Berlim, 1949), p. 325. [Ed. port.: "Conspecto do livro de Feuerbach 'Lições sobre a essência da religião'", em *Obras escolhidas*, v. 6, Lisboa/Moscou, Avante!/Progresso, 1989, p. 75.]

pseudo-objetividade, falsa e fictícia, das representações religiosas são deslocadas para o mesmo plano pelo idealismo. Ambas são produtos de um sujeito idealisticamente mistificado, sendo que, a partir desse ponto de vista, pouca coisa muda se o filósofo idealista parte simplesmente da consciência real do homem singular ou de uma consciência mistificada coletiva ou "universal", "sobre-humana". Portanto, quando o filósofo idealista, pegando algum atalho, quer atribuir certa objetividade ao objeto real do mundo exterior, ele não tem como negá-la aos objetos da religião. Em contrapartida, quando ele quer dissolver os objetos da religião, como Hegel se propõe a fazer em relação à religião positiva, dissolve com eles toda a objetividade do mundo real, recolhendo-a a alguma "subjetividade criadora". Este último destino caracteriza não só a filosofia do jovem Hegel, mas todo o fim da filosofia alemã clássica. Os esforços de Schelling e Hegel no sentido de transcender o solipsismo místico, o idealismo subjetivo de Fichte, confluem – todavia, de modo diferente em cada um deles – na suposição de um sujeito-objeto idêntico de cunho místico, que expede de si o mundo da objetividade e o retoma para si.

É óbvio que, no jovem Hegel, esse método ainda não assumiu uma forma coerente; mas ele está embrionária e tendencialmente presente. Essa postura fundamental determina os limites e as distorções idealistas da aplicação do princípio antropológico na crítica da religião pelo jovem Hegel. Os rudimentos dessa concepção antropológica das representações religiosas são antiquíssimos. Eles podem ser encontrados já na filosofia grega e ocorrem com muita frequência nos escritos dos iluministas franceses. Portanto, quando procura identificar, nas representações religiosas de determinados períodos, projeções do modo de existência dos homens, estabelecer uma conexão estreita entre tais formas religiosas e esses modos de existência, o jovem Hegel ainda não produz nenhum feito filosófico original, e até se deve dizer que o princípio antropológico, a crítica antropológica da religião, experimenta por meio de sua postura idealista fundamental uma atenuação essencial, que vai muito além daquela que Lênin criticou com razão em todo tipo de materialistas de renome. Em suma, essa diferença pode ser expressa da seguinte maneira: apesar de todas as debilidades que o princípio antropológico possa ter nos pensadores que de modo geral são materialistas, neles sempre está presente uma evidente e clara relação de causalidade: é o homem que cria seu Deus (sua representação de Deus). Em Hegel, em contrapartida, surge uma interação intrincada, curiosa. Por um lado, há traços de uma concepção desse tipo: a liberdade e a autoatividade do povo grego democrático criaram o mundo sereno dos deuses olímpicos; a indignidade e a humilhação dos homens sob o despotismo romano tardio deram origem à religião positiva do cristianismo etc. Ao mesmo tempo, a relação também é invertida: os deuses pisam no palco da história mundial como atores reais, a liberdade não é só a origem dos deuses olímpicos, mas também seu presente à humanidade; o cristianismo não só decorre da degradação moral de um povo sob regência tirânica, mas a tirania também é efeito causado pela religião cristã.

Hegel jamais suplantaria esse claro-obscuro da filosofia da religião. Não só em *Fenomenologia do espírito*, mas também em escritos dele posteriores que tratam de problemas religiosos, encontramos essa duplicidade intrincada dos pontos de vista, que, no decorrer do desenvolvimento posterior, leva a um reconhecimento filosófico cada vez maior da pseudo-objetividade da religião, pois, em sua juventude, Hegel ainda quer ardorosamente destruir a religião cristã. Sua luta antirreligiosa, porém, conta com a debilidade central incurável de querer substituir uma religião pela outra, de querer substituir o cristianismo positivo pela religião grega não positiva.

Dessa maneira, a religião é convertida em componente inseparável da vida humana, de todo o curso da história. Na história, a humanidade não se liberta das representações religiosas que assumiu desde os tempos primordiais e que, em correspondência com a mutação das formações sociais, foi modificando reiteradamente no decorrer dos milênios. A história, muito antes, nada mais é que a história da mutação das religiões – ou, numa linguagem coerentemente idealista-objetiva, é a história da transformação do próprio Deus. E, uma vez que o idealismo chegou a esse ponto de vista – o que no jovem Hegel ocorreu apenas tendencial, intrincada e inconsequentemente –, essa história de Deus necessariamente se torna um dos momentos primordiais da própria história, e todas as tendências contrárias, em si bem-intencionadas, oriundas da crítica antropológica das representações religiosas, são obscurecidas e até esmagadas pela preponderância desses princípios teológico-idealistas. Vemos, portanto, que toda uma série de tendências idealistas que se tornaram fatais para a consolidação posterior do sistema hegeliano já começam a se tornar efetivas no jovem Hegel. Esse conhecimento, porém, não deve obscurecer os princípios, cujas tendências histórico-dialéticas fortes e verdadeiras começam a dar sinais de vida na juventude de Hegel, pois, por mais errônea que seja a concepção hegeliana da interação intrincada de homem e divindade, sobre a qual acabamos de falar, está embutida nela um problema real, que, todavia, só o materialismo dialético objetivamente seria capaz de resolver em termos reais e científicos; um problema diante do qual também Feuerbach e os demais materialistas mecanicistas se sentiram impotentes: o problema do surgimento histórico e da efetividade histórica das representações religiosas. E o jovem Hegel inquestionavelmente – todo leitor atento das passagens até agora citadas por nós dos escritos do jovem Hegel poderá verificar isso pessoalmente – levantou essa questão, debateu-se a sério com ela, mesmo que obviamente não lhe tenha sido possível avançar até uma solução satisfatória e sequer a uma formulação clara da questão.

O jovem Marx, ainda na fase idealista de seu desenvolvimento, em sua dissertação, levantou essa questão – todavia, num patamar incomparavelmente mais elevado de clareza do que o do jovem Hegel –, mas tampouco foi capaz de solucioná-la. Ele diz:

> As provas da existência de Deus não passam de *tautologias vazias* – por exemplo, a prova ontológica nada diz além disto: "O que represento para mim como real (*realiter*) para mim é uma representação real" que atua sobre mim, e nesse sentido *todos os deuses*, tanto os pagãos quanto os cristãos, tiveram existência real. O velho Moloque não reinou? O Apolo de Delfos não constituiu um poder real na vida dos gregos? Nesse ponto, tampouco a crítica de Kant significa algo.[89]

Marx só conseguiu responder a essa pergunta satisfatoriamente depois de ter chegado à concepção clara do materialismo dialético. Só então ele foi capaz de desmascarar, em termos dialético-materialistas, a nulidade de todas as representações religiosas e de fazê-lo com uma precisão ainda mais aniquiladora do que o conseguiram antes dele os materialistas mecanicistas de renome e, ao mesmo tempo, demonstrar de modo historicamente concreto, a partir do crescimento das forças produtivas, a partir da transformação das relações de produção por elas ocasionada, como em determinados períodos históricos surgiram representações religiosas exatamente desse tipo ou exatamente daquele outro tipo e como elas dominaram a vida intelectual e afetiva do homem.

A formulação da questão da eficácia histórica concreta das religiões é a ideia importante e interessante em meio às tendências filosoficamente tão confusas do jovem Hegel. O Iluminismo combateu a religião cristã e fez isso de modo mais radical e espirituoso do que o jovem Hegel. Ele, no entanto,

---

[89] [Karl] Marx, *Differenz der demokritischen und epikureischen Naturphilosophie* (MEGA 1, v. 1), p. 80. [Ed. bras.: *Diferença entre a filosofia da natureza de Demócrito e a de Epicuro*, trad. Nélio Schneider, São Paulo, Boitempo, 2018, p. 133.]

poucas condições tinha de formular essa questão, quanto mais de empreender uma tentativa de resposta a ela. Nem mesmo Feuerbach levanta de modo de fato sério a pergunta "por que justamente o cristianismo se tornou a religião predominante do Ocidente?". Feuerbach toma isso como fato e tenta derivar o cristianismo da "essência" abstrata de um homem igualmente abstrato, "do" homem. Dessa derivação forçosamente só pode advir o surgimento de representações religiosas de cunho geral, jamais o surgimento, muito menos a transformação histórica, de representações religiosas bem determinadas.

O jovem Hegel começa exatamente nesse ponto. Aqui, a observação citada de Haym tocou o mérito essencial do jovem Hegel: ele formula a pergunta sobre o surgimento das religiões não só em termos históricos, mas, ao mesmo tempo e inseparavelmente disso, também em termos sociais. Para o jovem Hegel, a história é a da atividade social dos homens. Por mais rudimentar que seja sua análise social, por mais ingênuo, ilusório e artificial que seja o caráter das categorias socioeconômicas que ele aplica, por mais que suas formulações estejam imbuídas de preconceitos iluministas e kantianos (condição da sociedade como consequência de bom ou mau governo segundo a tipologia da filosofia iluminista, superestimação da importância social de problemas puramente morais segundo a concepção de Kant etc.), essa concepção representa um avanço essencial no desenvolvimento da metodologia de pesquisa do surgimento e do desaparecimento das religiões. Exatamente nesse ponto evidencia-se como foi verdadeira e correta a determinação de Marx, em suas Teses sobre Feuerbach, sobre a relação entre o materialismo antigo e o idealismo clássico na Alemanha, pois a elaboração dos momentos sociais por ocasião do surgimento e da cessação de religiões aponta em Hegel com rara radicalidade exatamente para o "lado ativo" ressaltado por Marx. E nossa análise anterior levantou provas da outra faceta da caracterização de Marx do idealismo, a saber, para o fato de que esse "lado ativo" no idealismo só pode ser uma atividade abstrata, ideológica*.

Já enfatizamos uma consequência negativa essencial desse caráter necessariamente abstrato do idealismo: a incapacidade do jovem Hegel de combater a religião de modo consequente. A dialética inconsciente dessa concepção hegeliana de história está imbuída de uma tendência segundo a qual, a rigor, só as religiões positivas são religiões reais e, assim, nem a religião grega nem

---

* As alusões de Lukács ao "lato ativo" do idealismo remetem à primeira das Teses sobre Feuerbach; ver Karl Marx e Friedrich Engels, *A ideologia alemã* (São Paulo, Boitempo, 2007), p. 533 e 537. (N. E.)

sua renovação esperada pelo jovem Hegel seriam religiões no sentido estrito. A polêmica contra o caráter inumano da religião positiva do cristianismo recebe, nesse contexto, acento antirreligioso mais incisivo do que de costume em Hegel. Todavia, Hegel não pode levar a termo essa sua tendência justamente devido a seu idealismo. Isso converte a positividade em um conceito impreciso e ambíguo. Por um lado, ela é a expressão filosófica da superação idealista extrema de toda objetividade e, por outro, despontam nela intuições das espécies de objetividade social que Marx designou mais tarde com a palavra "fetichismo". Obviamente, em Hegel essa tendência permanece uma intuição obscura e confusa; nem mesmo a formulação posterior mais madura do problema, a concepção da objetividade social como "alienação", consegue chegar a uma formulação clara do problema. A razão reside, como mostramos, no próprio idealismo, pois Marx só consegue derivar e expor o caráter fetichista da mercadoria em sua "objetividade fantasmagórica" porque o materialismo dialético evidenciou com plena clareza a objetividade real dos objetos, porque em momento nenhum pode emergir uma confusão e uma obnubilação das fronteiras entre a objetividade real das coisas e essa objetividade fetichizada. (O que interessa aqui é a demonstração do antagonismo filosófico entre materialismo e idealismo; é óbvio que, em especial na juventude, Hegel não dispunha de conhecimento econômico suficiente que lhe permitisse derivar essas formas fetichizadas da estrutura econômica concreta da sociedade.)

Portanto, mesmo que só consigamos constatar, inclusive no jovem Hegel, uma intuição extremamente confusa, que se desfaz em névoa mística, de certas conexões sociais e filosóficas importantes, esse fato não deixa de ser historicamente importante. Trata-se, nesse caso, de duas tendências do pensamento estreitamente interligadas, que desempenharão papel importante também na estrutura posterior da dialética hegeliana. Essas tendências são as seguintes: a primeira é que toda a história humana, incluindo todas as formas de sociedade que surgem e desaparecem no curso dessa história, é produto da atividade social dos homens. A segunda é que dessa atividade social resulta algo diverso do que os homens imaginavam e propunham com suas ações, que os produtos da atividade social dos homens os sobrepujam e adquirem frente a eles um poder independente, uma objetividade própria. Recordemos como, de acordo com a concepção de Hegel, o cristianismo se transforma em algo essencialmente diferente daquilo que fora pretendido por seu fundador. Essa dialética se efetiva também em todo o desenvolvimento do cristianismo. De nossas exposições até aqui, depreende-se que o conceito hegeliano de positividade contém muito dessa segunda tendência. Pois ela, conforme a concepção do jovem Hegel, de modo nenhum teria penetrado de fora na história humana. Pelo contrário. Justamente em sua derivação, o historicismo do jovem Hegel atingiu o ponto mais alto possível para ele na época. Justamente os aspectos da religião cristã que aparecem nesta com a mais forte pretensão de transcendência humana (Deus onipotente, revelação, milagres etc.) foram expostos pelo jovem Hegel com toda a veemência como produtos de um processo social interior, se bem que de dissolução, de decadência. A positividade, a culminação histórica da inatividade social humana, da autorrenúncia à dignidade humana, surgiu, segundo a concepção de Hegel, do desenvolvimento necessário da atividade social dos próprios homens.

Não podemos dar nenhum passo adiante na análise dessas concepções do jovem Hegel sem apontar reiteradamente para a limitação idealista de sua imagem de mundo, pois vimos que as tendências corretas, contidas nessa intuição, para o conhecimento real das conexões sociais seguidamente fracassam pelo fato de a concepção da positividade descambar para uma teoria da objetividade em geral. Como sabemos e como vamos detalhar no quarto capítulo, essa tendência se tornou fatídica para toda a dialética de Hegel. Ainda assim, não podemos deixar de atentar para o fato de que as grandes tendências da dialética hegeliana que apontam para o futuro surgiram na história estreitamente entrelaçadas com seus lados débeis, que a pesquisa histórica da gênese dessa dialética tem exatamente a tarefa de evidenciar esse entrelaçamento que deve ser destrinçado pela crítica da filosofia de Hegel. No caso, o problema reside no fato de que o jovem Hegel transformou a objetividade morta da religião positiva em movimento social, em produto da atividade social dos próprios homens. Ao fazer isso, ele deu o primeiro passo no caminho em cujo fim vislumbraremos uma das ideias básicas de seu método dialético, a transformação de todo ser rígido em movimento. Para chegar a esse ponto, todavia, Hegel ainda precisa percorrer um longo caminho, pois, em primeiro lugar, suas tendências atinentes a isso se limitam, no período em Berna, exclusivamente a problemas sociais. Nesse momento, ele nem sequer menciona generalização no sentido da passagem para o movimento em geral, como veremos mais tarde em sua *Lógica*. E a pesquisa sobre esse desenvolvimento de Hegel em nosso trabalho necessariamente será bastante incompleta. Tivemos de restringir-nos à exposição das concepções sociais de Hegel, mas, justamente na referida generalização, seu estudo das ciências naturais e o aproveitamento filosófico de seus novos resultados revestem-se de uma importância enorme. Nesse ponto, portanto, apenas o trabalho complementar de evidenciação do desenvolvimento das concepções de Hegel a respeito da filosofia da natureza trará uma solução real da questão histórica.

Também no âmbito das categorias sociais, o jovem Hegel ainda está muito longe de fazer de sua intuição de uma conexão dialética, da reprodução ideal dos objetos sociais como produtos da atividade humana, de sua dissolução ideal no movimento social, um método realmente filosófico. O contraste entre os dois períodos por ele analisados ainda é demasiado rígido e metafísico para isso: no mundo grego, tudo é autonomia e esfera pública; no cristianismo, tudo é passividade e vida privada. Ao mundo do *citoyen* antigo é contraposto de maneira rígida o do moderno *bourgeois*. E ainda não se pode falar de uma noção consciente da dialética, na qual a passividade dos homens na era cristã também é uma forma de atividade social. Muito menos se pode falar de como, em toda sociedade, os interesses individuais das pessoas individuais, das classes individuais (Hegel sempre fala de estamentos) se entrelaçam contraditoriamente, dialeticamente, com os interesses públicos. Nos capítulos seguintes, esmiuçaremos os progressos na concepção dialética do movimento social provocados pelo conhecimento mais preciso dos problemas da economia política por parte de Hegel; ao fazer isso, deveremos constatar igualmente os necessários limites postos a seu conhecimento nesse campo. Neste ponto, temos de constatar, a título de resumo, que sua intuição obscura da dialética do desenvolvimento sócio-histórico permaneceu justamente só uma intuição das conexões, não apenas em decorrência das limitações idealistas gerais de seu pensamento, mas também pelo legado metafísico que nem de longe havia sido superado.

Contudo, nessa intuição tão confusa estão contidas diversas tendências que se revestem de grande importância tanto para a ciência em geral quanto para o desenvolvimento posterior. Sobretudo a ideia de que a base real da vigência de uma religião reside em sua adequação às condições sociais sob as quais ela surgiu ou alcançou a supremacia. Desse modo, Hegel suplanta as concepções que vislumbram na religião um mero desencaminhamento consciente do povo e, na atuação histórica da religião, veem exclusivamente as consequências desse desencaminhamento, dessa enganação; ele suplanta, portanto, a concepção puramente ideológica de muitos iluministas. Vimos que, para o jovem Hegel, a superação (*Hinausgehen*) desse ponto de vista não implica nenhum tipo de tolerância com o cristianismo. Pelo contrário, ele fala com indignação patética e satírica sobre as diversas formas de hipocrisia e enganação que, segundo sua concepção naquela época, necessariamente se originaram da essência do cristianismo. O progresso, contudo, consiste exatamente no conhecimento dessa necessidade e em sua concretização social. Assim, Hegel mostra com base em diversos exemplos como os hábitos cristãos originais das primeiras comunidades cristãs, nas quais ainda imperava certa fraternidade, certa igualdade social, forçosamente descambaram para a hipocrisia com o surgimento da igreja universal, com a penetração das diferenças sociais e econômicas nessa Igreja, com a sanção dessas diferenças pela Igreja. Por sua vez, a demonstração do jovem Hegel com frequência se baseia no fato de que as concepções religiosas e morais do cristianismo, mesmo contradizendo de modo crasso a verdade, a razão e a dignidade humana, exatamente nesse seu caráter contraditório, foram adequadas à condição social e moral desse período. Com isso, seu desmascaramento como enganação e hipocrisia é transposto do terreno ideológico abstrato dos iluministas para um terreno mais concreto, mais social, mais histórico. Também segundo a argumentação do jovem Hegel, os homens são enganados pelos sacerdotes da religião cristã, mas, segundo suas concepções, eles só são enganados porque a deterioração da sociedade em que vivem e a decadência moral que brotou dessa deterioração exigem exatamente uma enganação como a que foi fornecida pelos sacerdotes cristãos.

Outra tentativa de concretização sócio-histórica também é o caráter especial, não objetivo, não positivo da religião grega, que desempenha papel tão central nas concepções do jovem Hegel. No entanto, esse é o ponto em que aparece com mais intensidade o caráter contraditório do subjetivismo que ele cultivou naquela época, e as consequências absurdas deste só não se tornam manifestas porque ele não tirou todas as consequências filosóficas de sua postura fundamental nem as verbalizou abertamente. Apesar de tudo isso, repetimos, o contraditório caráter do subjetivismo da época se manifesta aqui de modo plástico. É claro que temos em mente o caráter não objetivo de todo o mundo grego, a concepção de uma autonomia subjetiva e livre que cria objetos, por assim dizer, somente revogáveis, isto é, objetos que, antes de poderem se fixar em sua autonomia e independência do sujeito, sempre voltam a ser transformados em subjetividade por essa autoatividade, sempre voltam a ser assumidos pelo sujeito ativo do povo.

Essa concepção de subjetividade desempenhará mais tarde um papel significativo no sistema hegeliano. De fato, uma das principais questões dialéticas de *Fenomenologia do espírito* é a da transformação da substância em sujeito*. A concepção que Hegel tinha do helenismo em sua juventude contém o embrião dessa ideia. E isso especialmente em sua aplicação revolucionária ao tempo presente, no sonho da renovação do helenismo (*Griechentums*), da autonomia e da liberdade do povo, da não objetividade do mundo objetivo no período que tem início com a Revolução Francesa. Desse modo, obtemos, vertido para a linguagem de *Fenomenologia do espírito*, o seguinte esquema: período do sujeito que ainda não se transformou em substância – a subjetividade (positividade) devorada pela substância – retomada da substância pelo sujeito redespertado. Naturalmente, esse esquema não se encontra expresso com toda essa clareza em nenhum dos escritos do jovem Hegel, mas está na base de seus construtos históricos.

Todavia, como veremos nos capítulos seguintes, a continuidade da elaboração da filosofia da história de Hegel não se deu só na direção da construção metodológica, da aclaração dialética do andamento da história, mas também na direção da reconstrução radical desse esquema histórico, pois, para o Hegel posterior, a história de modo nenhum se inicia com esse período grego, não só porque (já em Frankfurt) ele inclui em sua filosofia os problemas da história do Oriente, mas também no sentido filosófico geral. Para o Hegel posterior, o andamento da história perde cada vez mais essa origem na tríade rousseauniana: liberdade – perda da liberdade – recuperação da liberdade. Ela é substituída por uma concepção muito mais evolucionista da difusão generalizada da ideia da liberdade no curso da história: liberdade para um só (despotismo oriental) – liberdade para alguns (Antiguidade) – liberdade para todos (cristianismo e era moderna). Seria errado, contudo, acreditar que a concepção que Hegel nutria em sua juventude teria desaparecido de sua filosofia sem deixar vestígios. Pelo contrário, ela está na base da forma do sistema que assoma em *Enciclopédia* – todavia, em uma forma muito modificada, destituída de historicidade. Ali o esquema básico da construção é este: lógica (autonomia do espírito) – filosofia da natureza (alienação do espírito) – filosofia do espírito (jornada do espírito rumo à liberdade completa, rumo ao sujeito-objeto idêntico, a lógica como resultado final da filosofia do espírito).

---

* *Fenomenologia do espírito*, cit., p. 34. (N. T.)

Mesmo abstraindo dessas consequências de amplo alcance, dessa persistência inconsciente do primeiro esquema não pensado até o fim no desenvolvimento de Hegel, sua concepção contraditória do helenismo tem outras consequências mais concretas, historicamente mais importantes. Na crítica das concepções filosófico-religiosas, apontamos para a debilidade da posição hegeliana que consiste em que ele não rejeite e combata a religião de modo cabal, mas contraponha à religião positiva uma não positiva. Essa debilidade da concepção que Hegel nutria em sua juventude contribuiu essencialmente para a popularidade de seus escritos da juventude no período imperialista. Nesse caso, porém, é preciso comentar que essa popularidade consistiu na citação frequente de algumas passagens particularmente confusas e não no estudo de todo o desenvolvimento ocorrido em sua juventude. É inquestionável, no entanto, que, ao lado do suposto irracionalismo do jovem Hegel, exatamente essa religião sem objeto determinado, essa religião etérea e estética, sem substância e sem dogmas, desempenhou um papel bem determinado. Os ideólogos reacionários do período imperialista, com frequência, especialmente no período anterior à guerra, não ousaram sair abertamente em defesa das religiões reais, mas, não obstante, quiseram conservar e ajudar a manter a religião no nível do pensamento. Lênin identificou com clareza o grande perigo ideológico dessas tendências. Ele escreve sobre isso em carta a Maksim Górki.

> Um padreco católico que estupra uma menina [...] é bem menos perigoso para a democracia que um padreco sem batina, um padreco sem a religião tosca, um padreco ideal e democrático, que prega a criação de um novo Deus, pois é fácil desmascarar o primeiro padreco, não é difícil condená-lo e expulsá-lo; o segundo não pode ser expulso sem mais nem menos – é mil vezes mais difícil desmascará-lo, e nenhum pequeno-burguês "vulnerável e pusilânime" se mostrará disposto a condená-lo.[90]

Essa fragilidade central da concepção de religião do jovem Hegel, porém, conta com uma faceta histórica que se reveste de grande importância para todo o seu desenvolvimento posterior. Pois essa mesma ideia de que a religião grega não é uma religião no sentido do cristianismo positivo posterior leva

---

[90] [Vladímir Ilitch] Lênin, Carta a Maksim Górki de 14 de novembro de 1913. A respeito de algumas questões atinentes a esse desenvolvimento ideológico na Alemanha, cf. meu ensaio "Feuerbach und die deutsche Literatur" [Feuerbach e a literatura alemã], em meu livro *Literaturtheorien des 19. Jahrhunderts und des Marxismus* [Teorias literárias do século XIX e do marxismo] (Moscou, Gospolitizdat, 1937).

Hegel à tentativa de elaboração histórica concreta da essência do helenismo. E esses traços históricos se reforçam tanto mais quanto menos a concepção que Hegel tem da Grécia esteja vinculada com sua concepção do presente e com sua perspectiva do futuro, ou seja, quanto mais ele, na sequência, considerar a Antiguidade como algo definitivamente passado, um estágio suplantado do desenvolvimento do espírito. Nos capítulos seguintes, mostraremos em detalhes como essa mutação das concepções de Hegel está conectada com sua mudança de posição em relação ao tempo presente, à atualidade histórica da revolução, da República Democrática na Alemanha; ao fazê-lo, veremos como foram importantes as consequências desse reposicionamento para todo o sistema de Hegel.

Seja dito aqui apenas que, nessa intuição especial sobre a Antiguidade, está contido o embrião da concepção histórica da estética hegeliana, do destino histórico da beleza no curso do desenvolvimento da humanidade. Como se sabe, no sistema hegeliano posterior, a arte grega é a objetivação propriamente dita do princípio estético e, na *Estética* hegeliana, ela de modo nenhum repousa sobre bases artísticas formais, mas é desdobrada organicamente a partir da análise da vida grega como um todo. Em todos os períodos posteriores e já no período romântico (em Hegel, na Idade Média e na Renascença), o estético não se manifesta mais em uma forma realmente pura. O princípio vigente nesse período já é a religião, o cristianismo. E o fato de o espírito passar dialeticamente por cima desse segundo período de nenhum modo acarreta um retorno ao helenismo; pelo contrário, implica o período do espírito em sua forma conceitual – do ponto de vista estético, o período da prosa. Desse modo, o helenismo se reveste, no sistema hegeliano posterior, de especial importância e desempenha um papel de destaque, ao qual devemos muito da extraordinária concretude e da riqueza dos princípios estéticos hegelianos. Obviamente as fundamentações de princípio dessa periodização possuem um caráter fortemente ideológico, bastante idealista. E o grande valor dessas análises da estética hegeliana reside justamente no fato de que Hegel vai além desses seus princípios e examina os fenômenos reais, as objetivações reais da vida grega, que esta recebeu na arte. Não se pode deixar de perceber, porém, que, para o próprio Hegel, essa concepção do caráter não propriamente religioso da religião grega constituiu uma chave e um acesso para a pesquisa da especificidade da vida grega, ainda que os resultados efetivos por ele alcançados ultrapassassem em muito esse esquema idealista.

A contradição trágica própria do desenvolvimento de Hegel pode ser visibilizada também nesse ponto. Como pensador alemão da virada do século XVIII para o século XIX, a única escolha que ele tinha era entre ilusão utópica e conformação resignada com a realidade miserável da Alemanha da época. Para Hegel, o helenismo só podia ser uma ilusão jacobina da renovação democrática da humanidade, como no período em Berna, ou uma era definitivamente passada de florescimento da beleza da cultura humana orgânica, à qual teria de seguir-se o período da prosa árida, uma prosa da qual a humanidade não conseguiria mais escapar, e a tarefa mais importante da filosofia seria conformar-se intelectualmente com ela, captá-la corretamente na forma de ideias. Sabemos em que direção se moveu o pensamento de Hegel de um lado ao outro dessa alternativa e, nos capítulos seguintes, teremos oportunidade de estudar algumas etapas importantes dessa jornada. Também veremos que a dialética hegeliana só surgiu porque o desenvolvimento de Hegel ocorreu nessa direção. Os jacobinos heroicos, entre seus predecessores ou seus contemporâneos, como Georg Forster ou Hölderlin, permaneceram personagens episódicos do desenvolvimento ideológico na Alemanha.

É bastante instrutivo, no entanto, quanto a esse problema, lançar um olhar para a diferença entre a dialética idealista de Hegel e a dialética materialista de Marx e Engels. O helenismo também está no centro das investigações estéticas de Marx; também para ele o helenismo representa o modo até agora mais puro e supremo de manifestação da atividade estética da humanidade. Marx enfatiza da forma mais incisiva possível esse caráter norteador da arte antiga. Depois de apontar para as condições históricas concretas de seu surgimento, ele ressalta:

> A dificuldade não está em compreender que a arte grega e a epopeia estão ligadas a certas formas do desenvolvimento social. A dificuldade reside no fato de nos proporcionarem ainda um prazer estético e de terem ainda para nós, em certos aspectos, o valor de normas e de modelos inacessíveis.[91]

Marx igualmente estabelece um confronto nítido entre a beleza grega e a prosa capitalista. E, por discernir a essência do capitalismo de um modo bem diferente do que Hegel foi capaz de fazer mesmo à época de sua máxima maturidade científica, por confrontar o sistema capitalista com uma hostilidade

---

[91] [Karl] Marx, *Zur Kritik der politischen Ökonomie* (Berlim, [Dietz,] 1951), p. 269. [Ed. bras.: *Contribuição à crítica da economia política*, trad. Maria Heleno Barreira Alves, São Paulo, WMF Martins Fontes, 2011, p. 261.]

irreconciliável, cientificamente muito bem fundamentada, sua condenação da cultura capitalista é mais profunda, mais abrangente e mais devastadora do que a de Hegel jamais conseguiu ser. Justamente por isso, não pôde surgir em Marx, como ocorreu no Hegel tardio, o estado de espírito de uma resignação diante da cultura humana; justamente por isso, a contemplação da beleza passada e perene da Antiguidade não é, para ele, motivo de melancolia. Exatamente a partir desse conhecimento profundo e abrangente da história da humanidade, das verdadeiras forças motrizes de seu desenvolvimento, da estrutura econômica e social real do capitalismo, Marx elabora a perspectiva não mais utópica, mas científica, de renovação da humanidade no socialismo. Segundo essa perspectiva, a exemplaridade da arte grega é um legado inaudito, um incentivo para que a humanidade crie, no período de sua libertação, após o término de sua "pré-história", com o auxílio desse legado, uma cultura que superará em muito tudo o que já passou. Assim, na resolução do dilema hegeliano entre utopia e resignação, fica demonstrada não só a superioridade científica da dialética materialista em comparação com a dialética idealista, mas também o fato de que onde Marx aprendeu muita coisa de Hegel, onde ele preservou para o futuro elementos essenciais do pensamento hegeliano, essas descobertas e essas constatações hegelianas adquirem, no contexto da dialética materialista, um significado completamente diferente do que tiveram para o próprio Hegel.

O próprio Hegel, porém, não tinha como encontrar saída para esse dilema. A continuação do caminho que tomara na juventude poderia ter lhe proporcionado um destino similar ao de Forster ou Hölderlin. Os embriões e os rudimentos em parte geniais contidos nos escritos da juventude redigidos em Berna só puderam se tornar significativos para o pensamento humano pelo fato de Hegel ter ido além da ilusão republicana nutrida no período inicial de sua juventude. Vimos que todos esses rudimentos, por mais imatura e confusa que tenha sido sua forma, apontam na direção da concepção dialética da história. Para um processamento realmente dialético do curso da história – mesmo dentro das limitações impostas por uma dialética idealista –, ainda falta ao jovem Hegel em Berna toda possibilidade. Podemos depreender isso principalmente do fato de as categorias dialéticas mais importantes de seu método posterior – a saber, imediaticidade e mediação, universal e particular – não ocorrerem nenhuma vez nesse período em sua interação dialética etc. O que existe, no caso dele, é um esquema do curso da história que embrionariamente não deixa de ser dialético, mas cujo desenvolvimento ideal é levado a cabo quase exclusivamente por meio de conceitos metafísicos. E o jovem Hegel muitas vezes só escapa da concepção metafísica rígida porque ele não tira certas conclusões de seus pressupostos, porque ele os mantém em um confuso claro-escuro. Isso obviamente é apenas uma solução aparente, e era impossível que um pensador do calibre de Hegel se contentasse no longo prazo com tais pseudossoluções. Porém, várias vezes pudemos perceber que essa confusão, esse claro-escuro, de modo nenhum tem causas primordialmente teóricas, metodológicas. Pelo contrário. Ficou demonstrado que a obscuridade e a confusão da metodologia do jovem Hegel são determinadas pela confusão de seu posicionamento utópico e ilusório em relação ao tempo presente. A verdade da concepção de Marx de que o conhecimento correto dos estágios históricos posteriores do desenvolvimento fornece a chave para o conhecimento dos estágios inferiores*, de que, portanto, é preciso conhecer corretamente o presente para apreender e expor adequadamente a história do passado, verifica-se também no caso de Hegel. A crise decisiva de seu pensamento – para cuja exposição detalhada passaremos no próximo capítulo – é exatamente a mudança de seu posicionamento em relação ao tempo presente, à realidade capitalista.

---

* Ver Karl Marx, *Grundrisse* (trad. Mario Duayer e Nélio Schneider, São Paulo, Boitempo, 2011), p. 58. (N. T.)

2

A crise das concepções sociais de Hegel e os primórdios de seu método dialético (Frankfurt, 1797-1800)

I. Caracterização geral do período de Frankfurt

Inexistiu uma ponte entre as concepções de Hegel em Berna e a realidade social de seu tempo na Alemanha. A inatualidade objetiva e a impossibilidade de uma revolução burguesa na Alemanha de saída privaram da perspectiva de êxito toda implementação de tais concepções em forma de atividade prática. Por sua vez, a natureza de Hegel, desde o início, tinha forte propensão à prática. Ele sempre alimentou a esperança de intervir ativamente na vida política de seu tempo. Por exemplo, é característico que, após concluir *Fenomenologia do espírito*, Hegel tenha aceitado animado e esperançoso o emprego de redator que lhe foi oferecido em Bamberg; foi apenas no decurso dessa atividade que se deu a decepção, sobretudo em decorrência do campo de atividade extraordinariamente restrito do jornal sob as regras da censura vigente na época.

É correto dizer que uma camada relativamente grande da inteligência burguesa alemã simpatizou com as ideias da Revolução Francesa. É muito provável que essa camada tenha sido maior do que se pode depreender das exposições tendenciosas da historiografia burguesa. Em nenhuma circunstância, porém, ela foi grande e forte o suficiente para possibilitar em termos materiais e morais uma difusão publicitária, filosófica ou literária das ideias da Revolução Francesa. O destino trágico de Hölderlin, amigo de juventude de Hegel, é clara evidência dessa situação.

A distância entre as concepções de Hegel em Berna e a realidade social foi aumentando devido ao desenvolvimento da própria Revolução Francesa. Isso ocorreu em dois sentidos: de um lado, pelo desenvolvimento interno das lutas de classes na França; de outro, pelos efeitos das guerras travadas pela República francesa contra a intervenção absolutista feudal.

A grande virada na história da Revolução Francesa, o próprio Termidor (1794), sucedeu ainda durante o período de Hegel em Berna. Parece que essa virada não causou uma impressão diretamente decisiva sobre Hegel naquele momento. Vimos que ele saudou as medidas repressivas contra os adeptos de Robespierre; isso, contudo, somente comprova sua posição desde o início claramente demarcada contra a ala plebeia radical da Revolução Francesa. Quanto a suas concepções republicanas revolucionárias, não detectamos nenhuma diferença entre o período anterior e o posterior ao Termidor. Esse fato, em um primeiro momento surpreendente, explica-se tanto a partir da evolução da própria Revolução Francesa quanto do ponto de vista de sua avaliação pelo jovem Hegel. A história interna da França sob o governo do Diretório foi um constante oscilar dos republicanos burgueses, na intenção de preservar e incrementar as conquistas da revolução necessárias à burguesia, entre tentativas de reação monarquista e os esforços dos remanescentes dos partidos plebeus radicais para dar continuidade à linha radical da revolução. Seguidamente os líderes republicanos burgueses tentaram chegar a um acordo provisório ora com um extremo, ora com o outro. A situação instável das lutas de classes daí resultante obrigou a burguesia francesa a apelar para a ditadura militar (em 9 de novembro de 1799: o golpe de Estado de Napoleão Bonaparte).

Ainda mais importante para a avaliação desse período é a apreciação social do próprio Termidor. Em contraposição aos historiadores liberais e seus repetidores contrarrevolucionários, os trotskistas, Marx determina o conteúdo social do Termidor de modo extraordinariamente claro:

> Depois da derrubada de Robespierre é que começa a se realizar *prosaicamente* o iluminismo *político* [...] que havia querido *exceder-se* a si mesmo, que havia sido *superabundante*. Sob o governo do *Diretório* a *sociedade burguesa* – a própria Revolução a havia libertado das amarras feudais e reconhecido oficialmente, por mais que o *terrorismo* tivesse tentado sacrificá-la a uma vida política antiga – irrompe em formidáveis correntes de vida. Tempestade e ímpeto em busca de empresas comerciais, febre de enriquecimento, a vertigem da nova vida burguesa, cujo autogozo inicial ainda é insolente, leviano, frívolo e embriagado; esclarecimento *real*

da *propriedade territorial* francesa, cuja ordem feudal havia sido destruída pelo martelo da Revolução e que o primeiro ardor febril dos muitos novos proprietários submete agora a um cultivo total; primeiros movimentos da indústria liberada: esses são alguns dos sinais de vida da sociedade burguesa recém-nascida. A *sociedade civil* é representada *positivamente* pela *burguesia*. A burguesia *começa*, pois, a governar.[1]

Essa virada no desenvolvimento da classe burguesa da França compreensivelmente se reflete na Alemanha atrasada de modo mais distorcido, mais mediado e mais ideológico que os acontecimentos heroicos da própria revolução. É claro que a Alemanha não podia dar início a um florescimento econômico correspondente ao desenvolvimento francês. Pouquíssimos observadores alemães daqueles acontecimentos entenderam ou puderam entender os aspectos econômicos do desenvolvimento francês pós-Termidor. Tanto mais intenso foi o efeito das consequências ideológicas. Já o fato de a maioria dos humanistas burgueses na Alemanha não ter entendido e ter rejeitado o ascetismo plebeu da ala de extrema esquerda da Revolução Francesa fez brotar necessariamente certa simpatia pelo regime burguês que rejeitou feudalismo e reacionarismo – ao mesmo tempo, enfrentou de modo igualmente incisivo os "extremos" revolucionários –, simpatia por esse regime da burguesia que demonstrou vitalidade e afirmou a vida. Essa simpatia, que mais tarde se concentra intensamente na pessoa de Napoleão Bonaparte, implica uma glorificação e uma idealização humanista-idealista do desenvolvimento pós-Termidor.

Surgem ilusões no sentido de que o ideal humanista do homem universal, plenamente desenvolvido e afirmador da vida, possa vir a ser realizado na sociedade burguesa da época. É óbvio que os representantes importantes do humanismo burguês também veem as contradições desse desenvolvimento, em especial os obstáculos e os entraves que a sociedade capitalista contrapõe ao real florescimento da personalidade. A discussão desses problemas forma o conteúdo principal da literatura clássica da Alemanha. No curso da análise das concepções de Hegel nesse período, teremos ocasião de observar repetidamente como é forte o paralelismo entre sua formulação das questões e a dos representantes mais significativos do humanismo clássico na Alemanha, como Goethe e Schiller. Os neo-hegelianos imperialistas, que exploram especialmente a confusão, a obscuridade e o misticismo que caracterizam o pensamento

---

[1] [Karl] Marx e [Friedrich] Engels, *Die heilige Familie*, cit. [Berlim, 1953], p. 250 e seg. [Ed. bras.: *A sagrada família*, trad. Marcelo Backes, São Paulo, Boitempo, 2003, p. 141-2.]

e a terminologia de Hegel no período de Frankfurt, visando a fazer dele um precursor ou um adepto do romantismo reacionário, colocam também nesse ponto o desenvolvimento real de cabeça para baixo.

Essa etapa do desenvolvimento francês, portanto, leva para o primeiro plano a confrontação com a sociedade burguesa. Correspondendo ao atraso econômico, social e político da Alemanha, essa confrontação se dá em uma linha quase puramente ideológica. Ela não consiste em uma formulação política das questões atinentes à sociedade burguesa como na França nem em uma análise científica das legalidades econômicas que estão em sua base como na Inglaterra, mas em um exame, a partir de pontos de vista humanistas, da condição do homem, da personalidade e de seu florescimento na sociedade burguesa. Por mais ideológica que seja essa formulação da questão, ela, sem dúvida, é reflexo do desenvolvimento francês pós-Termidor, e nas obras literárias desse período, especialmente nas de Goethe, ela se eleva a uma altura extraordinária de realismo.

É óbvio que, na filosofia do jovem Hegel, os traços idealistas são incomparavelmente mais fortes e dominantes. No entanto, é preciso ressaltar já agora – como antecipação de uma tendência fundamental no desenvolvimento de Hegel – que Hegel foi o único pensador alemão dessa época que, impelido pelo estudo da sociedade burguesa, ocupou-se seriamente dos *problemas da economia* – e isso não se expressa apenas no fato de ele ser o único pensador alemão importante desse período que estudou a fundo os economistas clássicos da Inglaterra, mas também porque seu estudo se estendeu, como veremos, às próprias relações econômicas concretas na Inglaterra. Desse modo, amplia-se de forma extraordinária o horizonte internacional de Hegel justamente no período de Frankfurt. Enquanto em Berna ele elaborava suas formulações histórico-filosóficas apenas a partir de um fato relevante para a história universal, a Revolução Francesa, depois de Frankfurt o desenvolvimento econômico da Inglaterra igualmente se tornaria um componente fundamental de sua concepção de história, de sua concepção de sociedade. Decerto não será preciso explicar de modo especial que, também nesse caso, Hegel permanece um filósofo alemão cujas concepções fundamentais, por isso mesmo, foram determinadas de maneira decisiva em todos os aspectos pelo atraso da Alemanha.

Esse componente ganha muita força no período de Frankfurt. E isso exatamente em decorrência da evolução da Revolução Francesa. Hegel retornou à Alemanha após três anos de ausência, passou alguns meses em Württemberg, sua terra natal, e foi viver então em Frankfurt, que era, na época, um dos centros comerciais da Alemanha. Ele teve, nesse momento, a possibilidade de observar bem de perto os efeitos da Revolução Francesa sobre a vida alemã. Esses efeitos foram bastante fortes em Württemberg e provocaram ali – obviamente no quadro do atraso político da Alemanha – uma crise governamental de longo prazo. Portanto, o problema referente ao modo como a estrutura absolutista feudal da Alemanha deve ser modificada pela Revolução Francesa aflora para Hegel dali em diante não como questão geral da filosofia da história, mas como problema político concreto.

O efeito da Revolução Francesa sobre a Alemanha, porém, já não se limita, nessa época, a essa influência ideológica, à perceptibilidade intensificada de que as formas de governo absolutistas feudais se tornaram insustentáveis. Exatamente nessa época as guerras originalmente defensivas da República francesa se convertem em ofensiva quase ininterrupta. Isso não só significa que o palco da guerra já não é mais a própria França, mas que passa a ser a Alemanha e a Itália. Ao mesmo tempo, em decorrência das transformações pós-Termidor, a mistura de guerra de defesa e guerra de propaganda internacional dos primeiros anos da revolução se converte preponderantemente em guerra de conquista. Certos elementos da guerra de propaganda se mantiveram em todo o período, inclusive no imperial. Todo regime francês dessa época é obrigado a, na medida do possível, liquidar os resquícios feudais nas regiões conquistadas, aproximando-as tanto quanto possível do estado econômico e político vigente na França. Essa tendência, contudo, passa a ser cada vez mais intensamente subordinada aos objetivos de conquista da república burguesa e, mais tarde, do império.

Desse modo, as guerras contra a França interferem direta e profundamente na vida dos alemães. Como veremos adiante em detalhes, essa influência é extraordinariamente contraditória. Por um lado, os melhores e mais progressistas ideólogos da Alemanha puseram suas esperanças de renovação da Alemanha na influência da Revolução Francesa, às vezes até em sua intervenção armada. Quanto a isso, não é preciso pensar só na República de Mainz e em sua conexão com a campanha militar momentaneamente vitoriosa de Custine – nem na época da Confederação do Reno esse estado de espírito havia se dissipado por completo. Por outro lado, as conquistas francesas conseguiram aumentar a divisão nacional da Alemanha*. A unidade nacional, o surgimento do Estado

---

* Constituída por Napoleão em 1806, a Confederação (ou Liga) do Reno foi dissolvida em 1813. (N. E.)

nacional unitário, parecia ainda mais distante – sua realização tornou-se ainda mais contraditória.

Quando detalharmos o período de Hegel em Frankfurt, veremos que ele teve poucas condições de lidar política e filosoficamente com as contradições geradas por essa situação. Veremos, ao mesmo tempo, como justamente essa aproximação dos problemas concretos da sociedade burguesa ao destino político e social atual da Alemanha desloca o caráter contraditório cada vez mais para o centro de seu pensamento – a contradição é *vivenciada* por ele cada vez mais como fundamento e força motriz da vida. Enfatizamos a palavra "vivenciada" porque o desenvolvimento de Hegel não seguiu o esquema de desenvolvimento de Schelling, ou seja, não avançou de um sistema filosófico para outro. Devemos nos lembrar do período de Hegel em Berna e não perder de vista um traço dos trabalhos que escreveu naquele tempo, a saber, o fato de ter mostrado pouco interesse em problemas filosóficos, em especial pelos gnosiológicos e lógicos. Por meio de seu pensamento, ele quis dar conta de determinadas conexões sociais e históricas e usou a filosofia apenas para levar a termo as generalizações indispensáveis para esse trabalho. Num primeiro momento e de modo geral, esse permanece seu método de trabalho também no período de Frankfurt. Veremos, porém, que, em paralelo à concretude cada vez maior de seus problemas sociais e políticos, a transição para as problemáticas consciente e diretamente filosóficas se torna mais rápida: veremos que as problemáticas sociais e políticas se convertem em filosóficas de modo sempre mais imediato. É interessante que isso aconteça tanto mais enérgica e diretamente quanto mais o núcleo filosófico do problema concreto tratado é precisamente a própria contradição.

A dificuldade da interpretação correta das anotações e dos fragmentos de Hegel em Frankfurt reside bem no fato de que essa transição, na maioria das vezes, é extraordinariamente abrupta, imediata, não derivada. Em intenso contraste tanto com seu desenvolvimento anterior quanto com o posterior, os raciocínios formulados por Hegel no período em Frankfurt tomam como ponto de partida quase sempre vivências de matiz individual e estilisticamente levam o selo tanto da impulsividade quanto da confusão e da falta de clareza em relação à vivência pessoal. E a incipiente formulação filosófica das contradições vivenciadas não só é diretamente vinculada com as vivências individuais, mas também raramente chega a uma clareza e uma evidência efetivas em termos tanto de conteúdo quanto de forma. As primeiras formulações filosóficas de Hegel muitas vezes se perdem em abstração mística. Acrescenta-se a isso que de início ele não sente necessidade de estabelecer um nexo sistemático entre os resultados parciais de seu pensamento. Hegel quer antes resolver determinados problemas históricos e também políticos concretos. Ao fazer isso, as concepções filosóficas brotam cada vez mais fortes e internamente mais ligadas às análises dos fenômenos singulares. Ao fim dos problemas enfrentados em Frankfurt, ele faz a primeira tentativa da vida de sintetizar suas concepções filosóficas em um sistema.

A primeira aparição do método dialético em Hegel é, portanto, extremamente confusa. As contradições vivenciadas dos fenômenos singulares da vida são inseridas em um contexto bastante mistificado, que Hegel, durante esse período, por vezes caracteriza com a expressão "vida". Ele ainda não fizera um acerto de contas sistemático com a lógica e a gnosiologia do pensamento metafísico. Ele toma consciência, portanto, do antagonismo entre dialética e pensamento metafísico primeiro como antagonismo entre pensamento, representação, conceito etc., de um lado, e vida, de outro. Nessa confrontação já se externa a profundidade da dialética hegeliana posterior, aquela tendência do apreender entusiasmado dos fenômenos concretos da vida em seu caráter contraditório (*Widersprüchlichkeit*), o que por vezes o faz chegar, como Lênin demonstrou de maneira convincente, muito próximo à dialética correta, à dialética materialista. No período de Frankfurt, contudo, essa concepção de "vida" é confusa não apenas pela falta de clareza sobre ela, mas também por ter um conteúdo repleto de misticismo. O antagonismo entre representação e vida impele Hegel nesse período a vislumbrar a religião como a realização suprema da "vida" e, desse modo, como o ponto alto do sistema filosófico.

Trata-se de uma inflexão extraordinariamente acentuada em relação ao período em Berna. A base dessa inflexão consiste, como mostraremos em detalhes a seguir, no fato de que a formulação central do problema por Hegel refere-se, dali em diante, à posição que o indivíduo, *o homem, ocupa na sociedade burguesa*. Em Berna, Hegel havia observado a sociedade burguesa de seu tempo, de certo modo, de fora, isto é, ele avaliou todo o desenvolvimento histórico do ocaso da república romana ao presente como um período uniforme de declínio, como um período da história universal que, mesmo durante séculos, era provisório e seria substituído pela renovação das repúblicas antigas; em consequência disso, só teve olhos para os traços negativos desse período. Poderíamos dizer que ele encarou toda a existência da sociedade burguesa como um único fenômeno de decadência.

A nova etapa do desenvolvimento de Hegel evidencia-se, sobretudo, no fato de ele começar a ver a sociedade burguesa como um fato fundamental e imutável, cuja essência e legalidade têm de ser examinadas em pensamento e na prática. Esse exame começa sobre uma base bastante *subjetivista*: Hegel ainda não levanta a questão acerca da essência objetiva da sociedade burguesa, como fez depois em Iena. O problema apresentado por ele consiste muito antes em como o homem singular deve lidar com a sociedade burguesa, em como os postulados morais e humanistas do desenvolvimento da personalidade entram em contradição com a constituição e a legalidade da sociedade burguesa e em como eles, não obstante, podem ser harmonizados, *reconciliados* com esta.

Isso modificou profundamente a posição de Hegel em relação a seu tempo presente. Para designar seu posicionamento, empregamos agora a categoria de seu sistema que mais tarde se tornaria célebre e mal-afamada, a de "reconciliação" (*Versöhnung*). Isso não aconteceu por acaso, pois essa categoria, que ele combateu do modo mais veemente possível em Berna, como bem lembramos (neste livro, p. 143 e seg.), emerge bem nesse período como um problema central de seu pensamento. É certo dizer que a relação entre indivíduo e sociedade burguesa é examinada em vista de suas contradições, ou melhor, no curso da investigação concreta emergem contradições sempre novas, mas o objetivo do pensamento de Hegel é superar (*aufzuheben*) essas contradições, levá-las a uma reconciliação. (O termo "*Aufheben*" [superar]*, que se tornaria tão importante, também aparece em Hegel pela primeira vez no período de Frankfurt e aos poucos vai se tornando uma categoria dominante em seu pensamento.)

É preciso fazer uma diferenciação nítida entre essa nova forma do subjetivismo hegeliano e seu idealismo subjetivo do período em Berna. No primeiro capítulo, analisamos este último em detalhes e, por isso, só precisamos lembrar ao leitor o resultado final – para Hegel, naquela época, o sujeito do acontecimento histórico-social era sempre um sujeito coletivo. A separação entre o indivíduo e a sociabilidade imediata de sua vida nas repúblicas citadinas da Antiguidade, o surgimento do "homem privado", pareceu a Hegel, então, ser o mais claro sintoma de decadência. Seu subjetivismo em Frankfurt, em contraposição, é um subjetivismo no sentido literal. Ele parte real e imediatamente do indivíduo, de suas vivências e seus destinos, e passa a examinar

---

* *Aufheben* [suprimir, superar, suprassumir] denota simultaneamente negar e manter em nível mais elevado. (N. E.)

as formas particulares da sociedade burguesa quanto à influência sobre esse destino individual, quanto à inter-relação com ele.

Só lenta e gradativamente prevalece a investigação do entorno objetivo do indivíduo, a investigação da sociedade burguesa. Partindo do destino individual do homem singular, do anteriormente tão desprezado "homem privado", Hegel procura apreender as legalidades gerais da sociedade burguesa e avançar até seu conhecimento objetivo. Nesse esforço, volta a aflorar como questão central o antigo problema do período em Berna, o da "positividade", o qual recebe, no entanto, no curso das investigações, uma formulação bem mais complexa, bem mais contraditória, muito mais histórica do que em Berna. E é exatamente essa formulação da questão que leva Hegel a uma investigação mais aprofundada das forças que dominam a vida na sociedade burguesa, à investigação dos problemas econômicos. A tentativa de encontrar uma reconciliação filosófica entre os ideais humanistas do desenvolvimento da personalidade e os fatos objetivos e imutáveis da sociedade burguesa conduz Hegel a uma compreensão mais e mais profunda primeiro dos problemas da propriedade privada e depois do trabalho como inter-relação fundamental entre indivíduo e sociedade.

A postura assim modificada de Hegel em relação a seu tempo presente acarreta, em comparação com o período de Berna, um posicionamento completamente diferente em relação ao *cristianismo*. De acordo com as exposições que fizemos até aqui, essa inflexão não surpreende ninguém, pois é de conhecimento geral que, para toda concepção idealista da história, as grandes inflexões em seu curso estão relacionadas com as transformações religiosas; a concepção de história de Feuerbach tampouco se elevou acima desse plano. No caso do jovem Hegel, a avaliação negativa da sociedade burguesa, da sociedade do "homem privado", estava intimamente ligada a seu juízo sobre o cristianismo. Apesar das tentativas de investigar as razões sociais da decadência do republicanismo antigo, para o jovem Hegel o cristianismo era essencialmente a causa, a força motriz do desenvolvimento moderno. Diante de tal concepção de história, ninguém pode ficar surpreso quando uma mudança de avaliação do tempo presente se transfere de imediato para a avaliação do cristianismo, pois está claro que, para o jovem Hegel, cuja concepção idealista básica permaneceu inalterada em Frankfurt e até incrementou seu misticismo religioso, o cristianismo necessariamente se manteve mais do que nunca como base moral e ideológica de seu tempo presente.

Nada precisa ser dito sobre o caráter idealista de tal concepção. Ao mesmo tempo, é preciso reconhecer que ele não foi casual, não foi algo sem raiz – daí sua tenacidade, sua inerradicabilidade. Sua raiz, cujos efeitos se externam nas diferentes concepções idealistas da história de maneira tão distorcida e mística, é o nexo histórico objetivo entre o cristianismo e todo o desenvolvimento europeu moderno. Com base em profundas investigações históricas concretas, Marx e Engels mostraram como foi que, das diferentes seitas ativas no período de dissolução do Império Romano, justamente o cristianismo avançou à condição de religião universal. Eles mostraram como, nos mais diferentes períodos do desenvolvimento econômico europeu, a religião cristã se adaptou às necessidades imperantes, como, nas diferentes etapas das lutas de classes na Europa, sempre surgiram novas formas da religião cristã (movimentos sectários medievais, luteranismo, calvinismo etc.). Eles mostraram que também a sociedade burguesa moderna, por sua vez, necessariamente gera determinadas formas modificadas da religião cristã como sua superestrutura. Numa de suas exposições polêmicas contra Bruno Bauer, idealista do grupo dos jovens hegelianos, Marx diz o seguinte:

> Pois o Estado cristão consumado não é o assim chamado Estado *cristão* que confessa o cristianismo como seu fundamento, como religião do Estado, e, em consequência, comporta-se de modo excludente para com as demais religiões; o Estado cristão consumado é, antes, o Estado *ateu*, o Estado *democrático*, o Estado que aponta à religião um lugar entre os demais elementos da sociedade burguesa. [...] Ele pode, antes, abstrair da religião, porque nele se realiza efetivamente em termos seculares o fundamento humano da religião. [...] O fundamento desse Estado não é o cristianismo, mas *o* fundamento humano do cristianismo. A religião permanece a consciência ideal, não secular de seus membros, porque é a forma ideal do *estágio de desenvolvimento humano*, que nela efetivamente é realizado.[2]

Esse nexo histórico-social real aparece distorcido e de cabeça para baixo nas filosofias da história dos idealistas, inclusive na do jovem Hegel. O cristianismo, produto necessário do desenvolvimento social da Idade Média europeia e da era moderna, aparece como a força primordial, a força motriz e impulsionadora do curso da história desse período. Nesse aspecto geral, não há mudança decisiva na filosofia de Hegel na passagem de Berna para Frankfurt, pois, não importando se rejeita o cristianismo em Berna ou procura uma reconciliação com ele em Frankfurt, nos dois casos a religião mantém, na concepção de história, a

---

[2] [Karl] Marx, "Zur Judenfrage", em [Karl] Marx e [Friedrich] Engels, *Die heilige Familie*, cit., p. 41-2 e 45. [Ed. bras.: Karl Marx, *Sobre a questão judaica*, trad. Nélio Schneider, São Paulo, Boitempo, 2010, p. 42-3 e 45.]

posição dominante característica do idealismo. Todavia, pelo fato de Hegel, de um lado, partir dos problemas da vida do indivíduo e, de outro, procurar uma reconciliação com seu tempo presente, surge uma relação muito mais íntima com o cristianismo do que anteriormente. Nesse aspecto, seu posicionamento de Frankfurt representa uma mudança abrupta em relação ao de Berna.

O ponto de partida nos problemas da vida individual é algo que encontramos em Hegel exclusivamente na crise de transição de seu pensamento ocorrida em Frankfurt. É característico dele, e isso tanto de seus primórdios quanto de sua maturidade, que o indivíduo sempre lhe interessa apenas como membro da sociedade. A crítica incisiva que dirigiu mais tarde contra as concepções morais de Kant e Fichte, de Schleiermacher e do romantismo, partem, na maioria, do fato de que eles não se dão conta, ainda que de modos distintos, do fator social no agir que parece ser puramente individual, da condicionalidade e da determinidade social inclusive das categorias ético-individuais. O recurso ao indivíduo em Frankfurt, o fato de tomar suas aspirações e suas necessidades como ponto de partida, constitui, portanto, um episódio no desenvolvimento de Hegel. Tratou-se, no entanto, de um episódio que não passou sem deixar marcas cujas consequências seriam sentidas ainda por muito tempo depois de sua suplantação. Seguidamente teremos oportunidade de apontar para o fato de que, no modo como Hegel formulou as questões em Frankfurt, no movimento que vai da consciência individual para os problemas sociais objetivos, nas tentativas de desdobrar dialeticamente determinados estágios da apreensão intelectual e afetiva do mundo, isto é, de fazer aparecer os estágios mais elevados como resultado da superação das contradições dos mais baixos, encontram-se os primeiros embriões do método de *Fenomenologia do espírito*.

As anotações feitas por Hegel em Frankfurt, porém, só obtêm essa clareza quando examinadas retroativamente a partir das obras posteriores. Quando as tomamos de forma isolada ou as lemos logo após os escritos de Berna, ficamos perplexos com a obscuridade e a confusão. Em nenhuma outra época, expressões tão pouco aclaradas, envoltas por uma névoa de associações não articuladas, desempenham papel tão importante em Hegel. O emergir cada vez mais forte da vivência da contradição como fundamento da vida aparece nesse período como trágica insolubilidade das contradições. Não é por acaso que categorias como "destino" convertem-se temporariamente em pivôs de suas tentativas de dar conta do mundo com o auxílio do pensamento; que apenas nesse período uma concepção mística da vida religiosa se torna o ponto culminante de sua filosofia. Na vida e no pensamento de Hegel, instaurou-se uma crise; já esboçamos de modo sucinto em nossas observações introdutórias as causas sociais e históricas que a desencadearam: a crise de suas concepções revolucionárias republicanas, crise que é provisoriamente solucionada em Iena como aprovação da atual sociedade burguesa em sua forma especificamente napoleônica. O período em Frankfurt é um tatear em busca do novo, um desconstruir lento, mas ininterrupto, do antigo, um estado de insegurança, um tatear: uma verdadeira crise.

O próprio Hegel percebeu tal período dessa maneira e expressou claramente esse estado de crise tanto em seus escritos posteriores quanto nas manifestações contemporâneas ao fato. Característico dos escritos posteriores é que eles falem, com a franqueza incondicional que caracteriza Hegel de modo geral, da condição lamentável da hipocondria, da autoflagelação, da ruptura consigo mesmo. Ao caracterizar as diferentes idades da vida do homem em *Enciclopédia*, ele oferece uma descrição da idade juvenil e do amadurecimento à condição de homem que extrai muitos traços essenciais do período de Frankfurt. Ele diz que, no jovem, o ideal tem uma figura mais ou menos subjetiva. "Nessa subjetividade do conteúdo substancial de tal ideal, situa-se não só sua oposição ao mundo presente, mas também o esforço por superar essa oposição por meio da efetivação do ideal."* A passagem do jovem de sua vida ideal para dentro da sociedade burguesa constitui um processo doloroso, eivado de crises.

> Ninguém pode escapar com facilidade dessa hipocondria [...]. Quanto mais tarde o homem for acometido por ela, mais graves seus sintomas. [Em Frankfurt, Hegel tinha entre 27 e 30 anos de idade – G. L.] [...] Nesse humor doentio, o homem não quer renunciar à sua subjetividade, não pode superar sua aversão à realidade e por isso se encontra, antes, no estado de incapacidade relativa, que facilmente se transforma em incapacidade efetiva. Se, portanto, o homem não quer arruinar-se, deve reconhecer o mundo como um mundo autônomo, *concluído* quanto ao essencial; [...].³

Essa avaliação do período de Frankfurt é expressa de maneira ainda mais franca, por ser mais pessoal, em uma carta de 1810:

> Conheço por experiência própria esse humor da mente, ou melhor, da razão, depois que mergulhou com interesse e com suas premonições em um caos de fenômenos

---

* G. W. F. Hegel, *Enciclopédia das ciências filosóficas em compêndio*, v. III: *A filosofia do espírito* (trad. Paulo Meneses, São Paulo, Loyola, 1997), p. 78. (N. T.)

3 *Enzyklopädie*, § 396, adendo. *Werke* (Berlim, 1845), seção VII, v. II, p. 98 e seg. [Ed. bras.: *Enciclopédia das ciências filosóficas em compêndio*, v. III, cit., p. 79.]

[...] e, estando certa do alvo, ainda não chegou à clareza e ao detalhamento do todo. Por alguns anos padeci dessa hipocondria até perder todas as forças; todo homem certamente passa por tal ponto de mutação em sua vida, o ponto noturno de contração de sua essência, por cujo canal estreito ele é empurrado à força, fortalecido e certificado para sua própria segurança, para a segurança da vida cotidiana habitual e, quando ele já tiver se incapacitado para ser preenchido por esta, para a segurança de uma existência mais nobre interior.[4]

Os documentos de Frankfurt falam uma linguagem ainda mais clara. Neles se veem os momentos humanos e sociais concretos que desencadearam essa crise com nitidez muito maior que nas memórias posteriores, que já foram concebidas de maneira mais generalizada. Assim, um fragmento da brochura que Hegel escreveu sobre a "A Constituição da Alemanha" é introduzido com uma exposição dos estados psíquicos do homem do presente.

Eles [os homens – G. L.] não podem viver sós, mas o homem está sempre só [...]. O estado do homem que foi banido pelo tempo para um mundo interior só pode ser uma morte perene quando quer se preservar nele ou, quando a natureza o impele para a vida, só pode ser uma aspiração por superar o negativo do mundo existente para poder encontrar-se nele e desfrutá-lo, para poder viver.[5]

Encontramos confissões mais pessoais de Hegel em algumas cartas escritas no início do período de Frankfurt para Nanette Endel, amiga de sua irmã, que ele conheceu durante sua estadia em Stuttgart, entre o período de Berna e o de Frankfurt. Em carta de 9 de fevereiro de 1797, ele diz:

E como acho que seria um trabalho totalmente ingrato servir de exemplo às pessoas daqui e como também acho que santo Antônio de Pádua certamente conseguiu realizar mais pregando a pescadores do que eu conseguiria fazer aqui levando uma vida dessas, depois de uma reflexão madura decidi não melhorar nada nessas pessoas, mas uivar com os lobos [...].

---

[4] Publicado por [Franz] Rosenzweig, cit. [*Hegel und der Staat* (Munique/Berlim, R. Oldenbourg, 1920)], v. I, p. 102. Rosenzweig publica também uma passagem retirada das memórias manuscritas do hegeliano Gabler, na qual ele parte de um diálogo que manteve com Hegel no ano de 1805, durante o qual este se expressa de modo muito parecido sobre esse período (ibid., p. 236).

[5] Lasson, p. 139. Ainda falaremos sobre as razões que nos levaram a deslocar esse fragmento extraído de "A Constituição da Alemanha" para o período de Frankfurt quando tratarmos detalhadamente dos fragmentos dela tomados.

A partir de outros documentos, sabe-se que a relação de Hegel com a família de comerciantes em Frankfurt, onde exerceu o ofício de preceptor, de fato foi bem melhor do que a que ele tinha antes com seu pupilo de Berna e com sua família. Temos conhecimento da rude rejeição republicana da economia patrícia de Berna a partir da carta de Hegel a Schelling. A correspondência recém-citada mostra que, em Frankfurt, Hegel mudou radicalmente sua postura exterior em relação às pessoas ao redor. A passagem ainda permite a interpretação de que se trataria de pura tática e até de hipocrisia na relação com as pessoas de seu meio. Uma postura desse tipo, no entanto, não tem nada a ver com o caráter de Hegel. E uma passagem de outra carta, de 2 de julho do mesmo ano, na qual ele fala a Nanette sobre a transformação de sua relação com a natureza, mostra com toda clareza que se trata de uma mudança muito mais profunda de sua concepção:

> Como lá [ou seja, em Berna – G. L.] eu sempre me reconciliava comigo mesmo, com os homens, nos braços da natureza, aqui muitas vezes busquei refúgio nessa mãe fiel, para, junto dela, voltar a me desentender com os homens com os quais eu vivia em paz e para, sob sua égide, proteger-me da influência deles e solapar uma aliança com eles.[6]

Nessas cartas, especialmente na última, vemos com clareza a mudança de postura de Hegel em relação à sociedade de seu tempo. Vemos simultaneamente que essa mudança abriga de saída uma contradição interna, ou melhor, que seu núcleo contém todo um complexo de contradições. O caráter e o fundamento objetivo dessas contradições só ficou claro para Hegel aos poucos. Daí seu estado de espírito cheio de crises, atormentado, hipocondríaco, do período em Frankfurt, embora as circunstâncias de sua vida pessoal fossem muito melhores do que em Berna; ao dizer isso, não pensamos só nas circunstâncias exteriores: seu isolamento espiritual foi muito menor em Frankfurt do que em Berna; por exemplo, ele passou os primeiros tempos em contato estreito com seu amigo de juventude Hölderlin e, por intermédio dele, criou vínculo com outros representantes importantes da geração mais recente de poetas e filósofos da Alemanha, como Sinclair.

Ao mesmo tempo, do fato de essas contradições terem um caráter vivenciado, ligado ao destino pessoal e, por essa razão, por muito tempo apenas

---
[6] *Beiträge zur Hegelforschung*. Editado por Lasson. Caderno II (Berlim, 1910), p. 7 e 11.

vivencial e não aclarado em termos sistemático-conceituais, origina-se o modo, já acentuado aqui, com que Hegel aborda os problemas nesse período, a saber, avançar da vivência individual para a generalização conceitual – isso de tal maneira que, nas anotações, torna-se visível todo o percurso, incluindo a causa vivencial que o provocou. Vimos um exemplo de como Hegel trata os problemas no fragmento anteriormente citado de "A Constituição da Alemanha". Esse modo advém do fato de que só então Hegel se encaminha para ser um filósofo dialético. Ele de modo nenhum vê, portanto, a causa desencadeadora, pessoal, vivencial, como simples motivo com que deveria confrontar-se e reduzir suas razões a legalidades objetivas, como faz depois em Iena, mas vê nele parte integrante do próprio problema. Isso é compreensível, pois o problema que Hegel se propõe aqui é exatamente sua confrontação (*Auseinandersetzung*) pessoal com a sociedade burguesa – é a tentativa de encontrar seu lugar na sociedade burguesa.

É óbvio que não se trata de um problema puramente pessoal. Se fosse uma questão puramente biográfica de Hegel, não nos interessaria tanto. A contradição com que o jovem Hegel se debate em Frankfurt é, sim, objetivamente a contradição geral de todos os escritores e pensadores importantes desse período na Alemanha; de sua solução se originam a filosofia e a literatura clássicas do período. E, dado que essa literatura e essa filosofia tiveram uma ampla e profunda repercussão internacional, está claro que a contradição social que está em sua base não poderia ser uma questão local alemã, mesmo que seu modo de manifestação específico seja determinado pelas condições sociais da Alemanha daquela época.

Trata-se do posicionamento dos grandes humanistas alemães em relação à sociedade burguesa que triunfou na Revolução Francesa e na Revolução Industrial inglesa, mas que simultaneamente começa a revelar suas facetas intimidadoras, hostis à cultura e prosaicas com uma nitidez muito maior do que na época das ilusões heroicas que antecederam e acompanharam o desenrolar da Revolução Francesa. Os humanistas burgueses expressivos da Alemanha sentem, a partir de então, a complicada e contraditória necessidade de reconhecer essa sociedade burguesa, de afirmá-la como realidade progressista necessária, como a única possível, tanto quanto de revelar e articular de modo franco e crítico suas contradições, de não capitular apologeticamente diante da desumanidade associada à sua essência. O modo como a filosofia e a literatura clássicas alemãs tentam expor e resolver essas contradições, por exemplo, em *Wilhelm*

Meister* e *Fausto*** de Goethe, em *Wallenstein**** e em escritos estéticos de Schiller****, em *Fenomenologia do espírito****** e em escritos subsequentes de Hegel etc., revela sua grandeza para a história universal – e, ao mesmo tempo, o limite que lhe foi imposto pelo horizonte burguês de modo geral e pela "miséria alemã" em particular.

Quando Hegel, na carta citada por último, se refugia na natureza para não ser assimilado pelo entorno social, ele expressa de forma primária e imediata, de forma vivencial, essa contradição. Por um lado, ele quer compreender plenamente a sociedade burguesa de seu tempo, como ela se move, e atuar nela; por outro, ele se recusa a reconhecer o aspecto desumano, morto e mortal inerente a ela como algo que tem vida e que proporciona vida. A contradição que emerge nas primeiras vivências de Hegel em Frankfurt constitui, por conseguinte, tanto uma contradição vivenciada, apaixonada, de sua vida pessoal, quanto, simultânea e inseparavelmente daquela, uma contradição objetiva importante de seu tempo.

A crise de Frankfurt na vida e no pensamento de Hegel consiste, portanto, em elevar essa contradição ao nível da objetividade filosófica. A genialidade filosófica de Hegel, sua superioridade intelectual em relação a contemporâneos, expressa-se no fato de ele não só ter avançado da simples verbalização da contradição vivenciada em sua existência pessoal para o conhecimento do caráter contraditório da sociedade burguesa (obviamente dentro do horizonte burguês geral e das barreiras impostas pela filosofia idealista), mas também de

---

*   Johann Wolfgang von Goethe, *Wilhelm Meisters Lehrjahre* (Berlim, Unger, 1795-1796) – ed. bras.: *Os anos de aprendizado de Wilhelm Meister* (2. ed., trad. Nicolino S. Neto, São Paulo, Editora 34, 2009) – e *Wilhelm Meisters Wanderjahre* (Stuttgart/Tübingen, Cotta, 1821). (N. T.)

** Idem, *Faust – eine Tragödie* (Tübingen, Cotta'sche Verlagsbuchhandlung, 1808). Ed. bras.: *Fausto: uma tragédia* (trad. Jenny Klabin Segall, São Paulo, Editora 34, 2011), 2 v. (N. T.)

*** Friedrich Schiller, *Wallenstein* (Tübingen, Cotta, 1800). Ed. port.: *Wallenstein* (trad. Maria Hermínia Brandão, Porto, Campo das Letras, 2008). (N. T.)

**** Idem, *Cultura estética e liberdade* (trad. Ricardo Barbosa, São Paulo, Hedra, 2009); *Fragmentos das preleções sobre estética do semestre de inverno de 1792-1793, recolhidos por Christian Friedrich Michaelis* (trad. Ricardo Barbosa, Belo Horizonte, Editora UFMG, 2003); *A educação estética do homem* (4. ed., trad. Roberto Schwarz e Márcio Suzuki, São Paulo, Iluminuras, 2002). (N. T.)

***** G. W. F. Hegel, *Phänomenologie des Geistes*, em *Werke*, v. 2 (Berlim, 1932). Ed. bras.: *Fenomenologia do espírito*, (trad. Paulo Meneses, Petrópolis/Bragança Paulista, Vozes/ Universidade São Francisco, 2002). (N. T.)

ter identificado nesse caráter contraditório o caráter dialético universal de toda a vida, de todo o ser e de todo o pensamento. A crise de Frankfurt termina com as primeiras formulações do método dialético por Hegel – claro que em uma versão ainda bastante mística. Ela termina, ao mesmo tempo – e não por acaso –, com uma "reconciliação" dialética com a sociedade burguesa de seu tempo que reconhece seu fundamento contraditório. Em um poema curto escrito no fim do período de Frankfurt ou no início do período de Iena, Hegel expressa com muita clareza o estado de espírito com que suplantou sua crise de Frankfurt:

> Com ousadia entregue-se o filho dos deuses à luta pela plenitude.
> Rompe o acordo de paz contigo mesmo, rompe-o com a obra do mundo.
> Aspira e tenta ser mais do que és hoje e foste ontem, e serás
> não digo melhor do que este tempo, mas o serás da melhor maneira.[7]

II. O velho e o novo nos primeiros anos de Frankfurt

Um dos traços essenciais da personalidade filosófica de Hegel é que seu desenvolvimento se efetua aos poucos, muito gradualmente. Nas exposições precedentes, enfatizamos a inflexão no conjunto de suas ideias para introduzir o leitor na atmosfera intelectual do período em que Hegel esteve em Frankfurt. Na realidade, esse processo se desenrolou de modo bem gradativo, embora muitas vezes também tenha ido aos trancos. Bastante coisa do período de Berna permanece inalterada por muito tempo ou passa por poucas transformações. Em parte, Hegel reformula suas antigas ideias, suas antigas construções históricas, às vezes sem ver com toda clareza a distância que há entre esses raciocínios antigos e seus raciocínios novos. Veremos, por exemplo, que o último trabalho que escreveu no período de Frankfurt foi uma nova introdução ao escrito principal de Berna, ao escrito sobre *A positividade da religião cristã*, mas veremos igualmente que a concepção de positividade sofreu uma transformação fundamental nesses anos. Esse é o modo como seu desenvolvimento se dá em quase todas as áreas.

Em especial, não devemos esquecer que Hegel de modo nenhum renegou de um dia para o outro as concepções republicanas que cultivou em Berna;

---

[7] ["*Kühn mag der Götter Sohn der Vollendung Kampf sich vertrauen./ Brich den Frieden mit dir, brich mit dem Werke der Welt!/ Strebe, versuche du mehr als das Heut und das Gestern, so wirst du/ Besseres nicht, als die Zeit, aber aufs Beste sie sein.*"] Hoffmeister, p. 388.

pode-se inclusive afirmar que só depois da derrota de Napoleão, em vista da estabilidade do período da Restauração, ele se "reconciliou" com o tipo alemão de monarquia. O que existe até aquele momento são transições muito complexas, que não podem mais ser totalmente reconstruídas, o que se deve em parte à perda dos manuscritos mais importantes. De modo geral, pode-se dizer, ainda assim, que esse desenvolvimento acompanhou o desenvolvimento político na França – compreensivelmente com alguns atrasos. A respeito disso, é preciso fazer a ressalva de que, em Hegel, a consideração teórica e prática da situação concreta na Alemanha ocupa com cada vez mais nitidez o primeiro plano, o que confere a suas análises políticas mais proximidade com a vida e mais veracidade; no entanto, o caráter utópico de seus objetivos e de suas aspirações – em relação à situação real da Alemanha atrasada – sempre volta a interromper a agudeza de suas exposições ou as faz se perderem em uma nebulosidade difusa. Hegel levou suas concepções republicanas de Berna para Frankfurt. O poema "Elêusis", que ele escreveu ainda em Berna e enviou a Hölderlin já na perspectiva da proximidade iminente, oferece um quadro nítido de seu estado de espírito naquele tempo. Cito alguns versos para dar ao leitor uma noção aproximada desse estado de espírito:

[...] o gozo da certeza
de encontrar mais firme e mais madura a fidelidade ao antigo pacto,
que não foi selado por nenhum juramento, do pacto
de viver unicamente a verdade livre, e jamais, jamais selar a paz
com o preceito que regula opinião e sentimento.[8]

No início do período em Frankfurt, vem a público o primeiro escrito impresso de Hegel, que ainda reproduz suas concepções de Berna. Trata-se da tradução comentada de um escrito do advogado Cart de Lausanne, redigido contra a oligarquia bernense em defesa dos direitos do território de Waadt oprimido por Berna. O cantão Waadt fora oprimido por Berna durante um longo período; uma tentativa de libertação sob a influência da Revolução Francesa havia fracassado e apenas servira para recrudescer as repressões reacionárias da oligarquia bernense. A libertação do cantão oprimido só ocorreu na época da redação da tradução e dos comentários de Hegel, em conexão com as guerras

---

[8] ["(...) *der Gewißheit Wonne/ des alten Bundes Treue fester, reifer noch zu finden,/ des Bundes, den kein Eid besiegelte,/ der freien Wahrheit nur zu leben, Frieden mit der Satzung,/ die Meinung und Empfindung regelt, nie, nie einzugehen.*"] Hoffmeister, p. 380 e seg.

revolucionárias. No prefácio, Hegel faz referência expressa a essa reviravolta e publica a brochura exatamente com este sentido: proporcionar aos reacionários alemães em sua soberba triunfante um sinal da falta de solidez de seu próprio domínio. No fim de "Recordação prévia", ele escreve o seguinte:

> Da comparação entre o conteúdo dessas cartas e as ocorrências mais recentes no território de Waadt, do contraste entre a aparência de paz imposta no ano 1792, o orgulho do governo por sua vitória, de um lado, e a debilidade real deste naquela região, de outro, havendo a repentina dissidência desta, resultaria uma grande quantidade de aplicações proveitosas; contudo, as ocorrências mesmas falam em alto e bom som: a única coisa que importa é tomar ciência delas em toda a plenitude; elas clamam em alta voz sobre a terra: *Discite iustitiam moniti* [Aprendei a justiça, vós que fostes avisados – G. L.]; aos surdos, porém, está reservado um destino duro.[9]

A partir dessa observação prévia de Hegel já se vê que sua tendência ainda não havia se alterado em relação à do período em Berna. O descobridor desse escrito, Falkenheim, porém, tentou valer-se de alguns elementos dos comentários de Hegel para negar seu caráter revolucionário. Ele parte do pressuposto de que, no texto, Hegel defende os "antigos direitos" dos habitantes da região de Waadt contra a oligarquia bernense e considera impossível que tal tendência seja revolucionária. Ademais, resultaria daí outro sintoma do caráter não revolucionário do texto: o tipo histórico da exposição. Essa linha de pensamento se baseia metodologicamente no preconceito reacionário professoral alemão segundo o qual o historicismo seria uma invenção reacionária, que teria começado com Burke e os filósofos franceses da Restauração, ao passo que o período precedente teria sido fundamentalmente anti-histórico. Não vale a pena ocupar-se dessa teoria, até porque o leitor pode depreender do primeiro capítulo quanto as concepções republicanas revolucionárias do jovem Hegel também tinham orientação histórica, e, nesse tocante, a brochura de Cart não gerou absolutamente nenhuma mudança.

---

[9] Hoffmeister, p. 248. A brochura mesma teve pouca repercussão na época e hoje se transformou numa raridade bibliográfica. Hoffmeister afirma que ela só existe em três bibliotecas alemãs. Citaremos, portanto, da reimpressão do prefácio e das notas de Hoffmeister. A brochura mesma foi publicada anonimamente, mas há notas bibliográficas dos anos seguintes que apontam com muita clareza para a autoria de Hegel. Apesar disso, essa brochura havia sido esquecida, até que Hugo Falkenheim a mencionou em um ensaio de *Preußische Jahrbücher* [Anuários Prussianos] (Berlim, 1909, p. 193 e seg.). O leitor encontrará os dados bibliográficos mais importantes em Hoffmeister, p. 457 e seg.

Igualmente equivocada é a conclusão tirada da defesa dos "antigos direitos". Justamente a história prévia da Revolução Francesa mostra a grande importância da luta por tais "antigos direitos". É óbvio que esse movimento se mostra bastante dicotômico. Em parte, o absolutismo defende privilégios feudais contra um nivelamento jurídico econômica e socialmente progressivo, mas em parte são defendidos também direitos do povo trabalhador do tipo ameaçado de confisco pela acumulação primitiva do feudalismo e do capitalismo aliados; enfim, determinados privilégios tradicionais representam, por sua vez, certa proteção contra os ataques arbitrários da monarquia absoluta. Os parlamentos franceses, por exemplo, foram em essência instituições reacionárias que resistiram a toda reforma tributária, contra a revogação até dos mais injustos direitos feudais e, por essa razão, foram severamente criticados por todos os iluministas importantes. Como os únicos centros organizados de resistência contra os ataques do absolutismo, porém, gozaram de extraordinária popularidade no período anterior à Revolução Francesa[10]. Marx e Engels chegam a ressaltar, inclusive contra Guizot, esse traço "conservador" do período de preparação da Revolução Francesa como aquele que o caracteriza[11].

É evidente que, em países mais atrasados, como a Suíça ou a Alemanha, a defesa dos "antigos direitos" desempenha um papel bem mais importante e claro que bem mais contraditório. Sob todas as circunstâncias, contudo, fica claro que, quando Hegel defende, nessa questão, os "antigos direitos" dos habitantes de Waadt contra a oligarquia bernense, ele de maneira nenhuma assume um ponto de vista hostil à revolução. É óbvio que, em Hegel, essa defesa dos "antigos direitos" de modo nenhum é clara e coerentemente democrática; ele tampouco a vê de forma diferenciada, como faria alguns anos mais tarde Schiller em sua glorificação dramática da defesa dos "antigos direitos" do povo (*Guilherme Tell*)*. O jovem Marx seria o primeiro a assumir, em importantes artigos publicados no jornal *Gazeta Renana*, um ponto de vista democrático revolucionário coerente nessa questão e a estabelecer uma diferença precisa entre os "antigos direitos" do povo trabalhador e os privilégios dos explorados[12].

---

[10] D[aniel]. Mornet, *Les origines intellectuelles de la révotution française* (Paris, 1933), p. 434.

[11] *Aus dem literarischen Nachlaß von Karl Marx, Friedrich Engels* (ed. Mehring, Stuttgart, 1913), v. III, p. 410 e seg.

* Friedrich Schiller, *Wilhelm Tell* (Tübingen, J. G. Cotta'sche Buchhandlung, 1804). Ed. bras.: *Guilherme Tell* (Rio de Janeiro, Serviço Nacional do Teatro, 1974). (N. T.)

[12] [Karl Marx, "Debatten über das Holzdiebstahlgesetz",] MEGA I, v. I/1, p. 271 e seg.

Embora tenhamos visto que essa brochura não evidencia nenhuma mudança no ponto de vista de Hegel, as observações dele nela contidas não deixam de constituir documentos importantes para seu desenvolvimento. Mencionemos apenas sucintamente que nela o ódio contra o regime aristocrático de Berna aflora de modo tão veemente quanto na já citada carta a Schelling, só que fundamentado em muitos fatos. Além disso, é interessante observar a diligência de Hegel em coletar dados econômicos sobre as condições de Berna, sobre o sistema fiscal etc. Temos aqui um vislumbre de seu local de trabalho e reconhecemos o esforço que fez para elaborar seu posterior conhecimento enciclopédico em todas as áreas. Contudo, esses estudos econômicos constituem documentos interessantes de seu desenvolvimento ainda em outro sentido, um sentido negativo: pois ainda se trata de coleções de fatos puramente empíricas acrescidas de comentários políticos; a ideia de uma generalização econômica desses fatos ainda não emerge em Hegel[13]. Além disso, adquire para nós certo interesse biográfico o fato de Hegel ocupar-se aqui pela primeira vez da situação inglesa. Ele, contudo, o faz aqui ainda inteiramente voltado para a política da Revolução Francesa. Ele comenta uma declaração de Cart, que polemiza contra a noção de que o baixo valor dos impostos é a medida da felicidade de um povo. Cart menciona como contraexemplo a Inglaterra livre por ele venerada, onde o povo paga altos valores em impostos, mas se administra de modo livre e autônomo. Hegel concorda com essa teoria e, para reforçá-la, cita como exemplo o efeito do imposto do chá na irrupção da luta libertária dos norte-americanos, na qual, a seu ver, o imposto em si e por si só era insignificante, mas que desencadeou a luta pelos direitos de autonomia, desencadeou a revolução. Ele se limita a corrigir Cart quanto à avaliação da liberdade inglesa. Ele fala das repressões que ocorreram na Inglaterra depois da Revolução Francesa, da supremacia do governo diante do Parlamento, da suspensão da Constituição e do cerceamento das liberdades pessoais e dos direitos civis. Ele diz, resumindo: "Esses fatos fizeram com que o conceito da nação inglesa baixasse até mesmo entre seus mais fervorosos admiradores"[14]. Podemos considerar esse escrito, portanto, uma reverberação do período de Berna que recebeu o acabamento em Frankfurt.

Tanto mais notável é a transformação de seu ideário, seu modo de escrever, suas formulações dos problemas etc. nos fragmentos que surgiram naquele

---

[13] Hoffmeister, p. 459 e seg.
[14] Ibid., p. 249.

mesmo tempo ou imediatamente depois, os quais foram publicados por Nohl[15]. Neles já se vê com toda clareza a crise de transição de Frankfurt. Apontamos para o fato de que a terminologia de Hegel nunca foi tão oscilante e confusa como nessa época. Ele recorre a conceitos, faz experimentos com eles, reinterpreta-os, volta a descartá-los etc. Justamente pelo fato de seu pensamento começar a captar o caráter contraditório da vida, suas anotações mostram à primeira vista um emaranhado de contradições. E a base dessa confusão é constituída, em primeira linha, por esse caráter pessoal predominantemente vivencial de sua abordagem da realidade. Compreende-se bem por que justamente essa confusão converteu os fragmentos escritos por Hegel em Frankfurt no terreno preferido das interpretações reacionárias, de tentativas de aproximar Hegel da mística reacionária do romantismo. Em especial o famoso livro de Dilthey se tornou exemplo para toda a literatura hegeliana da época imperialista. Se esses intérpretes eliminaram tanto quanto possível as relações com acontecimentos contemporâneos e problemas sociais já do período de Hegel em Berna, a ninguém surpreenderá o fato de os fragmentos de Frankfurt serem interpretados como "panteísmo místico" (Dilthey). Exatamente por isso é muito importante extrair o núcleo racional existente neles – claro que, num primeiro momento, escasso e confuso –, sua relação com a vida real, com os problemas reais da sociedade burguesa.

Ao partir, como vimos, da relação entre o indivíduo e a sociedade burguesa moderna, Hegel volta a deparar-se com o velho problema da positividade de que tratara em Berna. Na luta contra a ordem social absolutista-feudal, os humanistas conceberam a sociedade burguesa – obviamente com muitas ilusões – como um mundo próprio do homem, como um mundo criado por ele próprio. O surgimento real da sociedade burguesa desenvolvida na França e na Inglaterra confere uma nova versão a essa convicção e, ao mesmo tempo, a essas ilusões. A sociedade se apresenta convincentemente como resultado da própria atividade do homem, precisamente como resultado que sempre se renova de forma criativa. Ao mesmo tempo, essa sociedade evidencia toda uma série de fenômenos, formas de vida, instituições etc., com cuja objetividade morta se confronta o indivíduo, inibindo seu desenvolvimento pessoal, sufocando

---

[15] Infelizmente não é possível datar com exatidão esses fragmentos. O fragmento n. 7 (*Esboços sobre o espírito do judaísmo*) e o fragmento n. 8 (*Moralidade, amor, religião*), publicados em anexo por Nohl, até agora não puderam ser datados exatamente. O n. 9 (*Amor e religião*) foi escrito no início de 1797, e o anexo 10 (*O amor*), no fim de 1797. O anexo 11 (*Fé e ser*) é do ano 1798. Cf., sobre isso, Nohl, p. 403 e seg.

as exigências humanistas da vida humana no indivíduo e na inter-relação dos indivíduos. Os humanistas alemães representativos desse período precisam afirmar, na condição de ideólogos burgueses, os fundamentos universais da sociedade burguesa que surgiu desse modo. Fazem, porém, a mais ferrenha oposição a tudo o que nela é sem vida e sufocante. Essa oposição, essa crítica, no entanto, jamais vai além do horizonte da sociedade burguesa. Pelo contrário, a tendência fundamental consiste justamente em encontrar modos de atividade subjetiva, em formar tipos humanos e maneiras de viver com o auxílio dos quais tudo o que era morto e sufocante na sociedade burguesa pudesse ser revogado *dentro* de seu quadro, no âmbito de sua existência. O grande romance Os *anos de aprendizado de Wilhelm Meister*, de Goethe, constitui a forma literária suprema dessas aspirações. Também *Fausto*, concluído só trinta anos depois daquele, caracteriza a luta que Goethe travou durante toda a vida com esse antagonismo entre humanismo e sociedade burguesa no nível das possibilidades historicamente dadas naquela época. Não é por acaso que Púchkin chamou *Fausto* de "Ilíada de nosso tempo".

No período de Hegel em Frankfurt, observamos um deslocamento da formulação do problema da positividade nessa direção. Em Berna, a análise da positividade se efetivou puramente nos termos da filosofia social e da filosofia da história: naquela época, a positividade pareceu a Hegel o produto do período de decadência da humanidade, que, em sua filosofia da história, foi caracterizado com o cristianismo e a sociedade burguesa. Segundo suas concepções, só a renovação revolucionária das repúblicas antigas teria levado a uma superação da positividade. E isso aconteceria radicalmente e de um só golpe, pois, de acordo com as concepções que cultivava naquela época, as repúblicas citadinas antigas não teriam contido, em seu apogeu, nada sequer parecido com a positividade.

Agora a questão se apresenta de outra maneira. Hegel toma como ponto de partida a vida do indivíduo. O indivíduo vive em uma sociedade repleta de instituições positivas, de relações positivas entre homens e até de homens sufocados pela positividade e transformados em coisas objetivas. Ele não pergunta mais como se pode desmantelar essa sociedade da positividade e substituí-la por outra radicalmente diferente, mas, pelo contrário, como o indivíduo poderia levar, nessa sociedade, uma vida humana e, portanto, uma vida que suprime a positividade dentro de si, dentro dos outros e em suas relações com as pessoas e as coisas. O problema social se transforma, assim, em um problema moral individual – nas questões "que devemos fazer? Como devemos viver?" –, tendo como tendência básica chegar, por meio dessa problemática moral individual, a uma reconciliação com a sociedade burguesa, a uma superação (eventualmente parcial) de seu caráter positivo. (Desse modo, Hegel aparentemente se aproxima mais da ética kantiana do que no período em Berna. Adiante, porém, veremos que foi exatamente essa aproximação que serviu para proporcionar uma formulação rápida e marcante dos reais antagonismos filosóficos entre Kant e Hegel.)

A categoria central com que Hegel tenta expressar suas aspirações filosóficas nesse período é a do *amor*. Nesse ponto, volta a aflorar no jovem Hegel uma categoria que, sob certo aspecto, repercute em Feuerbach. (Este, óbvio, não podia ter conhecimento dos escritos da juventude de Hegel, naquela época ainda inéditos.) Dado que certos filósofos modernos (por exemplo, Löwith) dão muito valor a uma suposta coincidência entre as tendências do jovem Hegel e as de Feuerbach, é necessário ressaltar aqui seu *antagonismo*: por mais difusa e problemática que seja a ética feuerbachiana do amor, por mais que ela tenha descambado em idealismo, como Engels provou, o que gnosiologicamente está em sua base é a relação entre o eu e o tu, concebida, em última análise, em termos materialistas. Essencial para Feuerbach no tu é justamente a independência materialista em relação à consciência do eu; sua ética do amor de fato descamba em retórica idealista, em um esmaecimento idealista das contradições da sociedade burguesa, mas gnosiologicamente se apoia sobre uma base materialista: a do reconhecimento de que todos os objetos (e, por isso, também todos os homens) são independentes da consciência do eu. Hegel, em contraposição, pretende suplantar no pensamento justamente essa independência por meio do amor. A debilidade idealista fundamental da concepção da positividade em Hegel, a saber, que sua suplantação só é possível por meio de uma suplantação da objetividade em geral e que, portanto, em toda objetividade não produzida de forma direta pela consciência deve estar embutido algo positivo, ganha expressão muito marcante na formulação profusamente mística do amor. Isso faz com que sua concepção do amor necessariamente descambe no religioso. "Religião e amor são uma coisa só. O que amamos não nos é antagônico; ele é uma coisa só com nossa essência; nele vemos apenas nós mesmos – mas, não obstante, ele não é nós –, trata-se de um milagre que não conseguimos compreender."[16]

---

[16] Nohl, p. 377.

Vê-se que as duas concepções do amor, a de Feuerbach e a de Hegel, são diametralmente opostas em sua fundamentação gnosiológica. Esse antagonismo, porém, não pode obscurecer o fato de que, em nenhum desses dois importantes filósofos, a categoria do amor surgiu por acaso e que, em ambos, ela conta com bases semelhantes em termos sociais; ocorre que, em decorrência dos quarenta anos de desenvolvimento da economia e das lutas de classes na Alemanha que separam os dois, sua importância social se diferenciou bastante. Nos dois casos, a categoria "amor" é, de um lado, expressão idealista difusa para a exigência humanista, revolucionária burguesa, de um homem multifacetado, plenamente desenvolvido, que de modo correspondente mantém relações ricas, desenvolvidas, multifacetadas e humanas com seus semelhantes. De outro lado, expressa-se no caráter difuso, na extravagância idealista dessa categoria, a ilusão da realizabilidade dessas aspirações no interior da sociedade burguesa. Na década de 1840, época de fortalecimento do movimento proletário de libertação, época do surgimento do socialismo científico, essas ilusões significam algo muito diferente do que foram na virada do século XVIII para o século XIX. Exatamente ao quererem tirar consequências socialistas da ética feuerbachiana do amor, os adeptos de Feuerbach entre os "verdadeiros socialistas" revelam tudo o que há de limitado e reacionário nas ilusões que constituem a base dessa categoria.

No período em que o jovem Hegel se debateu com esses problemas, no entanto, essas ilusões ainda não haviam atingido um antagonismo tão nítido em relação às tendências progressistas de sua época. Veremos, contudo, que, no decorrer de seu desenvolvimento posterior, Hegel chegará a um posicionamento muito mais abrangente e real diante da sociedade burguesa. Não obstante todo o misticismo e toda a confusão desses posicionamentos de Frankfurt, eles constituíram, para ele, o caminho necessário para a compreensão do caráter contraditório da sociedade burguesa. E o simples fato de o amor ter para Hegel tal *caráter de transição* confere-lhe um significado bem diferente.

Acrescenta-se a isso que o discernimento da essência ilusória de tais categorias, que conferiram uma expressão idealista a aspirações universalmente humanistas, não foi possível de forma objetiva nesse período na Alemanha. Na Alemanha economicamente atrasada, era impossível que o cunho progressista do desenvolvimento capitalista fosse formulado sobre uma base apenas econômica, como o fez a economia inglesa clássica. A descoberta de que esse cunho progressista reside no desenvolvimento das forças produtivas materiais só poderia ter sido obtida na própria Inglaterra – e mesmo lá esse conhecimento somente chegaria à sua formulação mais elevada do ponto de vista burguês algumas décadas depois, na economia de Ricardo.

No entanto, justamente esse desenvolvimento econômico sumamente expandido da Inglaterra que produziu a culminância teórica da economia clássica também impediu a formulação conscientemente dialética das contradições e dos antagonismos do desenvolvimento capitalista. É certo que Smith e Ricardo expressam de modo rude e sem rodeios todas as contradições com que se deparam, com o corajoso amor à verdade que caracteriza os pensadores importantes; eles pouco se importam quando a constatação de um nexo contradiz outro nexo constatado por eles mesmos; por conseguinte, Marx diz com toda razão a respeito de Ricardo: "No mestre, o que é novo e importante desenvolve-se em meio ao 'esterco' das contradições; ele elabora a lei à força a partir dos fenômenos que se opõem. As próprias contradições subjacentes testemunham a riqueza do suporte vivo donde emerge a teoria"[17].

O caráter contraditório, contudo, só existe no plano material, só existe *de facto*, e nada está mais distante do horizonte dos economistas clássicos da Inglaterra do que vislumbrar no próprio caráter contraditório o fato fundamental da vida econômica e, por essa razão, da metodologia da economia política.

Entretanto, a consciência desse caráter contraditório da vida é precisamente o problema fundamental da filosofia e da literatura clássicas alemãs. Por tomarem como ponto de partida a contradição entre os ideais humanistas e a sociedade burguesa, que na Alemanha estava repleta de resquícios feudais, o "esterco das contradições" se torna também para eles a base sobre a qual formulam os problemas e as soluções. Eles têm aqui como tema todo o âmbito da vida humana; eles vivenciam, configuram, pensam e repensam todas as contradições que resultam desse grande e complexo contexto. Dado que a base econômica dessas contradições não fica nem pode ficar clara para eles, seus pensamentos se perdem em construções idealistas. Pelo fato de o aspecto intelectual desse movimento ser efetuado de modo filosoficamente consciente, por tomarem como ponto de partida a vivência real do caráter contraditório, por partirem daquela contradição que resulta da solução de outra, por isso mesmo seu percurso os leva à primeira formulação, ainda que idealista, da dialética.

---

[17] [Karl] Marx, *Theorien über den Mehrwert* (Stuttgart, 1921), v. III, p. 94. [Ed. bras.: *Teorias da mais-valia. História crítica do pensamento econômico*, trad. Reginaldo Sant'Anna, São Paulo, Difel, 1985, v. III, p. 1.139, modif.]

O antagonismo entre o homem vivo que se desenvolve de modo multifacetado e o homem que, na sociedade burguesa, é convertido em autômato e rebaixado à condição de "especialista" unilateral de determinada função estreita da divisão capitalista do trabalho constitui o tema básico do *Wilhelm Meister*, de Goethe. Esse antagonismo não é demonstrado apenas com o contraste entre Wilhelm e seu companheiro de juventude, o comerciante Werner. Ele se evidencia também na exposição da arte – nesse caso, do teatro, no qual Goethe expõe com maestria as mais diversas variedades do efeito devastador que a especialização resultante da divisão do trabalho tem sobre o homem. É característico da situação da Alemanha naquela época o fato de Goethe não ter se distanciado por completo da solução religiosa dessas contradições. A vida da cônega ("Confissões de uma bela alma") oferece uma amorável descrição dessa solução das contradições, na qual uma pessoa de fina índole se mantém, com o auxílio da religião, fora da vida cotidiana e sustenta o amor, a relação humana viva com os demais homens. No entanto, para Goethe, esse estágio de modo nenhum representa o ponto alto. Pelo contrário, ele é contraposto criticamente, como extremo oposto, à dissolução de tudo no cotidiano do capitalismo. Os personagens ideais desse romance são exatamente aqueles que realizam a vitalidade humana do amor em meio à intervenção enérgica no cotidiano da sociedade burguesa: Lotário e Natália.

O ponto de vista que o jovem Hegel sustentou em Frankfurt não chega às alturas dessa intuição goethiana. Para Hegel, a solução religiosa se reveste de importância incomparavelmente maior nessa crise de transição; ela é analisada de modo muito menos crítico do que por Goethe, recebendo uma valoração humana e histórica bem maior do que a que lhe é conferida por este. Veremos, no entanto, que também esse antagonismo de modo nenhum é tão brusco como parece à primeira vista.

No início, Hegel contrapõe, com o modo brusco que herdou de sua metodologia de Berna, o subjetivo, humano e vivo ao objetivo, morto e positivo. Justamente em decorrência da nova formulação do problema, porém, esses antagonismos rudes se dissolvem cada vez mais em contradições móveis e elásticas. Em contrapartida, isso faz com que aumente a obscuridade mística de suas concepções; durante todo o período em Frankfurt, o religioso é a esfera propriamente dita da vida real, da vitalidade real, da supressão real do morto e positivo. Por outro lado, das confrontações concretas entre o subjetivo e o objetivo se originam contradições novas, cada vez mais complexas, que tomam um rumo bem diferente daquele do esquema filosófico orientado à religião.

A constatação de Engels de que existe uma contradição entre sistema e método em Hegel evidencia-se já nessa transição de Frankfurt. Mais precisamente no longo período de crítica da suplantação religiosa das contradições, crítica que permaneceu inconsciente e que foi realizada inconscientemente. Como veremos, Hegel busca na religião a forma suprema do amor, isto é, da realidade social impregnada da subjetividade humana, que não é mais positiva. Contudo, pelo fato de suas representações religiosas terem afinidade com as representações cristãs, por renunciar à negação do cristianismo que sustentara em Berna, ele cada vez mais toma consciência dos traços do cristianismo e do comportamento religioso em geral que se afastam da vida, que fogem da vida. E dado que seu esforço visa principalmente a reconciliar o indivíduo com a realidade concreta da sociedade burguesa atualmente existente, ele necessariamente vislumbra aí – com intensidade cada vez maior – uma deficiência, uma debilidade do comportamento religioso. Conforme sua concepção da época, essa debilidade consiste no fato de que tal comportamento religioso do homem deixa intacta, não suprime, a positividade do mundo circundante e, em conformidade com isso, constitui um fenômeno complementar à positividade da sociedade burguesa. Sob essa luz, a subjetividade extrema, a subjetividade religiosa, aparece como outra forma de abandono das aspirações humanistas diante da positividade da sociedade. "O extremo oposto de depender de um objeto é temer os objetos, é fugir deles, é o temor da união, a suprema subjetividade."[18]

Esse juízo a respeito da pura subjetividade, da fuga religiosa diante dos objetos, como equivalente à positividade, desempenharia papel decisivo no período de Hegel em Frankfurt. Por meio dele, como ainda veremos, a contradição ingressa em sua concepção do cristianismo, em especial na concepção da vida e da doutrina de Jesus. Ainda depois do período de Frankfurt, Hegel avaliaria o idealismo subjetivo de Fichte e o materialismo francês como dois falsos extremos, que, no entanto, expressam duas correntes igualmente importantes daquele tempo.

Por enquanto, porém, ele não extrai maiores consequências disso. Num primeiro momento, Hegel está interessado principalmente em, por um lado, apresentar um quadro crítico preciso daqueles homens que sucumbem

---

[18] Nohl, p. 376.

ao poder da positividade na sociedade do presente e, por outro lado, enaltecer o poder salvador e redentor do amor.

> Por causa do que está morto, esse amor está apenas recoberto de matéria, mas a matéria mesma lhe é indiferente [...]; por isso, mudam seus [do homem – N. T.] objetos, mas estes nunca lhe faltam [...]. Advém daí sua tranquilidade por ocasião da perda, e sua consolação segura de que a perda lhe será reparada porque lhe pode ser reparada. Desse modo, a matéria é absoluta para o homem; contudo, se ele mesmo não mais existisse, também nada mais existiria para ele. E por que ele deveria existir? É bem compreensível que ele queira existir, pois, além de seu acervo de limitações, o que combina com sua consciência [...] é unicamente o escasso nada, mas pensar nesse nada é algo que o homem não pode suportar.[19]

A essa descrição desajeitada e confusa do estado psíquico do homem médio da sociedade burguesa Hegel passa a contrapor seu ideal do amor. Para esse homem da sociedade burguesa, o mundo inteiro consiste de objetos impenetráveis, incompreensíveis, separados mecanicamente uns dos outros e também do homem, entre os quais ele se move em uma azáfama vazia e insatisfatória inclusive para ele. Ele não tem uma relação de fato substancial nem com as coisas nem com seus semelhantes, tampouco consigo mesmo. O amor, em contraposição, é, para Hegel, o princípio que suprime essas barreiras mortas e estabelece relações vivas entre os homens e, por essa via, também torna o homem realmente vivo para si mesmo.

> A verdadeira união, o amor propriamente dito, só acontece entre vivos, que se equivalem em poder e, portanto, são perfeitamente vivos um para o outro e em nenhum aspecto são mortos um em relação ao outro. [...] No amor, ainda persiste o separado, mas não como separado, e sim como unido, e o que está vivo sente o que está vivo.[20]

É característico da continuidade no desenvolvimento de Hegel que algumas expressões dessa confrontação procedam não só do período em Berna, mas precisamente de seus excertos de Forster. É o caso, de um lado, da necessidade de igualdade entre os que se amam e, de outro, na continuação de nossa citação, da formulação de que o homem da sociedade burguesa está sujeito a um poder estranho, cuja mercê ele mendiga com temor e tremor. No entanto,

---
[19] Ibid., p. 378.
[20] Ibid., p. 379.

essas expressões experimentam uma reinterpretação essencial. A igualdade significou para Forster e no período em que Hegel fez os excertos de Berna, sobretudo, uma igualdade política. Agora Hegel está muito mais interessado na igualdade de comportamento para com a sociedade burguesa. O conteúdo social da igualdade (poder igual), porém, como logo veremos, adquire nova problemática, característica desse período: ele depende da igualdade da situação material, da condição econômica dos que se amam. Levantar essa questão é, para Hegel, por enquanto, apenas um obstáculo a ser superado no caminho para aquela unidade na qual o amor suprime tudo o que separa os homens e promove uma real unidade de vida entre eles.

É bem compreensível que os neo-hegelianos reacionários do período imperialista tentassem capitalizar o fato de que, na época em que Hegel atravessou a crise de Frankfurt, categorias como amor, vida etc. tenham figurado no centro de seu pensamento. Eles quiseram converter Hegel em um "filósofo da vida" romântico. Ao fazer isso, apagam o caráter de crise dessa transição do período em Frankfurt, usam as categorias que nele ocorrem e que mais tarde desaparecem para reinterpretar todo o Hegel de modo romântico, nos termos da "filosofia da vida". Abstraindo da inadmissibilidade de tal generalização, contudo, essa interpretação como tal não é correta nem para o período de Frankfurt. Hegel não foi um romântico nem em Frankfurt. Demos bastante ênfase aos traços que suas formulações das questões humanistas têm em comum com as de Schiller e com as de Goethe também por esta razão: para convencer o leitor da indefensabilidade dessa lenda. Mais tarde, no decorrer do período de Iena, teremos oportunidade de ver que Hegel – apesar de viver no epicentro do movimento romântico – pouco compartilhou de suas aspirações.

Ora, no que se refere à assim chamada "filosofia da vida", sabe-se muito bem, a partir de seus escritos posteriores, que Hegel a rejeitou. Já em Iena, ele criticou incisiva e energicamente o então representante típico dessa tendência, Friedrich Heinrich Jacobi, e nunca chegaria a abandonar essa postura de rejeição diante da "filosofia da vida". Basta ler com alguma atenção filosófica os fragmentos que Hegel escreveu em Frankfurt para ver que ele jamais aceitou realmente a tese gnosiológica fundamental dos filósofos da vida daquele tempo, a saber, a tese do "saber imediato". Hegel de fato combate, como veremos, a "filosofia da reflexão" de cunho racionalista de seu tempo, e especialmente o período de Frankfurt é preenchido pela primeira grande controvérsia com a filosofia kantiana. Do mesmo modo, no fim do período de Frankfurt, quando sua concepção da positividade já havia se tornado mais histórica e mais dialética, Hegel voltou-se contra o racionalismo do Iluminismo. E nada disso significa que ele tivesse aprovado a "filosofia da vida" de seu tempo. Termos como "amor" e "vida" não devem nos induzir a erro nesse ponto. Seu primeiro biógrafo, Rosenkranz, que de fato muitas vezes tratou com superficialidade a dialética de Hegel e a aproximou de um idealismo subjetivo kantiano, mas ainda não podia ter sido influenciado pelas modas filosóficas posteriores, vê com muito mais clareza que os neo-hegelianos posteriores que aquilo que Hegel chama de "vida" em Frankfurt é, no fundo, o mesmo que mais tarde em Iena ele chama de "eticidade" (*Sittlichkeit*)[21]: a totalidade concreta do modo de agir dos homens da sociedade burguesa.

No período de Hegel em Frankfurt, todavia, o amor é contraposto à reflexão – não, contudo, do modo antinômico próprio da doutrina do "saber imediato", em voga naquela época, mas no sentido de que o amor constitui uma superação dialética do estágio da reflexão. Obviamente não se pode esperar que, na primeira fase de sua estadia em Frankfurt, Hegel tivesse tomado consciência dessa relação dialética como tal e a tivesse elaborado de modo coerente. No entanto, de suas anotações se depreende claramente que ele já intuía até mesmo o posterior sentido duplo do termo "*Aufheben*", a saber, não só o de suprimir, mas também a importância do conservar na exposição da relação entre reflexão e amor. Ele diz o seguinte:

> Essa união é vida plenificada porque nela também a reflexão teve suas demandas atendidas; à união subdesenvolvida se contrapunha a possibilidade da reflexão, da separação; nesta, a união e a separação estão unificadas, constituindo aquilo que tem vida e que havia sido contraposto a si mesmo (e agora sente a si mesmo), mas não converteu essa contraposição em algo absoluto. O que tem vida sente, no amor, aquilo que tem vida. No amor, portanto, estão cumpridas todas as tarefas e resolvidos a unilateralidade destrutiva de si mesma da reflexão e o antagonismo infinito do unido inconsciente e subdesenvolvido.[22]

Essas passagens não são importantes apenas para refutar as falsificações reacionárias do neo-hegelianismo imperialista; elas caracterizam, ao mesmo tempo, com muita clareza, o estágio de desenvolvimento de Hegel naquela época. Elas evidenciam a rapidez com que, do antagonismo vivenciado com a

---

[21] Rosenkranz, p. 87.
[22] Nohl, p. 379.

sociedade burguesa, do dilema vivenciado consigo mesmo que teve origem nesse antagonismo, brotaram em Hegel os elementos ideais da apreensão dialética da contradição. Só o que ele tinha de fazer era tomar consciência do que elaborara confusamente nessas análises para entrar "de vez" em cena como dialético consumado. É nesse contexto que se explica a maturidade de Hegel em Iena, que para muitos historiadores burgueses da filosofia foi notavelmente "repentina".

É óbvio, contudo, que esse desenvolvimento de Hegel na direção da dialética se dá de modo muito irregular e contraditório. A expressão mais clara do caráter contraditório inerente à sua posição filosófica se encontra no problema da reflexão. Como vimos, ele pretende compreender o amor como superação dialética da reflexão e, justamente por isso, como estágio mais elevado em relação ao "unido inconsciente e subdesenvolvido", porque ele contém a reflexão em uma forma superada. Contudo, as tendências místicas de cunho religioso muitas vezes levam a melhor em Hegel e, quando isso acontece, o amor aparece como uma "união" completa e cabal, da qual desapareceu todo resquício da separação, todo resquício da reflexão. Tais soluções diametralmente contraditórias não se encontram apenas no início do período de Hegel em Frankfurt, mas também no fragmento de seu sistema que conclui toda essa etapa de desenvolvimento; não as encontramos só em relação ao amor, mas também em relação à vida religiosa, que, segundo seu pensamento naquela época, deveria suprimir as contradições do amor.

O modo como se busca, na passagem aqui citada, uma solução dialética preliminarmente inconsciente para a relação entre reflexão e vida é característico ainda em outro sentido e, ao mesmo tempo, lança luz sobre as razões sociais do profundo antagonismo entre Hegel, de um lado, e os românticos e "filósofos da vida" daquele tempo, de outro. Ao conceber, no período de Frankfurt, a vida não como algo imediato, mas como meta que só pode ser realizada após a superação da reflexão (inclusive no sentido de sua conservação), Hegel tem em mente um resgate filosófico dos ideais humanistas *na* sociedade capitalista, um desenvolvimento ou uma transformação da sociedade capitalista que possibilite relações humanas desse tipo. A ênfase que ele dá à necessidade de conservação da reflexão em sua superação significa que ele não almeja, em termos sociais, uma condição pré-capitalista primitiva da sociedade (como fizeram os românticos reacionários) nem imagina a plenitude real da vida e sua apreensão pelo pensamento fora dessas relações sociais, "independentemente" delas, livrando-se delas, de certo modo, pelo pensamento, deixando-as completamente para trás. (É o que acontece na "contemplação intelectual" de Schelling.) Está claro – e o desenvolvimento posterior da filosofia alemã mostra muito nitidamente – que essas duas tendências com que Hegel se confronta, apesar de momentaneamente polemizarem com veemência uma contra a outra, perseguem o mesmo objetivo em termos sociais: solucionar as contradições da sociedade burguesa procurando reconduzi-la a um estado mais primitivo, pré-capitalista (filosofia da Restauração). Já discorremos muito sobre as ilusões de Hegel e, quando aparecerem de forma socialmente mais concreta, as submeteremos a uma crítica mais concreta e mais precisa. Todas essas ilusões, contudo, não constituem qualquer conexão entre Hegel e as tendências reacionárias de restauração de seu tempo. Não obstante todas as ilusões, Hegel toma um rumo diametralmente oposto em termos sociais e, por essa razão, também em termos filosóficos.

Essa relação de Hegel com a sociedade burguesa ganha expressão muito clara quando, na análise do amor, ele abandona as ambiciosas generalizações religiosas e o caráter difuso das vivências e passa a examinar a realização do amor no mundo real. Ao fazê-lo, ele se depara imediatamente com o problema de posse e propriedade. Lembremos que, em Berna, ele havia assumido um posicionamento sócio-histórico bem genérico em relação a esses problemas: a igualdade relativa da propriedade constituiu a base econômica da liberdade republicana na Antiguidade, a crescente desigualdade na Antiguidade tardia constituiu a base do posterior declínio, da corrupção do antigo *citoyen* no moderno *bourgeois*, no "homem privado". Agora Hegel é obrigado a ocupar--se de forma mais concreta dos problemas da propriedade. Num primeiro momento, isso acontece de modo imediatamente vivencial e primário – correspondendo ao caráter geral do período de Frankfurt. Sabemos que, em seus estudos político-históricos, Hegel também reuniu e tomou ciência de dados econômicos, mas momentaneamente isso não passou de uma coleção empírica de fatos, dos quais foram tiradas consequências políticas imediatas. Correspondendo a essa postura, ele investiga, em um primeiro momento, a propriedade quanto a suas influências diretas sobre a vida psíquico-moral do homem singular na sociedade burguesa. Ou seja, ele vê a propriedade como algo puramente morto e positivo que não pode ser vinculado organicamente a nenhum tipo de atividade subjetiva viva. Nesses anos, a relação entre trabalho e propriedade ainda não entrou em seu perímetro visual. Ele vê a propriedade apenas como meio de fruição ou, no máximo, como meio pessoal de poder.

É evidente que não havia como estabelecer uma conexão realmente viva entre a propriedade entendida abstratamente e a subjetividade bastante abstrata da concepção do amor sustentada naquela época. Tanto mais interessante, portanto, é que, já nesse tempo, Hegel se empenhe em estabelecer tal conexão. Ele percebe que o amor deve realizar-se na sociedade burguesa concreta e, portanto, entre homens que têm ou não têm propriedade e cujas propriedades, na maioria dos casos, são de diferentes tamanhos. E, embora veja posse e propriedade como algo morto e positivo e, pois, como algo diametralmente oposto à vida e ao amor, ele examina as inter-relações que daí se originam.

> Além disso, os que amam ainda têm ligação com muitas coisas mortas, a cada qual pertencem muitas coisas, isto é, cada qual se encontra em relação com opostos, que inclusive para o próprio relacionante são opostos, isto é, objetos; e assim eles [os que amam] ainda são capazes de multiforme oposição na multiforme aquisição e posse de propriedade e direitos [...], e quando a posse e a propriedade perfazem uma parte tão importante do homem, de suas preocupações e ideias, nem os que amam conseguem abster-se de refletir sobre essa faceta de suas relações [...].[23]

Em virtude do primitivismo dessa concepção econômica e do caráter psicológico das relações investigadas entre homem e propriedade, Hegel ainda não consegue, naquele momento, ir além de um meio-termo superficial. O único aspecto importante, nesse tocante, é que ele reconheceu a inevitabilidade desse problema e se dispôs à necessária ocupação dele. A solução que pensou ter encontrado naquele momento foi a da comunhão de bens entre os que se amam.

Característico da sobriedade realista de Hegel é que ele, por sua vez, intui que essa solução é apenas pseudossolução. Em glosa marginal à passagem recém-citada, diz o seguinte sobre a comunhão de bens dos que se amam:

> Por meio da não separação da propriedade [...] a comunhão de bens ilude, dando a aparência da total revogação dos direitos, mas, no fundo, ainda se mantém um direito à parte da propriedade que não é imediatamente consumida, mas apenas usada; só que a respeito disso o silêncio é completo. Na comunhão de bens, as coisas não são propriedades, mas nelas está contido o direito a uma parte delas, está contida a propriedade de uma parte delas.[24]

---

[23] Nohl, p. 381 e seg.
[24] Ibid., p. 382.

Hegel percebe, portanto, que a supressão da positividade da propriedade mediante a comunhão de bens dos que se amam não constitui supressão real.

A sobriedade realista que aqui vem à tona, a crítica imparcial e a destruição de suas próprias concepções arrojadas e extrapoladas também ganham expressão no fato de Hegel, por vezes, ver claramente o caráter momentâneo, pontual, do próprio amor.

> Esse unido é apenas um ponto, o embrião; os que se amam nada lhe podem destinar, de modo a encontrar-se nele um múltiplo, pois na união não se tratou de um oposto; ela está livre de toda a separação; tudo o que lhe possibilita ser um múltiplo, ter uma existência, deve ter sido gerado, oposto e unido por aquilo mesmo que foi gerado de maneira nova.[25]

Como se nota, não obstante toda a centralidade que confere nesse período à categoria do amor, Hegel está muito distante de sua glorificação romântica. Ele o vê como o ponto alto da vida, como suplantação real de todo o morto e positivo no mundo, mas percebe ao mesmo tempo que nesse sentimento não se pode basear nenhuma realidade mais elevada que efetivamente pudesse ser contraposta à positividade da sociedade burguesa. No decurso do desenvolvimento posterior em Frankfurt, ele trata essa deficiência do amor como falta de objetividade e pretenderá contrapor à objetividade morta do mundo do positivo uma objetividade viva não positiva. O velho antagonismo entre os dois períodos históricos converte-se aqui em antagonismo no interior da sociedade burguesa. Dessa formulação do problema, origina-se, então, a aspiração de Hegel em Frankfurt de elevar acima da mera subjetividade viva do amor a objetividade viva da religião não positiva. Mais tarde trataremos das contradições que resultam dessa concepção. Neste ponto, precisamos ressaltar tão somente que Hegel procura e encontra outra solução para a incompletude subjetiva do amor, uma solução que, em seus escritos filosófico-sociais posteriores, permaneceria determinante, a saber, a do amor como fundamento do matrimônio e da família. Logo após as linhas recém-citadas, ele diz o seguinte: "E assim existem agora: o unido, os separados e o novamente unido. Os unidos voltam a separar-se, mas na criança a própria união se tornou insparada". E à expressão "novamente unido" ele acrescenta a nota: "A criança é os próprios progenitores"[26]. Como vemos, aqui

---

[25] Ibid., p. 381.
[26] Ibid., p. 381.

está contida de forma embrionária a teoria hegeliana da família como célula da sociedade burguesa.

Vemos, portanto, nesses primeiros esboços de Hegel em Frankfurt, ainda que em uma forma muito contraditória e confusa, os primeiros contornos de sua posterior concepção da sociedade burguesa. Ou melhor, vemos como surgem no jovem Hegel aquelas tendências e aqueles requisitos que o levariam ao conhecimento que obteve sobre a sociedade burguesa. Veremos que a ideia básica que norteia o desenvolvimento de Hegel é esta: encontrar uma conexão dialética entre a objetividade aparentemente morta dos objetos e das instituições da sociedade, e isso de tal modo que a objetividade de todos os objetos perca seu caráter morto e se mostre como pressuposto e resultado da atividade do sujeito; de tal modo que sociedade e história sejam concebidas pela filosofia como o próprio mundo dos homens, como produto de sua própria atividade. Nesse momento, só estão presentes os primeiros rudimentos muito modestos e bastante obscuros, tanto no aspecto do conteúdo quanto no da metodologia. Os conhecimentos que Hegel tem da estrutura da moderna sociedade burguesa ainda são muito vagos, bem empíricos, ainda estão bastante distantes de uma visão clara da legalidade imanente a ela. De modo perfeitamente paralelo a isso, sua metodologia consiste apenas de uma busca obscura pelas conexões vivas entre sujeito e mundo objetivo social. Seguidamente emergem intuições das conexões dialéticas, que, no entanto, voltam a perder-se na névoa mística da religião.

O princípio dominante dessa época continua sendo a contraposição firme de sujeito e objeto – todavia, com o ardente anseio por suplantar essa dualidade rígida. A partir do início do período em Frankfurt, Hegel tentou encontrar uma formulação da atividade do indivíduo na sociedade burguesa que correspondesse a seus ideais humanistas e, ainda assim, levasse a uma atividade *no interior* dessa sociedade. A intenção é vivificar a sociedade burguesa por meio dessa formulação filosófica a partir de dentro, não por meio de um princípio do exterior; a ideia é convertê-la de uma maquinaria morta, que é como ela se mostra de imediato, em algo vivo. Como vimos, porém, essa via que leva do morto ao vivo já é, desde o começo, uma maneira de revelar as contradições da sociedade burguesa – todavia, um revelar das contradições com a intenção de superá-las no quadro da sociedade burguesa. Essa é a via pela qual Hegel almeja a reconciliação do homem, dos ideais humanistas, com a sociedade burguesa – e podemos divisar claramente, logo no início, no primeiro emergir desse problema, os lados fortes tanto quanto os lados débeis da concepção hegeliana de sociedade.

Em virtude do caráter difuso, sentimental e vivencial, a tendência de Hegel nesse momento necessariamente descambaria no religioso. Já pudemos constatar a forte aproximação dele ao cristianismo em contraposição à dura rejeição deste em Berna. Como expusemos, para Hegel o amor passou a ser idêntico à religião ou, como ele logo formularia, o amor constitui um caminho para a religião; assim, ele tende indubitavelmente para a reconciliação com o cristianismo. Também nesse ponto, Hegel, em sua crise de Frankfurt, tomou um caminho que continuaria trilhando por toda a vida. Seria errado, porém, tomar inteiramente ao pé da letra aquelas interpretações reacionárias de sua filosofia que começaram já com a ala direita dos discípulos diretos, a saber, que Hegel foi ou se tornou sem ressalvas um filósofo do cristianismo protestante. (Nos últimos tempos, especialmente Georg Lasson defendeu com entusiasmo essa concepção e criticou até o mais reacionário dos neo-hegelianos que "subestimou" essa religiosidade protestante.)

A posição de Hegel em relação à religião cristã nunca foi inequívoca, isenta de contradições nem incondicional. No curso da investigação do período de Frankfurt, veremos que ele é impelido a ocupar-se bastante do cristianismo e principalmente da personalidade de seu fundador, Jesus, e de tal modo que as categorias religiosas do cristianismo passam a desempenhar um papel extraordinariamente importante em seu pensamento. Veremos, porém, simultaneamente que essa ocupação termina com a constatação de uma contradição trágica e insolúvel na vida e na doutrina de Jesus; veremos que o culminar do sistema hegeliano no religioso, próprio daquela época, de modo nenhum implica sem mais nem menos uma identificação com o cristianismo. Pelo contrário, ainda em Iena nos depararemos com esboços filosófico-históricos de Hegel sobre o desenvolvimento das religiões que levam para além do cristianismo e visam ao advento de uma nova (terceira) religião. Em conexão com a análise desses posicionamentos posteriores de Hegel sobre o cristianismo e a religião em geral, enfocaremos também – ao menos alusivamente – a dicotomia de seus posicionamentos finais sobre esses problemas. Para a compreensão do atual estágio do desenvolvimento da filosofia de Hegel, é suficiente, portanto, que, de um lado, constatemos essa forma contraditória de aproximação ao cristianismo, o abandono da negação brusca do cristianismo no período em Berna e, de outro lado, indiquemos que o que Hegel procurou na religião, no princípio do religioso, durante todo o período de Frankfurt, foi justamente a unidade viva das contradições e, portanto, segundo uma intuição que dali em diante se consolidaria cada vez mais, a forma suprema da vida. Do caráter contraditório dessa concepção segue-se a tendência básica de sua sistematização em Frankfurt: a tendência de superar a filosofia em religião. (A inversão dessa relação entre filosofia e religião constitui uma das mudanças mais importantes que se efetuaram no pensamento de Hegel durante o período de Iena.)

Essa mudança no comportamento de Hegel em relação à religião cristã tem consequências importantes para o caráter geral de suas concepções filosófico-históricas e filosóficas em geral. Ressaltaremos apenas alguns dos momentos mais importantes. Lembramos que, em Berna, o esquema do desenvolvimento histórico consiste, para Hegel, no fato de que da decadência da antiga liberdade republicana desenvolve-se o período de declínio que consiste no cristianismo. A origem judaica do cristianismo desempenha, nesse contexto, o papel subordinado de causa histórica. O ponto decisivo é a desagregação política, econômica e moral do Império Romano. O judaísmo enquanto gerador da religião da nova época do mundo passa a ser tratado como [religião de]* um povo caracterizado por depravação semelhante e que, por isso mesmo, estava em condições de produzir uma religião para as necessidades da decadência humana geral. É compreensível que, para Hegel, a história do surgimento do judaísmo passasse a despertar um interesse mais autônomo; ele começa a estudar mais a fundo a ligação e a contradição entre judaísmo e cristianismo. Essa ampliação do âmbito de seu interesse histórico é o ponto de partida para a posterior história da filosofia, que antepõe à história da Antiguidade um estudo amplo do Oriente.

Nos primeiros anos do período de Frankfurt, todavia, essa abordagem do mundo oriental ainda não é de fato histórica. Mais que de uma história real, trata-se de uma análise filosófico-histórica das tradições judaicas extraídas da Bíblia. Apesar disso, assomam aqui alguns pontos de vista que se tornariam significativos para a posterior consolidação das concepções históricas de Hegel. Assim, na análise do judaísmo, Hegel parte do pressuposto de que, para o povo judaico, o "rompimento com a natureza" é típico, em contraposição ao helenismo. Abstraindo do fato de que temos diante de nós um embrião da posterior concepção que Hegel desenvolveu a respeito do Oriente, ele extrai disso uma

---

* Expressão entre colchetes ausente no original. (N. T.)

exigência muito curiosa, mas que, em um primeiro momento, permanece puramente aforística. Ele diz que esse rompimento "acarreta necessariamente a origem de Estado etc."[27].

Para a posterior concepção hegeliana de história, é muito importante que o Estado *surja* só a determinada altura das contradições sociais. Em Berna, exatamente o Estado antigo era tido por ele como produto de um período sem contradições sociais internas, e o surgimento e o agravamento dessas contradições levaram à decadência daquele Estado. Aqui já está presente o embrião da posterior concepção oposta, mais dialética e mais histórica, mesmo que, por enquanto, trate-se apenas de uma oposição metodologicamente rígida e que seu conteúdo esteja muito mistificado.

A mudança nas concepções de Hegel sobre o papel histórico do Estado, sobre a relação entre os cidadãos e o Estado, aparece ainda mais claramente em outra passagem do mesmo fragmento sobre o "espírito do judaísmo". Para entender bem essa mudança, temos de lembrar as concepções de Hegel em Berna. Conforme tais concepções, os cidadãos tinham uma relação com o Estado somente na medida em que esta representasse a entrega livre do *citoyen* à república democrática. Para Hegel, o período de decadência do Estado se caracteriza exatamente pelo fato de nele imperar o despotismo e os cidadãos enquanto homens puramente privados não poderem ter nenhuma relação com o Estado. Naquele momento, ele também enfatiza de modo enérgico a oposição nítida entre repúblicas antigas e teocracia judaica, mas diz o seguinte sobre o período de desenvolvimento do judaísmo, que começa com a instauração do reinado:

> O indivíduo estava totalmente excluído do interesse ativo pelo Estado; sua igualdade política como cidadão era o contrário da igualdade republicana; a única igualdade era a da irrelevância. Só sob os reis, com a desigualdade que necessariamente se instaurou com eles, surgiu ainda assim uma relação com o Estado por parte de muitos subordinados, surgiu para muitos uma relevância em consideração aos inferiores e para vários ao menos a possibilidade de alcançar tal relevância.[28]

---

[27] Nohl, p. 368. Neste ponto, seja mencionado apenas brevemente que esses fragmentos de Hegel são precedidos de uma rápida anotação histórica feita no período de Berna e publicada por Rosenkranz, p. 515 e seg. As concepções ali esboçadas sobre a essência do Oriente, porém, não tiveram quaisquer consequências para as formulações filosófico-históricas de Berna e, por isso, não foram examinadas mais de perto por nós.

[28] Nohl, p. 370.

Essa passagem também é bastante confusa. Ainda assim, o que se pode depreender dela é que, segundo as novas concepções de Hegel, exatamente da desigualdade cada vez mais aguçada da posição política e social dos cidadãos sob o reinado origina-se uma relação com o Estado que é mais forte do que fora a anterior igualdade abstrata sob a teocracia primitiva.

Em outras palavras, isso significa que Hegel começa a avaliar os estamentos e as classes que foram surgindo no curso da história como essenciais e determinantes para a relação entre os cidadãos e o Estado. Em Berna, ele vislumbrara em cada diferenciação estamental um momento de desagregação e decomposição do Estado. Quando começa a empenhar-se para compreender intelectualmente a sociedade burguesa moderna, contudo, é claro que ele tem de entender o nexo real com a diferenciação da sociedade em estamentos e classes como um elemento fundamental do Estado. Hegel somente dá esse passo no período de Iena; essa conexão apenas receberia uma formulação definitiva bem mais tarde, em *Filosofia do direito* (1821)*. E justamente por isso é muito importante indicar que o primeiro embrião dessa concepção em Hegel aflora logo ao ocupar-se de maneira atual da sociedade burguesa.

A passagem que há pouco citamos mostra que Hegel assumiu do período de Berna a avaliação da vida política da Antiguidade. Ela tampouco se modificaria no curso do desenvolvimento posterior; o que muda é apenas a posição que Hegel atribui à Antiguidade no desenvolvimento histórico; cada vez mais ele consideraria a Antiguidade como uma época irremediavelmente transcorrida, e esse processo ocorre sempre paralelamente à apreensão teórica da necessidade e da legalidade das condições concretas da sociedade moderna.

No período de Frankfurt, porém, o estado de espírito religioso, que predominava de modo geral, penetra também na concepção da Antiguidade. Na medida em que procura sua objetividade religiosa, não positiva, Hegel recorre também à religião antiga e vê em sua vivificação da natureza um modelo para suas aspirações. Mais interessante do que esse deslocamento das ênfases, contudo, é que, partindo da análise dessa conexão, ele procura levantar os problemas da unidade de necessidade e contingência, de sujeito e objeto.

---

* G. W. F. Hegel, *Grundlinien der Philosophie des Rechts* (ed. Lasson, Leipzig, 1911). Ed. bras.: *Linhas fundamentais da filosofia do direito ou direito natural e ciência do Estado em compêndio* (trad. Paulo Meneses et al., São Leopoldo/São Paulo, Unisinos/Loyola, 2010). Esta edição não traduz os adendos. (N. T.)

Onde sujeito e objeto – ou liberdade e natureza – são pensados de maneira tão unida que natureza é liberdade, que sujeito e objeto não podem ser separados, ali está o divino – tal ideal é o objeto de toda religião. Uma divindade é sujeito e objeto ao mesmo tempo; não se pode dizer que ela é sujeito em antagonismo a objetos nem que ela tenha objetos. As sínteses teóricas se tornam totalmente objetivas, totalmente opostas ao sujeito – a atividade prática aniquila o objeto e é totalmente subjetiva –, unicamente no amor se é uno com o objeto; ele não domina nem é dominado – esse amor, transformado em essência pela força da imaginação, é a divindade. [...] Aquela união pode ser chamada de união do sujeito com o objeto, da liberdade com a natureza, do real com o possível.[29]

Vemos aqui como da primeiríssima tentativa de Hegel de formular problemas dialéticos emerge de imediato a forma do idealismo objetivo característica na filosofia alemã, o sujeito-objeto idêntico. Inclusive no âmbito terminológico essas exposições de Hegel têm pontos de contato com as tentativas de Schelling de desenvolver a concepção fichtiana da gnosiologia na forma de dialética objetiva, mas a preservando no essencial. Nesse tocante, não é tão essencial saber em que medida, naquela época, os raciocínios de Hegel foram influenciados pelos escritos de Schelling nem em que medida tomaram espontaneamente a mesma direção, pois, partindo das formulações dos problemas que, no idealismo clássico da Alemanha, levaram ao idealismo absoluto, a concepção do sujeito-objeto idêntico constituía uma necessidade inevitável. O que importa de fato é saber como foi concebida a superação do sujeito e do objeto nessa unidade mais elevada. Isso decide se o idealismo absoluto se perde totalmente no misticismo religioso (como no desenvolvimento de Schelling) ou se subtrai desse misticismo idealista um amplo terreno de apreensão dialética da realidade, elaborando o mais energicamente possível as contradições vivas e conservando-as em sua superação. A luta entre essas duas tendências preenche todo o desenvolvimento de Hegel. A influência de Schelling sobre ele acarretou apenas o momentâneo fortalecimento de uma das tendências, da tendência retrógrada. A polêmica contra Schelling, a ruptura com ele, representou, por sua vez, apenas o triunfo da outra tendência; esta é, contudo, uma vitória que, no quadro do idealismo absoluto, jamais poderá ser completa.

Em todo caso, já nesses fragmentos se observa uma ocupação intensiva com problemas filosóficos, como não havíamos visto em Berna. Nesse contexto, é

---

[29] Nohl, p. 376.

bem característico da atual fase do pensamento de Hegel que sua concepção da objetividade tenha se tornado extraordinariamente oscilante, que ele se debata com as mais diferentes formulações da objetividade sem conseguir chegar a uma solução definitiva. É interessante, por exemplo, que, na passagem recém-citada, ele compreenda em termos puramente subjetivos a religiosidade que, segundo sua concepção, está destinada a superar a oposição entre sujeito e objeto. Trata-se de uma espécie de introdução da subjetividade nos objetos – mediante a força da imaginação, como disse Hegel; portanto, algo que, quando pensado de modo coerente até as últimas consequências, não é capaz de mudar nada na objetividade. Essa oscilação se expressa, sobretudo, no fato de Hegel buscar na religião, na vida, um ser que deve ser mais elevado do que todas as representações e todos os conceitos, um ser destinado a superar e, por essa via, corrigir todas as unilateralidades e a rigidez da reflexão.

Ao debater-se com esse complexo de ideias, Hegel se depara com a independência entre ser e consciência, mas, como em momento nenhum renuncia à sua gnosiologia idealista, ele não consegue tirar disso quaisquer conclusões fecundas.

> Essa independência, essa absolutidade do ser é o que choca; ele certamente deve ser, mas o fato de ser não o faz ser para nós; a independência do ser deve consistir em que, seja para nós ou não para nós, ele possa ser algo pura e simplesmente separado de nós, não implicando necessariamente que estabeleçamos relação com ele.

Desses pressupostos, tira consequências muito distintas. Anteriormente, ele dizia: "Crer pressupõe um ser". Agora, quer, de um lado, provar a prioridade do ser em relação ao pensar e, de outro, descobrir no crer aquele princípio religioso mais elevado, com cujo auxílio se poderia instaurar a unidade idealista objetiva. Por essa razão, ele diz que "aquilo que é não *precisa* ser crido, mas o que é crido precisa *ser*"[30].

Esses raciocínios são extraordinariamente intrincados. Em todo caso, pode-se depreender deles que, para Hegel, as questões gnosiológicas, as questões da objetividade, já começaram a fluir. E é extraordinariamente interessante constatar que os primeiros embriões das posteriores gradações dialéticas do ser (ser [*Sein*], ser-aí [*Dasein*], existência [*Existenz*] etc.) afloram pela primeira vez em Hegel exatamente em conexão com os raciocínios recém-citados. É

---

[30] Nohl, p. 383.

óbvio que isso ocorre em uma forma ainda pouco esclarecida, ainda pouco posta em conceitos dialéticos. É significativo para a história do desenvolvimento do pensamento de Hegel, porém, que esses problemas surjam em conexão com o problema principal de Berna, o da positividade. O nexo entre a positividade como problema social e a questão da objetividade (*Objektivitätsfrage*), a questão da objetividade (*Gegenständlichkeitsfrage*) na filosofia, que em Berna esteve presente apenas no plano inconsciente e instintivo, começa a tornar-se um obstáculo para Hegel. De modo nenhum é por acaso que, em paralelo a isso, também a antiga concepção de positividade começa a fluir, quando também nesse ponto as contradições começam a emergir.

Hegel de fato formula em Frankfurt uma determinação da positividade que corresponde exatamente à concepção de Berna[31]. No decorrer de suas investigações particulares posteriores, porém, esse conceito se concretiza, recebe uma formulação filosófica consciente e, desse modo, sua concepção se torna, ao mesmo tempo, mais elástica do que fora em Berna. Vimos várias vezes que Hegel aspira a uma união real, viva, dos opostos, das contraposições da vida. Nesse contexto, a positividade passa a afigurar, para ele, uma forma *falsa* da união. "Quando na natureza há separação eterna, quando o inconciliável é conciliado, aí há positividade."[32] Complementando a citada ideia sobre crer e ser, ele passa a formular a positividade da seguinte maneira: "Uma fé positiva é aquela que, em vez da única união possível, propõe outra; em vez do único ser possível, põe outro ser; que, portanto, une os opostos de maneira tal que de fato estão unidos, mas o estão de modo imperfeito, isto é, não no sentido em que deveriam estar unidos"[33].

Ora, é interessante observar também que, tanto aqui quanto antes, na questão da independência entre ser e consciência, Hegel é impelido à fronteira do idealismo, mas, chegando lá, de imediato retorna na direção oposta e se joga nos braços da subjetividade. Pois, se lermos com atenção a passagem recém-citada e, ao fazê-lo, mantivermos em mira que, para Hegel, "vida" é a união das contraposições no ser, fica claro que, no caso dessa concepção de positividade, ele intui algo que – expresso em termos materialistas – corresponderia ao reflexo incorreto das conexões objetivas. No instante decisivo,

---

[31] Ibid., p. 364.
[32] Ibid., p. 377.
[33] Ibid., p. 383.

contudo, ele dá uma guinada de 180 graus e introduz o "dever", o que torna bem incompreensível com o que devem concordar ou não as uniões ideais da fé positiva. Essa oscilação torna-se perceptível também no fato de ele, em conexão com o raciocínio recém-citado, dizer o seguinte sobre a positividade: "A fé positiva exige a fé em algo que não é"[34]. Na confrontação de fé positiva e fé não positiva, por sua vez, ele ainda reforça essa formulação ao fazer culminar esse antagonismo na união entre representação e ser.

> Na religião positiva, o ente, a união, é apenas uma representação, algo pensado – creio que algo é, que algo significa, creio na representação, creio que represento algo para mim, creio em algo crido (Kant, divindade); filosofia kantiana – religião positiva (divindade é vontade sagrada, o homem é negação absoluta; isso está unido na representação, as representações estão unidas – representação é um pensamento, mas o pensado não é nenhum ente).[35]

No decurso da subsequente concretização desse conceito, Hegel não manteria essa concepção da positividade como simples representação. A importância dessas primeiras formulações gnosiológicas do conceito de positividade reside, sobretudo, no fato de que o antagonismo rígido do período em Berna começou a diluir-se, de que, como mostramos, as gradações do ser apareceram no horizonte de seu pensamento; acrescenta-se a isso que essa formulação da positividade fez aflorar pela primeira vez com nitidez o antagonismo entre Kant e Hegel, que ela proporcionou o impulso inicial para Hegel ocupar-se da filosofia kantiana.

III. Fragmentos de duas brochuras sobre questões alemãs atuais

O caráter contraditório dessa etapa do desenvolvimento de Hegel aflora de modo especialmente claro nos fragmentos de duas brochuras surgidos nos anos 1798 e 1799.

A primeira brochura tratava dos conflitos constitucionais na terra natal do próprio Hegel, Württemberg. Ela deve ter sido escrita no primeiro semestre de 1798, pois Rosenkranz[36] publica a carta de resposta de um amigo de Hegel

---

[34] Ibid., p. 384.
[35] Ibid., p. 385.
[36] Rosenkranz, p. 91. A negligência com que foi tratado o legado de Hegel é evidenciada também pelo destino dessa brochura. Rosenkranz diz, na mesma passagem, que apenas alguns fragmentos dela ficaram preservados. Em contraposição, [Rudolf] Haym [*Hegel und seine*

a este com data de 17 de agosto de 1798; naquela época, portanto, a brochura já estaria terminada e disponível.

O motivo da brochura foi o conflito constitucional em Württemberg no fim do século XVIII entre o duque e os estamentos do território. O conflito irrompeu em decorrência da posição em relação à França, dado que o duque era favorável à intervenção austríaca na França, ao passo que os estamentos regionais simpatizavam com aquele país. Depois que o duque tentou governar de modo absoluto, sem o Parlamento, este foi reconvocado em 1796 para eleger um novo comitê executivo, sendo que o monarca esperara obter um órgão mais submisso à sua política. O que aconteceu, porém, foi que o conflito recrudesceu. Em conexão com esse conflito, surgiram em Württemberg numerosos panfletos que submeteram as condições ultrapassadas do território e o caráter arcaico de sua Constituição a uma crítica incisiva, chegando a exigir representantes populares que deveriam ser eleitos por toda a população. Pelo visto, até mesmo em Württemberg havia tendências republicanas, vozes favoráveis a uma República suábia.

A brochura de Hegel surgiu conectada a esses conflitos. As partes que restaram dela mostram com muita clareza a posição vacilante de Hegel diante dos problemas de seu tempo. Isso não deve ser entendido como se ele tivesse se comprometido com as condições feudais absolutistas da Alemanha nem capitulado diante delas. Sua crítica contra essas condições, como veremos, é muito incisiva e, sempre que assume um tom crítico ou de generalização filosófica, ele é decididamente contrário às condições alemãs. Nesse aspecto, tampouco se pode falar aqui de uma mudança essencial de seu ponto de vista político. Agora, porém, ele quer interferir de forma direta nos problemas atuais da realidade alemã e, sempre que aborda as questões concretas da ordem do dia, manifesta-se nele uma grande insegurança, um tatear no escuro e às vezes até uma moderação bastante surpreendente em vista das premissas por ele mesmo estabelecidas. A forte investida crítica termina em sugestões de reforma relativamente brandas, como Haym já constatou a seu tempo[37].

Zeit (1887; 2. ed., Leipzig, W. Heims, 1927)], cit., p. 489, afirma que teve a brochura inteira à disposição. De fato, ele apresenta, em sua monografia sobre Hegel, algumas citações que não estão contidas em Rosenkranz e, ademais, faz uma série de alusões mais ou menos importantes, nas quais não cita literalmente o texto hegeliano. Entrementes, o manuscrito inteiro se perdeu.

[37] Haym, cit., p. 67.

Essa insegurança pode ser bem percebida nas mudanças feitas no título da brochura. Originalmente, o título era "Os magistrados de *Württemberg* devem ser eleitos pelo *povo*". Mais tarde, ele o modifica, substituindo "povo" por "cidadãos". O título definitivo acabou sendo "Sobre as mais recentes *relações internas de Württemberg*, especialmente sobre a *constituição dos magistrados*". De início, a brochura tinha uma dedicatória: "Ao povo de Württemberg", que mais tarde foi riscada[38]. Hoje não há mais como constatar se essa mudança no título foi feita em consideração às condições impostas pela censura ou em razão das oscilações no próprio posicionamento de Hegel, se e em que medida estiveram relacionadas a mudanças no próprio texto. O que podemos fazer é analisar os escassos fragmentos da brochura que nos foram transmitidos.

O ponto de partida político dessa brochura, em vários aspectos, está muito próximo das concepções republicanas de Berna e das notas à brochura de Cart. Nos fragmentos publicados por Haym, encontramos enérgicos juízos de veemente reprovação do absolutismo. A respeito desse, Hegel diz que, "em última análise, tudo gira em torno de um homem que *ex providentia maiorum* [pela providência dos ancestrais] reúne em si todos os poderes e não oferece garantias de reconhecimento e respeito aos direitos humanos". E, em plena conformidade com esse juízo, afirma: "O sistema representativo de Württemberg como um todo é falho e necessitado de reconfiguração total"[39]. Essa crítica é fundamentada teoricamente em um apelo à justiça e aos direitos humanos. "Nesse juízo, a justiça é o único critério. A coragem de praticar a justiça é o único poder capaz de eliminar por completo com honradez e tranquilidade essa instabilidade e produzir um estado de coisas seguro."[40] Tão somente essa busca da justiça, tão somente uma tentativa de alçar-se até o universal, possibilitará uma suplantação dos interesses particulares, mesquinhos, do filistinismo mesquinho.

Nas observações introdutórias aos fragmentos existentes, Hegel descreve de maneira muito vívida o desejo crescente de renovação das condições de Württemberg. Ele registra esse estado de espírito como uma propensão irresistível que só tende a intensificar-se com cada protelação de seu cumprimento. "Ele não é uma loucura casual e passageira. Chamai-o de paroxismo febril, que, no

---

[38] Rosenkranz, p. 91.
[39] Lasson, p. xiv e xv. Sempre que possível, citaremos o texto segundo a edição de Lasson, por ser a mais acessível ao leitor. Citaremos de outras edições apenas quando algo não aparecer ou aparecer de modo incompleto em Lasson.
[40] Lasson, p. 151.

entanto, só acaba com a morte ou quando a matéria doente tiver sido expelida com o suor. Expulsar o mal constitui um esforço da energia ainda saudável."[41] Hegel, então, volta a afirmar que as condições de Württemberg, tal como estão, tornaram-se insustentáveis e necessitam de uma reconfiguração desde a base.

Hegel despeja, então, seu escárnio mordaz sobre aqueles que admitem abstratamente a necessidade de uma reforma, mas, por egoísmo estamental, resistem a toda e qualquer reforma concreta.

> Com demasiada frequência se vê que, por trás do desejo e da ânsia de obter o melhor para todos, está oculta esta ressalva: na medida em que coincidir com nosso interesse. Tal prontidão em dizer sim a todos os melhoramentos leva um susto e empalidece assim que se faz alguma exigência a quem a demonstra.

Ele sintetiza da seguinte maneira suas observações satíricas sobre a necessidade de implementar as reformas:

> Para que aconteça uma transformação, é preciso que algo seja mudado. Essa verdade palmar precisa ser dita porque o medo que teme se diferencia da coragem que quer de tal modo que, quando chega a hora de começar, as pessoas impelidas por aquele demonstram a fraqueza de querer ficar com tudo o que possuem, como um perdulário que precisa conter seus gastos, mas que considera indispensável todo item de suas necessidades que lhe recomendam cortar e não quer renunciar a coisa alguma, até que lhe acabam sendo tomados tanto o indispensável quanto o dispensável.[42]

Por que as relações em Württemberg são insustentáveis? A resposta dada por Hegel é clara e simples. Elas o são porque advêm de uma época mais antiga, já passada, social e politicamente ultrapassada, e porque não correspondem mais ao espírito e às necessidades do presente. Trata-se de um posicionamento progressista burguês geral diante das instituições do feudal absolutismo alemão. Não obstante, precisamos deter-nos nessas observações de Hegel porque representam um grande passo adiante no desenvolvimento de suas concepções filosófico-históricas e também de suas concepções filosóficas gerais. Pela primeira vez, Hegel emprega a ideia do desenvolvimento histórico na defesa ideológica do progresso social.

No período em Berna, o esperado ressurgimento dos republicanos antigos em meio à decadência do presente gerada pela positividade cristã e pela

---
[41] Ibid.
[42] Ibid., p. 152.

desigualdade dos patrimônios era concebido como uma espécie de catástrofe de Cuvier*. Agora, Hegel começa, claro que de modo ainda muito genérico e abstrato, a vislumbrar no próprio desenvolvimento social a força motriz do progresso. A consequência disso é que ele passa a analisar as diferentes instituições sociais e políticas com um olhar mais histórico. Ou seja, percebe que uma instituição não é boa nem má em si e por si só – como havia tratado essa questão ainda em Berna –, mas que, no curso do desenvolvimento histórico, pode surgir de algo que originalmente era correto uma instituição falsa, reacionária, que tolhe o progresso. Por isso, Hegel fundamenta da seguinte maneira a indefensabilidade das condições em Württemberg:

> Como são cegos aqueles que gostam de acreditar que devem persistir instituições, constituições e leis que não concordam mais com os costumes, as necessidades e a opinião das pessoas e das quais o espírito se esvaiu, que formas que não despertam mais nenhum interesse no entendimento e no sentimento sejam suficientemente fortes para continuar perfazendo o laço que une um povo![43]

Aqui se vê a importância que tiveram para o desenvolvimento de Hegel suas reflexões complexas e confusas sobre a nova formulação do conceito da positividade, que analisamos na seção anterior. Naquela ocasião, só pudemos constatar que a formulação originalmente rígida da positividade começava lentamente a fluir, que das rígidas antinomias metafísicas de positividade e não positividade começaram a aparecer pontos de partida para transições dialéticas. Aquilo que Hegel havia bem pouco tempo ainda formulara como união autêntica e inautêntica começa a adquirir concreticidade histórica: ele passa a chamar de positivo aquilo de que "o espírito se esvaiu". Hegel deixa de perguntar o que *é* positivo e o que *é* não positivo; sua atenção volta-se, muito antes, para a questão referente a *como* uma instituição *se torna* positiva. No fim do período de Frankfurt, veremos que essa tendência a uma formulação conscientemente nova em termos filosóficos e históricos de todo o problema da positividade vai se aprofundando e, por essa via, converte-se em base metodológica de toda a posterior filosofia hegeliana da história. Não temos como decidir, a partir dos fragmentos disponíveis, até que ponto Hegel, na época da redação dessa brochura, alcançou uma clareza filosófica sobre esse problema,

---

* Referência a Georges Cuvier (1769-1832), autor da teoria da catástrofe. (N. T.)
[43] Ibid. [Lasson], p. 151.

até que ponto vinculou a formulação recém-citada com o problema geral da positividade. Entretanto, algumas breves citações isoladas do contexto, oferecidas por Haym, indicam que algo dessa conexão deve ter estado presente na brochura. Com exceção de algumas frases, Haym reproduz o texto hegeliano com suas próprias palavras, numa formulação muito abreviada, de modo que dispomos apenas de alusões ao nosso problema. Haym diz:

> Com palavras certeiras ele caracteriza e fustiga o funcionalismo público que teria perdido "todo e qualquer senso para os direitos humanos inatos" e, a reboque da era que avança, no embaraço entre cargo e consciência, sempre está em busca de "razões históricas a favor do positivo".[44]

É possível perceber que, na brochura original de Hegel, parece ter havido uma conexão entre positividade e arcaísmo histórico, mas não há mais como decidir, a partir dos textos disponíveis, qual foi o grau de consciência e clareza desse nexo no sentido filosófico.

Essa citação extraída de Haym revela-nos outra faceta importante, político-prática, da brochura de Hegel: sua crítica incisiva à burocracia absolutista de Württemberg. Em outro fragmento da mesma brochura, Hegel também dirige expressões ácidas contra o aparato burocrático do absolutismo próprio dos pequenos Estados. Ele vê e combate o fato de esse aparato ser, na realidade, muito mais poderoso do que os próprios Estados regionais. "Dessa forma, o comitê executivo e, com ele, o país foram enrolados [...] pelos oficiais."[45]

Essas observações são importantes por ressaltarem que Hegel não só foi um adversário incisivamente crítico dos resquícios feudais presentes na Constituição de Württemberg, mas que ele, ao mesmo tempo e com a mesma veemência, travou uma batalha contra o absolutismo próprio dos pequenos Estados que, naquele momento, entrara em conflito com os estamentos feudais. Fica claro, portanto, que o objetivo final de Hegel só poderia ser algo radicalmente diferente, uma terceira alternativa – a saber, a reconfiguração democrática burguesa de Württemberg.

Tanto mais decepcionante é, por isso mesmo, o tom vacilante e difuso daquelas observações em que Hegel formula suas propostas concretas. Depois de uma crítica bastante incisiva às condições de Württemberg, depois

---

[44] Haym, cit., p. 67.
[45] Lasson, p. 153.

da fundamentação filosófico-histórica da necessidade incondicional de uma reconfiguração radical, é bastante decepcionante ouvi-lo levantar a pergunta "se, em um país que há séculos pratica a monarquia hereditária, seria aconselhável deixar que a turba ignara, habituada à obediência cega e dependente da impressão do momento, repentinamente eleja seus representantes". Sua proposta concreta de transformação segue a linha dessas observações, não a linha da crítica incisiva das relações em Württemberg.

> Enquanto tudo mais permanecer nas velhas condições, enquanto o povo não tiver ciência de seus direitos, enquanto não existir espírito coletivo, enquanto o poder dos funcionários não for cerceado, eleições populares só servirão para acarretar a derrubada completa da nossa Constituição. O mais importante seria depositar o direito de voto nas mãos de um corpo de homens esclarecidos e probos, independentes da corte. Porém, não consigo ver de que tipo de eleição se poderia esperar tal assembleia, por mais cuidado que se tenha ao determinar a capacidade eleitoral ativa e passiva.[46]

É possível ver claramente a distância entre a veemência da crítica ao vigente e o tom vacilante e difuso das propostas de reforma. O fato de Hegel ter se afastado da ala plebeia radical da Revolução Francesa, como vimos em Berna, não é suficiente para explicar essa vacilação e a reivindicação de uma assembleia "independente" de notáveis, mesmo quando se leva em consideração que essa brochura foi escrita após as experiências da Revolução Francesa, tampouco explica por que Hegel temeu a eventual transformação de uma representação eleita em uma convenção radical, pois tanto a seu tempo na França quanto mais tarde, inclusive na Alemanha, muitos liberais moderados defenderam o ponto de vista de que um corpo de representantes eleitos poderia constituir a transição apropriada para as reformas condizentes com a época.

É claro que a causa real reside nas condições gerais da Alemanha e em uma postura ideológica oriunda delas que foi continuamente determinante para o comportamento de Hegel (e também para o de contemporâneos tão significativos como, por exemplo, Goethe). Em virtude de seu horizonte internacional, Hegel viu de modo relativamente claro tanto o atraso das constituições alemãs quanto o da constituição que deveria ser promulgada. Ele não tinha a menor ideia de como vincular politicamente sua crítica com seus objetivos. E sobre a base dessas oscilações e desses embaraços surgiram as mais diferentes

---

[46] Ibid., p. xv e xvi.

formas de ilusões socialmente necessárias, mas mais ou menos reacionárias, que determinariam seu pensamento até o fim da vida. Quanto mais concreta a abordagem de um problema, mais nítidas devem ter sido essa distância e as ilusões que a cobriam de modo puramente ideológico. Marx analisou com extraordinária clareza as razões sociais e o caráter social dessas ilusões em *A ideologia alemã*. A respeito da caracterização da fragmentação política e econômica da Alemanha no fim do século XVIII e no início do século XIX, ele diz o seguinte:

> A impotência de cada uma das esferas da vida (não se pode falar nem de estamentos nem de classes, mas no máximo de estamentos passados e classes ainda não nascidas) não permitia a nenhum deles conquistar o domínio exclusivo. A consequência necessária disso foi que, durante a época da monarquia absoluta – que se apresentou ali em sua forma mais deformada possível, a semipatriarcal –, a esfera específica à qual cabia a administração do interesse público por meio da divisão do trabalho obteve uma independência anormal, que ainda foi aprofundada na burocracia moderna. Desse modo, o Estado se constituiu como um poder aparentemente autônomo e manteve até hoje na Alemanha essa posição, que em outros países foi apenas passageira – uma fase de transição. A partir dessa posição se explicam tanto a franca consciência burocrática que não se encontra em nenhuma outra parte quanto todo um conjunto de ilusões sobre o Estado que circulam na Alemanha, bem como a aparente independência que os teóricos daqui têm em relação aos burgueses – a aparente contradição entre a forma como esses teóricos pronunciam os interesses dos burgueses e esses próprios interesses.[47]

Mesmo com um conhecimento apenas superficial do desenvolvimento das ideias de Hegel necessariamente se percebe que todas as características da ideologia alemã dessa época apontadas aqui por Marx se aplicam a ele. É evidente que as ilusões sobre a "franca consciência burocrática" e sobre o Estado somente seriam explicitadas no decurso de sua concepção posterior mais concreta da sociedade, mas a independência aparente em relação aos interesses reais da classe burguesa em ascensão, ressaltada por Marx no fim, constitui já naquele momento de modo marcante a força motriz de sua metodologia política e social. Tanto o tom difuso e vacilante das próprias propostas de reforma quanto as ilusões sobre um corpo "independente" que

---

[47] [Karl] Marx e [Friedrich] Engels, *Die deutsche Ideologie* (Berlim, 1953), p. 198. [Ed. bras.: *A ideologia alemã*, trad. Rubens Enderle, Nélio Schneider e Luciano Martorano, São Paulo, Boitempo, 2007, p. 194.]

deve determinar a Constituição de Württemberg provêm dessa fonte. Especialmente importante, nesse tocante, é sua relação com o liberalismo. Em muitas questões, Hegel se move na mesma linha dos liberais no que se refere às *finalidades* sociais. Pelo visto, já bem cedo Hegel estudou a fundo ideólogos importantes do liberalismo, como Benjamin Constant[48] ou [Charles James] Fox[49]. Apesar disso, até o fim da vida ele desenvolveu uma rejeição cada vez mais clara dos *métodos* políticos do liberalismo, em especial do alemão. Ele rejeita cada vez mais resolutamente sobretudo sua crença no direito de voto, no parlamentarismo, em reformas parlamentaristas etc.

Nessa contradição, refletem-se de modo bem interessante o atraso econômico e social da Alemanha e, dele decorrente, o desenvolvimento não só desigual, mas também dicotômico, travado, filisteu medíocre da ideologia política. *Ambas* as correntes mesclam-se tanto com tendências pequeno-burguesas quanto com um utopismo obscuro. Os liberais alemães dessa época em geral apresentam suas reivindicações de modo dogmático, sem levar seriamente em conta as reais relações entre as forças sociais. (Para evitar qualquer mal-entendido, seja enfatizado expressamente que só estamos falando dos ideólogos do liberalismo, não dos poucos democratas revolucionários do tipo de Georg Forster.) Onde – em decorrência das guerras francesas – surgiu uma espécie de pseudoconstitucionalismo, o dogmatismo desses liberais se mesclou com um oportunismo pequeno-burguês, com uma política paroquialista bem estreita (liberais do sul da Alemanha). Hegel percebe – como faz de modo semelhante Goethe – essa estreiteza do liberalismo alemão. Ele não compartilha de suas ilusões na avaliação das relações alemãs nem quanto às condições de vida socioeconômicas da sociedade burguesa. Mesmo assim, em seu caso, essa crítica frequentemente correta se mistura a outras ilusões já por nós conhecidas, ainda que de natureza bem diferente. E essas ilusões o impelem mais tarde em questões específicas a posicionamentos abertamente reacionários.

Assim, as estreitezas e as ilusões dos *dois* pontos de vista possíveis naquela época refletem do mesmo modo a "*misère* alemã": até mesmo os mais elevados ideólogos alemães, os que dispunham do horizonte internacional mais amplo, foram vencidos pela estreiteza pequeno-burguesa, mesquinha, das relações sociais da Alemanha. A suplantação efetiva dessas estreitezas só teria início

---

[48] Rosenkranz, p. 62.
[49] Haym, cit., p. 67.

quando, logo antes e em especial após a Revolução de Julho na França (1830), surgiu também na Alemanha um *movimento* decididamente democrático (Georg Büchner, Heine). Basta, porém, pensar no embate do jovem Marx contra os jovens hegelianos radicais para perceber como eram profundas as raízes dessas ideologias limitadas nas relações sociais da Alemanha.

Dado que a base de sua postura ideológica procede da estrutura decisiva da estratificação classista da Alemanha daquela época, Hegel não foi capaz de suplantá-la ao longo de toda a vida. No decorrer de seu desenvolvimento, ele aprende a conhecer cada vez mais concretamente as forças motrizes do desenvolvimento social, aprofunda-se cada vez mais em sua legalidade; mas ele investiga sempre só até certo ponto as legalidades desse modo identificadas. Então, os antagonismos sociais às vezes compreendidos de modo bem concreto e claro logo descambam, de modo injustificado em termos objetivamente sociais, para uma universalidade abstrata, mais tarde preenchida com conteúdo burocrático e nutrida por ilusões sobre o Estado. Por mais que, no decorrer de seu desenvolvimento, Hegel se esforce para averiguar a conexão dialética entre a "particularidade" dos interesses privados e classistas e seu resultado social, essa "universalidade" jamais chega a ser realmente desenvolvida por ele a partir das condições sociais reais e particulares, mas é imposta sobre estas, no sentido filosófico idealista e de acordo com seu fundamento de classe, "a partir de cima", a partir de sua aparente independência. É evidente que esse caráter contraditório fundamental da concepção social e filosófica de Hegel aparece aqui de modo ainda menos nítido e claro do que no decorrer de seu desenvolvimento posterior. Veremos também que, para ele, tanto os conteúdos políticos quanto as vinculações metodológicas estão sujeitos a grandes transformações; contudo, esse caráter contraditório fundamental constitui um traço permanente que atravessa todo o seu pensamento.

Sabemos que essa brochura de Hegel nunca foi publicada; a causa disso é explicada de certo modo pela carta de um amigo de Stuttgart publicada por Rosenkranz. Este defende o ponto de vista de que a publicação sob as circunstâncias atuais não ajudaria em nada, antes causaria estragos. Um dos argumentos decisivos se volta contra o projeto hegeliano da assembleia de notáveis, que o autor da carta caracteriza como "arbitrário". Mais importante para a não publicação da brochura, porém, evidentemente foi a decepção dos alemães de mentalidade progressista e até revolucionária com os resultados da guerra contra a França. O Congresso de Rastatt, reunido de dezembro de

1797 a abril de 1799, que pôs fim à primeira guerra da coalizão contra a República francesa, acarretou para a Alemanha apenas uma redução do território nacional. As expectativas e as esperanças – certamente muito ilusórias – dos patriotas alemães que haviam esperado das guerras da República francesa uma disseminação internacional das instituições democráticas e viram que as negociações de paz não passavam de uma barganha mesquinha por diversos territórios sofreram uma desilusão amarga. Essa decepção se reflete nas linhas finais dessa carta a Hegel:

> Todavia, caríssimo amigo, nossa reputação decaiu drasticamente. Os gestores da grande nação entregaram os direitos mais sagrados da humanidade ao desprezo e ao escárnio de nossos inimigos. Não conheço nenhuma vingança que faça jus ao crime que cometeram. Sob essas circunstâncias, a divulgação de vosso ensaio também faria mais mal que bem para nós.[50]

A contradição que se expressa nessa carta com forte carga emocional foi repetidamente tratada por nós. Ela está na base de todas as tentativas de solução teóricas e práticas de instauração da unidade alemã nesse período. O próprio Hegel se posiciona sobre esse complexo de questões na brochura seguinte que esboçou nesse período, mas não chegou a concluir. É interessante e bem característico de Hegel que, em suas anotações, não se encontre nenhum vestígio de amargura em relação aos franceses. Ele aborda a questão da unidade alemã a partir das contradições internas do desenvolvimento nacional da Alemanha; e suas posteriores exposições mais concretas sobre essa questão e sobre toda a perspectiva da história universal daquela época mostram que ele jamais deixou de simpatizar com a linha de desenvolvimento iniciada na França – com o domínio de Napoleão, suas simpatias se tornam até mais fortes e cada vez mais ele passa a ver a solução napoleônica para os problemas da Revolução Francesa como modelo histórico. É óbvio que, por essa via, não há como superar o abismo intransponível que se abre entre a análise histórico-social e a perspectiva da realização de seus resultados.

Nos fragmentos disponíveis da brochura "A Constituição da Alemanha", essa distância se evidencia provisoriamente no fato de que o manuscrito de Hegel sempre é interrompido no ponto em que deveria apontar uma perspectiva concreta. Em Iena, Hegel retomou o trabalho nessa brochura, ampliando e

---

[50] Rosenkranz, p. 91.

aprofundando essencialmente tanto sua parte crítica e histórica quanto a parte que se ocupa de propostas concretas. Desse modo, porém, aquela distância só foi deslocada para outro ponto – e volta a aparecer em uma contradição ainda mais nítida em relação às propostas que muitas vezes são bem concretas. Em relação ao passado, Hegel mostra com muita clareza que todas as transformações das constituições dos Estados só puderam ser viabilizadas por forças históricas reais. "A Constituição da Alemanha" de Iena, porém, silencia completamente a respeito dessas forças históricas que poderiam concretizar no país as reformas desejadas por Hegel, e, nos trechos em que ele alude a tais forças, essas alusões são confusas e profundamente ilusórias[51].

Quanto ao primeiro fragmento, o que chama nossa atenção também é a agudeza da crítica e a ousadia da análise em contraste com a falta de uma

---

[51] Os dois fragmentos do escrito de Hegel sobre a Constituição de que agora trataremos surgiram com toda probabilidade na virada de 1798 para 1799. Rosenzweig, v. I, p. 88 e seg., e Hoffmeister, p. 468, demonstraram isso com alto grau de probabilidade em relação ao primeiro fragmento: eles mostraram que, na passagem do manuscrito de Hegel em que ele fala do Congresso de Rastatt, a palavra "*werden*" (presente) foi corrigida mais tarde com outra tinta para "*wurden*" (pretérito). Ou seja, o manuscrito, sem dúvida, surgiu durante a reunião do Congresso de Rastatt e foi revisto e reformulado mais tarde em Iena, provavelmente por ocasião da retomada do tema. A respeito do segundo fragmento, há divergências de opinião entre os pesquisadores de Hegel que tiveram os manuscritos originais em mãos. Haering, p. 595 e 785, desloca esse fragmento para o período em Iena, considerando-o, portanto, concomitante com a posterior formulação do escrito como um todo. Em contraposição, Rosenzweig, v. I, p. 92 e seg. e 235, e Hoffmeister, p. 469 e seg., sustentam que ele surgiu já em Frankfurt. Rosenzweig e Hoffmeister apresentam argumentos puramente filológicos baseados na mudança da caligrafia de Hegel, ao passo que Haering apoia sua visão em assim chamados "indícios internos". Só isso já deve nos levar a dar a preferência à opinião daqueles. E também os assim chamados "indícios internos" falam contra Haering, pois o método e a estruturação do segundo fragmento ostentam traços bem típicos do período de Hegel em Frankfurt, partindo de problemas individuais vivenciados e ascendendo deles para interconexões históricas e generalizações filosóficas. Hegel se distanciou bastante dessa subjetividade do modo expositivo depois do período em Frankfurt. O leitor que conhece parte das análises introdutórias desse fragmento a partir da nossa primeira seção (cf. p. 179 deste livro) pode emitir pessoalmente um juízo sobre esse estado de espírito, sobre a atmosfera intelectual do fragmento. A razão de deslocarmos os fragmentos justamente para a época anteriormente indicada é, por um lado, como o leitor verá, o fato de conterem ideias semelhantes às da brochura de Württemberg, mas num patamar filosoficamente mais elevado de generalização; portanto, eles manifestamente surgiram depois desta. Por outro lado, em fevereiro de 1799 Hegel inicia seus primeiros estudos econômicos mais aprofundados. E em nossos fragmentos não encontramos praticamente nenhum raciocínio econômico. Por essa razão, é provável que eles tenham surgido antes de Hegel ocupar-se da economia de Steuart. Isso tudo obviamente são apenas hipóteses; em virtude do estado atual do legado hegeliano, porém, não podemos passar sem tais hipóteses, caso queiramos reconstruir o desenvolvimento de Hegel.

perspectiva concreta. Em sua investigação das relações alemãs, Hegel chega a ponto de antever a real possibilidade ameaçadora do desaparecimento da Alemanha como nação e Estado e sua fragmentação definitiva. Ele até chega, como alternativa, a aludir a uma solução oposta, mas, no ponto em que deveria falar sobre ela, o manuscrito é interrompido. Depois de fazer uma crítica incisiva à autonomia de cada uma das regiões da Alemanha, diz o seguinte:

> Se esse impulso de isolar-se for o único princípio mobilizador no Império Alemão, a Alemanha se encontra em um movimento inexorável de descida para o abismo de sua dissolução, e fazer uma advertência diante disso até seria uma demonstração de zelo, mas, ao mesmo tempo, evidenciaria a tolice de um esforço desnecessário. Porventura a Alemanha não se encontra ainda na encruzilhada entre o destino da Itália e a conexão que leva à formação de um só Estado? São precipuamente duas circunstâncias que permitem ter esperança na última opção, duas circunstâncias que podem ser encaradas como tendência contrária ao princípio de dissolução.[52]

No entanto, no manuscrito nada consta sobre essas duas circunstâncias*.

Já apontamos para o fato de que a análise de Hegel que chega a esse resultado parte exclusivamente das relações internas da Alemanha e não culpa as guerras francesas pela crise em que se encontra o Império Alemão. Como todos os alemães progressistas dessa época, Hegel vê o mal fundamental da nação na assim chamada soberania territorial dos grandes e dos pequenos principados, na fragmentação da Alemanha em uma série de grandes e pequenos Estados autônomos. Em sua análise, ele chega à seguinte constatação, bastante radical: "Com exceção dos Estados despóticos, isto é, dos Estados sem constituição, nenhum outro Estado se encontra em situação mais miserável do que o Império Alemão". Em um adendo, ele acrescenta isto: "Voltaire abertamente chamou sua Constituição de anarquia; essa é a melhor designação para a Alemanha quando considerada Estado; mas agora nem essa designação é válida, porque já não se pode mais considerar a Alemanha um Estado"[53].

A fundamentação desse veredito categórico é interessante e característica de Hegel. Ela mostra, de um lado, como as constatações dos fatos por ele entram em contradição com suas concepções originais e como ele avança – ainda que

---

[52] Lasson, p. 142.

* Correção do original alemão, que traz "esses dois princípios" em vez de "essas duas circunstâncias". (N. T.)

[53] Hoffmeister, p. 283.

via formulações idealistas arrojadas – "em meio ao estrume" dessas contradições rumo a novos e mais ricos conhecimentos. Hegel visualiza a contradição fundamental da Constituição alemã no fato de seu caráter legal, em essência, não ser direito de Estado, mas direito privado. Nessa concepção ainda está embutido muito das concepções antigas de Estado, tomadas em parte do direito natural, em parte do modelo da Antiguidade. Ele censura, por conseguinte, os princípios do direito público alemão por não serem "normas derivadas de conceitos fundados na razão una", mas simples "abstrações de realidades". Portanto, é na realidade que Hegel vê como surgiram as formulações legais a partir das lutas sociais concretas, reconhece esse fato onde se depara com ele, mas vislumbra nele algo contrário à razão, algo que contradiz a realidade como ela deve ser[54].

Essa contraposição tem um caráter fortemente idealista e metafísico, que salta ainda mais aos olhos quando analisamos a fundamentação conceitual das abstrações de realidades. Condenando com veemência esse desenvolvimento alemão, Hegel diz: "Porque a posse é anterior à lei e não se originou de leis, mas o que já havia sido conseguido foi convertido em direito legal". Se acompanharmos mais de perto as análises concretas, contudo, vemos que sua luta contra o caráter de direito privado do Império Alemão visa a chegar ao resultado de que, nas lutas sociais que levaram da Idade Média à era moderna, as forças feudais obtiveram a vitória na Alemanha. "O que o Estado podia fazer era sempre confirmar o que havia sido arrebatado a seu poder [...]; na Alemanha, o poder do membro individual do corpo político reside no Estado, assim como pessoalmente deve seus direitos e seus deveres a sua família, a seu estamento ou a sua guilda."[55]

É evidente que Hegel vê justamente na vitória dos princípios feudais as razões de a Alemanha ter deixado de ser um Estado. Em seguida, ele expõe que esses direitos públicos fundamentados de modo jurídico-privado têm uma tendência inerente a se autonomizar, a soltar-se da totalidade do Estado e da nação, de forma a que deles necessariamente se origina um caos de direitos e reivindicações de direitos conflitantes. Todavia, Hegel vê o direito aqui, ainda mais decididamente do que veria mais tarde, não como resultado, mas como o princípio mais elevado das relações sociais e estatais; no quadro dessa

---
[54] Ibid., p. 285.
[55] Ibid.

deformação idealista da realidade, ele oferece uma imagem clara, vívida e satírica da situação da Alemanha, na qual, apoiada no mesmo fundamento, uma pessoa tem igual direito de opinar sobre guerra e paz para toda a Alemanha que aquela outra tem de possuir tantos e tantos campos ou vinhedos[56].

Em sua condenação incisiva das relações alemãs, o ponto de vista de cunho mais histórico em relação à positividade, ao arcaísmo, à necessidade de reforma das relações, que já conhecemos da brochura de Württemberg, ganha uma expressão ainda mais clara. Por um lado, Hegel pinta um panorama bem colorido das forças atuantes no passado e progressistas em sua época que originalmente ergueram o edifício do Império Alemão e confere uma expressão eloquente aos sentimentos da tradição e do apego que os alemães têm por seu passado; por outro lado, mostra com a maior contundência possível que todo esse edifício histórico não tem mais nada a ver com os problemas reais do presente, que, como formulou em relação a Württemberg, o espírito já se esvaiu dele.

> O edifício da Constituição do Estado alemão é obra de séculos passados; ele não é sustentado pela vida dos tempos atuais; em suas formas está impresso o destino inteiro de vários séculos e ele é habitado pela justiça e pelo poder, pela coragem e pela covardia, pela honra, pelo sangue, pela aflição e pelo bem-estar de tempos há muito transcorridos, de gerações há muito decompostas; a vida e as forças, cujo desenvolvimento e cuja atividade constituem o orgulho da geração que vive hoje, não têm parte nele, não têm interesse nele e não se nutrem dele. O edifício com suas colunas e suas volutas se encontra isolado do espírito da época no mundo.[57]

Aqui Hegel não pronuncia a palavra "positividade", mas é claro que, também nessa análise, estamos diante de uma evolução histórica da ideia que ele tem de positividade.

Especialmente importante para o desenvolvimento da construção da história por Hegel é a exposição pormenorizada dessa análise histórica, a investigação de *Lenda da liberdade alemã*. Nesta, Hegel procura, pela primeira vez no decurso de seu desenvolvimento, apresentar a imagem de uma condição social pré-estatal, precisamente aquela condição que ele mais tarde designaria com a expressão "era dos heróis". Essa concepção só mais tarde adquire de fato importância decisiva para Hegel, sobretudo para o conhecimento do desenvolvimento pré-estatal da Antiguidade. Há, porém, uma série de alusões (por

---

[56] Ibid., p. 286.
[57] Ibid., p. 283.

exemplo, em *Estética*) em que ele também caracterizou a Idade Média em dissolução como uma era desse tipo, como uma espécie de retorno de tal era nos termos de Vico*. As observações que agora aparecem são bem características do desenvolvimento de sua sensibilidade histórica, do início de sua concepção dialética da história, pois já naquele momento ele se encontrava equidistante tanto de uma glorificação de condições primitivas e do desejo de retorno a elas quanto de um desprezo progressista vulgar das condições sociais primitivas, de um olhar de desdém vulgarizado do "alto das últimas conquistas" da civilização. Hegel fornece aqui uma imagem interessante do período da assim chamada liberdade alemã, de uma condição "em que não são leis, mas costumes, que transformam uma multidão em povo, em que o mesmo interesse, não um comando geral, configurou o povo como Estado". Para finalizar sua análise, acrescenta ao trecho em questão as seguintes reflexões gerais:

> Constitui uma atitude covarde e pusilânime chamar os filhos daquela condição de abomináveis, infelizes e tolos e acreditar que somos infinitamente mais humanos, mais felizes e mais espertos; do mesmo modo, seria infantil e simplório ansiar pelo retorno de tal condição – como se ela fosse unicamente natureza – e não saber valorizar como necessária – e como condição de liberdade – a que é regida por leis.[58]

Poucos anos depois, no início de seu período em Iena, nas ideias de sua dissertação, Hegel expressa essas ideias de modo muito marcante, culminando em um paradoxo. Ele diz, aderindo em parte à concepção de Hobbes, em parte polemizando contra ela: "O estado de natureza não é injusto, e precisamente por isso é necessário sair dele"[59].

O outro fragmento trata dessas questões de modo mais genérico e filosófico. Rosenkranz, que foi o primeiro a publicá-lo, chega a caracterizá-lo como síntese das ideias de Hegel sobre a crise mundial[60].

Já tomamos conhecimento do ponto de partida e do estado de espírito geral desse fragmento a partir do trecho citado na primeira seção deste capítulo.

---

* Referência a Giovan Battista (Giambattista) Vico (1668-1744), filósofo político, retórico, historiador e jurista italiano. (N. T.)
[58] Ibid., p. 284.
[59] Hegel, *Erste Druckschriften* (ed. Lasson, Leipzig, 1928), p. 405. Doravante será sempre citado como *"Erste Druckschriften"*.
[60] Na sua edição, Rosenkranz (p. 88 e seg.) insere esse fragmento imediatamente após a crítica a Kant do ano de 1798. Como ele foi pessoalmente aluno de Hegel, esse pode também ser um elemento que apoia nossa hipótese de datação.

Hegel passa da descrição ali fornecida da condição individual de crise à análise da condição geral do mundo. Resumindo, ele diz:

> Todos os fenômenos desta época mostram que já não se encontra satisfação na velha vida; esta consistia numa limitação ao ordenado domínio da própria propriedade; era a contemplação e a fruição de um mesquinho mundo plenamente servil e, pois, também uma autoaniquilação e uma elevação ao céu que compensavam essa limitação.*

O tempo se encarregou de pôr fim a essa limitação filisteia e religiosa satisfeita consigo mesma. Tanto o empobrecimento quanto o luxo revogaram a antiga condição. De um lado, surgiu uma obsessão pelo enriquecimento, "a má consciência de transformar sua propriedade, coisas, em algo absoluto"; de outro, "uma vida melhor [...] soprou sobre esta época". Hegel se reporta aqui expressamente, de uma parte, à Revolução Francesa (e talvez já a Napoleão) e, de outra, às grandes realizações da literatura e da filosofia clássicas alemãs.

> Seu ímpeto nutre-se da ação do grande caráter de alguns indivíduos que fizeram grandes homens singulares, dos movimentos de povos inteiros, da descrição da natureza e do destino pelos poetas; a metafísica designa os limites e a necessidade dessas limitações no contexto da totalidade.[61]

Hegel acrescenta aqui um novo traço à sua concepção de positividade. Primeiro a historicização desse conceito – como vimos na brochura de Württemberg – externou-se no fato de que originalmente as instituições correspondentes aos costumes do povo foram se afastando da vida com o decorrer do tempo, que o espírito se esvaiu delas, que desse modo elas se tornaram instituições positivas. Agora Hegel acrescenta a essa imagem outra pincelada: em meio à vida esclerosada, velha, positiva, começa a despertar um novo espírito, e o antagonismo vivo, o contraste vivo de velho e novo converte o historicamente superado em positivo.

Como Hegel imagina, nesse fragmento, a mudança das relações do Império Alemão que se tornaram insustentáveis? Ele fornece aqui uma perspectiva sumária, que se atém ao plano filosófico geral e, por isso mesmo, é caracteristicamente mais radical e politicamente mais concreta do que em suas demais

---

* Lasson, p. 140. (N. T.)

[61] Lasson, p. 140. Aqui Hegel entende por metafísica a filosofia que transcende os limites do idealismo subjetivo.

considerações. "A vida limitada enquanto poder só poderá ser atacada com poder pela vida melhor quando esta também tiver se tornado um poder. [...] Como particularidade contra particularidade a natureza em sua vida real é o único ataque ou a única refutação da vida pior [...]."[62] Hegel comprova sua noção realista do desenvolvimento social na medida em que concebe este como luta de poder contra poder (particularidade contra particularidade). Aqui ele já se distanciou bastante das ilusões liberais em relação ao "poder irresistível da ideia", cujo clamor faria ruir por si só as fortalezas do absolutismo, como, na Bíblia, as muralhas de Jericó diante das trombetas de Josué*. Ao mesmo tempo, ele vê essa luta contra o absolutismo, contra os resquícios feudais, da mesma maneira como a encararam os precursores ideológicos da classe burguesa, que, naquela época, era revolucionária. Por essa razão, ele deixa ainda mais concreto esse tipo de ataque à velha vida que se tornou positiva. Essa velha vida

> não funda seu domínio no poder da particularidade contra a particularidade, mas na universalidade. Essa verdade e o direito que ela vindica para si precisam ser tirados dela e dados àquela parcela da vida que está sendo demandada. [...] Concede-se ao positivo do vigente, que é negação da natureza, sua verdade, que se pretende estabelecer como direito.[63]

Essas considerações de Hegel formuladas em uma terminologia bastante abstrata e conceitual contêm, traduzidas para a linguagem filosófica, a tendência geral da polêmica dos revolucionários burgueses contra a antiga sociedade feudal. Eles sempre tratam a pretensão das classes dominantes na sociedade feudal de serem representantes e líderes de toda a sociedade como presunção de uma minoria reduzida, de um grupo de pessoas com interesses particulares. Em contrapartida, eles veem as reivindicações do "terceiro Estado" como os direitos até ali reprimidos do interesse geral, como os interesses de toda a sociedade, mais do que como reivindicações de uma classe diante de outras classes. Portanto, quando Hegel realiza aqui essa troca de posição entre particular e universal, quando desmascara a universalidade (feudal absolutista) como presunção de uma particularidade (*Partikularität*) e quando, em contrapartida, vislumbra na particularidade (*Besonderheit*) diretamente manifesta

---
[62] Ibid.
* Cf. Antigo Testamento, Livro de Josué, cap. 6. (N. T.)
[63] Ibid. [Lasson, p. 140.]

das reivindicações da classe burguesa a real universalidade que corresponde à natureza e à história, ele apenas formula em termos filosóficos abstratos as ideias que estiveram disseminadas universalmente, de modo politicamente claro e concreto, sem pretensão de filosofia, na publicística progressista anterior e simultânea à Revolução Francesa. Uma vez mais, é muitíssimo interessante e característico de seu desenvolvimento como pensador que, quando a dialética do universal e do particular aflora pela primeira vez no curso do seu desenvolvimento, isso não acontece em conexão com a solução de problemas filosóficos abstratos, mas decorre da tentativa de obter clareza sobre a dialética histórica real da destruição da sociedade feudal pela burguesia e da necessidade de explicar claramente aos outros essa transição.

As considerações seguintes de Hegel mostram com clareza ainda maior em que medida, no caso dele, essa forma filosófica da problemática se origina dos problemas histórico-políticos. Logo após a passagem recém-citada, ele diz o seguinte: "No Império Alemão, a universalidade detentora do poder desapareceu como fonte de todo direito, porque ela se isolou, transformou-se no particular. Em razão disso, a universalidade só existe ainda como ideia, não mais como realidade"[64]. No caso deste último pensamento, a caracterização clara do Império Alemão como universalidade que decaiu à condição de particular constitui em termos políticos uma confirmação adicional do direcionamento da polêmica contra os resquícios absolutistas feudais, dos quais há pouco tratamos. Do ponto de vista do desenvolvimento filosófico de Hegel, devemos lembrar as observações feitas a partir dos fragmentos de Nohl, nos quais ele pela primeira vez tentou uma nova formulação de positividade. Naquela ocasião (p. 209 e seg. deste livro), mostramos que Hegel vê a diferença entre positivo e não positivo no fato de ambos serem uniões, mas, ao passo que o positivo é apenas uma representação, apenas uma ideia, o não positivo é um ser.

Lembremos ainda que, em conexão com essa ideia, Hegel pela primeira vez tratou de constatar e determinar diversos estágios do ser. Naquele momento, isso ainda havia sido formulado de modo extraordinariamente abstrato e obscuro. Na atual aplicação histórica, esses problemas recebem uma formulação mais concreta. Os estágios do ser, do ser mais real e do ser mais irreal etc. aparecem em conexão com a questão histórica do fenecimento ou do perecimento das antigas formações sociais, com o crescimento de novas condições

---

[64] Ibid., p. 141.

sociais. Desse modo, acercamo-nos da dialética do desenvolvimento histórico em Hegel, que Engels caracteriza nos seguintes termos: "Assim, no decorrer do desenvolvimento, tudo o que antes era real se torna irreal, perde sua necessidade, seu direito à existência, sua razoabilidade; o lugar do real fenecente é ocupado por uma nova realidade apta a viver [...]"[65]. Todavia, Hegel ainda está muito distante inclusive daquela concreticidade histórica que atingiria em *Filosofia da história**. Neste ponto, só nos interessa mostrar que, nesses fragmentos, ele deu o passo inicial rumo à metodologia de tal concepção de história. Mais uma vez, é característico da condição de seu pensamento naquela época que também esse fragmento seja interrompido no ponto em que teriam de ser tiradas as consequências concretas dessas premissas tanto política quanto filosoficamente arrojadas e progressistas.

IV. Análise crítica da ética de Kant

A natureza intrínseca da crise do período de Hegel em Frankfurt não se manifesta apenas no caráter fragmentário de cada uma de suas anotações, que, como vimos, com bastante frequência são interrompidas justamente no ponto decisivo e deixadas de lado em tal condição inacabada. Ela se mostra também no caráter errático do interesse temático de Hegel. Vimos que as investigações sobre judaísmo, cristianismo etc. foram substituídas pela brochura de Württemberg. A esta seguiram, embora não de imediato do ponto de vista cronológico, os fragmentos, analisados por nós na sequência, sobre a "A Constituição da Alemanha"; tratamos os dois juntos apenas em virtude da afinidade temática, visando a evitar repetições supérfluas. Cronologicamente, segue-se à brochura sobre Württemberg uma análise detalhada dos escritos éticos de Kant por parte de Hegel. A partir das anotações do próprio Hegel, pode-se constatar que essa análise começou em 10 de agosto de 1798, ou seja, quase imediatamente após a brochura de Württemberg. A ocupação com Kant é substituída – se nossa hipótese estiver correta – pelo trabalho em "A Constituição da Alemanha". A esta segue-se, então, começando em fevereiro de 1799, a ocupação com a economia de Steuart. Em seguida, Hegel retoma

---

[65] [Friedrich] Engels, *Ludwig Feuerbach und der Ausgang der klassischen deutschen Philosophie* [Ludwig Feuerbach e o fim da filosofia alemã clássica] (Berlim, Dietz, 1952)], cit., p. 7.

* G. W. F. Hegel, "Vorlesungen über die Philosophie der Geschichte", em *Werke*, v. IX (Berlim, Duncker und Humblot, 1837). (N. T.)

sua análise do cristianismo e escreve sua obra mais volumosa do período de Frankfurt: O *espírito do cristianismo e seu destino*.

Nessa época de crise, seguidamente se tem a sensação de que Hegel se lança com grande paixão à solução de problemas que o tocam como imediatos e pessoais, mas, ao fazê-lo, tem sempre a percepção de que seu saber sócio-histórico e sua bagagem filosófica não estavam à altura das exigências nem eram adequados à solução de tais problemas. Todavia, mediante a ampliação de seu saber e o aprofundamento de sua metodologia filosófica, Hegel quer lançar a ponte sobre um abismo intransponível: apontamos as razões sociais objetivas que o impediram de obter um conhecimento científico e histórico adequado sobre a sociedade burguesa de seu tempo, de seu surgimento e de sua legalidade. O caminho rumo a essa meta é, para Hegel, porém, a formulação ininterrupta e progressiva do método dialético. Quanto mais próximo ele pensa estar da ansiada "reconciliação" com a realidade, mais profundamente são identificadas as contradições no material que ele elabora com essa finalidade, e o reconhecimento desse caráter contraditório tem como consequência a interrupção momentânea do trabalho em questão. Por meio do conhecimento constantemente aprofundado da estrutura dialética do ser, contudo, cada um desses estágios de fato se torna uma etapa na aproximação à dialética científica. A natureza da atividade científica de Hegel em Frankfurt, que do ponto de vista biográfico subjetivo é errática, resulta objetivamente em continuidade: justamente o caminho rumo ao conhecimento da contradição como fundamento de todo ser e de todo pensamento.

O confronto com a ética de Kant é determinado, sobretudo, pela nova postura de Hegel em relação à sociedade burguesa. Nela, Hegel parte, como vimos, dos problemas e das necessidades do indivíduo, dos problemas morais que, para o indivíduo, decorrem da vida na sociedade burguesa. Por essa via, ele se aproximou, de certo modo, da ética kantiana, cuja questão principal, como se sabe, igualmente são os deveres morais do indivíduo. No entanto, a linha básica da formulação hegeliana do problema é em essência diferente daquela de Kant, inclusive já nesse estágio inicial. A aparente proximidade metodológica exige, portanto, uma análise crítica pormenorizada, ao passo que em Berna, onde a formulação do problema por Hegel praticamente não tomou conhecimento do destino individual, fora possível assumir uma postura neutra amistosa diante da ética kantiana. Esse confronto também se torna necessário e mais premente em virtude da posição dos dois pensadores em relação à religião. A ética kantiana recebe um fechamento religioso com a elevação de Deus à condição de "postulado da razão prática". (Sabemos, a partir de Berna, como o jovem Hegel e seu amigo Schelling se posicionaram em relação a esse aspecto da ética kantiana. Cf. p. 87 e seg. deste livro.) A filosofia elaborada por Hegel em Frankfurt também tem um ápice religioso, mas completamente contrário ao kantiano. E visto que, para Hegel em Frankfurt, era uma questão central fazer a filosofia culminar na vida religiosa, a discussão com Kant cedo ou tarde se tornaria inevitável. A crítica da concepção kantiana da relação entre religião e Estado parece ter sido um dos pontos principais do primeiro grande confronto de Hegel com Kant. Dizemos "parece" pois também aqui, ao ocuparmo-nos da juventude de Hegel, devemos fazer a triste constatação de que esse manuscrito igualmente se perdeu. Já na época da redação da biografia de Hegel por Rosenkranz, bem pouca coisa havia sobrado da crítica hegeliana da doutrina das virtudes de Kant. Em troca, o primeiro biógrafo de Hegel ainda teve em seu poder a íntegra do comentário a *Metafísica dos costumes* e *Doutrina do direito* de Kant. Entrementes, todos esses manuscritos se perderam e hoje temos deles apenas as poucas notas e citações oferecidas por Rosenkranz. (Rosenkranz cita principalmente das análises de Hegel sobre a relação entre Estado e Igreja.)[66] A partir do conhecimento que acumulamos até agora sobre o desenvolvimento de Hegel em Frankfurt, é plausível que neste ponto de fato tenha residido um problema central de sua discussão com Kant. Seria errado, ainda assim, não cogitar que o destaque dado justamente a esse problema possa ter sido consequência do interesse especial de Rosenkranz por ele e que, no manuscrito original de Hegel, essa questão talvez não tivesse o peso que parece ter segundo Rosenkranz.

Nossa análise precisa começar, portanto, pelos fragmentos publicados por Rosenkranz. Contudo, ao fazer isso, temos de proceder com cuidado e manter em mente a ressalva há pouco mencionada. Essa ressalva é bastante justificada na medida em que as análises polêmicas bem extensas da ética kantiana em *O espírito do cristianismo* referem-se a áreas diferentes da ética; no manuscrito posterior, essa questão desempenha um papel secundário. Todavia, em vista do desenvolvimento muito rápido e errático do ideário hegeliano em Frankfurt, não podemos saber ao certo em que medida as discussões com Kant em *O espírito do cristianismo* são idênticas às que constam no comentário sobre Kant, em que

---

[66] Rosenkranz, p. 87 e seg.

medida aquelas foram usadas com esse propósito, em que medida foram reformuladas e aprofundadas. Apesar da possibilidade de incorrermos em algumas imprecisões no sentido rigorosamente biográfico-histórico, contudo, acreditamos que o melhor a fazer é tratar as análises críticas de Kant que constam em O *espírito do cristianismo* – violando a cronologia – em conexão direta com os comentários sobre Kant. Procedemos, assim, em parte para evitar repetições, em parte para expor de modo coerente a contraposição Kant-Hegel nesse período.

Nas observações introdutórias aos comentários de Hegel sobre Kant, Rosenkranz fala do empenho de Hegel para superar a contraposição kantiana de legalidade e moralidade na eticidade (*Sittlichkeit*) ou, como Hegel ainda a chama, na vida. Esse é, sem dúvida, o esquema de O *sistema da eticidade*, de Iena. Constitui grande perda para nosso conhecimento do desenvolvimento de Hegel o fato de não contarmos com a primeira formulação dessas conexões. Rosenkranz não dá nenhuma indicação a respeito de como Hegel pensou, naquela época, a conexão entre os diferentes níveis de moral (moralidade, eticidade); ele nem mesmo nos diz se eram representados como níveis que tiveram um desenvolvimento dialético divergente. No entanto, já encontramos pontos de partida para tal desenvolvimento nos primeiros fragmentos de Nohl procedentes de Frankfurt; em O *espírito do cristianismo*, esse método já está bastante generalizado. É de se supor, portanto, que ele igualmente esteve presente nos comentários sobre Kant, embora não tenhamos como saber a que grau de clareza metodológica do desenvolvimento dialético ele chegou. O que se pode depreender mais nitidamente da exposição de Rosenkranz é que a crítica de Hegel se voltou contra a metodologia geral da moral em Kant. Rosenkranz descreve essa crítica assim: "Ele protesta contra a supressão da *natureza* em Kant e contra a *fragmentação* do homem na casuística decorrente do absolutismo do conceito do dever"[67]. A polêmica contra a supressão da natureza pela concepção kantiana do dever moral é bastante difundida nessa época. Nós a encontramos – abstraindo de Hamann e Herder, que polemizaram contra toda a filosofia clássica – especialmente em Goethe e Schiller. Em Goethe, aparece na forma de rejeição completa da moral kantiana; em Schiller, como uma tentativa de suplantá-la com o auxílio da estética e dos princípios da estética aplicados à vida. A exposição de Hegel, que apresentaremos adiante a partir de O *espírito do cristianismo*, situa-se inteiramente na linha dos grandes

---

[67] Rosenkranz, p. 87.

escritores humanistas, embora o conceito hegeliano de vida seja mais amplo e mais abrangente do que a concepção estética de Schiller. Na fragmentação do homem pela absolutidade, pelo caráter metafísico do princípio kantiano, vemos como emerge da luta de Hegel contra a filosofia kantiana uma motivação racional que, a partir de Iena, constituiria de modo geral um dos pontos principais de sua crítica a Kant. Por exemplo, em Iena ele já fala de um "saco da alma do sujeito (*Seelensack des Subjekts*)" no qual são enfiadas "faculdades" mecanicamente isoladas umas das outras[68]. Ele ainda identifica o progresso que o idealismo objetivo faz em relação ao idealismo kantiano essencialmente no fato de aquele ter instaurado idealmente a unidade dialética no sujeito, suplantando, desse modo, a fragmentação metafísica kantiana do homem.

A única parte dessa controvérsia com Kant que nos foi transmitida de modo mais ou menos compreensível trata da relação entre Estado e Igreja. Hegel formula a opinião de Kant sobre esse tema da seguinte maneira: "Ambos, Estado e Igreja, devem deixar-se em paz; um não têm nada a ver com o outro". No modo de pensar de Hegel naquela época, orientado para o religioso, era impossível que ele se desse por satisfeito com essa concepção. Ele viu, sobretudo, a nítida contraposição entre o Estado vigente e a Igreja. O Estado está baseado no princípio da propriedade e, por essa razão, suas leis são contrapostas às da Igreja. Isso, porém, tem sua razão de ser, segundo Hegel, nas relações de ambos com o homem. A lei do Estado diz respeito "ao homem de modo muito *incompleto*, pensando-o como *possuidor*; na Igreja, em contraposição, o homem é um *todo* [...]. Ou o cidadão não leva a sério sua relação com o Estado, ou não leva a sério a relação com a Igreja quando consegue viver tranquilo em ambas". Hegel analisa, então, os dois extremos, os jesuítas e os quacres, sem aprovar suas tentativas de solução. Ele também rejeita o domínio do Estado sobre a Igreja como algo "inumano"; esse domínio necessariamente geraria um fanatismo "que, por ver os homens singulares, as relações humanas, sob o poder do Estado, vê este dentro daqueles e, desse modo, os destroça". Pela via desses raciocínios, ele chega à utopia da união completa de Igreja e Estado, visando a resgatar a integridade do homem. "O todo da Igreja só é um fragmento quando o homem em seu conjunto é destroçado em um *homem particular do Estado* e um *homem particular da Igreja*."[69]

---

[68] *Erste Druckschriften*, p. 211.
[69] Rosenkranz, p. 87 e seg.

Como não conhecemos o contexto exato dessa crítica de Hegel a Kant, devemos ser cautelosos ao tirar conclusões desse fragmento. Como quer que seja, é possível visualizar com clareza as consequências extremas a que Hegel é impelido aqui por sua tendência em Frankfurt de buscar na religião a unidade da vida, a integridade do homem de resto fragmentado pela divisão capitalista do trabalho. É certo que nem mesmo depois Hegel chegou a uma concepção correta da relação entre religião e Estado, mas a esse extremo de uma utopia teocrática reacionária ele não foi em nenhuma outra ocasião. Talvez seja possível que tais raciocínios tenham tido alguma importância para as perspectivas adotadas no escrito sobre a Constituição alemã e tenham sido uma das causas de seu caráter fragmentário.

Em termos filosóficos, a contraposição entre homem inteiro e homem fragmentado é o essencial, pois, por mais que a busca por uma solução religiosa em Frankfurt confunda e distorça todos os raciocínios de Hegel, a análise da sociedade burguesa que parte daí permanece como ponto central de suas investigações éticas, de seu enfrentamento com Kant. Hegel considera seu tempo presente cada vez mais resolutamente como um período de crise, de transição, contradição e desunião generalizadas. A tarefa da filosofia (naquele momento ainda da religião) é superar essas contradições existentes na vida mesma. Essa superação, porém, de modo algum pode pretender dissimular a desunião e a fragmentariedade, não pode consistir em uma atenuação nem em um enfraquecimento das contradições. Pelo contrário, o pensamento de Hegel urge cada vez mais resolutamente na direção de chegar à superação dos antagonismos mediante a elaboração de sua agudeza e sua aparente insolubilidade. A polêmica contra Kant tem como ponto de partida, portanto, o fato de que este, na opinião de Hegel, absolutiza os elementos singulares da moderna desunião burguesa, enrijecendo-os por meio dessa absolutização e, desse modo, perenizando as contradições em um modo rudimentar, não explicitado e, com isso, insuperável. Essa crítica a Kant nos termos do idealismo objetivo, como veremos nas exposições subsequentes de Hegel, pressiona na direção de uma concepção mais completa e mais realista dos problemas morais do homem na sociedade burguesa.

À primeira vista talvez pareça paradoxal falar de tendência mais realista de Hegel, já que, no período de Frankfurt, ele se extravia no misticismo religioso ainda mais do que Kant e seu sucessor no campo da filosofia moral, Fichte. Contudo, se examinarmos mais de perto essas duas tendências filosóficas conflitantes, não só se evidencia a verdade dessa afirmação aparentemente paradoxal, mas devemos constatar também que Hegel critica – ainda que do ponto de vista de um idealismo objetivo que, ademais, nesse período, está presente nele de modo mais instintivo do que filosoficamente consciente – de forma muito decidida as limitações e as estreitezas do idealismo subjetivo radical de Kant-Fichte na ética. O que importa, nessa questão, é o problema do "homem inteiro". Na filosofia idealista da Alemanha, a divisão capitalista do trabalho, sobretudo em seu estágio mais remoto, pré-revolucionário, ascético, reflete-se como divisão do homem em qualidades espirituais e em qualidades sensíveis. Essa divisão, no entanto, é um legado da religião. A tendência que essa divisão assume nos primórdios da filosofia clássica da Alemanha em geral não se origina, porém, da religiosidade, mas da religiosidade ascética das seitas que, na época do desenvolvimento econômico e ideologicamente rudimentar da classe burguesa, incorporaram essas tendências ideológicas nela presentes. Nesse contexto, é preciso ter em mente o papel dessas seitas na guerra camponesa alemã, na luta por libertação dos Países Baixos e, inclusive, na revolução inglesa. Além disso, seria errado negligenciar o fato de que, no idealismo ascético de Rousseau e de alguns de seus discípulos jacobinos, como, por exemplo, Robespierre, estiveram presentes resquícios muito fortes dessa tendência.

Quando o idealismo alemão clássico parte, tanto em termos gnosiológicos quanto em termos morais, de uma confrontação dura, antagonística, entre o sensível e o espiritual no homem, isso, sem dúvida, é herança desse desenvolvimento. Acrescenta-se ainda que, na realidade, a própria divisão capitalista do trabalho leva à especialização e à divisão entre as propriedades e as capacidades humanas singulares, a uma formação unilateral de umas à custa da atrofia de outras.

Para Kant e Fichte, na moral essa divisão é concomitantemente expressão e meio filosófico para associar sua crítica à moral dos homens de sua época com a aprovação da sociedade burguesa. Na esfera puramente espiritual do "imperativo categórico", Kant e depois dele Fichte construíram uma imagem ideal da sociedade burguesa, na qual funciona sem conflito e harmonicamente a entrega incondicional ao "dever" supraterreno, espiritual, que não pertence mais ao mundo dos fenômenos. Todos os antagonismos e todas as contradições da realidade na sociedade burguesa ficam reduzidos, portanto, ao antagonismo entre o homem sensível e o homem moral, entre o "*homo phainomenon*" e o "*homo noumenon*". De acordo com isso, se os homens vivessem inteiramente em conformidade com a lei moral, não haveria conflitos nem contradições de espécie alguma na sociedade. A concepção filosófica dessa esfera moral somente é possível mediante a transformação de todos os problemas morais da sociedade burguesa em exigências formais da "razão prática". O homem da sociedade burguesa aparece, então, como "portador" sensível mais ou menos casual no qual esses postulados podem ser realizados. Fichte formula essa concepção em palavras talvez ainda mais contundentes e de modo mais coerente do que o próprio Kant. Ele diz o seguinte:

> Sou capaz e tenho permissão para cuidar de mim mesmo apenas porque e na medida em que sou instrumento da lei moral: isso, porém, os demais homens também são. Por esse meio, obtém-se, ao mesmo tempo, uma prova infalível para saber se o cuidado conosco mesmos é moral ou se é mero impulso natural.[70]

Nessas concepções, há duas socialmente importantes: em primeiro lugar, a moralidade do período inicial, do período ascético do desenvolvimento burguês, a espiritualização radical e a projeção idealista das exigências morais da sociedade burguesa para o céu; em segundo lugar, a ilusão de que a sociedade burguesa "de acordo com sua ideia" não contém nenhuma contradição, que as contradições que emergem na realidade resultam em parte da realização da sociedade burguesa ainda não consumada nas instituições sociais, em parte da imperfeição humana, da entrega ainda demasiadamente grande dos membros singulares da sociedade burguesa à sensibilidade. Nesse segundo aspecto da estreiteza idealista da ética de Kant-Fichte é possível ver nitidamente seu caráter pré-revolucionário (em relação à Revolução Francesa). Muitos revolucionários tiveram essas ilusões em relação à sociedade burguesa, obviamente sem as expressar nessas formas filosóficas exuberantes do idealismo subjetivo.

A luta do jovem Hegel contra a ética de Kant e Fichte volta-se contra esses dois pontos. Ela, sem dúvida, também esteve contida naquele manuscrito do qual há pouco citamos os restos escassamente transmitidos por Rosenkranz. Se quisermos conhecer melhor o desdobramento concreto dessa polêmica, que se reveste de suma importância para o desenvolvimento de Hegel, para a concretização de seu posicionamento em relação à sociedade burguesa, devemos dedicar-nos agora às passagens – de O *espírito do cristianismo*, surgido um pouco mais tarde – em que ele se ocupa da ética kantiana[71].

---

[70] [Johann Gottlob] Fichte, "Das System der Sittenlehre" (1798), § 23, em *Werke* (ed. Medicus, Leipzig, 1908), v. II, p. 675.

[71] Hegel faz referência direta só à própria ética kantiana. Não temos como decidir com segurança, a partir do material disponível, se ele leu, já naquele período, os escritos éticos de Fichte que vieram a público exatamente nessa época. Contudo, dado que os posteriores escritos éticos e

No primeiro esboço de *O espírito do cristianismo*, Hegel formula sua rejeição da ética kantiana, indicando que o homem dessa ética "sempre é escravo de um tirano e, ao mesmo tempo, tirano de escravos"[72]. No manuscrito já elaborado, ele fornece uma fundamentação detalhada dessa rejeição. Ele diz ali sobre o mesmo nexo temático:

> Para um homem que quisesse restaurar a inteireza do humano, seria impossível tomar um caminho desses, que à desunião do humano apenas junta uma presunção renitente. Agir no espírito das leis não poderia significar para ele agir por respeito às leis contrariando suas inclinações.[73]

Aqui, portanto, Hegel acusa Kant de perpetuar, mediante a confrontação rígida de dever e inclinação (de espírito e sensibilidade), a dilaceração do homem na sociedade burguesa, dilaceração que também Hegel reconhece como fato e, por essa razão, como ponto de partida do filosofar. A solução encontrada por Kant para a moral não só não é uma solução real, como também revela uma tendência para a inumanidade, e a única consequência de sua pseudossolução é que aos demais vícios da vida acresce-se ainda a hipocrisia moral.

Hegel vê, portanto, a ética kantiana igualmente como uma forma do filistinismo a ser combatida no interesse do humano, do progresso social.

Lembremos que, já nas primeiras anotações feitas em Frankfurt, ele associou a ética kantiana com a conservação religiosa da positividade (cf. p. 209 e seg. deste livro). E, na fundamentação da passagem há pouco citada, faz referência a exposições, extraídas de seu escrito sobre a religião, em que Kant tenta provar a superioridade de sua ética em relação às religiões positivas[74]. Hegel contesta de modo extremamente resoluto essa superação.

> Essa linha [a saber, a linha de pensamento de Kant – G. L.] retira a positividade somente em parte, pois o mandamento do dever é uma universalidade que permanece

---

filosóficos extensos de Hegel em Iena sempre criticam a moral fichtiana em associação com a moral kantiana e dado que Hegel considera Fichte sucessor consequente de Kant com todos os erros deste, podemos analisar e tratar a crítica à moral kantiana elaborada em Frankfurt simultaneamente como crítica à moral fichtiana.

[72] Nohl, p. 390.
[73] Ibid., p. 266.
[74] Kant, *Die Religion innerhalb der Grenzen der bloßen Vernunft* (ed. Vorländer, Leipzig, 1903), p. 206. [Ed. port.: *A religião nos limites da simples razão*, trad. Artur Morão, Lisboa, Edições 70, 2008.]

contraposta ao particular, e, quando ela domina, este é o oprimido; e entre o xamã dos tungues, o prelado europeu que rege Igreja e Estado, o sacerdote mongol e o puritano, de um lado, e aquele que obedece ao mandamento do dever, de outro, a diferença não é que aqueles se entregam à servidão e este seria livre; a diferença é que aqueles carregam o senhor fora de si, enquanto este o carrega dentro de si, mas, ao mesmo tempo, é seu próprio servo; para o particular, os impulsos, as inclinações, o amor patológico, a sensibilidade (*Sinnlichkeit*), ou como quer que chame, o universal é necessária e eternamente algo estranho, objetivo; resta uma positividade indestrutível, que acaba por causar indignação total porque o conteúdo que o mandamento geral do dever adquire, um dever bem determinado, implica a contradição de ser restrito e geral ao mesmo tempo e, em função da forma da universalidade, faz as mais duras exigências em prol de sua unilateralidade. Ai das relações humanas que não se encaixam exatamente no conceito do dever, que, quando não é apenas a ideia vazia da universalidade, mas visa a representar-se em uma ação, exclui ou domina as demais relações.[75]

Como se vê, aqui já está explicitada a polêmica contra as duas motivações racionais da ética kantiana e a rejeição de cada uma delas já está fundamentada no contexto. Hegel rejeita a ética kantiana, sobretudo, porque esta não leva em consideração o homem inteiro, o homem vivo – pelo contrário, exclui da ética sua vida real, colocando-a sob o jugo de mandamentos e convertendo, desse modo, a moral para o homem vivo em algo morto e positivo. E ele vê de modo muito claro que esse aspecto mecânico rígido da ética kantiana está intimamente ligado à absolutização do conceito de dever. Através desse motivo em sua crítica a Kant, Hegel avança mais um grande passo no desenvolvimento da sua dialética. O que lhe importa antes não é a questão moral quanto ao seu conteúdo, a saber, se cada um dos mandamentos kantianos do dever está certo ou errado. Ele combate fundamentalmente a metodologia dessa ética. De modo cada vez mais resoluto, ele propõe a tese de que um determinado mandamento do dever, que está com certeza sob determinadas condições sociais e históricas, e só sob essas condições, pode tornar-se errado se for mantido sob condições alteradas sem a mudança de seu conteúdo. Isso não só significa uma aproximação ainda maior da concepção dialética da relação entre verdadeiro e falso, de um dos problemas gnosiológicos centrais da formação da dialética hegeliana em Iena, mas também conduz ao centro da posterior metodologia hegeliana da moral.

---

[75] Nohl, p. 265 e seg.

A contraposição entre Kant e Hegel consiste aqui, no campo da metodologia – sucintamente –, no fato de Kant deixar de examinar os conteúdos sociais da moral e aceitá-los sem crítica histórica, tentando derivar as exigências morais dos critérios formais do conceito de dever, da concordância do conteúdo do imperativo consigo mesmo, ao passo que, para Hegel, cada exigência moral é apenas uma parte, só um elemento da totalidade social viva, que se encontra em constante movimento. Para Kant, portanto, os mandamentos singulares da moral figuram isolados uns ao lado dos outros, como consequências lógicas supostamente obrigatórias de um "princípio racional" unitário supra-histórico e suprassocietário; para Hegel, eles são elementos de um processo dialético, elementos que entram em contradição entre si nesse processo, superando-se reciprocamente na interação viva dessas contradições, fenecendo no decurso do desenvolvimento social ou voltando a emergir em forma modificada e com conteúdo alterado.

É claro que, no período tratado agora, essa contraposição ainda não foi explicitada no terreno do desenvolvimento histórico da sociedade com a mesma clareza e nitidez com que o seria alguns anos mais tarde em Iena; como contraposição de dois métodos, porém, ela já está diante de nós com toda clareza. E aqui também já se pode ver com toda clareza que a rejeição da ética de Kant por Hegel tem razões sociais: outra posição diante da sociedade burguesa. Já tratamos extensamente de que, no período de Frankfurt, Hegel buscou a "reconciliação" com a sociedade burguesa, com o homem da sociedade burguesa, como ela e ele realmente são. Por essa razão, ele protesta contra violentar o homem vivo e inteiro por meio de mandamentos abstratos do dever, contra a dilaceração do homem vivo e inteiro mediante sua bipartição em uma metade espiritual e uma metade sensível.

Nesse ponto, a crítica de Hegel a Kant toma exatamente o mesmo rumo que a crítica mais ou menos simultânea de Goethe e Schiller. Enquanto Goethe ignora de maneira soberana os problemas metodológicos da ética idealista e, a partir de sua sabedoria de vida materialista espontânea, chega a um humanismo literário e intelectual, enquanto Schiller rejeita os rigores da ética kantiana, mas se mantém fiel às suas ideias básicas e conscientemente não transcende a gnosiologia de Kant, o jovem Hegel se empenha em elaborar todas as contradições que resultam da ética kantiana para, com o auxílio dessas contradições, chegar a uma determinação daquilo que a totalidade da vida, a "vida religiosa", a sociedade burguesa como ela de fato é, exige do homem vivo.

Na luta de Hegel contra a positividade em Frankfurt, como bem lembramos, todo positivo representava uma união falsa (cf. p. 209 deste livro). A concepção hegeliana de positividade implica, por sua natureza, que a atividade humana, o agir humano, seja o único caminho para a superação do positivo. Enquanto esse agir esteve determinado de modo abstratamente social, como em Berna, a questão era muito simples para Hegel: a atividade republicana na Antiguidade não tinha ciência de nenhuma positividade, a passividade do homem privado da era cristã tinha ciência somente do positivo. Quando se passa a falar da ação do homem singular na sociedade burguesa, outro critério torna-se necessário. Agir e não agir, atividade e passividade não se contrapõem mais de maneira tão metafisicamente rígida e tão excludente quanto em Berna. Justamente por isso, nem todo agir é necessariamente uma superação da positividade. Ele só é isso quando produz a "unificação" correta.

> O aspecto moral da ação está na escolha; a unificação na escolha consiste no fato de que o excluído é algo que separa; o fato de que o próprio representado unido na ação já está unido com o que representa a atividade é imoral quando se trata de algo que separa.[76]

Essas considerações também têm o selo da obscuridade e da abstração do período de Hegel em Frankfurt. Ele parte aqui do conceito de liberdade de Kant, da possibilidade da livre escolha do sujeito entre o bem e o mal de cunho moral. A posterior dialética de liberdade e necessidade encontra-se apenas embrionariamente presente. Em sua interpretação polêmica, ele define a escolha como nova unificação; a saber, entre o sujeito que faz a escolha e o objeto de sua escolha. Por mais confuso que se mostre justamente nesse ponto o conceito da unificação, expressa-se nele, ainda assim, em contornos nítidos, toda a contraposição entre Hegel e a ética kantiana. Pois para Kant basta o fato da liberdade (da disposição moral que nela se externa) para fazer da ação que daí surge uma ação moral. Se as motivações que a provocam correspondem às exigências da razão prática, de acordo com Kant, os conteúdos sociais da própria ação necessariamente serão morais. O conteúdo social decorre, portanto, para Kant, diretamente – logicamente – dos requisitos formais da liberdade, da vitória do *homo noumenon* sobre o *homo phaenomenon*.

---
[76] Nohl, p. 387.

Essa necessidade direta – lógico-formal – é contestada por Hegel. Em sua terminologia obscura, ele diz em contraposição: uma unificação pode ser real ou aparente (apenas conforme a representação, apenas positiva). A escolha, por sua vez, também efetua uma unificação entre o sujeito que escolhe e o objeto escolhido. Contudo, saber se a própria ação correspondente a esses critérios formais é realmente moral depende, de acordo com Hegel, do *conteúdo* do objeto. Se este for em si uma unificação real, então a ação é moral; se ele for apenas uma unificação aparente, uma união positiva, então a ação é imoral. E ela o é independentemente do cumprimento dos critérios formais kantianos, independentemente da disposição do sujeito ao fazer a escolha.

Já nesse momento, o critério de Hegel é, portanto, nitidamente contraposto a Kant, não sendo nem algo formal nem um elemento da consciência individual do homem (da consciência moral [*Gewissen*] etc. em Kant), mas algo no plano do conteúdo; mais exatamente, uma conexão de conteúdo com a vida da sociedade burguesa. Para nós, o fato de Hegel só falar aqui ainda da vida em geral não é mais capaz de obscurecer essa conexão. Ele diz o seguinte: "Moralidade adequação, unificação com a lei da vida – porém, se essa lei não for lei da vida, mas ela própria for uma lei estranha, então ela é a suprema separação: objetividade"[77]. A ética kantiana, na qual acontecer ou não essa unificação com a "lei da vida" é algo puramente casual, não oferece, por isso mesmo, nenhuma garantia, nenhum critério, para verificar se a positividade morta do mundo está sendo superada nela. Aliás, para Hegel, a consequência necessária da forma dos mandamentos kantianos do dever, da cisão do homem em duas partes que se confrontam de maneira hostil, em razão e sensibilidade, é que a unificação real, a unidade real do homem com a "lei da vida", a "reconciliação" do indivíduo com a sociedade burguesa não pode acontecer. Na concepção hegeliana, "moralidade" segundo Kant é dependência de mim mesmo, "rompimento em si mesmo". Por isso, a positividade não pode ser superada nela nem por ela. "O que se supera por meio da disposição é tão somente a lei objetiva [a saber, a lei moral – G. L.], mas não o mundo objetivo; o homem está sozinho e [diante dele está] o mundo"[78].

Essa luta de Hegel contra a ética de Kant como forma de conservação da positividade leva a outra contraposição decisiva entre as concepções morais de

---

[77] Ibid.
[78] Ibid., p. 390.

ambos: o choque entre deveres. Essa questão é a que mais claramente mostra como o juízo a respeito da essência da sociedade burguesa modificou-se e evoluiu naquela época em que os renomados literatos e filósofos começaram a ocupar-se dos problemas da sociedade burguesa pós-revolucionária. O caráter idealista da filosofia clássica alemã implica necessariamente não se desenvolverem os problemas morais da vida social a partir da estrutura econômica desta; pelo contrário, o reflexo do desenvolvimento social nas disposições morais, nos atos dos homens, constitui a base e o ponto de partida do pensamento. É a partir disso que se passa à sociedade burguesa enquanto material e campo de atividade dessas atitudes e ações. Apesar dessa inversão e dessa deformação idealista do conjunto dos fatos reais, a metodologia da moral reflete com muita clareza como os diversos filósofos conceberam a estrutura da sociedade burguesa.

O problema do choque entre deveres é um dos mais significativos nesse sentido. A simples aceitação de que exigências reais da moral podem entrar em choque umas com as outras implica o reconhecimento do caráter contraditório da própria sociedade burguesa. O modo como esses choques são apreendidos pelo pensamento e resolvidos filosoficamente fornece um quadro claro de como o filósofo idealista em questão concebe essas contradições e sua superação na realidade. E, como é essencial à filosofia kantiana, ao caráter social de suas ilusões pré-revolucionárias em relação à vida e ao desenvolvimento da sociedade burguesa, nela não há contradições (com exceção do "eterno" antagonismo entre *homo phaenomenon* e *homo noumenon*), Kant nega peremptoriamente até mesmo a possibilidade de haver conflitos de deveres. Ele diz o seguinte:

> Um *conflito de deveres* [...] seria uma relação recíproca na qual um deles cancelasse o outro (inteira ou parcialmente). Mas visto que dever e obrigação são conceitos que expressam a *necessidade* prática objetiva de certas ações, e duas regras mutuamente em oposição não podem ser necessárias ao mesmo tempo, se é dever agir de acordo com uma regra, agir de acordo com a regra oposta não só não é um dever, mas inclusive é contrário ao dever; por conseguinte, um choque entre *deveres* e *obrigações* é inconcebível.[79]

Fichte se posiciona exatamente do mesmo modo em relação a esse problema. Ele concretiza um pouco mais o problema que Kant, na medida em que não fala mais de choques entre deveres em geral, mas dos choques entre as obrigações

---

[79] [Immanuel] Kant, *Metaphysik der Sitten* (ed. Vorländer, Leipzig, 1907), p. 27. [Ed. bras.: *A metafísica dos costumes*, 2. ed., trad. Edson Bini, Bauru, Edipro, 2008, p. 67.]

dos homens para consigo mesmos e para com os demais. Fica claro, porém, tratar-se apenas de uma formulação um pouco diferente do mesmo problema, e, quanto ao teor, Fichte chega com ela exatamente ao mesmo resultado que Kant. Ele diz o seguinte:

> Não há nenhum tipo de conflito entre a liberdade de seres racionais: isto é, não há *nenhuma* contradição no fato de haver vários seres livres no mesmo mundo sensível. [...] Um conflito, não entre o ser livre em geral, mas entre determinadas ações livres de seres racionais, só poderia surgir caso um deles usasse sua liberdade de modo contrário à lei e ao dever, visando à opressão da liberdade de outro [...].[80]

Reportamos em detalhes essas considerações de Kant e Fichte para visualizar de forma correta todo o alcance da contraposição das concepções do jovem Hegel que agora trataremos como ruptura com a tradição anterior, com a concepção precedente de moral e sociedade da filosofia clássica. Nesse sentido, Hegel foi precedido pelos importantes literatos desse período, Goethe e Schiller. E isso não só na práxis literária, cuja grandeza consiste em parte também em terem fornecido imagens grandiosas e verídicas desses choques sociais que, traduzidos para a linguagem da filosofia moral, denominam-se choques entre deveres, mas também em termos teóricos. Em especial Schiller levou essa questão para o primeiro plano nos escritos sobre a estética, principalmente com referência ao problema do trágico. Contudo, visto que no âmbito filosófico Schiller jamais conseguiu se desvincular realmente dos pressupostos kantianos, surge, no caso dele, ininterruptamente, uma contradição entre sua exposição viva, autêntica, oriunda da práxis literária, de alguns antagonismos sociais e históricos e seus princípios filosóficos presos ao viés kantiano[81].

A crítica de Hegel à moral kantiana traz com nitidez crescente esse caráter contraditório para o primeiro plano. Mais precisamente, para Hegel em Frankfurt, trata-se menos dos choques concretos entre deveres singulares concretos – que constituíam o interesse principal de Goethe e de Schiller – do que do caráter contraditório que necessariamente resulta da concepção de dever no sentido kantiano. Lembremos que Hegel negou a superação da positividade

---

[80] [Johann Gottlob] Fichte, ["Das System der Sittenlehre"], cit., p. 694.
[81] Cf. sobre isso os ensaios sobre a estética de Schiller em meus livros *Goethe und seine Zeit* [Goethe e sua época] e *Beiträge zur Geschichte der Ästhetik* [Contribuições para a história da estética] (Berlim, Aufbau-Verlag). [A localização exata desta nota é suposição do tradutor, já que, no original, foi omitida a referência no corpo do texto. – N. T.]

pela ética kantiana. Ele passa a caracterizar a quintessência filosófica da vida na positividade da seguinte maneira:

> Em consideração a determinada virtude que para ele e nele constitui um serviço (*Dienst*), o homem positivo não é moral nem imoral, e o serviço em que ele exerce certos deveres não constitui diretamente uma não virtude em relação aos mesmos deveres, mas com essa indiferença bem determinada está vinculada, ao mesmo tempo, uma imoralidade proveniente de outro lado; em razão de seu serviço positivo bem determinado ter um limite e de não poder ultrapassá-lo, ele é imoral quando vai além dele. Essa imoralidade da positividade refere-se, portanto, a outra faceta das relações humanas, diferente da obediência positiva – dentro de sua esfera a não moral não é imoral. A virtude não se confronta só com a positividade, mas também com a não virtude, a imoralidade.[82]

Em uma nota marginal a respeito dessa mesma passagem, Hegel reprova toda ética do tipo kantiano porque nela "não existe transformação, nem aquisição, nem surgimento, nem perecimento". Em contraposição, a virtude, como ela realmente é, segundo a concepção de Hegel, "enquanto modificação do que vive", pode ser ou então não ser, "pode surgir e perecer". Hegel passa a contrapor aqui ao moralista especulativo do tipo kantiano, que só pode estar em guerra com tudo que vive, o pedagogo, o reformador dos homens, "que se dirige aos próprios homens" e para o qual todos esses problemas do surgir e do perecer desempenham papel decisivo.

Nesse ponto, adquire grande importância a dupla contraposição que Hegel estabeleceu exatamente para a virtude, ou seja, que ela se confronta tanto com a positividade quanto com a imoralidade. Em Kant, o campo da ética fica restrito à questão estreita do cumprimento ou do descumprimento do dever. Do mesmo modo que a possibilidade social de um choque entre conteúdos dos diferentes deveres não entra em cogitação para ele, tampouco lhe interessam as causas ou as consequências humanas e sociais do cumprimento ou descumprimento do dever. Isso decorre necessariamente de sua concepção fundamental da moral, que a reduz à luta do moral em conformidade com a razão contra o meramente sensível no homem. Hegel descarta por completo essa contraposição e passa a buscar nos conteúdos sociais as contraposições reais presentes na moral. Já vimos (cf. p. 241 deste livro) que o conteúdo da "unificação" escolhida constitui o critério da ação moral para Hegel. Agora

---

[82] Nohl, p. 276.

ele concretiza esse conteúdo ainda mais, contrapondo à união correta, à união que corresponde à vida (à vida social), dois diferentes tipos falsos de união: a simples positividade, isto é, ficar preso à forma fenomênica, imediata, morta, das manifestações da vida social, e a imoralidade, a sublevação direta contra as "uniões" reais e dominantes em determinada sociedade.

Hegel não só vê problemas centrais da moral em todas as questões que Kant negligencia completamente, como, ao mesmo tempo, está empenhado em elaborar o teor humano e social específico, contraditório, que resulta desses confrontos bastante intrincados e diversificados. Ao fim dessas notas à margem, ele diz o seguinte:

> A destruição do vício consiste em acarretar punição para o homem. A punição é a consequência ruim necessária de um crime, mas nem toda consequência pode ser chamada de punição: por exemplo, o fato de o caráter piorar ainda mais com os crimes – não se pode dizer que o criminoso mereceu ficar ainda pior.[83]

Partindo desses pressupostos, Hegel chega, então, a uma crítica geral implacável da negação kantiana do choque entre deveres. Ele demonstra a necessidade dos conflitos entre os deveres, que decorrem da riqueza e da multiplicidade da própria vida. E é importante apontar aqui para o fato de que, já em Frankfurt, ele concebe historicamente também esse problema. Na medida em que a vida (na sociedade burguesa em desenvolvimento) se torna mais múltipla e complexa, aumenta o caráter contraditório da vida que necessariamente está na base do conflito dos deveres. Apresentaremos a seguir uma extensa exposição coerente de Hegel sobre esse problema, sendo que devemos chamar a atenção do leitor para o fato de que essas ideias pressupõem a superação dialética de toda a esfera da moral por meio do amor e da religião. Nessas considerações, aparecem, portanto, o amor e a religião como princípios da unidade da vida em contraste com o caráter contraditório da moralidade. As contradições que emergem – consciente ou inconscientemente – na concepção hegeliana do amor e da religião só poderão ser tratadas quando detalharmos as ideias básicas de *O espírito do cristianismo*. Hegel, sobre o caráter contraditório dialético de toda moral, afirma:

> O amor não só reconcilia o criminoso com o destino, mas também reconcilia o homem com a virtude, isto é, se ele não fosse o único princípio da virtude,

---
[83] Ibid.

toda virtude seria, ao mesmo tempo, um vício. À servidão total sob a lei de um senhor estranho, Jesus não contrapôs uma servidão parcial sob uma lei própria, a autoimposição da virtude kantiana, mas virtudes isentas de domínio e de submissão, modificações do amor; e se não tivessem de ser vistas como modificações de um só espírito vivo, mas se houvesse uma virtude absoluta, surgiriam colisões indissolúveis provocadas pela maioria dos absolutos; e sem aquela união em um espírito, toda virtude tem alguma deficiência; pois toda virtude já por seu nome é singular e, portanto, limitada; as circunstâncias sob as quais ela é possível, os objetos e as condições de uma ação são algo casual; além disso, a relação da virtude com seu objeto é singular e exclui não só relações da mesma virtude com outros objetos; assim, tanto o conceito quanto a atividade de toda e qualquer virtude têm limites que esta não pode ultrapassar. Se o homem assumir essa virtude bem determinada, mas agir também além dos limites dessa sua virtude, ele só poderá agir de maneira viciosa se quiser permanecer um homem virtuoso, permanecendo fiel à sua virtude. [...] Um direito atribuído a uma relação não pode mais ser atribuído a outra ou, se for reservada para a outra, a primeira será privada dele. Na medida em que aumenta a multiplicidade das relações humanas, cresce também a quantidade das virtudes e, com isso, a quantidade dos choques necessários e a impossibilidade de cumpri-las. Se o multivirtuoso, por não poder satisfazer a todos os seus credores por igual, quiser estabelecer uma hierarquia entre eles, ele se declarará menos devedor daqueles que põe no fim da fila que daqueles que chama de mais elevados; as virtudes podem, portanto, deixar de ser dever absoluto, podendo até tornar-se vícios. Nessa multilateralidade das relações e quantidade das virtudes nada resta senão desesperar da virtude e violar a própria virtude. Somente se nenhuma virtude pretender subsistir firme e absoluta em sua forma limitada, [...] somente se um só espírito vivo agir conforme a totalidade das relações dadas – mas com ilimitação total, sem ser simultaneamente dividido pela multiplicidade –, limitando a si próprio, fica apenas a multilateralidade das relações e desaparece a quantidade de virtudes absolutas e incoadunáveis. Nesse ponto, não se pode sequer cogitar que, na base de todas as virtudes, haja um só e o mesmo princípio que, sendo sempre o mesmo, aparece sob diferentes relações, em variadas modificações, como uma virtude especial [...] em tal absolutidade do subsistir, as virtudes se destroem mutuamente. A unidade das mesmas proporcionada pela regra é apenas aparente, porque se trata apenas de algo pensado, e não supera nem une tal unidade da multiplicidade, mas a deixa subsistir em toda a sua robustez.
Um vínculo vivo das virtudes, uma unidade viva, é algo bem diferente da unidade do conceito; ela não propõe determinada virtude para determinadas relações, mas aparece não fragmentada e simples também na mais multicolorida mescla de relações; sua forma exterior pode se modificar de maneira infinita e ela jamais terá

duas vezes a mesma forma, e sua exteriorização jamais poderá proporcionar uma regra, pois nunca terá a forma de um universal em contraposição a um particular.[84]

Aqui a oposição entre Hegel e a ética de Kant-Fichte já tomou forma e é claramente visível. Fica evidente quanto a questão do conflito dos deveres foi central e como foi grande o alcance das consequências da oposição nessa questão. Percebe-se que esse problema gera um ataque veemente de Hegel contra o formalismo da ética de Kant-Fichte. Ao fundamentar esse ataque – como decorre necessariamente de toda a sua concepção de Frankfurt –, dizendo que a unidade do princípio da moral em Kant é algo apenas pensado, que é somente uma representação, enquanto em seu caso se trataria de um ser, da própria vida, Hegel incorre em uma autoilusão, pois a concretização extrema que ele dá mais tarde a esse ser, a essa vida, a saber, a do "espírito objetivo", igualmente não passa de algo pensado. Nessa autoilusão, facilmente se pode visualizar a barreira idealista da filosofia de Hegel, intransponível para ele; em Frankfurt, todavia, ela é ainda mais visível, considerando que, nessa época, a vida tem para ele um forte acento religioso.

Seria, porém, unilateral absolutizar essa autoilusão de Hegel, pois já a concepção de vida formulada em Frankfurt e muito mais a concepção posterior do espírito objetivo implicam um reflexo incomparavelmente mais rico, mais próximo da vida real, mais dialético da realidade objetiva do que a concepção de Kant. Essa riqueza ganhou expressão já em Frankfurt no fato de Hegel contrapor ao formalismo estreito de Kant, a seu apelo limitado à consciência moral e à consciência do dever do indivíduo isolado, a totalidade das determinações vivas e ativas da sociedade burguesa como critério da moral e, de modo correspondente, ver o conteúdo social como o critério da virtude e do vício.

Esse recurso ao conteúdo da moral, esse esforço para problematizar o conteúdo social da moral, representa um passo muito grande adiante no desenvolvimento da dialética de Hegel. Em vários aspectos. Acima de tudo, por essa via, a sociedade burguesa, com todos os seus conteúdos concretos, é convertida *imediata* e *conscientemente* em objeto da moral. É óbvio que a ética kantiana pressupõe a sociedade burguesa tanto quanto a ética hegeliana; ambas são reflexos filosóficos desse ser social. A ética de Kant, no entanto, se baseia na presunção de assumir um ponto de vista mais elevado do que o da sociedade burguesa. Nesse aspecto, a ética kantiana ainda adota o ponto de

---

[84] Ibid., p. 293 e seg.

vista do Iluminismo pré-revolucionário, que equiparou imediata e inconscientemente a sociedade burguesa ainda não realizada com o "império da razão". Todavia, os iluministas franceses e ingleses que se encontravam em meio às lutas reais desencadeadas pela classe burguesa em ascensão, apesar do ponto de vista igualmente abstrato, idealista e a-histórico, tiraram conclusões bem mais concretas no que se refere concretamente à sociedade burguesa; no caso em questão, eles analisaram o presente de modo real e a partir de seus próprios pressupostos filosófico-morais. Na Alemanha atrasada, esse método idealista se consolida na forma específica do idealismo de Kant-Fichte. E, quando entra em cena esse método, em seu isolamento idealista subjetivo com a pretensão de ser algo absoluto e eterno, ele não é capaz de fazer a derivação dos conteúdos sociais que, na realidade, constituem a base de suas formulações aprioristicas. É socialmente necessário que ele chegue a eles no fim; porém, partindo de seus próprios pressupostos filosóficos, com seu próprio método filosófico, ele só consegue entrever seus próprios pressupostos sociais. A crítica hegeliana da moral kantiana alude já aqui decididamente a esse ponto fraco da metodologia de Kant; em Iena, Hegel demonstrará precisa e concretamente, com base em determinados problemas sociais, esse fracasso da filosofia kantiana.

O problema dos conflitos entre deveres também aponta para o conteúdo social como critério de todos os mandamentos morais. Para Hegel, contudo, esse conteúdo social constitui a totalidade das determinações sociais de um período histórico, ao passo que para Kant a concretização e o cumprimento do conteúdo de um mandamento do dever consistiam apenas em apoiar, por meio dele, a respectiva instituição bem determinada da sociedade burguesa com o auxílio da moral. Kant assume dogmaticamente que as diversas instituições, os mandamentos morais etc. da sociedade burguesa tanto correspondem em si e por si às exigências da razão quanto não podem entrar em oposição entre si. Hegel rejeita esses dois pressupostos dogmáticos de Kant e, desse modo, chega a uma concepção mais dialética da sociedade burguesa. No fragmento a ser analisado agora, encontramo-nos obviamente apenas no início desse desenvolvimento. A teoria filosófico-histórica de Hegel culmina no fato de que a razão, o espírito, só se realiza no curso de *todo* o desenvolvimento histórico da humanidade e que, justamente por isso, só a totalidade desse desenvolvimento e seu resultado final – em que se expressa a limitação burguesa da concepção hegeliana de modo tão claro quanto a da kantiana nos referidos pressupostos dogmáticos – correspondem às exigências da razão. As partes e os momentos singulares desse processo não podem ser medidos diretamente pelas exigências dos mandamentos abstratos da razão. Eles só podem mesmo ser entendidos e avaliados em sua conexão espaçotemporal concreta com outros momentos singulares, com os quais constituem a respectiva corporificação de uma forma histórica. E cada uma dessas totalidades históricas (um povo em determinado estágio de desenvolvimento) igualmente só é uma totalidade completa em termos relativos, sendo, ao mesmo tempo, também um simples momento da história do desenvolvimento do espírito. Desse modo, surge em Hegel uma dialética complexa do relativo e do absoluto. Hegel nunca foi um relativista histórico. Ele nunca equiparou os diferentes períodos históricos etc. em termos relativistas. Sua dissolução da absolutidade dogmática kantiana está baseada na ideia do desenvolvimento histórico, segundo a qual cada momento é absoluto no conjunto desse desenvolvimento, na medida em que constitui um momento *necessário* do desenvolvimento, mas simultaneamente a isso e inseparavelmente disso também é relativo, por ser *apenas um momento* do desenvolvimento histórico.

Todavia, Kant igualmente tem ciência de um desenvolvimento histórico, a saber, o progresso infinito, pelo qual a humanidade se aproxima das exigências da razão. No entanto, esse fio condutor kantiano para a história, de um lado, não fornece nenhum esclarecimento real das etapas singulares do desenvolvimento histórico e, de outro, decorre dele uma concepção de história demasiadamente linear, reduzida ao antagonismo abstrato da luta entre razão e irracionalidade, entre razão e sensibilidade. A concepção mais dialética de Hegel suplanta essas duas inflexibilidades da filosofia kantiana. De maneira crescente no decurso da vida de Hegel, as etapas singulares do desenvolvimento histórico ganham vida própria concreta: ele está cada vez mais empenhado em analisar as conexões sociais concretas de uma época em seu contexto histórico real. Vimos que ao antagonismo de Antiguidade e era moderna soma-se já em Frankfurt a tentativa de compreender o Oriente (o judaísmo) como algo historicamente peculiar. Só isso já basta para suplantar a inequivocidade e a linearidade da concepção kantiana de história.

Quanto mais a filosofia da história de Hegel toma forma, mais evidente fica seu ponto de vista principal, a saber, que o curso da história é o curso rumo ao pleno chegar a-si-mesmo do espírito, ao autoconhecimento pleno do espírito; no caso dele, porém, o caminho que leva até lá de modo nenhum pode ser reduzido a princípios tão moralisticamente lineares como em Kant. Por um lado, no caso de Hegel, os princípios que conduzem a história em linha ascendente de modo nenhum precisam se encontrar em um nível moral e cultural superior ao da época suplantada. Pelo contrário, em sua filosofia da história desdobrada, Hegel mostrará como justamente as piores paixões, as de menor valor moral, as mais egoístas etc. foram molas propulsoras do desenvolvimento ascendente objetivo. Por outro lado, na concepção hegeliana, a conquista de um estágio superior do desenvolvimento histórico constantemente está associada a perdas irreparáveis para a humanidade. Na análise da concepção de história de Hegel em Iena, falaremos sobre a mudança em sua concepção histórica do helenismo. Essa mudança, contudo, diz respeito apenas ao *lugar* que o helenismo ocupa no desenvolvimento histórico: ao passo que em Berna Hegel vislumbrou nas antigas cidades-Estados um modelo para o tempo presente, ele vê, já em Iena, a cultura antiga como irremediavelmente passada. Para Hegel, contudo, essa apreciação do curso do desenvolvimento histórico não anula sua avaliação da cultura antiga. Seu ponto de vista continua sendo o de que, em determinadas áreas da atividade humana – em especial na da arte –, a Antiguidade representa o ponto culminante do desenvolvimento da humanidade. Visto que esse ponto culminante está tão necessariamente ligado ao caráter da cultura antiga, quando foi terminantemente necessário que o desenvolvimento transcendesse a sociedade antiga, o resultado disso é a linha muito mais embaralhada, mais contraditória, mais desigual de um processo histórico no qual o desenvolvimento ascendente da humanidade, em muitos sentidos, deixa para trás pontos altos que ele jamais alcançará novamente.

Da perspectiva do desenvolvimento da compreensão do método dialético pelo próprio Hegel, o problema do choque entre deveres, sem dúvida, constitui um dos pontos de partida. Quanto ao conteúdo, porém, essa questão é mera consequência da concepção geral, mais dialética, da história, no sentido da posterior filosofia hegeliana já explicitada. No período de Frankfurt, Hegel apreende elementos específicos desse quadro dialético global, elaborando tanto quanto possível os pressupostos e as consequências desses elementos específicos; o quadro global, contudo, ainda não está presente em sua filosofia. Mesmo assim, já naquele momento essa questão não foi posta em termos estritos. Essa amplitude e essa profundidade voltadas para o social, próprias de sua concepção, diferenciam-no logo de saída muito nitidamente de seus contemporâneos que também protestaram contra a estreiteza dogmática do imperativo categórico. Exatamente nesse ponto fica evidente quanto é sem sentido e não científico o procedimento dos neo-hegelianos imperialistas quando tentam associar o período de Hegel em Frankfurt com alguma "filosofia da vida", pois, por exemplo, Friedrich Jacobi, que de fato defendeu concepções "próprias da filosofia da vida", protestou da mesma forma contra a inflexibilidade e a estreiteza do imperativo categórico. Ele, porém, contrapõe a este tão somente a riqueza do caráter humano, do mundo sentimental dos indivíduos. E, ao defender de modo bastante patético determinados pecados "heroicos" contra o imperativo categórico, não vai além de um relativismo sentimental na ética. Exatamente o problema do choque entre deveres mostra que a categoria central do jovem Hegel em Frankfurt, a vida, tem bem pouco a ver com essas concepções, sendo apenas uma expressão obscura e provisória da ideia ainda vaga da unidade contraditória e viva da sociedade burguesa.

Naquele momento, todavia, a análise de Hegel é, em essência, abstratamente filosófica. No âmbito filosófico, contudo, aparecem aí dois pontos de vista metodológicos muito importantes em contraste com Kant: em primeiro lugar, o conflito entre os deveres se origina da dialética do absoluto e do relativo. Segundo Hegel, cada dever é apenas um elemento do nexo dialético global da sociedade ou, na terminologia de Frankfurt, da vida. Essa própria conexão, porém, é contraditória; a contradição entre as determinações singulares reside em sua essência, na vida. A delimitação das determinações singulares (dos deveres) não é feita de maneira que cada uma delas dominaria lado a lado um território dividido ou estivessem dispostas em uma relação hierárquica entre si, mas essa relação mesma é contraste, luta, contradição. Na medida em que cada fator, cada dever, entra em cena com a pretensão da absolutidade, ele necessariamente entra em contradição com outro fator que tem a mesma pretensão. E só a totalidade viva de todas essas determinações supera tal contraste. Sua essência, contudo, consiste justamente no fato de ser essa totalidade de determinações contrastantes.

Em segundo lugar, de acordo com a concepção hegeliana, a aparição desse simples fator com a pretensão de absolutidade é necessária. Chegamos a um ponto em que podemos observar, em sua origem, a profundidade da concepção hegeliana da sociedade burguesa, bem como da essência do método dialético, junto com as necessárias limitações da dialética idealista. Pois o conhecimento de que o fator singular necessariamente entra em cena com a pretensão de absolutidade constitui o ponto central da oscilação crítica posterior de Hegel da chamada filosofia da reflexão, da posição das determinações da reflexão no método dialético. Hegel considera as determinações da reflexão um componente necessário da dialética; ao mesmo tempo, mera etapa no domínio dialético do conhecimento da realidade. Isso o separa, por um lado, de Kant e Fichte, que absolutizam as determinações da reflexão, detêm-se nelas e, em razão disso, não conseguem ir além das antinomias insolúveis que necessariamente surgem quando as determinações de reflexão são pensadas até as últimas consequências. Isso o separa, por outro lado, igualmente da "filosofia da vida", do romantismo filosófico etc. contemporâneos, que de fato também combatem filosoficamente a inflexibilidade e a estreiteza das determinações da reflexão absolutizadas, mas acreditam que a apreensão da realidade pelo pensamento é possível sem as determinações da reflexão, mediante a exclusão destas da filosofia como formas de pensamento inferiores, de baixa qualidade, apenas racionalistas; por essa razão, essas correntes necessariamente aportam em um irracionalismo místico.

As duas correntes que se combatem de forma feroz concordam que as contradições com que se deparam, que as antinomias que veem, são algo meramente subjetivo, algo que brota das limitações do pensamento humano, não da própria realidade. A única diferença entre elas é que Kant tira conclusões agnósticas, e os românticos, por sua vez, conclusões irracionalistas de cunho místico. Em contraposição a *ambas* as correntes, Hegel se empenha por visualizar na contradição algo objetivo, a essência da realidade. As determinações da reflexão e as antinomias que delas necessariamente decorrem são, em consequência, para ele, apenas uma etapa no caminho da apreensão dialética da realidade. Ultrapassar as antinomias do entendimento meramente reflexivo só supera suas contradições para revelar contradições em um estágio mais elevado, mais explicitado, mais rico: o estágio da razão especulativa. A caracterização hegeliana do entendimento reflexivo, da absolutização do fator apenas relativamente justificado, aparece como um fator necessário do próprio método dialético. Nesse sentido, mais tarde, em sua história da filosofia, Hegel apresentou Kant e Fichte como seus predecessores historicamente necessários e sua filosofia como pré-estágio de sua própria dialética.

Esse posicionamento de Hegel em relação à filosofia da reflexão se reveste de importância fundamental não só do ponto de vista do desenvolvimento do método dialético, na medida em que nele estão contidos fatores decisivos da determinação correta da relação entre pensamento e realidade, da dialética do absoluto e do relativo no pensamento, mas é importante também historicamente. O romantismo tão autenticamente histórico, segundo os apologistas modernos, adota aqui um ponto de vista totalmente a-histórico: ele considera o pensamento metafísico dos séculos XVII e XVIII, cujas últimas consequências e limitações se manifestam nas antinomias kantianas, como um grande desatino do espírito humano. Hegel, em contraposição, como historiador autêntico, vê que o percurso até a dialética só poderia ter sido feito desse modo. Ao mesmo tempo, percebe que o domínio do pensamento metafísico por seus predecessores esteve necessariamente vinculado a todo o desenvolvimento cultural da humanidade, que ele foi um produto necessário dessa etapa do desenvolvimento social. Engels demonstrou mais tarde – especialmente em relação ao desenvolvimento das ciências naturais –, em termos materialistas e de modo abrangente, que a etapa histórica do domínio do pensamento metafísico foi incontornavelmente necessária.

A constatação da necessidade do choque entre deveres é, portanto, do ponto de vista do sistema hegeliano como um todo, um caso isolado marcante dessa posição das determinações da reflexão no sistema da filosofia, da necessidade do surgimento de contradições dialéticas do fato de determinações relativas se alçarem à condição de absolutas, fato que constitui a essência da ética de Kant-Fichte. A partir das exposições de Hegel aqui citadas, porém, já se vê claramente que ele se empenha por formular esse problema filosoficamente e derivá-lo de seus pressupostos filosóficos, mas considera que o próprio problema se origina da vida. Ou seja, para Hegel, a ética kantiana não é algo idealizado por Kant, mera exposição de um pensamento equivocado a respeito da realidade. Hegel de fato também contesta em Kant aqueles momentos em que visualiza algo errado, algo que não foi pensado até as últimas consequências a partir dos próprios pressupostos kantianos. Toma-se em consideração aqui exatamente a negação do choque entre deveres por Kant e Fichte. Hegel refuta-os nesse ponto apontando precisamente para a conexão profunda do choque entre deveres e dos princípios últimos da filosofia de Kant-Fichte. Nesse ponto, porém, modifica-se a posição de Hegel. Ele considera o próprio choque entre deveres uma realidade histórico-social da qual o pensamento deve ocupar-se e da qual tem de partir. Hegel analisa e critica, portanto, o caráter antinômico da filosofia kantiana de duas maneiras: de um lado, como um imenso mérito de Kant que consiste na reprodução por meio do pensamento de um fato decisivo da realidade (a descoberta da necessidade das antinomias) e, de outro, como uma limitação subjetivista do pensamento de Kant (o fato de deter-se na antinomia).

O reconhecimento dessa necessidade das antinomias na vida da própria sociedade constitui um significativo passo adiante na apreensão da essência contraditória da sociedade burguesa. A razão pela qual ele teve de ser dado antes e principalmente na área da moral já foi deduzida por nós das condições específicas do desenvolvimento da filosofia clássica alemã. O conhecimento crescente da sociedade burguesa fará com que Hegel estenda cada vez mais essas contradições da área da moral abstrata para o vasto campo das atividades humanas de cunho econômico e social na sociedade burguesa.

Todavia, Hegel não se detém diante da simples antinomia do choque entre deveres. Isso fatalmente levaria a uma assim chamada "visão trágica do mundo", a um pessimismo diante da totalidade da sociedade burguesa. Seu pensamento o impele necessariamente na direção da superação dessas contradições. Já vimos que esse superar toma o rumo da apreensão pelo pensamento da totalidade em movimento.

Neste ponto, expressa-se a limitação idealista do pensamento hegeliano em conexão com a limitação burguesa de seu horizonte. Hegel esforça-se cada vez mais para conceber essa totalidade mesma, na qual são superadas as contradições das colisões de deveres (dito em termos bem gerais: as contradições da vida individual na sociedade burguesa), como algo repleto de contradições, como algo movido pela contradição. Por meio dessa busca, chega – como veremos no fim do período de Frankfurt – a uma nova formulação da contradição dialética, a uma formulação mais elevada do que a de todos os predecessores, à formulação mais elevada que a dialética idealista poderia alcançar. Contudo, para desdobrar essa teoria de modo coerente, Hegel não poderia deter-se na apreensão dialética da sociedade burguesa, isto é, ele deveria ter ao menos uma intuição do rumo em que as contradições da totalidade da sociedade burguesa são superadas em um estágio mais elevado. Contudo, ele considera – a exemplo dos economistas clássicos da Inglaterra – a sociedade burguesa como a forma final, a mais desenvolvida, definitiva, do desenvolvimento histórico. Com base nessa concepção, suas contradições fundamentais devem ser superadas de um modo diferente do que foram as de estágios anteriores, que levaram histórica ou lógica ou "fenomenologicamente" a esse "mais elevado ponto de vista". Hegel é forçado a, mais uma vez, suprimir sua nova concepção da dialética exatamente no ponto alto de seu sistema para chegar a uma unidade isenta de contradições mediante a dissolução de todas as contradições. Óbvio que esse desenvolvimento de modo nenhum aparece de forma clara em Hegel, mas constitui uma luta acirrada entre duas tendências em seu pensamento. De seu horizonte social, porém, decorre que ele jamais será capaz de ultrapassar por completo o antigo tipo da teoria da contradição. (Adiante detalharemos outras limitações da dialética associadas à sua concepção da sociedade burguesa.)

Assim, a contraposição entre Kant e Hegel vai muito além das fronteiras de uma metodologia da ciência moral. Ela caracteriza uma importante etapa do desenvolvimento do método dialético, ainda que, em um primeiro momento, a mudança se realize em Hegel apenas de forma limitada e abstrata. Ela caracteriza, ademais, uma nova etapa no desenvolvimento da apreensão da sociedade burguesa. A filosofia e a literatura alemãs, que, no período de preparação para a Revolução Francesa, foram contemporâneas dignas da ideologia pré-revolucionária da França, tomam assim o caminho da apreensão intelectual e literária da realidade pós-revolucionária, da sociedade capitalista em expansão. Obviamente, por efetuar-se em solo alemão, onde na realidade não houve nem podia ter havido revolução burguesa, essa tentativa de dar conta da realidade foi, em muitos aspectos, limitada e distorcida. Marx e Engels demonstraram isso de modo abrangente e convincente não só em relação à filosofia hegeliana, mas também em relação à obra literária de Goethe e, em especial, à de Schiller. Demonstramos aqui, na medida em que permitiram os limites da nossa investigação, as tendências sociais comuns entre os autores literários do classicismo de Weimar e Hegel. Ao mesmo tempo, indicamos que Hegel, em comparação com seus ilustres contemporâneos, elaborou de forma mais enérgica o caráter contraditório da sociedade burguesa, bem como se ocupou mais intensiva e detidamente de sua "anatomia", da economia política. Nossas exposições posteriores deverão mostrar ainda mais claramente do que foi possível até agora que esses dois traços do desenvolvimento hegeliano estão intimamente relacionados.

V. Os primeiros estudos econômicos

Justamente aqui, no ponto decisivo da biografia filosófica do jovem Hegel, no ponto em que as relações concretas entre o desenvolvimento de sua dialética e seus estudos econômicos poderiam ser esclarecidas, nossas fontes nos abandonam por completo. Justamente aqui dependemos quase apenas de meras conjecturas. Por sorte, Rosenkranz ao menos nos comunicou o dado factual: informou o momento em que Hegel se ocupou pela primeira vez da economia. O material originalmente existente, disponível na íntegra a Rosenkranz, perdeu-se desde então.

Com certeza não foi por acaso que não sobrou nenhum vestígio justamente dessa parte do legado hegeliano. Entre os discípulos diretos de Hegel, não houve um sequer que tivesse mostrado um mínimo de compreensão dos problemas econômicos, quanto menos tido alguma noção da importância da elaboração dos conhecimentos econômicos para o surgimento do sistema e da metodologia de Hegel. Pois nem nos escritos impressos de Hegel, nos quais essas conexões aparecem abertamente (*Fenomenologia*, *Filosofia do direito* etc.), percebeu-se algo da importância desse problema.

O atraso das condições das relações sociais da Alemanha tem por consequência para o maior gênio filosófico dessa época, para o próprio Hegel, que o reflexo dos antagonismos sociais no pensamento foi idealista, posto de cabeça para baixo. Seus alunos, que na maioria tiveram o desenvolvimento juvenil decisivo já no período da Restauração, não têm nenhuma compreensão da economia, não percebem sua importância para o conhecimento dos problemas sociais. Encontra-se a mesma falta de compreensão tanto na ala direita reacionária dos hegelianos quanto no centro liberal e na ala esquerda. A hesitação desses liberais da década de 1830 em abordar os grandes problemas da sociedade manifesta-se também na sua total falta de compreensão dos problemas econômicos. Foi o acirramento das lutas de classes alemãs no início da década de 1840 que despertou também no hegelianismo certo interesse pelos problemas econômicos, ainda que, em geral, sem os conhecimentos abalizados e o trabalho sério nos problemas que ainda se encontram no próprio Hegel. A "elaboração filosófica" das categorias econômicas tanto dos clássicos quanto dos grandes utópicos por parte dos "socialistas verdadeiros" de cunho hegeliano e também por parte de Lassalle não passa, de modo geral, de brincadeira formal vazia.

No desenvolvimento juvenil dos fundadores do materialismo dialético, em Marx e Engels, encontramos não só a ocupação profunda e minuciosa com todos os problemas da economia política, mas também um conhecimento consciente de que justamente aí devem ser estudadas as grandes questões da dialética, que justamente aí reside a tarefa de derivar de suas legalidades e de seus princípios decisivos o material ainda não elaborado de modo conscientemente dialético pelos clássicos da economia política burguesa nem pelos utópicos e, ao fazer isso, descobrir o caráter contraditório dialético das leis que movem o desenvolvimento social. No genial trabalho escrito por Engels na juventude e publicado nos *Anais Franco-Alemães*, esse nexo entre economia e dialética já ocupa metodologicamente o primeiro plano*. Pouco tempo depois, o próprio Marx concentra sua atenção nesse problema em seus *Manuscritos econômico-filosóficos*. Toda a última seção desses manuscritos é dedicada à crítica de *Fenomenologia do espírito* de Hegel, e, nela, não obstante toda a crítica incisiva e decisiva do idealismo hegeliano, Marx revela o papel importante e positivo desempenhado pela economia na formação da dialética hegeliana, em especial pela categoria trabalho formulada segundo o modelo dos clássicos ingleses. Por sua vez, os significativos escritos polêmicos subsequentes contra Bruno Bauer, Max Stirner, Proudhon etc. fornecem uma série de observações profundas e instrutivas exatamente sobre essas conexões.

Bem característico do oportunismo do período da Segunda Internacional é o fato de grande parte desses escritos repousar em seus arquivos sem que ninguém reconhecesse sua importância. Com o desenvolvimento do oportunismo, desapareceu exatamente o assentido para a dialética, e essa superficialidade metafísica amplamente disseminada criou, então, uma atmosfera que facilitou muito a deformação econômica dos resultados da economia marxiana que haviam sido formulados com tanta clareza.

Os únicos que combateram de modo coerente esse oportunismo em todos os campos foram os bolchevistas. Lênin foi o único a dar o devido valor, com sua habitual profundidade, às conexões também nesse campo – e fez isso sem ter como tomar ciência de grande parte dos trabalhos preparatórios de Marx. Ele diz o seguinte:

> É impossível compreender completamente O *capital*, de Marx, sobretudo o capítulo 1, sem ter estudado a fundo e sem ter compreendido *toda* a *Lógica* de Hegel. Como consequência, meio século depois, nenhum marxista compreendeu Marx!![85]

É claro que o liberal moderado Rosenkranz, adepto do assim chamado centro na época da dissolução do hegelianismo, não tem nenhuma noção da importância dos estudos econômicos de Hegel para o desenvolvimento da dialética. Para dar ao leitor uma ideia precisa de que, no que se refere a esse ponto, a pesquisa sobre Hegel perdeu toda a base documental, reproduziremos a seguir *tudo* o que Rosenkranz apresenta sobre esse tema na biografia que escreveu;

---

* Friedrich Engels, "Umrisse zu einer Kritik der Nationalökonomie" [Esboços de uma crítica à economia política], *Deutsch-Französischen Jahrbücher* (Paris, 1844). (N. T.)

[85] [Vladímir Ilitch] Lênin, *Aus dem philosophischen Nachlaß*, cit. [Berlim, 1949], p. 99. [Ed. bras.: *Cadernos filosóficos: Hegel*, trad. Edições Avante!, São Paulo, Boitempo, 2018, p. 191.]

os biógrafos posteriores apenas o copiaram. A descoberta dos manuscritos de Hegel nas últimas décadas disponibilizou material bastante valioso sobre os estudos econômicos de Hegel no período de Iena, mas o período de Frankfurt permanece totalmente às escuras.

Rosenkranz constata que, em Frankfurt, Hegel começou a ocupar-se de questões econômicas – foram sobretudo as condições da Inglaterra que despertaram seu interesse. Ele lia jornais regularmente e fazia extensos excertos deles. (Como era de esperar, estes também se perderam.) Rosenkranz diz:

> Ao mesmo tempo, ele voltou a acercar-se do palco imediato do desenvolvimento político e, desse modo, viu sua participação nele intensificar-se. No que se refere às relações de aquisição e posse, fascinava-o especialmente a *Inglaterra*, em parte decerto seguindo a tendência geral do século passado de estudar sua Constituição como um ideal, em parte decerto também porque em nenhum outro país da Europa as formas da aquisição e da propriedade assumiram configurações tão variadas como exatamente na Inglaterra e a essa configuração correspondia uma multiplicidade igualmente rica nas relações pessoais. Com grande agitação, comprovada pelos excertos que fazia dos jornais ingleses, Hegel acompanhou as deliberações no Parlamento em torno do *imposto para os pobres* como a esmola com que a aristocracia fidalga e a aristocracia financeira procuravam abrandar o ímpeto da massa privada de sua subsistência.[86]

A isso se segue uma exposição muito mais detalhada da ocupação de Hegel com o sistema carcerário prussiano.

Infelizmente Rosenkranz não revela nenhum dado a respeito disso, o que é mais lamentável porque, como o leitor de nossas exposições facilmente perceberá, ele concebe equivocadamente a relação de Hegel com a Inglaterra. Não contamos com uma única observação de Hegel no sentido de que ele alguma vez tivesse sido um grande admirador da Constituição inglesa ou que a tivesse concebido como modelo. Em Berna, compreensivelmente ele não abordou mais de perto o problema "Inglaterra". A tradução e o comentário da brochura de Cart, que vieram a público no início do período em Frankfurt, criticam, muito antes, em termos muito incisivos, a política reacionária da Inglaterra, que surgiu como eco da Revolução Francesa (cf. p. 187 deste livro). O interesse de Hegel pela Inglaterra parece ter sido despertado, portanto, no curso das análises feitas em Frankfurt sobre a essência e as leis da sociedade burguesa.

---

[86] Rosenkranz, p. 85.

Exatamente por isso seria importante e interessante para a biografia de Hegel conhecer o momento exato em que tiveram início esses estudos, dado que, na mudança relativamente rápida de suas concepções durante a crise de Frankfurt, uns anos e até poucos meses desempenham um papel importante.

Hegel começou a ocupar-se a fundo não só da vida econômica da Inglaterra, mas também da teoria da economia política. Rosenkranz diz o seguinte sobre esses estudos:

> Todas as ideias de Hegel sobre a essência da sociedade burguesa, sobre necessidade e trabalho, sobre divisão do trabalho e patrimônio dos estamentos, assistência aos pobres e polícia, impostos etc. estão, afinal, concentradas em um *comentário* glosando a tradução para o alemão da economia política de *Steuart*, que escreveu de 19 de fevereiro a 16 de maio de 1799 e que ainda está conservado na íntegra. Nele constam muitos vislumbres grandiosos da política e da história, muitas observações refinadas. Steuart ainda era um adepto do sistema mercantil. Com um *páthos* nobre e uma profusão de exemplos interessantes, Hegel combateu o aspecto morto do mesmo, procurando resgatar, em meio à concorrência e no mecanismo tanto do trabalho quanto do comércio, o *coração* (*Gemüt*) do homem.[87]

Não precisamos gastar nenhuma palavra com a indigência e a falta de compreensão dessas observações do primeiro biógrafo de Hegel; ao mesmo tempo, podemos perceber claramente, a partir desse minguado excerto, a importância desse documento perdido para o desenvolvimento de Hegel, pois é possível ver com nitidez que ele abordou os problemas da economia do ponto de vista de sua crítica à positividade morta, e chegaríamos a uma clareza bem maior sobre suas relações iniciais com a sociedade burguesa se conhecêssemos essas primeiras análises da teoria econômica.

Acrescenta-se a isso que o excerto de Rosenkranz suscita um problema insolúvel. Na última frase, ele fala que Hegel tentou resgatar o "coração" (*Gemüt*) em meio ao mecanismo da sociedade capitalista. Isso quase dá a impressão de que, quando começou a ocupar-se da economia política, Hegel moveu-se na linha do romantismo econômico, o que é extremamente improvável de acordo com seu desenvolvimento posterior, de acordo com sua fisionomia sociocrítica, de que já tomamos conhecimento. A famosa frase de que tudo o que é racional é real e tudo o que é real é racional foi pronunciada por Hegel só muito mais tarde, mas, no sentido geral, ela constitui o fio condutor

---

[87] Ibid., p. 86.

inconsciente de seus raciocínios a partir de Frankfurt. No curso da investigação das anotações econômicas de Hegel em Iena, veremos quão perto ele chegou da concepção "cínica", inescrupulosamente veraz, dos clássicos ingleses, que nomeiam claramente todas as barbaridades e indecências da sociedade capitalista, mas, apesar disso, afirmam seu caráter progressista. Acreditamos, por conseguinte, que essa observação de Rosenkranz simplesmente se deve ao fato de não ter entendido as exposições de Hegel. Contudo, por não termos como provar rigorosamente essa concepção e por ser abstratamente possível que o jovem Hegel tenha tido um breve período de inclinação para a economia romântica, só podemos formular de maneira hipotética nossa rejeição da interpretação de Rosenkranz. Acreditamos, porém, que o leitor, a partir da linha do desenvolvimento global do jovem Hegel, também chegará à conclusão de que nossa hipótese é correta.

É difícil provar a influência direta de concepções econômicas singulares de Steuart sobre Hegel – não só porque o comentário a Steuart se perdeu e não temos mais como saber quais explanações singulares mais impressionaram o jovem Hegel, com quais delas ele concordou, quais rejeitou etc., mas também porque ele não relacionou a ocupação com Steuart com a aplicação imediata das novas noções econômicas à sociedade burguesa. O caráter errático que já apontamos no desenvolvimento hegeliano durante a crise de Frankfurt manifesta-se também nesse ponto. Após um período de três meses debatendo-se com os problemas da economia, Hegel dedica-se à sua principal obra em Frankfurt, *O espírito do cristianismo*. Mostraremos que ela também trata dos problemas da sociedade burguesa, mas o tema imediato é outro, e a transformação das concepções econômicas e sociais aparece somente em passagens singulares e de modo filosófico geral. Só do período de Iena temos à disposição manuscritos em que os problemas da sociedade burguesa são tratados direta e detalhadamente, em que o problema da economia desempenha um papel pronunciado e significativo. Não há como saber em que medida esses problemas foram tratados no último trabalho que Hegel escreveu em Frankfurt, no "fragmento do sistema" de 1800, visto que esse trabalho também foi perdido, com exceção de dois fragmentos menores, como ainda veremos. Nos manuscritos de Iena, porém, ao lado da leitura de Steuart, consta comprovadamente a de Adam Smith. Considerando a grande abstratividade filosófica das exposições hegelianas sobre economia, seu interesse exclusivo pelos grandes problemas gerais, fica difícil comprovar a influência de pormenores.

De qualquer modo, é bem provável que precisamente a ocupação com Adam Smith tenha representado uma reviravolta no desenvolvimento de Hegel, pois o problema do *trabalho* como forma (*Weise*) central da atividade humana, como – conforme a terminologia usada por Hegel naquela época – realização da identidade de subjetividade e objetividade, como atividade que supera o morto da objetividade, como força motriz do desenvolvimento que converte o homem em produto de sua própria atividade – esse problema, no qual se expressa propriamente o paralelismo da filosofia de Hegel com a economia clássica da Inglaterra, com toda probabilidade aflorou em Hegel pela primeira vez no curso de sua ocupação com Adam Smith. Nem a investigação das relações econômicas da Alemanha tão atrasada em termos capitalistas nem a leitura de Steuart poderiam ter-lhe dado um impulso efetivo nessa direção.

Nessa questão importante, dependemos uma vez mais de hipóteses e conjecturas e oferecemos nossa concepção ao leitor plenamente conscientes de que se trata de simples hipótese. A primeira prova documental de que Hegel conheceu Adam Smith está contida nos manuscritos que apareceram não faz muito tempo, Preleções em Iena nos anos 1803-1804[88]. Neles, Hegel se refere à constatação feita por Smith a respeito do desenvolvimento das forças produtivas por meio do desenvolvimento da divisão do trabalho na indústria, escrevendo na margem expressamente o nome de Smith. Já em O *sistema da eticidade*, de 1802, o lugar central é ocupado por uma concepção parecida – ainda que, como veremos, menos desenvolvida – de trabalho, divisão do trabalho etc. Portanto, é praticamente certo que Hegel conheceu Adam Smith já no início do período de Iena e, desse modo, superou pelo menos em parte certas unilateralidades e imperfeições da economia de Steuart.

Acreditamos, no entanto, que Hegel se ocupou da economia clássica inglesa e a analisou um pouco antes disso, a saber, quando fez os trabalhos preparatórios para o "fragmento de sistema". Esse trabalho, todavia, não nos ajuda – pelo menos de forma direta –, visto que as referências explícitas a problemas econômicos que se encontram nos fragmentos transmitidos a nós são extremamente escassas e porque tampouco temos qualquer indicação a respeito de como foi pensada a estrutura do texto todo e em que medida ele de fato estava completo em sua essência. Encontra-se, porém, em meio a ponderações bastante obscuras sobre a filosofia da religião, uma passagem

---

[88] *Realphilosophie*, v. I, p. 239.

curiosa, que, cotejada com exposições posteriores oriundas de Iena, talvez lance alguma luz sobre esse percurso desconhecido do desenvolvimento hegeliano.

Nesse fragmento, Hegel fala da relação religiosa entre o homem e a vida, sobre a superação da objetividade, da positividade morta, em sua relação com os homens e com as coisas. Dos problemas filosóficos e sociais que daí resultam para Hegel apenas podemos falar na seção em que analisarmos esse fragmento em detalhes. Neste ponto, ressaltaremos apenas um momento. Hegel diz o seguinte: "É necessário que ele [o homem – G. L.] estabeleça também uma relação permanente com objetos, mantendo-lhes a objetividade *até sua inteira aniquilação*". Hegel analisa aqui, da maneira que já conhecemos de Frankfurt, a relação entre o homem e a propriedade e, por essa via, entre este e a dialética de positividade e vida. Nesse fragmento, ele encontra uma solução por uma teoria do *sacrifício*, peculiar e com fortes traços místicos. Ele prossegue, dizendo a respeito do homem:

> Ele seria incapaz de união com a vida infinita porque ainda ficaria com algo para si, ainda estaria em meio a um dominar ou preso a uma dependência; por essa razão, ele entrega em sacrifício apenas alguma coisa da propriedade cuja necessidade é seu destino, pois seu destino é necessário e não pode ser suprassumido [...] e unicamente por meio desse *despropósito do aniquilar*, desse aniquilar em função do aniquilar, ele compensa sua relação de resto particular com o *aniquilar conforme um propósito*; ao mesmo tempo, a objetividade dos objetos chegou à sua ausência completa de relação, a sua morte, por meio de uma aniquilação sem relação consigo mesma, e, mesmo que permaneça a necessidade de uma *aniquilação relacional dos objetos*, sucede às vezes esse aniquilar sem propósito em função do aniquilar que se comprova como o único objeto religioso em relação a objetos absolutos.[89] [Todos os itálicos são meus – G. L.]

Como se vê, à primeira vista a passagem é bastante mística e obscura. O sacrifício é exibido aqui como saída religiosa da positividade do mundo da propriedade, da sociedade burguesa, que existe por necessidade e "é imposto pelo destino". O ponto interessante para nós aqui é a confrontação do sacrifício como "aniquilar sem propósito", como "aniquilar por aniquilar" com um "aniquilar com propósito", totalmente incompreensível nesse texto. O fragmento do qual citamos perfaz a última folha, o fim do manuscrito hegeliano. Portanto, se Hegel não explica nem mesmo alusivamente o que entende aqui com esse

---

[89] Nohl, p. 349 e seg. [Vale também para a citação anterior. – N. T.]

conceito tão importante do "aniquilar conforme um propósito", ele evidentemente procede assim porque detalhou essa categoria na parte anterior do manuscrito, que entrementes se perdeu. Contudo, das exposições aqui citadas também já se depreende que o "aniquilar conforme um propósito" constitui a relação normal e cotidiana entre os homens e o mundo dos objetos – pois a intenção do sacrifício é exatamente alçá-los acima dessa esfera.

Somos obrigados a deixar de abordar agora a importância do sacrifício para Hegel. Nossas análises posteriores, especialmente a da teoria hegeliana da sociedade no período de Iena, mostrarão que de modo nenhum se trata de uma questão puramente místico-religiosa; veremos que essa questão está intimamente ligada às ilusões que Hegel nutria nessa época em relação à solução das contradições da sociedade burguesa. O que nos interessa aqui é o conceito contrastante do "aniquilar" os objetos "conforme um propósito". E, para decifrar essa determinação que, em primeiro momento, soa igualmente obscura, O sistema da eticidade, que surgiu em Iena dois anos depois, oferece-nos uma explicação suficientemente clara. Trata-se do trabalho. Em O sistema da eticidade, Hegel define o trabalho com palavras levemente diferentes, valendo-se de uma terminologia característica do período inicial de Iena e que lembra Schelling, a saber, como "aniquilação do objeto", mais precisamente como aniquilação do objeto conforme um propósito. A primeira tríade dialética, da qual Hegel parte aqui, é a seguinte: necessidade-trabalho-fruição. O trabalho é definido, então, da seguinte maneira:

> A aniquilação do objeto ou da intuição, mas como momento tal que essa aniquilação é substituída por outra intuição ou outro objeto; ou que fixa a pura identidade, a atividade do aniquilar [...] que não aniquila objeto enquanto objeto, mas de tal modo que outro é posto em seu lugar; [...] mas esse aniquilar é o trabalho.[90]

Falta aqui na definição mesma o termo "conforme um propósito"; contudo, quando se acompanham atentamente as exposições de Hegel nessa obra e se observa como ele sobe do trabalho para a ferramenta e da ferramenta para a máquina, fica claro que só falta mesmo o termo, não a ideia, e que o termo só foi omitido porque se tornou óbvio nesse contexto. A vinculação de conformidade a fins (Zweckmäßigkeit) e trabalho seria, a partir daí, ideia básica constante da dialética hegeliana. Inclusive no tratamento dos problemas da teleologia na

---
[90] Lasson, p. 420.

Lógica, o trabalho desempenha papel fundamental, fato enfatizado por Lênin em várias observações sobre essas exposições de Hegel.

Acreditamos poder supor, portanto, que a concepção do trabalho, na forma em que aparece como categoria essencial da concepção hegeliana de sociedade em *O sistema da eticidade*, de Iena, já esteve presente nas partes perdidas do "fragmento de sistema" de Frankfurt. E esse fato torna extraordinariamente provável que também o estudo da economia de Smith tenha integrado os trabalhos preparatórios da obra mencionada por último. (É preciso mencionar aqui apenas de passagem que, nessa época, várias traduções tanto da obra de Steuart quanto da de Smith estavam difundidas na Alemanha.)

Nessas circunstâncias, é dificílimo comprovar a influência que exerceram os economistas ingleses individualmente sobre determinadas ideias de Hegel. De qualquer modo, há uma série de traços em que a leitura de Steuart indubitavelmente resultou em influências permanentes sobre Hegel. Observe-se, acima de tudo, que Steuart, como disse Marx[91], é o historiador propriamente dito da economia entre os clássicos, que ele se ocupa mais da história social do surgimento do capitalismo do que com suas legalidades internas, as quais ele discerne bem menos do que os clássicos. E, bem no período em que Hegel procurou demonstrar filosoficamente a necessidade histórica da sociedade burguesa, é muito provável que a profusão dos fatos contidos na obra de Steuart e a constante alusão às diferenças entre economia antiga e economia moderna etc. causassem nele forte impressão.

Além disso, é preciso constatar ainda que, para o jovem Hegel, era mais fácil ter acesso e apropriar-se justamente de certas limitações de Steuart, de concepções em que ele ficou muito aquém das concepções bem mais claras e resolutas de Smith. Hegel com certeza combateu onde pôde a positividade morta e, por isso, certamente esteve propenso a transcender com Smith certas facetas dos resquícios da economia mais antiga, a ir além da fetichização de uma série de categorias. Contudo, essas concepções haviam lançado raízes profundas na economia dos países economicamente atrasados. Em especial, uma concepção coerentemente capitalista da relação entre economia e Estado só poderia ter surgido na própria Inglaterra, com Smith e Ricardo. Com os economistas franceses do período napoleônico, é possível perceber, como Marx provou de forma reiterada, justamente na questão da relação entre economia e

---

[91] [Karl Marx,] *Theorien über den Mehrwert*, cit., v. I, p. 32.

Estado, muitos resquícios das concepções teóricas antigas. Essa situação existe de maneira ainda mais intensa com relação à Alemanha, e sabemos, a partir da história muito lenta do desenvolvimento da economia na Alemanha, que as ilusões em relação ao papel econômico do Estado permaneceram vivas muito depois da época de Hegel, sendo transplantadas diretamente para a apologética posterior. (Basta pensar em Lassalle ou Rodbertus.) Se acrescentarmos a isso que o período de Hegel em Iena foi repleto de ilusões napoleônicas quanto à solução das contradições da sociedade burguesa, do que falaremos adiante, então é compreensível que, nessa questão, Hegel sempre tenha se apoiado mais em Steuart do que em Smith.

Contudo, há ainda outra questão, e esta é economicamente decisiva, na qual Hegel durante toda a vida permaneceu no ponto de vista de Steuart e jamais alcançou a elevada compreensão das legalidades do capitalismo elaborada por Smith e Ricardo. Referimo-nos ao problema do mais-trabalho e do mais-valor. Em sua crítica da economia de Steuart, Marx aponta muito nitidamente que ele permaneceu prisioneiro da antiga teoria do lucro obtido mediante alienação (*Veräusserung*), o "*profit upon alienation*". No entanto, Steuart diferencia entre lucro positivo e lucro relativo. Este último é advindo da alienação. Marx diz o seguinte sobre o primeiro:

> O lucro *positivo* se origina da "multiplicação do trabalho, da indústria e da habilidade". *Como* ele daí se origina é algo que Steuart não tenta explicar a si mesmo. O complemento, dizendo que o efeito desses lucros é multiplicar e inflar "o bem-estar geral", parece indicar que Steuart entende isso somente como a massa aumentada dos valores de uso que são produzidos em decorrência das forças produtivas do trabalho e que ele vê esse lucro positivo como inteiramente separado do lucro dos capitalistas, que constantemente pressupõe uma multiplicação do valor de troca.[92]

Quando acompanharmos mais de perto as concepções econômicas de Hegel em Iena, veremos que ele permanece preso a essa intuição confusa e atrasada para a Inglaterra. As opiniões mais avançadas de que ele se apropria no decurso de seu estudo de Adam Smith, dos fatos da vida econômica da própria Inglaterra, fazem com que Hegel consiga apreender de modo relativamente claro e falar abertamente de certas contradições econômicas do capitalismo, certos antagonismos entre capital e trabalho; mas ele nunca chegou a penetrar

---

[92] Ibid., p. 30.

no mistério da exploração capitalista real nem mesmo se aproximou dele tanto quanto os clássicos burgueses. Neste ponto, persiste durante toda a sua vida uma limitação, que notoriamente provém do fato de que o antagonismo entre capital e trabalho, apreendido por ele com clareza, advém apenas do conhecimento das relações econômicas internacionais, não da vivência real, da ciência real do capitalismo na própria vida, isto é, que essa limitação de Hegel é um reflexo ideal do atraso capitalista da Alemanha.

Obviamente as tendências idealistas de Hegel nesse campo, em especial em decorrência da concepção invertida, posta de cabeça para baixo, das relações entre direito e Estado de um lado e economia de outro, reforçam a intransponibilidade dessa barreira. No entanto, como mostramos, essas tendências têm a mesma fonte social. É que essa condição econômica atrasada da Alemanha não incide apenas em um ponto e de forma linear sobre as concepções de Hegel, nem sempre desfigura diretamente suas investidas geniais rumo à apreensão correta da sociedade burguesa. Seus efeitos são, muito antes, multiformes, complexos, penetrando em seu pensamento a partir dos ângulos mais diversos.

Detalharemos as concepções econômicas de Hegel no contexto da tentativa de sistematização empreendida em Iena. Aqui nos interessa apenas apontar sucintamente as consequências imediatas da ocupação de Hegel com a economia e o modo de sua abordagem dos problemas da sociedade burguesa. O fator decisivo já está contido na extensa citação que fizemos do "fragmento de sistema": Hegel passa a considerar a economia, a vida econômica dos homens, seu ser determinado pelas relações econômicas recíprocas e com as coisas como "destino" insuperável. (Falaremos em detalhes sobre a concepção hegeliana de destino na próxima seção.) Pudemos observar os primórdios dessa intuição já nas primeiras anotações do período de Frankfurt, quando Hegel empreendeu reflexões complexas sobre como unir as relações de propriedade com o amor (cf. p. 199 e seg. deste livro).

Mas o que naquela ocasião constituiu apenas um episódio passa a ser um problema central; o que naquela ocasião foi apenas um problema entre outros do amor subjetivo confronta-se aqui como destino o representante da suprema religiosidade, Jesus. É da essência da concepção hegeliana de destino em Frankfurt que a luta contra um poder hostil e o ato de desviar-se dele acarretam as mesmas consequências, quando vistas do ponto de vista do destino; na visão de Hegel, a inescapabilidade do destino se expressa justamente nisso[93]. Por mais místicas que soem em sua maioria as exposições de Hegel sobre esse ponto, é precisamente nele que está embutida uma concepção muito mais realista da sociedade e da história do que as que encontramos nos demais filósofos alemães desse período, a saber, a rejeição da ilusão intelectual muito frequente e ainda hoje bastante disseminada de que algum homem possa colocar-se acima de seu tempo, acima de sua sociedade, de que seria possível adotar um posicionamento teórico ou prático em relação à sociedade a partir de um ponto de vista "externo" a ela.

É no sentido dessa inescapabilidade que, em O *espírito do cristianismo*, a propriedade é tratada como destino. Visto que, nesse texto, Hegel concentra suas análises filosófico-religiosas na realizabilidade social dos ensinamentos de Jesus, é compreensível que retorne por seguidas vezes à famosa passagem do Novo Testamento que trata do jovem rico que recebeu de Jesus o conselho de vender todas as suas riquezas para alcançar a bem-aventurança da religião*. Lembremos que Hegel fez referência a essa passagem bíblica já em Berna (cf. p. 135 deste livro). Em Berna, porém, Hegel diz apenas que aí se manifesta um traço essencial do cristianismo, a saber, que ele se volta apenas para o indivíduo, para o "homem privado". O conteúdo econômico ainda não se converteu para ele em objeto de polêmica.

Isso só começa a acontecer agora e com nitidez cada vez maior. No esboço de O *espírito do cristianismo*, essa relação é analisada unicamente do ponto de vista da fuga de Jesus em face do destino. Não há como propriedade e posse se tornarem "relações belas" e, por isso, Jesus volta as costas a elas. O desenvolvimento subsequente de Hegel consiste, então, no fato de que ele põe tacitamente de lado os acordos de base subjetiva que vinha experimentando. Ele diz o seguinte:

> O reino de Deus é a condição em que a divindade impera e, portanto, todas as determinações e todos os direitos foram revogados; por isso ele diz ao jovem: vende o que tens – é difícil para um rico entrar no reino de Deus –, por isso Cristo renuncia a toda posse e toda honraria – essas relações com pai, família, propriedade não podiam converter-se em relações belas e, portanto, nem deveriam existir, para que pelo menos não existisse o oposto delas [...].

---

[93] Nohl, p. 284.

* Novo Testamento, Evangelho de Marcos, 10,17-22; Evangelho de Mateus, 19,16-22; e Evangelho de Lucas, 18,18-23. (N. T.)

Consequências mais precisas não são tiradas no próprio esboço.

Um tom bem diferente assume a passagem correspondente no texto do manuscrito maior. Veremos que, nessa obra, Hegel tem uma relação bem mais próxima, bem mais afirmativa, com a pessoa de Jesus do que jamais tivera em Berna. Apesar disso, em Berna ele nunca emitira um juízo tão duro e cortante sobre um ensinamento de Jesus como aqui. (Em Berna, a polêmica ácida e satírica de Hegel voltou-se mais contra o cristianismo do que contra a Igreja.) Aqui ele volta a abordar a questão do jovem rico e diz o seguinte:

> Decerto nada há a dizer sobre a exigência subsequente de livrar-se das preocupações da vida e desprezar as riquezas, nem sobre a declaração de Mt 19,23 [Evangelho de Mateus – G. L.]: como é difícil para um rico entrar no reino de Deus; *trata-se de uma litania que só é perdoada em prédicas ou em rimas, pois para nós tal exigência não tem validade nenhuma. O destino da propriedade tornou-se muito poderoso para nós, de modo que não podemos suportar reflexões sobre ele nem conceber sua separação de nós.* O que se percebe, porém, é que a posse de riqueza com todos os direitos e todas as preocupações associadas a ela introduz determinações no homem, cujas limitações impõem restrições às virtudes, impondo-lhes condições e dependências, no âmbito das quais de fato há espaço para deveres e virtudes, mas que não admitem uma totalidade, não permitem vida plena por estarem presas a objetos, estão sujeitas a condições de si mesmas fora de si, porque à vida ainda é atribuído algo como próprio que, não obstante, jamais poderá ser sua propriedade. A riqueza trai de imediato sua contraposição ao amor, à inteireza, por estar contida em um direito e em uma multiplicidade de direitos, por meio do que em parte a virtude referente a ela, a probidade, em parte as demais virtudes possíveis dentro de sua esfera necessariamente estão associadas à exclusão e todo ato de virtude é um oposto a si mesmo. *Não há como pensar em sincretismo, em servir a dois senhores*, porque o indeterminado e o determinado não podem ser ligados quando se conservam suas formas.[94] [Itálicos meus – G. L.]

Vemos aqui que Hegel deu um grande passo no reconhecimento da necessidade da sociedade burguesa, mesmo que expresse sua noção com a terminologia mística de sua concepção de destino. Se pensarmos nas exposições da seção anterior, veremos também quanto a polêmica de Hegel contra a ética kantiana, sua forte ênfase na necessidade inevitável da colisão dos deveres, está ligada a essa concepção de sociedade que aos poucos vai se cristalizando. Na análise a seguir do maior manuscrito do período de Frankfurt, veremos

---

[94] Ibid., p. 273 e seg.

que, em razão dessa concepção, o choque trágico das contradições insolúveis eleva-se às alturas da referida concepção de religiosidade e envolve a pessoa de Jesus, com cujo auxílio Hegel tenta resolver, superar essas contradições precisamente em Frankfurt. Ficará evidente, ao mesmo tempo, que se trata, nesse caso, de uma contradição interna de toda a dialética idealista de Hegel, que ele mais tarde procurará reconciliar filosoficamente em um nível bem mais alto, numa tentativa igualmente vã.

VI. "O espírito do cristianismo e seu destino"

Já tomamos ciência de alguns trechos importantes sobre moral e economia extraídos desse escrito abrangente que Hegel escreveu no período que passou em Frankfurt[95]. O que importa agora é considerar as ideias filosóficas fundamentais nele contidas no que tange à sua importância para o desenvolvimento de Hegel. O escrito constitui uma grande contraposição ao cristianismo. Já expusemos extensamente como Hegel foi levado a essa análise do cristianismo em decorrência de sua mudança de posição em relação à sociedade burguesa. Nessa ocasião, mostramos que ele não conseguiu mais se subtrair a um posicionamento mais ou menos aquiescente diante do cristianismo no decorrer de seu desenvolvimento posterior. O modo como esse complexo de problemas foi tratado em Frankfurt, porém, se diferencia qualitativamente do modo adotado no período de Iena. Como vimos e veremos ainda mais claramente agora, Hegel levanta as questões relativas à sociedade burguesa do ponto de vista do indivíduo que nela vive. Em Iena, o ponto de vista universalmente social já predomina em relação ao individual; a partir daí, o indivíduo é, para Hegel, membro de uma sociedade, e seus problemas individuais são tratados constantemente à luz dos problemas sociais gerais. (Trataremos do papel da economia e do conhecimento da dialética do universal e do particular aprofundada

---

[95] Não contamos com dados totalmente inequívocos para a datação desse escrito. Nohl, que foi o primeiro a publicá-lo na íntegra, só conseguiu constatar, baseado nos manuscritos, que ele surgiu na passagem de 1798 para 1799 ou no segundo semestre de 1799. Acreditamos que a mudança do posicionamento de Hegel na questão da relação entre o indivíduo e a sociedade burguesa e a positividade da propriedade aponta com grande probabilidade para um surgimento posterior ao momento em que ele se ocupou com Steuart, ou seja, no segundo semestre de 1799. Nohl considera uma datação posterior a isso improvável porque, no fim de 1799, vieram a público *Discursos sobre a religião* de Schleiermacher, e Hegel não faz nenhuma referência a eles em sua obra, embora mais tarde tenha polemizado constantemente contra esse escrito. Sobre todas essas questões, cf. Nohl, p. 404 e seg.

pelas categorias econômicas somente quando chegarmos a esse ponto.) Agora Hegel ainda parte do destino do indivíduo da sociedade burguesa e, por isso, é compreensível que para ele o cristianismo ainda tenha uma importância bem mais imediata, bem mais carregada de sentimento do que posteriormente. A contraposição com a moral do cristianismo foi uma etapa inevitável do desenvolvimento hegeliano no tocante à pergunta de como a vida individual pode ser significativamente estruturada e levada a termo.

Pode-se dizer, portanto, que Hegel nunca esteve tão próximo do cristianismo em termos sentimentais quanto nesse período. Seria, contudo, um grande equívoco pensar que essa proximidade implica uma identificação cabal entre o ideário hegeliano e o do cristianismo, como reiteradamente afirmam os neo-hegelianos reacionários. Em especial Lasson e Haering esforçam-se para provar que, na concordância completa de Hegel com o cristianismo protestante, estaria contida a chave da compreensão de toda a sua filosofia.

A problemática central desse escrito e a resposta – ainda que vacilante e contraditória – dada a ela por Hegel mostram que essas lendas históricas reacionárias pouco têm a ver com a realidade. Hegel parte da seguinte pergunta: a solução levantada por Jesus e sua Igreja para as contradições da vida é correta e ainda tem significado para a vida de hoje? "Essa ideia de um reino de Deus consuma e engloba a totalidade da religião como foi ensinada por Jesus, e é preciso considerar ademais se ela satisfaz plenamente a natureza ou que necessidade impeliu seus discípulos a buscar algo mais."[96]

As respostas que Hegel oferece nesse escrito assumem, na maioria, um tom bastante negativo. Hegel parte dos dogmas mais místicos do cristianismo e, procedendo assim, quer mostrar que só com a ressurreição de Jesus a religião cristã obteve sua objetividade religiosa, a suplantação da simples subjetividade do amor. Desse modo, surge, de acordo com ele, uma condição que "é um oscilar indeterminado entre realidade e espírito [...]". E permaneceu aí necessariamente uma contraposição

> que, desenvolvendo-se mais, tinha de converter-se em um emparelhamento do vivo e do morto, do divino e do real, quando, mediante a junção do Jesus real com o transfigurado, com o divinizado, indicou, mas não concedeu a satisfação do mais profundo ímpeto pela religião, convertendo-o em um anseio infinito, inextinguível, insaciado.*

---

[96] Nohl, p. 321.

* Ibid., p. 341 e seg. (N. T.)

Assim, de acordo com Hegel, o cristianismo evoluído de fato cria uma "unificação" (sabemos o que esse termo significa para Hegel em Frankfurt), mas que

> permanece eternamente na consciência deles [a saber, dos homens – G. L.] e nunca permite que a religião se torne vida plena. Inerente a todas as formas da religião cristã que se desenvolveram na vicissitude continuada do tempo é esse caráter básico da contraposição no divino, que se quer existente unicamente na consciência e nunca na vida.*

No que segue, Hegel fornece uma descrição das diversas correntes do cristianismo e, ao fazer isso, mostra que nenhuma delas é capaz de alcançar a união real com a vida, a superação real da positividade. Ele finaliza o manuscrito inteiro com estas palavras: "Igreja e Estado, culto divino e vida, piedade e virtude, fazer espiritual e fazer mundano jamais podem se fundir em uma coisa só: isto é seu destino"[97].

Vemos que a resposta final de Hegel de modo nenhum é favorável ao cristianismo. O caráter contraditório desse seu escrito consiste exatamente no fato de ele ser impelido a buscar na religião a única superação real da positividade na própria vida, no fato de ver o cristianismo como o protótipo da religiosidade – e, depois de todas as construções místicas tão favoráveis à religiosidade cristã, chegar a um resultado negativo, a saber, que o cristianismo por sua natureza é incapaz de superar a positividade, ou seja, aquilo que está morto na vida, que ele, em última análise, constitui um posicionamento tão subjetivo em relação ao mundo sem vida dos objetos quanto o amor, que ele, do mesmo modo que o amor, deixa esse mundo dos objetos subsistir sem o superar.

Veremos que Hegel nunca extrai todas as conclusões** dessas constatações. Seu posicionamento permanece sempre dicotômico e oscilante. No entanto, é exatamente esse o período menos justificado para dizer que ele teria se identificado inteiramente, 100%, com o cristianismo. É no período de Iena que nos depararemos com um fragmento filosófico-religioso que fala expressamente de suplantação do cristianismo, do surgimento de uma nova religião, de uma terceira religião. Todavia, também nesse ponto Hegel

---

* Idem. (N. T.)
[97] Ibid., p. 341 e seg.
** Correção do texto original de *"Forderungen... zieht"* [tira exigências] para *"Folgerungen... zieht"* [tira conclusões]. (N. T.)

transcende o cristianismo pela via religiosa, enredado na religião. Ele jamais chegaria a suplantar esse enredamento em representações religiosas ligadas à essência mais profunda de seu idealismo, e a consequência disso é que, em sua concepção da sociedade burguesa, o cristianismo não só desempenha o papel de uma força social real, mas também passa por uma transfiguração filosófica precisamente como religião.

Esse posicionamento de Hegel em relação ao cristianismo, contudo, é extraordinariamente contraditório. E é instrutivo também para a compreensão de suas concepções posteriores examinar mais de perto essas contradições *in statu nascendi* [na origem], por assim dizer. Hegel critica a comunidade cristã por não ter sido capaz de superar realmente a positividade em sua realização do amor. Ele diz o seguinte:

> Porém, na falta de vida própria do amor da comunidade, o espírito de seu amor ficou tão pobre, sentiu-se tão vazio, que não foi capaz de reconhecer plenamente dentro de si, vivamente em si mesmo, o Espírito que lhe dirigia a palavra, permanecendo estranho a ele. Uma vinculação com um espírito estranho e percebido como estranho constitui dependência em relação a ele.*

A contraposição permanece e "é algo positivo, objetivo, que tem tanta coisa estranha, tanta dominação dentro de si quanto há de dependência no espírito da comunidade"[98]. Todavia, Hegel diz isso a respeito da comunidade de Jesus e não do próprio fundador desta. E veremos que essa diferença é essencial para seu desenvolvimento naquele período.

De acordo com as concepções de Hegel, a constatação dessa positividade não superada se reveste de importância decisiva para todo o destino subsequente do cristianismo. Quanto mais multiformes se tornam as relações humanas, isto é, quanto mais a sociedade burguesa evolui, mais nítida e necessariamente se apresenta essa contradição fundamental do cristianismo.

> Este é o ponto em que a comunidade, que parecia ter escapado a todo destino no amor que se mantém impermisto e fora de qualquer aliança com o mundo, foi apanhada por esse destino, um destino cujo centro foi a extensão a uma comunidade do amor que foge de todas as relações, um destino que em parte se desenvolveu tanto mais com a extensão da própria comunidade, em parte mediante essa extensão foi

---

* Nohl, p. 336. (N. T.)
[98] Ibid., p. 336.

se tornando cada vez mais coincidente com o destino do mundo, tanto acolhendo inconscientemente em si muitas facetas dele quanto contaminando-se cada vez mais ao combatê-lo.[99]

Não faltam, porém, declarações muito resolutas de Hegel, nas quais ele constata e censura essa manutenção da positividade também no fundador do cristianismo. Essa crítica repetidamente se refere à relação de Jesus com o Estado, com as condições da sociedade burguesa. (No fim da seção anterior, tratamos do que ele pensou sobre a questão da relação de Jesus com a propriedade privada.) Sobre a relação com o Estado e a sociedade, ele agora diz o seguinte:

> O reino de Deus não é deste mundo; mas para ele faz uma grande diferença se este mundo existe em oposição a ele ou se não existe, se é apenas possível. Como se tratava do primeiro caso, e Jesus sofreu consciente [a ação] do Estado, essa relação com o Estado já levou à ruptura de um grande aspecto da união viva, um importante laço se rompeu para os membros do reino de Deus, perdeu-se uma parte da liberdade [...], uma quantidade de condições ativas, de relações vitais; os cidadãos do reino de Deus se convertem em pessoas privadas contrapostas a um Estado hostil, em pessoas privadas que se excluem do Estado. [...] Excluídas da ideia do reino de Deus estão todas as relações fundadas por um Estado, que são infinitamente mais baixas do que as relações vivas da aliança divina e que só podem ser desprezadas por esta, mas no tempo em que essa ideia existiu e Jesus ou a comunidade não a puderam superar, o destino de Jesus e de sua comunidade, que permaneceu fiel a ele nesse ponto, continua sendo perda de liberdade, cerceamento da vida, passividade diante da dominação exercida por um poder estranho que é desprezado, mas que, não obstante, cedeu a Jesus em sua forma pura o pouco que este precisava dele, ou seja, a existência em meio ao seu povo.[100]

A contradição interna nas concepções de Hegel manifesta-se com especial nitidez onde ele procura aclarar com ilustrações e conceitos a superação completa de toda objetividade no reino de Deus. Ele cita muitos exemplos – especialmente tomados da vida orgânica – para mostrar que a relação entre parte e todo (indivíduo e sociedade) de modo nenhum precisa ser constituída definitiva e necessariamente, como é na sociedade burguesa, pela ligação mecânica da subjetividade vazia a um mundo morto e não vivificável de objetos.

---

[99] Ibid., p. 336 e seg.
[100] Ibid., p. 327 e seg.

Ao empenhar-se para ilustrar essa relação em termos sociais e históricos, ele só consegue encontrar uma analogia nas relações sociais de povos bem primitivos.

> Também na expressão "um filho da tribo de Coré", que é como, por exemplo, os árabes caracterizam o singular, um indivíduo da mesma tribo, está implícito que esse singular não é simplesmente uma parte do todo, não sendo o todo, portanto, algo fora dele, mas ele próprio é precisamente o todo que constitui a tribo inteira. Isso também fica claro a partir da consequência que tem para o modo como tal povo natural, indiviso, trava a guerra, na medida em que cada singular é morto da maneira mais cruel possível; na Europa atual, em contraposição, onde cada singular não traz dentro de si o todo do Estado, mas onde o laço é apenas idealizado, é o mesmo direito para todos, não se trava a guerra contra o singular, mas contra o todo que reside fora de cada um; como ocorre em todo povo autenticamente livre, entre os árabes cada qual é uma parte e, ao mesmo tempo, o todo. Só em relação a objetos, a coisas mortas, vale dizer que o todo é diferente das partes; no que está vivo, em contraposição, a parte do mesmo é tão una quanto o todo e constitui a mesma unidade que este.[101]

O fato de Hegel conseguir encontrar somente entre os povos primitivos ilustrações sócio-históricas para seu "reino de Deus", com cujo auxílio ele tenta superar em termos religiosos as contradições da positividade na sociedade burguesa, lança uma luz muito clara sobre a situação contraditória em que se encontrava seu pensamento no período. Muitos críticos da sociedade burguesa, quando confrontados com as contradições que dela resultam, buscaram refúgio em sociedades menos desenvolvidas, "orgânicas", o que é o caso, sobretudo, dos românticos na Idade Média. As tentativas de Hegel de superar em termos religiosos as contradições da vida atual da sociedade impelem seu pensamento necessariamente nessa direção. Contudo, é característico de sua concepção, em muitos aspectos sempre realista e sóbria das coisas, que ele não recorre aqui à Idade Média, ao feudalismo, mas a povos que ainda vivem na organização gentílica. Ele apreende a relação do homem com a sociedade em uma forma radicalmente diferente daquela que se encontra na sociedade burguesa, e a elaboração dos contrastes que surgem daí mais tarde se tornaria extraordinariamente fecunda para sua concepção da história, do direito, da arte etc. Por outro lado, em Frankfurt Hegel já considera o avanço da sociedade

---

[101] Ibid., p. 308. No curso de suas exposições, Hegel fala seguidamente nessa analogia com os povos primitivos, como, por exemplo, na p. 322, em que ele utiliza relatos descritivos de viagens ingleses publicados por Forster.

humana dessas condições primitivas para a sociedade burguesa desenvolvida não só como necessidade de fato, mas também como um progresso histórico. Pois ele mostra, como repetidas vezes vimos, que a comunidade cristã inevitavelmente tem de ocupar-se criticamente, no curso da história, das exigências da sociedade em desenvolvimento ascendente.

Assim surge, para Hegel, a seguinte contradição insolúvel: o "reino de Deus", que deve superar as contradições da sociedade moderna, é uma condição histórica da humanidade há muito ultrapassada e superada. Hegel se encontra diante da opção de renunciar ao seu ideal religioso ou à sua concepção do caráter progressista da história. Característico do período de Frankfurt é que nele não há respostas tão resolutas quanto mais tarde – em todo caso, não no sentido de que ele agora de alguma maneira anunciaria um movimento histórico rumo a essa condição primitiva, de que ele superaria a ideia do progresso histórico. As duas coisas, mas especialmente a necessidade do transcender histórico das condições primitivas, estão presentes de muitas formas em suas anotações. De um lado, ele ainda não apresenta um quadro abrangente do desenvolvimento histórico global e, portanto, não enquadra essas condições claramente no lugar que, segundo suas concepções, cabe a elas na linha do progresso geral da história; de outro lado, suas discussões filosófico-religiosas muitas vezes adquirem uma tendência "supra-histórica", uma tendência para a "eternidade" do religioso. Isso, contudo, sempre volta a ser superado e criticado. Ainda assim, é característico do período de Hegel em Frankfurt que a crítica e o que é criticado muitas vezes coexistam pacificamente lado a lado no mesmo manuscrito. Hegel chega a mostrar as contradições tragicamente insolúveis da religiosidade, compreende o fundador do cristianismo como um personagem trágico; porém, a solução religiosa permanece a culminação intencional de sua filosofia em todo o período de Frankfurt, como veremos especialmente no "fragmento de sistema".

Entretanto, todas essas contradições ainda têm outra faceta para Hegel, a saber, quando se leem essas contradições constatadas por ele próprio, os juízos negativos sobre o cristianismo emitidos, poderia parecer incompreensível por que todo esse complexo de problemas foi tão importante para ele. Já apontamos (cf. p. 174 e seg. deste livro) para as circunstâncias sociais que levaram Hegel a ocupar-se do cristianismo e não conseguir libertar-se dele, mas é preciso que levantemos aqui uma vez mais a seguinte pergunta: como surge, para Hegel, a situação em que ele vislumbra em Jesus uma tentativa séria de solução das contradições da vida, da sociedade burguesa? A inescapabilidade de tal formulação do problema advém, sobretudo, do idealismo de Hegel. Todo o desenvolvimento de Hegel e especialmente seu período em Frankfurt constitui uma ilustração brilhante da constatação de Lênin: "O idealismo é uma padralhice [clericalismo]"[102], isto é, o idealismo filosófico, quando permanece fiel a si e é coerente consigo mesmo, não consegue escapar das exigências religiosas.

Verificamos até agora em Hegel um conhecimento crescente da sociedade burguesa. Com ele cresce também sua visão de uma série de modos fenomênicos negativos necessários dessa sociedade, sua noção do estranhamento (*Entfremdung*) do homem em relação ao mundo, a seus semelhantes, aos objetos, sua noção da figura (*Gestalt*) estranhada do Estado e da própria sociedade. Esse modo fenomênico universalmente necessário do capitalismo necessariamente se evidenciaria em traços bem nítidos na Alemanha atrasada. Muitas décadas depois, Marx diz o seguinte sobre o capitalismo na Alemanha:

> Em todas as outras esferas, atormenta-nos, do mesmo modo como nos demais países ocidentais do continente europeu, não só o desenvolvimento da produção capitalista, mas também a falta desse desenvolvimento. Além das misérias modernas, aflige-nos toda uma série de misérias herdadas, decorrentes da permanência vegetativa de modos de produção arcaicos e antiquados, com seu séquito de relações sociais e políticas *anacrônicas*. Padecemos não apenas por causa dos vivos, mas também por causa dos mortos.[103]

Essa constatação de Marx naturalmente é válida em medida ainda maior na época de Hegel. A condição aqui caracterizada da sociedade determina não só o que Hegel tinha de ver e podia ver da sociedade, mas, ao mesmo tempo, também o modo *como* ele abordou esses problemas, a saber, seu idealismo filosófico. As contradições da sociedade burguesa que se tornaram visíveis para Hegel apareceram-lhe necessariamente acirradas, porque empreendeu a compreensão e a crítica delas do ponto de vista e com o equipamento do melhor humanismo burguês, que nessa época até se encontrava na iminência de desfazer-se das ilusões heroicas dos períodos pré-revolucionário e revolucionário, mas esteve

---

[102] [Vladímir Ilitch] Lênin, *Aus dem philosophischen Nachlaß*, cit., p. 289. [Ed. bras.: *Cadernos filosóficos*, cit., p. 336.]

[103] [Karl Marx, *Das*] *Kapital*, v. I,. Prefácio à primeira edição (Berlim, 1949), p. 6 e seg. [Ed. bras.: Karl Marx, *O capital: crítica da economia política*, Livro I: *O processo de produção do capital*, trad. Rubens Enderle, São Paulo, Boitempo, 2013, p. 79.]

muito distante de firmar sem mais nem menos um armistício apologético com as barbaridades sociais e culturais da sociedade capitalista. O caráter pós-revolucionário desse humanismo estimulava a tentativa de uma solução dessas contradições na sociedade burguesa como ela de fato é. As ilusões da possibilidade de uma reconfiguração radical da sociedade tinham desaparecido, em parte em decorrência dos acontecimentos na França, da evolução da Revolução Francesa, em parte pela situação na própria Alemanha, onde nenhuma força social real empreendia de forma séria uma transformação revolucionária ou mesmo só uma reconfiguração radical das relações sociais. Repetidamente apontamos para o fato de que, nessas suas tendências, Hegel trilhou um caminho parecido com o dos mais importantes humanistas da Alemanha de então, Goethe e Schiller.

A partir desse complexo de questões, a aspiração de suplantação da positividade das relações sociais, das instituições etc. no capitalismo adquire aquela figura particular que encontramos no período de Hegel em Frankfurt. Já tivemos oportunidade de observar e veremos isso ainda mais claramente no desenvolvimento posterior de Hegel, como, no decorrer da elaboração desse problema, desenvolve-se nele uma dialética histórica cada vez mais viva, a saber, a história do surgimento social das formas que aparecem, na sociedade, estranhadas e positivas, das formas de vida "mortas"; elas preservam, no plano imediato, suas formas fenomênicas positivas, mortas, mas, ao mesmo tempo, revelam-se produtos necessários da atividade social dos próprios homens.

Em decorrência do idealismo filosófico de Hegel, porém, essa formulação histórico-social do problema está indissoluvelmente ligada, no caso dele, a outra questão universalmente filosófica, a saber, a da objetividade em geral. Hegel tem de estabelecer um vínculo entre esses dois complexos de questões, que, embora por si nada tenham a ver um com o outro, para todo idealismo filosófico e em especial para o idealismo objetivo necessariamente são coincidentes; é assim que surge o indefectível matiz religioso de superação das contradições da positividade, pois, no caso dele, a superação da positividade não só almeja provar que tudo o que se manifesta de modo socialmente positivo é, na realidade, produto da atividade humana, mas também é inflada idealisticamente como exigência da superação da objetividade em geral.

Está claro que esta última superação pode-se apenas conceber em formas religiosas. Quanto a esse aspecto, Hegel é mais ingênuo e franco durante seu período em Frankfurt do que depois. Ele de fato vê a religião como o ponto alto da filosofia; ele formula a superação da objetividade em geral como a união religiosa do homem com Deus. O fato de seu crescente conhecimento da sociedade e da história, sua sensatez sóbria e sua honestidade intelectual trazerem à tona, em assuntos isolados, contradições gritantes dessa concepção não é capaz de mudar nada em seu caráter fundamental. Nesse ponto reside um mal fundamental inextirpável do idealismo absoluto. E quando Hegel, em seu período filosófico mais sóbrio em Iena, elimina a parte religiosa de seu sistema filosófico e passa a ver o saber absoluto, a filosofia científica, isto é, a filosofia dialética, como o ponto culminante, a finalidade do conhecimento humano, ele confere a esse problema uma formulação apenas aparentemente mais sóbria, apenas aparentemente mais científica, pois o sujeito-objeto idêntico do idealismo absoluto, o retorno do espírito absoluto a si mesmo, saindo do estranhamento (*Entfremdung*) completo na natureza e do estranhamento parcial na história e chegando ao conhecimento pleno de si mesmo, no fundo nada mais é que a revogação de toda objetividade em um sujeito mistificado que ela supostamente criou: a superação da objetividade em geral.

Apesar de todo esse misticismo idealista insuprimível, a ideia hegeliana da sociedade e da história feitas pelos próprios homens constitui a base metodológica da concepção dialética de seu pensamento – no entanto, apenas se tiver êxito em libertar esse "autofazer" da sociedade e da história da antiga concepção iluminista, como se as motivações conscientes do agir individual fossem as causas reais do acontecimento histórico-social e pudessem explicar seus resultados; apenas se essa análise descer ao nível das razões não imediatamente visíveis, mas reais e objetivas do acontecimento histórico. Sabemos que Hegel nunca deu de fato esse passo, que em sua concepção de história a concepção idealisticamente mistificada do espírito desempenha papel decisivo. Contudo, está igualmente claro – e Marx e Engels repetidas vezes apontaram de forma enfática para isso – que, não obstante toda essa mistificação, a concepção hegeliana de história constituiu um passo decisivo na direção de sua concepção dialética, a saber, no sentido de que Hegel tanto reconhece a história como "feita pelos próprios" homens quanto ressalta o fato de que das ações conscientes dos homens na história advém algo diferente, algo maior daquilo que eles mesmos pretenderam.

Essa concepção de história, no entanto, é o resultado de uma fase posterior do desenvolvimento de Hegel. Para chegar a ela, ele precisa superar justamente a formulação dada ao problema em Frankfurt, o indivíduo como ponto de partida. De forma alguma, contudo, pode-se compreender de modo rígido e mecânico essa formulação do problema em Frankfurt, na qual Hegel parte do destino do indivíduo. Com certeza essa formulação do problema continua sendo o fio condutor de suas investigações, constituindo um dos motivos intelectuais que levaram o sistema de Frankfurt a culminar na religião. Contudo, todo o período de Frankfurt está repleto dessa luta ininterrupta para superar os limites dessa formulação do problema, para ir além da subjetividade necessariamente associada a ela, e, embora a solução encontrada em Frankfurt não passe de uma pseudo-objetividade mística da vida religiosa, essa luta preparou o caminho para a posterior concepção objetivista, mais dialética, de sociedade e história.

Sabemos que: essa luta gira aqui imediatamente em torno da dialética do amor, isto é, da instauração de relações dialéticas entre a objetividade morta das relações e instituições sociais e a vida real do indivíduo. Vimos também que, para Hegel, o amor é a superação da objetividade falsa, da positividade.

Essa formulação do problema condiciona a concepção que Hegel tem de Jesus em Frankfurt. Ele circunscreve a missão de Jesus com as mais diversificadas expressões, mas seu sentido é metodologicamente sempre o mesmo. No esboço para O *espírito do cristianismo*, Hegel diz o seguinte: "Ao mandamento Jesus contrapõe a convicção (*Gesinnung*), isto é, o estar inclinado a agir dessa maneira; a inclinação está fundada em si mesma, tem seu objeto ideal em si mesma; não em algo estranho, na lei moral da razão"[104]. No mesmo manuscrito, Hegel define essa missão em termos muito parecidos, só que de modo um pouco mais resoluto: "À positividade dos judeus Jesus contrapôs o homem; às leis e a seus deveres, contrapôs a virtude e, em ambos, superou a imoralidade dos homens positivos"[105]. Essas determinações da missão de Jesus correspondem de modo geral à concepção do amor que já conhecemos. E, para Hegel, Jesus de fato é o grande representante histórico desse princípio. Ainda assim, isso de forma nenhuma esgota a importância que Jesus e sua doutrina têm para Hegel agora. Pelo contrário, Hegel identifica cada vez mais claramente as debilidades e as limitações do amor em relação à superação da positividade almejada por ele, e, na filosofia que formulou em Frankfurt, a missão histórica de Jesus consiste justamente em superar essas limitações do amor, em reconciliar suas contradições em um estágio mais elevado. Veremos como essas aspirações de

---

[104] Nohl, p. 388.
[105] Ibid., p. 266.

Hegel forçosamente levaram ao fracasso, à reprodução das contradições do amor em escala superior.

A principal deficiência do amor é seu isolamento. O amor representa somente um momento passageiro no grande fluxo da vida. "O amor vincula pontos em momentos, mas o mundo que há nele, o homem e sua dominação continuam a existir."[106] Todavia, segundo Hegel, no amor há um empenho para ir além desse aspecto pontual. Ele, porém, constata repetidamente que esse empenho está fadado ao fracasso. "É por isso que as belas almas, que estão infelizes ou por terem consciência de seu destino ou por não estarem satisfeitas na plenitude de seu amor, são tão caridosas – elas têm bons momentos de fruição, mas apenas momentos."[107] O que falta ao amor, portanto, segundo Hegel, é precisamente a objetividade. Ele é um modo fenomênico do princípio divino no homem, mas não é realmente capaz de produzir a relação viva entre sujeito e objeto.

> Esse amor é um espírito divino, mas ainda não é religião; para ser isso, ele teria de apresentar-se, ao mesmo tempo, em uma forma objetiva; ele, que é uma sensação, algo subjetivo, teria de fundir-se com o representado, com o universal, e, desse modo, obter a forma de um ser passível e digno de adoração. Essa necessidade de unir em um belo, em um Deus, o subjetivo e o objetivo, a sensação e a demanda da mesma por objetos, o entendimento por meio da fantasia, essa necessidade suprema do espírito humano é o impulso para a religião.[108]

Nessa passagem é expressa com clareza a tendência central do período de Frankfurt: a religião é a esfera na qual é conquistada a verdadeira objetividade, a que é idêntica à subjetividade, a objetividade viva.

Desse modo, surge já no esboço uma hierarquia dialética dos modos de comportamento humano. "A convicção (*Gesinnung*) supera a positividade, a objetividade dos mandamentos; o amor supera as limitações da convicção; a religião, as limitações do amor."[109] A mesma ideia é, então, detalhada no manuscrito:

> A moralidade supera a dominação nas esferas do que assomou à consciência, o amor supera as limitações das esferas da moralidade; o próprio amor, porém, ainda tem uma natureza incompleta; nos momentos do amor feliz, não há espaço para

---

[106] Ibid., p. 390.
[107] Ibid., p. 389.
[108] Ibid., p. 332.
[109] Ibid., p. 389.

a objetividade; toda reflexão, porém, supera o amor, restabelece a objetividade e, com isso, recomeça o âmbito das limitações. O religioso é, portanto, o πλήρωμα [a plenitude – G. L.] do amor – reflexão unida com o amor, ambas pensadas em união.[110]

Essa concepção é metodologicamente interessante em dois sentidos. Em primeiro lugar, emerge aqui, em uma forma relativamente desenvolvida, uma importante ideia fundamental de cunho metodológico de *Fenomenologia do espírito*, a saber, o método de desenvolver dialeticamente de maneira recíproca os diversos modos de comportamento subjetivo em relação ao mundo – mais tarde, Hegel os chamaria de "figuras da consciência". Mais precisamente, de tal maneira que um deles sempre aparece como solução das contradições dialéticas do estágio inferior e as contradições nele desenvolvidas levam ao estágio superior. Essa tendência está presente não só em Hegel, mas é uma marca generalizada de todo o período. Encontramos os primeiros vestígios dela já em Kant, e a obra *Sistema do idealismo transcendental**, de Schelling, mostra esse método já generalizado e desenvolvido. Falaremos da afinidade e das diferenças entre o método de Hegel e o de Schelling quando tratarmos do período de Iena.

O segundo ponto de vista metodológico a ser constatado aqui é a grande importância de que se reveste a reflexão na derivação dialética da religião feita por Hegel. Nas considerações apresentadas até este momento, apontamos repetidamente para o fato de que os primórdios da apreciação exata da importância da reflexão como um momento da totalidade dialética figuram entre as características mais importantes do período de Hegel em Frankfurt e o diferenciam profundamente dos "filósofos da vida" e dos românticos, com os quais seus intérpretes imperialistas preferem associá-lo. Nesse ponto, essa importância da reflexão recebe uma ênfase mais forte. Pois, segundo Hegel, a debilidade, a mera subjetividade do amor reside precisamente no fato de que ele está livre de reflexão e, por essa razão, pode ser destruído a qualquer momento pela reflexão que foi apenas contornada, mas não acolhida nele mesmo. Em contraposição a isso, a objetividade da religião repousa exatamente no fato de que ela une reflexão e amor, reconciliando seu antagonismo[111].

---

[110] Ibid., p. 302.

* Friedrich Wilhelm Joseph Schelling, *System des transzendentalen Idealismus* (Tübingen, Cotta, 1800). (N. T.)

[111] Lembramos o leitor de que aqui Hegel não se depara com um problema totalmente novo. Ele tentou unir amor e reflexão já no início do período de Frankfurt (cf. p. 197 e seg. deste livro); agora esse problema é deslocado para a esfera da religião.

O que está correto nessa tendência, a noção da necessidade da reflexão como momento da dialética, o que aponta na direção da posterior dialética hegeliana específica, apenas aumenta, nesse estágio de seu desenvolvimento, as contradições internas insolúveis da posição de Frankfurt, pois das exposições de Hegel até agora apresentadas decorre claramente que a reflexão é uma forma de processamento da realidade pelo pensamento que está intimamente vinculada à existência da "contraposição" na vida, constituindo inclusive propriamente seu correlato no pensamento. Ora, quando se visa a uma superação completa e que não deixa rastro de toda objetividade estranha ao sujeito na unidade religiosa da vida, a superação da reflexão não significa uma superação dialética no sentido hegeliano (isto é, mantendo também o sentido de um conservar e elevar a um estágio superior), mas uma aniquilação completa no sentido de Schelling. Se, em contraposição, visa-se à superação da reflexão nesse sentido, como se poderá, então, realizar a "objetividade" sem objeto da vida religiosa almejada por Hegel?

É evidente que tais pressupostos metodológicos contraditórios só acarretariam resultados contraditórios. No estágio posterior de sua dialética, Hegel quererá unir dialeticamente essas contradições no "saber absoluto"; veremos que nem nesse ponto seu idealismo filosófico permite uma solução efetiva. Em Frankfurt, onde ele não busca a unidade das contradições no conhecimento, mas na vida religiosa, surgem duas soluções radicalmente opostas, antinômicas. Característico desse estágio do desenvolvimento hegeliano é que, em seu manuscrito, as soluções antinômicas aparecem diretamente justapostas. Pelo visto, sua incompatibilidade é sentida e vivenciada por Hegel mais que realmente discernida por meio do pensamento. Por essa razão, ele usa nesse ponto categorias muito confusas e contraditórias (por exemplo, a do destino, da qual logo falaremos em detalhes); é por isso que, na análise da personalidade e do destino de Jesus, ele chega a uma solução trágica. Todavia, o ulterior aprofundamento sobre as contradições vivenciadas que daí surgiram conduziu já no "fragmento de sistema" à nova formulação, especificamente hegeliana, da teoria da contradição; esta, porém, só conseguiria alcançar as altitudes possíveis à dialética idealista quando Hegel supera, em Iena, as bases metodológicas vivenciais do período de Frankfurt: sobretudo o fato de partir do destino do indivíduo e, como consequência necessária desse ponto de partida, colocar a religião acima do conhecimento.

Consideremos mais de perto as soluções antinômicas a que Hegel necessariamente chega. Ou Hegel aplica com seriedade sua objetividade sem objeto –

nesse caso, tudo se dissolve em uma névoa mística – ou ele permanece fiel ao pressuposto de que a reflexão não desaparece por completo na vida religiosa, mas apenas foi dialeticamente superada – nesse caso, evidencia-se que seu conceito de religião é de todo inadequado para superar dialeticamente as contradições que está destinado a resolver: ele constitui, então, apenas outra formulação da subjetividade do amor e conserva a fragilidade desta, a saber, a incapacidade subjetivista de superar a positividade.

Examinemos, agora, a primeira faceta antinômica dessas tentativas de solução. No esboço, Hegel diz o seguinte, polemizando contra a filosofia fichtiana:

> O dever-ser, todavia, terá de ser um almejar infinito quando pura e simplesmente não houver maneira de suplantar o objeto, quando sensibilidade e razão – ou liberdade e natureza, ou sujeito e objeto – estiverem tão incondicionalmente contrapostas que constituam *absoluta* [coisas absolutas]. As sínteses "nenhum objeto" – "nenhum sujeito" – ou "nenhum eu" – "nenhum não-eu" não superam (*aufgehoben*) sua propriedade como *absoluta* [coisas absolutas]. A lei é uma relação pensada dos objetos entre si; no reino de Deus não pode haver relação pensada, porque não há objetos uns para os outros. Uma relação pensada é fixa e permanente, sem espírito, um jugo, uma composição, uma dominação e servidão – atividade e passividade – determinar e ser determinado.[112]

No manuscrito propriamente dito, Hegel detalha mais essa essência do alçar-se religioso acima das contradições. Citaremos agora algumas das passagens características: "A montanha e o olho que a vê são sujeito e objeto, mas entre homem e Deus, entre espírito e espírito, não há esse fosso da objetividade; um só é para o outro um e outro pelo fato de reconhecê-lo como tal"[113].

Aqui o sujeito-objeto idêntico já está articulado em sua crueza mística: o conhecimento real do mundo só pode ser autoconhecimento, e o idealismo absoluto precisa idealizar um sujeito que é, ao mesmo tempo, gerador e conhecedor do processo do mundo. Trata-se aqui de Deus, o que em Frankfurt é dito por Hegel com escassas palavras. A intenção, porém, é que essa unidade da vida seja realmente uma unidade viva, uma relação dos homens entre si sobre tal base, em tal harmonia divina. Essa harmonia é, segundo Hegel, o reino de Deus. Uma harmonia

---

[112] Nohl, p. 395.
[113] Ibid., p. 312.

em que não só sua [dos homens – G. L.] multiforme consciência fica afinada em um único espírito e as muitas formas da vida em uma vida apenas, mas por meio da qual também são eliminadas as divisórias que os separam de outros seres similares a Deus e o mesmo espírito vivo anima os diferentes seres, que, portanto, não são mais só iguais, mas também unidos, não constituem só uma reunião, mas também uma comunidade, por não estarem unidos apenas em um universal, em um conceito, como, por exemplo, no dos crentes, mas pela vida, pelo amor – essa harmonia viva de homens, sua comunhão em Deus, é denominada por Jesus de reino de Deus.[114]

Não deixa de ser um ato coerente quando Hegel confere aqui a essa suprema atitude espiritual, a essa forma suprema do conhecimento, o nome de *fé*, em contraposição ao conhecimento habitual. Ele diz o seguinte sobre isso: "Fé é um conhecimento do espírito pelo espírito, e só espíritos iguais podem conhecer-se e compreender-se, os desiguais só sabem que não são o que o outro é"[115]. E Hegel enfatiza que não se trata aqui do mesmo nível de entendimento etc., mas do mesmo modo de estar religiosamente impregnado do espírito, da fé. Ele contrapõe a esse modo do conhecimento recíproco dos homens

> o tão louvado conhecimento humano profundo, que para seres fragmentados, cuja natureza abrange uma grande multiplicidade, muitas e multicoloridas unilateralidades sem unidade, decerto constitui uma ciência de grande envergadura e muita utilidade, mas à qual sempre escapa aquilo que buscam, a saber, o espírito [...].[116]

Essa contraposição é interessante porque podemos observar aqui, uma vez mais, em seu invólucro místico, a preparação da descoberta, por Hegel, de um posterior e importante modo de conhecimento. Pois o posterior conhecimento do processo histórico por Hegel, que seguiu na direção do descobrimento das "causas não ostensivas" (Engels), está imbuído de um desprezo similar pela psicologização mesquinha, apenas pragmática, da história e das pessoas que atuam historicamente; Hegel fala aqui por seguidas vezes de um conhecimento do homem próprio de camareiros. Todavia, esse desprezo tem, nesse caso, ainda outro acento, porque serve de complemento à pujança da unidade religiosa dos homens no reino de Deus. Fica claro, porém, que, diante do surgimento contraditório das concepções sociais e históricas de Hegel, também

---

[114] Ibid., p. 321.
[115] Ibid., p. 289.
[116] Ibid., p. 290.

aqui já estava presente o embrião de tal posicionamento frente à interpretação mesquinhamente psicologizante dos grandes acontecimentos da história da humanidade. O sujeito-objeto idêntico, que está na base da gnosiologia de todo idealismo objetivo, adquire aqui em Hegel, como vimos, a forma francamente religiosa da fé. Por meio da fé, Hegel quer promover a união entre o divino comum a Deus e ao homem, uma união capaz de lançar a ponte sobre o "fosso da objetividade".

> Como poderia algo reconhecer um espírito se não fosse ele próprio um espírito? A relação de um espírito com um espírito é sentimento de harmonia, é sua união; como poderiam se unir coisas heterogêneas? A fé no divino só é possível porque o divino está no próprio crente; esse divino redescobre a si próprio, sua própria natureza, naquilo em que crê, mesmo se não estivesse consciente de que isso que ele descobriu é sua própria natureza.[117]

Neste ponto em que prossegue de modo coerente na linha místico-religiosa, Hegel aniquila todas as conquistas dialéticas obtidas com tanto esforço durante o período de Frankfurt. Tudo se desfaz na névoa mística da objetividade sem objeto, da superação de toda objetividade. Nas formulações que Hegel produz sobre esse estágio, sua teoria aparece como puramente mística. Ao mesmo tempo, ele renuncia justamente àquele momento mediante o qual pretende que a religião suplante dialeticamente as limitações subjetivas do amor, a saber, a concepção de que a religião é união dialética de amor e reflexão.

Sempre que Hegel leva a sério sua ideia da objetividade sem objeto da religião, ele descarta impiedosamente a reflexão e, desse modo, destrói o que até ali construíra penosa e habilmente. Destacaremos apenas uma passagem bem característica:

> O Filho de Deus também é o Filho do Homem; a figura particular do divino aparece como um homem; a conexão entre o infinito e o finito, todavia, é um mistério sagrado, porque essa conexão é a própria vida; a reflexão, que separa a vida, pode diferenciá-la em infinito e finito e só a limitação, o finito, considerado em separado, resulta no conceito do homem como contraposto ao divino; fora da reflexão, na verdade, essa limitação não ocorre.[118]

---

[117] Ibid., p. 313.
[118] Ibid., p. 309 e seg. A expressão "mistério sagrado" referindo-se à relação entre o infinito e o finito ocorre com frequência nesse manuscrito. Cf. p. 304.

Aqui, portanto, em forte oposição a seu ponto de partida, Hegel contrapõe reflexão e verdade de modo excludente. Dessa maneira, a reflexão cessa de ser um elemento necessário da ascensão dialética até a verdade, como constava nas intenções metodológicas do próprio Hegel naquela época e como seria uma constante em sua dialética a partir de Iena – um elemento que se torna falso tão somente por meio de uma falsa absolutização. Agora, enquanto oposto absoluto da verdade, a reflexão desaparece da esfera suprema do conhecimento, do autoconhecimento do espírito. Por essa razão, não é por acaso que aqui, em forte contraposição a seu desenvolvimento posterior, Hegel chama esse autoconhecimento do sujeito universal de fé, não de saber. Pois foi justamente por essa via que a relação entre o finito e o infinito, entre o finito e o mistério religioso, entre o finito e o "mistério sagrado" converteu-se no principal problema de sua posterior dialética, e foi por meio do esclarecimento científico que ele superou tantos preconceitos do pensamento metafísico.

Bem mais simples é analisar o outro lado dessa antinomia. Hegel nem sempre dissolve a objetividade nessa névoa mística; especialmente quando se trata da análise de conexões sociais ou históricas, ele é sóbrio e realista demais para levar a sério a demanda religiosa da objetividade sem objeto. Nesse caso, porém, a objetividade morta do mundo social a ser superada, sua positividade, permanece inalterada, e a religião se revela algo meramente subjetivo, que não está acima do amor e é acometido de todas as suas limitações e insuficiências. A subjetividade que se tornou puramente religiosa se defronta, então, com o mundo morto dos objetos e sucumbe a seu poder. Desse modo, o novo conceito de Deus penosamente conquistado também se converte em algo positivo. Elegemos uma passagem em que Hegel apresenta, em termos especialmente fortes, essa autocrítica – inconsciente – de sua concepção religiosa arrojadamente mística.

> Por mais que a ideia de Deus seja sublimada, permanece sempre o princípio judaico da contraposição da ideia frente à realidade, do racional frente ao sensível, o despedaçamento da vida, uma conexão morta entre Deus e o mundo, uma ligação que só pode ser tomada como conexão viva e na qual só se pode falar das condições dos referentes em termos místicos.[119]

Hegel diz isso em relação a João Batista, não em relação ao próprio Jesus, que, segundo suas concepções, representa uma religiosidade mais elevada, mais

---

[119] Ibid., p. 308.

plena. No caso deste, como depreendemos de algumas citações, as categorias místicas da filiação divina e do reino de Deus devem produzir aquela objetividade sem objeto. Mais tarde, quando tratarmos da tragédia de Jesus, veremos que quanto mais concreta, quanto mais histórica for a orientação da execução dessa concepção pelo próprio Hegel, menos ele será capaz de manter sua tendência mística, pois mais ele se movimenta na direção do segundo membro da antinomia aqui investigada, na direção de retorno ao mundo dos objetos.

Vemos que aqui não se trata de uma contradição dialética viva da própria realidade, que Hegel talvez tivesse apreendido de modo apenas incompleto, mas de um grosseiro antagonismo excludente, de duas soluções antinômicas do mesmo problema, que de fato se excluem mutuamente, em cujo caráter contraditório se refletem claramente a insolubilidade objetiva do problema e a falsidade da formulação do problema e da metodologia de Hegel naquela época. Na ocasião, ele não tomou consciência desse caráter contraditório, caso contrário não teria justaposto diretamente, no mesmo manuscrito, tentativas de solução tão excludentes. Pelo visto, ele teve a sensação de que alguma coisa não estava totalmente em ordem no tocante a essa questão e, por isso, recorreu às mais diversas construções intelectuais auxiliares para chegar a um equilíbrio harmônico de seus raciocínios divergentes. A mais importante dessas construções auxiliares é constituída por uma das categorias principais de Hegel em Frankfurt: a do *destino*.

Nas considerações que fizemos até agora, seguidamente nos deparamos com essa categoria; vimos que Hegel considerou o Estado e também a propriedade como destino e que essa caracterização, para ele, naquela época, não foi apenas uma expressão literária pitoresca; por meio dela, ele quis, muito antes, expressar dialeticamente uma forma específica da necessidade histórica, uma relação específica entre o homem e a positividade do mundo exterior. No primeiro momento, parece que Hegel quis iluminar a obscuridade de sua filosofia da religião mediante a escuridão de uma filosofia da história e de uma filosofia da sociedade igualmente místicas. Como veremos, o conceito de destino que ele usou naquela época de fato é suficientemente obscuro e contraditório. Justamente nesse ponto, porém, apesar de todas as contradições, aflora um cerne dialético autêntico, de modo que vale a pena examinar mais de perto como Hegel entendeu a palavra "destino" nesse período.

O ponto de partida de Hegel é a confrontação das conexões puramente mecânicas, inumanas, da sociedade burguesa, em especial em sua forma fenomênica mais fetichizada no sistema jurídico penal e em sua idealização e sua interiorização na ética de Kant, com o contexto dialético vivo do movimento da sociedade global, na qual o homem é – simultânea e inseparavelmente – sujeito e objeto, agente e paciente. Hegel diz que, para o direito, o criminoso é apenas "um pecado existente, um crime dotado de personalidade"[120]. Ele passa a procurar as conexões sociais gerais, mais amplas, mais vivas e mais humanas, em que o crime permanece um crime, mas em que a existência humana do criminoso não é revogada de modo tão mecanicamente desumano. (Lembramos o leitor que já apontamos para raciocínios semelhantes de Hegel; cf. p. 245 e seg. deste livro). Hegel diz o seguinte:

> A punição reside diretamente na lei ofendida; o criminoso perde o mesmo direito que foi violado por um crime cometido contra outro, isto é, ele merece a punição; a necessidade de que esta sobrevenha reside em algo exterior e é correspondente ao crime.[121]

Hegel prossegue deduzindo que dessa necessidade rígida da lei, de sua "majestade", que Kant tanto admirou e glorificou, deve decorrer na vida sua contingência.

> A necessidade de merecer a punição está estabelecida, mas o exercício da justiça não é algo necessário, porque como modificação de algo vivo ela também pode caducar, outra modificação pode ocorrer; e, assim, a justiça se torna algo casual; pode haver uma contradição entre ela como universal, pensado, e ela como algo real, isto é, como um ente vivo.[122]

É evidente que essa concepção de Hegel também se encontra intimamente ligada à sua polêmica contra a ética de Kant e Fichte, já detalhada por nós. No decorrer do desenvolvimento posterior, resultará desse antagonismo o importante posicionamento de Hegel em que ele rejeita da maneira mais ríspida possível a dedução das determinações legais concretas individuais do conceito do direito, como costumavam fazer Kant e especialmente Fichte, e acentua fortemente o caráter histórico-social mais ou menos casual dos momentos singulares do direito positivo.

---

[120] Ibid., p. 288.
[121] Ibid., p. 277.
[122] Ibid., p. 278.

O que nos interessa aqui, porém, é o conceito geral de destino do período de Frankfurt. Essas afirmações sobre direito e crime constituem apenas um ponto de partida, apenas um antagonismo complementar a esse conceito. O que interessa a Hegel é mostrar que, na vida social, existe uma necessidade mais extensa, mais ampla, mais viva e, por isso mesmo, mais autêntica do que aquela que é pronunciada na forma jurídica da lei. Essa superestimação da lei jurídico-estatal constitui também em Kant e Fichte um legado geral do Iluminismo, uma ilusão geral do período pré-revolucionário da ideologia burguesa. Portanto, a polêmica que encontramos em Hegel nesse ponto faz parte de seu processo de desvinculação geral de muitas tradições do Iluminismo, nas quais ele estivera ingenuamente preso durante seu período em Berna e as quais ele começa a superar gradativamente em Frankfurt, no curso da formação de seu método dialético; já vimos e ainda teremos muitas oportunidades de observar que essa suplantação se deu com bastante frequência por um idealismo mistificado.

A categoria do destino é, pois, para Hegel, a expressão dessa necessidade mais viva, mais ampla e mais dialética.

> O destino tem um âmbito mais extenso do que a punição; ele é incitado também pela culpa sem crime e, por essa razão, é infinitamente mais rigoroso do que a punição; seu rigor muitas vezes parece converter-se na mais gritante injustiça, quando entra em cena de um modo mais terrível diante da culpa mais sublime, diante da culpa da inocência. Pelo fato de as leis serem apenas uniões pensadas de contraposições, esses conceitos nem de longe esgotam a multilateralidade da vida; [...] mas ela [a saber, a punição – G. L.] não exerce nenhum poder sobre as relações da vida que não foram desfeitas, sobre as facetas da vida que estão dadas em união viva, ela não exerce poder para além dos limites das virtudes. O destino, em contraposição, é incorruptível e ilimitado como a vida [...] quando a vida é violada, por mais que isso ocorra de acordo com a lei, por maior que seja a autossatisfação que acarrete, entra em cena o destino e, por isso, pode-se dizer que jamais a inocência sofreu, todo sofrimento é culpa. Mas a honra de uma alma pura é maior quanto maior for a consciência com que ela comete a violação, visando a receber o bem supremo; mais tenebroso é um crime quanto maior a consciência com que uma alma impura viola a vida.[123]

Para o conhecedor da posterior filosofia da história ou da estética de Hegel já são visíveis aqui os contornos de sua concepção de necessidade histórica, de sua teoria do trágico etc.

---

[123] Ibid., p. 283 e seg.

A face mais essencial para nós dessa confrontação entre o poder vingador da punição, de um lado, e o destino, de outro, é o caráter mais vivo e mais abrangente do destino. Exatamente aqui expressa-se com clareza a tendência fundamental – muitas vezes apenas inconscientemente ativa – do período de Hegel em Frankfurt, a saber, que "vida" é o processo do movimento social global em contraposição à aparência enrijecida de seus momentos tomados isoladamente. Para Hegel, reveste-se de importância, sobretudo, que a lei jurídica é "posterior à vida e situa-se um nível abaixo desta". Justamente no contexto da passagem citada por último, Hegel inclusive chega muito perto de sua posterior concepção dialética, ao dizer o seguinte sobre a lei:

> Ela é apenas a lacuna da mesma [da vida – G. L.], a vida deficiente como poder; e a vida pode curar seus ferimentos novamente, a vida hostil separada pode retornar para si mesma [...], a deficiência é identificada como parte dela, como aquilo que nela deveria ser, mas não é; essa lacuna não é um não-ser, mas é a vida identificada e sentida como não sendo.[124]

Ora, visto que, para Hegel, o destino é esse movimento dialético da totalidade da vida, do conjunto da sociedade, a autodestruição e o autorrestabelecimento dessa vida mesma, a ininterrupta autorreprodução dialética da sociedade, não constitui surpresa que ele considere o destino como essencialmente humano, mesmo que, como vimos, seu rigor seja ainda maior que o da punição. "No destino, porém, o homem reconhece sua própria vida, e sua súplica a ele não é a súplica dirigida a um senhor, mas um retornar e acercar-se a si mesmo."[125] Em casos concretos, o destino pode ser desencadeado pelo ato de um estranho, mas isso não muda nada o fato de tratar-se do destino do próprio homem, pois Hegel acentua repetidamente, como já vimos (cf. p. 193 e seg. deste livro), que do ponto de vista das relações dos homens com o destino dá no mesmo se ele se comporta ativa ou passivamente diante de tal ensejo – isto é, na relação do homem com o destino, de acordo com sua concepção naquela época, luta ou fuga desembocam no mesmo lugar.

Esse traço essencial do destino ainda é sublinhado por Hegel ao rejeitar radicalmente a subordinação mecânica kantiana do indivíduo à sociedade, sendo que a sociedade representa constante e rigidamente apenas o universal

---

[124] Ibid., p. 281.
[125] Ibid., p. 282.

e o indivíduo representa de modo igualmente rígido apenas o particular e só consegue chegar ao universal mediante a submissão incondicional aos princípios universais (imperativo categórico), e ao introduzir na relação entre indivíduo e sociedade a dialética do universal e do particular. Nesse contexto do destino, indivíduo e sociedade são concebidos como poderes em luta; poder frente a outro poder, e dessa luta renova-se constantemente a unidade viva do todo.

> A punição representada como destino é de espécie bem diferente; no destino, a punição é um poder hostil, algo individual [...]. Nesse poder hostil, o universal não está separado do particular do mesmo jeito que a lei, que é o universal, está contraposta ao particular, que é o homem ou suas inclinações. O destino é apenas o inimigo, e o homem se defronta com ele da mesma maneira como um poder em luta; em contraposição, a lei, enquanto o universal, domina o particular, mantendo esse homem obediente a ela.[126]

Não só essa confrontação de indivíduo e sociedade como poderes em luta se aproxima muito mais da vida real da sociedade do que a concepção kantiana, na qual todo desvio da lei só podia aparecer como algo condenável, na qual, por isso mesmo, era impossível conceber a transformação histórica da sociedade mesma como resultado de seu próprio movimento, de sua autorreprodução contraditória, mas expressa-se nela também o outro lado, a estreita ligação entre todas as manifestações individuais de vida na sociedade; expressam-se nela o sentimento e a vivência (por enquanto só como sentimento e vivência), essa unidade da vida social objetivamente atuante em tudo o que acontece com o indivíduo, mesmo que se manifeste como a coisa mais individual ou mais privada possível. Isso ganha expressão em Hegel exatamente no problema do criminoso, na concepção fatalista do criminoso e da sua punição.

Um traço geral do período em que as contradições da sociedade burguesa já aparecem abertamente, mas em que suas últimas razões econômicas e de classe ainda não foram nem podem ser aclaradas, é que a dialética do crime converte-se em um dos pontos focais em que essas contradições ganham expressão filosófica e literária. É possível acompanhar isso com muita clareza no período de Hegel na Alemanha; de Schiller a *Michael Kohlhaas* de Kleist*,

---

[126] Ibid., p. 280.
* Heinrich von Kleist, *Michael Kohlhaas. Aus einer alten Chronik* (Berlim, 1810). Ed. bras.: *Michael Kohlhaas (De uma crônica antiga). Romance* (trad. Marcelo Backes, Rio de Janeiro, Civilização Brasileira, 2014). (N. T.)

esse problema é tratado em uma série de criações importantes. No entanto, de modo algum se fala aqui de um problema puramente alemão; basta indicar a literatura europeia de Byron a Balzac.

Portanto, de modo algum se trata de uma contingência ou de uma extravagância de Hegel que a tematização do criminoso e do crime seja o ponto mais evidente de demonstração daquelas contradições. Hegel passa a enfatizar a influência viva da totalidade da sociedade sobre o criminoso; ele revela a autoilusão de que se trata, nesse caso, de algo puramente individual.

> A ilusão do crime, que acredita poder ampliar-se mediante a destruição da vida alheia, desfaz-se no sentido de que o espírito falecido da vida violada se levanta contra ele, a exemplo de Banquo, que, vindo como amigo até Macbeth, não foi destruído por seu assassinato, mas no instante seguinte ocupou seu assento, não mais como conviva da ceia, mas como espírito mau. O criminoso pensou lidar com a vida alheia, mas apenas destruiu a própria vida; pois vida não é diferente de vida, já que a vida está na divindade una; e, em sua soberba, ele de fato destruiu alguma coisa, mas foi só o caráter amistoso da vida; ele a transformou em inimiga.[127]

Quando examinamos essa concepção de destino de Hegel quanto à importância para seu desenvolvimento, temos de diferenciar dois momentos: em primeiro lugar, a conexão dialética mais abrangente que começa a surgir dessa concepção de destino, embora ainda esteja obscura, confusa e incoerente; em segundo lugar, a forma específica de seu modo fenomênico em Frankfurt, pela qual as consequências dialéticas que despontam aqui são desviadas do caminho correto e distorcidas.

O primeiro elemento pode ser divisado nitidamente nas citações já transcritas. Para Hegel, trata-se do contexto abrangente e vivo da vida social, no qual as partes mortas e positivas perdem o caráter morto, positivo, como elementos desse contexto vivo, no qual se tornam elementos do movimento vivo da totalidade. Aqui ele toma o caminho que leva à melhor das concepções possíveis a que é capaz de chegar acerca da sociedade global em *Filosofia do direito*, à concepção que, na maturidade, ele formula nestes termos: "A necessidade consiste em que o todo foi dirimido nas diferenças conceituais e em que isso que foi dirimido produza uma determinidade

---

[127] Ibid., p. 280.

firme e resistente, que não tem a rigidez da morte, mas que, dissolvendo-se, sempre volta a gerar-se"[128].

É evidente que as passagens que citamos do manuscrito de Frankfurt não apresentam essa clareza em nenhum aspecto. Repetimos: nessa época, Hegel tinha mais a sensação e a vivência desse contexto e de suas determinações concretas do que um conhecimento claro deles. Porém, a constatação dessa obscuridade vivencial e do caráter difuso da tendência das ideias de Hegel naquele tempo não deve ofuscar nossa visão acerca da *direção* em que se movem essas ideias. Até porque aqui se podem observar, uma vez mais, tentativas nada irrelevantes de concretização da dialética do universal e do particular e especialmente uma forte tendência tanto de ir além da absolutização kantiano-fichtiana das determinações da reflexão quanto de compreendê-las em seu importante contexto dialético global. Exatamente nesse ponto, em que Hegel procura, em algumas de suas exposições, compreender o caráter positivo de fenômenos sociais como elemento necessário do contexto total e superá-lo como elemento no sentido dialético, é necessário indicar quanto essa tendência se encontra em contradição com suas aspirações filosófico-religiosas recém-citadas, com a eliminação de toda reflexão na objetividade sem objeto da vida religiosa. Conseguimos divisar com nitidez, justamente no ponto em que vislumbramos o surgimento das posteriores ideias básicas de Hegel ainda mergulhadas em um caos nebuloso, quanto a afirmação de Engels a respeito da contradição entre sistema e método em Hegel é correta para todo o seu desenvolvimento*. O aspecto fecundo dessa concepção de destino formulada em Frankfurt consiste exatamente nessas tentativas iniciais de elaboração do método dialético, e todas elas, por mais que tenham sido empreendidas pelo próprio Hegel de forma consciente com a finalidade de dar suporte à sua concepção religiosa, correm na direção diametralmente oposta, encontram-se, por sua tendência, fortemente em contradição com a finalidade proposta para elas.

---

[128] *Rechtsphilosophie* (ed. Lasson, Leipzig, 1911), § 270, adendo, p. 354. [Ed. bras.: G. W. F. Hegel, *Linhas fundamentais da filosofia do direito ou direito natural e ciência do Estado em compêndio*, trad. Paulo Meneses et al., São Leopoldo/São Paulo, Unisinos/Loyola, 2010). Esta edição será citada a seguir pelo título breve *Filosofia do direito*. Observe-se também que, nessa edição, não foram traduzidos os adendos aos artigos. – N. T.]

* A afirmação a que alude Lukács encontra-se em Friedrich Engels, "Ludwig Feuerbach e o fim da filosofia clássica alemã", em Karl Marx e Friedrich Engels, *Obras escolhidas em três volumes*, v. 3 (Rio de Janeiro, Vitória, 1963), p. 171-207. (N. E.)

Esse, contudo, é apenas um dos lados da concepção de destino formulada em Frankfurt, o lado fecundo e que aponta para o futuro. O outro lado, especificamente frankfurtiano, consiste no fato de que Hegel volta a referir diretamente ao indivíduo o caráter vivo de seu conceito de destino, que se origina justamente do fato de estar fundado no contexto social objetivo global. A problemática central de Hegel em Frankfurt é justamente o destino do indivíduo na sociedade burguesa. O tratamento dado aos problemas da sociedade burguesa, com bastante frequência, impele Hegel para além desse ponto de vista estreito, e exatamente nesses casos ele consegue apreender conexões dialéticas reais, mesmo que isso ainda ocorra de forma obscura, mais por intuição. Ele, porém, usa conscientemente todos esses avanços para solucionar seu problema principal. E essa referência ao indivíduo origina uma série de deformações de sua própria concepção, provocando uma visível queda do nível que seu pensamento já alcançara.

Isso se aplica também ao problema do destino. Quando Hegel chama o destino de humano em contraposição ao sistema legal, à punição, essa ideia não deixa de ser difusa, mas conta com um cerne real, na medida em que o humano significa a vida social. Quando ele volta a ser referido diretamente ao indivíduo, desse caráter difuso, uma vez mais, origina-se um misticismo – e isso acontece com bastante frequência exatamente quando se trata do conceito de destino, conscientemente o ponto alto da concepção hegeliana, pois do caráter humano do destino Hegel deduz que ele pode ser "reconciliado".

Considerada em abstrato, a ideia da reconciliação não chega a contradizer o caráter social da concepção de destino, pois tal caráter é expresso com muita clareza exatamente no fato de Hegel, em sua polêmica contra a positividade da punição e contra a glorificação kantiana dessa positividade, não combater os conteúdos sociais, mas a forma da positividade. É que ele está postado no mesmo terreno burguês do direito burguês e da filosofia kantiana. Ele não almeja uma ordem social radicalmente diferente, mas, no máximo, uma determinada modificação dela e, especificamente – filosoficamente –, outra concepção dos fenômenos dessa sociedade e de suas conexões. O misticismo reside no modo como Hegel concebe essa reconciliação. E a questão passa a concentrar-se no fato de que o destino, que é uma autoviolação da vida, pode ser reconciliado pelo amor.

> No fato de também o hostil ser sentido como vida reside a possibilidade da reconciliação do destino. [...] Essa sensação da vida que reencontra a si mesma é o amor, e neste o destino se reconcilia. [...] Assim, o destino não é algo estranho como a

punição; não é um real fixamente determinado, como o ato mau na consciência; o destino é estar consciente de si mesmo, só que como algo hostil; o todo pode restabelecer a amizade em si mesma, podendo retornar à sua vida pura pelo amor; assim sua consciência voltará a crer em si mesma, a visão de si mesma se modificou, e o destino foi reconciliado.[129]

Vê-se que, nesse ponto consciente de sua concepção de destino, Hegel volta atrás nos avanços essenciais de suas exposições: a necessidade social do destino se converte em uma "sensação do destino", ou seja, a vivência que um indivíduo tem da necessidade do que aconteceu com ele. E, a partir dessa vivência puramente subjetiva, decorre a reconciliação com o destino por meio do amor. Essa subjetivação já é em si e por si só uma deformação completa das conexões reais, pois é impossível que tal necessidade do destino individual decorra das determinações objetivas do desenvolvimento social. Exatamente os traços individualmente contingentes do destino pessoal, cuja contingência Hegel vê com muita clareza mais tarde, em sua filosofia da sociedade e da história, são absolutizados aqui por esse subjetivismo e inflados à condição de necessidade. O que se pretende, além disso, é que a visão meramente subjetiva da suposta necessidade desse acontecimento receba ademais a dignidade de uma objetividade superior: de fato, para Hegel, a reconciliação do destino através do amor é, em Frankfurt, um caminho que leva à objetividade mística de sua vida religiosa.

Portanto, não é de admirar que logo desapareça do vocabulário filosófico de Hegel exatamente essa determinação do destino, mais precisamente não só esse seu lado subjetivo, mas também os elementos que abrigam os embriões da posterior concepção de sociedade e de história. As tendências fecundas ingressam em sua dialética social, mas não são mais designadas com o termo "destino". E a reconciliação do destino por meio do amor desaparece por completo assim que Hegel passa a analisar – como acontece já em Iena – os fenômenos sociais de modo coerente a partir do ponto de vista histórico-social, não mais a partir do ponto de vista individual[130].

---

[129] Nohl, p. 282 e seg.
[130] Todavia, o termo "destino" aparece também na filosofia posterior de Hegel, só que não ocorre mais com o significado específico aqui usado. Já nas Preleções de Iena em 1805-1806, destino significa uma espécie de necessidade da qual "não sabemos qual é sua lei, seu conteúdo, o que ela quer" (*Realphilosophie*, v. II, p. 186). Nas mesmas Preleções, o conceito de destino passa a ser atribuído historicamente à Antiguidade (ibid., p. 267). Desde então, Hegel mantém essa

A utilização do conceito do destino para a fundamentação histórico-social da filosofia da religião formulada por ele em Frankfurt, porém, traz à tona a contradição geral entre método e sistema, pois Hegel vira e revira sua concepção de destino até que a pseudo-objetividade da reconciliação do destino através do amor apareça com seu ponto alto, mas, na aplicação desse conceito à história, ele não tem mais como eliminar a dialética objetiva que elaborou por essa via. E, à luz dessa dialética social objetiva, a elevada solução religiosa que Hegel busca aparece, então, como *renúncia voluntária à luta* contra o destino corporificado na sociedade, nas circunstâncias históricas. O próprio Hegel, na elaboração de seu conceito de destino, demonstrou claramente que a renúncia à luta, a fuga diante do destino, desafia-o da mesma forma que a própria luta, que, portanto, a fuga de modo nenhum é capaz de representar um ponto de vista elevado. Nesses contextos, ele também demonstrou com clareza que qualquer renúncia à luta, qualquer retraimento do sujeito para dentro de si mesmo, necessariamente deixa como está, mantendo *não superada*, a objetividade falsa, a positividade do entorno social.

Quando Hegel, então, baseado em pressupostos metodológicos tão contraditórios, põe-se a delinear a corporificação histórica para ele determinante da vida religiosa, ou seja, a figura e o destino de Jesus, o que resulta – não importa quanto isso foi conscientemente pretendido – não é o modelo real da vida religiosa, da suplantação da positividade por meio da objetividade sem objeto da religião, mas uma *figura trágica*, a corporificação da insolubilidade dessas contradições. Mais precisamente – em contraposição ainda maior às intenções filosófico-religiosas de Hegel –, uma figura trágico-*histórica*.

As palavras introdutórias ao esboço formulam com muita clareza as condições históricas dessa tragédia. Aí Hegel toma como ponto de partida nada menos que a tensa situação revolucionária em que se encontrava o judaísmo na época da atuação de Jesus. Apresentaremos na íntegra as exposições pertinentes de Hegel, em parte porque essa postura histórica é bem característica do conflito entre suas tendências, em parte porque descobrimos nelas uma variação peculiar daquela concepção nova, mais histórica, da positividade, com a qual já nos deparamos nos dois fragmentos da brochura política. Esta expressa, nesse ponto, com muita clareza a ideia de que a intensificação da

---

concepção – cf. *Ästhetik* (ed. Glockner), v. I, p. 101 e seg. Na *Lógica*, o destino é tratado no sentido de uma necessidade mecânica – *Werke* (Berlim, 1841), v. V, p. 187 e seg.

positividade constitui um momento social que desencadeia uma revolução, ou melhor, que o crescimento das condições propícias à revolução justamente faz com que a situação social mostre sua face flagrantemente positiva.

> Na época em que Jesus atuou na nação judaica, esta se encontrava na situação que equivale à de uma revolução que cedo ou tarde aconteceria e que sempre apresenta o mesmo caráter geral. Tendo o espírito abandonado uma Constituição, tendo ele abandonado as leis, e mediante sua transformação não condizendo mais com estas, instaura-se uma busca, um anseio por algo diferente, que logo cada qual encontra em algo diferente, e disso decorre uma multiplicidade de formações, modos de vida, demandas e necessidades, que, se vierem pouco a pouco a divergir de tal maneira que jamais poderão subsistir lado a lado, acabarão por ocasionar uma explosão e farão existir uma nova forma geral, um novo vínculo entre os homens; quanto mais solto for esse vínculo, quanto mais coisas ele deixar desunidas, mais sementes de novas desigualdades e futuras explosões conterá.[131]

A partir desse pano de fundo Hegel pinta, então, a tragédia de Jesus.

> Dado que Jesus entrara em luta contra todo o gênio de seu povo e rompera radicalmente com seu mundo, a consumação de seu destino não poderia ser outra senão a de ser esmagado pelo gênio hostil do povo; a glorificação do filho do homem, ao perecer desse modo, não se dá pela atitude negativa de ter renunciado a todas as relações em si com o mundo, mas pela atitude positiva de ter recusado sua natureza ao mundo não natural e preferido salvá-lo por meio de luta e perecimento a curvar-se conscientemente à depravação ou, espreitado por esta sem estar consciente disso, ter evolvido por meio dela. Jesus estava consciente da necessidade do perecimento de sua individualidade e procurou persuadir disso também seus discípulos.[132]

Aqui a tragédia de Jesus ainda tem um viés teológico: trata-se do sacrifício abnegado do indivíduo visando à salvação, à "redenção" do mundo depravado. No entanto, ao continuar concretizando suas concepções sobre Jesus, Hegel se depara seguidamente com o fato de Jesus ter fugido das formas concretas de seu entorno histórico-social. Por essa razão, Hegel tem de dizer de Jesus o mesmo que de resto costumava dizer, aliás, com palavras menos duras, da simples subjetividade do amor: "Assim, ele só achou a liberdade no vazio". E aqui Hegel passa a formular a tragédia de Jesus em uma forma muito diferente, bem mais trágica.

---

[131] Nohl, p. 385.

[132] Ibid., p. 317. A palavra "positivo" é usada aqui por Hegel em seu significado cotidiano, não no sentido específico desse tratado.

O destino de Jesus foi sofrer com o destino de sua nação: ou fazer deste seu destino, suportando sua necessidade, partilhando da fruição do mesmo e unindo seu espírito com o dele, sacrificando, porém, sua beleza, sua conexão com o divino, ou afastar de si o destino de seu povo, conservando, porém, sua própria vida dentro de si sem desenvolvê-la nem fruir dela, *jamais satisfazer a natureza*, sentir em sua vida apenas fragmentos desta, e mesmo estando estes contaminados pela impureza, torná-los completamente conscientes no destino de seu povo, reconhecendo, porém, sua figura apenas como uma sombra radiante, cuja essência é a suprema verdade, e *renunciando* aos sentimentos desta, *a seu avivamento em ato e realidade*. Jesus escolheu este último destino, a separação entre sua natureza e o mundo. [...] Porém, quanto mais profundamente sentia essa separação, menos era capaz de suportá-la quieto, e sua atividade foi a reação corajosa de sua natureza contra o mundo; e sua luta foi pura e sublime, porque havia reconhecido o destino em toda a sua dimensão e se posicionado contrariamente a ele [...], a luta do puro contra o impuro proporciona uma visão sublime, que, no entanto, logo se transforma em visão pavorosa, quando o próprio sagrado é tolerado pelo profano e um amálgama de ambos lança sua fúria contra o destino com a presunção de ser puro, estando ele próprio ainda preso ao destino. [...] Aquilo que em parte se declarou livre do destino, mas em parte ainda está em aliança com ele, estando ou não consciente dessa mescla, forçosamente se dilacera de forma terrível e, devido à mescla de natureza e não natureza, o ataque a esta necessariamente atingirá também aquela, o trigo será pisado com o joio e o que houver de mais sagrado na própria natureza será atingido por estar entremeado ao profano.[133]

Com essa formulação trágica da pessoa de Jesus, desaba a concepção da vida religiosa, cujo grande representante histórico deveria ser, aos olhos de Hegel, justamente Jesus. Evidencia-se que o transcender religioso da mera subjetividade do amor, a tentativa de criação de uma objetividade sem objeto, apenas reproduz, em um patamar mais elevado, as contradições do amor, a saber, a de deixar como está a positividade das determinações sociais e, na interação dessa positividade com o subjetivismo do amor, desafiar o destino mediante a fuga; nesse patamar mais elevado, as contradições do amor aparecem em trágica insolubilidade. O traçado que reproduz idealmente a figura de Jesus não cria, portanto, nenhuma prova histórica da realizabilidade da vida religiosa hegeliana, mas se configura, muito antes, como *pendant* filosófico das personagens trágicas de seu amigo de juventude Hölderlin, em especial de seu

---

[133] Ibid., p. 328 e seg. (Itálicos meus – G. L.)

*Empédocles**. Todavia, persiste entre eles a diferença essencial de que Hölderlin permaneceu fiel aos ideais da Revolução Francesa até seu fim trágico e, por essa razão, colocou a tragicidade intencional e conscientemente no centro de suas aspirações literárias, ao passo que, em Frankfurt, Hegel quis reconciliar as contradições da sociedade burguesa exatamente por meio da concepção da vida religiosa, chegando a essa tragédia contra suas intenções conscientes, em decorrência do conflito objetivo entre o sistema por ele almejado e o método de fato aplicado por ele, em decorrência da insistência sincera nesse método apesar de sua oposição às conclusões almejadas. No caso de Hegel, portanto, a conclusão trágica nem de longe é tão consciente quanto no caso de Hölderlin.

De fato, quando tratarmos do "fragmento de sistema" de Frankfurt, veremos inclusive que, apesar da contradição insolúvel com que se deparou nesse ponto, Hegel continua a buscar a solução para as contradições da vida presente também nesse modo religioso. Por isso, os resultados reais do período de Frankfurt mostram-se reiteradamente em uma luta interior, em uma crítica ininterrupta – inconsciente – das tendências que de forma consciente perfazem o ponto central de suas aspirações naquela época. Desse modo, persistem, como já vimos, contraposições completamente irresolutas, inteiramente antinômicas em suas anotações; porém, sem dar a mínima para essas antinomias, Hegel continuou a aprofundar energicamente as duas facetas e a apropriar-se incansavelmente de material empírico para sua concretização, elaborando-as idealmente; exatamente por isso, desenvolve-se, "em meio ao estrume das contradições", seu método dialético.

Como parte dessa contraposição, em decorrência da almejada objetividade da vida religiosa, Hegel precisa enfatizar sua socialidade. Pois, segundo ele, a subjetividade do amor se externa exatamente no fato de ser ele uma relação "pontual", necessariamente passageira, entre indivíduos isolados. Seu *maximum* social é apontado por Hegel apenas uma vez, quando vislumbra nele a base da família (cf. p. 201 e seg. deste livro). No entanto, o que se pretende é que a vida religiosa seja a base de um novo tipo de relações sociais entre os homens. (Reino de Deus, comunidade, Igreja etc.) E a contradição trágica que observamos exatamente na vida pessoal e no destino histórico de Jesus repete-se na impossibilidade reiteradamente admitida de, sobre essa base, conseguir

---

* Friedrich Hölderlin, *Der Tod des Empedokles* (Berlim, 1846). Ed. port.: *A morte de Empédocles* (trad. Maria Teresa Dias Furtado, Lisboa, Relógio D'Água, 2001). (N. T.)

ir além da fundação de uma seita. Hegel constatou esse caráter sectário do cristianismo já em Berna. Naquela época, todavia, ele o criticou duramente e o rejeitou a partir de suas concepções republicanas ao estilo da Antiguidade. Agora, sua posição em relação a ele é essencialmente mais aprovadora, sem deixar de ver os limites sociais de tal formação sectária.

Essa avaliação mais positiva do papel social exemplar de pequenas comunidades constitui um traço geral dessa época. Lembramos uma vez mais a obra *Wilhelm Meister*, de Goethe, na qual essa comunidade de indivíduos em posição intelectual e moral elevada não só trabalha pela educação recíproca de seus integrantes para serem homens desenvolvidos em suas múltiplas facetas no sentido do humanismo, mas também se propõe finalidades sociais, a saber, uma liquidação voluntária e sem atritos dos resquícios feudais, a transposição da produção agrícola arcaica para os trilhos capitalistas. (Na continuação dessa obra, surgida bem mais tarde, mas projetada já naquele tempo, em *Os anos de aprendizado de Wilhelm Meister**, essa sociedade já se propõe metas que às vezes tangenciam até mesmo as linhas de pensamento do socialismo utópico.) Em termos teóricos, as ilusões daquele período do humanismo alemão foram expressas com muita clareza por Schiller. Em *Cartas sobre a educação estética do homem*, ele confronta o "Estado de natureza" absolutista-feudal com o Estado estético humanista. E conclui suas análises com as seguintes palavras: "Mas existe mesmo tal Estado da bela aparência? E onde se pode encontrá-lo? Por necessidade, ele existe em toda alma de sensibilidade apurada; segundo os fatos, decerto só poderá ser encontrado [...] em alguns poucos círculos seletos"[134].

Quando examinamos mais detidamente as observações de Hegel sobre as consequências sociais da obra de reforma moral de Jesus, da superação do dualismo kantiano de razão e sensibilidade, de dever e inclinação, necessariamente nos chama a atenção sua afinidade com essas ilusões humanistas de Goethe e Schiller. Já apontamos para a afinidade de tendências em relação à superação da ética kantiana (cf. p. 239 deste livro); apreciemos agora um enunciado de Hegel sobre as consequências sociais dessa superação. Hegel diz o seguinte a respeito de Jesus:

---

* Johann Wolfgang von Goethe, "Wilhelm Meisters Wanderjahre", em *Werke*, v. XIX-XX (Stuttgart/Berlim, Cotta, 1907). Ed. bras.: *Os anos de aprendizado de Wilhelm Meister* (trad. Nicolino Simone Neto, São Paulo, Editora 34, 2006). (N. T.)

[134] Carta n. 27.

O que a reconciliabilidade perde, visto que nela a lei perde sua forma e o conceito de vida é reprimido, em termos de universalidade que, no conceito, compreende todo o particular, constitui apenas uma perda aparente e um ganho verdadeiro e infinito por meio da riqueza das relações vivas com os *talvez poucos indivíduos* com que passa a relacionar-se.[135] [Itálicos meus – G. L.]

O ponto de contato com as ilusões humanistas de Goethe e Schiller é tão evidente que dispensa comentários.

Mais importante é enfatizar sucintamente a diferença entre as tendências dentro dessa afinidade, porque, por essa via, é possível iluminar o caráter específico do desenvolvimento hegeliano. Nessa época, o conteúdo humano e social das ilusões humanistas é incomparavelmente mais sóbrio e mais realista em Schiller e especialmente em Goethe do que em Hegel; ambos, mas especialmente Goethe, estão incomparavelmente mais livres de envolvimentos religiosos do que Hegel esteve em Frankfurt. De modo correspondente, em relação ao cristianismo, eles têm uma postura muito mais crítica e reprovadora do que a de Hegel.

Esse, no entanto, é só um lado da questão. Não se pode deixar de ver que exatamente no fato de Hegel tomar o rumo da vida religiosa se expressa uma tendência de seu pensamento, ainda que em formas confusas e místicas, que vai além de Goethe e Schiller em termos da socialidade verdadeira, do empenho efetivo por solucionar os problemas da sociedade burguesa. Pois, para Hegel, a constatação do pequeno grupo que pode sofrer influência viva dos ideais humanistas jamais é um objetivo último; ele está constantemente em busca de uma moral, de uma apreensão do comportamento humano que seja capaz de penetrar toda a sociedade burguesa. Essa tendência o impele, em Frankfurt, às consequências místico-religiosas de que já tratamos de forma mais detida. Nessa tendência, manifesta-se concretamente, ao mesmo tempo, a contradição viva entre sistema e método, sempre presente em seu pensamento. Sua grandeza como pensador se evidencia exatamente no fato de que, a caminho dos ideais que almeja, ele encara com frieza as contradições que atravessam seu caminho, verbaliza com clareza seu caráter contraditório e até se empenha cada vez mais intensamente em desvendar, nesse caráter contraditório, sua essência, seu movimento e sua legalidade.

Precisamente por meio dessa tendência, Hegel foi além de Goethe e Schiller tanto na apreensão da sociedade burguesa quanto na elaboração

---

[135] Nohl, p. 269.

do método dialético. A complexidade e a desigualdade do desenvolvimento do método dialético na Alemanha ficariam expressas de modo especialmente claro por meio de uma comparação entre as direções do desenvolvimento de Goethe e Hegel. A proximidade entre Goethe e o materialismo é incomparavelmente maior, assim como sua imparcialidade crítica diante de todas as ideologias religiosas. Ainda assim, Hegel atingiu um nível de elaboração do método dialético que Goethe, apesar de sua predisposição dialética natural, aprofundada por estudos, não só jamais alcançou, como tampouco chegou a compreender inteiramente quando se deparou com ela em sua figura acabada (*Lógica* de Hegel).

Portanto, ao analisar todas essas tendências contraditórias, místicas e confusas de Hegel no período de Frankfurt, jamais devemos esquecer que sua tendência básica é a da apreensão dos problemas da sociedade burguesa em sua totalidade e em seu movimento. Essa tendência visa a uma reconciliação com a sociedade; contudo, a uma reconciliação sem fraude, sem apologética; a uma reconciliação sobre a base da elaboração de suas contradições dialéticas. E, nessa apreensão e nessa articulação das contradições, expressa-se reiteradamente a tendência básica humanista de Hegel, sua crítica humanista da sociedade capitalista. Por mais confusas e idealisticamente arrojadas que tenham sido suas categorias principais em Frankfurt – como, por exemplo, o amor –, não se pode deixar de ver essa sua faceta, a saber, a revolta humanista contra a ausência de alma, fealdade e desumanidade da sociedade capitalista. Ora, quando Hegel, nesse processo, busca a reconciliação, esta representa, em primeira linha, o conhecimento e o reconhecimento da existência real e, em última análise, do caráter progressista da sociedade capitalista.

Os intérpretes burgueses de Hegel, porém, vulgarizaram também essa sua relação. Do fato de Hegel ter rejeitado já bem cedo a ética kantiana e mais tarde tratado os problemas morais cada vez mais resolutamente apenas como partes, como elementos da sociedade global, eles inferem que ele não viu nem reconheceu nenhum tipo de contradição entre costumes e concepções vigentes da sociedade burguesa e a moral. A vulgarização das concepções hegelianas reside no fato de que Hegel rejeita a moral kantiana em parte também porque seu formalismo estabelece uma conexão não só sub-reptícia, mas também mecanicamente rígida e isenta de contradições, entre a moral e as instituições sociais. Quando trata a moral individual como elemento do todo, ou seja, da moralidade, subordinando-a desse modo a esta, ele visa a expressar por esse meio exatamente a conexão dinâmica e contraditória. Portanto, por mais enérgica que seja a atuação de Hegel contra o formalismo kantiano e contra o arrazoado vazio de cunho romântico-individualista na moral, isso de modo nenhum implica que ele tenha renunciado à crítica humanista da sociedade burguesa também no campo da moral.

No período de Frankfurt, quando parte da relação do indivíduo com a sociedade burguesa, essa orientação pode ser vista com clareza extraordinária. Pudemos observar essas tendências já no tratamento do problema do crime. Hegel, porém, vai muito além desse campo. Por trás de suas categorias do amor e também da vida religiosa, encontra-se uma tendência nessa direção: a tendência não apenas de preservar o direito objetivo da sociedade diante do indivíduo, mas, ao mesmo tempo, também a legitimidade das exigências humanista-individuais diante da sociedade. A tragédia de Jesus surge exatamente do choque dessas exigências. E não é só nesse ponto que Hegel mostra esse caráter contraditório. Em outra passagem desse manuscrito, ele trata da famosa pecadora do Novo Testamento, Maria Madalena, zomba de seus julgadores tacanhos e conclui sua caracterização com as seguintes palavras:

> Diríamos que teria sido melhor para Maria ter se submetido ao destino da vida judaica, como autômato de seu tempo, passando-a de modo legal e ordinário, sem pecado e sem amor? Sem pecado, pois a época em que vivia seu povo era do tipo em que o espírito belo não tinha como viver sem pecado, mas poderia, tanto nessa quanto em todas as demais épocas, retornar à mais bela consciência possível por meio do amor.[136]

Seria plausível pensar que esse posicionamento de Hegel teria se originado em Frankfurt, de um ponto de vista do indivíduo, e estivesse inteiramente superado com a virada para o ponto de vista objetivista, universalmente social. Desse modo, porém, simplificaríamos demais a teoria moral do Hegel tardio. Não temos como tratar essa questão *in extenso* neste ponto; para ilustrar o posicionamento de Hegel – modificado, contudo, em correspondência com a mudança metodológica, mas, ainda assim, preservado em sua linha básica –, citaremos, portanto, uma passagem de *Estética*. Nela, Hegel fala sobre as obras juvenis de Goethe e de Schiller; a passagem é interessante também porque fornece mais uma prova de quanto essas concepções de Hegel estão em

---
[136] Ibid., p. 293.

conformidade com as dos clássicos alemães e não, como seguidamente afirmam os neo-hegelianos, com as do romantismo. Hegel diz o seguinte:

> Todavia, jamais poderemos deixar de lado e jamais deixaremos de lado o interesse em e a necessidade dessa totalidade individual real e dessa autonomia viva, por mais salutares e razoáveis que consideremos a essencialidade e o desenvolvimento das condições na vida burguesa e política já constituída. Nesse sentido, podemos admirar o espírito poético de Schiller e de Goethe, quando jovens, na tentativa de recuperar a autonomia perdida dos personagens em meio às relações com que se depararam na época mais recente.[137]

A mudança das concepções de Hegel, ou seja, a maior objetividade de seu ponto de vista em relação à sociedade e à história, externa-se, muito antes, em uma nova ampliação desse ponto de vista, na vinculação dos complicados problemas morais que resultam das paixões individuais com o grande curso necessário da história. Isso o leva a uma concepção generosa da história, livre de toda moralização e que, não obstante, faz uma apreciação correta da atividade humana, da grandeza e da tragicidade humanas. Essa concepção brotou organicamente das lutas interiores em Frankfurt com a dialética da relação entre indivíduo e sociedade, o que podemos depreender do fato de nos depararmos com sua forma explicitada já no início do período de Iena. Em um de seus primeiros escritos de Iena, a saber, na tentativa de concluir a brochura sobre a Constituição da Alemanha, Hegel já faz caracterizações de Richelieu e Maquiavel nas quais é possível ver com toda clareza esse espírito genuinamente histórico. E não se trata aí de modo nenhum simplesmente de uma bela concepção humanista de momentos isolados do processo histórico, mas de uma das fontes, da qual brotou a correta apreensão dialética da história em Hegel. Em vista de Feuerbach, Engels elogia Hegel por ter feito uma apreciação mais profunda e mais correta do papel do mal no desenvolvimento histórico do que Feuerbach estava fazendo; ao fazê-lo, todavia, ele aponta para um complexo de problemas mais amplo do que esse, cujo desenvolvimento delineamos aqui em Hegel. Ainda assim, não resta dúvida de que essa formulação do problema constitui um dos rios que desembocam na totalidade da referida concepção de história.

---

[137] [G. W. F. Hegel, "Vorlesungen über die] Ästhetik I[", *Sämtliche Werke*, v. 12] (ed. Glockner[, Stuttgart, Frommann, 1937]), p. 266.

VII. O fragmento de sistema de Frankfurt

Não sabemos em que medida a compreensão das contradições que analisamos na seção anterior ou ao menos a sensação de que havia algo contraditório em seu sistema impediu Hegel de concluir e publicar *O espírito do cristianismo*. De modo geral, falta-nos do último período em Frankfurt alguma informação sobre datas e fatos que atestassem em quais etapas continuou se dando o desenvolvimento de Hegel. Só o que temos é o fragmento de sistema (ou esboço de sistema), sendo que a versão de que dispomos foi concluída por Hegel, segundo sua própria datação, no dia 14 de setembro de 1800[138]. Não temos conhecimento de trabalhos preparatórios que antecederam a esse fragmento; portanto, não podemos acompanhar as transições concretas que levam de *O espírito do cristianismo* até esse trabalho. Apenas conseguimos observar em que ponto Hegel se encontrava filosoficamente cerca de um ano a um ano e meio após a conclusão de *O espírito do cristianismo*. Essa análise é facilitada em parte pelo fato de que a ideia filosófica básica desse trabalho, a saber, a de fazer a filosofia culminar na vida religiosa, é mantida também no fragmento de sistema, recebendo neste inclusive sua primeira formulação filosófica geral. No entanto, ela é dificultada pelo fato de o método dialético de Hegel aparecer aqui, como logo veremos, em um estágio muito superior ao dos escritos anteriores de Hegel em Frankfurt. Assim, não temos como traçar de modo concreto os caminhos que levaram a essa primeira formulação clara da dialética especificamente hegeliana; somos forçados a levantar meras conjecturas, hipóteses, sobre como ela surgiu.

---

[138] Desse manuscrito de Hegel chegaram até nós apenas duas folhas manuscritas (cada uma resultou em três páginas impressas na edição de Nohl). De acordo com a paginação que o próprio Hegel inseriu nas folhas, o manuscrito parece ter consistido de 47 folhas manuscritas do mesmo tipo. Restaram as folhas 8 e 47 (Nohl, p. 345). É de se duvidar se o próprio Hegel deu esse trabalho como concluído. Em todo caso, na carta posterior, de 2 de novembro de 1800, enviada a Schelling, ele ainda fala sobre seus trabalhos sistemáticos na forma do tempo presente. Todavia, não podemos dizer com certeza se essa formulação se refere ao fragmento que temos em mãos ou já a novos trabalhos que estava iniciando (Rosenkranz, p. 141). Não há conhecimento de trabalhos preparatórios a esse sistema nem outros trabalhos simultâneos de Hegel. Na próxima seção, falaremos sobre a nova introdução a *A positividade do cristianismo*, escrita um pouco depois. Com base na verificação dos manuscritos de Hegel, Hoffmeister afirma que seu pequeno ensaio sobre o *Wallenstein* de Schiller, que até agora sempre foi publicado entre os escritos tardios de Hegel da época de Berlim (volume XX da edição de Glockner, p. 456 e seg.), também pertence a este período (Hoffmeister, p. 456 e seg.). Visto que esse pequeno ensaio apresenta apenas variações da concepção de destino de Hegel, da qual já tomamos conhecimento, limitamo-nos a registrar esse fato.

Em vista do caráter bastante fragmentário dos dois segmentos disponíveis, é obviamente impossível levantar até mesmo suposições sobre como poderia ter sido a estrutura sistemática da filosofia de Hegel naquela época, seus problemas centrais, a interligação dialética de cada um dos estágios etc. Obtemos uma resposta clara apenas sobre a relação entre filosofia e religião a partir do primeiro fragmento. Só o que podemos fazer, portanto, é visualizar as questões específicas que Hegel levanta nesses fragmentos em relação a seu desenvolvimento filosófico anterior e posterior.

Nas partes conservadas, reencontramos os problemas principais do período de Frankfurt: o antagonismo entre vida e objetividade morta e a solução dessa contradição na vida religiosa. No entanto, ainda que desse modo a linha filosófica básica adotada em O *espírito do cristianismo* tenha sido mantida, ainda que a culminação do sistema na religião apareça em uma formulação ainda mais taxativa, esses mesmos problemas afloram nesses fragmentos de modo muito mais dialético do que em O *espírito do cristianismo*.

A transição metodológica para a dialética se dá, em Hegel, como vimos, pela relativização da univocidade rígida dos conceitos singulares, pela gradação dos limites nítidos que os separavam uns dos outros, pelo início da transição de um conceito para o outro, pela dissolução de sua absolutidade metafísica inflexível e rija. No fragmento de sistema, essa tendência filosófica geral de Hegel em Frankfurt parece ter se convertido em método consciente. Lembremos o modo taxativo com que Hegel contrapôs, em Berna, o vivo e o morto, o subjetivo e o objetivo etc. Justamente nesse aspecto, ou seja, na dissolução da inflexibilidade metafísica das contradições, O *espírito do cristianismo* – apesar de todo o seu misticismo – representa um avanço significativo. Pudemos ver em algumas passagens, em especial no embate filosófico com a ética kantiana, que aos poucos essa tendência tornou-se filosoficamente consciente para Hegel. No fragmento de sistema, Hegel dá mais um passo consciente e significativo no que se refere à elasticidade dialética de seus conceitos, em relação ao conhecimento de sua fluidez, de sua transição de uns para os outros.

O primeiro fragmento que chegou a nós começa no meio de uma frase e termina no meio de outra. Ele trata da questão da vida, da relação entre o indivíduo vivo e o mundo que o rodeia. Hegel passa a apreender essa relação como relação entre um todo e outro todo. O caráter interconectado, organicamente autônomo, do mundo exterior ao homem é articulado aqui com uma nitidez e uma clareza muito maiores do que antes. É claro que o ideal hegeliano da restauração da vida implica a possibilidade e a necessidade de tal concepção do mundo exterior, mas, nas anotações mais antigas, esse problema só aparece no horizonte. Nas análises concretas, entende-se por entorno do homem, em especial, imediatamente só o entorno social. A natureza chega a emergir seguidamente no horizonte das análises, mas só em íntima relação com a vida social dos homens, a saber, como questão referente a se determinada forma histórica da sociedade humana vive em harmonia com a natureza ou em conflito com ela, estranhada (*entfremdet*) dela.

Até esse ponto Hegel ainda não havia proposto problemas da filosofia da natureza, assim como até agora não nos deparamos com o tratamento de problemas gnosiológicos, independentemente de questões sociais e filosófico-históricas concretas. Contudo, ao passo que constatamos que o desenvolvimento das contradições na sociedade e na história impeliu Hegel a análises metodológicas bastante aprofundadas e levou a um desenvolvimento vigoroso de sua concepção da dialética, não encontramos no material à disposição quaisquer pontos de apoio que indicassem ocupação mais profunda com problemas da filosofia da natureza. No entanto, em Frankfurt Hegel certamente estudou os escritos de Schelling muito mais detidamente do que havia feito em Berna; isso se percebe em uma série de matizações terminológicas recebidas da linguagem schellinguiana. Contudo, era impossível que esses escritos lhe transmitissem conhecimentos concretos dos problemas das ciências naturais. E, em Iena, vemos que ele não só logo se lança com muita energia sobre problemas da filosofia da natureza, mas também se aprofunda em questões concretas das ciências naturais. Lá, cultiva estreitas relações de amizade com diversos cientistas da natureza. Em 1804, torna-se membro da Sociedade Mineralógica em Iena e, no mesmo ano, membro da Sociedade de Pesquisas Naturais da Westfália etc.[139]. Do período em Frankfurt, temos algumas folhas que se ocupam de estudos geométricos, mas essas receberam do próprio Hegel a data de 23 de setembro de 1800 e provêm, portanto, de um tempo posterior à redação do esboço de sistema[140].

O esboço de sistema trata os problemas da filosofia da natureza de modo completamente novo em Hegel. É muito difícil determinar, a partir dos fragmentos disponíveis, o alcance dessa formulação metodologicamente nova. De

---

[139] Sobre essas relações e ocupações de Hegel em Iena, cf. Rosenkranz, p. 220.
[140] Hoffmeister, p. 288 e seg. e 470 e seg.

qualquer modo, o simples fato de haver tal formulação desses problemas não deixa de ter sua importância, tanto mais que ela aparece seguidamente nessas poucas folhas. No início do segundo fragmento, encontramos, todavia, um trecho muitíssimo obscuro e místico sobre espaço e tempo, cujo sentido infelizmente talvez não possa de fato ser decifrado já por apresentar as conclusões finais de uma análise mais extensa que foi perdida. Acreditamos, porém, que, considerando esses fatos, considerando o ritmo extraordinariamente veloz com que Hegel se inteirou em Iena dos problemas da filosofia da natureza, não é demasiado ousado supor que, entre os trabalhos preparatórios para o esboço de sistema, também figuraram estudos sobre questões da ciência natural.

No primeiro fragmento, a vida se configura para Hegel como a relação de uma totalidade com outra totalidade. (Em relação a isso, pensamos involuntariamente na concepção hegeliana posterior da conexão dialética de qualquer totalidade real como um círculo composto só de círculos.) Indivíduo e mundo são aqui "pluralidades infinitas" (*unendliche Vielheiten*); nesse tocante, o uno, o indivíduo

> é considerado apenas em relação, tendo seu ser somente como união – a outra parte (também uma pluralidade infinita) é considerada apenas na contraposição, tendo seu ser somente por meio da separação daquela parte. [...] A primeira parte é uma organização, um indivíduo.[141]

À primeira vista, trata-se aqui de uma subjetivação da contraposição entre indivíduo e realidade objetiva. E obviamente o idealista Hegel tem forte tendência para tal subjetivação, na medida em que o "pôr" (*Setzung*) determina o que deve ser considerado união e o que deve ser considerado separação. Ainda assim, não se pode deixar de perceber que essa subjetivação implica, ao mesmo tempo, uma relativização da anterior contraposição rígida de indivíduo e realidade objetiva, uma interação mais viva, mais dinâmica, mais fluida entre ambos. Hegel descreve essa interação da seguinte maneira:

> O conceito de individualidade inclui a contraposição à multiplicidade infinita e a conexão com a mesma; um homem é uma vida individual na medida em que ele é outro diferente de todos os elementos e da infinitude da vida individual fora dele; ele só é uma vida individual na medida em que é um com todos os elementos, com toda a infinitude da vida fora dele; ele só é na medida em que o universo da vida

---
[141] Nohl, p. 346.

é partido, sendo ele uma parte e o resto a outra parte; ele só é na medida em que não é uma parte e nada está separado dele.[142]

A relativização da contraposição de indivíduo e mundo pelo "pôr" tem, portanto, como consequência não só que todo ser vivo pode ser visto, ao mesmo tempo, como tal centro – relativo – da união e como mera parte do todo e, assim, como mundo exterior de outro indivíduo, mas também que cada indivíduo aparece como unidade cujo fundamento é a existência simultânea da união com o mundo circundante e da separação em relação a ele.

Segundo Hegel, essa conexão pode ser analisada de dois modos diferentes. Partindo-se da "vida indivisa" (da vida religiosa de O *espírito do cristianismo*) – nesse caso, cada indivíduo é apenas uma "exteriorização da vida" (*Äußerung des Lebens*), sendo que todas essas exteriorizações (*Äußerungen*) são, pela reflexão, "fixadas como pontos em repouso, consistentes, como pontos firmes, como indivíduos"[143]. Portanto, de um lado, atribui-se à reflexão o papel importante e decisivo de promover a fixação das singularidades como individualidades; de outro, a reflexão aparece como algo meramente subjetivo, na medida em que ela, mediante esse pôr fixador, introduz o fator da individualização na vida que em si e para si é indivisa. Aqui aparece, em grau máximo, a posição dicotômica, ainda insolúvel, da reflexão no jovem Hegel. A solução possível para ele, a da objetividade da reflexão, é o resultado de uma fase posterior e mais elevada do desenvolvimento.

Essa ambiguidade não resolvida ganha expressão ainda mais clara onde Hegel fala do estágio mais baixo do pôr. Nesse ponto, é "pressuposto algo vivo, mais precisamente, nós, os observadores". Por essa via, surge para Hegel a contraposição de eu e natureza, "como pluralidade, uma pluralidade infinita de organizações, indivíduos, como unidade, como um único todo organizado, separado e unido". Essa bela e correta determinação padece "apenas" da debilidade idealista fundamental de ser justamente apenas um pôr, mais exatamente, um pôr do ponto de vista do indivíduo observador. Ela não é a vida mesma, mas meramente "pôr (*Setzen*) da vida, pois a reflexão trouxe à vida seus conceitos de relação e separação, do singular, que existe para si, e do universal, do unido, [conferindo] àquele, portanto, um caráter limitado, a

---
[142] Ibid., p. 346.
[143] Ibid., p. 346.

este um caráter ilimitado, e convertendo-o em natureza pelo pôr (*Setzen*)"[144]. A natureza aparece, com isso, como produto do eu que põe; mais precisamente, como o eu que põe a reflexão.

Nesse estágio, a referida bipartição passa a determinar, para Hegel, a relação entre filosofia e religião. Em síntese, ao analisarmos as duas formas fenomênicas da vida aqui mencionadas, a primeira corresponderá à religião, e a segunda, à filosofia. Essa contraposição se expressa na contraposição de espírito e lei. Para Hegel, a lei é "mera unidade [...], algo apenas pensado, sem vida. [...] O espírito é uma lei vivificadora em união com o múltiplo, que depois disso é um múltiplo vivificado". Por essa razão, o homem tem de transcender o pôr (*Setzung*) "eu-natureza" e chegar a uma relação viva com a vida real, pois,

> dado que a natureza não é, ela própria, vida, mas vida fixada pela reflexão, mesmo que tratada do modo mais digno possível, a vida que observa e pensa a natureza ainda sente essa contradição [...] e de dentro da figura, do que é mortal, transitório, do que está infinitamente contraposto a si mesmo, do que está em luta consigo mesmo, a vida pensante retira o que está vivo, livre do que é passageiro, retira a relação isenta da multiplicidade morta e que mata, não uma unidade, não uma relação pensada, mas vida plenamente vital, vigorosa, infinita, e a chama de Deus, jamais sendo pensante ou observadora, porque seu objeto não traz em si nada refletido, nada morto.[145]

Vê-se que, com essa formulação filosófica de sua tendência principal em Frankfurt, ou seja, da tendência para a vida vigorosa que supera tudo o que é morto, positivo, objetivo e refletido, Hegel chegou a um autêntico misticismo. Consequentemente, sua determinação da relação entre religião e filosofia é, por isso mesmo, uma superação da filosofia na religião. A filosofia como ponto de vista da reflexão só pode levar a um progresso infinito kantiano (à posterior "má infinitude" hegeliana). Segundo o ponto de vista de Hegel naquela época, esse progresso infinito não pode ter uma solução no âmbito da filosofia. Uma solução, um ir-além do progresso infinito, da "má infinitude", que constantemente precisa voltar a pôr o morto e o positivo como morto e positivo, só é possível quando se chega a um *ser* fora da reflexão. Hegel descreve esse processo da seguinte maneira:

---

[144] Ibid., p. 346 e seg.
[145] Ibid., p. 347.

Toda expressão é produto da reflexão e, de acordo com isso, a respeito de cada uma, enquanto algo posto, pode-se demonstrar que, pelo fato de algo ser posto, ao mesmo tempo outro não é posto, é excluído; mas é preciso direcionar terminantemente esse ser impelido para diante sem ponto de repouso, e isso da seguinte maneira: não esquecendo que, por exemplo, o que foi chamado de ligação de síntese e antítese [a exposição desse ponto falta no manuscrito disponível – G. L.] não é algo posto, inteligível, refletido, mas que seu *único* caráter para a reflexão é o de ser *um ser fora da reflexão*. [...] Justamente por isso, a filosofia deve cessar com a religião, por ser ela um pensar e ter, portanto, como antagonismo em parte o não pensar e em parte o pensante e o pensado; ela tem de evidenciar em todo finito a finitude e exigir, mediante a razão, a completação da mesma, identificar especialmente as ilusões produzidas por seu próprio infinito e, assim, pôr o infinito *verdadeiro fora de seu entorno*.[146] [Todos os destaques são meus – G. L.]

A tarefa da filosofia consiste, portanto, na superação (*Selbstaufhebung*) crítica de si mesma em favor da religião.

Esse "ser fora da reflexão" passa a ser o campo da religião. Por isso, segundo a concepção de Hegel, não se trata de uma relação pensada, de cunho inteligível, entre homem e mundo, mas de uma relação vivida. Polemizando contra a filosofia contemporânea, Hegel enfatiza que a elevação do homem que se processa na religião não é "do finito para o infinito, pois estes são só produtos da simples reflexão e, como tais, sua separação é absoluta, mas da vida finita para a vida infinita"[147]. Nessa vida infinita, cessa o ser-parte separado das partes, ou seja, também dos homens; "a vida limitada eleva-se ao infinito; e somente pelo fato de o próprio finito ser vida é que ele carrega em si a possibilidade de elevar-se à vida infinita"[148]. Hegel oferece, então, uma descrição de como esse elevar-se da vida finita para a vida infinita deve processar-se. "Quando o homem [...] põe a vida infinita, como espírito do todo, simultaneamente fora de si, quando, por ser ele próprio algo limitado, põe a si mesmo, o limitado, simultaneamente fora de si e se ergue para o que tem vida, unindo-se de modo íntimo com ele, ele adora a Deus"[149].

Ao tratar do manuscrito anterior, ocupamo-nos detalhadamente da questão referente às tendências sociais que impeliram Hegel na direção dessa vida

---
[146] Ibid., p. 348.
[147] Ibid., p. 347.
[148] Ibid., p. 348.
[149] Ibid., p. 347.

religiosa. Agora que estamos diante das formulações filosóficas extremamente místicas de seu trabalho final em Frankfurt, temos de ocupar-nos brevemente dos problemas filosóficos que determinam a figura específica dessas formulações com que nos deparamos aqui no caso de Hegel. Diante desses fragmentos, bem como de O *sistema do idealismo transcendental*, de Schelling, que surgiu quase ao mesmo tempo, encontramo-nos no ponto em que a filosofia clássica alemã toma o caminho que a levaria ao idealismo objetivo, ao idealismo absoluto.

A transição do idealismo subjetivo para o idealismo objetivo é uma questão de posição filosófica diante da realidade, do ser, que existe independentemente da consciência; por isso, é simultaneamente uma questão de posicionamento diante do materialismo filosófico. (Quer essa última posição seja declarada abertamente, quer seja ela silenciada.) O idealismo subjetivo de Kant ainda foi, como Lênin o caracterizou de modo certeiro, um oscilar entre materialismo e idealismo, um compromisso entre ambos. Lênin diz: "Quando Kant supõe que a nossas representações corresponde algo fora de nós, alguma coisa em si, ele é materialista. Quando ele declara essa coisa em si como incognoscível, transcendente, situada no além, ele assume o papel do idealista"[150]. Como se sabe, em *Wissenschaftslehre* [Doutrina da ciência], Fichte revogou esse compromisso a favor do idealismo subjetivo radical e consequente. Indo além de Kant e Fichte, Hegel e Schelling passam, então, a buscar uma solução idealista objetiva para os problemas da filosofia. E, como é tese corrente entre historiadores da filosofia que Hegel, sob esse aspecto, foi um discípulo e, de certo modo, um continuador de Schelling, devemos dedicar algumas palavras à relação de ambos, ao mesmo tempo que enfrentamos a questão geral. (Todavia, só nos próximos capítulos apresentaremos uma confrontação detalhada das tendências schellinguianas com as hegelianas, quando trataremos detidamente de sua colaboração em Iena e do modo como Hegel transcendeu criticamente o tipo schellinguiano da dialética.)

De forma bem breve, pode-se dizer já aqui que a primeira formulação do idealismo objetivo por Hegel não representa um resultado de influências schellinguianas, mas cresceu organicamente do solo das formulações histórico--sociais dos problemas por Hegel, das contradições que, para ele, resultaram disso. Obviamente, pode-se falar menos ainda de uma influência de Hegel sobre Schelling. O idealismo objetivo de Schelling surgiu do desejo de complementar

---

[150] [Vladímir Ilitch] Lênin, *Materialismus und Empiriokritizismus* (Berlim, 1952), p. 187-8. [Ed. port.: *Materialismo e empiriocetismo*, Lisboa/Moscou, Avante!/Progresso, 1982, p. 150.]

a dialética fichtiana com uma filosofia da natureza. Schelling precisou de mais tempo para tomar consciência da incompatibilidade entre sua própria dialética e a de Fichte. (Nesse tocante, o contato pessoal com Hegel provavelmente exerceu um efeito acelerador do processo.) Portanto, o desenvolvimento dos dois grandes representantes do idealismo objetivo na filosofia alemã clássica ocorre de forma independente e, à primeira vista, em paralelo.

Esse paralelismo, porém, é apenas aparente. A autoilusão dos dois filósofos em Iena a respeito da ligação íntima entre suas tendências, que durou alguns anos, não deve obscurecer a visão para os fatos objetivos. Na realidade, os dois filósofos trilharam caminhos opostos na elaboração do idealismo objetivo; a colaboração de Iena foi um ponto em que esses caminhos divergentes se cruzaram, sendo que a necessidade da luta comum contra o idealismo subjetivo encobriu temporariamente as contraposições que, naquela época, ainda estavam pouco desenvolvidas.

Em termos sucintos e esquemáticos, o idealismo objetivo tem duas possibilidades de lidar no âmbito do intelecto com o problema da realidade objetiva (é claro que nenhuma das duas passa de pseudossolução; o que interessa, nesta análise, é fazer breve menção a esses dois tipos de possibilidades). Deparamo-nos com uma dessas alternativas no período de Hegel em Frankfurt. A realidade empírica é concebida – do mesmo modo como em Kant e Fichte – como produto do "pôr" (*Setzens*) levado a cabo pelo sujeito filosófico. Indo além disso, Hegel diz que há ainda outra realidade "não posta", que é a realidade propriamente dita, independente da consciência humana – uma realidade religiosa, sendo a demonstração mais clara de seu caráter extremamente idealista a intenção de ser a unidade vivida do princípio subjetivo e do princípio objetivo, a solução da contraposição de homem e mundo na unidade de homem e Deus. Surge, portanto, uma esfera da pseudorrealidade mística que é completamente destituída de conteúdo – uma noite em que todos os gatos são pardos, como zombaria Hegel mais tarde em *Fenomenologia** – ou é um recipiente irracionalista, que pode ser preenchido de forma arbitrária com todo tipo de conteúdos reacionários. O fenômeno mais importante em termos histórico-filosóficos dessa espécie de idealismo é a posterior filosofia de Schelling, a assim chamada "filosofia positiva" (ele a denominou como complemento à "filosofia negativa" de seu tempo de juventude), que se tornou

---

* G. W. F. Hegel, *Fenomenologia do espírito*, cit., p. 34. (N. T.)

a precursora de toda uma série de filosofias irracionalistas reacionárias posteriores, de Kierkegaard a Heidegger. (Sobre essa filosofia tardia de Schelling cf. o cap. 2 do meu livro *Die Zerstörung de Vernunft* [A destruição da razão], Berlim, 1950, *Werke*, v. 9, 1962.)

Deparamo-nos com o outro tipo de idealismo objetivo na forma desenvolvida da filosofia de Hegel. Ele enuncia o programa dessa filosofia em *Fenomenologia do espírito*, no sentido de que a tarefa da filosofia seria transformar substância em sujeito*; isto é, o objetivo é expor, nessa filosofia, o mundo inteiro como autoprodução e autoconhecimento do espírito, sendo cada realidade objetiva apenas uma forma de seus diversos estágios de "alienação" (*Entäusserung*). Veremos em detalhes, quando tratarmos da crítica marxiana a *Fenomenologia do espírito*, que, por essa via, todas as relações de subjetividade e objetividade são postas de cabeça para baixo e também deformadas em suas singularidades. Neste ponto, limitamo-nos a indicar que, a despeito de sua deformação idealista, essa forma do idealismo objetivo foi a única capaz de elaborar uma dialética do progresso humano, da legalidade da natureza e da história em sentido mais progressivo; que essa forma do idealismo objetivo foi a única que abrigou dentro de si os elementos e as tendências que mais tarde possibilitaram tirá-la da posição de cabeça para baixo e apoiá-la, em termos materialistas, sobre os próprios pés. O outro tipo do idealismo objetivo é necessariamente reacionário.

Da maneira sucinta e esquemática que temos de adotar aqui, antecipando análises posteriores, podemos dizer o seguinte: o desenvolvimento de Hegel passa da concepção reacionária do idealismo objetivo para sua formulação progressista, enquanto Schelling trilha o caminho inverso. Veremos que Schelling de início embute muito ingenuamente a filosofia da natureza na gnosiologia fichtiana e, em seus primeiros ensaios sobre a filosofia da natureza, tem arroubos materialistas de uma dimensão jamais alcançada por Hegel; veremos também que, em consequência de sua incapacidade de chegar à efetiva altura da dialética idealista (também em consequência de seu conhecimento e processamento bem mais superficiais dos problemas relativos à sociedade e à história), foi impelido cada vez mais na direção da solução dos problemas do idealismo objetivo que observamos aqui durante a crise de Hegel no período de Frankfurt.

O caráter contraditório que provocou a crise no pensamento de Hegel em Frankfurt pode ser constatado também nos poucos resquícios de seu esboço

---

* Idem. (N. T.)

de sistema. Em primeiro lugar, é interessante ver que Hegel não perde por completo sua sobriedade filosófica nem mesmo quando, em consequência daquela crise nas tendências de seu pensamento, chega às teses mais exageradamente irracionais e místicas, prefere admitir e formular as contradições mais gritantes relativas a seus próprios postulados místicos a incorrer num irracionalismo místico completo e consequente. Vimos que a superação da filosofia em religião constitui o ponto alto desse fragmento hegeliano. Vimos, ao mesmo tempo, que esse superar implica concomitantemente abandonar a esfera do pensamento, da reflexão. No entanto, também é muito interessante observar que, justo no ponto em que Hegel procura determinar o que significa a adoração de Deus para além do pensamento (cf. a citação de Nohl, p. 347, na p. 311 deste livro), ele inconscientemente reintroduz as categorias filosóficas na adoração de Deus e, desse modo, destrói todo o seu irracionalismo religioso. Pois, nessa passagem, ele diz que, nessa vida religiosa, o homem "*põe*" tanto a vida infinita quanto a si próprio de maneira bem determinada, a saber, "fora de si", isto é, ele diz que a vida religiosa igualmente é um produto da atividade filosófica do sujeito, de certo modo – antecipando a terminologia de *Fenomenologia do espírito* –, apenas uma "figura da consciência".

A segunda contradição entre sistema e método é ainda mais importante e tem consequências ainda mais graves. Vimos que Hegel atribuiu à filosofia apenas um papel negativo de preparação para a vida religiosa, fazendo com que ela, de certo modo, encaminhasse a autossuperação (*Selbstaufhebung*) crítica de si mesma. Na explicação dessa necessidade, ele atribui um peso grande à afirmação de que, pela via do pensamento meramente filosófico, só se poderia chegar a uma – como diria mais tarde – "má infinitude", só ao progresso infinito da filosofia de Kant-Fichte. De acordo com isso, Hegel, pura e simplesmente, identifica aqui filosofia com o que ele mais tarde, já em Iena, chamaria de "filosofia da reflexão". (É bem característico que essa identificação volte a ocorrer no Schelling tardio da "filosofia positiva" – voltada ali contra Hegel.)

Aqui, porém, sem perceber nem ao menos ter tirado consequências filosóficas disso, Hegel foi muito além desse ponto de vista. Em algumas formulações específicas, ele já tangenciou a posterior formulação mais desenvolvida da dialética, ainda que, muitas vezes, de modo obscuro e confuso. Contudo, na análise em que constata a incapacidade da filosofia de realmente superar a contraposição e, por essa via, ser forçada a superar a si mesma na religião, ele chega a uma formulação relativamente clara de sua posterior dialética.

Mesmo que aqui o múltiplo não seja mais posto como tal, mas, ao mesmo tempo, possa perfeitamente ocorrer em relação ao espírito vivo como vivificado, como órgão, alguma coisa ainda seria excluída e, em consequência, restaria uma incompletude e uma contraposição, a saber, a coisa morta; dito em outras palavras, quando o múltiplo é posto em relação apenas como órgão, a própria contraposição é excluída; a vida, porém, não pode de fato ser considerada só como união, só como relação; ela precisa ser considerada simultaneamente como contraposição; se eu disser que ela é a conexão da contraposição e da relação, essa conexão mesma pode ser novamente isolada e se pode objetar que ela se confronta com a não conexão; eu teria de me expressar assim: *a vida é a conexão da conexão e da não conexão*.[151] [Grifos meus – G. L.]

Está claro que aqui já nos encontramos diante da forma desenvolvida da dialética hegeliana, diante da concepção da contradição que permitiu a Hegel avançar além de todos os predecessores, na medida em que a contradição aparece como o princípio mais profundo de todas as coisas e de seus movimentos, ao passo que as formulações da contradição dialética que se contentam com a superação simples das determinações antagônicas necessariamente rumam para uma esfera – sempre de matiz religioso – na qual as contradições são definitiva e completamente eliminadas (o que ocorre também em Schelling). Essa formulação do caráter contraditório o evidencia como princípio dinâmico e vivo: ele jamais será definitivamente suprimido, mas sempre voltará a produzir-se em um estágio superior. (Quando tratarmos do desenvolvimento de Hegel em Iena, veremos que, desse modo, modifica-se radicalmente também o ponto de vista em relação à reflexão, que, por essa via, a reflexão se converte em um elemento necessário do movimento dialético global. Até este ponto, contudo, já pudemos constatar que tendências desse tipo estavam atuando sobre Hegel em Frankfurt desde o início, ainda que lá nunca tenham sido pensadas até as últimas consequências nem metodologicamente levadas a termo.) Está igualmente claro que o mero pensar dessa concepção da contradição dialética até as últimas consequências mandaria pelos ares toda a esfera da vida religiosa como culminância da filosofia. Pensar essa concepção da contradição dialética até as últimas consequências leva diretamente à posterior forma hegeliana da "especulação".

Essa teoria da contradição pode aparecer de forma adequada e realmente consequente só em uma dialética *materialista*, a saber, apenas quando ela é

---

[151] Nohl, p. 347 e seg.

formulada como reflexo das contradições dinâmicas da realidade objetiva no pensamento. Contudo, a compensação dessa barreira intransponível para o idealismo filosófico de Hegel não diminui a grande realização alcançada por meio desse conhecimento do efetivo caráter contraditório presente na realidade e no pensamento. Lênin explicitou as formulações pertinentes – claro que muito mais claras e mais consequentes – da *Lógica* de Hegel e apontou para o fato de que dali parte o caminho para a "inversão" materialista da dialética hegeliana. Ele cita, entre outras, a passagem em que Hegel fala da relação entre identidade e contradição: "Mesmo que se tratasse aqui de hierarquia e de fixar as duas determinações como separadas uma da outra, seria preciso tomar a contradição pelo mais profundo e pelo mais essencial". Lênin indica essa passagem com aprovação e acrescenta o seguinte ao fim de todo o excerto:

> Movimento e "*automovimento*" (isto NB! movimento de si [autônomo], espontâneo e intrinsecamente necessário), "mudança", "movimento e vitalidade", "princípio de todo automovimento", "impulso" (*Trieb*) para o "movimento" e para a "atividade" – oposição ao "*ser morto*" – quem acreditará que essa é a essência da "hegelianice", da abstrata e *abstrusen* (difícil, absurda?) hegelianice?? Era preciso descobrir, compreender, *hinuberretten*, descascar, limpar essa essência, coisa que Marx e Engels fizeram.[152]

Essa formulação da contradição dialética constitui o resultado máximo do período de Hegel em Frankfurt. Poderíamos dizer que com essa conquista chegou ao fim seu *Sturm und Drang* [Tempestade e ímpeto] filosófico, sua crise ideológica. Ao mesmo tempo, pudemos constatar que justamente essa formulação se encontra na mais violenta contradição com os resultados filosóficos conclusivos do período de Frankfurt, com a estrutura do próprio fragmento de sistema. Só verificamos essa contradição, mas não conseguimos detalhar os caminhos que levaram até ela e a partir dela prosseguiram. Para isso, faltam-nos os trabalhos preparatórios ao fragmento de sistema de Frankfurt e a elaboração de outras partes desse fragmento, bem como os trabalhos preparatórios de Hegel que precederam sua atuação em Iena. Podemos inferir quanta coisa importante se perdeu com o próprio fragmento – por exemplo, da observação imediatamente posterior à formulação citada por último sobre o caráter da contradição dialética, na qual Hegel indica que já tinha falado sobre

---

[152] [Vladímir Ilitch] Lênin, *Aus dem philosophischen Nachlaß*, cit., p. 54 e 57. [Ed. bras.: *Cadernos filosóficos*, cit., p. 150 e 152.]

a "conexão de síntese e antítese". Dado que a dialética de Fichte e Schelling só conhecia ciência da síntese como conexão de tese e antítese, com certeza perdemos aqui uma análise gnosiológica importante de Hegel sobre sua nova forma da dialética.

Na análise das tendências gerais do período de Frankfurt, tentamos indicar os caminhos que impeliram Hegel nessa direção da dialética, os caminhos que acirraram cada vez mais a contradição entre seu método e seu sistema. Em conexão com as discussões apresentadas, acreditamos poder enunciar agora a hipótese de que também aqui a contradição viva que se manifesta na atividade humana e, em sua forma mais ostensiva, no trabalho em todo caso foi codeterminante à elaboração correta da concepção de contradição. Em uma passagem anterior deste trabalho (cf. p. 264 e seg.), tentamos tornar plausível que, na época da redação desse fragmento de sistema, Hegel já tinha conhecimento da economia de Smith, apropriando-se, a partir dela, do conceito do trabalho. Examinando mais de perto as exposições que Hegel fez alguns anos mais tarde sobre os problemas econômicos estreitamente ligados ao trabalho, vemos que um aspecto essencial delas é justamente este: as categorias que no pensamento metafísico são mutuamente excludentes, como, por exemplo, o universal e o particular, não só se permeiam, mas como categorias dessa atividade sua essência consiste, para Hegel, em ocorrerem de modo simultâneo e indiviso, unidas na contradição*. Consideremos o que Hegel disse, por exemplo, em O *sistema da eticidade* (Iena, 1802) sobre a ferramenta e sua relação com o homem e seu trabalho:

> De um lado, ela é subjetiva, encontra-se em poder do sujeito trabalhador e com certeza é preparada e processada por esse mesmo sujeito, mas, de outro, está objetivamente voltada contra o objeto do trabalho. Por esse meio, o sujeito supera a imediaticidade do ato de aniquilar; pois o trabalho como um aniquilar da intuição constitui igualmente uma aniquilação do sujeito, uma negação, pondo nele a mera

---

* Modificação da frase original do autor: "*sehen wir, dass die im metaphysischen Denken einander ausschliessenden Kategorien [...] nicht nur ineinander übergehen, sondern als Kategorien dieser Tätigkeit immer zugleich und ungetrennt, im Widerspruch vereinigt, das Wesen solcher Kategorien ausmachen*". A frase tem um problema na terceira ocorrência do termo *Kategorien*, resultando em uma construção sem sentido: "as *categorias*... como *categorias* dessa atividade sempre constituem... a essência dessas *categorias*". A formulação da parte final proposta no texto ("sua essência consiste, para Hegel, em ocorrerem de modo simultâneo e indiviso, unidas na contradição") é interpretação do tradutor, acompanhando a linha de argumentação do autor. (N. T.)

quantitatividade; a mão e o espírito são embotados por ela, isto é, eles mesmos assumem a natureza do negativo e amorfo, assim como, em contrapartida (pois o negativo é duplicado, a diferença é duplicada), o trabalho é algo subjetivo pura e simplesmente singular. Com a ferramenta, o sujeito faz um meio entre si e o objeto, e esse meio constitui a racionalidade real do trabalho. [...] Com a ferramenta, o sujeito separa de si mesmo seu embotamento e a objetividade [...], ao mesmo tempo que seu trabalho cessa de ser algo individual; na ferramenta, a subjetividade do trabalho é alçada a um plano universal; cada qual pode imitá-lo e trabalhar do mesmo modo; por isso, ela é a regra estável do trabalho.[153]

O que interessa aqui não é a crítica às concepções econômicas de Hegel, mas simplesmente o aspecto metodológico de suas exposições. O leitor pode ver que, exatamente onde se fala do trabalho como atividade, Hegel elabora de maneira especialmente intensa esse seu novo modo da dialética. Não se fala aqui só da passagem do universal para o particular e vice-versa etc., mas também de como é concebida por Hegel a atividade do trabalho, a relação ativa entre o homem e o mundo dos objetos, mediada pela ferramenta, simultaneamente e na unidade de universal e particular. É óbvio que essas passagens, mesmo que tenham sido escritas somente alguns anos depois, não apresentam prova conclusiva de que a elaboração dessas conexões constitui ao menos uma das fontes principais do surgimento da forma especificamente hegeliana da dialética. No entanto, visto que a corrente principal desse desenvolvimento corre na direção de *Fenomenologia*, na qual essa autoprodução do homem por meio de sua atividade constitui a ideia básica, visto que anteriormente observamos rudimentos dessa concepção das conexões em um estágio mais primitivo, consideramos ter razões para mencionar essa passagem ao menos como tentativa hipotética de explicação de uma etapa do desenvolvimento hegeliano, para cuja aclaração não dispomos de quaisquer fatos acreditados.

O núcleo do segundo trecho que forma o fim do fragmento de O *sistema* [*da eticidade*] é formado pelas exposições sobre propriedade, trabalho e sacrifício, sobre as quais já falamos em detalhes em conexão com o desenvolvimento das concepções econômicas de Hegel. Elas constituem parte do complexo de ideias de que tomamos conhecimento em termos básicos ao tratar de O *espírito do cristianismo*, a saber, a parte referente à questão de em que medida a religião, que, segundo Hegel, tem a tarefa de superar a objetividade falsa, morta,

---

[153] Lasson, p. 428.

positiva, possivelmente está à altura dessa tarefa. A resposta que encontramos agora soa bem mais cética do que se esperaria após as exposições filosóficas excessivamente místicas do trecho anteriormente tratado: Hegel relembra aqui exposições anteriores – de que não dispomos mais –, segundo as quais a vida religiosa é determinada como o ato de manter vivo ou de animar os objetos, concepções essas que conhecemos a partir das proposições precedentes de Hegel. Nesse tocante, tampouco há algo fundamentalmente novo no fato de ele relembrar o destino da vida religiosa, "em virtude da qual também é preciso deixar subsistir o objetivo como objetivo ou até converter coisas vivas em objetos". Esta última formulação chega inclusive a ser um pouco mais precisa do que as colocações dos problemas em O *espírito do cristianismo*, pois o máximo que se reconheceu neste foi que a religião não poderia superar uma objetividade, sendo que apenas do judaísmo se afirmou que ele faz com que relações vivas se petrifiquem na objetividade. Esse objetivar pode ser, segundo Hegel, algo provisório, algo possível de reparar. "É necessário, porém, que estabeleça uma relação duradoura com os objetos, que lhes preserve a objetividade até sua aniquilação completa." Nesse ponto, volta a aflorar a determinação hegeliana do trabalho como relação duradoura, que não pode ser superada pela religião. Hegel vê, portanto, na realização da religião em seu tempo presente um estado em que a vida religiosa precisa conformar-se com as condições de vida objetivamente surgidas e que continuamente produzem a objetividade de maneira nova. Isso chega a tal ponto que ele reconhece como necessária até mesmo a divisão social do trabalho entre os sacerdotes modernos[154].

Vemos que a efusividade na concepção do poder redentor da vida religiosa diminui na medida em que Hegel se acerca da história concreta, da vida social de seu tempo. As observações finais contêm, de modo correspondente, certa resignação. Hegel opina que

> tal elevação da vida finita à condição de vida infinita, de modo que reste tão pouco finito, tão pouco limitado [...] quanto possível [...], não é absolutamente necessária; a religião é uma elevação qualquer do finito ao infinito [...] e uma tal elevação é necessária [...], mas o estágio da contraposição e da união em que a natureza determinada de um gênero de pessoas estaciona é contingente [...]. A completude mais perfeita é possível nos povos cuja vida apresenta o menor grau possível de cisão e separação, isto é, nos povos felizes; povos mais infelizes não conseguirão

---

[154] Nohl, p. 349 e seg.

alcançar aquele estágio, mas, na separação, eles *devem* cuidar da preservação de um membro da mesma, devem cuidar da autonomia.[155]

Vemos que aqui se mistura uma boa dose de água sóbria no vinho inebriante do misticismo religioso.

Filosoficamente importante nessas observações e nas que as seguem imediatamente é a tentativa de Hegel de assumir, a partir de um ponto de vista filosófico superior, uma posição crítica em relação às visões de mundo de seu tempo agora reconhecidas como necessárias. Não surpreende que, ao julgar o finito ou a desunião como limitados, ele equipare pura objetividade com pura subjetividade. Isso é apenas uma formulação filosófica geral das ideias que já conhecemos, segundo as quais, diante do destino, atividade e passividade, luta ou fuga, desembocam no mesmo lugar.

A implementação dessas observações, porém, vai além disso – com uma nítida estocada contra a filosofia de Kant-Fichte. Pela primeira vez, aparece em Hegel a ideia de que a subjetividade kantiano-fichtiana e a coisa em si incognoscível formam um conjunto. Hegel diz:

> Pode-se examinar estes [os pontos de vista filosóficos do presente – G. L.] pelo lado da subjetividade como autonomia ou pelo outro lado como objeto estranho, afastado, inalcançável; as duas coisas parecem ser compatíveis uma ao lado da outra, por mais necessário que seja que quanto mais forte a separação, mais puro seja o eu e, ao mesmo tempo, mais acima e mais longe do homem esteja o objeto; quanto maior e mais remoto o interior, maior e mais remoto o exterior [...] é contingente qual lado lança mão da sua consciência. [...] Quando a separação é infinita, a fixação do subjetivo ou do objetivo é indiferente; mas a contraposição permanece, a do finito absoluto contra o infinito absoluto.[156]

Vê-se que aqui Hegel começa a criticar a filosofia de Kant-Fichte não mais apenas em relação ao âmbito moral, mas ele aponta essa crítica, por um lado, para todo o seu sistema e reconhece sua posição gnosiológica básica, a incognoscibilidade da coisa em si como correlato filosófico da subjetividade desses sistemas. Por outro lado, ele vê a filosofia de Kant-Fichte como a mais importante expressão ideológica de seu tempo, mais precisamente a expressão de seu caráter contraditório insolúvel, que ele caracteriza aqui, assim como

---
[155] Ibid, p. 350.
[156] Ibid, p. 351.

faria mais tarde em Iena, com a palavra "desunião". Kant e Fichte aparecem agora, portanto, para Hegel, como representantes ideológicos da crise que ele vislumbra no caráter contraditório da situação social de seu tempo e cuja suplantação ideal ele propõe como meta de sua filosofia.

Já sabemos como Hegel concebeu essa suplantação em Frankfurt. Também vimos as contradições internas contidas na sua tentativa de solução. A avaliação histórica e gnosiológica de Kant e Fichte, todavia, torna-se elemento permanente de sua filosofia, mas a superação do misticismo religioso do período de Frankfurt insere essa crítica em um contexto mais amplo e mais científico. Já estão presentes aqui, portanto, os rudimentos de seu método histórico-filosófico, com o qual ele não critica partes nem concepções isoladas das diversas filosofias, mas sua totalidade ideológica, demonstrando, ao mesmo tempo, que esta é produto necessário de seu tempo, momento necessário do desenvolvimento; "terrivelmente sublime, mas não muito humana" – é assim que Hegel caracteriza essa concepção, indicando, desse modo, a direção fundamental em que tentará superá-la: a humanista.

VIII. A nova formulação do problema da positividade

O último trabalho empreendido por Hegel em Frankfurt foi escrever uma nova introdução a seu grande manuscrito de Berna intitulado *A positividade da religião cristã*. Ele mesmo datou o início do trabalho em 24 de setembro de 1800 – portanto, uma data bem próxima da finalização do fragmento de sistema[157]. Como se trata de um trabalho breve, a data de início é suficiente para servir de orientação. A tendência metodológica fundamental desse trabalho é completamente oposta à do manuscrito original de Berna; não sabemos quão sério Hegel falava quando expôs a ideia de uma reelaboração radical da versão original de acordo com seus novos pontos de vista nem quando desistiu desse trabalho.

Depois de tomarmos conhecimento dos escritos anteriores de Hegel em Frankfurt, a análise desse não oferece maiores dificuldades, visto que nos deparamos nele com um resumo das tendências de seu pensamento, com as quais já cruzamos muitas vezes. Por essa razão, destacamos principalmente aqueles momentos em que determinadas tendências de Hegel receberam uma formulação mais madura, mais próxima do ponto de vista posterior do que até

---
[157] Nohl, p. 139.

agora em Frankfurt, bem como aqueles momentos em que a transformação de seu ponto de vista antigo, a crítica aos antigos posicionamentos de Berna, são especialmente visíveis.

A determinação do conceito de "ideal" é interessante no plano metodológico, pois encontramos aqui a primeira formulação ainda obscura da concepção que Hegel mais tarde caracterizaria com a expressão "conceito concreto". A palavra "ideal" aparece repetidamente nos manuscritos de Berna e Frankfurt, mas é usada com frequência no sentido do uso cotidiano ou no da filosofia kantiana. O termo tem, nesses manuscritos, sem dúvida um caráter mais ou menos casual, e Hegel logo o deixou de lado para a caracterização dessa categoria. Tanto mais importante, porém, é a questão mesma a que ele se refere. Após a nova formulação da contradição dialética no fragmento de sistema, de modo nenhum surpreende que tenha emergido uma concepção que toma o rumo do conceito concreto. No fragmento de sistema, Hegel havia destinado à filosofia apenas a tarefa de preparação crítica negativa para a religião, de autossuperação (*Selbstaufhebung*) na religião, e atribuído todo o caráter concreto à vida religiosa; o fato de buscar e encontrar agora, no interior das categorias filosóficas, a totalidade concreta, constitui mais uma prova da nossa constatação de quanto, no período de Frankfurt, método e sistema se encontram em conflito, de quanto seu avanço na direção da dialética ocorre na linha da formação de seu método *contra* suas intenções sistemáticas.

Hegel contrapõe aqui o ideal, como o concreto e o histórico, ao conceito geral, como o abstrato e anti-histórico. Ele diz o seguinte:

> Um ideal da natureza humana, porém, é algo bem diferente de conceitos gerais sobre a determinação humana e sobre a relação entre homem e Deus. O ideal admite perfeitamente a particularidade, a determinidade, e até exige atos, sentimentos e usos religiosos peculiares, um excedente, uma grande quantidade de excedente, algo que sob a luz da lanterna do conceito geral se mostra apenas frio e duro.[158]

É possível ver como essa formulação de Hegel ainda está muito distante de ter clareza e determinidade metodológicas. Pela primeira vez, porém, aparece em Hegel a ideia de que a generalização conceitual de modo nenhum acarreta necessariamente, como supõe a lógica formal, um empobrecimento maior do conteúdo, mas que, pelo contrário, a real generalização filosófica, mediante a

---

[158] Ibid., p. 142.

profusão das determinações nela superadas, é mais rica e mais concreta quanto mais elevado for o nível de generalidade em que se encontra.

O caráter vivencial do período de Frankfurt evidencia-se, no interior da formação conceitual de Hegel, no fato de ele ainda não desvincular as generalizações, que julga necessárias, do motivo histórico real que as desencadeia; pelo contrário, sua formação conceitual carrega consigo de modo logicamente não processado ou semiprocessado todos os vestígios imediatos desse motivo. Nesse caso, no interior do "ideal", a concepção geral que se move na direção do conceito concreto não se desprendeu do terreno de sua aplicação, o da positividade religiosa. Todavia, sempre encontramos também no Hegel posterior uma profusão de material concreto com que ele anima e ilumina as mais abstratas conexões lógicas; é preciso estabelecer uma diferenciação precisa entre essa riqueza da posterior maturidade metodológica e a unidade semicaótica imediata do motivo desencadeador e da formulação do problema na transição de Frankfurt.

No entanto, essa via de Hegel rumo ao conceito concreto tem, como todas as vias de desenvolvimento dele, caráter duplo. Por um lado, toma-se aí, como vimos, o caminho para uma nova lógica, o caminho para acolher a particularidade das coisas, dos fenômenos históricos etc. na lógica dialética e, com isso, construir uma metodologia que reflita teoricamente – ainda que, nesse aspecto, de maneira inconsciente e, em sua execução, sempre incorrendo em deturpações idealistas – a riqueza e a mobilidade das determinações reais na realidade objetiva. Por outro lado e ao mesmo tempo, essa tendência para a concretização da construção lógica em Hegel comporta a tendência para uma justificação da religião contra o entendimento e a razão.

As observações introdutórias do escrito de que tratamos agora contêm, de modo correspondente, uma polêmica ampla e detalhada contra a filosofia do Iluminismo, em especial contra sua concepção da religião e sua história. Já nas observações iniciais, Hegel se posiciona de forma enérgica contra a radical oposição que a filosofia do Iluminismo promove entre as religiões positivas e a religião natural. Ele rejeita o pressuposto "de que só haveria uma natural [isto é, uma religião – G. L.] porque a natureza humana também é uma só, mas as religiões positivas podem ser muitas"[159].

Hegel rejeita a derivação da religião e de seu papel histórico de tais conceitos gerais sobre a natureza humana.

---
[159] Ibid., p. 139.

O conceito geral de natureza humana não será mais suficiente; a liberdade da vontade torna-se um critério unilateral, pois os costumes e os caracteres humanos e a religião a eles associada não dependem de uma determinação por conceitos. [...] Os conceitos gerais da natureza humana são vazios demais para fornecer um critério para as necessidades específicas e necessariamente multifacetadas da religiosidade.[160]

Ele não quer, portanto – e este é o lado progressista de sua atual aspiração –, emitir um juízo filosófico e moral sobre o passado da humanidade, mas o compreender em sua mobilidade e sua complexidade concretas. Depois de citar uma série de argumentos do Iluminismo contra a religião, ele diz:

> Esse tipo de explicação por si só pressupõe um profundo desprezo pelo homem, uma gritante superstição em seu entendimento [...], não se perguntou pela verdade da religião em conexão com os costumes e o caráter dos povos e das épocas, e a resposta é que se tratou de pura superstição, enganação e tolice.[161]

Hegel protesta com veemência contra a representação de que tudo "o que os milhões de pessoas que viveram e morreram nesses séculos consideraram dever e verdade sagrada – que isso tenha sido [...] pura bobagem e até imoralidade, ao menos no nível das opiniões"[162].

Dessas citações já se pode depreender claramente que a intensificação do sentido histórico em Hegel implica, ao mesmo tempo, uma justificação histórica e filosófica da religião – não só no sentido de que Hegel reconheceria as religiões do passado como poderes históricos reais e investigaria historicamente as circunstâncias sociais de seu surgimento e de seu perecimento, mas também no sentido da justificação filosófica da eternidade e da atualidade da religião. Cientes das tendências gerais do período de Frankfurt, isso não é nenhuma surpresa para nós. Hegel diz que se deve

> ao menos pressupor que o homem tem um sentimento ou uma consciência natural de um mundo suprassensível e do dever em relação ao divino [...], que tudo o que o homem tem de mais elevado, tudo o que ele tem de nobre e bom é algo divino, que provém de Deus, é o espírito que procede dele.[163]

---

[160] Ibid., p. 141.
[161] Ibid., p. 144.
[162] Ibid., p. 143.
[163] Ibid., p. 146.

Isso aparece essencialmente como uma aplicação histórica da filosofia da religião do fragmento de sistema. Ainda assim, novamente seria unilateral ver nisso a tendência única de Hegel naquela época. Aqui se expressa o lado de seu idealismo que transfigura a religião, que, como sabemos, nunca chega a desaparecer nem mesmo no decorrer de seu desenvolvimento posterior após a suplantação da efervescência mística do período de Frankfurt. Contudo, seria unilateral ignorar que, ao lado desta, há uma tendência séria de compreender o cristianismo historicamente, como aquele poder espiritual que, durante dois milênios, determinou de modo essencial o lado bom e o lado ruim, o aspecto progressista e o aspecto retrógrado da cultura europeia. Nas observações introdutórias a esse manuscrito, Hegel oferece um quadro amplo dessa efetividade política, social e cultural do cristianismo, sendo um aspecto bem característico dele que muitas das críticas levantadas contra o cristianismo no período de Berna foram assumidas quase literalmente nesse quadro global. Por se tratar da primeira síntese histórica desse tipo formulada por Hegel, consideramos necessário comunicar o teor literal dessa passagem ao leitor – mesmo que ela seja bastante extensa.

> Foi motivo ora de crítica, ora de louvor o fato de a religião cristã ter se adaptado aos mais diversos costumes, caracteres e constituições. Seu berço foi a decadência do Estado romano; a religião cristã se tornou dominante durante o declínio desse império e não se vislumbra como ela teria podido deter sua queda; pelo contrário, é por essa via que ela consegue expandir seu território e aparecer simultaneamente como religião dos romanos e dos gregos servis, refinados além da conta, mergulhados nos vícios mais abjetos – e dos mais inscientes, mais selvagens, mas mais livres entre os bárbaros. Ela foi a religião dos Estados italianos nos mais belos tempos de sua teimosa liberdade na Idade Média e das sisudas repúblicas livres suíças, das monarquias variadamente moderadas da Europa mais recente, bem como a religião dos mais oprimidos servos da gleba e de seus senhores; ambos frequentam igreja. Antecedidos pela cruz, os espanhóis assassinaram gerações inteiras na América, os ingleses cantaram hinos cristãos de ação de graças pela devastação da Índia. De seu seio brotaram as mais belas florescências das artes plásticas, altearam-se os excelsos edifícios das ciências, e em honra delas também foram banidas todas as belas-artes, a formação das ciências foi incluída no rol das impiedades. A árvore da cruz vingou em todas as zonas climáticas, deitou raízes e produziu frutos. Os povos vincularam a ela todas as alegrias da vida, e a tristeza mais profunda encontrou nela seu alimento e sua justificação.[164]

---
[164] Ibid., p. 140.

Essa extensa descrição, no entanto, constitui a formulação de um problema mais que uma resposta a ele. Nesse período, Hegel está muito distante de dar uma resposta a uma questão tão complexa do desenvolvimento histórico. Esse feitio amplo da problemática, porém, mostra quanto suas concepções ganharam em termos de concreticidade histórica em relação aos primórdios em Berna. Ao mesmo tempo, vemos quanto a rejeição da metodologia histórica do Iluminismo, de tomar o conceito geral "do" homem como ponto de partida, está ligada a essa noção enriquecida do emaranhado dos caminhos da história. A tendência para a formulação dos conceitos concretos tem origem justamente em tais concepções históricas. Em conexão com a passagem recém-citada, Hegel diz, complementando sua determinação do "ideal": "Porém, a natureza viva é eternamente diferente do conceito que se tem dela e, desse modo, o que para o conceito era simples modificação, pura contingência, algo supérfluo, converte-se em algo necessário, em algo vivo, talvez na única coisa natural e bela"[165].

É evidente que, de pontos de partida como esses, necessariamente resultaria uma historicização da positividade; Hegel não perguntou mais: o que *é* positividade? Seu interesse passa a suscitar a pergunta: como uma religião *se torna* positiva? Apesar desse historicismo, cujos rudimentos observamos desde as brochuras políticas que Hegel escreveu em Frankfurt, não seria correto fazer o que costumam fazer os pesquisadores burgueses de Hegel, ou seja, contrapor de maneira demasiado contundente o Hegel "histórico" ao "a-histórico" influenciado pelo Iluminismo. Por mais metafísica e a-histórica que tenha sido a maioria das formulações de conceitos do jovem Hegel em Berna, ainda assim ele almejava uma concepção global do decurso histórico. E, por mais que as ideias filosóficas que ele tinha em comum com o Iluminismo representassem um empecilho à formação plena de um sistema conceitual que permitisse pensar de modo adequado o caráter intrincado da história, foi justamente a generosidade de suas primeiras concepções históricas que surgiu sob as influências positivas da historiografia do Iluminismo. Os apologistas reacionários negam exatamente que, apesar de todas as limitações de seu historicismo, o período do Iluminismo que vai de Gibbon a Condorcet tenha sido a era das grandes concepções históricas, dos resultados imperdíveis para a historiografia.

Por outro lado, tampouco se podem perder de vista as limitações idealistas da atual concepção de história de Hegel. A simpatia que historiadores

---
[165] Ibid., p. 141.

reacionários têm por certos aspectos unilateralmente destacados – e, nesse isolamento, superenfatizados e superestimados da concepção hegeliana de história – baseia-se em uma concepção do desenvolvimento do sentido histórico segundo a qual este teria surgido da literatura reacionária à Revolução Francesa (Burke) e, fazendo um desvio por Hegel, levado a [Leopold von] Ranke e à historiografia apologética. Se quisermos compreender os pontos fortes e os fracos da concepção de história de Hegel em surgimento, precisamos discernir corretamente a vacuidade dessa construção. Somente ao observar que das lutas ideológicas em torno da Revolução Francesa surgiu um historicismo cuja tendência principal foi, tanto quanto na filosofia do Iluminismo, a defesa da necessidade do progresso humano – que, mediante o conhecimento aprofundado dos fatos, das tendências do desenvolvimento e das leis da história, procurou provar a necessidade do progresso humano –, divisamos a linha real do desenvolvimento do sentido histórico e, ao mesmo tempo, a posição que Hegel assume nesse desenvolvimento.

Vemos, todavia, que aquele "reconhecimento" dos fatos, nesse caso da religião, constitui justamente uma fraqueza ideológica decisiva da concepção hegeliana de história, a qual tem origem em seu idealismo filosófico. O pressuposto de que a religião seria "eterna", de que ela corresponderia a um "ideal da humanidade", não é nem um pouco menos metafísico do que os conceitos referentes ao universalmente humano, tão duramente criticados por Hegel aqui. Portanto, o fato de em Hegel agora se desenvolver um historicismo efetivo decorre de tendências de seu pensamento que são diametralmente opostas às que os apologistas reacionários tanto elogiam. Foi *apesar* dessas tendências, não *em decorrência* de sua efetividade, que ele chegou a uma significativa filosofia da história.

Analisemos agora os termos com que Hegel formula a nova questão referente à positividade. As tendências que o levaram até esse ponto já foram vistas quando tratamos da brochura de Württemberg (p. 212 e seg. deste livro), da brochura sobre a "A Constituição da Alemanha" (p. 224 e seg. deste livro) e de determinadas passagens de O *espírito do cristianismo* (p. 296 e seg. deste livro). Agora ele confere ao mesmo fato uma formulação bem mais direta e decidida.

> Inclusive tremer diante de um desconhecido, renunciar à própria vontade no modo de agir e projetar para si mesmo regras já inteiramente dadas como se fosse uma máquina; embalar-se sem nenhum entendimento, mediante atividade e renúncia, falar e calar, na apatia de curta duração ou vitalícia de um sentimento – tudo isso

naturalmente pode acontecer, e uma religião animada por esse espírito não seria uma religião positiva por ser adequada à natureza da sua época. Uma natureza que exigisse tal religião seria, no entanto, uma natureza miserável; mas a religião cumpriria sua finalidade, proporcionando a essa natureza algo mais elevado, que só ela consegue suportar e onde ela encontra satisfação.*

E Hegel responde à nova questão bem no sentido das ponderações por nós analisadas: "Agora, porém, a religião se tornou positiva, mas de fato só se tornou, pois originalmente ela não era"**. Quando sucede, pois, essa passagem para a positividade? Como vemos, a religião adequada a uma "natureza miserável" não era positiva. "Só quando desperta um ânimo diferente, quando ela [a natureza humana – G. L.] adquire um sentido de si e, desse modo, exige liberdade para si [...], a religião anteriormente existente pode lhe parecer positiva"[166].

Portanto, o fato de uma religião parecer positiva é sinal de uma revolução em marcha. Hegel historicizou fortemente o conceito da positividade, mas também nesse ponto ele se encontra no mais direto antagonismo em relação ao romantismo que viu, na simples existência de uma instituição, em sua positividade, razão para sua defesa, para sua santificação (como faria mais tarde a escola histórica do direito). Hegel vê, bem pelo contrário, a positividade como sinal de que o desenvolvimento histórico já ultrapassou uma religião, que ela merece ser destruída e inclusive tem de ser destruída pela história.

Esse antagonismo em relação ao romantismo também lança luz sobre outro importante novo ponto de vista metodológico de Hegel. Nele, Hegel se recusa a discutir se dogmas ou instituições específicas do cristianismo seriam positivos ou não. Ele exige que a investigação da positividade se refira sempre ao *todo*: "Só que o conteúdo desse parecer sempre se referirá ao todo"[167]. Nesse ponto, escreve algumas poucas observações gerais sobre a questão. Devemos, por um instante, analisá-las. Em primeiro lugar, porque aqui se anuncia decididamente pela primeira vez aquela análise do todo que, em *Fenomenologia*, se condensaria em uma metodologia filosófica e histórica no enunciado "O verdadeiro é o todo"***; em segundo lugar, porque a filosofia reacionária de nosso tempo

---

* Idem. (N. T.)
** Idem. (N. T.)
[166] Ibid., p. 141.
[167] Ibid., p. 144.
*** G. W. F. Hegel, *Fenomenologia do espírito*, cit., p. 36. (N. T.)

se adonou da análise do todo, do ponto de partida no todo. Ela faz isso convertendo o todo em um conceito metafísico que exclui toda análise histórica efetiva, todo desenvolvimento que cria totalidades que se sucedem no curso da história, sendo que simultaneamente a análise da totalidade (*Ganzheitsbetrachtung*) é contraposta de maneira abrupta e excludente à causalidade. (Pensemos em Othmar Spann.)*

Como não faltam tentativas de colocar Hegel em estreita relação também com tais tendências reacionárias, de fazer dele um ancestral dessas aspirações reacionárias, julgamos apropriado citar uma exposição histórica que ele escreveu alguns anos depois, na qual usa essa análise da totalidade (*Totalitätsbetrachtung*) em um exemplo concreto, visando a aclarar a questão da positividade. No ensaio *Wissenschaftliche Behandlungsarten des Naturrechts* [Tipos de tratamento científico do direito natural] (Iena, 1803), Hegel aproveita o ensejo para falar da questão do feudalismo e seus resquícios na Alemanha e investiga em que medida se poderia considerá-lo positivo. Ele diz o seguinte:

> Desse modo, por exemplo, a constituição feudal pode muito bem aparecer como algo totalmente positivo [...], mas com relação à própria vida o que importa, no caso de ela ser positiva, é que o povo que nela vive efetivamente tenha se organizado como individualidade dentro dela, que preencha totalmente a figura daquele sistema e o impregne com vida. [...] Portanto, se, por exemplo, o gênio de uma nação se encontrar em termos gerais num patamar mais baixo e for mais fraco – e é na barbárie e na cultura formal que a fraqueza da moralidade (*Sittlichkeit*) atinge o auge do rigor –, se ela deixar que outra nação triunfe sobre si, se for obrigada a perder sua independência e se, portanto, preferir a infelicidade e a ignomínia da perda da autonomia à luta e à morte, [...] constituição feudal e servidão serão verdades absolutas; essa relação é a única figura possível da moralidade (*Sittlichkeit*) e, por essa razão, a forma necessária, justa e moral.[168]

É possível conferir como aqui o amargor por causa das miseráveis condições sociais e nacionais da Alemanha leva Hegel a ver, nos resquícios feudais de seu tempo presente, uma constituição correspondente à "natureza miserável" e, por essa razão, não positiva. Se na Alemanha tivesse surgido um efetivo

---

* Othmar Spann (nascido em 1º out. 1878, em Viena; morto em 8 jul. 1950, em Neustift, junto a Schlaining) foi economista político, sociólogo e filósofo austríaco. Como teórico do Estado estamental, Spann figura entre os precursores intelectuais do "austrofascismo". (N. T.)

[168] Lasson, p. 405 e seg.

contramovimento a essa miséria, essas mesmas relações teriam de ser avaliadas como positivas, segundo a concepção de Hegel dali em diante.

A tendência para a concreticidade histórica, porém, introduz uma determinação nova e essencial na atual doutrina da positividade de Hegel. Lembremos que, em Berna, de certo modo, determinadas concepções, religiões e instituições já estavam de saída maculadas pela positividade, ao passo que outras de modo igualmente absoluto e metafísico estavam livres dessa mácula. Agora Hegel rompe radicalmente com essa metodologia:

> Cada doutrina, cada mandamento, é passível de se tornar positiva [...], e não existe doutrina que, sob certas circunstâncias, não seja verdadeira, não existe mandamento que, sob certas circunstâncias, não seja dever, pois até mesmo aquilo que de modo geral pode ser considerado a mais pura verdade exige, em função de sua universalidade, restrição nas circunstâncias particulares da aplicação, isto é, não é verdade incondicional sob todas as circunstâncias.[169]

Desse modo, Hegel se aproximou extraordinariamente da concepção da dialética histórica do verdadeiro e do falso, na forma em que se apresenta em *Fenomenologia do espírito* e em seu posterior sistema.

Todavia, também nisso há dois lados, como em todo passo adiante dado por Hegel na direção da dialética. O lado idealista, o lado não progressista, desse ponto de partida na direção da dialética histórica do verdadeiro e do falso consiste, uma vez mais, em um reconhecimento incondicional da religião cristã, em uma atenuação da polêmica histórica contra ela. Talvez em um primeiro momento a observação com a qual Hegel introduz a passagem recém-citada soe inocente. Ele diz: "A questão de uma religião ser positiva diz muito menos respeito ao conteúdo de sua doutrina e seus mandamentos do que à forma, sob a qual ela certifica a verdade de sua doutrina e exige a prática de seus mandamentos"[170]. Nessa sentença está contido um núcleo histórico correto, na medida em que Hegel enfatiza a diferença entre uma doutrina captar espontânea e automaticamente o pensamento e a sensibilidade dos homens e o fato de, para mantê-la em pé, ser necessário recorrer à violência, a represálias etc. Se cotejarmos essa sentença com a citada anteriormente (p. 325 deste livro), afirmando que a relação religiosa com Deus é algo eterno,

---

[169] Nohl, p. 143.
[170] Ibid.

que tudo que há de bom e nobre no homem procede de Deus, é possível ver nela também a aspiração idealista-reacionária de entregar à crítica da história os modos singulares de manifestação históricos da religião, de reconhecer sua positivação, mas, ao mesmo tempo, subtrair a "essência da religião" ao devir e ao perecer históricos.

Essa duplicidade, essa oscilação no posicionamento de Hegel diante da religião cristã expressa-se reiteradamente nas mais variadas formas. Justamente as sentenças citadas anteriormente, às quais nos reportamos há pouco, suscitam a impressão de que o escrito de Hegel desembocaria em uma glorificação do cristianismo. Contudo, em conexão direta com elas, segue-se um ataque violento ao dogma fundamental do cristianismo, a missão redentora de Cristo, a seu papel de mediar entre humanidade e Deus. Hegel diz:

> Então esse ponto de vista se converte em algo gritantemente positivo, quando a natureza humana é dissociada do divino de modo absoluto, quando não se admite nenhuma mediação entre os dois – a não ser em um indivíduo –, mas toda a consciência humana do bem e do divino é rebaixada à apatia e à aniquilação de uma fé em algo completamente estranho e demasiado potente.[171]

Não se escapa dessa ambiguidade estabelecendo uma conexão entre essas concepções de Hegel e as de determinadas seitas cristãs, como às vezes costuma acontecer, pois Hegel criticou no cristianismo, como vimos muitas vezes, justamente seu caráter sectário e, na maioria das vezes, rejeitou as seitas de modo bem mais resoluto do que a própria Igreja.

Trata-se de uma ambiguidade insuperável do idealismo hegeliano. Sua concepção do desenvolvimento histórico e da sociedade burguesa muitas vezes o impele para além da concepção cristã. Sua noção das conexões dialéticas faz com que ele se aproxime cada vez mais de uma concepção de mundo na qual o Deus do cristianismo aparece como completamente supérfluo. É bastante significativo que, em conexão quase direta com a passagem recém-citada, ele fale que a questão tratada, ou seja, a da positividade do cristianismo, da mediação entre homem e Deus, só poderia ser resolvida mediante uma solução correta da relação entre o finito e o infinito. Na breve introdução a seu antigo manuscrito de que estamos tratando aqui, Hegel compreensivelmente não entra em detalhes sobre esse problema em termos filosóficos; só conhecemos

---
[171] Ibid., p. 146.

em grandes traços e de modo incerto sua formulação dessa questão no fragmento de sistema precedente. Sabemos, porém, que ele começa a encontrar uma formulação dialética correta para esse problema já em Iena e, exatamente por meio dessa dialética do infinito e do finito, passa a privar o infinito de sua transcendência. Essa versão dialética do infinito – a exemplo de esforços semelhantes de Goethe – é muito apropriada para subtrair filosoficamente todo fundamento à crença da religião em Deus. Ao mesmo tempo, vemos que a base idealista dessas relações dialéticas reiteradamente volta a introduzir em nova forma na filosofia as representações religiosas aparentemente já superadas. Como foi dito, essa duplicidade e essa multiformidade insuperáveis da filosofia de Hegel são consequências necessárias de seu idealismo. Contudo, esse mesmo idealismo tem origem nas condições específicas do desenvolvimento da sociedade burguesa na Alemanha. Goethe, que está muito mais próximo do materialismo que Hegel, que assume diante do cristianismo postura incomparavelmente mais hostil do que este, tampouco conseguiu se libertar por completo de tais representações religiosas.

No caso de Hegel, todavia, essas representações se modificam bastante no decurso de seu desenvolvimento. Em Frankfurt, estamos diante de uma espécie de ápice da crise. Em Hegel, porém, o caráter específico do comportamento ambíguo em relação ao cristianismo conta com certas raízes que se estendem ao período de Iena e até têm, neste, uma expressão mais clara do que agora. Pois as ilusões de ultrapassar as contradições da sociedade burguesa no interior dela própria não só reforçam a tendência básica idealista geral da filosofia de Hegel, como adquirem uma expressão específica no campo da religião. Hegel se conforma mais facilmente com as contradições do cristianismo, concilia sua rejeição em parte incisiva com a manutenção da concepção geral de orientação religiosa, porque imagina ultrapassar as contradições da sociedade burguesa na forma de uma nova religião que supere o cristianismo. (Entraremos nos detalhes dessa concepção quando tratarmos do período de Iena.)

Após a derrocada do domínio de Napoleão e, com ele, de suas ilusões napoleônicas, Hegel é obrigado a conformar-se de vez com a sociedade capitalista que ele designa como o mundo da "prosa"; somente então o cristianismo torna-se, para ele, a figura histórica definitiva da religião e, desse modo, a referida ambiguidade atinge seu ponto alto. Ao mesmo tempo, surge, em seus escritos mais tardios, a concepção relativamente mais completa e mais dialética da sociedade burguesa possível para ele. Antecipando um ponto crucial, é característico que, no curso de seu desenvolvimento, a fundamentação filosófica dos "estamentos" (da estrutura de classes da sociedade burguesa) tenha se tornado cada vez menos ideológica e se aproximado cada vez mais das bases materiais da sociedade burguesa.

Assim, podemos enunciar aqui esta afirmação que soa paradoxal, mas que expressa bem as contradições vivas da atividade de Hegel: quanto mais ele é levado a afastar-se dos ideais revolucionários de sua juventude, quanto mais resolutamente se "reconcilia" com o domínio da sociedade burguesa, quanto menos o seu pensamento busca ir além desta, mais forte e conscientemente se manifesta o dialético que está dentro dele. A concepção dialética do progresso humano, cuja primeira formulação abrangente e histórico-filosoficamente significativa ele produz em *Fenomenologia do espírito*, só foi possível, nas condições históricas concretas, sobre a base dessas contradições. Tomamos conhecimento do caráter contraditório dessas concepções em Frankfurt, por ocasião de seu crescimento, de sua forma embrionária. Vamos nos deparar com elas outra vez em Iena em uma forma mais clara, mais desenvolvida. Aquele será o lugar para nos ocuparmos delas em detalhes.

No entanto, sem dúvida o fundamento para elas foi posto na crise por que passaram a vida e o pensamento de Hegel em Frankfurt. Do ponto de vista literário, seu legado do período de Frankfurt, tanto quanto o do período de Berna, não passa de um amontoado de fragmentos e rascunhos. Ainda assim, enquanto os rascunhos de Berna, depois de reconstruídos, oferecem um quadro generoso e unitário, o resultado dos anos em Frankfurt é um caos de tendências que se contradizem agudamente. Contudo – e mostrar isto foi a tarefa deste capítulo –, exatamente desse caos de contradições não resolvidas surgiu a dialética hegeliana. O surgimento desse seu equipamento destinado a dar conta da realidade por meio do pensamento é o resultado dos anos em Frankfurt.

O próprio Hegel, mais tarde, deu bem pouco valor tanto aos escritos de Frankfurt quanto aos de Berna. Em todo caso, em Iena tem início uma produção extraordinariamente rica, que – tendo como única exceção a tentativa de levar a termo o escrito sobre a Constituição da Alemanha – em nenhum momento retoma diretamente a atividade literária desenvolvida em Frankfurt. Aos trinta anos de idade, Hegel vai para Iena como um homem totalmente desconhecido na esfera pública, não dispondo de um único manuscrito que ele pensaria ou pudesse pensar seriamente em publicar. Apesar disso, vai para Iena com a consciência altiva e justificada de estar interiormente à altura do filósofo mais importante e vanguardista da época, seu amigo de juventude Schelling.

No ano de 1800, morre o pai de Hegel; a herança bastante modesta que deixou para o filho possibilita que este deixe de trabalhar como professor particular e dedique-se por alguns anos exclusivamente à ocupação científica, sem preocupações materiais nem obrigações a cumprir. Ele decide fazer de Iena o palco de sua atuação e comunica a Schelling essa decisão, depois que – ao que parece – a troca de correspondência entre eles tinha cessado por algum tempo. As partes decisivas dessa carta mostram claramente com que firmeza e segurança o Hegel totalmente desconhecido comparece diante de seu famoso amigo da juventude. No dia 2 de novembro de 1800, ele escreve o seguinte a Schelling:

> Acompanhei com admiração e alegria tua grandiosa carreira pública. Deixas para mim a escolha entre falar disso humildemente ou querer aparecer também para ti. Opto pelo meio-termo, pois espero que possamos nos reencontrar como amigos. Em minha formação científica, que, motivada por necessidades humanas mais secundárias, fui impelido a prosseguir rumo à ciência, e o ideal da idade jovem necessariamente se transformou em uma forma de reflexão, que é, ao mesmo tempo, um *sistema*. Pergunto-me agora, enquanto ainda me ocupo do tema, *que caminho de volta se pode achar para intervir na vida dos homens?* De todas as pessoas à minha volta, vislumbro apenas em ti aquela que, levando em consideração também o modo de pronunciar-se e a influência sobre o mundo, eu gostaria de ter como amigo, pois vejo que apreendeste o homem de forma pura, isto é, com a mente íntegra e sem vaidade. A razão porque, em consideração a mim, volto o olhar tão cheio de confiança para ti é que te dignasses a reconhecer minha aspiração altruísta, mesmo que esteja em uma esfera mais baixa, e pudesses encontrar algum valor nela. Desejando e esperando encontrar-te, devo saber honrar o destino e aguardar dele, por mais que demore, o momento favorável para avistar-nos.[172]

É o estado de espírito daquele epigrama que já citamos nas nossas ponderações introdutórias como marca distintiva do fim do período de Frankfurt:

> [...] e serás
> não digo melhor do que este tempo, mas o serás da melhor maneira.*

---

[172] Rosenkranz, cit., p. 143 e seg.
* Ver p. 183 deste volume. (N. E.)

Tabela da sequência cronológica dos fragmentos de Nohl

A fim de proporcionar ao leitor que quiser se ocupar do desenvolvimento de Hegel em sua juventude uma orientação cômoda de leitura das obras da juventude, compilamos, em forma de tabela, os textos em sequência cronológica.

Número das páginas em Nohl	Título	Datas confirmadas
Tübingen:		
3-30	*Volksreligion und Christentum* [Religião de um povo e cristianismo]	antes de 1793
355-359	Esboços	

Berna:		
30-35	*Volksreligion und Christentum* [Religião de um povo e cristianismo]	
359-360	Esboços	
36-47	*Volksreligion und Christentum* [Religião de um povo e cristianismo]	
48-60	*Volksreligion und Christentum* [Religião de um povo e cristianismo]	
70-71	*Volksreligion und Christentum* [Religião de um povo e cristianismo]	
60-69	*Volksreligion und Christentum* [Religião de um povo e cristianismo]	
75-136	*Leben Jesu* [Vida de Jesus]	9 maio a 24 jul. 1795
361-362	Esboços	
362-366	Esboços	
152-213	*Positivität der christlichen Religion* [Positividade da religião cristã]	2 nov. 1795 a 29 abr. 1796
213-239	*Positivität der christlichen Religion* [Positividade da religião cristã]	
366-367	Esboços	

Frankfurt:		
368-374	Esboços para *Der Geist des Judentums* [O espírito do judaísmo]	

Número das páginas em Nohl	Título	Datas confirmadas
374-377	*Moralität, Liebe, Religion* [Moralidade, amor, religião]	
377-378	*Liebe und Religion* [Amor e religião]	
378-382	*Die Liebe* [O amor]	
382-385	*Glauben und Sein* [Crer e ser]	
385-395	Projeto de *Der Geist des Christentums* [O espírito do cristianismo]	
243-342	*Der Geist des Christentums* [O espírito do cristianismo]	
398-402	Adendos a *Der Geist des Christentums* [O espírito do cristianismo]	
345-351	Fragmento de sistema	concluído em 14 set. 1800
139-151	Nova introdução a *Positivität...* [Positividade...]	iniciado em 24 set. 1800

3
Fundamentação e defesa do idealismo objetivo (Iena, 1801-1803)

Em uma carta a Schelling, na qual anuncia a intenção de ir para Iena, Hegel declara seu temor em relação ao "frenesi literário" de lá. Esse receio, que se refere a Iena como centro do movimento romântico, já não se justificava na época da redação de tal correspondência. A unidade do círculo romântico local, com que Schelling tinha relações muito próximas, havia aos poucos se dissolvido. A revista da escola romântica, *Athenäum* [Ateneu], de Schlegel, encerrara sua publicação; as relações entre Friedrich Schlegel, principal teórico da escola romântica, e Schelling haviam se tornado mais tensas; a dissolução do casamento de August Wilhelm Schlegel e Caroline e o novo casamento de Caroline com Schelling contribuíram para aguçar as tensões objetivas com outras de cunho pessoal. Quando Hegel chegou a Iena, esta já não era mais o centro do movimento romântico.

Nesse meio-tempo, porém, Iena perderia ainda outra personalidade filosófica importante: Fichte. Nos anos de 1798-1799, explodiu em torno dele a chamada polêmica do ateísmo, que teve como consequência sua demissão do cargo de professor em Iena e sua mudança para Berlim. Esse conflito uniu pela última vez os românticos a Fichte e Schelling contra inimigos em comum. O afastamento de Fichte de Iena e a impossibilidade de resolver as diferenças emergentes com diálogo amigável, sem dúvida, contribuíram para acelerar a deflagração dos conflitos filosóficos em marcha, ainda que obviamente suas causas fossem profundas a ponto de as relações pessoais amistosas só servirem para postergá-los, não para eliminá-los.

I. O papel de Hegel na separação de Schelling e Fichte

Apesar disso, Hegel chegou a Iena em um momento dramático para o desenvolvimento dos filósofos clássicos alemães: época em que Schelling se separou da filosofia fichtiana, época da fundação consciente do idealismo objetivo. Hegel, que nessa oportunidade aparece em público pela primeira vez (pois não há como considerar a tradução e o comentário anônimos da brochura de Cart como atuação pública), foi uma força motriz extraordinariamente importante nesse processo – pode-se dizer até que foi decisiva. O jovem Engels reconheceu e explicitou com clareza esse papel de Hegel. "Ora, uma coisa é certa: foi Hegel que trouxe à consciência de Schelling o quanto ele, sem saber, já se encontrava muito além de Fichte."[1] Isso é dito claramente pelo próprio Hegel nas "observações preliminares" a seu primeiro escrito, *Differenz des Fichteschen und Schellingschen Systems der Philosophie* [Diferença entre o sistema filosófico fichtiano e o sistema filosófico schellinguiano]: "Nem o exame direto dos dois sistemas na forma como se apresentam ao público nem, entre outras coisas, a resposta de Schelling às objeções idealistas de Eschenmayer contra a filosofia da natureza tematizaram essa divergência"[2].

Nessa época, o processo de diferenciação do idealismo alemão aconteceu de maneira extraordinariamente rápida. Pouco menos de dois anos antes (7 de agosto de 1799), Kant havia publicado sua conhecida declaração contra a *Doutrina da ciência** fichtiana. Até aquele momento, Fichte podia pensar – e certamente pensou – não ter feito outra coisa senão explicar de modo consequente a filosofia kantiana ou, como ele costumava dizer, defender o "espírito" de Kant contra sua "letra", contra as concepções vulgarizantes dos demais kantianos. A declaração de Kant pôs um fim nessa situação dúbia.

A exposição detalhada dessa diferença situa-se fora dos limites de nosso trabalho. Devemos apenas destacar brevemente dois momentos. Em primeiro lugar, dizer que o velho Kant protestou com veemência contra a separação de espírito e letra. Por maior que, de modo geral, tenha sido a incompreensão com que redigiu sua declaração, uma coisa ele reconheceu de forma correta:

---

[1] [Friedrich] Engels, *Schelling und die Offenbarung* [Schelling e a revelação], MEGA 1, v. 2, p. 186.

[2] [G. W. F. Hegel,] *Erste Druckschriften*, cit. [ed. Lasson, Leipzig, 1928], p. 3. Em função da brevidade, faremos referência a esse escrito de Hegel, no texto, sempre como *"Diferença"*.

* Johann Gottlieb Fichte, *Grundlage der gesammten Wissenschaftslehre* [Fundamento de toda doutrina da ciência] (Iena, Gabler, 1794-1795). (N. T.)

ali estava uma filosofia totalmente nova, não uma interpretação da sua. Esse motivo não deixa de ter sua importância porque se repetiria – *mutatis mutandis* – na ruptura entre Fichte e Schelling. Em contraposição, bem característico da posição especial de Hegel dentro da filosofia alemã clássica é que, na discussão com Schelling, pura e simplesmente uma nova filosofia se defronta com uma filosofia arcaica – o problema da exposição do novo ponto de vista como reinterpretação do antigo nem sequer aflora em Hegel.

Em segundo lugar, para facilitar a compreensão mais correta das diferenciações posteriores no idealismo alemão, é preciso ressaltar que, em sua declaração, Kant protestou contra a inclusão de problemas de conteúdo na forma fichtiana da "filosofia transcendental", em *Doutrina da ciência*. Em total consonância com suas concepções gerais, ele defendeu, ainda que em contradição – o que permaneceu inconsciente para ele – com as tendências dialéticas de sua própria "filosofia transcendental", o ponto de vista de que a lógica pura deve abstrair por completo de todo conteúdo. Veremos que justamente a inclusão dos problemas de conteúdo na lógica constituiu um elemento bem essencial da lógica dialética hegeliana. Exatamente por essa via ele foi capaz de suplantar conscientemente a lógica formal vigente até então. No entanto, ele é o primeiro a efetuar isso de modo consciente e programático. Como veremos também, em Kant, Fichte e Schelling, a velha lógica formal permanece intacta e isenta de crítica *ao lado* do método dialético em surgimento. Isso dá origem às mais variadas contradições, mais precisamente, em grau crescente com a importância cada vez maior dos elementos de conteúdo inconscientemente incluídos, da consolidação cada vez maior da dialética, de sua aplicação a campos sempre novos.

Em vista da declaração de Kant, Schelling se solidarizou completamente com Fichte. Ambos consideram o rompimento aberto da relação com Kant algo inelutável e útil para o desenvolvimento futuro da filosofia. Nesse tocante, não deixa de ser relevante observar que nem Fichte nem Schelling consideram, de modo nenhum, a nova filosofia como algo de todo finalizado; ambos sabem que tudo ainda está em fluxo, que ainda falta muito para que a revolução filosófica chegue a um termo. Bem característico desse estado de espírito é uma carta de Fichte a Schelling, de 1799, após a declaração de Kant. Nela, Fichte constata quão pouco Kant é capaz de entender minimamente o desenvolvimento mais recente da filosofia. E acrescenta a essas ponderações uma observação interessante, que, poderíamos dizer, remete "de forma profética" ao jovem Hegel:

Quem sabe onde já está trabalhando o jovem cérebro fogoso que tentará ir além da doutrina da ciência e mostrar as incorreções e as incompletudes desta? Que o céu nos conceda, então, sua mercê, para que não nos limitemos à asseveração de que se trata de filigranas estéreis, e certamente não nos envolveríamos nisso [alusão a algumas formulações da declaração de Kant – G. L.], mas que um de nós [...] esteja lá para *provar* a nulidade dessas novas descobertas ou, caso não consiga fazer isso, aceitá-las com gratidão em nosso nome![3]

Os anos seguintes mostraram que Fichte de modo nenhum era capaz de cumprir esse seu programa.

As diferenças entre Fichte e Schelling começaram a dar leves sinais de vida já nessa época. De início, como desavenças pessoais e técnicas em torno de projetos comuns de publicação de revistas, em reagrupamentos dentro da escola romântica. Foi, porém, a publicação da primeira obra sistemática e sintética de Schelling, *Sistema do idealismo transcendental* (1800), que trouxe à luz do dia os contrastes filosóficos. Esse texto de fato ainda foi pensado por Schelling como consolidação e complementação da doutrina fichtiana da ciência, de modo nenhum como sua crítica e suplantação. Em termos de conteúdo, porém, independentemente das intenções conscientes de Schelling, já constitui uma tentativa de sistematização do idealismo *objetivo*. É bem compreensível, portanto, que Fichte não tenha concordado com essa obra, embora ainda tivesse total confiança nas intenções de Schelling e embora ele mesmo por muito tempo ainda pensasse que Schelling e ele estavam inteiramente de acordo quanto aos *princípios básicos* da filosofia. Teve início uma longa e minuciosa troca de correspondências de teor filosófico, visando a dirimir os "mal-entendidos" e a restabelecer a antiga harmonia.

Fichte depurou a filosofia kantiana de suas "oscilações materialistas". Ele criou um idealismo subjetivo puro. O subjetivismo filosófico de Fichte, no entanto, conta com um caráter bem específico. A consequência óbvia é que ele leva objetivamente a um agnosticismo completo. A intenção filosófica de Fichte, porém, não é essa. Pelo contrário, Fichte quer justamente suplantar o agnosticismo kantiano, a incognoscibilidade da coisa em si. Todavia, ele faz isso de maneira radicalmente subjetivista, ao contestar a *existência* das coisas em si, não sua *cognoscibilidade*. Ele considera o mundo inteiro como "posto" pelo eu

---

[3] *Fichtes Briefwechsel* (Berlim, 1925), v. II, p. 165. [A única edição em dois volumes encontrada foi Johann Gottlieb Fichte, *Briefwechsel*, ed. Hans Schulz, Leipzig, H. Haessen, 1925. – N. T.]

(que, no caso dele, não é idêntico à consciência empírica do homem singular) e, por essa razão, como totalmente cognoscível para esse sujeito imaginário, mistificado, da filosofia. De acordo com Fichte, o eu criou o mundo inteiro e, por isso, também é capaz de conhecer o mundo inteiro, pois, segundo Fichte, nada existe nem pode existir fora desse mundo posto pelo eu.

Essa concepção rutilante e contraditória do eu ocupa, em Fichte, o lugar da "consciência em geral" kantiana – e para ele não se confronta com nenhum mundo estranho, independente e incognoscível das coisas em si como em Kant; com essa concepção, ele prepara o transbordo para o idealismo objetivo, embora sua filosofia mesma não seja senão a exacerbação mais radical do idealismo subjetivo que se pode conceber. O que falta é aclarar e concretizar a concepção rutilante do eu, todavia em uma direção idealista, mistificadora, ainda mais radical; o "criar" do mundo (pôr), que em Fichte ainda é gnosiológico, precisa ser transformado em um criar efetivo – e aí está o idealismo objetivo. Isso acontece em *Sistema do idealismo transcendental*, de Schelling, e mais tarde em Hegel.

A filosofia fichtiana, contudo, realiza um trabalho importante de preparação para Schelling e Hegel ainda em outro sentido, a saber, em relação à dedução sistemática das categorias. As categorias têm em Kant um caráter tão idealista-subjetivo quanto em Fichte. No primeiro, contudo, elas são compiladas empiricamente, mais do que deduzidas. Kant assume a tabela de categorias da lógica escolástica vigente até então; ao fazer isso, chega a acrescentar uma série de novas interpretações de suas conexões, mas não levanta de maneira nenhuma o problema da dedução umas das outras. A formulação típica do problema pela crítica kantiana – "Os juízos sintéticos *a priori* existem – como são possíveis?"* – mostra quanto Kant concebe as categorias e suas conexões como algo já pronto. (Também nesse ponto é visível a oscilação de Kant entre materialismo e idealismo.) Para Fichte, em contraposição, as categorias se originam da atividade do eu que põe: de pôr e contrapor de eu e não-eu; assim, surge já em Fichte a tríade dialética de tese, antítese e síntese.

De modo correspondente, reforça-se em Fichte o "lado ativo" da filosofia clássica alemã, da qual Marx fala em sua primeira tese sobre Feuerbach – todavia, sobre a base da transição para um idealismo puro. Em Kant, a

---

* Cf. Immanuel Kant, *Crítica da razão pura* (trad. Valerio Rohden e Udo Baldur Moosburger, São Paulo, Nova Cultural, 1996), p. 62. (N. T.)

atividade moral do homem é o único campo em que este rompe o mundo fenomênico e se torna participante do mundo de fato existente, do mundo da essência. A estrutura da ética kantiana tem, portanto, consequências metodológicas para a gnosiologia de Fichte: o pôr do mundo pelo eu é, para Fichte, um "ato".

A necessidade do conflito entre Kant e Fichte é claramente visível a partir dos poucos traços que acabamos de esboçar. De início, Fichte pensa que está apenas levando a filosofia kantiana a termo de modo mais consequente do que o próprio Kant fez (espírito *versus* letra). O que surge, porém, é uma filosofia bem diferente, impossibilitando que Kant a reconheça como sua.

Ora, a relação entre Fichte e Schelling tem certa semelhança com esse caso. No entanto, ela é bastante relativa. Schelling adota, de antemão, um ponto de partida bem diferente do de Fichte. A filosofia fichtiana é o ativismo revolucionário daquela época aplicado ao idealismo alemão. Não é por acaso que os primeiros escritos de Fichte foram em defesa da Revolução Francesa, em defesa do direito à revolução. E ele permaneceu fiel a essas concepções por um tempo relativamente longo. Na polêmica posterior de Hegel contra a moral e a filosofia do direito de Fichte, detalharemos algumas de suas concepções. No ano de 1800, Fichte publicou *Der geschlossene Handelsstaat* [O Estado comercial fechado]*, obra em que, por exemplo, Benjamin Constant vislumbrou um eco tardio da política econômica de Robespierre etc. O subjetivismo de Fichte expressa, portanto, em uma forma alemã idealisticamente extrapolada, a fé revolucionária na força renovadora do homem, na força que convulsiona tudo. Para Fichte, não existe realidade fora do homem – que para ele, todavia, é idêntico ao homem moral, ao espectro kantiano do *"homo noumenon"*. O mundo, em especial a natureza, não passa de um campo de atividade puramente passivo do homem.

A filosofia de Schelling, em contraposição, brota da crise geral provocada naquela época pela expansão do conhecimento da natureza. Schelling figura entre os "entusiastas da natureza", dos quais falou o jovem Marx em carta a Ruge, aludindo a Feuerbach[4].

De início, Schelling não rompeu de forma consciente com Fichte, tal como este não havia rompido com Kant; ele também acreditou – certamente

---

* Johan Gottlieb Fichte, *Der geschlossene Handelsstaat* (Tübingen, Cotta, 1800). (N. T.)
[4] Carta de Marx a Ruge, 13 de março de 1843, MEGA 1, v. 1/2, p. 308.

até de maneira menos consciente da diferença do que Fichte a seu tempo – representar o "espírito" correto de *Doutrina da ciência*. De modo correspondente, por muito tempo nenhum dos dois se desprende da base kantiana; adiante veremos que, em muitos pontos decisivos, Schelling jamais conseguiu superar certas limitações da maneira kantiana de formular os problemas. Correspondendo à tendência interior de desenvolvimento dos dois pensadores, porém, esse ponto de partida comum na filosofia kantiana é muito distinto em ambos. Enquanto para Fichte *Crítica da razão prática* fornece o modelo metodológico para *todo* o seu sistema da filosofia, em Schelling a reinterpretação idealista-objetiva de *Crítica da faculdade do juízo* passa a ocupar o primeiro plano. A direção em que Kant é "depurado" de suas inconsequências por Fichte e Schelling de fato é bastante parecida, mas o conteúdo do que é aprofundado por eles é totalmente distinto. A semelhança consiste em que a construção filosófica, a formulação do problema por Kant, é em grande parte mantida. O que em Kant era um subjetivismo agnosticista, no entanto, foi expandido por Schelling para o plano idealista-objetivo. As reformulações do problema de Kant visando à teleologia, das quais nos ocuparemos mais tarde em detalhes, sua nova e peculiar aplicação à vida orgânica, à totalidade da natureza e à arte, formam o ponto de partida metodológico da filosofia especificamente schellinguiana.

A direção em que Schelling empreende a reconfiguração da filosofia kantiana acarreta necessariamente que, no caso dele, a elaboração e a derivação das categorias dialéticas sejam ainda mais claras e resolutas do que em Fichte. Em Kant, a contradição havia prosperado somente até o enunciado de *antinomias* necessárias; ele indicou apenas a autodissolução dialética do mundo fenomênico; para além disso, não poderia haver em Kant nenhuma unidade das contradições, nenhum conhecimento sobre a base do caráter contraditório do mundo. O único ponto em que, segundo a concepção de Kant, o homem entra em contato com a essência real, o mundo da ética, situa-se, para ele, *além* de todo caráter contraditório. Em contraposição, vimos que, para Fichte, a contradição já havia se tornado a força motriz metodológica com auxílio da qual o sistema das categorias deveria ser construído. Schelling, por sua vez, já converte a tríade dialética fichtiana em elemento *objetivo* da construção do mundo.

Isso faz aflorar o seguinte problema: *como* e por meio de *que* órgão esse conhecimento pode ser efetivado? Para Kant e Fichte, as vivências da pura moralidade (consciência etc.) constituem essa base. Mediante a transposição desse princípio, Fichte chega a seu "estado-de-ação"* (*Tathandlung*), ao princípio básico de sua gnosiologia. Em correspondência com a base moral de toda essa concepção, Fichte nega todo objeto que pudesse ser independente do homem, da consciência; para ele, portanto, a possibilidade do conhecimento de um mundo autocriado (posto pelo eu) é uma obviedade: é o autoconhecimento do eu que põe.

Para Schelling, em contraposição, está posto o problema do conhecimento do mundo exterior objetivo, sobretudo da natureza. E ele o faz de tal modo que assume integralmente todos os argumentos agnosticistas que Kant [apresenta]** em *Crítica da razão pura* para o conhecimento do que ele chama de mundo fenomênico. O que importa para Schelling é chegar, com base nessa gnosiologia que leva à antinômica do conhecimento do mundo fenomênico, a um modo mais elevado de conhecimento que garanta e fundamente o conhecimento adequado da realidade objetiva, da essência do mundo objetivo. No famoso parágrafo 76 de *Crítica da faculdade do juízo*, Kant chega à exigência – no caso dele, todavia, meramente hipotética – de tal conhecimento. Na passagem, ele diz que, para o conhecimento humano comum, que sempre só subsume o particular sob o universal, o particular permanece sempre algo contingente. Com os recursos desse conhecimento, contudo, não seria possível apreender adequadamente nem a natureza como um todo nem a vida orgânica. Por essa razão, ele propõe o postulado hipotético de outra inteligência (*intellectus archetypus*), para a qual não existiria esse antagonismo entre universal e particular***.

Essa contraposição teve um efeito revolucionário em toda a filosofia alemã. Além de Schelling, Goethe foi especialmente influenciado por ela de modo bastante decisivo – ainda que em ambos essa influência tenha sido de natureza muito diferente. A ampliação da filosofia kantiana por Schelling nesse ponto é bastante simples, pronunciadamente declaratória. O que em Kant

---

* Segundo o tradutor de Fichte, Torres Filho, "a palavra *Tathandlung* é exclusividade de Fichte, não consta nos dicionários. É um termo forjado por analogia, provavelmente por ele mesmo, é um termo oposto a *Tatsache* (estado-de-coisa, fato), que por sua vez é a tradução literal do latim *res facti*". Cf. Johann Gottlieb Fichte, *A doutrina da ciência de 1794 e outro escritos* (trad. e notas Rubens Rodrigues Torres Filho, São Paulo, Abril Cultural, 1984, col. Os Pensadores), p. 43. (N. E.)

** A expressão entre colchetes é suposição do tradutor, suprindo a omissão do verbo no original. (N. T.)

*** Cf. *Crítica da faculdade do juízo* (trad. Valerio Rohden e António Marques, 2. ed., Rio de Janeiro, Forense Universitária, 2005), p. 245-6 e 249. (N. T.)

era exigência hipotética torna-se em Schelling realidade existente: *a intuição intelectual* como o órgão do conhecimento humano para a apreensão adequada da realidade objetiva, como descobrimento de que realidade objetiva (natureza) e conhecimento humano são apenas duas correntes do mesmo rio trazidas à consciência de sua identidade na intuição intelectual. Em *Sistema do idealismo transcendental*, Schelling define a intuição intelectual da seguinte maneira:

> Esse saber precisa ser a) absolutamente livre, bem porque todo outro saber *não é livre*, devendo ser, portanto, um saber ao qual não se chega por força de provas, conclusões nem de qualquer mediação de conceitos, sendo, portanto, um intuir puro e simples; b) um saber cujo objeto não é *independente* dele, portanto, um *saber que é, ao mesmo tempo, um produzir de seu objeto* – uma intuição que produz livremente em toda linha e na qual aquilo que produz e aquilo que é produzido são uma coisa só. Tal intuição é chamada de *intuição intelectual* em contraposição à intuição sensível que não se manifesta como produzir seu objeto e na qual, portanto, *o próprio intuir* é diferente do intuído.[5]

Aqui, portanto, o sujeito-objeto idêntico, que é a base do idealismo objetivo, já se encontra desenvolvido por completo.

Falaremos extensamente sobre as contradições internas dessa posição de Schelling quando tratarmos dos contrastes entre Hegel e ele. Neste ponto, constate-se apenas que, desse modo, a objetividade da natureza aparece para Schelling como derivada e garantida; as contradições dialéticas no interior do conhecimento humano [não são]* apenas contradições entre a faculdade humana do conhecimento e a realidade exterior (como em Kant), mas contradições da própria realidade objetiva. Disso decorre, então, que Schelling, a exemplo de Fichte, constata e reconhece uma superação das contradições no interior do conhecimento humano e, desse modo, incorre em nítida oposição à filosofia kantiana. Contudo, na medida em que, para ele, essas contradições têm um caráter objetivo, ele, ao mesmo tempo, vai além da concepção fichtiana também na superação das contradições. Desse modo, a contradição e sua superação dialética são deslocadas pela primeira vez para o centro de toda a filosofia.

Mencione-se aqui apenas de passagem, a fim de completar o quadro filosófico, que, em Schelling, a intuição estética figura como "prova" da realidade e

---

[5] Schelling, ["System des transzendentalen Idealismus", em] *Werke* (Stuttgart e Augsburg, 1858) seção I, v. III, p. 369.

* A expressão entre colchetes é suposição do tradutor; a frase está truncada no original. (N. T.)

da possibilidade da intuição intelectual. Já em *Crítica da faculdade do juízo*, a nova guinada da filosofia aqui indicada, a reformulação do problema da teleologia, está estreitamente ligada à estética. Schiller, estimulado por isso, já promove uma guinada para o idealismo objetivo no campo da estética; Schelling dá continuidade a esse movimento e confere temporariamente à estética lugar central no sistema da filosofia. (Trato desses problemas em detalhes em meus estudos sobre a estética de Schiller.)

As aspirações de Schelling no terreno da dialética vão no sentido de avaliar e sistematizar filosoficamente as grandes revoluções daquela época no campo das ciências naturais e, com base nisso, produzir um sistema completo da filosofia da natureza. Abordar esses problemas em pormenores é algo que extrapola totalmente o quadro deste trabalho[6]. Engels caracterizou repetidas vezes esse grande período revolucionário, apontando para a importância da revolução da química pelas descobertas de Lavoisier, para os novos conhecimentos a respeito da eletricidade (Volta, Galvani etc.), para os primórdios da biologia científica e da teoria da evolução etc. Essa revolução já tem reflexos na maneira como os problemas são formulados em *Crítica da faculdade do juízo*. A obra científica a que Goethe dedicou a vida ocupa um lugar muito importante nela e influencia, por sua vez, a filosofia de Schelling. Em toda essa revolução das ciências naturais evidenciam-se, com muita nitidez, os limites, as insuficiências do pensamento metafísico, inclusive as do antigo materialismo. A filosofia alemã da natureza dessa época empreende a tentativa de identificar e elaborar, nas contradições que daí se originam, as contradições objetivas da própria realidade como fundamentos da filosofia da natureza. Anteriormente aplicamos o enunciado de Marx sobre Feuerbach como "entusiasta da natureza" ao jovem Schelling. O que nos dá esse direito é a carta de Marx a Feuerbach solicitando-lhe que escreva um trabalho crítico sobre Schelling para os *Anais Franco-Alemães*. Nessa carta, Marx chama Feuerbach de "Schelling invertido" e prossegue assim com a caracterização de Schelling:

> A *sincera* – devemos acreditar que nosso adversário queria o bem – *ideia juvenil* de Schelling, para cuja realização, no entanto, ele não tinha nenhum recurso além da imaginação, nenhuma energia além da vaidade, nenhum estimulante além do ópio, nenhum órgão além da irritabilidade de uma faculdade feminina de percepção,

---

[6] Mais detalhes sobre Schelling no cap. 2 de meu livro *Die Zerstörung der Vernunft* (Berlim, Aufbau, 1954; *Werke*, v. 9), p. 114-72.

essa ideia juvenil sincera de Schelling, que no caso dele permaneceu um fantástico sonho juvenil, no caso se transformou em verdade, em realidade, em seriedade viril. Schelling, por conseguinte, é sua *imagem distorcida por antecipação*...[7]

Na época de que agora estamos tratando, essa "ideia juvenil sincera" ocupa o primeiro plano do pensamento de Schelling. É óbvio que já estão presentes os embriões de suas posteriores concepções reacionárias, mas elas são amplamente postas na sombra, ainda que por breve tempo, pelo entusiasmo da fundamentação de uma nova filosofia da natureza, de uma concepção dialética e unitária de todos os fenômenos da natureza. Nesse estado de espírito, Schelling às vezes chega a ter arroubos quase materialistas e muitas vezes rejeita de forma acalorada o espiritualismo exagerado dos românticos com que de resto apresenta afinidade. Citaremos apenas um exemplo, já que não há possibilidade de tratar extensamente dessa questão aqui. No ano de 1799, em oposição ao espiritualismo de Novalis, Schelling teve, na expressão de Friedrich Schlegel, "um novo acesso de seu antigo entusiasmo pela irreligião" e escreveu "Profissão de fé epicurista de Heinz Widerporst". Citaremos desse poema apenas alguns versos bem característicos:

> Desde que tenho claro por inteiro
> Que é a matéria o único que é verdadeiro,
> De todos nós guardião e conselheiro,
> E de todas as coisas Pai primeiro,
> [Elemento de tudo que se pensa]*
> E onde todo saber finda e começa.
> Não tenho em boa conta o invisível,
> Atenho-me somente ao ostensivo,
> Ao que posso cheirar, sentir e saborear,
> Com todos os sentidos cavoucar.
> . . . .
> Creio que o mundo sempre existiu,
> E que jamais se corromperá.[8]

---

[7] Carta de Marx a Ludwig Feuerbach, 20 de outubro de 1843, MEGA 1, v. 1/2, p. 316.
* Linha do original omitida tacitamente por Lukács. (N. T.)
[8] [Gustav Leopold] Plitt, cit. [*Aus Schellings Leben: in Briefen*, Leipzig, 1809], v. 1, p. 283 e seg. e p. 286. [Ed. bras.: Friedrich Schelling, "Profissão de fé epicurista de Heinz Widerporst", em Rubens Rodrigues Torres Filho, *Ensaios de filosofia ilustrada*, São Paulo, Iluminuras, 2004, p. 174-5 e 177. Texto original completo disponível em: www.zbk-online.de/texte/B0812.htm; acesso em: 18 set. 2018.]

Nesse texto, a profissão do materialismo é resoluta e ardente, mas de modo nenhum clara e pensada até as últimas consequências, pois concomitantemente com a profissão ateísta o Heinz Widerporst de Schelling fala que está sem religião, mas, se tivesse de escolher uma, escolheria a católica. Da mesma forma, aflora no poema toda uma série de motivos místicos procedentes da filosofia da natureza de Böhme.

A partir dessas poucas observações indicativas já deve ter ficado claro para o leitor que entre a filosofia fichtiana e a filosofia schellinguiana houve desde o começo diferenças muito profundas. Contudo, essas diferenças ficaram encobertas para ambos, sobretudo pela luta comum contra os kantianos que queriam reter a filosofia no ponto de vista ao qual o próprio Kant a havia levado. Em seu escrito *Diferença*, Hegel zomba desses kantianos. Valendo-se de uma analogia muito significativa, ele diz sobre [Karl Leonhard] Reinhold: "Do mesmo modo que '*la révolution est finie*' [a revolução acabou] já foi decretado demasiadas vezes na França, também Reinhold já anunciou várias vezes o fim da revolução filosófica. Agora ele divisa a última finalização das finalizações..."[9]. Se cotejarmos esse enunciado de Hegel com a citada carta que Fichte escreveu após a declaração de Kant, obtemos o quadro de um clima de guerra filosófico, no qual as diferenças existentes muito facilmente podiam ser esquecidas em função do adversário comum. A falta de clareza interior de Schelling sobre suas próprias tendências, sua oscilação entre arroubos materialistas e ideias excessivamente místicas – tendo ambos sido postos em conexão com a gnosiologia fichtiana –, compreensivelmente contribuíram em muito para que as diferenças ficassem encobertas por um tempo relativamente longo. Essa falta de clareza de Schelling expressa-se também em seu modo expositivo. Mais tarde, Hegel caracterizou esse modo expositivo de Schelling como plástico e correto. Em *História da filosofia*, ele diz:

> Schelling fez sua formação filosófica diante do público. A série de seus *escritos* filosóficos é, ao mesmo tempo, a história de sua formação filosófica e representa sua gradativa elevação acima do princípio fichtiano e do conteúdo kantiano com o qual começou; essa série não contém uma sequência das partes elaboradas uma após a outra, mas a sequência de suas etapas de formação.[10]

---

[9] *Erste Druckschriften*, p. 98 e seg.
[10] [G. W. F. Hegel, "Vorlesungen über die] Geschichte der Philosophie" (Glockner)[, em *Werke*, Berlim, Glockner, 1833-1836], v. III, p. 647. Exatamente a seção sobre Schelling remonta

Schelling nunca examinou nem reelaborou toda a filosofia desde a base, mas se lançou constantemente a novas descobertas, deixando intactas áreas extensas e importantes. De modo imperceptível, o eu fichtiano foi se transformando para ele no sujeito-objeto idêntico do idealismo objetivo. Em um primeiro momento, ele escreve sua filosofia da natureza como simples *complemento* de *Doutrina da ciência* – e, como exatamente nessa época o próprio Fichte estava trabalhando em sua aplicação à moral, ao direito, ao Estado etc., ambos tiveram a ilusão de uma concordância completa nos princípios básicos na divisão de tarefas durante o processamento das diversas áreas.

Essas ilusões começaram a volatilizar-se após a publicação da primeira obra sistemática de Schelling. Depois de publicado *Sistema do idealismo transcendental*, segue-se uma longa discussão epistolar que termina com o rompimento completo. Em sua obra seguinte, *Exposição do meu sistema da filosofia* (1801), Schelling ainda fala da filosofia da natureza e da filosofia transcendental como dois lados distintos do mesmo sistema. Em carta de 19 de novembro de 1800, ele ainda considerava a doutrina da ciência como algo terminado e a filosofia da natureza apenas constaria ao lado dela como complemento. Ele disse:

> Em primeiro lugar, no que se refere à doutrina da ciência, isolo esse ponto logo de saída; isso é algo totalmente para si, nela não há nada a mudar e nada a fazer; ela está terminada e sempre tem de estar por sua própria natureza. Porém, doutrina da ciência [...] ainda não é propriamente filosofia. [...] Ela procede de modo inteiramente lógico e não tem nada a ver com a realidade.[11]

Schelling, portanto, ainda está muito distante de cogitar um rompimento. Ele considera *Doutrina da ciência* o fundamento inabalável também de sua própria filosofia.

De início, Fichte também conduz a discussão com muito cuidado; ele tampouco quer o rompimento com seu aliado mais importante e mais talentoso. Protesta desde o início, porém, contra a autonomia que a natureza adquire no sistema de Schelling. Em carta de 15 de novembro de 1800 – acabamos de citar um trecho da resposta de Schelling a ela –, ele caracteriza a "autoconstrução

---

de muitas formas às Preleções que Hegel fez em Iena em 1806. Portanto, a caracterização de Schelling indica, ao mesmo tempo, os pontos de vista de Hegel na época de seu rompimento com ele.

[11] *Fichtes Briefe*, cit., v. II, p. 295.

da natureza" (concepção idealista-objetiva da objetividade das categorias da natureza) schellinguiana como autoilusão. Ele escreveu:

> Algo diferente é a *realidade da natureza*. Esta aparece na filosofia transcendental como perfeitamente *achada* – mais precisamente, pronta e acabada; e isso (a saber, achada) não pelas *próprias* leis, mas por leis *imanentes* da *inteligência*. [...] Todavia, a ciência que por uma fina abstração faz da natureza seu único objeto (justamente por abstrair da inteligência) tem de pôr a natureza como *algo absoluto*, para mandar *construir a mesma para si* por meio de uma *ficção*...[12]

Mais tarde, quando o rompimento se torna inevitável, Fichte expressa a mesma ideia de modo bem mais duro e grosseiro. Em carta de 31 de maio de 1801, ele fala que todo cognoscível estaria contido apenas na consciência e "apenas aqui, nessa pequena região da consciência, situa-se um mundo sensível: uma natureza"[13].

Nesse passo fica expressa a separação clara entre idealismo subjetivo e idealismo objetivo. Fichte nega à filosofia schellinguiana da natureza todo direito de atuar mesmo que só como parte complementar da "doutrina da ciência", mesmo que só *com relativa autonomia*. Ele insiste em que toda realidade exterior é apenas um momento do pôr soberano do eu e, portanto, em que a "doutrina da ciência" abrange todo o âmbito do saber.

Vimos que Schelling conduziu a discussão de modo muito menos resoluto do que Fichte. Suas vacilações ficariam bem evidentes se tivéssemos a possibilidade de analisar aqui, em detalhe, toda a troca de cartas. O que nos interessa é apenas um ponto: o papel de Hegel nisso tudo. Lembramos ao leitor que, em carta de 2 de novembro, Hegel anunciou a Schelling sua chegada a Iena, mas planejando passar, antes disso, um bom tempo em Bamberg. No dia 15 de novembro, Fichte escreve a já por nós citada crítica incisiva a *Sistema do idealismo transcendental*. A resposta de Schelling a Hegel se perdeu, mas visto que Hegel chegou a Iena em janeiro, muito antes do que pretendia, é bem provável que esteja correta a suposição de Haym[14] de que essa carta tenha acelerado a chegada de Hegel a Iena. E essa aceleração só podia estar relacionada com a discussão atual. Os acontecimentos seguintes confirmam cabalmente essas suposições. Hegel, que até aquele momento só

---

[12] Ibid., p. 292 e seg.
[13] Ibid., p. 326.
[14] [Rudolf] Haym, cit. [*Hegel und seine Zeit*, 1887; 2. ed., Leipzig, W. Heims, 1927], p. 326.

havia produzido um fragmento após o outro, envolve-se agora em uma produção polêmica extraordinariamente vigorosa. Em julho de 1801, já estava concluída *Diferença*. Em agosto do mesmo ano, ele defende também suas teses de habilitação e, no outono, faz preleções como *Privatdozent* [docente sem cátedra] na Universidade de Iena. No mesmo ano, Hegel e Schelling fundam o órgão de luta em prol do idealismo objetivo: o *Jornal Crítico de Filosofia*. Nesse periódico, Hegel proclama de maneira igualmente aberta e enérgica a separação dos caminhos na filosofia, o nascimento de uma nova etapa do desenvolvimento filosófico. Embora o idealismo objetivo já tenha se mostrado com clareza nos escritos estéticos de Schiller e, em especial, nos escritos sistemáticos de Schelling, só agora ele passa a ser proclamado abertamente como nova filosofia. E quem fez isso foi Hegel. Tanto *Diferença* quanto os grandes ensaios publicados na revista conjunta ("Fé e saber" e "Sobre os tipos de tratamento científico do direito natural") implicam um acerto de contas abrangente e sistemático com o idealismo subjetivo como um todo. Portanto, não só com o próprio Fichte, mas também com Kant, com os kantianos e com Friedrich Heinrich Jacobi, que na época era o representante principal da "filosofia da vida" de cunho subjetivista. Em resenhas mais ou menos extensas publicadas na revista conjunta, bem como na *Revista de Literatura de Erlangen*, Hegel acerta as contas também com o numeroso grupo dos representantes menores da filosofia daquela época, com [Gottlob Ernst] Schulze, [Wilhelm Traugott] Krug, [Friedrich] Bouterwek etc.

Hegel aparece em toda parte como defensor fundamental da nova e mais elevada etapa da filosofia. No entanto, até aquele momento essa filosofia era conhecida do *público* apenas como a filosofia schellinguiana. É bem compreensível, portanto, que, nesses escritos polêmicos, Hegel coloque em primeiro plano a diferença entre idealismo objetivo (Schelling) e idealismo subjetivo (Kant, Jacobi, Fichte) e estabeleça um contraste nítido entre a capacidade de desempenho das duas correntes, visando a expor plasticamente como o idealismo subjetivo fracassa e se espatifa contra suas próprias contradições insolúveis e a mostrar, ao mesmo tempo, que o idealismo objetivo se presta bem para resolver de modo cientificamente satisfatório todas as questões da filosofia levantadas até aquele momento. Nesse processo, a filosofia de Schelling não é submetida a nenhuma crítica por Hegel; tal crítica nem mesmo é sinalizada. No máximo, o leitor atual, que já tem clareza a respeito das diferenças entre Schelling e Hegel, consegue ver, em algumas passagens, que

Hegel empresta à filosofia schellinguiana um sentido, uma tendência, que corresponde mais à continuidade de sua própria linha filosófica do que à linha schellinguiana.

Tudo isso fica suficientemente claro a partir das necessidades impostas pela polêmica. Se abstrairmos, porém, das ênfases exageradas necessariamente resultantes do tom polêmico, como se posiciona Hegel diante da filosofia schellinguiana nos primeiros anos em Iena? Com base no material disponível, é impossível dar uma resposta documentada a essa pergunta. Do período anterior a 1803 (ano da ida de Schelling para Würzburg), não conhecemos nenhuma crítica desabonadora – nem mesmo uma manifestação crítica de Hegel sobre Schelling. Foi só entre 1803 e 1806 que Hegel deu início à crítica incisiva, sobretudo, a alunos e adeptos de Schelling, mas também contra o próprio Schelling; essa crítica recebe, então, em *Fenomenologia do espírito*, uma formulação fundamental e sistemática: o primeiro acerto de contas público de Hegel com a filosofia schellinguiana – e também o acerto decisivo e definitivo.

Hegel terá sido, pois, integralmente adepto de Schelling nos primeiros anos em Iena? Ou sua cooperação com Schelling nessa época terá sido apenas "diplomacia", mera "tática"? A primeira concepção é muito difundida nas histórias da filosofia correntes. A segunda é defendida, por exemplo, por [James Hutchinson] Stirling[15], que tenta achar em Hegel, nessa época, certa "astúcia", certo "calculismo" na aproximação a Schelling. O leitor já sabe que a primeira concepção é incorreta a partir da exposição que fizemos do período de Hegel em Frankfurt. Vimos que, antes de ir para Iena, Hegel já chegara a uma dialética objetiva que, em sua questão central (a teoria da contradição), encontra-se em um estágio mais avançado do que a schellinguiana. Também vimos que as anotações fragmentárias de Hegel sobre a filosofia apontam numa direção que transcende a schellinguiana em toda uma série de problemas centrais da dialética. E a tendência mais importante da filosofia de Hegel, a criação de uma nova lógica dialética, sempre esteve totalmente fora do campo de visão de Schelling. Portanto, Hegel tinha toda a razão ao protestar, em *Jornal Crítico de Filosofia*, quando o caracterizaram como adepto de Schelling[16].

---

[15] J[ames]. H[utchison]. Stirling, *The Secret of Hegel* (Edimburgo, 1908), p. 662. Cf., sobre Stirling – que, diga-se de passagem, foi um dos primeiros a tentar derivar Hegel inteiramente de Kant –, as apreciações de Marx e Engels: *Briefwechsel* (Berlim, 1950), v. IV, p. 70 e 304: cartas de Marx a Engels, 23 de maio de 1868 e 4 de abril de 1870.

[16] Rosenkranz, p. 162 e seg.

Isso, contudo, de modo nenhum significa que Stirling e consortes tenham interpretado corretamente o posicionamento de Hegel em relação a Schelling no primeiro período em Iena. Stirling se comporta aqui em relação a Hegel do mesmo modo que, a seu tempo, Erich Schmidt foi tão ironicamente criticado por Franz Mehring por sua interpretação das relações entre o jovem Lessing e Voltaire: esses "eruditos" imputam aos grandes autores e pensadores do passado aquela psicologia subalterna do docente arrivista diante do poderoso professor universitário, com a qual eles mesmos fizeram sua carreira universitária. Um Lessing ou um Hegel, porém, não se diferenciam só intelectualmente, mas também em termos de qualidade humana de um professor Schmidt ou um professor Stirling.

O fragmento de sistema formulado por Hegel em Frankfurt mostra que, em algumas questões fundamentais da dialética, ele havia obtido clareza quanto a seu método específico já antes do encontro com Schelling – porém, só em algumas questões fundamentais. Isso, contudo, de modo nenhum significa que, por ocasião de sua chegada a Iena, a forma específica da dialética hegeliana já tivesse sido sistematicamente pensada do começo ao fim, muito menos detalhada em termos sistemáticos e concretos. Nem estamos falando aqui de questões sistemáticas tão importantes quanto, por exemplo, a da relação entre filosofia e religião. Vimos (p. 279 e seg. deste livro) que, em Frankfurt, Hegel faz a filosofia desembocar na religião, isto é, vimos que, naquela época, ele vislumbrou no comportamento religioso do homem o ponto alto da filosofia. E logo veremos que, já em seu primeiro escrito de Iena, ele assume em relação a essa questão outra posição, a qual vai se desenvolvendo sistematicamente até *Fenomenologia*. Contudo, se examinarmos mais de perto também o primeiro registro de suas concepções sobre a lógica, a chamada *Lógica ienense* (1801-1802), seremos forçados a constatar que, ao lado de exposições claras de problemas que se tornaram determinantes para a estruturação de sua lógica posterior (por exemplo, a passagem da quantidade para a qualidade), há muita coisa que Hegel rejeitou de modo tácito já durante a redação de *Fenomenologia*. E, especialmente quanto à questão decisiva para Hegel, a da derivação dialética das categorias a partir do movimento de suas contradições imanentes, ainda impera em *Lógica ienense* uma relativa falta de clareza em suas concepções, inclusive em comparação com o período posterior em Iena. Nela estão contidas de forma embrionária a separação exata entre lógica formal e lógica dialética e a constatação da relação corrente entre elas, encontrando-se ambas em um estágio bem mais elevado de clareza filosófica, o qual Schelling jamais conseguiu alcançar, mas de fato só embrionariamente contidas – quando vistas pelo parâmetro posto por Hegel.

Por essa razão, não foi por acaso que, no primeiro período em Iena, Hegel só publicou – com exceção de sua dissertação *De orbitis planetarum* [Sobre a órbita dos planetas], que tem importância apenas episódica na obra de sua vida – escritos polêmicos: escritos nos quais ele combate as contradições e as insuficiências do idealismo subjetivo, nos quais ele desenvolve, a partir das contradições deste, com muita clareza, suas próprias concepções, especialmente no campo da filosofia da sociedade, abstendo-se, todavia, da exposição concreta e detalhada do conteúdo e do método do idealismo objetivo ou, então, expondo-os em um nível bastante geral.

Em paralelo a esses escritos polêmicos, Hegel trabalhou com muita energia e muito fôlego em preleções e manuscritos para consolidar seu próprio sistema. Contudo, todos esses esboços permanecem justamente... esboços. E Hegel não pensa em publicá-los nem naquele momento nem mais tarde. Uma parte ele usa como material para compor os trabalhos que publicaria depois, mas precisamente a estruturação sistemática é sempre criticada, revisada e reformulada por ele. Exatamente essa reordenação da construção filosófica mostra o quanto suas concepções a respeito das questões decisivas da filosofia ainda eram fluidas naquela época. Já citamos suas palavras sobre o desenvolvimento de Schelling diante da esfera pública. Esse modo de filosofar talvez até tenha impressionado por um tempo o jovem Hegel, que trabalhava pesado, debatendo-se arduamente com a estruturação sistemática de suas concepções. Com certeza, porém, ele contrariava suas convicções filosóficas mais profundas.

Para Hegel, portanto, o primeiro período em Iena é de *experimentação* – claro que em um nível muito mais elevado do que em Frankfurt. O nível mais elevado logo fica visível quando se comparam os esboços de Iena com os de Frankfurt. Em Iena, ocorreram discussões ensaísticas sobre diversos problemas importantes, determinantes para o jovem Hegel, aos quais era inerente, no entanto, uma forte interconexão sistemática das concepções; a sistemática, contudo, ainda não ocupava consciente e metodologicamente o primeiro plano. Em compensação, os esboços de Iena constituem de saída esboços visando a um *sistema*; é possível constatar, portanto, grandes progressos mesmo quando se vê que as bases metodológicas da sistematização ainda estão fluidas.

Em suas anotações pessoais da segunda metade do período de Iena, Hegel permite vislumbres interessantes de seu laboratório intelectual da época. Essas anotações foram publicadas por Rosenkranz como *"wastebook* [caderno de rascunhos] de Hegel". Característico da pesquisa mais recente sobre Hegel é que ela de fato ignora a publicação de Rosenkranz, bem como sua datação correta (1803-1806). Dilthey analisa essas anotações como concepções gerais de Hegel durante todo o período de Iena e não menciona nenhuma vez que elas já tinham sido publicadas por Rosenkranz. Haering vai ainda mais longe; ele considera um "grande feito" de Dilthey ter "publicado" esses fragmentos e os desloca para o início do período de Iena[17].

Quem ler esses fragmentos com alguma atenção e um mínimo de compreensão para o real desenvolvimento de Hegel verá que as confissões sobre o método de trabalho já têm um caráter *retrospectivo*: o Hegel que já obteve clareza metodológica faz aqui um retrospecto autocrítico do modo de trabalhar e filosofar adotado até aquele momento. Portanto, se nos ativermos à datação correta de Rosenkranz, obteremos a partir desses retrospectos uma caracterização muito interessante da constituição intelectual e do método de trabalho de Hegel no período inicial em Iena. Citaremos algumas das passagens mais características.

> A atitude mais prejudicial de todas é *querer se preservar de cometer erros*. O medo de ativamente causar erro para si é a comodidade e o acompanhamento do erro absolutamente passivo. Assim, a pedra não tem erro ativo, exceto, por exemplo, a cal, quando se derrama água-forte sobre ela. Quando isso acontece, ela sai totalmente de si. Ela anda de vez por vias tortas, ferve, adentra outro mundo. Para ela, isso é terreno desconhecido e ela perece. O homem não é assim. Ele é substância, ele se mantém. É a essa pedridade ou pedregosidade ou pedrosidade [...], é a essa alta viscosidade que se deve renunciar. A *plasticidade* [...] é a verdade. Só quando se entende a coisa que vem depois do aprender é que estamos acima dela.[18]

Essa passagem é muito bem aclarada com outra que vem imediatamente antes. Nela, Hegel diz o seguinte:

> Para estudar uma ciência, é necessário não se deixar desviar do caminho pelos princípios. Eles são gerais e não significam muito. Pelo visto, só compreende seu significado aquele que detém o particular. Muitas vezes, eles também são ruins. Eles são a consciência que se tem da coisa e a coisa muitas vezes é melhor que a

---

[17] Rosenkranz, p. 198 e seg. e p. 537 e seg.; Dilthey, cit., v. IV, p. 195 e seg.; Haering, cit., p. 603.
[18] Rosenkranz, p. 545.

consciência. Que prossigam os estudos. Num primeiro momento, a consciência se turva. *É só não querer chegar a compreender e a provar as coisas passo a passo*, mas se joga fora o livro, se continua lendo no limiar entre o estar desperto e o sono, se resigna à própria consciência, isto é, à própria singularidade, o que é constrangedor.[19]

Quando se leem com atenção essas observações, vê-se claramente que, nelas, Hegel caracteriza seu modo de trabalho em um período de transição. Sua representação do problema central ainda não está totalmente esclarecida, mas é clara no essencial, e ele prossegue – sem se intimidar com possíveis erros – a fim de testar a exatidão dessas concepções em todo o sistema das particularidades da realidade. E obstinadamente se atém ao princípio de só aceitar como firmes e corretos os fundamentos gerais que se comprovarem nessa interação com o conhecimento das particularidades. "A coisa muitas vezes é melhor que a consciência" – esta é a chave para todo o modo de filosofar do jovem Hegel. Ele realmente leva a sério a ideia schellinguiana do mundo como processo unitário que abrange natureza e história; mais a sério do que Schelling, que a cada ano formula essa ideia em um novo sistema, em uma nova forma abstrata. Hegel quer captar a essência desse processo abrangendo todas as particularidades e, enquanto não estivesse de posse de um método que, para ele, garante esse conhecimento abrangente das singularidades, só acolheria com ressalvas todo princípio geral, isto é, ele o examinaria com base nos fatos, nas particularidades, e o rejeitaria de imediato quando o discernisse como abstrato, como incapaz de explicá-las. Esse "empirismo" de Hegel, que deixa seus intérpretes burgueses em grandes apuros, é um traço básico de *sua forma específica* da dialética. Adiante trataremos em detalhes dos limites de Hegel nesse tocante. Aqui foi necessário apontar para esse traço básico de seu filosofar não só para mostrar logo com toda a nitidez a diferença em relação a Schelling, mas também para esclarecer por que Hegel – diante de diferenças imediatamente existentes em algumas questões fundamentais do idealismo objetivo – não assumiu *imediatamente* uma posição negativa, desaprovadora em relação a elas, mas, por assim dizer, experimentando, testou-as, para convencer-se, na prática, de sua exatidão ou sua nulidade.

Outra passagem dessas anotações caracteriza ainda mais claramente a relação entre Hegel e Schelling, mesmo que o nome deste não seja mencionado nelas. Hegel escreve o seguinte:

---

[19] Idem.

Lembro muito bem quanto tempo me ocupei das ciências pensando sinceramente que o que era conhecido ainda não seria tudo. Das maneiras retóricas de como se conduzia a coisa, deduzi que a essência ainda estaria oculta e todos sabiam muito mais do que tinham dito, a saber, conheciam o espírito e as razões para aventar algo assim. Depois de procurar por muito tempo em vão onde encontrar aquilo de que sempre se dizia e se fazia de conta que seria algo de conhecimento geral e o movimento do habitual e, portanto, a coisa certa, e incapaz de encontrar sua justificação, descobri que de fato não havia nessas coisas mais do que eu já tinha compreendido e, além disso, só o que havia era o tom confiante, a arbitrariedade e a presunção.[20]

Essa observação se encontra bem no fim do bloco de anotações de Hegel em Iena. Nela, ele escreve em um tom que revela que já discerniu cabalmente o caráter abstrato, o formalismo, a debilidade filosófica da filosofia schellinguiana. Ele oferece aqui, na forma de autocrítica interna, um quadro claro de como se deixara influenciar pelo engenho construtivo e pela conduta segura e imponente de Schelling. Quando adiante empreendermos a análise das diferenças de conteúdo entre Schelling e Hegel, o leitor compreenderá, com o auxílio das questões concretas que emergem desse ponto, essa postura de Hegel ainda melhor do que agora, que apenas confrontamos a "fisionomia intelectual" geral dos dois filósofos.

Levaria, porém, a falsas conclusões se extrapolássemos esse antagonismo. Se quisermos entender corretamente o período de 1801-1803, não podemos tomar como ponto de partida aquilo que sabemos *hoje* sobre o desenvolvimento *posterior* de Schelling. Naquela época, as tendências reacionárias do pensamento posterior de Schelling já existiam embrionariamente, mas só embrionariamente. E, em 1801, ninguém podia prever que o iniciador da revolução filosófica na Alemanha acabaria como filósofo de uma reação teológica. Inclusive, naquela época, a vacuidade das construções formalistas de Schelling era de um feitio diferente daquele que teve a partir da perspectiva do caminho que tomou mais tarde. Naquela época, tratava-se do início de uma revolução filosófica – lembremos o sarcasmo com que Hegel zombou daqueles que queriam dar por finalizada a revolução filosófica –, e o caráter abstrato das construções schellinguianas tinha de manifestar-se como o caráter abstrato necessariamente vinculado ao *início* de uma nova filosofia em uma nova época

---

[20] Ibid., p. 554.

do mundo. (Quando tratarmos de *Fenomenologia do espírito*, veremos quanto, para Hegel, também naquela época, esse ponto de vista está em primeiro plano.)

Na qualidade de historiador dialético, Marx ressaltou, apesar de toda a crítica incisiva à personalidade de Schelling, sua "ideia juvenil sincera" e o colocou ao lado de um filósofo do naipe de Feuerbach. É evidente que, para o jovem Hegel, que se debatia com os princípios de uma dialética objetiva, essa "ideia juvenil sincera" de Schelling tinha de ocupar o primeiro plano de seu interesse. Isso tanto mais porque, apesar de toda a nitidez e a exatidão de sua crítica posterior a Schelling, ele jamais teria podido discernir a filosofia deste do modo como foi possível para o dialético materialista Marx, pois o método do idealismo objetivo da dialética idealista *sempre* permaneceu a base comum de ambos. Há, portanto, determinadas limitações da filosofia schellinguiana que, também para Hegel, continuaram sendo limitações de seu pensamento dialético, ao passo que Marx podia criticá-las com aniquiladora agudeza.

Já dissemos que a "ideia juvenil sincera" de Schelling consiste no fato de que ele tentou apreender natureza e história como um processo dialético unitário. Nesse ponto, ele coincide com as mais profundas aspirações do jovem Hegel. Ora, mesmo que as concepções do jovem Hegel – em especial no campo da filosofia da sociedade, nas questões lógicas da dialética – sejam bem mais profundas que as de Schelling, Hegel até aquele momento não havia chegado ao ponto de oferecer um sistema unitário e abrangente do conjunto do saber. Foi Schelling que fez isso nesse período em uma forma literária extraordinariamente brilhante. Das observações de Hegel anteriormente citadas decorre que, para ele, foi necessário primeiro testar a exatidão dessas concepções por meio de trabalho próprio, antes de lançar-se a criticá-las. Das confissões de Hegel, depreendemos que ele fez isso, por assim dizer, *experimentando*. Somente se analisarmos dessa maneira a relação entre Hegel e Schelling nos primeiros anos em Iena assumiremos o ponto de vista correto em relação à terminologia schellinguiana de alguns desses escritos, em especial a de *Sistema da eticidade*. Ou seja, reconhecer essa influência de Schelling sobre Hegel sem, por essa razão, encará-lo como mero adepto de Schelling ou como hipócrita e carreirista que, por "razões táticas", silencia a respeito das diferenças que já estavam claras para ele.

Acrescenta-se a isso que o sistema schellinguiano, apesar da brilhante forma literária de cada uma das publicações, naquela época ainda se encontrava em fluência, assim como o sistema hegeliano. Naturalmente nada sabemos sobre a intimidade do relacionamento entre Hegel e Schelling. Eles moraram na mesma localidade, lecionaram na mesma universidade, publicaram juntos uma revista filosófica. É óbvio, portanto, que devem ter travado diálogos bastante aprofundados sobre os princípios da filosofia. E, de fato, não só os primeiros escritos produzidos em Iena mostram forte influência da terminologia schellinguiana sobre Hegel; também podemos perceber com muita clareza a voz de Hegel em determinadas exposições que Schelling fez na época. Inclusive por longo tempo houve controvérsia sobre a autoria do artigo introdutório à revista filosófica intitulado "A relação entre a filosofia da natureza e a filosofia em geral". Não se sabia se tinha sido escrito por Schelling ou por Hegel. Somente de uma autobiografia de Hegel de 1804 depreende-se indubitavelmente que Schelling foi o autor desse ensaio[21]. Sob essas circunstâncias, é fácil entender que, em determinadas questões controversas da dialética, Hegel deve ter tentado por muito tempo convencer Schelling de seu equívoco, por meio da discussão pessoal, e trazê-lo para o caminho certo, antes de manifestar-se publicamente contra ele. Nesse tocante, não se pode esquecer que, em muitas questões, Hegel sustentava um ponto de vista bem mais profundo e mais avançado que o de Schelling, mas na filosofia da natureza – pelo menos nos tempos primordiais – foi em primeira linha um aprendiz. No entanto, como sabemos, ele se ocupou, no período final em Frankfurt, detidamente de problemas da ciência da natureza, mas, nesse campo, Schelling, seus alunos e sobretudo, independentemente deles, Goethe, a quem Hegel conheceu também nesse período, já tinham obtido importantes resultados, dos quais ele antes teve de tomar conhecimento e dos quais precisou ocupar-se criticamente antes que lhe fosse possível propor de modo totalmente autônomo seu próprio sistema.

Essa verificação da relação entre Hegel e Schelling evidencia, portanto, que estava correta a hipótese anteriormente explicitada por nós (p. 312 e seg. deste livro): a cooperação de Hegel e Schelling constitui um *ponto de interseção* dos caminhos de dois importantes pensadores. Em Iena, Hegel trabalha cada vez mais claramente para chegar à sua forma específica da dialética. Os documentos disponíveis permitem ver que os manuscritos de suas preleções de 1805-1806 são os primeiros a estar completamente livres da terminologia schellinguiana. E é óbvio que isso não é uma questão puramente terminológica. Quando examinarmos os vários esboços de Hegel sobre a filosofia da sociedade,

---

[21] Nohl, p. viii e seg.

veremos como é estreita a conexão entre a formulação clara e concreta de suas concepções filosófico-sociais e histórico-filosóficas e essa libertação da terminologia schellinguiana.

No ano de 1803, Schelling mudou-se de Iena para Würzburg. Com isso cessou o contato pessoal estreito entre eles; a revista comum tampouco sobreviveu a essa separação. Ela tinha cumprido sua missão histórica: a separação dos caminhos entre idealismo subjetivo e idealismo objetivo foi levada a termo com grande determinação e clareza. Então poderia começar o processo de diferenciação do idealismo objetivo. No entanto, seria totalmente errado considerar esse processo apenas como aclaração das concepções de Hegel. Repetimos: naquela época, a filosofia schellinguiana também se encontrava em movimento. E o aparecimento cada vez mais nítido dos elementos reacionários da filosofia schellinguiana encontra-se em interação ininterrupta com a aclaração das concepções de Hegel, com a gradativa libertação das categorias schellinguianas que "experimentou" por certo tempo. Em Würzburg, Schelling já se manifestou de maneira pronunciadamente reacionária com seu escrito *Filosofia e religião* (1804)*. Seu afastamento da "ideia juvenil sincera" já começa a tomar forma filosófica: nessa obra, o mundo já é concebido como "apostasia" do absoluto (de Deus). A tendência fundamental da assim chamada "filosofia positiva" posterior de Schelling, francamente reacionária, aflora nesse escrito pela primeira vez de modo relativamente claro. (Depois, Schelling consideraria sua própria filosofia da natureza e dialética como "filosofia negativa" complementar, preparatória.)

Seria ridículo subestimar a influência que essa mudança de Schelling teve sobre a modificação do posicionamento de Hegel em relação a ele. As concepções posteriores de Hegel ganham expressão clara em *História da filosofia*: ele considera exclusivamente o primeiro período em Iena como a fase do desenvolvimento de Schelling que o levou a conquistar um lugar na história mundial da filosofia; as obras posteriores nem são consideradas dignas de polêmica. (Bastante análogo é o posicionamento de Hegel em relação à filosofia de Fichte.) Por outro lado, não se pode esquecer que Hegel – por ter um conhecimento muito preciso do caráter e do método de trabalho de Schelling – tampouco encarou como definitiva essa nova fase de desenvolvimento. Por muito tempo, ele nutriu a esperança de reconduzir Schelling ao rumo certo da

---

* Friedrich Wilhelm Joseph von Schelling, *Philosophie und Religion* (Tübingen, I. G. Cotta, 1804). (N. T.)

filosofia dialética mediante a crítica de suas concepções. A correspondência entre eles, inclusive na época de *Fenomenologia do espírito*, mostra que até aquela fase Hegel ainda contava com a possibilidade de um entendimento filosófico. Só após a publicação de *Fenomenologia do espírito* (1807) se deu o rompimento completo da parte de Schelling.

II. A crítica do idealismo subjetivo

As primeiras publicações de Hegel em Iena são pronunciadamente polêmicas. O *páthos* de sua luta advém da convicção de que a revolução filosófica, de que se tornou precursor, é apenas a expressão ideal de uma revolução ampla e geral; de que, portanto, a superação do idealismo subjetivo pelo idealismo objetivo não é questão menor restrita aos círculos filosóficos, mas a culminação ideal de uma revolução histórico-social de grandes proporções. É por isso que, nesses escritos hegelianos, seguidamente aparecem comparações que ilustram essa conexão entre a reconfiguração da filosofia e o surgimento de um novo mundo. Já citamos um enunciado de Hegel nessa linha. O seguinte talvez seja ainda mais característico de seu estado de espírito nos primeiros anos de polêmica em Iena:

> O legislador ateniense havia penalizado com a morte a *apragmosýne* [abstenção de voto – G. L.] política em épocas de agitação no Estado; a *apragmosýne* filosófica, a atitude de não tomar partido por si mesmo, mas estar de antemão decidido a submeter-se ao que for coroado pelo destino com a vitória e a aclamação geral, está por si acometida pela morte da razão especulativa.[22]

As armas usadas nessa luta, porém, já são especificamente hegelianas. Sua refutação do idealismo subjetivo não se restringe à simples demonstração de seus limites e suas insuficiências. Hegel procede de modo bem mais indireto, mas, ao mesmo tempo, muito mais radical. Ele não vê o idealismo subjetivo simplesmente como uma corrente errada da filosofia, mas como uma corrente *que surgiu necessariamente*, e não obstante – e de modo igualmente necessário –, como uma corrente errada. Sua demonstração da falsidade do idealismo subjetivo é, ao mesmo tempo, uma dedução de sua necessidade e da limitação advinda dessa necessidade. Hegel efetua essa dedução por duas vias que, para ele, se entrelaçam inextricavelmente já naquele momento, bem

---
[22] *Erste Druckschriften*, p. 163.

como mais tarde, a saber, pela via histórica e pela via sistemática. No plano histórico, Hegel demonstra que o idealismo subjetivo surgiu necessariamente dos problemas mais profundos do presente e que sua importância histórica, sua grandeza permanente, reside exatamente nisso. Ao mesmo tempo, ele mostra que o idealismo subjetivo necessariamente não vai de forma alguma além da percepção dos problemas postos pela época e da expressão de sua problemática na linguagem da filosofia especulativa. O idealismo subjetivo, contudo, não tem resposta para essas questões – nisso consiste sua insuficiência.

Portanto, ao defender o idealismo objetivo contra o idealismo subjetivo, ele determina, ao mesmo tempo, o *lugar histórico* dos dois no desenvolvimento da filosofia e até no desenvolvimento da humanidade. Desse modo, coloca o problema em uma altura da qual Fichte e Schelling não tiveram a mínima noção em sua controvérsia epistolar. Essa altura histórica da formulação do problema, na qual já se mostra claramente o Hegel posterior, constitui um avanço gigantesco no desenvolvimento do próprio Hegel. Todavia, ao estudarmos a fundo seus fragmentos de Berna e Frankfurt, vimos que, para ele, esse problema estava preparado havia muito tempo. Para Hegel, a filosofia sempre esteve intimamente vinculada aos problemas universais, sociopolíticos, culturais do tempo presente, devendo ela ser a solução ideal definitiva para tudo que do passado penetra no presente demandando uma resposta.

Ora, não é difícil explicar o fato de essa historicidade da filosofia de Hegel aparecer agora "subitamente" em uma forma já tão bem-acabada. Hegel debateu-se em Berna e Frankfurt de forma direta com os grandes problemas da sociedade e, ainda que tenha avançado nisso a ponto de apreender alguns problemas centrais da dialética, em lugar nenhum ele pôde sintetizar de modo sistemático sua visão global. É certo que ele tomara conhecimento ininterruptamente das correntes importantes da filosofia de seu tempo (em especial em Frankfurt), mas só havia se posicionado em relação a elas nos aspectos concretos exigidos pelo conteúdo material dos vários problemas abordados. Em Iena, pela primeira vez ele se viu forçado a assumir posição diante da filosofia de seu tempo enquanto filosofia, não apenas enquanto tentativa de solução de questões específicas, por mais importantes que tenham sido. O fato de orientar-se abrangente e profundamente em todos os problemas do presente, de ordená-los em torno de um problema – o ponto de inflexão na filosofia do idealismo subjetivo para o idealismo objetivo –, produz em Hegel "subitamente" esse panorama histórico.

Nesses escritos polêmicos, a consideração histórica está inseparavelmente ligada à consideração sistemática. Repetimos: Hegel não quer refutar o idealismo subjetivo "a partir de fora", mas o suplantar pela explicitação de suas contradições internas, das quais Fichte não tomou consciência. A dialética interna dessas contradições, a solução produzida pelo movimento das próprias contradições, deverá provar a necessidade do idealismo objetivo. Ora, dado que Hegel concebe essas contradições como produzidas pela vida social, surge já nesses escritos polêmicos da primeira fase aquela unidade orgânica de filosofia e história tão característica do período posterior de Hegel.

A análise hegeliana do idealismo subjetivo parte, portanto, desse ponto de vista simultaneamente histórico e sistemático. Hegel levanta a pergunta pela necessidade da filosofia no presente. Pelo que conhecemos do fragmento de sistema de Frankfurt e de seu juízo a respeito do seu tempo presente, não nos surpreende ouvir que Hegel vislumbra na desunião, na ruptura, a base para essa demanda por filosofia. É disso que ele deriva a caracterização, essencial para si, das debilidades do pensamento não dialético, a saber, que essa desunião se reflete em uma separação entre as categorias do entendimento e a totalidade viva e movente do mundo, o absoluto. Ele diz o seguinte:

> Examinando mais de perto a forma específica assumida por uma filosofia, vemos que ela, de um lado, brota da originalidade viva do espírito que nela produziu através de si a harmonia cindida e por iniciativa própria lhe conferiu forma; de outro lado, [brota] da forma específica assumida pela ruptura de que provém o sistema. A ruptura é a fonte da *necessidade da filosofia* e, enquanto formação (*Bildung*) da época, constitui o aspecto dado, não livre, da forma. Na formação, aquilo que é manifestação do absoluto isolou-se do absoluto e fixou-se como algo autônomo.[23]

A caracterização do tempo presente como período de formação evidencia, uma vez mais, as estreitas interconexões da filosofia de Hegel com o período literário clássico alemão de Goethe-Schiller. À primeira vista, essa caracterização soa como uma sistematização filosófica das aspirações expressas nos escritos estéticos de Schiller e, em especial, em *Os anos de aprendizado de Wilhelm Meister*, de Goethe. O termo "*Bildung*" [formação], porém, tem em Hegel ainda outro acento: para ele, a ênfase reside nas dissonâncias e nas contradições que se manifestam de modo especialmente enérgico nesse

---
[23] *Erste Druckschriften*, p. 12.

período do desenvolvimento da humanidade. Quando tratarmos de *Fenomenologia do espírito*, veremos que o "período da formação" se torna para Hegel nada menos que a hora de nascimento da dialética em sua forma definitiva e consumada, que as convulsões e as lutas decorrentes dessa cisão e dessa ruptura representam as dores de parto da harmonia última e definitiva do espírito absoluto hegeliano.

A diferença é importante, mas, ainda assim, é uma discrepância de acentos, de avaliação dos períodos de transição precedentes e de posicionamento diante do Iluminismo. Goethe e Hegel concordam o tempo todo em considerar-se conscientemente sucessores do Iluminismo, consumadores de seu legado; sua crítica ao Iluminismo nunca se converte em rejeição da herança desse período, como no caso dos românticos. (A fraude moderna na interpretação de Goethe e de Hegel vale-se principalmente do obscurecimento dessa interconexão mediante a seleção de algumas citações isoladas, arrancadas do contexto.) É bem característico da cooperação entre Goethe e Hegel nessa linha que, nos primeiros anos do século XIX, aquele tenha descoberto o manuscrito de *Le Neveu de Rameau* [O sobrinho de Rameau] de Diderot*, traduzindo-o imediatamente e publicando-o com comentários, e que este tenha de imediato usado essa obra de Diderot a fim de elaborar com suprema plasticidade a forma específica da dialética no Iluminismo; os personagens compostos por Diderot assumem um posto decisivo no capítulo mais importante de *Fenomenologia do espírito*.

Hegel passa a considerar sua época o ponto alto dessa cisão da formação, o possível ponto de mutação para a harmonia. "Quanto mais a formação prospera, quanto mais multifacetado se torna o desenvolvimento das exteriorizações (*Äußerungen*) da vida, nas quais a ruptura pode engolir as coisas, maior se torna o poder da ruptura [...]." Dessa ruptura surge, porém, justamente de acordo com a concepção hegeliana, a possibilidade da nova harmonia, e o portador vocacionado da ideia da harmonia é precisamente a filosofia: "Quando o poder da união desaparecer da vida dos homens e os antagonismos tiverem perdido sua relação e sua interação vivas e ganharem autonomia, surgirá a necessidade da filosofia"[24].

---

* Ed. orig.: Denis Diderot, *Rameaus Neffe. Ein Dialog* (trad. e coment. Johann Wolfgang Goethe, Leipzig Göschen, 1805); ed. fran.: *Le Neveu de Rameau: dialogue, ouvrage posthume et inédit par Diderot* (Paris, Delaunay, 1821); ed. bras.: *O sobrinho de Rameau* (trad. Bruno Costa, São Paulo, Hedra, 2007). (N. T.)

[24] Ibid., p. 14.

Essas frases de Hegel já mostram a continuidade mais clara e mais consciente de suas tendências de Frankfurt, a saber, da busca por deduzir todas as contradições e todas as contraposições que afloram na filosofia de contradições e contraposições existentes na vida mesma, por comprovar sua origem na vida social dos homens. Essa tendência de Hegel não é só a fonte de seu historicismo, mas, ao mesmo tempo, a fonte de sua concepção específica das contradições e de sua superação (*Aufhebung*). Essa tendência das ideias de Hegel fica expressa com toda clareza nas sentenças programáticas que introduzem o primeiro escrito polêmico contra o idealismo subjetivo:

> Superar tais antagonismos solidificados é o único interesse da razão. O sentido desse seu interesse não é contrapor-se à contraposição e à limitação em geral, pois a ruptura necessária é um fator da vida que toma forma contrapondo-se eternamente, e a totalidade em sua suprema vitalidade só é possível pela restauração que parte da suprema cisão. No entanto, [seu sentido consiste em que] a razão se contrapõe à fixação absoluta da ruptura pelo entendimento – e isso tanto mais quando os absolutamente contrapostos mesmos se originaram da razão.[25]

Segundo Hegel, a ruptura é, portanto, um fator da própria vida; não é ao expressar filosoficamente a contraposição que a filosofia da formação comete um erro teórico; nisso consiste, muito antes, seu mérito; o erro consiste no fato de ela não estar em condições de descobrir o princípio unitário que objetivamente está na base de toda ruptura; por isso, ela não é capaz de reconduzir à harmonia.

Por meio dessas análises, a oposição Fichte-Schelling, a oposição entre idealismo subjetivo e idealismo objetivo, é alçada às alturas de um estado de contraposição histórico decisivo. A filosofia fichtiana aparece como suprema expressão ideal dessa ruptura, como sua sistematização filosófica. Contudo, ela não tem consciência dessa origem, oferecendo apenas uma pseudossistematização da problemática que se apresenta com a pretensão de conter uma resposta à questão. A crítica consiste, portanto, no plano sistemático, na demonstração da legitimidade e da necessidade históricas e filosóficas das próprias questões e na concomitante comprovação de que as respostas dadas por Fichte constituem respostas apenas quanto à forma exterior, mas quanto ao teor não passam de formulações enrijecidas de questões não resolvidas e insolúveis nesse plano.

---

[25] Ibid., p. 13 e seg.

Ora, o idealismo objetivo é a resposta a essas questões; ele é a filosofia que brota das contradições da vida desse período e – filosoficamente – das contradições de seu pensamento: na linguagem da filosofia hegeliana posterior, o idealismo objetivo é "a verdade do idealismo subjetivo".

Por meio dessa concepção, Hegel se torna, já nesses escritos, o fundador de um método científico da história da filosofia. Ele é o primeiro a fazer com que a história da filosofia deixe o nível a que chegara até ali, ou seja, o do simples enfileiramento de fatos ou da crítica abstrata. Hegel leva essa guinada a termo com plena consciência já em *Diferença*. Ele polemiza, de um lado, contra uma concepção da filosofia e de sua história, "segundo a qual esta seria uma espécie de artesanato sempre passível de ser melhorado pela invenção de algum novo artifício". Ao mesmo tempo, ele se posiciona energicamente contra qualquer concepção da história da filosofia que se ocupe das "visões peculiares" da filosofia. Disso, segundo Hegel, não pode surgir nada além de má subjetividade: "Quem está tolhido por uma peculiaridade nada vê nos outros além de peculiaridade"[26]. Em contraposição, ele sustenta a visão de que a filosofia conta com um grande e unitário desenvolvimento histórico que representa o desdobramento dialético da razão unitária.

Naturalmente houve antes de Hegel tentativas de desenvolver uma história da filosofia de cunho científico. Essa exigência já havia emergido com Kant e, depois dele, apareceu em todos os representantes importantes da filosofia clássica. Nos predecessores de Hegel, porém, ela se dá sempre no nível das simples declarações programáticas. Hegel é o primeiro a enfrentar realmente e com seriedade a questão da história da filosofia; de um lado, almeja uma história abrangente da filosofia e, de outro, vislumbra como sua base metodológica o desdobramento autônomo da dialética interna do pensamento, do progresso humano. Até que ponto esse programa fora concretizado por Hegel já no período de Iena é algo que só poderíamos aquilatar se dispuséssemos do texto de suas preleções sobre a história da filosofia do ano de 1806. Os editores de Hegel estiveram de posse desses manuscritos, mas apenas em passagens isoladas das preleções impressas indicaram onde as exposições de Hegel remontam ao ano de 1806. Portanto, um juízo definitivo sobre essa questão é impossível hoje.

De qualquer modo, podemos reconstruir os contornos aproximados da concepção hegeliana da história da filosofia no período de Iena, pois os escritos

---

[26] Ibid., p. 9 e seg.

polêmicos de Hegel contra o idealismo subjetivo se concentram, é certo, na questão da necessidade histórica do idealismo subjetivo e na da necessidade histórica de sua suplantação, ainda que Hegel não ponha essa ideia estreita e unilateralmente no centro. Pelo contrário, visando a ilustrar seu problema dos mais numerosos ângulos possíveis, visando a torná-lo convincente por meio da argumentação mais abrangente possível, Hegel aborda os mais variados problemas da história da filosofia. Dado que essa questão não se situa no âmbito de nossa análise, temos de contentar-nos com uma enumeração – de modo nenhum completa – dos excursos histórico-filosóficos mais importantes de Hegel em seus primeiros escritos polêmicos. Assim, na polêmica contra Schulze, ele faz uma comparação pormenorizada entre o ceticismo antigo e o ceticismo moderno; nessa linha, no ensaio sobre o direito natural, ele contrasta as concepções filosófico-sociais de Platão e Aristóteles com as modernas; contrasta as concepções sobre Estado, direito e sociedade de iluministas importantes como Hobbes e Montesquieu com as de Kant e Fichte; assim, na polêmica contra Jacobi ele confronta a dialética efetiva de Espinosa com sua vulgarização por Jacobi; e, ao tratar da teleologia, confronta as concepções de Voltaire com as de Kant e Fichte etc.

Temos, porém, de abordar mais detalhadamente certo problema histórico: o posicionamento de Hegel em relação à filosofia do Iluminismo – pois isso tem a ver com os problemas mais importantes atinentes à forma específica de sua dialética e constitui componente essencial das divergências que mais tarde forçaram o rompimento com Schelling. A linha básica da filosofia alemã clássica é a luta contra o materialismo filosófico. Essa luta se torna necessariamente mais renhida com o desdobramento dessa filosofia. Os ocasionais arroubos semimaterialistas de Schelling não passam de episódios que têm tão poucas consequências sérias para a linha básica quanto as oscilações de Kant. E especificamente a respeito de Hegel sabemos que, nesse aspecto, ele jamais vacilou. Conscientemente, sempre foi idealista, sempre foi adversário declarado do materialismo.

Essa hostilização filosófica contra o materialismo, no entanto, não muda em nada o fato de que a filosofia científica do Iluminismo influenciou *indelevelmente* o desenvolvimento de Hegel; e, no período de Iena, Hegel se considerava perfeitamente herdeiro desse desenvolvimento. Não há nada de peculiar no fato de ter tomado a filosofia do Iluminismo como ponto de partida, de que a filosofia de sua juventude tenha sido influenciada por ela; foi assim que transcorreu o desenvolvimento de quase todos os seus contemporâneos. Importante, porém, é que, ao conferir a forma final a seu sistema, esses fios não se rompem, como ocorreu com a maioria dos seus contemporâneos – mais uma vez com praticamente uma só exceção: Goethe. A atuação de Schelling e dos românticos, no decorrer de seu desenvolvimento, é cada vez mais incisiva, resoluta e desaprovadora contra o Iluminismo. Nesse tocante, é característico deles o fato de vislumbrarem como adversários os vultos miseráveis e epigônicos que o Iluminismo alemão produziu na virada do século XVIII para o século XIX. Caricaturas do Iluminismo, como Nicolai, ocultaram de muitos alemães daquela época a grandeza e a importância dos verdadeiros iluministas. Hegel assumiu uma postura bem diferente em relação a essa questão. Seu amplo horizonte internacional, que já observamos no juízo que formulou da Revolução Francesa e da economia inglesa, também aqui tem consequências positivas. Em seu bloco de anotações de Iena, encontramos as seguintes observações, bastante sintomáticas, sobre essa questão:

> Na Alemanha, sempre se sai em defesa do sadio *bom senso* contra as assim chamadas *presunções da filosofia*. Esforço vão, pois mesmo quando a filosofia lhes concede tudo, isso de nada lhes adianta, pois – não têm nenhum [bom senso]. O bom senso autêntico não é crueza camponesa, mas, tratando livre e violentamente, na esfera culta, as determinidades da formação de acordo com a verdade, [aplica,] em seguida, diretamente o paradoxo rousseauniano, ao expressar em princípios sua objeção tanto às determinidades quanto à própria formação, ou [se mostra] como experiência, argumentação, perspicácia, como Voltaire ou Helvécio.[27]

Hegel, todavia, encara o idealismo objetivo como a forma suprema, a forma definitiva da filosofia. Ele desenvolve a razão de ser dessa filosofia na luta contra o idealismo subjetivo de Kant e Fichte. No entanto, ele vê não só este como precursor imediato de sua própria filosofia, mas também a filosofia do Iluminismo. Nos acertos de contas críticos com a herança recebida, ocorrem com muita frequência situações em que, segundo Hegel, o ponto de vista do Iluminismo ou de determinados iluministas se encontra no mesmo patamar do correto ou do problemático em que estão Kant e Fichte; inclusive, com bastante frequência, as vantagens dos iluministas são ressaltadas em comparação com Kant e Fichte. Retornaremos a essas comparações quando tratarmos dos problemas específicos, nos casos em que elas afloram concretamente.

---

[27] Rosenkranz, p. 540.

Também veremos que essa apreciação do Iluminismo está intimamente ligada à construção histórica global de Hegel naquela época e determina de modo decisivo toda a estruturação de *Fenomenologia do espírito*.

Nesse ponto, somos obrigados a indicar que a rejeição geral do materialismo filosófico não impede Hegel de conceder um lugar muito essencial na história da filosofia a seus representantes mais importantes, Holbach e Helvécio. Em *Diferença*, Hegel polemiza contra as concepções rasas e puramente depreciativas do kantiano Reinhold, que vê o materialismo apenas como "anomalia do espírito", "que não é nativa da Alemanha", sem identificar nele nada daquela autêntica necessidade filosófica de superar a ruptura na forma de espírito e matéria.

> Se a localidade ocidental da formação da qual proveio esse sistema o mantém afastado de algum país, a pergunta é se esse afastamento não se origina de uma unilateralidade oposta à da formação. E, mesmo que seu valor científico fosse bem diminuto, não se poderia deixar de ver simultaneamente que, por exemplo, no *système de la nature* [sistema da natureza], expressa-se um espírito que se desiludiu com a sua época e se reproduz na ciência; e [não se pode deixar de ver] como o rancor provocado pelo caráter fraudulento geral de sua época, pelo desarranjo descomunal da natureza, pela mentira interminável que se chamou de verdade e direito – como o rancor daí advindo, que a tudo perpassa, guarda energia suficiente para formular para si em forma de ciência, mediante necessidade autenticamente filosófica e verdadeira especulação, o absoluto que fugiu do fenômeno da vida; ciência cuja forma aparece no princípio local do objetivo, assim como a formação alemã, em contraposição, se aninha, com frequência sem especulação nenhuma, na forma do subjetivo – que comporta também amor e fé.[28]

A falsidade desses raciocínios de Hegel é evidente: Hegel vê o idealismo objetivo como o princípio pelo qual as duas unilateralidades, a saber, o idealismo subjetivo e o materialismo filosófico, podem ser suplantadas. Interessante nessas análises de Hegel, porém, é exatamente seu outro lado, a saber, o fato de ele colocar o idealismo subjetivo de Kant e Fichte e o materialismo de Holbach *no mesmo nível* em termos sociais e histórico-filosóficos. Aqui, todavia, Hegel exagera os elementos "desesperados" de crise na crítica da sociedade e na filosofia em geral dos principais materialistas do século XVIII; ele não percebe seu estado de espírito otimista e seguro da vitória, com a qual

---
[28] *Erste Druckschriften*, p. 96 e seg.

esperam a revolução iminente da sociedade, o domínio vindouro da burguesia. A avaliação equivocada de Hegel provém de sua concepção global da história. Ele vê a Revolução Francesa como a irrupção e o ponto alto de uma crise, à qual terá de seguir-se uma nova era mundial do espírito. Ele considera os materialistas franceses, portanto, exclusivamente representantes espirituais dessa crise. Ou seja, na medida em que avalia com acuidade a Revolução Francesa, ele também aprecia de forma correta a filosofia da sociedade dos materialistas e, na medida em que vêm à tona suas limitações no juízo que faz da própria Revolução Francesa, estas se tornam manifestas ainda no juízo que faz de Holbach e Helvécio. Muito importante, contudo, é que Hegel também vê Kant e Fichte como representantes ideológicos dessa mesma crise. Por essa via, ele reconhece que Holbach se encontra no mesmo patamar especulativo, filosófico, em que se situam Kant e Fichte, colocando-o muito acima dos idealistas subjetivos, nos quais a filosofia fica atolada no mero sentimento, nas meras declamações. A última frase das observações recém-citadas de Hegel constitui uma pancada enérgica não só nos kantianos da cepa de Reinhold, mas em todos os representantes da filosofia do sentimento ou do romantismo.

Esse paralelismo de idealismo subjetivo e materialismo não é uma ocorrência isolada nos escritos polêmicos de Hegel. Ele fala repetidas vezes desse paralelo e sempre na perspectiva da demonstração das unilateralidades correspondentes a ambas e a ser superadas pelo idealismo objetivo. Desse modo, ele diz, por exemplo, polemizando contra as concepções rasas do assim chamado "senso comum": "A matéria do materialista não é mais a matéria morta que tem uma vida como contraposição e formação ou o eu do idealista não é mais a consciência empírica que, limitada, tem de pôr um infinito fora de si"[29].

Nesse momento, a crítica do idealismo subjetivo ainda tem em Hegel uma constituição diferente do que teria depois. A famosa crítica da coisa em si – louvada por Engels e Lênin – ainda falta entre os argumentos que Hegel refere aqui contra a filosofia kantiana. Para chegar a isso, fazia-se necessário o idealismo absoluto já levado a termo, consolidado e sistematizado. Todavia, quando mais tarde acompanharmos as exposições de Hegel sobre a "alienação" (*Entäußerung*) em *Fenomenologia do espírito*, ficará claro para todo leitor atento que na concepção da "alienação" (*Entäußerung*) já está contida implicitamente essa crítica de Hegel ao idealismo subjetivo. A crítica posterior

---

[29] Ibid., p. 24. Cf. também p. 82 e 84.

de Hegel ao idealismo subjetivo é retrospectiva e conclusiva. Ela constitui uma visão geral do idealismo subjetivo como etapa superada por completo, enquanto agora só vivenciamos a hora do nascimento do idealismo absoluto. Nesse ponto, por vezes, é possível ver mais claramente a conexão do que a contraposição, pois agora a nova filosofia é desenvolvida a partir das contradições insolúveis do idealismo subjetivo como sua consequência necessária e sua solução. Correspondendo a essa outra situação, é Fichte que está no centro da polêmica para o jovem Hegel. O conflito parte das contradições entre Fichte e Schelling não só no plano literário; o que importa mesmo é apresentar uma crítica aniquiladora de Fichte como consumador necessário da filosofia kantiana. Hegel mantém durante toda a vida essa postura histórica em relação a Fichte. Nas grandes controvérsias temáticas de *Lógica* e *Enciclopédia*, porém, as proporções se alteram: Kant como o fundador e representante maior do novo idealismo subjetivo na Alemanha converte-se ali no principal objeto da polêmica hegeliana. Nisso se expressa um espírito mais maduro e mais rico da concepção da história da filosofia do que poderia ter o jovem Hegel no calor dessas ásperas batalhas.

Por isso, no centro das exposições polêmicas de Hegel, consta agora a demonstração de que o eu fichtiano entra em cena com a pretensão de ser um sujeito-objeto idêntico e, portanto, de resolver o dualismo kantiano de consciência e coisa em si, mas não é capaz de cumprir essa exigência que ele mesmo faz. Vemos aqui que a crítica hegeliana-schellinguiana a Fichte é o exato oposto da kantiana. Ambas lançam luz sobre a limitação do passo que Fichte deu além de Kant. Essa limitação de Fichte consiste no fato de seu eu querer superar o dualismo kantiano com uma concepção que simultaneamente e sem explicação aguça ao extremo as tendências subjetivistas-agnosticistas da filosofia kantiana, ao transformar o mundo inteiro radicalmente em consciência, mas ao mesmo tempo esperar que esse eu desempenhe papel de portador de uma objetividade não acometida pelas limitações da consciência kantiana. A crítica kantiana ressalta o caráter injustificado de querer ultrapassar a dualidade de consciência e mundo exterior do ponto de vista da consciência. A crítica hegeliana parte do ponto de vista diametralmente oposto. Ela aprova a busca fichtiana por resolver idealisticamente o problema da objetividade do mundo por meio de um sujeito-objeto idêntico, mas pensa que Fichte chegou só até a *exigência* dessa solução, a saber, a da objetividade, só até o *dever* do absoluto, do sujeito-objeto idêntico. Nas palavras do próprio Hegel: "Assim, no sistema, o eu não se torna, ele próprio, sujeito-objeto. O subjetivo certamente é sujeito-objeto, mas o objetivo não é; portanto, sujeito não é igual a objeto"[30].

É fácil entender a necessidade histórica que levou a formular esse problema dessa maneira. Com Kant, o agnosticismo do idealismo subjetivo recebeu sua máxima formulação ideal. Ao mesmo tempo, ficou demonstrado que o materialismo dos séculos XVII e XVIII não tem condições de formular e muito menos de resolver satisfatoriamente os problemas da dialética suscitados pelo desenvolvimento das ciências naturais e pelo desenvolvimento social. Sob as condições do desenvolvimento social e, de modo correspondente, do desenvolvimento científico daquela época, o avanço do pensamento metafísico para o dialético só se daria via idealismo. Contudo, uma dialética da realidade objetiva, na perspectiva idealista, só é possível sobre a base do sujeito-objeto idêntico. Uma dialética idealista objetiva apenas se torna possível quando se assume algo que transcende a consciência individual do homem, mas ainda é algo subjetivo e consciente, quando o idealismo vê o movimento dialético dos objetos como uma via de desenvolvimento que chega à consciência de si nesse sujeito, ou seja, quando o movimento do mundo dos objetos chega à unidade objetiva e subjetiva, real e consciente com o conhecimento. O sujeito-objeto idêntico é, portanto, a ideia metodológica central do idealismo objetivo tanto quanto o reflexo da realidade objetiva independente da consciência na consciência humana constitui o núcleo da gnosiologia do materialismo filosófico.

As grandes revoluções econômicas e sociais na virada do século e a ascensão das ciências naturais mostraram os limites do velho materialismo, que Lênin formula no sentido de que seu "*mal* fundamental é a incapacidade de aplicar a dialética à *Bildertheorie* [teoria das imagens], ao processo e ao desenvolvimento do conhecimento"[31]. Nessa situação em que o desenvolvimento da sociedade colocava o problema da dialética tão energicamente em primeiro plano que o agnosticismo kantiano (em nítido contraste com o de Berkeley e Hume) já apareceu em forma dialética, mas na qual o materialismo dialético não era ainda possível nem social nem cientificamente, só havia duas possibilidades para o desenvolvimento filosófico: deter-se no agnosticismo kantiano ou partir para a invenção do sujeito-objeto idêntico a fim de chegar a uma dialética

---

[30] Ibid., p. 48.
[31] [Vladímir Ilitch] Lênin, *Aus dem philosophischen Nachlaß*, [Berlim, 1949] cit., p. 288. [Ed. bras.: *Cadernos filosóficos: Hegel*, trad. Edições Avante!, São Paulo, Boitempo, p. 336.]

da realidade objetiva tomando o desvio de uma mistificação filosófica. Por essa razão, Lênin diz, em conexão com a passagem recém-citada:

> O idealismo filosófico *não passa* de um absurdo do ponto de vista do materialismo metafísico simplório e grosseiro. Inversamente, do ponto de vista do materialismo *dialético*, o idealismo filosófico constitui o desenvolvimento *unilateral*, exagerado, excessivo (Dietzgen) (a inflação, o inchaço) de um dos traços, de um dos lados, de um dos limites do conhecimento em *absolutum* puro, desvinculado da matéria, da natureza, divinizado. Idealismo é clericalismo.[32]

Lênin caracteriza aqui, com sua precisão habitual, os dois lados da questão. Ele mostra com muita nitidez que essa problemática idealista necessariamente contém um elemento religioso-clerical. Veremos adiante quais eram as razões sociais profundas que impossibilitaram que Hegel se desvencilhasse da religião. É claro que o sujeito-objeto idêntico que se levantou sobre essa base reforçou e aprofundou ainda mais as ditas tendências religiosas. Interessa, portanto, para a história do idealismo clássico na Alemanha, examinar, em sua interação dialética, os dois lados da questão ressaltados por Lênin.

Na filosofia de Fichte, encontramos, desse ponto de vista, uma singular mistura de consequência e inconsequência. Ele é mais consequente do que seus sucessores ao ressaltar o caráter puramente subjetivo, puramente consciencial de seu eu. De certo modo, ele tem razão ao criticar a partir daí as ilusões e as inconsequências de Schelling. (Todavia, partindo do mesmo ponto de vista metodológico, Kant também tem razão em relação a ele.) O desenvolvimento de fato consequente de sua concepção *obriga* Fichte a chegar à posição de Berkeley. Ao impingir a seu eu a propriedade de um sujeito-objeto idêntico, ele comete uma inconsequência – inclusive do ponto de vista idealista imanente. Essa inconsequência, contudo, teve grandes implicações e se tornou fecunda para o desenvolvimento da dialética idealista na Alemanha.

A crítica hegeliana, pois, volta-se exclusivamente contra essa inconsequência da filosofia fichtiana. A urgência de Schelling e Hegel por uma dialética idealista objetiva obriga-os a levar realmente a sério a figura mistificada do sujeito-objeto idêntico. É desse ponto de vista que Hegel passa, então, a submeter a filosofia fichtiana a uma crítica impiedosa. Seu ponto de partida, como vimos, é que o eu fichtiano deveria ser um sujeito-objeto idêntico, mas não tem condições

---
[32] Ibid., p. 289.

de cumprir esse papel devido à inconsequência da concepção fichtiana. "A identidade absoluta é de fato o princípio da especulação, mas ela permanece, como sua expressão: eu = eu, apenas a regra, cujo cumprimento sem fim é postulado, mas não construído no sistema."[33]

Partindo desse ponto, Hegel nos* mostra o lado sistemático de sua já conhecida concepção, que coloca o materialismo metafísico e o idealismo subjetivo no mesmo nível. Hegel, então, efetua a comparação da seguinte maneira:

> A pura consciência não pode ser nem mais nem menos comprovada na consciência empírica do que a coisa em si do dogmático [do materialista – G. L.]. Nem somente o subjetivo nem somente o objetivo preenchem a consciência; o puramente subjetivo é uma abstração tanto quanto o puramente objetivo; o idealismo dogmático põe o subjetivo como fundamento real do objetivo, o realismo dogmático põe o objetivo como fundamento real do subjetivo. [...] Só que, como o idealismo faz valer a unidade da consciência, o realismo pode fazer valer a dualidade da mesma. A unidade da consciência pressupõe uma dualidade, o relacionar-se pressupõe um estar contraposto; ao eu = eu contrapõe-se outra sentença de modo igualmente absoluto: o sujeito não é igual ao objeto; as duas sentenças são da mesma ordem.[34]

Assim, o eu fichtiano não é um sujeito-objeto idêntico que produz e garante a dialética da realidade objetiva: "Ele produz sem cessar, no progresso infinito da existência prolongada, partes de si mesmo, mas não a si mesmo na eternidade do contemplar a si próprio como sujeito-objeto". A expressão mais notória dessa limitação da concepção fichtiana está, segundo Hegel, na relação do eu com a natureza. Também nesse ponto, Hegel sublinha que Fichte se encontra no mesmo nível do materialismo metafísico: "Nesse idealismo, o pôr dogmático de um objeto absoluto se transforma [...] em um limitar a si próprio – absolutamente contraposto à atividade livre"[35]. Essa atitude negativa para com a natureza faz com que esta apareça, no sistema fichtiano, como algo morto, algo que jamais poderá ter um movimento dialético próprio. Hegel passa a demonstrar essa limitação nos mais diferentes pontos da filosofia fichtiana; ele mostra que a unidade de sujeito e objeto, de eu e natureza, não está especulativamente fundamentada ou é cindida em uma dualidade rígida.

---

[33] *Erste Druckschriften*, p. 46.
* Modificação do termo original sem sentido *"und"* [e] para *"uns"* [nos]. (N. T.)
[34] Ibid., p. 47.
[35] Ibid., p. 56.

A forma mais crassa do dualismo que Fichte quer superar em Kant, mas que acaba reproduzindo, como Hegel demonstra, em um patamar superior, é a relação entre o homem e a sociedade. A seguir nos ocuparemos dos detalhes da teoria moral e social do idealismo subjetivo. Aqui é suficiente ressaltar o ponto principal do antagonismo entre Hegel e Fichte. Hegel censura Fichte porque, em sua filosofia, a sociedade é para o homem apenas uma *limitação* de sua liberdade, exatamente como a natureza aparece para ele como algo limitador e limitado. Já conhecemos a ideia básica dessa censura ao tratar das críticas feitas à filosofia kantiana em Frankfurt (p. 237 deste livro). Agora Hegel também formula essa censura perfeitamente no sentido de sua crítica anterior: "Se a comunidade dos seres racionais fosse em essência um limitar da verdadeira liberdade, ela seria em si e por si só a suprema tirania"[36].

Desse modo, Hegel passa a mostrar que Fichte está muito distante de superar o dualismo da filosofia kantiana. Hegel faz a Fichte aqui a mesma censura com que este combateu, durante toda a vida, o idealismo subjetivo – a saber, que ele não é capaz de alçar-se acima do *dever-ser* abstrato.

> Essa impossibilidade de que o eu se reconstrua a partir da contraposição da subjetividade e do X que surge para ele no ato inconsciente de produzir e de que se torne um só com sua manifestação expressa-se de maneira tal que a suprema síntese exibida pelo sistema é um *dever*. "Eu *igual a* eu" transforma-se em "eu deve ser igual a eu"; o resultado do sistema não retorna ao início.[37]

Com isso temos diante de nós, segundo Hegel, outra vez o progresso infinito (essencialmente agnóstico) de Kant, o que, conforme Hegel, não é senão repetir em terminologia filosófica a insolubilidade da questão. Em *Lógica ienense*, Hegel diz:

> A má infinitude constitui o último estágio para o qual avança a incapacidade de unificar e superar* o antagonismo de modo absoluto, na medida em que ela só faz a exigência desse superar e se contenta com a exposição da exigência, em vez de cumpri-la [...].[38]

---

[36] Ibid., p. 65.
[37] Ibid., p. 52 e seg.
* Modificação de *"aufgeben"* [desistir, renunciar] para *"aufheben"* [suprimir, superar] com base no texto original de Hegel. (N. T.)
[38] *Jenenser Logik*, p. 29.

Em *Diferença*, a concepção do próprio idealismo objetivo ainda acompanha, no essencial, a exposição schellinguiana. A primeira forma do idealismo objetivo, ou seja, a forma schellinguiana primitiva: o paralelismo e a equivalência entre a filosofia transcendental e a filosofia da natureza ainda aparece aqui como a suplantação do idealismo subjetivo. A exemplo de Schelling, Hegel parte da seguinte sentença de Espinosa: "A ordem e a conexão das ideias são as mesmas que a ordem e a conexão das coisas"[39]. Todavia, essa sentença adquire em Schelling e Hegel um significado modificado em relação a Espinosa. Neste, ela é expressão de suas tendências materialistas. Schelling e Hegel querem fazer dela um componente do idealismo objetivo. Portanto, o que do ponto de vista materialista era o forte dessa sentença, a saber, uma insinuação e uma intuição da teoria materialista do reflexo, converte-se do ponto de vista idealista em fraqueza. Em Schelling, o que fica é sempre só um simples paralelismo do exterior e do interior, do objetivo e do subjetivo. Hegel é o primeiro que tenta, embora alguns anos depois, suplantar radicalmente esse resquício dualista. Em *Diferença*, ele ainda aceita o ponto de vista schellinguiano das duas ciências paralelas, mutuamente complementares e, em última análise, formando uma unidade. Essa unidade deve se manifestar no fato de uma passar a ser a outra; isso, contudo, só é proclamado, mas não demonstrado metodologicamente em lugar nenhum. E esse fato de uma passar a ser a outra seria, segundo a concepção hegeliana posterior, cujos embriões e tentativas iniciais todavia já influenciam as tendências atuais de suas ideias, a garantia real para que as duas ciências coexistam, complementando-se, e, por meio dessa complementação, cheguem à unidade, sem que haja a supremacia de uma delas, a qual, segundo Hegel, suprimiria a unidade em termos materialistas ou idealista-subjetivos. Essa concepção schellinguiana do idealismo objetivo evidencia-se também no fato de Hegel assumir, em sua exposição da filosofia correta, as expressões metodológicas mais importantes de Schelling, como "produzir inconsciente", "intuição intelectual", sem nem mesmo insinuar ressalvas críticas.

Até esse ponto, Hegel parece, portanto, limitar-se a interpretar as concepções de Schelling, ainda que, como vimos, muitas vezes pareça ir bem além de Schelling na defesa da filosofia schellinguiana. Na primeira fase em Iena, porém, já atuam intensamente os elementos autônomos da dialética hegeliana, as tendências que mais tarde levarão à separação das vias filosóficas de

---

[39] [Baruch] Espinosa, *Ethik*, Livro II, Proposição 7, citado por Hegel, *Erste Druckschriften*, p. 85.

Schelling e de Hegel. Assim, nos primeiros anos em Iena, vemos Hegel como defensor da coordenação schellinguiana de filosofia transcendental e filosofia da natureza. Já em 1803, contudo, no ensaio sobre "Direito natural", que ainda foi publicado na revista conjunta com Schelling, Hegel proclama – no entanto, também aqui sem polemizar contra Schelling – sua posterior linha filosófica, a saber, que o espírito é superior à natureza.

> Se o absoluto for aquilo que intui a si mesmo, mais precisamente como ele próprio, se aquela intuição absoluta e este autoconhecimento, aquela expansão infinita e este revogar infinito da mesma, forem em si pura e simplesmente uma coisa só, então, se os dois atributos forem reais, o espírito é superior à natureza.[40]

Nesse quesito, portanto, Hegel já foi bem além do ponto de vista schellinguiano em uma questão importante da filosofia. Fez parte da caracterização da colaboração entre ele e Schelling em Iena que tais diferenças aflorassem em diversos pontos, mas que não fossem tratadas nem formuladas por nenhum dos dois pensadores como diferenças. Na aparência, existia uma harmonia completa, que então se esfacelou "subitamente" quando as diferenças específicas se cristalizaram em uma tendência consciente, em um sistema.

Destacaremos apenas uma dessas importantes diferenças. Para o Schelling do período de Iena, o sistema da filosofia culmina na arte. É só na arte que ele encontra – seguindo o modelo de *Crítica da faculdade do juízo* – a unidade imediata de sujeito e objeto, de produzir inconsciente e produzir consciente. A arte é, portanto, para o filósofo, a garantia de que de fato existe uma intuição intelectual, de que também na realidade, na natureza e na história o produzir inconsciente e o produzir consciente se convertem um no outro. É só em Würzburg que a religião começa a tomar, para Schelling, o lugar que, em Iena, era ocupado pela arte em seu sistema[41].

O desenvolvimento de Hegel toma um rumo diametralmente oposto. No fragmento de sistema de Frankfurt (p. 311 e seg. deste livro), a filosofia culmina na religião, a religião é o estágio mais elevado da filosofia. Esse ponto de vista mudaria com grande rapidez em Iena. Não nos ocuparemos aqui das etapas dessa mudança, assim como não detalharemos o problema da

---

[40] [G. W. F. Hegel,] *Schriften zur Politik und Rechtsphilosophie* (ed. Lasson[, Leipzig, Felix Meiner, 1923]), p. 387 e seg.
[41] Cf., sobre isso, meu livro *Die Zerstörung der Vernunft* (Berlim, Aufbau, 1954; *Werke*, v. 9), cap. 2, p. 84-269.

religião na filosofia de Hegel quando tratarmos de *Fenomenologia do espírito*. Ressalte-se tão somente que, em *Diferença*, encontram-se tanto resquícios do ponto de vista de Frankfurt – embora mais intuitivos – quanto posicionamentos radicalmente novos. Assim, Hegel, por um lado, chama aqui arte, religião e filosofia de "culto divino" e, por outro, diz, em sua importante caracterização introdutória à época, que a religião estaria postada fora do grande curso da cultura: "A cultura em progresso se desentendeu com ela [a religião – G. L.] e postou-a *a seu lado* ou postou-se *ao lado dela* [...]"[42]. Aqui se torna visível, no essencial, a concepção de *Fenomenologia do espírito* sobre a religião ou, pelo menos, visto que esta também é contraditória, o componente importante dessa intuição.

Contudo, um ponto das divergências entre a filosofia hegeliana e a filosofia schellinguiana já claramente existente naquele momento precisa ser abordado aqui. Terminologicamente, Hegel aceitou por alguns anos as designações schellinguianas da contradição e de sua superação (*Aufhebung*). Ele fala repetidamente de "ponto de indiferença", de "intuição intelectual" etc. Logo ao lado disso, porém, encontramos a continuação e a consolidação da concepção de contradição do fragmento de sistema de Frankfurt (p. 315 e seg. deste livro). Mais exatamente, não em observações isoladas, mas de maneira tão frequente e em passagens tão importantes que é possível verificar que, apesar de todo o experimentar com momentos da filosofia schellinguiana, Hegel nunca renunciou de fato aos próprios pontos de vista sobre essa questão fundamental. Assim, em *Lógica ienense*, ele diz expressamente que as contradições não são de todo suprimidas nem apagadas no absoluto, o que constitui a essência da concepção schellinguiana da superação (*Aufhebung*) das contradições.

> A contradição é, de modo geral, o qualitativo, e dado que nada existe exceto o absoluto, ela própria é absoluta e, somente por ser absoluta, se supera em si mesma, e, no repouso de seu *ser* superado, o absoluto é, de maneira igualmente absoluta, o movimento do ser ou o superar da contradição absoluta. O ser absoluto da contradição ou, se quisermos, o ser *da contradição na própria essência absoluta* [...][43]

perfaz justamente a essência do absoluto para Hegel. Ele sublinha essa concepção em outra passagem: "A infinitude é, por seu conceito, o simples

---

[42] *Erste Druckschriften*, p. 91.
[43] *Jenenser Logik*, p. 13. (As últimas palavras foram postas em itálico por mim – G. L.)

superar da contradição, não o ser superado; este é o vazio ao qual se contrapõe a própria contradição"[44].

Essa concepção ganha expressão especialmente marcante em *Diferença*. Nesse texto, Hegel explicita suas ideias da seguinte maneira:

> Com a mesma intensidade com que se afirma a identidade, deve-se afirmar a separação. Na medida em que a identidade e a separação são contrapostas uma à outra, ambas são absolutas; e, caso se pretenda manter a identidade pela via da supressão da ruptura, elas permanecerão opostas. A filosofia precisa fazer justiça à separação entre sujeito e objeto; porém, ao absolutizá-la de vez com a identidade contraposta à separação, ela apenas a condiciona: do mesmo modo que essa identidade – condicionada pela supressão dos opostos – é apenas relativa. O *próprio absoluto, porém, é, por isso mesmo, a identidade da identidade e da não identidade* [itálico meu – G. L.]; contrapor e ser uno fazem parte dele simultaneamente.[45]

Isso é uma clara continuação da concepção do fragmento de sistema de Frankfurt. E assim é importante constatar aqui que Hegel jamais abandonaria essa linha da concepção de contradição. Remeto apenas à conhecida passagem de *Lógica*, na qual Hegel defende a igualdade de direitos de identidade e contradição e acrescenta que, caso seja preciso dar preferência a um dos dois fatores, a contradição seria a mais profunda e essencial. Essa passagem foi ressaltada por Lênin em seus trabalhos sobre Hegel[46].

Especialmente importante para nós é que vejamos com clareza a tendência do pensamento que, para Hegel, está vinculada a essa concepção de contradição e sua superação. Acabamos de saber, a partir de *Lógica ienense*, que Hegel até mesmo estabelece uma contraposição entre superar e ser superado e, desse modo, quer que a conservação da separação, da ruptura, da diferença, da não identidade na unidade filosófica última seja concebida como um *movimento*, como um movimento que se renova constantemente, na medida em que os elementos são constantemente postos e superados. Essa concepção da superação (*Aufhebung*) é formulada com muita clareza em *Fenomenologia do espírito*. Nesse texto, Hegel volta a falar do problema da identidade e da não identidade. E diz que, não importando o lado que tomemos, não importando o conceito

---

[44] Ibid., p. 33.
[45] *Erste Druckschriften*, p. 76 e seg.
[46] [Vladímir Ilitch] Lênin, cit. [*Aus dem philosophischen Nachlaß*], p. 54. [Ed. bras.: *Cadernos filosóficos*, cit., p. 150.]

que se assuma como algo verdadeiro e sólido, necessariamente sempre temos razão tanto quanto estamos errados. "Não tem verdade nem uma nem outra, o que tem verdade é o *movimento* delas" [itálico meu – G. L.][47].

Essa formulação da contradição dialética e de sua superação constitui a expressão mais clara possível do caráter específico da dialética hegeliana. Ao mesmo tempo, torna-se compreensível nela por que a dialética materialista em surgimento não tinha como estabelecer uma ligação com as formas existentes da dialética em geral, mas apenas com essa formulada por Hegel. A unidade dos opostos já é conhecida da filosofia antiga. De Nicolaus Cusanus a Schelling, a *"coincidentia oppositorum"* aflora ininterruptamente na filosofia europeia. Em toda parte, porém, a contraposição entre superar e ser superado permanece teoricamente sem solução – isto é, no caso dos dialéticos idealistas sempre se instaura a vitória do ser superado estático sobre o movimento do superar. As tendências religiosas – ou, pelo menos, as correntes secundárias existentes em quase cada um deles – ainda reforçam esse rumo do pensamento: quando se pretende que Deus seja o ponto de união das contradições, toda concepção religiosa insiste no sentido de absolutizar o ser superado. Veremos que essa tendência também está presente em Hegel, o que o leva, com bastante frequência, a descer das alturas de sua concepção específica de contradição e superação para o nível de seus predecessores.

Apesar dessas recaídas constantes e inevitáveis, relacionadas com as limitações gerais da dialética idealista, essa nova concepção da dialética representa um enorme passo, pois só assim pode ser idealmente reproduzido, adequadamente refletido, o movimento ininterrupto das contradições que se superam e voltam a pôr-se na própria realidade. Para atingir essa adequação e essa coerência, a ideia genial de Hegel naturalmente teve de ser "invertida" em termos materialistas – isto é, foi preciso que se reconhecesse claramente que todo esse movimento dialético é uma lei do movimento dos próprios objetos, uma lei objetiva e independente da consciência. Essa concepção pela primeira vez

---

[47] Citamos *Fenomenologia* segundo a primeira edição das *Obras* de Hegel (Berlim, 1832). Doravante, ao citar *Fenomenologia*, indicaremos apenas o volume e o número da(s) página(s); neste caso, v. II, p. 586. [Para o texto em português, citamos de G. W. F. Hegel, *Fenomenologia do espírito*, trad. Paulo Meneses, Petrópolis/Bragança Paulista, Vozes/Universidade São Francisco, 2002, aqui p. 523. Doravante será citada apenas a página entre colchetes após a referência ao original. Nos casos em que a versão usada por Lukács divergir da que serviu de base para a tradução de Paulo Meneses, a tradução será adequada ao texto usado por Lukács. No presente caso, Lukács omite *"eben [ihre Bewegung]"* "justamente [o movimento delas]". – N. T.]

permite conceber esse movimento sempre renovado de fato como movimento, não como pseudomovimento que chega a ponto de repouso em algum "deus" ou "espírito". Citamos apenas uma determinação, que é, entretanto, muito importante, da superação dialética formulada por Marx, para que o leitor possa ver já agora claramente que a dialética materialista partiu do conceito hegeliano de contradição e sua superação e para que, ao mesmo tempo, fique evidenciado de modo vívido como o aspecto da formulação materialista desse problema é diferente de seu pressentimento idealista por Hegel, por mais genial que tenha sido. Em O *capital*, Marx fala, a certa altura, das contradições no processo de troca das mercadorias. Ele prossegue dizendo:

> O desenvolvimento da mercadoria não elimina essas contradições, porém cria a forma em que elas podem se mover. Esse é, em geral, o método com que se solucionam contradições reais. É, por exemplo, uma contradição o fato de que um corpo seja atraído por outro e, ao mesmo tempo, afaste-se dele constantemente. A elipse é uma das formas de movimento em que essa contradição tanto se realiza como se resolve.[48]

Portanto, a despeito de todas as limitações que decorrem do idealismo, a dialética hegeliana mantém viva a tendência de preservar a autonomia dos momentos parciais ao mesmo tempo que os supera. A elevação dos objetos e das interconexões específicas ao absoluto não significa, por conseguinte, para Hegel, o simples cancelamento, mas também a preservação de suas qualidades concretas até o nível das peculiaridades empíricas dos objetos e de suas interconexões. Hegel expressa isso em estreita ligação com a passagem citada sobre a superação da contradição no primeiro escrito polêmico contra Fichte.

> Na medida em que a filosofia separa, ela não pode pôr os separados sem os pôr no absoluto. [...] Essa relação com o absoluto não é de novo um superar de ambos [...], mas eles devem permanecer como separados e não perder esse caráter, na medida em que estão postos no absoluto ou o absoluto está posto neles.[49]

Essa concepção traz para a filosofia hegeliana duas consequências muito importantes, estreitamente interligadas. Em primeiro lugar, surge, desse modo, no interior da dialética objetiva, um amplo espaço para a pesquisa empírica,

---

[48] [Karl Marx] *Das Kapital*, v. I, cit. [Berlim, Dietz, 1949], p. 109. [Ed. bras.: *O capital: crítica da economia política*, Livro I: *O processo de produção do capital*, trad. Rubens Enderle, São Paulo, Boitempo, 2013, p. 178.]

[49] *Erste Druckschriften*, p. 77.

para a investigação sem preconceitos do que realmente há no mundo exterior, na natureza e na sociedade. A concepção schellinguiana da superação das contradições na imediatidade da "intuição intelectual" leva à dissolução da objetividade empírica; por essa via, surge em Schelling necessariamente o formalismo cada vez mais arbitrário de suas formulações. O método de pesquisa da filosofia é levado a uma contraposição abrupta e excludente em relação à pesquisa empírica. Ao construir suas formulações a partir das alturas excelsas da "intuição intelectual", o filósofo sente-se cada vez menos no dever de respeitar os fatos e as interconexões da realidade empírica. É óbvio que há, em especial no próprio Schelling e bem menos na maioria de seus discípulos, certas tendências contrárias. Estas têm relação com os arroubos materialistas de Schelling, com suas tentativas de conhecer a natureza como ela é de fato (relação com Goethe), mas seu método filosófico não oferece suporte para essas tendências saudáveis. Pelo contrário, a soberania das formulações, que são desenvolvidas principalmente segundo o método da construção de analogias que se torna cada vez mais superficial e formalista, o seduz cada vez mais a manter-se afastado da pesquisa real, da empiria. E nem mesmo quando mais tarde ele aparentemente faz "experimentos" seu método filosófico lhe oferece garantia de que não está incorrendo em fraudes místico-reacionárias. Bastante características são as cartas que Schelling escreveu a Hegel nos anos 1806-1807, logo antes de receber *Fenomenologia do espírito*; nelas, ele descreve minuciosamente os "experimentos" que estava fazendo com a vara de vedor e os resultados muito importantes – supostamente empíricos – a que chegava no campo da "magia".

A dialética de Hegel, em contraposição, é um método de autoeducação do pensador visando à aquisição de material factual de conhecimento, visando a um real investigar desse material. Adiante veremos que Hegel por vezes até vai longe demais nisso, que ele ocasionalmente fica colado no empírico. Isso naturalmente tem a ver com as debilidades de sua dialética, que, como Marx mostrou, evidencia o erro duplo de um "positivismo acrítico" e um "idealismo igualmente acrítico"[50].

Essa duplicidade da crítica marxiana, contudo, já mostra que, em Hegel, a pesquisa de fato objetiva dispunha metodologicamente de um espaço bem

---

[50] [Karl] Marx, *Ökonomisch-philosophische Manuskripte* (1844), MEGA 1, v. 3, p. 155. [Ed. bras.: *Manuscritos econômico-filosóficos*, trad. Jesus Ranieri, São Paulo, Boitempo, 2004, p. 122.]

diferente do que em Schelling. Marx e Engels inclusive fazem seguidamente menção ao saber enciclopédico de Hegel em contraposição à ignorância formalista e cheia de arrogância dos jovens hegelianos. Esse saber, no entanto, não é uma virtude pessoal casual de Hegel, mas está intimamente relacionado, como vimos, com sua concepção específica do método dialético.

O segundo motivo importante, que teremos de mencionar aqui, é a interconexão de fato dialética das categorias, o respeito à autonomia e à peculiaridade real das chamadas categorias "inferiores", próximas da empiria. Em Schelling, quanto mais o nível do conhecimento absoluto é hermeticamente isolado dos pré-estágios relativos, mais indiferente, arbitrário, menos dialético pode ser o tratamento dispensado a estes. Podemos observar, no decorrer de seu desenvolvimento, o trajeto que vai da dialética instintiva rumo a uma deterioração formalista do pensamento, calcada em analogias, e, caso esse fosse nosso tema, poderíamos provar passo a passo com muitos documentos essa decadência no curso de seu desenvolvimento contraditório. No caso de Hegel, em contraposição, emerge cada vez mais claramente a tendência oposta. Enquanto Fichte parte do absoluto (do eu) e aos poucos desce dali dedutivamente até a empiria, enquanto Schelling com bastante frequência incorre em um método semelhante de formulação, a tendência do desenvolvimento de Hegel em Iena é esta: ascender aos poucos das categorias empíricas às categorias complexas mais elevadas por meio da explicitação de sua dialética interior. O núcleo dessa aclaração metodológica é *Fenomenologia do espírito*; quando tratarmos dela, apontaremos, ao mesmo tempo, os limites desse método hegeliano.

Essa diferença, porém, abstraindo da estruturação do sistema filosófico, traz ainda outra consequência extraordinariamente importante. Hegel tem de relativizar cada vez mais a transição dialética entre categorias não absolutas e categorias absolutas, entre finito e infinito, entre entendimento e razão etc., tem de enriquecê-la com novas transições dialéticas e mediações. Por sua vez, quanto mais Schelling avança no caminho da "intuição intelectual", quanto mais exige para a filosofia uma genialidade primeiro estética, depois religiosa, quanto mais intransponível se manifesta, para ele, o abismo entre o "entendimento comum" e sua posição filosófica, menos ele é capaz de encontrar uma conexão dialética real entre as categorias do entendimento e as da razão, entre finito e infinito, entre absoluto e relativo.

Vemos aqui o aspecto filosófico-sistemático e metodológico da diferença entre Hegel e Schelling na concepção da história da filosofia. O desprezo fundamental pelas categorias "comuns" do entendimento, que não teriam conexão nenhuma com o absoluto, constitui a base metodológica do desprezo schellinguiano pelos filósofos do Iluminismo. Em contraposição, a busca por essas transições e essas mediações leva Hegel a vislumbrar no Iluminismo um precursor histórico-sistemático de sua própria dialética. Desse modo, o formalismo da construção filosófica de Schelling o arrasta cada vez mais fortemente para um a-historismo e até para o anti-historismo. Hegel, pelo contrário, desenvolve, em paralelo à consolidação das transições metodológicas de sua filosofia, uma compreensão cada vez mais profunda dos problemas da história.

Para nós, neste ponto, a relação de Hegel com as categorias do entendimento, com as assim chamadas determinações de reflexão, constitui o problema mais importante. Hegel combate com Schelling a tendência de Kant e Fichte de deter-se nas determinações de reflexão e em suas antinomias rígidas, que em Kant aparecem abertamente e em Fichte são levadas a uma superação pseudodialética. Esse combate logo leva Schelling a descambar para o extremo oposto, a diluir-se nas categorias da razão, nas quais as contradições são anuladas, sendo, como vimos, a "intuição intelectual" a base metodológica disso. Hegel, porém, quer combater a filosofia kantiano-fichtiana em seu próprio terreno. Ou seja, ele reconhece a legitimidade relativa e até a necessidade relativa e a imprescindibilidade das determinações de reflexão. O que ele combate em Kant e Fichte é tão somente o fato de isolarem artificialmente essas determinações de reflexão e, por meio desse isolamento, incorrerem na inflexibilidade do pensamento metafísico, ao passo que perseguir atentamente a dialética interior das determinações de reflexão leva, por necessidade dialética, para além destas até o conhecimento do absoluto.

Portanto, enquanto Schelling é impelido pela linha básica de seu desenvolvimento a rejeitar de modo cada vez mais enérgico e cabal as determinações de reflexão (obviamente há, nesse processo, tendências contrárias, recaídas etc., mas o que importa para nós aqui é apenas a linha básica do desenvolvimento), Hegel proclama, já em *Diferença*, a necessidade de uma *reflexão filosófica*. Por causa da importância dessa questão para todo o sistema de Hegel, devemos detalhar um pouco mais suas concepções. Hegel diz:

> O que se pretende é construir o absoluto para a consciência, o que é a tarefa da filosofia; porém, dado que o produzir, assim como os produtos da reflexão, não passam de limitações, isso é uma contradição. Pretende-se refletir sobre o absoluto,

pôr o absoluto; desse modo, contudo, ele não terá sido posto, mas superado; pois, na medida em que foi posto, ele foi limitado.*

Hegel critica Kant e Fichte de se deterem nesse nível do pensamento: "A reflexão isolada, enquanto pôr de contrapostos, seria um superar do absoluto; ela é a capacidade do ser e da limitação". Kant e Fichte, porém, bem como todo o pensamento metafísico, não percebem que aqui *objetivamente* há uma conexão com o absoluto, a saber, à base da conexão dialética universal e abrangente de todas as coisas na realidade objetiva e no pensamento.

A reflexão tem, no entanto, enquanto razão, relação com o absoluto, e ela só é razão por meio dessa relação; a reflexão aniquila a si mesma e todo o ser e tudo o que é limitado, referindo-os ao absoluto. Ao mesmo tempo, precisamente por meio de sua relação com o absoluto, o limitado tem subsistência.**

A tarefa da filosofia é, portanto, tornar *conscientes* essas conexões objetivamente existentes, que estão na base da reflexão em seu caráter contraditório. A consciência filosófica a respeito da marcha dialética das determinações de reflexão, a respeito das barreiras apenas aparentemente intransponíveis de sua forma imediata de manifestação na forma de simples categorias do entendimento, faz surgir em Hegel a "reflexão filosófica", a força motriz mais importante do sistema de Hegel, que é a construção dialética, o fundamento metodológico para a forma específica de sua dialética, para sua concepção específica da história enquanto momento do desenvolvimento da própria dialética.

Na medida em que a reflexão faz de si mesma seu objeto, sua lei suprema, a lei que lhe é dada pela razão e pela qual ela se torna razão, é sua aniquilação. Ela existe, como tudo o mais, só no absoluto, mas enquanto reflexão ela é contraposta a ele; portanto, para permanecer existindo, ela precisa dar-se a lei da autodestruição. A lei imanente, pela qual ela se constituiu como absoluta por suas próprias forças, seria a lei da contradição, a saber, que seu ser posto seja e permaneça. Desse modo, ela fixou seus produtos como absolutamente contrapostos ao absoluto, estabelecendo para si a lei eterna de permanecer entendimento e não se converter em razão e ater-se a sua obra que, em contraposição ao absoluto, nada é – e, sendo limitada, é contraposta ao absoluto.[51]

---

* *Erste Druckschriften*, p. 17 e seg. (N. T.)
** Idem. (N. T.)
[51] *Erste Druckschriften*, p. 17 e seg.

Nessas considerações que têm muitos e variados pontos de contato com as que já conhecemos de Frankfurt sobre a dialética do absoluto e do relativo, do finito e do infinito etc., está posto, de maneira muito mais clara e sistemática que nestas, o fundamento da posterior lógica hegeliana.

Esperamos que o fato de Hegel, durante esse período, experimentar com categorias schellinguianas (por exemplo, a da potência) tenha sido esclarecido por nossas exposições anteriores. A partir dessas exposições, no entanto, também se pode ver que, apesar da influência em muitos aspectos realmente essencial de Schelling sobre Hegel em algumas questões sistemáticas, não se pode falar, quanto à linha básica do desenvolvimento, de um período schellinguiano em seu pensamento, do mesmo modo que anteriormente não se podia falar de um período teológico-místico. Das análises anteriores já pudemos depreender claramente a autonomia do pensamento hegeliano em questões fundamentais e decisivas da dialética.

Essa autonomia de Hegel também se evidencia no fato de toda a discussão com o idealismo subjetivo adquirir uma amplitude e uma profundidade de natureza bem diferente que na controvérsia epistolar entre Fichte e Schelling. E, ao lado dos problemas totalmente novos tratados até o momento, que, em termos objetivos, estavam intimamente relacionados com a contraposição entre idealismo subjetivo e idealismo objetivo, de cuja importância, contudo, nem Fichte nem Schelling tiveram a menor noção, teremos de examinar agora ainda outro vasto campo da filosofia atinente a essas contraposições – a saber, o campo da "razão prática": moral, filosofia do Estado e filosofia do direito.

Nessas questões, Schelling sempre foi muito dependente. Seu escrito inicial, imaturo, *Nova dedução do direito natural*, permanece um episódio sem importância nem consequências em seu desenvolvimento. Todavia, ao apresentar em Iena um grande esboço de sistema após o outro, a abordagem mais detida desses problemas torna-se inevitável também para ele. Contudo, o tratamento dado a essas questões sempre constitui a parte mais fraca, menos autônoma e menos bem fundamentada de sua filosofia, tanto em termos metodológicos quanto em termos de material factual. E, em estreita relação com isso, aparecem, justamente nesse ponto, os aspectos reacionários da filosofia schellinguiana bem mais cedo e de modo bem mais cabal do que na abordagem das questões gerais da dialética ou da filosofia da natureza. Na luta contra o idealismo subjetivo, Hegel considerou decisiva a crítica à "filosofia prática" de Kant, Jacobi e Fichte e, com o passar do tempo, até atraiu o combate ao idealismo subjetivo para esse terreno; em vista disso, já aludimos ao fato sintomático de que Hegel jamais fez uma observação crítica às concepções pertinentes de Schelling. Ele simplesmente não lhes deu atenção. Por essa razão, ao tratar da ruptura entre Schelling e Hegel, igualmente abordaremos essas questões só na medida em que for exigido pela evidenciação de determinados panos de fundo sociais que tornaram o rompimento necessário.

Antes de passar a falar da crítica da "filosofia prática" do idealismo subjetivo, lancemos um olhar para a profusão dos problemas tratados por essa crítica hegeliana. A objeção fichtiana contra a filosofia schellinguiana da natureza, contra a legitimidade das categorias objetivo-idealistas no conhecimento da natureza, é reduzida à condição de episódio totalmente inessencial dessa discussão.

A exemplo de todos os fatos dessa história bastante contraditória do desenvolvimento da dialética idealista na Alemanha, porém, também esse tem seus dois lados, aos quais não podemos deixar de dar atenção. Até agora, colocamos em primeiro plano os aspectos positivos da expansão e do aprofundamento por Hegel da contraposição entre idealismo objetivo e idealismo subjetivo. A análise seguinte dos problemas morais ainda sublinhará esse aspecto positivo. Não podemos, contudo, desconsiderar o aspecto negativo.

Quando lança contra Schelling com muita veemência a crítica de que sua "autoconstrução" das categorias da natureza é uma ilusão, uma autoilusão, quando caracteriza a natureza como uma "pequena região da consciência", Fichte confronta Schelling de modo perfeitamente justificado com suas questões gnosiológicas não só do ponto de vista de seu idealismo subjetivo, mas do ponto de vista de todo e qualquer idealismo. A natureza de fato é, para *todo* idealismo, uma região da consciência, sendo, em termos gnosiológicos, totalmente indiferente se ela é grande ou pequena. Caso não se pretenda que a natureza seja vista dessa forma, o filósofo tem de demonstrar sua existência *fora da consciência*. Se isso não for demonstrado – e obviamente Schelling e Hegel estão o mais distantes possível de sequer cogitar tal concepção –, a crítica fichtiana se sustenta com certo grau de legitimidade. Hegel não é capaz de refutar essa objeção do idealista subjetivo; só o que ele pode fazer é ignorá-la, pois até mesmo a forma mais desenvolvida da dialética hegeliana, a de *Fenomenologia do espírito* ou a de *Enciclopédia*, está sujeita a essa crítica. Schelling e Hegel só podem afirmar a objetividade do espírito, mas para eles é impossível apresentar uma prova gnosiológica real, dado que a independência do "espírito" em relação à consciência constitui de fato a autoilusão fundamental do idealismo objetivo.

Quem lançou esse ataque de modo muito mais consequente e correto do que Fichte, partindo do lado oposto, ou seja, do materialismo, foi Feuerbach – e ele fez isso contra a mais desenvolvida das formas da derivação dialética da objetividade em Hegel, contra *Fenomenologia do espírito*. Nesta, Hegel pretende, como veremos, indicar de forma dialética o caminho que leva da percepção sensível simples ao espírito e, mediante a indicação do trajeto necessário, fundamentar a necessidade objetiva de sua posição. Feuerbach passa a demonstrar que, também nesse ponto, Hegel permanece no âmbito do pensamento, da consciência, que seu apelo à percepção sensível do mundo exterior é uma autoilusão.

> O aqui é, por exemplo, a árvore. Viro-me, e esta verdade desaparece. No entanto, isso só acontece na fenomenologia, na qual esse virar-se demanda apenas uma palavrinha; na realidade, porém, na qual preciso fazer meu corpo pesado virar-se, o aqui continua demonstrando uma existência bem real inclusive às minhas costas. A árvore *delimita* minhas costas; ela me alija do lugar que ocupa. O que Hegel refuta não é o aqui enquanto objeto da consciência sensível e enquanto objeto em distinção ao puro pensar, mas o aqui lógico. [...] Ela [a saber, a filosofia hegeliana – G. L.] não começa [...] com o ser-diferente da ideia, mas *com a ideia do ser-diferente da ideia* [...].[52]

Desse modo, a autoilusão idealista presente na derivação hegeliana da objetividade é claramente desmascarada como autoilusão.

Tivemos de mencionar esse aspecto negativo da polêmica hegeliana contra Fichte porque está intimamente ligado com as limitações últimas de sua dialética. Do ponto de vista histórico, o fato de Schelling e Hegel passarem por cima dessas objeções relativamente justificadas de Fichte foi tão necessário e fecundo para o progresso do método dialético quanto, a seu tempo, fora inevitável e fecundo – ainda que em grau mais modesto – o fato de Fichte ter passado por cima de objeções relativamente justificadas de Kant. Sem essa autoilusão filosófica, que está intimamente ligada com toda uma série de autoilusões sociais – tanto do tipo heroico quanto do mesquinho –, a dialética de Hegel jamais teria surgido. Vimos como é correta a crítica que Feuerbach dirige a essa autoilusão idealista de Hegel. E sabemos também que essa crítica de modo nenhum serviu de base para Feuerbach aprofundar a dialética hege-

---

[52] [Ludwig] Feuerbach, "Zur Kritik der Hegelschen Philosophie", em *Werke* (Leipzig, 1846), v. II, p. 214 e seg.

liana em termos materialistas. Marx foi o primeiro capaz disso, postando-se filosoficamente sobre o fundamento de uma crítica abrangente de Hegel e de Feuerbach. E não é preciso detalhar que a superação filosófica do idealismo objetivo e do materialismo metafísico só foi possível para Marx porque pôde criticar e criticou toda a filosofia burguesa do ponto de vista da visão de mundo do proletariado. Esses fatos mostram a necessária impotência da crítica fichtiana diante de Schelling e até de Hegel, pois mesmo que a situação econômica e as relações de classes na Alemanha no início do século XIX tivessem permitido a formação de uma filosofia materialista do nível da de Feuerbach, sua crítica – em si filosoficamente correta e justificada – ao idealismo hegeliano teria sido infecunda e impotente para o desenvolvimento. Só após a formação e o triunfo da dialética hegeliana, em uma Alemanha cujas relações de classe passaram a pressionar de forma efetiva por uma revolução democrático-burguesa, a crítica feuerbachiana se tornou fecunda e determinante para o desenvolvimento da filosofia. Inclusive sob essas condições inteiramente modificadas, isso só aconteceu porque ela proporcionou um impulso para a formação do materialismo dialético. O grupo de seguidores burgueses de Feuerbach caiu no âmbito filosófico muito abaixo do nível da dialética hegeliana.

III. Contra o individualismo abstrato na ética

Dispondo-nos a tratar da crítica de Hegel à "filosofia prática" do idealismo subjetivo, encontramos à nossa disposição um material comparativo muito maior de seu período mais antigo. Ocupamo-nos detidamente da crítica formulada por Hegel à ética kantiana em Frankfurt (p. 229 e seg. deste livro)*. Veremos que a linha básica de sua crítica permaneceu a mesma, só se tornou mais concreta, detalhada e, sobretudo, mais sistemática. Hegel não se limita mais a examinar problemas isolados da ética kantiana que têm uma problemática coincidente com a sua, mas submete toda a "filosofia prática" do idealismo subjetivo a uma análise crítica abrangente. Acima de tudo, essa crítica passou a ser posta em estreita conexão com as concepções gerais de Kant, Fichte e Jacobi. Hegel considera a insuficiência da filosofia moral destes consequência direta da falsidade e unilateralidade de sua visão de mundo. Ele vê o tratamento dado aos problemas morais, de certo modo, como a prova

---
* O original troca a primeira linha da página com a segunda, o que foi corrigido na tradução. (N. T.)

exemplar de como o idealismo subjetivo tem de falhar diante dos fatos mais importantes da vida social.

Em *Diferença*, Hegel chega a abordar apenas alguns momentos da ética do idealismo subjetivo. Em *Fé e saber*, ele translada a crítica sistemática do idealismo subjetivo em todas as áreas, fazendo-a culminar em toda parte em uma crítica das concepções morais. O último grande ensaio polêmico de Hegel na revista editada com Schelling, o ensaio sobre direito natural, é dedicado quase integralmente a esses problemas. Em *Fé e saber*, Hegel vê a insuficiência da mera filosofia da reflexão no fato de o universal e o empírico permanecerem separados um do outro de modo abrupto e intransponível:

> A unidade e o múltiplo se defrontam aqui como abstrações e, por essa via, os opostos têm um contra o outro os dois lados, o da positividade e o da negatividade, de modo que o empírico constitui algo absoluto para o conceito e, ao mesmo tempo, um nada absoluto. Pelo lado da positividade, eles são o anterior empirismo; pelo da negatividade, são, ao mesmo tempo, idealismo e ceticismo.[53]

Hegel complementa, então, essa caracterização geral do idealismo subjetivo da seguinte maneira em vista de Fichte: "O produto imediato desse idealismo formal [...] adquire, portanto, a seguinte forma: um reino da empiria sem unidade e da multiplicidade puramente contingente defronta-se com um pensamento vazio"[54].

Essa concepção da realidade ganha expressão especialmente brutal na ética. A ética do idealismo subjetivo não é capaz de chegar a uma compreensão efetiva da universalidade dos mandamentos morais, do conteúdo social da ética.

> Pelo fato de a vacuidade da vontade pura e do universal constituir o verdadeiramente *a priori*, o particular é pura e simplesmente empírico. Nesse caso, o que vem a ser direito e dever – seria contraditório dar uma determinação disso, pois o conteúdo supera de imediato a vontade pura, o dever em função do dever, transformando o dever em algo material. A vacuidade do puro senso de dever e o conteúdo do mesmo constantemente se atravessam um no caminho do outro.[55]

Logo após essa crítica geral, Hegel levanta contra Kant e Fichte as mesmas censuras das quais já tomamos conhecimento na crítica formulada em Frankfurt,

---

[53] *Erste Druckschriften*, p. 230.
[54] Ibid., p. 323.
[55] Ibid., p. 340.

a saber, que essa moral significa tirania em vez de liberdade, que seu cumprimento leva necessariamente à hipocrisia etc.

Hegel mostrou, já na crítica geral a Kant e Fichte, que o método destes é capaz de levar só até o dever vazio e abstrato, o progresso infinito vazio e abstrato. Esses conceitos passam a adquirir na moral uma forma mais concreta, na qual Hegel vislumbra e exibe a nulidade do idealismo subjetivo de modo ainda mais nítido que nas análises puramente teóricas. Kant e Fichte acreditam que, por meio do dever, se alçam acima da consciência empírica do indivíduo e alcançam a efetiva universalidade ética. Hegel demonstra a autoilusão presente nisso e mostra que o dever justamente reconduz ao ponto de vista comum, empírico, do indivíduo diante do mundo, da sociedade,

> [...] pois já em si e para si o dever não permite nenhuma espécie de totalidade: mas a multiplicidade da realidade aparece como uma determinidade inapreensível, original, e como necessidade empírica. A particularidade e a diferença enquanto tais são um absoluto. O ponto de vista para essa realidade é o ponto de vista empírico de cada indivíduo; e a realidade de cada indivíduo é a esfera inapreensível da realidade comum em que ele de qualquer modo está inserido.[56]

Assim, nessa moral do idealismo subjetivo, torna-se manifesta a esterilidade de seu ponto de vista teórico, sua incapacidade de captar em ideias a realidade concreta.

Lembremos que, ao criticar o progresso infinito, Hegel já demonstrou que este de modo nenhum é capaz de explicar efetivamente qualquer problema, que ele apenas repete e reproduz em terminologia filosófica os problemas não resolvidos do idealismo subjetivo. Na "filosofia prática", essa conexão de dever e progresso infinito fica ainda mais clara e visível. Hegel demonstra que justamente por meio do progresso infinito é evidenciada a irrealizabilidade do idealismo subjetivo; que o progresso infinito é a admissão de que, no caso de sua realização, o idealismo subjetivo superaria a si mesmo, superaria seus próprios pressupostos e que, portanto, esses pressupostos estão em contradição com a realidade. De modo correspondente, depois de mostrar que Jacobi, que polemizava energicamente contra Kant e Fichte, assumiu o mesmo ponto de vista do idealismo subjetivo e compartilhou todos os seus erros, Hegel diz:

---
[56] Ibid., p. 315.

A ordem moral do mundo que se encontra na fé [fé é o conceito central da "filosofia da vida" de Jacobi – G. L.] está pura e simplesmente também *fora* do eu; o eu só entra nela ou ela só entra no eu, só adquire realidade para o eu, no progresso infinito. Para o eu, as coisas pura e simplesmente não podem se tornar o que devem ser, porque exatamente assim o não-eu cessaria de ser e se tornaria eu, eu = eu como identidade verdadeiramente absoluta ficaria sem um segundo princípio, o eu superaria algo que ele mesmo pôs e ele mesmo deixaria de ser eu. Portanto, Jacobi não poderia querer um sistema do saber que oferecesse menos possibilidades de pensar como escapar do dualismo.[57]

(Jacobi combateu constantemente toda filosofia monista – não só o monismo efetivo de Espinosa, mas também o suposto monismo de Kant e Fichte. Hegel trava aqui, portanto, uma polêmica dupla: de um lado, desmascara o suposto monismo de Kant e Fichte como dualismo e, de outro, mostra que Jacobi, que, com sua fé imediata, presume ter se alçado acima de Kant e Fichte, no fundo assume o ponto de vista do idealismo subjetivo igual ao deles.)

Hegel passa a caracterizar a filosofia kantiana e a filosofia fichtiana com uma rudeza bem plástica. Ele fala de "sublime vacuidade e vazio consequente único" e, em outra passagem, da "pura e nauseante altura" da abstração[58]. O apelo do idealismo subjetivo aos sentimentos mais nobres e elevados dos homens, à conexão entre o homem e o mundo suprassensível por meio da pura ética não impressiona Hegel nem um pouco. Pelo contrário, sobre isso ele se limita a dizer: "O mundo suprassensível nada mais é que a fuga do mundo sensível"[59]. Segundo Hegel, o impulso para a liberdade do idealismo subjetivo em Kant e Fichte é apenas a incapacidade de compreender real e dialeticamente a totalidade concreta da sociedade em seu movimento real. Ele vê esse impulso para a liberdade como uma "imensa soberba"; a filosofia fichtiana consiste em

> ficar melancólico porque ele é uno com o universo, porque a natureza eterna age nele: desprezar sua predeterminação de submeter-se às leis eternas da natureza e a sua necessidade sagrada e rigorosa, ficar perplexo e melancólico por causa disso, cair em desespero quando ele não é livre, livre das leis eternas da natureza e de sua necessidade rigorosa. [...] Como se elas [essas leis – G. L.] fossem algo bem diferente de leis racionais; leis, às quais o eu se envergonha de submeter-se, e

---

[57] Ibid., p. 328.
[58] Ibid., p. 332 e 11.
[59] Ibid., p. 333.

obedecer a elas o levaria a sentir-se indescritivelmente miserável e estar submisso a elas o faria cair em desespero?[60]

Não há nenhuma dúvida de que aqui Hegel assume o ponto de vista filosófico mais correto e avançado em comparação com Fichte, que a estruturação de uma ética efetiva que abrange todos os problemas do homem socializado deve ser realizada pela via de Hegel, não pela de Kant e Fichte. Apesar disso, essa contraposição reflete as contradições gerais e amplas do período em que Fichte e Hegel atuaram, no qual nenhum dos dois conseguiu chegar a uma solução completamente correta para a relação dialética entre homem e sociedade. A sentença de Engels sobre a dialética do desenvolvimento orgânico, a saber, "que todo progresso [...] é, ao mesmo tempo, um retrocesso, na medida em que fixa um desenvolvimento *unilateral*"[61], vale, em certa medida, também para essa contraposição entre Fichte e Hegel.

É possível divisar claramente a debilidade da posição fichtiana a partir da crítica hegeliana. No juízo filosófico a respeito do conceito fichtiano de liberdade, porém, não se pode deixar de considerar que ele surgiu como expressão ideológica da Revolução Francesa; que Fichte de fato infla a contraposição entre liberdade e realidade de maneira abstratamente idealista, mas que, por trás dessa extrapolação, também está oculta uma concepção realista da situação social. Não só em relação à Alemanha, onde a Revolução Francesa nada ainda havia mudado nos resquícios do feudalismo; foi a ocupação napoleônica que liquidou certos resquícios do feudalismo em algumas partes da Alemanha e, em seguida, forçou um movimento reformador na Prússia. Com efeito, as exigências de liberdade da Revolução Francesa de fato se encontram em uma contradição tão excludente em relação à realidade alemã quanto o que é afirmado efusivamente na filosofia idealista fichtiana em relação à realidade de toda sociedade de qualquer época. No entanto, não foi só na Alemanha que as exigências de liberdade da Revolução Francesa e de seu ideólogo idealista subjetivo, Fichte, não foram cumpridas. Já apontamos para o fato de que Fichte figurou entre os adeptos democráticos radicais da Revolução Francesa, que queriam ver os conceitos de liberdade e igualdade aplicados também aos problemas da propriedade privada; o fato de suas tentativas de solução nessa direção serem demasiadamente ingênuas é consequência necessária de toda a

---

[60] Ibid., p. 333 e seg.
[61] [Friedrich Engels,] *Dialektik der Natur* (Berlim, [Dietz,] 1952), p. 327.

situação histórica daquela época; e é óbvio que em Fichte essas tentativas tinham de resultar ainda mais ingênuas e grosseiras do que em Babeuf, na França.

A contraposição entre Fichte e Hegel espelha, portanto, uma ampla contraposição histórico-universal dessa época. Por um lado, a sociedade burguesa de fato surgiu das tormentas da Revolução Francesa e da Revolução Industrial na Inglaterra. O que a filosofia hegeliana quer é conferir a essa existência concreta da sociedade burguesa uma expressão filosófica. Por outro lado, nem a Revolução Inglesa nem a Revolução Francesa realizaram a sociedade burguesa nas formas democráticas almejadas e esperadas pelos verdadeiros representantes democráticos dos movimentos revolucionários; em lugar nenhum elas extirparam os resquícios feudais por completo. Portanto, desse ponto de vista, a revolução democrática burguesa ainda não estava concluída nem mesmo na Europa ocidental. A esse aspecto da situação histórico-universal, o idealismo subjetivo de Fichte confere uma expressão filosófica – subjetivisticamente extrapolada. Essa contraposição é intensificada pelo fato de o combate filosófico ter se desenrolado na Alemanha, onde, como sabemos, ainda nem se falava de realização da revolução democrático-burguesa, onde a revolução democrático-burguesa não tinha como ser mais do que uma perspectiva futura remota.

Fichte e Hegel representam, portanto, cada um com certa unilateralidade, um dos lados dessa contraposição histórico-universal. E, quando acompanhamos o desenvolvimento posterior das revoluções democráticas na Europa ocidental, fica claro para nós que nenhum deles podia de fato chegar a uma concepção efetivamente correta da própria revolução e da sociedade burguesa que surgiria por meio dela, pois já nas revoluções de meados do século XIX o papel do proletariado – a despeito do próprio conteúdo democrático-burguês das revoluções – havia sido extraordinariamente importante e, quanto mais avançava o desenvolvimento, mais a revolução democrático-burguesa só podia ser entendida de modo realmente adequado a partir da visão de mundo do proletariado. Também aqui vale, portanto, a observação de Marx: "Os indícios de formas superiores nas espécies animais inferiores só podem ser compreendidos quando a própria forma superior já é conhecida. Do mesmo modo, a economia burguesa fornece a chave da economia antiga etc."[62]. Uma teoria

---

[62] [Karl] Marx, *Zur Kritik der politischen Ökonomie*, Einleitung, p. 262. [Ed. bras.: *Grundrisse: manuscritos econômicos de 1857-1858 – esboços da crítica da economia política*, trad. Nélio Schneider, São Paulo, Boitempo, 2011, p. 58.]

dialética efetiva da revolução burguesa e da sociedade burguesa só é possível com o materialismo histórico.

É o estado de coisas vigente que produz o utopismo abstrato de Fichte. Ele é um democrata revolucionário em um país em que não existe movimento revolucionário. E quando ele, mais tarde, na época das guerras de libertação contra Napoleão, entra em contato com um movimento popular, os traços reacionários desse movimento matizam sua filosofia de maneira fatal. O objetivismo da filosofia de Hegel se tornou possível porque ele aceitou incondicionalmente como realidade a sociedade burguesa que surgiu da Revolução Francesa, porque direcionou seu pensamento para entendê-la como ela é, apreender e explicar no âmbito filosófico o conjunto de suas legalidades reais. A razão pela qual o anterior adepto da Revolução Francesa conseguiu chegar a tal resultado no curso de um desenvolvimento consequente reside no fato de Hegel, como sabemos, jamais ter simpatizado com a ala democrática radical dos jacobinos. Por isso, ele pôde evoluir da adesão à Revolução Francesa para a adesão a Napoleão.

Assim, chegamos ao resultado paradoxal de que a superioridade filosófica de Hegel em relação a Fichte, a superioridade de sua concepção de sociedade em relação à de Fichte, está relacionada com as bases menos democráticas de sua visão política e social do mundo. Esses paradoxos sucedem algumas vezes na história. Neste caso, sobretudo porque o embate se produz num terreno puramente ideológico, pelo fato de que a atitude favorável ou contrária à democracia e à revolução democrática não podia ter na Alemanha nenhuma atualidade política. Quando Fichte e Hegel entraram em contato com correntes políticas concretas, os traços não progressistas do atraso alemão necessariamente se deslocaram para o primeiro plano de sua filosofia. Em Fichte, isso aparece, como foi dito, na época das guerras de libertação; em Hegel, sobretudo no período que esteve em Berlim. Uma contradição dessa natureza não é possível onde as aspirações democráticas dos ideólogos têm alguma base, por mais fraca que seja, em movimentos populares reais – pense-se na superioridade ideológica dos democratas revolucionários russos em relação a todos os seus adversários ideológicos.

Essa contraposição entre Fichte e Hegel se expressa com toda clareza quando Hegel critica as concepções de Fichte sobre o direito de insurreição, sobre o "direito à revolução". Em *Fundamento do direito natural* (1796), Fichte assume o ponto de vista de um democrata revolucionário radical. Ele diz o seguinte:

Porém – note-se bem –, o povo nunca é um rebelde, e a expressão "rebelião", quando usada com relação a ele, é a maior incoerência já dita; porque o povo é de fato e de direito o poder supremo, acima do qual não há outro, é a fonte de todos os outros poderes e é responsável tão somente perante Deus. Por meio de sua assembleia, o Poder Executivo perde seu poder de fato e de direito. A rebelião só pode acontecer contra alguém em posição mais elevada. Porém, o que na Terra está mais alto do que o povo! Ele só poderia rebelar-se contra si mesmo, o que é um absurdo. Só Deus está acima do povo; caso se queira dizer, por conseguinte: um povo se rebelou contra o seu príncipe, é preciso assumir que o príncipe é algum deus, o que deve ser difícil de demonstrar.[63]

Fichte passa a conceber a realização dessa soberania total do povo da seguinte maneira: em tempos normais, o Poder Executivo detém todo o poder. Ao lado dele, porém, há uma instância especial, os assim chamados "éforos". Estes não detêm nenhum tipo de poder, mas, quando o Executivo ultrapassa o escopo da Constituição, eles podem emitir um interdito, suspender o poder do Executivo, convocar o povo, que, então, tomará uma decisão definitiva sobre o caso em disputa[64].

Ora, em seu ensaio sobre o direito natural, Hegel lança um ataque extremamente violento contra essa teoria fichtiana. Sua linha de pensamento encontra-se tão próxima à de Condorcet quanto a de Fichte se encontra à de Robespierre. Ou seja, ambos volatilizam a realidade francesa em uma abstração filosófica alemã. O ponto decisivo da argumentação de Hegel é a rejeição categórica do direito à insurreição, "pois esse poder puro consiste em puras vontades privadas, que, por conseguinte, não têm como constituir-se

---

[63] [Johann Gottlieb Fichte, "Grundlage des Naturrechts nach Principien der Wissenschaftslehre",] *Werke*, cit., v. II, p. 186. [Ed. port.: *Fundamento do direito natural segundo os princípios da doutrina da ciência*, trad. José Lamego, Lisboa, Calouste Gulbenkian, 2012.]

[64] Ibid., p. 174 e seg. Essa construção artificial de modo nenhum é pura invenção de Fichte. Os éforos já são um antigo componente do direito natural revolucionário; eles já se encontram em Calvino e, mais tarde, em toda a chamada literatura monarcomáquica. Sobre isso, conferir K[urt]. Woltzendorff, *Staatsrecht und Naturarecht in der Lehre vom Widerstandsrecht des Volkes* (Berlim, 1916), p. 123 e seg. O debate sobre o direito do povo à insurreição tampouco é um debate entre eruditos. A formulação dessa questão desempenha um papel muito importante nas lutas em torno da Constituição francesa do período da revolução. Robespierre e os jacobinos permanecem até o fim favoráveis ao direito do povo à revolução, ao passo que Condorcet, enquanto ideólogo dos girondinos, é contrário e quer fundar instituições mediante as quais os litígios constitucionais possam ser resolvidos pela via puramente legal. O debate entre Robespierre e Condorcet teve forte repercussão teórica na Alemanha. Hegel também faz referência a ele em seu escrito sobre a Constituição alemã. Lasson, p. 79.

em vontade comum"*. Hegel defende, portanto, a visão não democrática de que a vontade do povo que se expressa de modo imediato não é capaz de criar um estado de direito real e ordenado. Nesse ponto, vê-se bem claramente a debilidade de sua posição.

Em contraposição, a concepção clara e sóbria das relações reais em Hegel ganha expressão na refutação da construção fichtiana. Ao examinar a relação entre Poder Executivo e éforos, ele não se detém na mera questão formal do direito, como Fichte, que se contenta com o projeto de uma Constituição "ideal", mas examina as relações reais de poder entre Executivo e éforos. E, ao fazer isso, chega à constatação sóbria e correta de que, no caso da igualdade de poder de ambos, o Estado se transformaria em um *"perpetuum mobile"* [moto-perpétuo], que, "em vez de mover-se, prontamente entraria em equilíbrio perfeito" e seria "um perfeito *perpetuum quietum*" [quieto perpétuo]. Ou seja, Hegel percebe que um duplo poder em um Estado funcionando normalmente – e toda Constituição é pensada para um longo período de funcionamento normal – é impossível. Se um dos dois, porém, o Executivo ou os éforos, detiver a supremacia de fato, se, portanto, o Estado for mesmo governado por uma vontade unitária, retira-se a base de toda a construção fichtiana.

Vemos aqui, uma vez mais, a limitação histórica das duas partes conflitantes – diferente em cada uma delas e, ainda assim, comum às duas, pois está claro que o fato constituinte do conflito foi propriamente o problema do duplo poder revolucionário. Na realidade da Revolução Francesa, este se manifestou no poder da Comuna de Paris, do clube dos jacobinos etc. diante da convenção. Contudo, mesmo aqueles que participaram dos acontecimentos, incluindo os que organizaram ou usaram e lideraram o duplo poder revolucionário, como Robespierre, não entenderam nem podiam entender sua essência social. Foi por essa razão que Robespierre quis introduzir o direito revolucionário à insurreição na Constituição de 1793. Ora, a filosofia fichtiana é um simples reflexo, ainda que idealisticamente ampliado, dessa incompreensão, desses preconceitos jurídicos a respeito da essência da revolução. (Como foi longa a vida desses preconceitos é evidenciado pelo papel que desempenham em *Sistema dos direitos adquiridos***, de Lassalle.) Hegel avançou a ponto de

---

*   Lasson, p. 360 e seg. (N. T.)
** Ferdinand Lassalle, *System der erworbenen Rechte. Eine Versöhnung des positiven Rechts und der Rechtsphilosophie* (Leipzig, F. A. Brockhaus, 1861), 2 v. (N. T.)

discernir o formalismo e a impotência das meras determinações constitucionais de cunho jurídico e vislumbrar nos conflitos em torno da Constituição questões atinentes ao poder real. Em seu caso, porém, esse conhecimento é toldado pelo fato de ser cego para a capacidade criativa do movimento revolucionário do povo.

É muito interessante e bem característico de Hegel o fato de concluir a polêmica contra Fichte com uma alusão ao golpe de Estado de Bonaparte no 18 de brumário. Ao fazê-lo, ele não quer só provar a impotência do eforado fichtiano (pois todos os governos franceses dessa época tiveram órgãos de controle parecidos, ainda que, é claro, não tão abstratamente sofisticados); ele quer mostrar também como, de acordo com suas representações, sucedem as transformações da Constituição na realidade. Hegel não menciona o nome de Napoleão nesse ponto. Dado que o golpe de Estado de Napoleão ocorreu em 1799 e Hegel escreveu seu tratado no fim de 1802 e no início de 1803, porém, não pode haver dúvida de que se refere ao 18 de brumário.

> Como se sabe, no caso da dissolução de um Poder Legislativo rivalizante empreendida em tempos recentes por um governo que era paralisado por ele, um homem pessoalmente envolvido, confrontado com a noção de que a instituição de uma comissão supervisora semelhante ao eforado fichtiano teria impedido tal ato de violência, julgou, com toda razão, que tal conselho supervisor e resistente ao governo teria estado sujeito ao mesmo tratamento violento.[65]

Veremos adiante que Hegel caracteriza Napoleão como o "grande mestre do direito constitucional em Paris". O fato de usá-lo, já bem cedo, na qualidade de autoridade decisiva em questões de direito constitucional, como trunfo contra seu adversário filosófico, Fichte, é bastante característico.

Essa contraposição entre Hegel e Fichte remonta ao fato de que Fichte, segundo as palavras de Hegel, vislumbra em todas as instituições sociais e jurídicas mera restrição da liberdade humana, ao passo que Hegel defende o seguinte ponto de vista: "A suprema comunhão é a suprema liberdade, tanto em relação ao poder quanto para seu exercício"[66]. É evidente que essa controvérsia está baseada no antagonismo recém-analisado presente na concepção da sociedade burguesa oriunda da Revolução Francesa. A consequência disso para

---

[65] Lasson, p. 360 e seg.
[66] *Erste Druckschriften*, p. 65.

Hegel, ao formular seu juízo sobre a ética e a doutrina de Estado fichtianas, é que nelas Fichte vislumbra sempre exclusivamente servidão e opressão da natureza e do homem.

Falamos sobre os problemas puramente morais que resultam daí por ocasião da crítica de Hegel a Kant em Frankfurt e, já naquele momento, dissemos que, de acordo as intenções de Hegel, o conteúdo desta se refere integralmente também a Fichte. A polêmica declarada contra Fichte, no que se refere aos problemas morais, segue inteiramente essa linha, de modo que, para evitar repetições, não a abordaremos em detalhes aqui. Na teoria do direito e na teoria do Estado, Hegel zomba sem parar da mania de Fichte de regulamentar tudo e de derivar todos os regulamentos aprioristicamente da essência da filosofia. Assim, por exemplo, Fichte quer derivar o modo como a falsificação de letras de câmbio e dinheiro poderia ser evitada por prescrições, que passaporte as pessoas deveriam portar, como esse passaporte teria de ser emitido etc.[67]. Em outra passagem, ele chama o código legal que surge em conformidade com as prescrições filosóficas fichtianas de "tabela de preços"[68].

Trata-se aqui de muito mais que a zombaria acerca das excrescências construtivo-idealistas da filosofia fichtiana. Por trás das observações irônicas de Hegel, estão duas concepções teóricas fundamentais. Em primeiro lugar, a intuição de que a força motriz real da sociedade é sua ininterrupta autorreprodução orgânica e que, portanto, a própria sociedade produz, no decorrer de seu desenvolvimento, as determinações que lhe são necessárias, que estas não lhe podem nem devem ser impostas por nenhum tipo de instância nem mesmo por uma filosofia que faz derivações aprioristicas. (Adiante veremos onde e as razões pelas quais Hegel não é capaz de elaborar e aplicar de modo consequente essa sua intuição correta.) Em segundo lugar, Hegel sustenta fundamentalmente o ponto de vista de que o conteúdo geral das leis é social e historicamente necessário, mas que justamente por isso as determinações legais específicas e, em especial, sua aplicação a casos particulares precisam conter um elemento irrevogável de contingência. Se determinado crime será punido com três ou quatro anos de prisão, isso é algo que, segundo Hegel, sempre será contingente e por princípio não poderá ser deduzido em termos filosóficos. Aqui se expressa com clareza a grande contraposição fundamental

---

[67] Ibid., p. 67.
[68] Lasson, p. 367.

entre a concretude do idealismo objetivo hegeliano e o caráter abstrato igualmente necessário do idealismo subjetivo fichtiano.

Esse feitio abstrato do idealismo subjetivo decorre, segundo Hegel, de seu caráter formalista. Ele evita por princípio todo aspecto de conteúdo. No idealismo subjetivo, o conteúdo dos mandamentos morais ou legais sempre é apenas sub-reptício, nunca sendo derivado de modo realmente filosófico de seus próprios pressupostos. Também essa intuição já havia sido expressa por Hegel em Frankfurt. Só que agora ele a formula de modo muito mais resoluto e fundamental. Ele diz contra Fichte: "A vontade é pura identidade sem qualquer conteúdo, e só é pura na medida em que se trata de algo inteiramente formal, despido de conteúdo. Em si, é impossível que seu conceito de finalidade tenha um conteúdo a partir de si mesmo [...]"[69].

O alcance concreto dessa diferença é demonstrado por Hegel mediante sua crítica a uma passagem decisiva de *Crítica da razão prática*, de Kant. Kant quer concretizar seu imperativo categórico, a lei suprema da moral, supondo encontrar na ausência de contradição ou no caráter contraditório das ações individuais dos homens um critério para a correção ou a falsidade moral. Ele acredita que, se o homem consegue elevar um mandamento moral à condição de lei universal sem se deparar com alguma contradição, isso prova filosoficamente sua correção. Para isso, Kant cita o exemplo de que sob nenhuma circunstância se pode subtrair um depósito. Ele diz o seguinte: "Dou-me conta imediatamente de que um tal princípio [a saber, a licitude da subtração do depósito – G. L.] enquanto lei destruir-se-ia a si mesmo, porque faria com que não existisse absolutamente depósito algum"[70]. Kant acredita, portanto, que, por meio desse princípio da ausência de contradição, é possível deduzir da forma do imperativo categórico seu conteúdo social em todos os casos específicos.

Hegel responde a isso com grande clareza e precisão:

> Que contradição haveria no fato de não haver absolutamente nenhum depósito? O fato de não haver nenhum depósito estará em contradição com outras determinidades necessárias, assim como a possibilidade de um depósito estará relacionada a outras determinidades necessárias e, por isso mesmo, será necessário. Não se

---

[69] *Erste Druckschriften*, p. 331 e seg.

[70] [Immanuel Kant,] *Kritik der praktischen Vernunft*, § 4, Anotação (Leipzig, 1906), p. 35. [Ed. bras.: *Crítica da razão prática*, trad. Valerio Rohden, São Paulo, Martins Fontes, 2003, p. 93.]

pretende, porém, evocar outras finalidades e razões materiais; o que se quer é que a forma imediata do conceito decida qual das duas assunções é a correta, a primeira ou a segunda. Para a forma, no entanto, é igualmente indiferente tratar-se de uma ou da outra dessas duas determinidades contrapostas.[71]

Essa crítica hegeliana contesta, em primeiro lugar, que se possa derivar qualquer conteúdo social do mandamento moral formal. As diversas instituições sociais etc. constituem uma totalidade concreta coesa e em transformação. Sua necessidade só pode ser derivada e fundamentada a partir de seu posicionamento dentro dessa totalidade concreta. Visto que Kant nem sequer aborda esse problema, visto que ele quer derivar o conteúdo social isolado diretamente de uma lei moral formal, sua derivação não passa de um expediente sub-reptício para introduzir um conteúdo. Em segundo lugar, Hegel combate aqui, como faz em toda parte, a nítida confrontação, própria de Kant-Fichte, de interior e exterior na moral, a confrontação de legalidade e moralidade. Segundo Hegel, a moralidade é parte importante, mas, não obstante, apenas parte da atividade social do homem, não podendo, por essa razão, ser nem mesmo filosoficamente separada da totalidade concreta da sociedade, com suas leis exteriores, suas instituições etc. Hegel pensa que, de acordo com a concepção de Kant-Fichte, de um lado, está um sistema morto e rígido de instituições e, do outro, uma interioridade abstrata vazia do homem moral. Hegel defende, em contraposição, a concepção dialética da interação indissolúvel de todos esses momentos do movimento dialético, pelo qual os próprios homens fazem sua sociedade com todas as instituições e atuam de modo próprio nessa sociedade por eles criada.

Essa ruptura abstrata e não dialética de interior e exterior efetuada no homem socializado constitui, segundo Hegel, a razão efetiva pela qual Jacobi, que combate Kant e Fichte em todos os seus escritos, às vezes até expondo corretamente as debilidades deles com argumentos certeiros, assume em termos filosóficos essencialmente o mesmo ponto de vista dos adversários e, desse modo, compartilha todas as suas limitações idealistas subjetivas.

Em uma visão superficial, Jacobi de fato se mostra diametralmente oposto a Kant e Fichte. Estes defendem a majestade da lei moral abstrata e universal e só reconhecem o homem singular, o homem efetivamente vivo, na medida em que suas aspirações correspondem à lei moral. Jacobi, em contraposição, apela à unicidade do homem real. Ele cita uma longa série de exemplos da

---

[71] Lasson, p. 352.

história, da poesia e das lendas, provando que ações, que parecem ser crimes segundo a ética formal, segundo a concepção moral corrente, são na realidade manifestações de uma moralidade humana elevada. Ele exige nada menos que o direito a tais "crimes", porque "a lei foi feita por causa do homem, não foi o homem que foi feito por causa da lei"[72].

Ora, Hegel não nega que a crítica explicitada aqui contra Kant e Fichte tenha um aspecto justificado, pois ele próprio combatera a ética kantiana em Frankfurt pelo mesmo motivo, a saber, porque ela fraciona, violenta e tiraniza o homem vivo real. Ele, no entanto, aponta para o fato de que Jacobi, a exemplo de Kant e Fichte, ainda que de uma perspectiva totalmente diferente, contrapõe o indivíduo isolado a uma sociedade conclusa, acabada, inteiramente estranha a ele. Segundo Hegel, o homem vivo é o homem em uma sociedade concreta e sua totalidade e sua vitalidade humanas só podem expressar-se em conexão com essa sociedade. Isolado desta, ele é tão abstrato e esquemático quanto o homem do mandamento moral abstrato kantiano-fichtiano.

Para provar sua concepção, Jacobi se reporta ao exemplo de dois espartanos que responderam da seguinte maneira à oferta do rei da Pérsia de permanecerem com ele: "Como poderíamos viver aqui e abandonar *nosso país*, *nossas leis* e *pessoas tais* que, para morrer por elas, empreendemos voluntariamente uma jornada tão longa?". Jacobi procura, então, reforçar a exatidão de suas ideias com a seguinte interpretação: "Eles nem tentaram ensinar-lhe *sua* verdade [...]. Não se referiram ao seu entendimento, ao seu juízo refinado, mas apenas a *coisas* e à sua inclinação para essas coisas. Não se vangloriaram de nenhuma virtude nem tinham filosofia; confessaram apenas o que sentia seu coração, *seu afeto* [...], *sua experiência* [...]". Nesse ponto, Hegel vê o subjetivismo parecido com o de Kant e Fichte na teoria de Jacobi. Ele diz contra essa interpretação:

> Porém, aquilo que mais vida tem, a pátria, o povo e as leis, Jacobi chama de *coisas* a que estariam habituados, como se está habituado a coisas. Ele não as compreende como coisas sagradas, mas como coisas comuns. [...] Ele compreende como contingência e dependência aquilo em que reside a suprema necessidade e a máxima energia da liberdade moral (*sittlicher*), a saber, viver segundo as leis de um povo e ainda por cima as do povo espartano – ele compreende como algo ordinariamente empírico aquilo que é o mais racional.[73]

---

[72] Citado por Hegel em *Erste Druckschriften*, p. 305.
[73] Ibid., p. 306 e seg.

Hegel vê, portanto, Kant-Fichte e Jacobi como unilateralidades equivalentes que se complementam, que têm em comum o fato de negligenciarem o campo de atividade concreto e real da moralidade humana, a vida dos homens na sociedade, de serem cegos para ela, de tratá-la como algo contingente, exterior e secundário. Essa crítica a Jacobi é um complemento à recém-tratada crítica ao imperativo categórico kantiano. Por essa razão, Hegel pode dizer em resumo: "À beleza moral não pode faltar nenhum dos dois aspectos, nem seu caráter vivo enquanto individualidade, o fato de não obedecer a conceitos mortos, nem a forma do conceito e da lei, a universalidade e objetividade"[74].

Essa polêmica contra Jacobi foi bastante atual na época de sua redação, pois era justamente a época de florescimento do romantismo. Jacobi não chegou a ser pessoalmente membro e adepto da escola romântica no sentido estrito, mas foi o representante de uma corrente ideológica que preparou determinados aspectos reacionários do romantismo. Em suma, trata-se de que a revolta democrático-iluminista da inteligência alemã mais avançada contra o absolutismo feudal na Alemanha – cujas manifestações mais marcantes foram o *Werther**, do jovem Goethe, *Os bandoleiros*** e *Intriga e amor****, do jovem Schiller – logo degenerou, em parte por influência do fato de estratos importantes da inteligência burguesa da Alemanha terem se afastado da Revolução Francesa.

O individualismo apaixonado do jovem Goethe e do jovem Schiller tinha um conteúdo declaradamente sociocrítico, antifeudal e libertário. Seus sucessores

---

[74] *Erste Druckschriften*, p. 306. Nesse contexto, não deixa de ser interessante o fato de o tão influente "filósofo da vida" moderno Georg Simmel igualmente ter submetido o exemplo kantiano do depósito a uma crítica, partindo, contudo, do ponto de vista de Jacobi, não do de Hegel. Ele pensa que Kant não se deu conta da unicidade de toda ação moral, que as circunstâncias, tanto as interiores quanto as exteriores, são qualitativamente distintas em cada ação e que, por essa razão, de fato haveria leis morais, só que, por assim dizer, "leis individuais", isto é, uma lei própria para cada caso individual. Dado que recentemente se estabelece com frequência uma conexão entre Hegel e o irracionalismo e a "filosofia da vida" (por exemplo, Kroner), esse "paralelismo" entre Hegel, Simmel e Jacobi é bem instrutivo. Cf. Simmel, *Kant* (6. ed., Munique e Leipzig, 1927), p. 145 e seg.

* Johann Wolfgang von Goethe, *Die Leiden des jungen Werther* (Leipzig, Weigand, 1774). Ed. bras.: *Os sofrimentos do jovem Werther* (trad. Marcelo Backes, Porto Alegre, L&PM, 2004). (N. T.)

** Friedrich Schiller, *Die Räuber* (Frankfurt e Leipzig, 1781). Ed. bras.: *Os bandoleiros* (trad. Marcelo Backes, Porto Alegre, L&PM, 2001). (N. T.)

*** Friedrich Schiller, *Kabale und Liebe: ein bürgerliches Trauerspiel in fünf Aufzügen* (Mannheim, In der Schwanischen Hofbuchhandlung, 1784). Ed. bras.: *Intriga e amor* (trad. Mario Luiz Frungillo, Curitiba, Editora da UFPR, 2005). (N. T.)

assumiram somente a exigência da peculiaridade individual, sem travar a batalha contra os obstáculos sociais concretos ao desenvolvimento da individualidade na Alemanha; eles perderam em parte todo interesse pela crítica da sociedade, em parte criticaram e combateram a sociedade de modo geral como obstáculo ao desenvolvimento da individualidade em geral. Desse modo, isolaram o indivíduo em termos literários tanto quanto ideais de todas as condições sociais, confrontando-o de modo abstrato e excludente com a sociedade.

Esse rumo tomado pelo desenvolvimento corresponde também à tendência ideológica geral. A atividade literária e intelectual do jovem Goethe e do jovem Schiller constitui um último ponto alto do Iluminismo pré-revolucionário. Nas poesias do jovem Goethe (o fragmento de *Prometeu* etc.), é proclamado o espinosismo. A degeneração da revolta sociocrítica do indivíduo em culto abstrato à individualidade também leva a um afastamento da linha geral do Iluminismo – que, na Alemanha, como sabemos, jamais foi decididamente materialista –, que culminou no espinosismo do Lessing tardio, de Goethe e de Herder. Jacobi inaugura, na Alemanha, a luta contra o ateísmo de Espinosa.

A escola romântica pôde tomar Jacobi e seus congêneres como ponto de partida imediato em sua concepção posterior de individualidade, que foi se tornando reacionária. A partir daí, ela também pôde assumir a ideologia da luta contra o Iluminismo. Todavia, a concepção de individualidade do romantismo mais tarde já vem com o complemento de que a Idade Média assegurara o livre desdobramento da individualidade em um grau maior do que o presente "atomista". A escola romântica de Iena encontrava-se apenas na transição para tais concepções. Porém, a ideologia do individualismo ilimitado e vazio já desempenhava um papel decisivo nela. Seu principal ideólogo, Friedrich Schlegel, quando era um jovem republicano, zombou de Jacobi, dizendo que este não tinha nenhum conceito de humanidade, mas só o de "Friedrich-Heinrich--Jacobidade"[75]. Contudo, poucos anos mais tarde (1799), ele já ganharia notoriedade com seu famigerado romance *Lucinda**, no qual aparecem essas tendências individualistas abstratas e irracionalistas levadas a extremo. O outro ideólogo líder da escola romântica, [Friedrich] Schleiermacher, publicou logo em seguida um escrito anônimo em defesa desse romance, no qual esse

---

[75] Friedrich [von] Schlegel, *Prosaische Jugendschriften* (Viena, [Konegen,] 1906), v. II, p. 83.

* Friedrich von Schlegel, *Lucinde* (Berlim, s./e., 1799). Ed. port.: *Lucinda* (trad. Álvaro Ribeiro, Lisboa, Guimarães, 1979). (N. T.)

individualismo e esse irracionalismo ganham expressão teórica, a exemplo do que aconteceu com as demais manifestações teóricas do romantismo ienense. Independentemente da escola romântica e em parte até em oposição a ela, os romances de Jean Paul contam com grande difusão e popularidade por volta dessa época. E Jean Paul sempre declarou ser discípulo e adepto de Jacobi.

Esse breve esboço do quadro literário de então já mostra como foi atual a atuação incisiva de Hegel contra a teoria moral de Jacobi. Hoje, essa linha própria de Hegel precisa ser sublinhada de modo especial, porque o neo-hegelianismo está constantemente empenhado em fazer de Hegel um "filósofo da vida" e irracionalista. Nesse contexto, é muito importante que Hegel tenha colocado o individualismo abstrato e vazio de Kant e Fichte no mesmo patamar da "filosofia da vida" irracionalista de Jacobi, pois vimos que o neokantismo do período imperialista (Simmel) já fez uma "síntese" entre kantismo e "filosofia da vida" e que, portanto, desvirtuou o combate crítico que Hegel moveu contra essa afinidade, convertendo-o em um juízo positivo e afirmativo. O neo-hegelianismo, que, como sabemos, almeja empanar também o antagonismo entre Kant e Hegel, quer aproximar Hegel a todo custo também da filosofia da vida de cunho romântico. Para não falar de interpretações francamente fascistas de Hegel (Hugo Fischer), encontramos na moderna "obra clássica" neo-hegeliana de Kroner a seguinte caracterização de Hegel: "Hegel, sem dúvida, é o maior irracionalista de que se tem conhecimento na história da filosofia"[76]. Diante dessa evidente falsificação histórica, que foi levada a termo no curso da fascistização da filosofia alemã, deve-se analisar bem concretamente e expor em seu nexo efetivo os fatos reais referentes às correntes intelectuais daquela época e ao posicionamento de Hegel em relação a elas[77].

Ora, o nexo efetivo consiste no fato de que Hegel lutou incessantemente ao lado de Goethe – o qual, todavia, igualmente é reclamado de modo injustificado pelos modernos falsificadores irracionalistas da história alemã – contra todas as nuanças do individualismo romântico e da "filosofia da vida" irracionalista. Hegel resume assim sua crítica a Jacobi: o fato de ele limitar-se à individualidade, "essa análise eternamente referida ao sujeito, que no lugar da liberdade moral põe a suprema escrupulosidade, o egoísmo nostálgico e

---

[76] [Richard] Kroner, *Von Kant bis Hegel* (Tübingen, [Mohr,] 1921), v. II, p. 271.
[77] Cf., a respeito disso, o capítulo sobre o neo-hegelianismo em meu livro *Die Zerstörung der Vernunft* (Berlim, 1954; *Werke*, v. 9), p. 474-505.

o definhamento moral", só pode levar a uma "idolatria interior". De modo bem característico, Hegel considera, então, um inferno a vida do homem na órbita de tal individualismo e, ao fazê-lo, reporta-se – uma vez mais, de modo sumamente sintomático – ao drama *Ifigênia**, de Goethe, no qual esse inferno é posto na forma do destino de Orestes, mas com plena consciência de seu caráter desagregador, problemático, com plena consciência intelectual e poética de que o humanismo progressista teria de buscar e encontrar uma saída para essa situação da vida moderna. Esse caráter consciente de seu humanismo fez de Goethe o grande poeta de seu tempo. Hegel contrapõe, então, em termos ideológicos e artísticos, a produção poética de Jacobi com o humanismo de Goethe.

> Vemos, assim, exposto nos heróis Allwill e Woldemar [heróis dos romances de Jacobi – G. L.] justamente esse tormento da eterna contemplação de si mesmos, e isso nem ocorre em um ato, mas no tédio e na falta de vigor ainda maiores da existência vazia, e essa falta de pudor consigo mesmos é exibida como a razão da catástrofe de suas peripécias não romanescas, ao mesmo tempo que, na resolução, esse princípio não é superado e acaba tingindo essencialmente, em maior ou menor grau, a virtude sem catástrofe de todos os caracteres que os rodeiam naquele inferno.[78]

Na hora de emitir um juízo sobre a posição de Hegel em relação à escola romântica no sentido estrito, é bem característico o fato de a seção sobre Jacobi em *Fé e saber* terminar com uma crítica de *Discursos sobre a religião* de Schleiermacher, um dos principais escritos do período ienense do romantismo. Hegel também censura em Schleiermacher a mesma subjetividade vazia que criticara em Jacobi.

> Assim, até mesmo esse contemplar do universo é convertido em subjetividade, na medida em que é [...] virtuosidade, ou nem chega a ser uma ansiedade, mas apenas sua busca [...] a exteriorização de algo pura e simplesmente interior, irrupção imediata ou seguimento de um entusiasmo individual e específico, e não haveria aí a exteriorização verídica, não haveria uma obra de arte.**

---

* Johann Wolfgang von Goethe, *Iphigenie auf Tauris; ein Schauspiel* (Leipzig, 1787). Ed. bras.: *Ifigênia em Táuride; Drama* (trad. Carlos Alberto Nunes, São Paulo, Instituto Hans Staden, 1964). (N. T.)

[78] *Erste Druckschriften*, p. 307 e seg.

** Idem. (N. T.)

Hegel, portanto, censura em Schleiermacher a mesma coisa que criticara em Jacobi: Schleiermacher quer "perenizar a arte sem obra de arte"[79], fazer culminar a "filosofia da vida" em uma "arte de viver" como realização "prática" dessa filosofia; desse modo, ele também se detém no nível da imediaticidade individualista de Jacobi.

Para mostrar uma vez mais de modo marcante a profunda afinidade entre essas concepções e o kantismo, queremos citar nesse contexto uma breve observação contida no bloco de anotações de Hegel em Iena: "Menciona-se Kant com admiração, dizendo que ele ensina a *filosofar*, não a *filosofia*, como se alguém ensinasse o ofício de marceneiro, mas nunca a fazer uma mesa, uma cadeira, portas, um armário etc."[80].

Hegel, portanto, compreende Kant, Jacobi e Fichte como representantes de uma única linha de desenvolvimento filosófico, na qual se reproduzem em níveis cada vez mais elevados com necessidade histórica a vacuidade e a problemática do individualismo moderno. A moral do idealismo objetivo, que ele passa a confrontar, nesses escritos polêmicos, com o idealismo subjetivo, culmina na seguinte sentença: "A totalidade ética absoluta nada mais é que *um povo*"[81]. Em conexão com isso, ele resume a própria noção recorrendo a um enunciado com que um pitagórico responde, no livro de Diógenes Laércio, à pergunta pela melhor educação para uma pessoa: "Aquela que fizer dela o cidadão de um povo bem organizado"[82].

Engels identificou claramente essa tendência da moral hegeliana e a caracterizou de forma positiva em contraposição à moral de Feuerbach, que voltava a tornar-se abstrata. A ética de Hegel

> ou a doutrina da eticidade é a filosofia do direito e compreende: 1) o direito abstrato, 2) a moralidade (*Moralität*), 3) a eticidade (*Sittlichkeit*), que, por sua vez, abrange: a família, a sociedade burguesa, o Estado. Aqui a forma é tão idealista quanto o conteúdo é realista. Todo o campo do direito, da economia, da política é englobado aqui ao lado da moral.[83]

---

[79] Ibid., p. 312 e seg.
[80] Rosenkranz, p. 552. Essa forma de entusiasmo por Kant voltou a ser bem moderna no período imperialista, especialmente na forma simmeliana da vinculação de kantismo e "filosofia da vida".
[81] Lassen, p. 368.
[82] Ibid., p. 392.
[83] [Friedrich] Engels, *[Ludwig] Feuerbach [und der Ausgang der klassischen deutschen Philosophie]*, cit. [em Karl Marx e Friedrich Engels, *Werke*, v. 21, 5. ed., Berlim, Dietz, 1975], p. 34.

A ética hegeliana do período de Iena é diferente da formulação posterior, tanto em termos de conteúdo quanto em termos de estruturação. Porém, como caracterização geral das tendências de Hegel na área da moral, a caracterização feita por Engels se aplica com perfeição à fase do desenvolvimento de Hegel de que estamos tratando agora. Tendo, portanto, explicitado de maneira ainda um tanto abstrata as concepções positivas de Hegel a partir de sua polêmica contra o idealismo subjetivo, deparamo-nos com a tarefa de expor em seu contexto real o âmbito concreto dos problemas tratados na moral hegeliana. O primeiro pressuposto para isso é estar ciente da concepção de como surgiu, segundo Hegel, a sociedade burguesa moderna, cujos conteúdos e formas de manifestação serão abrangidos pela moral hegeliana.

IV. A concepção hegeliana de história nos primeiros anos em Iena

A linha básica do pensamento hegeliano sempre foi histórica. No período de Berna, vimos que em Hegel a concepção histórica é anterior à consciência filosófica dos problemas da história. Esta só entra em cena após a renúncia às ilusões jacobinas de renovação da Antiguidade, quando ele se depara com os problemas da dialética da sociedade burguesa moderna. Desde então, a conexão dialética entre o desenvolvimento histórico e a sistemática filosófica constitui um problema central do pensamento hegeliano. Limitamo-nos a lembrar o leitor de que tanto *Filosofia do direito* quanto a exposição do espírito objetivo em *Enciclopédia* desembocam na história mundial como máxima instância decisiva da razão. Uma das principais críticas que Hegel levanta contra Fichte consiste, como sabemos, no fato de este conceber a liberdade independentemente das leis objetivas da natureza e da história.

Reverência e respeito diante da realidade histórica constituem, portanto, a base da filosofia de Hegel. Nas palavras introdutórias à continuação, em Iena, do escrito "A Constituição da Alemanha", que já conhecemos de Frankfurt, Hegel se propõe a seguinte tarefa: "Compreender aquilo que é". E, em outra passagem da introdução, ele comenta essa frase em um sentido que evidencia tanto o aspecto dialético propulsivo quanto o elemento idealista. "O que não pode mais ser compreendido não é mais."[84]

O historicismo de Hegel de modo nenhum significa, portanto, uma glorificação do passado, tampouco a justificação de certos aspectos do presente por

---
[84] Lasson, p. 5 e 3.

terem um passado longo e venerável. Esse é o ponto de vista do historiador do romantismo e daqueles que entraram na esfera da influência romântica. Hegel, porém, sempre assume uma posição desaprovadora de tais concepções. Anteriormente, em conexão com o problema da "positividade" (p. 329 e seg. deste livro), citamos uma passagem do ensaio de Hegel sobre "direito natural", na qual ele fala a respeito de como as instituições do feudalismo, que originalmente corresponderam às condições históricas de vida do povo, foram se desenvolvendo até se tornarem uma "positividade" morta. Hegel exige um conhecimento histórico correto dessa questão. Tal conhecimento, porém,

> extrapolará sua determinação e sua verdade, se, por meio dele, se pretender justificar para o presente a lei que era verdade apenas em uma vida passada. Pelo contrário, esse conhecimento histórico da lei, que consegue exibir seu fundamento unicamente em costumes perdidos e em uma vida extinta, demonstra justamente que lhe faltam agora, no tempo vivo do presente, o entendimento e o significado [...].*

Nesse contexto, ele confronta polemicamente "a história de uma vida passada" com a "representação determinada de uma morte presente"[85]. A aproximação de Hegel ao pseudo-historismo do romantismo revela-se, portanto, uma falsificação deslavada.

Hegel tampouco compartilha a metodologia histórica do romantismo que apareceu nessa época na Alemanha. Pois, sob a influência da publicística da contrarrevolução, começou a disseminar-se lá a concepção de que a "organicidade" das formações históricas e do desenvolvimento histórico exclui a vontade consciente dos homens de mudar seu destino social; que a "continuidade" do desenvolvimento histórico é francamente contrária à interrupção da linha de desenvolvimento já iniciada. Essas ideias implicam que toda revolução seja essencialmente um "desatino a-histórico" dos homens, "uma artificialidade a-histórica" que apenas perturba o "curso real" da história. É característico das crescentes inclinações românticas reacionárias de Schelling que, já na época da colaboração com Hegel, ele tivesse começado a fazer concessões preocupantes a essas teorias em *Preleções sobre o método do estudo acadêmico* (1803)**.

---

* Ibidem, p. 408 e seg. (N. T.)
[85] Ibid., p. 408 e seg.
** F. W. J. Schelling, *Vorlesungen über die Methode des akademischen Studiums* (Tübingen, Cotta, 1803). (N. T.)

A importância metodológica de cunho prático da forma específica da dialética hegeliana que já conhecemos passa a evidenciar-se também na metodologia da história. Todas as análises de Hegel nessa época sobre problemas históricos mostram que também nesse ponto ele foi fiel ao princípio básico de sua dialética e que, portanto, para ele, a continuidade histórica era uma unidade de continuidade e descontinuidade. Adiante veremos como é central a posição que a Revolução Francesa assume na concepção de história de Hegel em Iena. E não passa de obviedade dizer que essa concepção se reflete, ainda, em sua metodologia. Já mencionamos que, em *Lógica ienense*, está contida a teoria da passagem da quantidade para a qualidade. A "linha nodal das relações de medida" – que, todavia, só mais tarde seria formulada em definitivo – é uma das bases metodológicas para compreender saltos qualitativos, interrupções violentas de continuidade, como componentes necessários e orgânicos de uma linha de desenvolvimento.

Nas análises finais do ensaio sobre o direito natural, Hegel aborda justamente esses saltos qualitativos na história – e o faz em polêmica óbvia, embora não declarada, contra as concepções mencionadas. Devido à importância de ressaltar com nitidez essa contraposição entre Hegel e o romantismo, temos de citar essa passagem por inteiro, ainda que seja bastante extensa. Em relação a ela, fique observado que, quando Hegel fala de individualidade, sempre se refere a uma individualidade na forma de povo.

> E a natureza, mesmo prosseguindo, dentro de determinada forma, em um movimento regular, contudo não mecanicamente uniforme, mas uniformemente acelerado, desfruta, a despeito disso, de uma nova forma conquistada por ela; assim como ela salta para dentro dessa forma, ela também se detém nela por um momento. Como a bomba arrebenta para chegar à sua culminação e então repousa nela por um momento ou como o metal aquecido não amolece do mesmo modo que a cera, mas salta de uma vez para o estado líquido e se detém nele por um momento – pois esse fenômeno é a passagem para o absolutamente oposto e, portanto, infinito, e esse advir do oposto de dentro da infinitude ou de seu nada constitui um salto, e a existência da forma em sua força recém-nascida é primeiro só para si, antes de tomar consciência de sua relação com algo estranho –, assim também a individualidade crescente conta tanto com a lepidez daquele salto quanto com a duração do desfrute de sua nova forma, até que se abra gradativamente para o negativo e, por ocasião de seu desaparecimento, também se torne súbita e explosiva.[86]

---

[86] Lasson, p. 410.

Nessa passagem, vê-se claramente o que valem aquelas teorias modernas (Meinecke, Rosenzweig, Heller etc.) que fazem de Hegel precursor de Ranke.

Ao nos voltarmos agora para a análise das concepções concretas de Hegel sobre o curso da história, devemos estar cientes de que não temos nenhuma exposição histórica abrangente feita por ele nesse período. Encontramos análises dispersas em diversos escritos, em especial no escrito sobre a Constituição da Alemanha, retrabalhado em 1801-1802 e então relegado definitivamente à condição de fragmento, bem como nos vários escritos polêmicos, projetos de sistema etc. Embora nossa exposição se concentre agora essencialmente nos primeiros anos em Iena, incluiremos na exposição tanto das conexões históricas concretas quanto de nossa posterior análise da economia ienense de Hegel também os manuscritos recentemente publicados de suas preleções dos anos 1803-1804 e 1805-1806, porque nelas muitas vezes se encontram formulações mais claras dos problemas com que Hegel se defrontou já nos primeiros anos em Iena. De qualquer modo, *Fenomenologia do espírito* já traz um panorama sistematizado do desenvolvimento histórico da humanidade. Adiante veremos, porém, que, nesse caso, os objetivos metodológicos de Hegel foram bem específicos, de modo que *Fenomenologia do espírito* tampouco oferece uma exposição global da história universal no mesmo sentido das posteriores preleções sobre a filosofia da história.

O escrito sobre a Constituição da Alemanha, cujos primeiros esboços conhecemos do período inicial em Frankfurt, só em Iena teria suas partes mais extensas historicamente fundamentadas. Essas exposições lançam uma luz bem mais clara do que em Frankfurt sobre um dos lados do problema hegeliano, a saber, o da história da gênese da divisão nacional e estatal da Alemanha. Porém, outro aspecto do problema – a perspectiva política atual de Hegel, acerca de como solucionar essa situação – continua tão obscuro para Hegel quanto anos antes. Com efeito, a maior concreção da análise histórica o força a conferir uma forma concreta à falta de uma perspectiva clara.

Na análise da divisão nacional da Itália, em muitos aspectos análoga à da Alemanha, e das tentativas de estabelecer ali a unidade nacional, Hegel chega a tratar dos escritos de Maquiavel. Este também analisou a divisão de sua pátria de modo claro e perspicaz quanto às causas e tampouco foi capaz de encontrar saída concreta que levasse à união nacional da Itália. Por essa razão, emerge em seu escrito a analogia antiga de Teseu, que, de acordo com a lenda, pôs fim à divisão e à anarquia do povo e fundou a unidade nacional e estatal de Atenas. Tal Teseu é requerido e procurado por Maquiavel para a Itália, e a essas análises se associa o jovem Hegel, que tem uma perspectiva igualmente obscura[87].

Esse lendário Teseu não aflora apenas em diversas passagens do escrito sobre a Constituição, mas também em outros textos do jovem Hegel, e, na bibliografia sobre Hegel, há as mais variadas conjecturas sobre quem ele de fato tinha em mente com esse Teseu. (Quanto a Maquiavel, ele pensou, por algum tempo, em Cesare Borgia.) Dilthey crê identificar Napoleão como o Teseu hegeliano. Rosenzweig aventa uma hipótese totalmente insólita ao identificar Teseu com o Arquiduque Carlos, da Áustria[88].

Dado que esta última concepção constitui uma pedra importante na construção edificada para fazer de Hegel precursor de Ranke e Bismarck, temos de ocupar-nos mais extensamente dela. Isso terá para nós, ao mesmo tempo, o efeito concreto de ver como o jovem Hegel se comporta em relação às duas grandes potências alemãs de seu tempo, a Prússia e a Áustria. Seu posicionamento em relação à Prússia é de rejeição radical e enérgica. Ele vê a Prússia como nada menos que uma potência estrangeira que ameaça a unidade alemã a partir de fora.

> Do mesmo modo que o Império Romano foi destruído por bárbaros nórdicos, o princípio da destruição do Império Romano-Germânico vem do norte. Dinamarca, Suécia, Inglaterra e, sobretudo, Prússia são as potências estrangeiras que conferem à sua condição de estamento imperial um centro separado do Império Alemão e, ao mesmo tempo, exercem uma influência legal nos assuntos dele.[89]

Em lugar nenhum o jovem Hegel se deixa ofuscar pelas lendas em torno de Frederico II da Prússia. Nas guerras travadas pela Prússia, ele não vislumbra nenhum tipo de interesse nacional alemão, mas tão somente "o interesse privado das potências que fazem guerra"; ele as encara como guerras promovidas pelo gabinete do *ancien régime*. Nem na ampliação territorial da Prússia no decorrer do século XVIII Hegel vê qualquer vantagem para a Alemanha – pois cresceu a potência "cuja grandeza é a que mais contraria a unidade do Estado alemão". Em outras passagens, fala com grande desprezo do burocratismo sem

---

[87] Ibid., p. 111 e seg.
[88] Dilthey, cit., v. IV, p. 136. Rosenzweig, cit., v. I, p. 125 e seg.
[89] Ibid., p. 87 e seg.

alma do Estado prussiano[90]. O tratamento dispensado à Áustria no escrito sobre a Constituição é, por algumas nuanças, mais amigável do que o conferido à Prússia; Hegel mostra certa simpatia especialmente pelas tentativas de reforma de José II. Em relação ao contexto global da Alemanha, porém, ele situa Prússia e Áustria no mesmo patamar[91]. Daí se pode depreender o valor histórico da hipótese "arguta" de Rosenzweig.

No que se refere à identificação de Teseu com Napoleão, razões muito importantes falam a favor dessa concepção. Alguns anos mais tarde, na época da redação de *Fenomenologia*, Hegel sem dúvida é adepto de Napoleão. No tratamento dessa questão, depreenderemos claramente de suas cartas que ele foi adepto resoluto da política da Confederação do Reno e permaneceu assim até a queda de Napoleão. Também vimos que, em 1803, na polêmica contra o eforado fichtiano, ele se reportou em sentido aprovador ao golpe de Estado de Napoleão. Seria, portanto, provável encontrar, nas análises de 1801, as tentativas iniciais nessa linha. No entanto, não é possível afirmar isso com segurança absoluta, pois em fragmentos de cunho filosófico-religioso e filosófico-histórico do período inicial em Iena, publicados por Rosenkranz e que provavelmente surgiram ao mesmo tempo que o escrito sobre a Constituição, Hegel fala do surgimento de uma nova religião e determina a época de seu aparecimento da seguinte maneira: "Quando houver um *povo livre* e a razão tiver regenerado sua realidade como espírito ético que pode ter a ousadia de *tomar sua forma pura sobre território próprio e por sua própria majestade*"[92].

Essas exposições parecem indicar que, naquela época, Hegel ainda contou com a libertação nacional completa da Alemanha; todavia, aqui permanece totalmente obscuro o fundamento de suas esperanças. O não esclarecimento dessa questão, porém, não tem importância decisiva para o desenvolvimento de Hegel, pois o trajeto que o afastou da revolução e o levou a aderir a Napoleão está completamente claro diante de nós. As perguntas sobre *quando* começou

---

[90] Ibid., p. 93, 91 e 31. Esse posicionamento em relação à Prússia é predominante em Hegel até a queda de Napoleão. Encontramos sua expressão tanto nas cartas dos períodos de Bamberg e de Nürnberg quanto nos escritos de Hegel em Nürnberg. Em conexão com aquela mudança que levou Hegel a resignar-se com a queda de Napoleão e com o período da restauração, reviravolta que não ocorreu sem provocar crise e que levou ao estado de espírito resignado de todo o período posterior, a atitude de Hegel para com a Prússia também mudou. A investigação desse desenvolvimento, porém, extrapola o quadro de nosso trabalho.
[91] Ibid., p. 127.
[92] Rosenkranz, p. 141.

essa adesão, quais foram as oscilações que a antecederam e qual foi a gravidade destas têm importância secundária em relação à clareza quanto à linha básica.

A importância do escrito sobre a Constituição alemã para Hegel consiste no fato de que foi nele que ele fixou pela primeira vez o curso do desenvolvimento histórico das formações sociais e dos Estados, fazendo isso de uma forma que mais tarde foi detalhada, mas não mais modificada em pontos decisivos. Hegel vê a migração dos povos* e o sistema do feudalismo dela decorrente como ponto de partida social e estatal para as nações da Europa moderna.

> Esse *sistema de representação* é o sistema de todos os Estados europeus mais recentes. Ele não esteve presente nas florestas da Germânia, mas se originou delas; ele marca época na história universal. O contexto da formação do mundo conduziu o gênero humano do despotismo oriental e da degeneração do domínio de uma república sobre o mundo para esse meio-termo entre os dois, e os alemães são o povo do qual nasceu essa terceira forma universal do espírito do mundo. Esse sistema não esteve presente nas florestas da Germânia, pois toda nação precisa ter percorrido as próprias etapas culturais antes de intervir no contexto global do mundo; e o princípio que a eleva à universalidade do domínio só surge quando seu princípio peculiar é aplicado ao restante do sistema mundial privado de sustentação. Assim, a liberdade dos povos germânicos, no momento em que inundaram o restante do mundo conquistando-o, foi necessariamente um sistema de feudos.[93]

Partindo dessa concepção filosófico-histórica geral, Hegel passa a esboçar o rumo do desenvolvimento do feudalismo e de sua dissolução nos Estados europeus mais importantes. Ele subdivide estes em dois grupos principais. O primeiro, do qual fazem parte a Inglaterra, a França e a Espanha, é aquele em que o poder monárquico central obteve êxito em submeter o feudalismo. O segundo, cujos representantes são a Itália e a Alemanha, é aquele em que a dissolução do feudalismo levou a um esfacelamento da vida nacional, a um impedimento da unidade nacional.

Do primeiro grupo, Hegel analisa somente o desenvolvimento francês. Ele mostra como a França e a Alemanha, oriundas da mesma formação social, do feudalismo, chegaram a formas nacionais diametralmente opostas.

---

* Trata-se do fracasso migratório que a historiografia tradicional designa como a "invasão dos povos bárbaros" das fronteiras nórdicas do Império Romano. (N. E.)

[93] Lasson, p. 93. A passagem sobre as "florestas da Germânia" é alusão polêmica e corretiva a Montesquieu, *L'Esprit des lois* [O espírito das leis], livro IX, cap. IV. Hegel historiciza aqui a concepção de Montesquieu, mas sem contrapor-se integralmente a ela.

A França como Estado e a Alemanha como Estado carregavam ambas dentro de si os mesmos dois princípios da dissolução; em um, ele os destruiu completamente e, por essa via, elevou-o à condição de um dos Estados mais poderosos; no outro, deu-lhes todo o poder e, por essa via, suprimiu sua existência como Estado.[94]

Hegel descreve, em seguida, como na França a nobreza feudal autonomizada e os huguenotes, que por algum tempo formaram um Estado dentro do Estado, foram submetidos à monarquia absoluta; como a destruição de ambos foi necessária para que surgisse a unidade da Monarquia francesa. Ao fazê-lo, ele ressalta o papel especial desempenhado por Richelieu, sendo que, na análise deste, já temos diante de nós claramente a concepção hegeliana posterior do "indivíduo histórico-universal".

Também aqui os neo-hegelianos tentam estabelecer um vínculo entre essa teoria hegeliana e o moderno "culto aos heróis", proveniente de [Heinrich von] Treitschke e [Friedrich] Nietzsche e por eles assumido. Para Hegel, porém, jamais se trata da pessoa, e sim do princípio histórico-universal que, em dada situação, vale-se de um homem como instrumento apropriado. Ele explicita já aqui sua tendência posterior com muita clareza. Ele diz dos senhores feudais franceses:

> Eles, porém, não foram derrotados pela pessoa de Richelieu, e sim por seu gênio, que vinculou sua pessoa ao princípio necessário da unidade do Estado. [...] E o gênio político consiste nisto: o indivíduo identifica-se com um princípio; com essa vinculação, ele necessariamente obterá a vitória.[95]

Sobre a Inglaterra, a Espanha e os demais países, Hegel fala aqui de modo breve e rápido. O único elemento importante em suas análises é que ele mostra uma indiferença declarada em relação à forma do Estado (monarquia ou república). O que importa para ele é um "centro que reúne todas as forças – a forma propriamente monárquica ou a forma republicana moderna"[96], sendo-lhe indiferente qual delas exerce essa função. (Nessa indiferença em relação às formas de governo, Hegel segue o exemplo de Hobbes, como faz em muitos outros pontos.)

Na análise da Itália, o lugar central é ocupado por uma investigação objetiva e sem preconceitos das teorias de Maquiavel. Aqui, mais uma vez, é importante notar que, para Hegel, Maquiavel de modo nenhum foi o teórico de

---

[94] Ibid., p. 107.
[95] Ibid., p. 108.
[96] Ibid., p. 109.

uma "política do poder" (*Machtpolitik*) generalizada e sem criatividade, como é dito com predileção pela escola de Meinecke. Hegel considera Maquiavel um ideólogo desesperado da unidade nacional italiana perdida e a ser restabelecida, um revolucionário nacional que almeja realizar esse grande objetivo com os meios que se fizerem necessários. Nesse contexto, Hegel insere uma breve descompostura do escrito de Frederico II da Prússia contra Maquiavel, chamando-o de "exercício escolar", cuja vacuidade foi desmascarada como hipocrisia exatamente pelos atos de Frederico. E nesse ponto ele também não se esquece de ressaltar o contraste histórico concreto: Maquiavel lutou pela unidade da Itália, ao passo que seu crítico, o príncipe herdeiro Frederico, era um "futuro monarca, sendo a expressão mais clara de toda a sua vida e de seus feitos a dissolução do Estado alemão em Estados independentes"[97].

As concepções de Hegel sobre as formas de dissolução do feudalismo alemão e sobre o surgimento da divisão dos pequenos Estados já nos são conhecidas desde a primeira formulação desse escrito em Frankfurt (p. 222 e seg. deste livro). Na nova versão, Hegel determina como reviravolta decisiva a Paz de Westfália, que pôs fim à Guerra dos Trinta Anos; nela "organizou-se essa ausência de Estado na Alemanha. [...] Na Paz de Westfália, a Alemanha desistiu de consolidar-se como potência estatal segura e submeteu-se à boa vontade de seus membros"[98].

Sobre esse fundamento histórico, Hegel passa a discorrer sobre a necessidade do Estado moderno. Segundo sua concepção, esse Estado surgiu da *suplantação* da Revolução Francesa. Nesse caso, para entender corretamente a concepção de Hegel, é necessário conceber a Revolução Francesa como suplantada no duplo sentido dialético, a saber, como superada e conservada. Nas análises que Hegel faz dessa questão em seu escrito sobre a Constituição, ele expressa claramente sua aversão às aspirações democráticas radicais da Revolução Francesa: refere-se a elas como anarquia. Porém, ao citar suas conclusões em detalhes, vemos que suas concepções estão muito distantes de qualquer espécie de restauração, que ele vislumbra na Revolução Francesa – após a superação da "anarquia" – o início de uma nova época na história mundial.

> A anarquia se divorciou da liberdade, e imprimiu-se bem fundo a noção de que um governo firme é necessário para a liberdade, mas ficou impresso igualmente fundo

---
[97] Ibid., p. 115.
[98] Ibid., p. 105.

que o povo deve participar ativamente da elaboração de leis e dos assuntos mais importantes de um Estado. O povo tem a garantia de que o governo procederá segundo as leis e assume a participação ativa da vontade geral nos assuntos mais importantes que dizem respeito a todos mediante a organização de um organismo que os representa, o qual terá de conceder ao monarca uma parte dos tributos recolhidos pelo Estado, em especial os extraordinários, e como antigamente o mais essencial, que era a prestação pessoal de serviços, dependia da concordância livre, assim é agora com o dinheiro, que comporta toda a influência restante. Sem tal corpo representativo não é mais possível conceber nenhuma liberdade [...].[99]

Vemos que, por um lado, Hegel assume o ponto de vista de uma monarquia constitucional (todavia, com a ressalva hobbesiana nem sempre declarada da indiferença em relação a monarquia ou a república), e, por ocasião da análise mais concreta, essa sua concepção de Estado se apoia cada vez mais fortemente na do Estado napoleônico. Por outro lado, podemos ver claramente aqui a concepção hegeliana posterior, a saber, a do surgimento orgânico do Estado moderno a partir do feudalismo e de sua dissolução.

Nesse desenvolvimento, no entanto, como já vimos, a Revolução Francesa constitui uma cesura decisiva. É preciso ressaltar isso, já porque os intérpretes mais recentes de Hegel estão sempre querendo apagar e falsificar esses traços, seu antifeudalismo, seu desprezo pela restauração, visando a defender a linha de desenvolvimento Hegel-Ranke-Bismarck por eles construída. Essa falsificação de Hegel às vezes emprega meios bastante toscos de falsificação geral da história. Rosenzweig, por exemplo, que conhece os escritos de Hegel tão bem que é impossível não ver sua afinidade com as concepções napoleônicas de Estado, simplesmente falsifica a essência de todo o período napoleônico: ele o vê como uma restauração do *ancien régime* no estilo de Luís XIV[100]. Sobre essa base, não é difícil fazer de Hegel primeiro um adepto do *ancien régime* e, em seguida, um precursor de Bismarck. Na realidade, a concepção hegeliana por nós esboçada da monarquia constitucional – inspirada no modelo de Montesquieu – é uma reprodução ideal em parte da Inglaterra, em parte dos Estados napoleônicos – portanto, sob todas as circunstâncias, de formas de Estado que passaram por uma revolução burguesa. Podemos observar essa concepção de Hegel em todas as suas análises do direito constitucional. Sobre

---
[99] Ibid., p. 128.
[100] Rosenzweig, cit., v. II, p. 3 e seg.

o caráter de seus estamentos, falaremos em outros contextos. Aqui apenas apontaremos para o fato de que até mesmo os sistemas fiscais sugeridos por ele estão predominantemente orientados pelo modelo inglês (Smith) e se posicionam energicamente contra todas as formas de resquícios feudais nas receitas do Estado (por exemplo, domínios)[101].

Contudo, o modo mais claro de vislumbrar a concepção histórica que Hegel tem do Estado moderno é retomar sua figura mística do Teseu redentor. Teseu não emerge apenas em conexão com a concepção de Maquiavel no escrito sobre a Constituição, mas também com autonomia, só que em uma passagem bastante obscura, cujo sentido histórico e social, contudo, esperamos aclarar, acrescentando observações elucidativas extraídas das preleções posteriores de Hegel (1805-1806). Hegel diz o seguinte:

> Esse Teseu precisaria ser magnânimo para conceder ao povo criado por ele a partir de povos dispersos participação naquilo que diz respeito a todos – porque uma constituição democrática como a que Teseu deu a seu povo é uma contradição em si nestes nossos tempos e em grandes Estados, em que a participação equivaleria a uma organização – precisaria ter caráter suficiente para – mesmo que não viesse a ser recompensado com ingratidão como Teseu, pudesse assegurar-se mediante a direção do poder do Estado que estaria em suas mãos – querer suportar o ódio que Richelieu e outros grandes homens atraíram sobre si, os quais esfacelaram as singularidades e particularidades dos homens.[102]

A rejeição da democracia por Hegel não é mais novidade para nós. A ideia de que a democracia foi uma forma de governo apropriada somente para as cidades-Estado da Antiguidade, mas não serve para os grandes Estados modernos, tampouco é nova – nem em Hegel nem em si e por si só. Ela é bem comum no Iluminismo francês. A determinação de Hegel nessa questão é importante para nós na medida em que evidencia a filosofia da história que foi preparada já em Frankfurt e aperfeiçoada depois em Iena, segundo a qual a Antiguidade é um período *completamente passado* do desenvolvimento da humanidade e deixou de ser um modelo para nós em termos de organização estatal e social. Adiante voltaremos detalhadamente a essa questão.

Ora, no que se refere ao próprio Teseu, não nos deixemos confundir pela linguagem bastante genérica e em parte obscura de Hegel. Para Hegel, o

---

[101] Ibid., p. 493 e seg.; *Realphilosophie*, v. II, p. 233 e seg.
[102] Lasson, p. 135 e seg.

"indivíduo histórico-universal" sempre é o órgão executivo do espírito do mundo. Porém, como logo veremos, trata-se, em Hegel, sempre do predomínio do princípio historicamente necessário, e Teseu sempre é só um órgão, um instrumento que a história universal usa para levar a termo a mudança concretamente necessária bem naquela época. E a oposição que Hegel estabelece aqui entre Teseu e a massa é a oposição entre o "indivíduo histórico-universal" que compreendeu a necessidade da mudança de todas as coisas após a Revolução Francesa e o povo alemão, apático e atrasado, adormecido em meio à miséria semifeudal e pequeno-burguesa e que defende essa miséria a título de "singularidades e particularidades dos homens" contra toda agitação que o desperte. Quando Hegel fala da "ingratidão" colhida por grandes homens, como Richelieu, o modo de expressar-se é obscuro e enviesado, mas, a despeito disso, é possível depreender claramente seu sentido: Richelieu foi alvo de ódio mortal por parte da nobreza feudal da França, cujo poder autônomo ele esfacelou. Hegel reconhece esse fato e o aplica à Alemanha. A observação está correta, só sua expressão é equivocada, pois a nobreza francesa não tinha razão nenhuma para ser grata a Richelieu e, por isso, seu ódio contra ele não podia ter o caráter da ingratidão.

Nas preleções de 1805-1806, Hegel volta a falar de Teseu, agora na qualidade de fundador de um Estado. Diz que todos os Estados foram fundados mediante o poder, cujos portadores foram tais grandes homens.

> Esta é a vantagem do grande homem: estar ciente da vontade absoluta e pronunciá-la. Todos se juntam em torno de seu estandarte; ele é seu deus. Foi assim que *Teseu* fundou o Estado de Atenas; foi assim que, na Revolução Francesa, um poder terrível obteve o Estado, a totalidade mesma. Esse poder não é despotismo, mas *tirania*, puro domínio terrível; no entanto, ele é *necessário* e *justo*, na medida em que *constitui e mantém* o Estado enquanto *indivíduo real*. Esse Estado é o simples espírito absoluto que está certo de si mesmo e para o qual não há nada determinado além dele próprio, nenhum conceito de bom e mau, vergonhoso e vil, perfídia e falsidade; ele está acima de tudo isso, pois nele o próprio mal se reconciliou consigo mesmo.[103]

Em análises que se vinculam quase diretamente a essa passagem, Hegel diz que essa tirania é necessária para educar o povo para a "obediência" às novas instituições. Tampouco nesse caso devemos aferrar-nos servilmente à palavra

---
[103] *Realphilosophie*, v. II, p. 246.

"obediência". Obviamente nessas análises estão contidas as tendências antidemocráticas de Hegel. A despeito disso, sua linha básica parte do conhecimento historicamente correto de que instituições ultrapassadas (feudalismo) não só devem ser demolidas com violência, mas que também se faz necessária uma tirania para quebrar de vez as tentativas de restaurá-las. Hegel considera, pois, a tirania um período necessário de *transição* entre dois sistemas de sociedade e de Estado.

> A tirania é derrubada pelos povos porque ela seria repulsiva, vil e assim por diante; mas de fato o é somente por ser supérflua. *A memória do tirano é abominada*; justamente nisso ele também é aquele espírito certo de si mesmo, que, sendo deus, age unicamente em si e para si e só está atento para alguma ingratidão de seu povo. Se fosse sábio, porém, ele mesmo deporia sua tirania assim que esta se tornasse supérflua; assim, sua divindade é apenas a divindade do animal, a necessidade cega, que bem merece ser abominada como o mal. Foi assim que *Robespierre* lidou com isso. Sua força o abandonou porque a *necessidade o abandonara*, e assim ele foi derrubado pela força. O necessário acontece, mas cada parte da necessidade costuma ser atribuída apenas a indivíduos. Um é acusador e defensor; outro, juiz; um terceiro, carrasco; mas todos são necessários.[104]

Também nesse ponto é muito fácil criticar a mitologia da história parcialmente obscura de Hegel. É evidente que Hegel bem pouco sabia das lutas de classes concretas na França, as quais levaram ao estabelecimento e à derrubada da ditadura dos jacobinos. A despeito disso, seu olhar histórico amplo o levou a conceber essa ditadura que lhe era profundamente antipática como uma reviravolta necessária e inevitável da história em termos histórico-universais, como a constituição do Estado moderno. Nesse tocante, de modo nenhum se pode julgar que, pelo fato de Hegel não ter entendido realmente as lutas de classes concretas da Revolução Francesa, ele estivesse cego para o conteúdo social delas. Pelo contrário, em uma nota à margem dessas mesmas preleções, ele diz sobre a Revolução Francesa: "Assim a Revolução franc[esa]., abolição dos *estamentos formalmente privilegiados*; isso feito, a abolição da desigualdade do estamento é *conversa fiada*"[105]. Aqui se pode ver com toda clareza que Hegel aprova incondicionalmente o conteúdo burguês que a Revolução Francesa tornou realidade, a criação da sociedade burguesa moderna, a liquidação dos privilégios feudais,

---
[104] Ibid., p. 247 e seg.
[105] Ibid., p. 260.

além de fazer uma apreciação histórica da ditadura jacobina de Robespierre como instrumento necessário para a execução dessa mudança histórico-universal (Robespierre igualado a Teseu), mas [podemos ver também] que sua rejeição se torna, de imediato, bem ríspida ("conversa fiada") quando o democratismo radical do período procura ultrapassar as fronteiras dessa sociedade burguesa. Acreditamos que, por essa análise, tenha sido aclarado o real sentido social e histórico do que a princípio pareceu obscuro e místico a respeito de Teseu.

Adiante falaremos em detalhes sobre a estruturação social interna do Estado moderno, como Hegel a imaginou nesse período. Aqui apenas temos de indicar brevemente que seu monarca tampouco é pensado como dominador no sentido do *ancien régime*. "Ele é o nó *imediato* firme do todo. O laço espiritual é a opinião *pública* [...]." Hegel pensa em uma sociedade cujo movimento livre e automático mantém o todo em movimento.

> O todo, porém, é o centro, o espírito livre, que sustenta a si próprio livre desses extremos completamente consolidados [as esferas singulares da vida social – G. L.], o todo independentemente do saber dos indivíduos, bem como da constituição do regente; ele é o *nó vazio*.[106]

E, do mesmo modo que esse monarca hereditário não pode ser identificado com o dominador no *ancien régime*, não se pode ver o assim chamado primeiro estamento ou estamento geral da filosofia da sociedade formulada por Hegel em Iena como a antiga nobreza hereditária, como o faz, por exemplo, Rosenzweig. Hegel preservou também nesse período sua antiga antipatia pelo regime aristocrático de seu período em Berna. Quando fala de democracia, aristocracia e monarquia em *Sistema da eticidade*, diz o seguinte sobre a aristocracia: "Ela se diferencia da constituição absoluta pela hereditariedade e, mais ainda, pelas posses, e, por ter a forma da constituição absoluta, mas não sua essência, ela é a pior de todas"[107]. Como vemos, ele reconhece o princípio da hereditariedade somente para a monarquia; para a nobreza, ele o rejeita. Em outra passagem, comparando precisamente a população inteira com o monarca, Hegel afirma: "O outro *indivíduo vale apenas como indivíduo alienado*, constituído, como *aquilo que ele fez de si*"[108].

---

[106] Ibid., p. 250 e seg.
[107] Lasson, p. 498.
[108] *Realphilosophie*, v. II, p. 252.

Portanto, ele mantém a concepção de que a sociedade se articula em estamentos, mas que cada indivíduo pertence a um deles conforme suas capacidades e seus feitos individuais, não por hereditariedade. O "estamento geral" hegeliano dessa época possui, pois, afinidade muito maior com a nobreza napoleônica militar e burocrática do que com a nobreza hereditária dos Estados semifeudais.

Assim, temos em Hegel uma visão geral que abrange toda a história da Idade Média e da era moderna. Ele concebe a história europeia desde a migração dos povos até o tempo presente como um grande processo histórico unitário, no qual a Revolução Francesa não faz algo como interromper o desenvolvimento "orgânico", como pensa o romantismo contrarrevolucionário; muito pelo contrário, em uma grande crise mundial purificadora, ela proporciona liberdade de movimentos para os elementos do novo aptos a viver, para as tendências de continuidade do desenvolvimento saudável dos povos. Para isso, todavia, é preciso, segundo Hegel, que a "anarquia" seja suplantada. Mas, vimos igualmente que, para Hegel, essa anarquia constitui um componente necessário do curso dialético da história, que, para ele, Robespierre desempenha, na história francesa e, através desta, na história universal, um papel tão decisivo quanto, por exemplo, Richelieu; a função de ambos é criar um espaço para a livre movimentação de uma nova forma do espírito.

Com essa análise livre e de amplo espectro da história, Hegel se encontra bastante isolado em seu tempo – não só na Alemanha. Seu modo de contemplar as grandes interconexões sem moralizar, sem deixar dominar-se por simpatias ou antipatias, lembra o de Balzac, que também concebeu a história da França, da dissolução do feudalismo à Revolução de Fevereiro, como um processo unitário, embora cheio de crises complicadas. Balzac expressa isso com toda clareza quando, em um diálogo fantasioso e engraçado, o espírito de Catarina de Médici é apresentado ao jovem advogado Robespierre, a propósito do máximo que ambos almejaram – a saber, a unidade da nação francesa; ela teria, porém, fracassado naquilo em que ele seria bem-sucedido. E um dos discípulos de Hegel, o poeta Heinrich Heine, formula – todavia, em um estágio mais desenvolvido do desenvolvimento social – a ideia dessa unidade do processo histórico ao justapor Richelieu, Robespierre e Rothschild como "os três mais temíveis niveladores da Europa, como os três maiores destruidores da nobreza"[109].

---

[109] [Heinrich] Heine, "Ludwig Börne", em *Werke* (ed. Elster[, Leipzig, Bibliographisches Institut, 1910]), v. VII, p. 35.

Essa concepção da história moderna significa em Hegel o acerto de contas consciente e definitivo com o sonho de sua juventude referente a um retorno revolucionário da Antiguidade. A nova concepção de história de Hegel tem como problema central não só o conhecimento dos traços específicos da era moderna, que já desde Frankfurt não são mais concebidos meramente como traços de degeneração. Pelo contrário, a concepção atual de Hegel baseia-se em uma concepção unitária de toda a história, e, como consequência, a dissolução das repúblicas citadinas da Antiguidade não apenas é historicamente necessária por si só – isso ela também era em Berna –, mas a partir da dissolução desenvolveu-se um princípio social *superior*.

Desse modo, a Antiguidade perdeu em definitivo a antiga posição específica na filosofia da história de Hegel. No fragmento do período inicial em Iena publicado por Rosenkranz, Hegel já chama o belo mundo da Antiguidade de "apenas uma lembrança"[110]. Nos escritos posteriores de Iena, passa a detalhar em que consiste aquele princípio superior da história da era moderna. Os escritos em que Hegel desenvolve mais extensamente esse paralelo entre sistema social grego e sociedade burguesa moderna são suas preleções de 1805-1806. Nelas, ele diz o seguinte:

> *Este é o princípio superior do tempo mais recente, que os antigos e Platão não conheceram*. Nos tempos antigos, a *bela* vida pública era o costume de todos, a beleza como unidade imediata do universal e do singular, uma obra de arte em que nenhuma parte se separa do todo, mas constitui essa unidade genial do si mesmo ciente de si com sua representação. Esse estar-ciente-de-si-como-absoluto da singularidade, esse ser-em-si absoluto, porém, não existiu. A república de Platão, a exemplo do Estado lacedemônio, é esse desaparecer da individualidade ciente de si.*

Em glosa à margem, Hegel acrescenta, esclarecendo: "*Platão* não erigiu um ideal, mas captou em seu íntimo o Estado de seu tempo. Esse Estado, porém, passou – a república platônica não é exequível –, porque carecia do princípio da singularidade absoluta"[111].

O novo princípio que separa o tempo antigo do tempo moderno é, portanto, o da individualidade – mais precisamente, o princípio do valor absoluto da personalidade em sua singularidade. Essa ideia já é de nosso conhecimento

---

[110] Rosenkranz, p. 136.
* *Realphilosophie*, v. II, p. 251. (N. T.)
[111] *Realphilosophie*, v. II, p. 251.

desde Frankfurt; inclusive sua raiz, a constatação da diferença entre sociedade antiga e moderna em relação ao homem singular, remonta ao período em Berna. Hegel viu já em Berna que aquela "privatização" da vida humana, que se instaurou com a decadência das democracias citadinas antigas, levou ao desenvolvimento da individualidade, ao individualismo no sentido moderno. Naquela época, porém, ele tinha analisado o processo dessa "privatização" de modo puramente desaprovador; para ele, esse processo era meramente o lado subjetivo da "positividade" extinta, morta, da vida social. A crise de Frankfurt consistiu precisamente no fato de Hegel ter começado a desistir dessa rejeição direta da "positividade". Reiteradamente apontamos para o modo como a concepção da "positividade" foi se historicizando visivelmente em Hegel, como uma dialética cada vez mais complexa dos traços progressistas e reacionários foi penetrando no conceito da "positividade" que até ali tinha sido rigidamente desaprovador. Essa dialética se desenvolve porque Hegel começa a perceber com cada vez mais clareza que as áreas "positivas" da sociedade moderna são igualmente produtos da atividade humana, que elas surgem e desaparecem, crescem ou se cristalizam em permanente interação com a atividade humana; elas não se manifestam mais para Hegel como "destino" já pronto, dado, implacavelmente objetivo dos homens.

Como vimos, no período de Frankfurt essa inflexibilidade passa a diluir-se dialeticamente. Primeiro, contudo, apenas em uma dialética objetiva da própria "positividade", na qual a inclusão cada vez mais intensa da interação entre sujeito e objeto, entre a subjetividade do agir social do homem singular e a objetividade da formação social que encontra "pronta" diante dele, influencia essa dialética, chegando a determiná-la amplamente, mas ainda não forma seu centro consciente. Esse desenvolvimento se efetua em Hegel no período de Iena e atinge seu ponto alto consciente em *Fenomenologia do espírito*. Ali, como veremos, a velha "positividade" dá lugar ao novo conceito da "alienação" (*Entäußerung*) ou do "estranhamento" (*Entfremdung*).

Essa diferença, como é de praxe em verdadeiros pensadores, não é meramente terminológica. A diferença terminológica entre "positividade" e "alienação" abriga um aprimoramento filosófico profundo dessa ideia, pois "positividade" é uma *propriedade* de formações sociais, de objetos, de *coisas*; "alienação" é um modo particular da *atividade* humana, pela qual formações sociais específicas, objetos da atividade humana na sociedade, *surgem* e adquirem peculiar objetividade. Essa transformação da terminologia hegeliana, da filosofia hegeliana, efetua-se de modo gradual em Iena. A expressão "alienação" começa a aparecer reiteradamente, a da "positividade" vai desaparecendo, mas, durante muitos anos, os termos são usados paralela e simultaneamente. Os novos conceitos adquiririam uma forma clara pela primeira vez nas preleções de 1805-1806.

Esse processo de transformação equivale a compreender a essencialidade real, o caráter concreto da progressividade da sociedade burguesa moderna. Já apontamos para o fato de que Hegel começa a encarar a Antiguidade como coisa do passado no período de Frankfurt. Em Iena, essa convicção se consolida. Em um primeiro momento, contudo, ela está repleta de um pesar intenso, por causa do ser passado desse mundo realmente vivo e realmente humano. Citamos do fragmento de Rosenkranz oriundo dos primeiros anos em Iena a frase em que Hegel declara a Antiguidade como mera "lembrança". Bastante características de seu estado de espírito naquela época são as palavras com as quais dá continuidade a essa ideia: "A unidade do espírito com sua realidade precisa romper-se. O princípio ideal tem de constituir-se na forma da universalidade, o princípio real tem de fixar-se como singularidade, e a natureza tem de ficar estendida entre ambos como um *cadáver profanado*"[112].

Esse pesar constitui o tom de fundo da poesia de Hölderlin, amigo de juventude de Hegel, e confere também às grandes poesias filosóficas de Schiller imarcescível beleza. Schiller, porém, não se deteve nesse pesar, mas se empenhou para chegar, no campo estético – claro que sobre uma base filosófico-cultural ampla –, à compreensão da caracterização específica do mundo moderno e de sua poesia. Esse caminho é seguido também por Hegel, só que de modo bem mais resoluto e fundamental do que por Schiller. Contudo, é preciso observar de imediato que a grandeza da concepção hegeliana e schilleriana de história deve-se muito essencialmente ao fato de nunca terem superado por completo esse pesar. Enquanto o humanismo proletário não tinha como surgir, a crítica humanista da sociedade capitalista só podia encontrar na realização imediata da humanidade autêntica produzida pela vida grega das repúblicas citadinas livres um parâmetro concreto para aquilo que a humanidade perdeu e necessariamente perderia pela via do progresso indubitável representado pelo capitalismo. O conhecimento do caráter progressista do capitalismo nunca se transforma, nos humanistas importantes do período clássico da Alemanha, em

---

[112] Rosenkranz, p. 136.

uma glorificação rasa *à* Bentham da sociedade burguesa moderna. A dialética idealista do caráter contraditório do progresso está vinculada de modo bem essencial a essa relação com a Antiguidade.

Para Hegel, essa contraposição de sociedade antiga e sociedade moderna evolui de modo cada vez mais claro para a diferenciação entre socialização imediata e socialização mediada dos homens. E, quanto mais claramente a necessidade e a progressividade da última são compreendidas por Hegel, mais claramente o sistema das mediações cada vez mais complexo advindo daí lhe parece ser obra própria dos homens, oriunda de sua própria atividade, produto de sua atividade social reiteradamente reproduzido por eles mesmos. O desdobramento dessa dialética leva Hegel ao conhecimento de que o envolvimento cada vez mais intenso da personalidade humana nessas mediações sociais e a crescente cessação das relações mútuas imediatas dos homens não constituem uma aniquilação da individualidade humana. Pelo contrário, a real individualidade humana só se desdobra no curso desse desenvolvimento, no curso da criação de tal sistema mediado, composto de mediações cada vez mais objetivas, cada vez mais "coisais", no curso da "alienação" cada vez mais intensa da personalidade humana. Há pouco (p. 423 deste livro) citamos a frase de Hegel, dizendo que, na sociedade burguesa moderna, o indivíduo só existe como alienado; "como aquilo que ele fez de si". Hegel vê, portanto, de modo cada vez mais claro, que a humanidade teve de suplantar o caráter meramente natural da imediaticidade original para chegar a um desdobramento rico de suas próprias capacidades, para concretizar por meio de ações todas as capacidades que nela dormitavam. E o simultâneo pesar pela perda da beleza que, na Antiguidade, estava fundada na imediaticidade natural da vida expressa cada vez mais fortemente a convicção dialética de Hegel de que a humanidade pagou um preço bastante alto por esse progresso.

Dado que, para Hegel, a sociedade burguesa moderna constitui o estágio mais elevado de desenvolvimento da humanidade, dado que ele não vislumbrou nem podia vislumbrar um estágio de desenvolvimento superior que o ultrapassasse, esse conhecimento dialético necessariamente implicou o tom de um pesar por algo que se perdeu de vez. A grandeza intelectual de Hegel consiste no fato de ater-se aqui aos dois lados da contradição, sem se preocupar muito com o fato de, ao fazer isso, envolver-se ocasionalmente em contradições. (Essas contradições estão em parte relacionadas a determinadas ilusões antigas do período napoleônico.) Portanto, quando os primeiros críticos liberais de Hegel, como Haym, o censuram por promover um "arcaísmo", um desconhecimento da sociedade burguesa moderna, fica claro que eles se queixam do fato de Hegel não ter se tornado um Bentham alemão.

A contradição insolúvel que ganha expressão no pensamento de Hegel e da qual nos ocuparemos detalhadamente mais tarde em seção específica é uma contradição do próprio desenvolvimento histórico, pois só quando o desenvolvimento das lutas de classes permite ao humanismo proletário visualizar a perspectiva histórica concreta de uma recuperação da relação imediata dos homens entre si e com a sociedade mediante a libertação socialista da humanidade é que essas contradições do progresso humano podem ser compreendidas de modo realmente concreto, materialista, dialético. Esse conhecimento correto do desenvolvimento humano pelo materialismo histórico corrige os erros de Hegel, ainda que em uma direção diametralmente oposta à das acusações levantadas contra ele pelos representantes vulgarizadores de uma ideia superficial e linear, estreitamente liberal de progresso. A concepção marxiana da Antiguidade como período da infância normal da humanidade, o conhecimento do comunismo primitivo, da sociedade gentílica e de sua dissolução como fundamento da cultura antiga, é infinitamente superior à concepção de Hegel, mas não se encontra em contraposição excludente com a tendência básica de sua concepção de história, com suas intuições geniais a respeito da linha de desenvolvimento da história da humanidade.

Em suas preleções de 1805-1806, Hegel formula a contraposição entre sociedade antiga e sociedade moderna da seguinte maneira:

> Esta é a bela e feliz liberdade dos gregos que foi e é tão invejada. O povo é dissolvido no cidadão e é, ao mesmo tempo, aquele *um indivíduo*, o governo. Ele está em interação apenas consigo mesmo. A mesma *vontade é o indivíduo* e é o universal. A alienação da singularidade da vontade é preservação imediata da mesma. Fazem-se necessários, porém, uma abstração superior, uma contraposição e uma formação maiores, um espírito *mais profundo*. É o reino da eticidade: cada qual é *costume*, imediatamente uno com o universal. Nenhum ato de protesto tem lugar aqui; cada qual se sabe *imediatamente* como universal, isto é, renuncia à sua singularidade sem estar ciente desta como tal, como *esse* si mesmo, como a essência. A ruptura mais elevada, portanto, é que cada qual *retorne* por completo *a si*, esteja ciente de *seu si mesmo como tal*, como a essência, chegue ao sentido próprio de ser absoluto mesmo separado do universal existente, de ter *seu absoluto* imediatamente em seu saber. Como indivíduo, ele liberta o universal; ele

tem completa autonomia em si, renuncia à sua *realidade*, vale para si mesmo apenas em *seu saber*.[113]

Ainda teremos de ocupar-nos detalhadamente dos diversos problemas que resultam dessa confrontação. Ao fazê-lo, encontraremos as fontes filosóficas de várias limitações sociais e políticas; por exemplo, o fato de Hegel supostamente ter encontrado na "alienação", enquanto fundamento da individualidade moderna, uma fundamentação filosófica para sua rejeição da democracia na sociedade moderna etc. Neste ponto, o que importava era vislumbrar com nitidez o contraste fundamental sobre o qual se apoia toda a concepção de história de Hegel. Ele reconhece, de um lado, o desenvolvimento da personalidade humana justamente em decorrência e por meio do processo da "alienação"; simultaneamente, reconhece que esse sistema das mediações "alienadas" da sociedade, montado pelos próprios homens, confere-lhe um automovimento objetivo e que pesquisar no âmbito científico suas leis constitui uma das principais tarefas da filosofia da história. Depois de falar sobre a pessoa "natural" do monarca e sobre a personalidade "alienada" de todos os cidadãos, Hegel acrescenta: "O sistema comunitário como um todo não está ligado a esta nem àquela; ele é o corpo indestrutível que se autossustenta. O príncipe pode ter as qualidades que quiser, os cidadãos podem ser como quiserem: o sistema comunitário é coeso e autossustentável"[114]. A tensão dialética que se manifesta aqui entre uma subjetividade e uma autarcia cada vez mais fortes da individualidade humana, de um lado, e, de outro, a legalidade própria objetiva, que simultaneamente aparece com energia cada vez maior, do sistema das mediações sociais criado pelos homens: este é, para Hegel, o problema fundamental da sociedade burguesa moderna, o problema fundamental de sua filosofia da história.

Das declarações de Hegel citadas até agora depreende-se claramente – embora a expressão ainda não tenha ocorrido – que o fundamento científico desse conhecimento é constituído pela *economia política*. Devemos examinar agora, portanto, as noções econômicas de Hegel e tentar desvendar sua importância para a dialética hegeliana. Ao fazê-lo, vamos nos deparar com duas séries de problemas: de um lado, a questão de em que medida as contradições do capitalismo identificadas por Hegel foram fecundas para o desenvolvimento de sua dialética; de outro lado, o problema referente ao modo como Hegel se

---
[113] *Realphilosophie*, v. II, p. 249 e seg.
[114] Ibid., p. 252.

enredou em uma contradição equivocada devido à apreensão insuficiente das contradições do capitalismo, como as limitações do conhecimento da economia e as de sua dialética idealista se influenciam reciprocamente.

V. A economia do período de Iena

Em *Manuscritos econômico-filosóficos*, nos quais faz a crítica decisiva de *Fenomenologia do espírito*, Marx caracteriza acertadamente a grandeza e a limitação do posicionamento de Hegel em relação à economia. Ele diz o seguinte: "Hegel assume o ponto de vista da economia política moderna. Ele apreende o *trabalho* como a *essência*, como a essência do homem que se confirma; ele vê somente o lado positivo do trabalho, não seu lado negativo. O trabalho é o *vir-a-ser para si (Fürsichwerden) do homem* no interior da *alienação* ou como homem alienado"[115]. A análise a seguir das noções econômicas mostrará como foi acertado o juízo de Marx tanto sobre os lados positivos quanto sobre os lados negativos da concepção hegeliana da economia. Hegel não escreveu nenhuma economia específica como parte concluída de seu sistema filosófico; suas concepções econômicas sempre constituem apenas parte de sua filosofia da sociedade. E veremos que justamente nisso consiste a vantagem para a filosofia de seu modo de tratar a questão, pois em Hegel não se trata de pesquisas originais que ele teria feito no campo da economia propriamente dita (nem havia possibilidade de fazer isso na Alemanha daquela época), mas de como ele aproveitou os resultados da mais evoluída ciência econômica para obter conhecimento dos problemas sociais – nisso consiste o problema especificamente hegeliano –, descobrir e expor em termos de generalidade filosófica as categorias dialéticas ocultas nessas condições sociais.

Essa vinculação de economia, ciência social, história e filosofia obviamente não começa com Hegel. O isolamento da economia em relação aos demais campos da ciência social é uma especialidade do desenvolvimento do período de decadência da burguesia. Os pensadores importantes do século XVII ao século XVIII abrangeram em suas obras todos os campos da ciência social, inclusive obras dos economistas importantes, como [William] Petty, [James Denham] Steuart, [Adam] Smith etc., e seguidamente ultrapassaram as fronteiras do econômico no sentido estrito em suas exposições das interconexões. Portanto,

---

[115] [Karl] Marx, *Ökonomisch-philosophische Manuskripte* (1844), MEGA 1, v. 3, p. 157. [Ed. bras.: *Manuscritos econômico-filosóficos*, cit., p. 124, modif.]

só seria de fato possível determinar com precisão o grau real de originalidade de Hegel no aproveitamento filosófico dos resultados da economia se a história dessas interações entre economia e filosofia na época mais recente (e mesmo em Platão e Aristóteles) já tivesse sido investigada de alguma maneira. Infelizmente, a historiografia marxista da filosofia quase não se ocupou dessa questão, de modo que nesse campo não há trabalhos preparatórios; as observações pertinentes dos clássicos do marxismo-leninismo não foram aproveitadas.

De qualquer modo, é possível constatar com relativa exatidão a orientação da originalidade de Hegel. Para a filosofia da Renascença e do Iluminismo, foram metodologicamente determinantes a matemática e a geometria, bem como as ciências naturais em surgimento (em especial a física). Os pensadores importantes dessa época orientaram-se quanto ao método conscientemente para a ciência natural, mesmo quando seu campo de pesquisa era o das ciências sociais. (Todavia, justamente por isso seria importante e fecundo saber se e em que medida a ocupação com a economia exerceu determinada influência sobre sua metodologia.) Podemos observar, pela primeira vez, outra orientação metodológica no idealismo alemão clássico. É óbvio que também esta tem seus precursores; no entanto, essa história prévia tampouco foi pesquisada – e, para não entrar em detalhes, remeto apenas ao grande exemplo de Vico.

Ressaltar o "lado ativo" na filosofia necessariamente produz essa reorientação metodológica, que já aparece com mais clareza em Fichte do que no próprio Kant. Porém, o idealismo subjetivo necessariamente tem um conceito demasiadamente estreito e abstrato da práxis humana. No idealismo subjetivo, todo o interesse se concentra no aspecto da práxis humana que pode ser sintetizado na moralidade no sentido estrito. Em razão disso, os conhecimentos econômicos de Kant e Fichte não se tornaram muito fecundos para sua metodologia. Dado que, como vimos, Fichte encarou também a sociedade, como a natureza, apenas como campo de atividade abstrato para o homem moral, para o *"homo noumenon"*, um campo de atividade que persevera em uma negatividade abstrata diante da moral e que, por isso, é confrontado de modo rígido e excludente com a atividade do homem moral, é claro que nem lhe ocorre a ideia de examinar de forma mais detida a legalidade própria específica desse campo. Sua obra *Der geschlossene Handelsstaat* [O Estado comercial fechado]* revela, por exemplo, que ele estudou os fisiocratas. A linha básica dessa obra, contudo,

---

* Johan Gottlieb Fichte, *Der geschlossene Handelsstaat*, cit. (N. T.)

em lugar nenhum foi influenciada por tais conhecimentos: ela é uma aplicação rígida dos princípios morais fichtianos a todos os campos da vida social, uma ditadura da moral – de matiz jacobino – sobre toda a vida social dos homens.

Nem Kant, que, em muitos aspectos, tem um pensamento mais amplo e mais elástico, vai além da aplicação de princípios gerais e abstratos à sociedade e à história. Kant de fato leu as obras de Smith e, por meio delas, obteve certa noção da sociedade burguesa moderna. Contudo, quando aplica esse seu conhecimento à filosofia da história, ele só chega a confrontações bastante abstratas. É o que acontece no breve e interessante escrito *Ideia de uma história universal com um propósito cosmopolita*, no qual examina filosoficamente os princípios do progresso no desenvolvimento social. Nesse texto, ele chega ao resultado de que a natureza dota o homem com o antagonismo de uma "sociabilidade insociável", cujo efeito é impelir a humanidade para o progresso, valendo-se das diversas paixões. "O homem quer concórdia; mas a natureza sabe melhor o que é bom para a sua espécie e quer discórdia."[116] Pode-se ver aqui claramente a repercussão dos pensadores ingleses em Kant, sendo que a formulação dos problemas apenas se tornou mais abstrata, sem receber conteúdo filosófico, pois todo resultado obtido não passa da má infinitude do progresso infinito.

Ao tratar a crítica feita por Hegel à ética do idealismo subjetivo, vimos que Hegel combateu da forma mais renhida possível justamente essa estreiteza moralista, essa confrontação rígida do aspecto subjetivo e do aspecto objetivo da atividade histórico-social do homem. Portanto, para ele a economia significa algo fundamentalmente diferente daquilo que representa para Kant e Fichte; ela é o modo de manifestação mais imediato, mais primitivo, mais apreensível da atividade social do homem; ela oferece, portanto, o modo mais fácil e palpável de desenvolver as categorias fundamentais dessa atividade. Ao tratar do período de Hegel em Frankfurt, já apontamos, em contextos bem diferentes, que a concepção de trabalho de Adam Smith enquanto categoria central da economia política deixou uma impressão decisiva sobre ele. Na obra recém-citada, Marx caracterizou toda a importância dos princípios da

---

[116] [Immanuel] Kant, ["Idee zu einer allgemeinen Geschichte in weltbürgerlicher Absicht", em] *Kleinere Schriften zur Ethik und Religionsphilosophie* (Leipzig, 1870), p. 7-8. [Ed. port.: *Ideia de uma história universal com um propósito cosmopolita*, trad. Artur Morão, s./d., p. 7-8, disponível online na biblioteca digital LusoSofia, da Universidade da Beira Interior, de Covilhã; acesso em: 11 set. 2018.]

história da filosofia de Hegel daí decorrentes e expostos de forma sistemática em *Fenomenologia do espírito*:

> A grandeza de *Fenomenologia* hegeliana e de seu resultado [...] consiste em que Hegel toma, por um lado, a autoprodução do homem como um processo, a objetivação (*Vergegenständlichung*) como desobjetivação (*Entgegenständlichung*), como alienação (*Entäusserung*) e superação (*Aufhebung*) dessa alienação; em que ele compreende a essência do *trabalho* e concebe o homem objetivo, verdadeiro, por ser real, como o resultado de seu *próprio* trabalho. O comportamento *efetivo*, ativo do homem para consigo mesmo enquanto ser genérico ou o acionamento de seu ser genérico enquanto ser genérico efetivo, isto é, enquanto homem, somente é possível porque ele efetivamente lança mão de todas as suas *forças genéricas* – o que é possível apenas mediante a ação conjunta dos homens, somente enquanto resultado da história –, tratando-as como a objetos, o que, de novo, só é possível, num primeiro momento, na forma do estranhamento.[117]

Das concepções históricas de Hegel pudemos depreender que, ao tratar da sociedade, ele tem em mente a sociedade burguesa atual – não uma cópia ideal das relações de miséria da Alemanha de seu tempo (essa cópia muitas vezes matiza sua exposição contra sua vontade) –, a sociedade burguesa em sua forma mais desenvolvida – enquanto produto da Revolução Francesa e da Revolução Industrial na Inglaterra. Do ponto de vista dessa sociedade e do conhecimento do papel da atividade humana nela, Hegel pretende, então, superar o dualismo kantiano-fichtiano de subjetividade e objetividade, de interior e exterior, de moralidade e legalidade; pretende compreender o homem real, inteiro, indiviso, socializado na totalidade concreta de sua atividade social.

Essa pretensão visa aos princípios decisivos e últimos da sistematização filosófica. Kant, por um lado, fez o "lado ativo" da filosofia dar um grande passo; por outro, precisamente desse modo cindiu a filosofia em duas, dividindo-a em filosofia teórica e filosofia prática, interligadas apenas de maneira tênue. Especialmente a sublimação idealista da moral por Kant não deixa nenhuma possibilidade de desvendar no âmbito da filosofia a interação entre conhecimento humano e práxis humana. O radicalismo fichtiano só aprofundou essa fissura. A tendência de Schelling para a objetividade procura restabelecer nesse ponto uma conexão dialética. Schelling, porém, não tem interesse suficiente

---

[117] [Karl] Marx, *Ökonomisch-philosophische Manuskripte*, MEGA 1, v. 3, p. 156. [Ed. bras.: *Manuscritos econômico-filosóficos*, cit., p. 123, modif.]

pelas ciências sociais nem conhecimento suficiente nesse campo, tampouco tem consciência crítica o bastante a respeito dos pressupostos da filosofia kantiana-fichtiana, para efetuar, nesse ponto, uma virada decisiva.

Ora, foi essa virada que Hegel realizou nesse período, e o ponto culminante na efetuação dessa virada foi exatamente a apreciação econômica, social e filosófica da concepção de trabalho assumida de Smith. Adiante mostraremos em detalhes que Hegel não conseguiu nem poderia conseguir, a partir de seus pressupostos filosóficos, efetuar essa virada de maneira coerente até as últimas consequências. O que importa neste momento é que ele abordou esse problema, tendo plena consciência filosófica de sua importância decisiva para todo o sistema.

Para expor dialeticamente com toda clareza a interação entre práxis humana e conhecimento humano, é importante compreender de início o conceito de práxis de modo tão amplo quanto ele é na realidade e, portanto, transcender a estreiteza subjetivista-moralista de Kant e Fichte. Já analisamos com detalhes o lado polêmico desse transcender. Ao abordar agora as noções econômicas de Hegel no período de Iena, o que nos chama a atenção de imediato é que ele analisa a esfera do trabalho humano, a esfera da atividade econômica, como a base, como o princípio da filosofia prática. Em *Sistema da eticidade*, Hegel introduz a análise da categoria econômica assim: "É em toda essa [...] potência que de fato têm início a idealidade contínua e as verdadeiras potências das inteligências práticas"[118]. Nas preleções de 1805-1806, essa ideia adquire uma forma ainda mais madura. Hegel diz ali sobre a ferramenta: "O homem faz ferramentas porque é racional, e esta é a primeira exteriorização (*Äußerung*) de sua *vontade*; essa vontade ainda é a vontade abstrata – orgulho dos povos por sua ferramenta"[119]. A "vontade pura" é, como se sabe, a categoria central da ética de Kant-Fichte. Portanto, ao ver a ferramenta como a primeira exteriorização da vontade humana, Hegel confronta Kant e Fichte com uma concepção fundamentalmente oposta de vontade e sua relação com a realidade: a concepção da totalidade concreta da atividade do homem na sociedade real. E neste passo designar como abstrata essa exteriorização da vontade significa que ele quer ascender a partir daqui para os problemas mais complexos e abrangentes da sociedade, para a divisão social do trabalho etc., que ele vislumbra sua concretude na totalidade dessas atividades humanas.

---

[118] Lasson, p. 436.
[119] *Realphilosophie*, v. II, p. 197.

Como sabemos, Hegel é um partidário de Adam Smith no campo econômico. Isso obviamente não significa que ele estaria no nível de Smith ao tratar de todos os problemas importantes da economia; não significa, em especial, que ele tenha chegado a ter noção daquela dialética complexa dos problemas "esotéricos" da economia de Smith que Marx revela em *Teorias do mais-valor*. As contradições presentes nas categorias fundamentais da economia capitalista que ali vêm à tona permanecem-lhe desconhecidas. Em compensação, ele eleva as contradições objetivamente contidas em determinadas categorias da economia de Smith a uma altura da consciência dialética que está muito acima do horizonte de Smith.

Hegel registra suas ideias econômicas primeiro em *Sistema da eticidade*. Esse escrito representa o ponto alto de sua experimentação com o sistema conceitual schellinguiano. Devido a isso, suas exposições nessa obra não só adquirem um caráter supercomplicado, inutilmente rebuscado e sobrecarregado, mas o modo estático da exposição muitas vezes constitui um obstáculo à explicitação da dialética inerente às próprias ideias. Em um estágio muito superior de maturidade e peculiaridade, situam-se o ensaio sobre o direito natural e as exposições pertinentes a nosso tema contidas nas preleções de 1803-1804 e, em especial, nas de 1805-1806. Estas últimas representam a forma mais madura da economia hegeliana em Iena antes de *Fenomenologia*, a tentativa de ascender dialética e sistematicamente das categorias mais simples do trabalho às questões da religião e da filosofia. Portanto, sempre que possível, exporemos e criticaremos as concepções de Hegel nessa forma mais madura. É óbvio que *Fenomenologia* situa-se em um estágio bem mais elevado de maturidade e clareza. Porém, a formulação específica do problema nessa obra tem uma influência muito profunda, a ser detalhada adiante, sobre o método, o agrupamento dos problemas etc., fato que, contudo, dificulta a tarefa de recorrer a passagens dessa obra para a exposição no sentido que queremos lhe dar agora.

Dado que a literatura sobre Hegel, com bem poucas exceções, ignorou por completo o lado econômico de sua filosofia da sociedade, dado que até aqueles autores burgueses que não fecharam os olhos para o fato de Hegel ter se ocupado detidamente da economia foram totalmente cegos para a importância da economia hegeliana, é absolutamente necessário, a nosso ver, começar com uma *exposição* das concepções econômicas de Hegel. Nas observações citadas linhas atrás, Marx apontou clara e corretamente tanto a importância quanto as limitações da economia hegeliana. Contudo, as exposições de Marx pressupõem o conhecimento daquelas concepções; exatamente a compreensão da exatidão da crítica da economia hegeliana por Marx exige, portanto, que iniciemos com sua exposição e só depois disso nos acerquemos de sua crítica.

Já nas primeiras e mais remotas tentativas de sistematização das categorias econômicas empreendidas por Hegel, chama atenção que não só o agrupamento destas tem a forma da tríade dialética, mas também a conexão das categorias econômicas unidas em um grupo assume a forma hegeliana do silogismo. Assim, em *Sistema da eticidade*, ele inicia suas exposições com a tríade "necessidade, trabalho e fruição" para avançar a partir dela para o outro lado, o lado superior da mesma conexão, para a tríade "tomada de posse, atividade do próprio trabalho e posse do produto"[120]. Em outro contexto, já falamos da determinação hegeliana do trabalho como aniquilação finalística do objeto originalmente encontrado pelo homem e citamos as determinações pertinentes de Hegel em detalhes (p. 263 e seg. deste livro). Nas preleções de 1805-1806, os dois lados dessa questão, tanto o do conteúdo (a relação entre homem e objeto no trabalho) quanto o formal (a dialética da forma silogística como dialética da própria realidade), são expressos de modo bem mais claro. Hegel diz ali:

> Determinação do objeto. Ele é, portanto, conteúdo, diferença e precisamente do silogismo, é singularidade e universalidade e um meio-termo entre elas. Porém, α) ele é *existente*, imediato; seu meio-termo é coisidade (*Dingheit*), universalidade sem vida, *ser-diferente*; e β) seus extremos são *particularidade, determinidade* e individualidade. Na medida em que é o outro, sua atividade é a do eu; ele não tem uma própria; esse extremo incide fora dele. Enquanto coisidade ele é passividade, comunicação dessa atividade, mas, enquanto algo fluido, ele a tem como algo estranho dentro de si. Seu outro extremo é a oposição (a particularidade) entre esse seu ser e a atividade. Ele é *passivo*; ele é para outro, tocando-o, é de modo geral algo a ser totalmente corroído (ácido). Este é *seu* ser, que é, ao mesmo tempo, forma ativa em relação a ele, comunicação *do outro*. Relação invertida: por um lado, a atividade é apenas algo comunicado e ele é a comunicação, o puramente receptivo, e, por outro lado, ele é ativo em relação a outro. O impulso satisfeito é o *trabalho superado* do eu; isto é, esse objeto que trabalha em seu lugar. Trabalho é o fazer-de-si-a-*coisa* imanente. A cisão do ente impulsivo eu é justamente esse fazer-de-si-o-objeto. (O desejo sempre tem de começar do início e jamais chega a ponto de separar o trabalho de si mesmo.) O impulso, porém, é a unidade do eu

---

[120] Lasson, p. 418 e seg. e 421.

enquanto aquele que foi feito coisa. A simples atividade é *pura* mediação, *puro* movimento; a simples satisfação do desejo é puro aniquilar do objeto.[121]

O movimento dialético que Hegel tenta evidenciar aqui é duplo: o objeto do trabalho, que só se torna propriamente objeto real para o homem no trabalho e por meio do trabalho, preserva, de um lado, o caráter que tem em si. Na concepção hegeliana do trabalho, um dos momentos mais importantes da dialética é que exatamente neste ponto o princípio ativo (no idealismo alemão: a ideia, o conceito) deve aprender a respeitar a realidade como ela é. No objeto do trabalho, atuam legalidades naturais imutáveis. O trabalho só pode ocorrer e frutificar sobre a base do conhecimento e do reconhecimento dessas leis. Por outro lado, por meio do trabalho o objeto se torna outro; conforme terminologia hegeliana, é aniquilada a forma de sua objetividade, e ele recebe uma nova por meio do trabalho. Essa mudança de forma é o resultado do trabalho sobre o material dotado de leis próprias que lhe é estranho. Ao mesmo tempo, essa transformação só ocorrerá se corresponder às legalidades próprias do objeto.

A essa dialética no objeto corresponde uma dialética no sujeito. No trabalho, o homem se torna estranho a si mesmo; ele se torna, como diz Hegel, "uma coisa para si mesmo". Nisso se expressa a legalidade própria objetiva do trabalho, que é independente dos desejos e das inclinações do indivíduo, confrontando-se com eles como estranha e objetiva. Pelo trabalho, surge no próprio homem algo universal. Ao mesmo tempo, o trabalho significa o abandono da imediaticidade, a ruptura com a vida meramente natural, impulsiva do homem. A satisfação *imediata* da necessidade significa, por um lado, uma simples aniquilação do objeto e a transformação de sua forma; por outro, em decorrência de sua imediaticidade, ela inicia sempre no mesmo ponto: não há desenvolvimento nela. Segundo Hegel, o homem somente se torna homem quando intercala o trabalho entre seu desejo e a satisfação deste, somente quando rompe com a imediaticidade natural.

Esse devir homem do homem é tratado extensa e detalhadamente nas análises introdutórias das preleções de 1805-1806. Os preconceitos idealistas de Hegel se evidenciam ali no fato de expor o despertar da capacidade puramente intelectual do homem, a passagem da condição onírica, da "noite" do natural, para a primeira formação conceitual, para a nominação e para a linguagem independentemente do trabalho e situar a análise propriamente dita do

---

[121] *Realphilosophie*, v. II, p. 197.

trabalho em um estágio superior, no qual as capacidades já estão completamente formadas no homem. Algumas observações de Hegel mostram, porém, que ele pelo menos intuía a interação existente nesse ponto. Assim, ele fala que com o surgimento da linguagem surgem, ao mesmo tempo, eu e objeto. Contudo, em uma nota à margem, acrescenta:

> Como *vem a ser*, pois, essa sua necessidade ou sua consolidação, de modo que o eu se torna seu ser ou o eu, que é sua *essência*, se torna seu ser? Pois o ser é *a coisa firme*, o objetivo; o eu é a forma da pura inquietação, do puro movimento ou a noite do desaparecimento. Ou: no nome, o eu é *existente*, imediato (*universal*); agora, pela mediação, ele deve vir a ser por meio de si. Sua inquietação deve se tornar *o* consolidar-se, o movimento que se supera como inquietação, como puro movimento. Isso é o trabalho. Sua *inquietação* se torna *objeto* como pluralidade consolidada, como ordem. A inquietação se torna *ordem* precisamente tornando-se objeto.[122]

A passagem em que a importância decisiva do trabalho no desenvolvimento da humanidade se evidencia de modo mais palpável em Hegel é quando ele escreve sua "robinsonada", ou seja, a passagem para a sociedade civilizada propriamente dita. A posição de Hegel em relação ao assim chamado estado de natureza da humanidade está totalmente isenta de quaisquer juízos morais – positivos ou negativos –, com os quais esse estado de natureza foi tratado com bastante frequência na literatura do Iluminismo. A concepção mais próxima da sua é a de Hobbes. Na tese de habilitação para a cátedra universitária, ele expressa suas ideias de modo marcante e paradoxal: "O estado de natureza não é injusto e, justamente por isso, é preciso sair dele"[123].

A explicitação dessa ideia faz surgir, já em *Sistema da eticidade*, a "robinsonada" hegeliana de "domínio e servidão". Ora, essa é retomada em uma passagem decisiva de *Fenomenologia do espírito* e, a partir dali, aparece como componente permanente do sistema hegeliano[124].

Analisemos essa passagem do estado de natureza para a sociedade em sua forma mais desenvolvida, a saber, em *Fenomenologia do espírito*. O ponto de partida é constituído pelo *bellum omnium contra omnes* de Hobbes, a aniquila-

---

[122] Ibid., p. 185.
[123] *Erste Druckschriften*, p. 405.
[124] Lasson, p. 442 e seg.; *Werke*, v. II, p. 140 e seg. [Ed. bras.: Hegel, *Fenomenologia do espírito*, cit., p. 142 e seg.]; *Enzyklopädie*, cit., § 433 e seg. [Ed. bras.: *Enciclopédia*, cit., v. III, p. 204 e seg.]

ção recíproca dos homens no estado de natureza; como diz Hegel: um suprimir (*Aufheben*) sem preservar. A subjugação de uns ao comando de outros faz surgir o estado de domínio e servidão (*Knechtschaft*). Isso ainda não contém nada de novo ou interessante. O ponto importante é como Hegel passa a analisar a relação do senhor e do servo (*Knechts*) entre si e com as coisas. Ele apresenta a seguinte análise, muito interessante.

> O senhor, porém, é a potência sobre esse ser, pois mostrou na luta que tal ser só vale para ele como um negativo. O senhor é a potência que está por cima desse ser; ora esse ser é a potência que está sobre o Outro; logo, o senhor tem esse Outro por baixo de si; é este o silogismo [da dominação]. O senhor também se relaciona *mediatamente por meio do escravo* (*Knechts*) *com a coisa*; o escravo, enquanto consciência-de-si em geral, se relaciona também negativamente com a coisa e a supera. Ao mesmo tempo, a coisa é independente para ele, que não pode, portanto, por seu negar, acabar com ela até a aniquilação; ou seja, o escravo somente a *trabalha*. Ao contrário, para o senhor, por essa mediação, a relação *imediata vem-a-ser* como a pura negação da coisa ou como *gozo* – que lhe consegue o que o desejo não conseguia: acabar com a coisa e aquietar-se no gozo. O desejo não o conseguia por causa da independência da coisa; mas o senhor introduziu o escravo entre ele e a coisa, e assim se vincula somente com a dependência da coisa e puramente a goza; enquanto o lado da independência deixa-o ao escravo que a trabalha.[125]

Exatamente esse domínio ilimitado, essa relação de todo unilateral e desigual, produz a interessante inversão das relações, faz do senhor um episódio sem consequências para o desenvolvimento do espírito, ao passo que os momentos fecundos do desenvolvimento da humanidade se vinculam à consciência do servo.

> A *verdade* da consciência independente é por conseguinte a *consciência escrava*. [...] encontra-se a si mesma por meio do trabalho. No momento que corresponde ao desejo na consciência do senhor, parecia caber à consciência escrava o lado da relação inessencial para com a coisa, porquanto ali a coisa mantém sua independência. O desejo se reservou o puro negar do objeto e por isso o sentimento-de-si-mesmo sem mescla. Essa satisfação, contudo, é pelo mesmo motivo apenas um evanescente, já que lhe falta o lado *objetivo* ou o *subsistir*. O trabalho, pelo contrário, é o desejo *refreado*, um desvanecer *contido*, ou seja, o trabalho *forma*. A relação negativa para com o objeto torna-se a *forma* do mesmo e algo *permanente*, porque justamente o objeto tem independência para o trabalhador. Esse meio-termo *negativo* ou o *agir*

---

[125] *Werke*, v. II, p. 146. [Ed. bras.: Hegel, *Fenomenologia do espírito*, cit., p. 147 e seg.]

formativo é, ao mesmo tempo, a *singularidade* (*Einzelheit*) ou o puro ser-para-si da consciência, que agora no trabalho se transfere para fora de si no elemento do permanecer; a consciência trabalhadora, portanto, chega assim à intuição do ser independente, como [intuição] *de si mesma*.[126]

Sabemos, a partir da filosofia da história de Hegel, que a singularidade é o princípio superior do novo tempo em relação à Antiguidade. Hegel, que em sua juventude ignorou por completo a escravidão na Antiguidade e ocupou-se exclusivamente do homem político, com o cidadão livre não trabalhador das repúblicas citadinas, chega aqui por meio da dialética do trabalho ao conhecimento de que a grande via do desenvolvimento da humanidade, o devir homem do homem, o devir social do estado de natureza passam exclusivamente pelo trabalho, exclusivamente por aquela relação com as coisas, em que se expressa sua independência e legalidade própria, por meio da qual as coisas obrigam o homem a reconhecê-las, sob pena de perecer, isto é, obrigam-no a formar os órgãos de seu conhecimento; somente por meio do trabalho o homem se torna homem. A pura fruição a que se entrega o senhor, que intercala entre si e as coisas o trabalho do servo, condena-o à infecundidade, eleva, na dialética da história universal, a consciência do servo acima da sua. Em *Fenomenologia*, Hegel já vê claramente que o trabalho do homem é trabalho escravo (*Sklavenarbeit*), com todas as desvantagens que a escravidão (*Sklaverei*) tem para o desenvolvimento da consciência. Apesar de tudo isso, a grande via do desenvolvimento da consciência passa, em *Fenomenologia*, pela consciência do servo, não pela do senhor. Nessa dialética do trabalho, surge, segundo a concepção hegeliana, a real consciência de si, a forma fenomenológica da dissolução da Antiguidade. As "formas da consciência", nas quais se corporifica essa dissolução, a saber, o estoicismo, o ceticismo e a consciência infeliz (cristianismo em surgimento), originam-se, na exposição de Hegel, sem exceção, da dialética fenomenológica da consciência servil.

A exposição do trabalho por Hegel já mostrou que o fato mesmo do trabalho significa uma elevação para o universal diante da imediaticidade do natural. Quando Hegel examina as determinações do trabalho, surge um desenvolvimento dialético, no qual o aperfeiçoamento técnico e o aperfeiçoamento social do trabalho exibem uma interação em que se fomentam reciprocamente. Por um lado, Hegel desenvolve a partir da dialética do trabalho o surgimento da

---

[126] Ibid., p. 147 e seg. [Ed. bras.: Ibid., p. 149 e seg.]

ferramenta; a partir do aproveitamento da legalidade da natureza no trabalho do homem com a ferramenta, ele elabora as passagens que, em um ponto nodal dialético, revertem no conceito da máquina. Por outro lado, mas inseparavelmente desse desenvolvimento, Hegel mostra como as determinações universais, isto é, sociais do trabalho levam a uma divisão social cada vez mais complexa do trabalho, a uma especialização cada vez maior dos trabalhos específicos, a um distanciamento cada vez maior entre o trabalho específico e a satisfação imediata da necessidade do indivíduo. Esses dois raciocínios estão, como já ressaltamos, estreitamente interligados. Como discípulo de Adam Smith, Hegel sabe muito bem que o aperfeiçoamento técnico do trabalho pressupõe uma divisão social altamente desenvolvida do trabalho; ao mesmo tempo, está claro para ele que o aperfeiçoamento das ferramentas, o surgimento da maquinaria, contribui, por sua vez, para o aprofundamento da divisão social do trabalho.

Encontramos a exposição dessa transição em todos os escritos de Hegel que se ocupam de questões econômicas. Citamos aqui uma parte desse desenvolvimento em sua formulação mais madura, que é das preleções de 1805-1806:

> O *ser-aí*, o âmbito das necessidades naturais, constitui, no elemento do ser em geral, uma *quantidade* de necessidades; as coisas que servem à sua satisfação *são trabalhadas*, sua possibilidade *interior geral* é posta como exterior, como *forma*. Esse trabalhar é, no entanto, ele próprio, algo múltiplo; ele é *o fazer-de-si-a-coisa por parte da consciência*. Porém, no elemento da universalidade sucede que se torna um trabalhar abstrato. As necessidades são muitas; acolher, trabalhar essa pluralidade no eu é a *abstração* das *imagens* (*Bilder*) gerais, mas é um imaginar (*Bilden*) que se move. O eu *que é para si é algo abstrato*; ele é trabalhador, mas seu trabalho é algo igualmente abstrato. A necessidade geral é *analisada* em suas muitas facetas; o *abstrato* em seu movimento é o ser-para-si, o fazer, trabalhar. Pelo fato de só se trabalhar para a *necessidade como ser-para-si abstrato, só se trabalha abstratamente*. Esse é o conceito, a verdade do desejo que existe aqui. Como seu conceito, assim também é seu trabalhar. A satisfação de todas as necessidades do indivíduo não é o modo como ele se torna o objeto para si em seu ser-aí produzido por ele. Trabalho *geral* é, pois, *divisão* do trabalho, poupança; dez conseguem fazer tantos alfinetes quanto cem. Cada indivíduo, portanto, por ser aqui indivíduo, trabalha por *uma* necessidade. O conteúdo do trabalho vai além de *sua* necessidade; ele trabalha pelas necessidades de muitos, e assim faz cada qual. Cada qual satisfaz, portanto, as necessidades de muitos, e a satisfação de suas muitas necessidades particulares é trabalho de muitos outros.[127]

---

[127] *Realphilosophie*, v. II, p. 214 e seg. Cf. também Lasson, p. 433 e seg. e *Realphilosophie*, v. I, p. 236 e seg.

Fundamentação e defesa do idealismo objetivo | 443

Dessa dialética do devir universal do trabalho Hegel deriva também o progresso técnico. Suas exposições sobre ferramenta e máquina são influenciadas, pela própria natureza do tema, por Adam Smith até em seus detalhes. A realidade alemã daquela época, em especial a daquelas partes da Alemanha que Hegel tinha como conhecer por tê-las visto com os próprios olhos, não lhe proporcionou nenhuma base para tais conhecimentos econômicos. Nessas questões, ele se ateve quase apenas a seu conhecimento literário da Inglaterra e da economia inglesa. O que ele acrescenta de próprio é a elevação da dialética identificada nos objetos econômicos em um nível filosófico.

O movimento duplo que se efetua, segundo Hegel, no homem e no objeto do trabalho e no instrumento de trabalho é, de um lado, a divisão cada vez mais intensa do trabalho, sua abstração cada vez maior e, de outro lado, o conhecimento cada vez mais profundo das leis da natureza, o deixar a natureza trabalhar para o homem. Hegel sempre enfatiza com muita energia a conexão entre a divisão do trabalho, bem como o trabalho humano nela transformado, e o progresso técnico. Ele mostra, por exemplo, a necessidade da máquina da seguinte maneira:

> Seu [do homem – G. L.] próprio trabalhar torna-se totalmente *mecânico* ou pertence a uma determinidade simples; mas, quanto mais abstrata esta se torna, mais ele [o homem] é apenas a atividade abstrata e, por meio dela, ele é capaz de subtrair-se ao trabalho e substituir sua atividade pela da natureza exterior. Ele precisa do simples movimento, e este ele encontra na natureza exterior ou o puro movimento é justamente a relação entre as formas abstratas do espaço e do tempo – a atividade exterior abstrata, a *máquina*.[128]

Hegel, porém, é discípulo de Adam Smith e de seu professor [Adam] Ferguson não só como economista, mas como humanista crítico; ou seja, de um lado, ele expõe esse desenvolvimento com objetividade, empenhando-se por desvendar do modo mais completo possível sua dialética objetiva e subjetiva, vendo nesse movimento não só uma necessidade abstrata, mas também o movimento necessário do progresso humano. De outro lado, ele não fecha os olhos para os efeitos destrutivos que a divisão capitalista do trabalho, o desenvolvimento da maquinaria no trabalho humano, necessariamente produzem na vida humana. Ele, porém, não apresenta esses traços da divisão capitalista do

---
[128] Ibid., p. 215.

trabalho – como fazem os economistas românticos – como "aspectos ruins" do capitalismo a ser consertados ou eliminados para que se chegue a um capitalismo "impecável". Pelo contrário, ele vê de modo completamente claro a necessária conexão dialética desses aspectos da divisão capitalista do trabalho com seu caráter econômica e socialmente progressista.

Nas preleções de 1803-1804, Hegel igualmente fala do movimento para a universalidade, que se desenrola por meio da divisão do trabalho, da ferramenta e da máquina. Ele mostra primeiro o processo dialético: o modo como na sociedade o dom inventivo do indivíduo leva à elevação do nível geral, à evolução da generalidade do trabalho:

> À habilidade geral contrapõe-se *o indivíduo como um particular*, solta-se dela e faz-se mais habilidoso que os outros, inventa ferramentas mais úteis; mas o que em sua habilidade específica constitui algo verdadeiramente universal é a *invenção* de uma universalidade; e *os outros a aprendem*, superam sua particularidade, e ela se torna um bem imediatamente geral.

Desse modo, na ferramenta, a atividade do homem se torna algo universal e formal, mas "permanece sua atividade". Uma mudança qualitativa só se instaura com a máquina. Ora, Hegel descreve o efeito retroativo da máquina sobre o trabalho humano.

> Na *máquina*, o homem supera até mesmo essa sua atividade formal e faz com que ela trabalhe totalmente para ele. Porém, toda fraude que ele comete contra a natureza e com a qual ele permanece dentro de sua singularidade vinga-se dele mesmo; o que ele extrai dela, quanto mais ele a subjuga, mais baixo ele próprio se torna. Ao fazer com que a natureza seja trabalhada por vários tipos de máquinas, ele não suprime a necessidade de trabalhar, apenas a posterga, afasta-a da natureza e não se dirige de maneira viva a ela enquanto algo vivo; no entanto, essa vitalidade negativa escapa, e o próprio trabalhar que lhe resta vai se tornando *mais maquinal*; ele apenas a *reduz* para o todo, mas não para o indivíduo, aumentando-a, antes, para este, pois quanto mais maquinal se tornar o trabalho, menor é seu valor e mais ele tem de trabalhar desse modo.[129]

Essas análises de Hegel representam uma visão extraordinariamente elevada para essa época – e ainda mais para um alemão – do movimento do capitalismo. Não se pode criticar Hegel por ter considerado o capitalismo como a

---
[129] *Realphilosophie*, v. I, p. 237.

única forma possível de sociedade e de ter, portanto, identificado a função da máquina dentro da divisão capitalista do trabalho com sua função em geral. Pelo contrário, é preciso enfatizar que, nesse ponto, Hegel revelou a mesma visão ampla e abrangente observada nos clássicos da economia, em Smith e Ricardo: ele vê o caráter progressista no movimento global do desenvolvimento das forças produtivas por meio do capitalismo, da divisão capitalista do trabalho, e vê, ao mesmo tempo, a desumanização da vida do trabalhador necessariamente vinculada a ela. Ele considera isso inevitável e, na condição de pensador, encontra-se numa posição elevada demais para irromper em lamentações românticas a respeito desses fatos; em contrapartida, ele é um pensador demasiadamente sério e honesto para silenciar a respeito de algum aspecto dessa conexão ou mesmo atenuá-lo na exposição.

Isso se evidencia com especial clareza quando ele deriva da divisão social do trabalho no capitalismo, da evolução das forças produtivas nela e por meio dela, a necessária pauperização de grandes massas do povo. A base econômica nesse processo foi indicada por Hegel no fim de suas recém-citadas exposições. Nas preleções de 1805-1806, ele mostra de modo ainda mais nítido esse processo.

> Do mesmo modo, o homem se torna *mais mecânico*, mais obtuso, mais sem vida por meio da abstração do trabalho. O espiritual, essa vida consciente de si e plena, transforma-se em fazer vazio. A força do si-mesmo consiste na riqueza de sua apreensão, e esta se perde. Como máquina, ele pode deixar algum trabalho por fazer; tanto mais formal se torna seu próprio fazer. Seu trabalhar maçante o restringe a um ponto, e o trabalho será mais perfeito quanto mais unilateral for. [...] Igualmente incessante é o empenho pela simplificação do trabalho, pela invenção de outras máquinas etc. – A habilidade do indivíduo é a possibilidade da conservação de sua existência. Esta está sujeita ao enredamento completo no acaso da totalidade. Portanto, uma quantidade de gente é condenada aos trabalhos totalmente maçantes, insalubres, inseguros e limitadores da habilidade nas fábricas e nas manufaturas, nas minas etc., e ramos da indústria que receberam uma classe numerosa de pessoas esgotam-se de repente por causa da moda ou porque os produtos foram barateados por invenções em outros países etc., e toda essa gente que não tem como se ajudar fica à mercê da pobreza. Aparece a contraposição entre grande riqueza e grande pobreza – de uma pobreza que não consegue mais obter qualquer coisa.[130]

---
[130] *Realphilosophie*, v. II, p. 232. Cf. também Lasson, p. 491 e seg.

Em outro contexto, Hegel resume esse conhecimento de modo muito marcante, quase epigramático: "Fábricas e manufaturas fundam sua existência precisamente sobre a miséria de uma classe"[131].

Ele enuncia aqui conexões sociais com as mesmas honestidade e franqueza sem limites que caracterizam os grandes clássicos da economia política. O alto nível dessas considerações, que na Alemanha parece quase improvável, não é prejudicado pelo fato de que por vezes lhe advêm certas ilusões como se o governo, o Estado, pudesse intervir nessa conexão, pois, no caso de Hegel, essa ilusão idealista anda de mãos dadas com uma noção muito sóbria dos limites das possibilidades da intervenção estatal. Ademais, como já sabemos, ele se opõe incisivamente a toda teoria da excessiva regulação estatal da vida econômica e social. Ele, no entanto, tem a ilusão de que a atividade do Estado, do governo, poderia atenuar em alguns pontos a contraposição entre riqueza e pobreza e, sobretudo, que seria capaz de conservar "saudável" a totalidade da sociedade burguesa, apesar dessas contradições. Podemos conseguir um quadro nítido dessas ilusões de Hegel, citando uma de suas análises de *Sistema da eticidade*.

> O governo terá de trabalhar com o máximo empenho para conter essa desigualdade e a destruição geral, bem como a sua própria. De modo imediato, ele pode fazer isso superficialmente, dificultando o lucro elevado, e, mesmo que tenha de sacrificar parte de uma classe ao trabalho mecânico e fabril e entregá-la à brutalidade, ele precisa conservar o todo pura e simplesmente na vitalidade que lhe é possível. Isso ocorre de modo mais necessário – ou melhor, imediatamente – pela constituição da classe em si.[132]

Essa mistura de noção profunda e correta do caráter contraditório do desenvolvimento capitalista e ilusões ingênuas quanto a possíveis contramedidas estatais e sociais passa a caracterizar desde então todo o desenvolvimento de Hegel. Em *Filosofia do direito*, ele formula os raciocínios que acabamos de citar essencialmente do mesmo modo, só que em um nível ainda mais elevado de abstração. E também suas ilusões conservam o mesmo caráter, com a diferença de que ele, então, vislumbra na emigração e na colonização uma via possível de manter a saúde da sociedade capitalista. Diz ele: "Aqui aparece que a sociedade burguesa, apesar de seu *excesso de riqueza, não é suficientemente rica*, isto é,

---
[131] Ibid., p. 257.
[132] Lasson, p. 492.

não tem, em seu patrimônio, o suficiente para governar o excesso de miséria e a produção da populaça"[133].

Assim, no modo de ver de Hegel, a sociedade capitalista se torna uma totalidade objetiva que se move conforme as próprias leis. Em *Sistema da eticidade*, Hegel diz o seguinte sobre a conexão econômica da sociedade (em sua linguagem: sobre o sistema das necessidades):

> Nesse sistema, portanto, o regente aparece como a totalidade cega e sem consciência das necessidades e dos gêneros de suas satisfações. [...] Essa totalidade não se situa fora da possibilidade do conhecer, nas grandes relações, consideradas em termos de massa. [...] A natureza mesma faz com que o equilíbrio correto se conserve em parte com oscilações insignificantes, em parte, quando chega a ser perturbado por circunstâncias externas, recomponha-se por meio de uma oscilação mais forte.[134]

A exemplo de Smith, Hegel vê, portanto, a economia capitalista como um sistema que se move pela própria dinâmica e supera por si só as perturbações que sofre. É óbvio que ele ainda (1801) encara essas perturbações como provocadas por "circunstâncias externas", não como crises que se originam da dialética do desenvolvimento capitalista.

Nesse automovimento de um sistema de atividades humanas, de objetos que movem essa atividade e, por sua vez, são movidos por ela, o novo conceito hegeliano da "alienação", já ressaltado por nós, ganha forma concreta. Nas preleções de 1803-1804, Hegel caracteriza o automovimento desse sistema de pessoas e coisas da seguinte maneira:

> *Esses numerosos* trabalhos das necessidades enquanto coisas precisam realizar igualmente seu conceito, sua abstração; seu conceito geral igualmente tem de ser uma coisa como elas, mas que representa a todas como um universal. O *dinheiro* é esse conceito material, existente, a forma da unidade ou da possibilidade de todas as coisas da necessidade. A necessidade e o trabalho elevados a essa universalidade constituem, assim, por si sós, em um grande povo, um gigantesco sistema de comunitariedade e dependência mútua, vida do que está morto movendo-se dentro de si mesma, que, em seu movimento, desloca-se de maneira cega e elementar de

---

[133] *Rechtsphilosophie*, § 245 (ed. Lasson, Leipzig, 1911), p. 189. [Ed. bras.: G. W. F. Hegel, *Linhas fundamentais da Filosofia do direito ou direito natural e ciência do Estado em compêndio*, trad. Paulo Meneses et al., São Leopoldo/São Paulo, Unisinos/Loyola, 2010, p. 223.]

[134] Lasson, p. 489.

um lado para o outro e, a exemplo de um animal selvagem, precisa de controle e doma rigorosos e constantes.[135]

Essa "vida do que está morto movendo-se dentro de si mesma" é a nova forma da "positividade" em Hegel: a "alienação". Para Hegel, o trabalho não só transforma o homem em homem, não só faz surgir a sociedade em sua imensa multiplicidade e sistemática unitária, mas, ao mesmo tempo, transforma o mundo do homem em um mundo "alienado", "estranhado" dele. Nesse ponto, em que podemos observar a concepção hegeliana da "alienação" em seu material original, nas conexões econômicas, fica especialmente visível o caráter duplo da "alienação". Enquanto a antiga concepção da "positividade" enfatizava de modo unilateral e rígido o lado morto e estranho dessas conexões, expressa-se na alienação a convicção de Hegel de que esse mundo da economia que domina o homem, ao qual o indivíduo está entregue indefeso, é, ao mesmo tempo, por sua essência e inseparavelmente, produto do próprio homem. Nessa duplicidade reside a ideia profunda e fecunda da "alienação". Por essa atividade dupla, essa concepção pôde se tornar o fundamento e o centro da forma mais elevada da dialética no desenvolvimento do pensamento burguês.

Essa duplicidade contém, ao mesmo tempo, o perigo idealista e a limitação da filosofia de Hegel. A grande sobriedade realista de Hegel o leva a manter essa duplicidade na exposição da sociedade burguesa e de seu desenvolvimento, a elevar suas contradições à condição de dialética consciente. Apesar de algumas ilusões, ele analisa esse desenvolvimento de modo demasiado realista para pensar em uma revogação da "alienação" no interior do capitalismo. Porém, justamente por isso – como veremos em detalhes quando tratarmos de *Fenomenologia do espírito* –, o conceito da "alienação" é ainda mais generalizado, para poder, então, nessa generalização, ser outra vez superado, revogado para dentro do sujeito. Em termos sociais, Hegel não enxerga além do horizonte do capitalismo. Sua teoria da sociedade, de modo correspondente, não conhece nenhuma utopia. Contudo, a dialética idealista transforma todo o desenvolvimento da humanidade em uma grande utopia filosófica: no sonho filosófico da revogação da alienação no sujeito, da transformação da substância em sujeito.

Hegel expõe esse processo da alienação de maneira muito simples e plástica nas preleções de 1805-1806: "α) Converto-me *de modo imediato* na coisa, na forma, que é *ser*, no trabalho. β) Alieno-me igualmente desse meu ser-aí,

---
[135] *Realphilosophie*, v. I, p. 239 e seg.

convertendo-o em *algo que me é estranho* e *conservo*-me nele"[136]. Estas últimas análises se referem à troca. Na citação precedente, o dinheiro também já desempenhou papel decisivo. No curso da investigação de concepções de Hegel sobre a essência da sociedade capitalista e das leis que regem seu movimento, chegamos, portanto, às categorias superiores da economia política, às da troca e da mercadoria, às do valor, do preço e do dinheiro.

Também nesse ponto Hegel assume em essência a perspectiva da economia de Smith. A partir da crítica marxiana a Smith, porém, sabemos que é justamente nesse ponto que as contradições internas desse importante economista vêm muito mais claramente à tona do que em suas exposições sobre o trabalho e a divisão do trabalho. E, sob tais circunstâncias, é óbvio que a dependência de Hegel em relação a Smith no aspecto econômico tem para ele um efeito muito mais desvantajoso do que quando trata do trabalho e da divisão do trabalho. Não havia naquela época na Alemanha uma realidade econômica do capitalismo, cuja observação autônoma e cuja pesquisa autônoma tivessem dado a Hegel a possibilidade de formular um juízo crítico a Smith sobre essas categorias. A grandeza de Hegel consiste justamente em que ele não se atém, em termos econômicos, à realidade da Alemanha atrasada, em que a linha básica de sua elaboração filosófica das categorias econômicas não reflete as condições econômicas da Alemanha, mas faz a tentativa de uma elaboração filosófica das condições inglesas, das quais se apropriou intelectualmente pela leitura. A consequência disso para as categorias superiores, mais complexas e, na economia burguesa, necessariamente contraditórias, é que Hegel em parte acompanha de modo servil essas contradições sem identificar, discernir nem elevar ao nível da dialética de modo concreto e em termos de conteúdo seu caráter contraditório e em parte é forçado a recorrer a material ilustrativo alemão e assim também, para corresponder a esse material, limitar seus movimentos intelectualmente ao nível do desenvolvimento econômico da Alemanha atrasada.

Esse estado de coisas aflora nitidamente nas mais diversas análises econômicas de Hegel. Isso ocorre de maneira cristalina no fato de ele, que, como vimos, entendeu de maneira tão correta e dialética a importância filosófica geral da Revolução Industrial na Inglaterra, vislumbrar, na descrição real das condições econômicas, o comércio, o comerciante, como a figura ou o

---

[136] *Realphilosophie*, v. II, p. 217.

personagem central do desenvolvimento capitalista. Mesmo quando Hegel fala com muito acerto sobre a concentração do capital, quando compreende sua necessidade incondicional no sistema capitalista, essa concentração lhe parece ser a do capital comercial.

> A riqueza, como qualquer massa, converte-se em energia. A acumulação da riqueza acontece em parte por acaso, em parte pela generalidade, pela distribuição. Ela é uma espécie de ponto de atração que lança seu olhar para o mais amplo em geral, agregando o que está à volta – como uma grande massa atrai a menor para si. A quem tem será dado. A aquisição torna-se um *sistema multifacetado* que arrecada de todos os lados, que *um negócio menor não consegue usar*.[137]

O teor dessa passagem é bastante genérico. No entanto, de muitas outras declarações de Hegel e especialmente, o que mais tarde examinaremos em detalhes, da estruturação da sociedade em estamentos, decorre claramente que, quando Hegel pensa em concentração de capital, em grande capital, está com frequência se referindo ao capital comercial. Assim, em *Sistema da eticidade*, ele chama o comércio de "ponto culminante da universalidade"[138] na vida econômica. Se ponderarmos que a organização da maior indústria da Alemanha daquela época, a tecelagem do linho, tinha como base, em primeiro lugar, o sistema de trabalho doméstico, essas concepções de Hegel não surpreendem ninguém.

Por essas razões, vemos em Hegel muitas oscilações e diversos pontos obscuros na determinação das categorias econômicas decisivas, em especial na do valor. Hegel nunca chegou a compreender o fator decisivo na teoria clássica do valor, a saber, o da exploração do trabalhador na produção industrial. A isso se refere, antes de tudo, a crítica de Marx, já citada por nós, de que ele assume da economia clássica só os aspectos positivos do trabalho, omitindo os negativos. Vimos que ele vê com clareza e enuncia abertamente o fato social da contraposição entre pobreza e riqueza, mas essa contraposição já fora articulada antes dele por vários publicistas ingleses e franceses de cunho progressista, também sem noção nenhuma da teoria do valor do trabalho.

Essa falta de clareza de Hegel reflete-se, ainda, na determinação do próprio conceito de valor. Ele oscila entre sua subjetividade e sua objetividade, sem conseguir tomar uma decisão definitiva. Assim, encontramos nas preleções

---

[137] Ibid., p. 232 e seg.
[138] Lasson, p. 474.

posteriores declarações tão subjetivistas quanto "o valor é *minha opinião* sobre a coisa"[139]. E isso depois de Hegel ter formulado, tanto na mesma obra quanto em escritos anteriores, determinações das quais se depreende claramente que ele está empenhado em compreender o valor como determinação econômica objetiva. Em *Sistema da eticidade*, ele já tinha dito que a essência do valor consiste na igualdade de uma coisa com outra, "a abstração dessa igualdade de uma coisa com outra, a unidade concreta e o direito é o *valor*; ou, muito antes, o próprio valor é a igualdade como abstração, a medida ideal; e a medida empírica efetivamente encontrada é o *preço*"[140].

Contudo, nem esses pontos obscuros e essas oscilações nem a mistura das categorias econômicas com as jurídicas, que podemos perceber nessa citação e da qual nos ocuparemos mais tarde em detalhes, impedem Hegel de investigar com seriedade a dialética do objetivo e subjetivo, do universal e do particular em todas as categorias econômicas. Por essa via, ele introduz uma mobilidade dialética nas categorias econômicas que nos próprios economistas clássicos só existia objetivamente, só existia – para usar a terminologia de Hegel – em si, mas não para nós. Apenas quarenta anos depois, no ensaio genial que o jovem Engels escreveu para os *Anais Franco-Alemães*, voltam a emergir a estruturação dialética e a conexão dialética das categorias econômicas; todavia, em um nível de compreensão tanto econômico quanto filosófico bem diferente.

Hegel analisa, por exemplo, a troca e diz sobre ela:

> O conceito enquanto se movendo, se aniquilando em seu contrário, acolhendo a outra coisa oposta no lugar da anteriormente possuída; e isto com certeza de tal maneira que a anterior seria uma coisa ideal, a que agora ingressa, uma coisa real. [...] aquelas seriam coisas ideais que aqui, por natureza, são as primeiras, o ideal na prática, antes da fruição. A troca é, em seu aspecto exterior, troca dupla ou, muito antes, repetição de si mesma, pois o objeto geral, o excedente, e então o objeto particular da necessidade são, quanto à matéria, um só objeto, e suas duas formas são necessariamente repetições do mesmo objeto. O conceito, a essência, porém, é a própria transformação [...] e seu absoluto, a identidade dos opostos [...].[141]

Essa dialética das categorias econômicas adquire expressão bem mais clara quando se trata do dinheiro, e o leitor poderá verificar ainda em outro exemplo

---

[139] *Realphilosophie*, v. II, p. 217.
[140] Lasson, p. 437.
[141] Ibid., p. 437 e seg.

o quanto, para Hegel, a estruturação econômica da sociedade capitalista culminava no comércio. Hegel diz sobre o papel do dinheiro:

> Todas as necessidades estão resumidas em uma só. A coisa da necessidade tornou-se uma coisa meramente *representada*, indesfrutável. Portanto, trata-se aqui de um objeto do tipo que tem valor puramente por seu *significado*, não mais *em si*, isto é, para a necessidade. Trata-se de algo pura e simplesmente *interior*. A mentalidade do estamento comercial equivale, portanto, a esse entendimento da unidade da *essência* e da *coisa*: cada qual é tão real quanto o dinheiro que tem. A presunção desapareceu; o significado possui um ser-aí imediato; a essência da coisa é a própria coisa; o *valor* é moeda sonante. O que há é o princípio formal da razão. (No entanto, esse dinheiro que tem o significado de todas as necessidades é, ele próprio, apenas uma *coisa imediata*) – ele é a abstração de toda a particularidade, de todo caráter etc., de toda habilidade do indivíduo. A mentalidade do comerciante é essa dureza do espírito, na qual o particular, totalmente alienado, não tem mais valor, só [valendo] o *direito* estrito. A troca tem de ser honrada, que sucumba o que tiver de sucumbir, família, bem-estar, vida etc., inclemência total. [...] O espírito, portanto, em sua abstração, tornou-se objeto para si na condição de íntimo *sem si mesmo*. Esse íntimo, porém, é o próprio eu, e esse eu é seu próprio ser-aí. A forma do íntimo não é a coisa morta, o *dinheiro*, mas igualmente *eu*.[142]

Apesar de alguns trechos bastante obscuros dessas exposições de Hegel, emergem delas claramente duas ideias muito avançadas e profundas. Em primeiro lugar, Hegel encontra-se em um nível de consideração a respeito da essência do dinheiro bem superior ao de muitos economistas ingleses do século XVIII (por exemplo, Hume), que não tomaram conhecimento da objetividade do dinheiro, de sua realidade de "coisa", como diz Hegel, e viram o dinheiro apenas como relação. Em segundo lugar, transparece claramente aqui como em outras passagens que Hegel tinha ao menos uma leve intuição do problema que Marx caracterizou mais tarde com a expressão "fetichismo". Ele enfatiza muito incisivamente a objetividade, a coisalidade do dinheiro; ao mesmo tempo, vê claramente que sua essência última, não obstante, é uma relação social dos homens. O fato de essa relação social aparecer na forma de mistificação idealista (eu) não muda nada na genialidade dessa intuição da conexão correta, mas apenas nos mostra sob uma luz clara como grandeza e limitação estão inseparavelmente interligadas em Hegel.

---

[142] *Realphilosophie*, v. II, p. 256 e seg.

VI. O trabalho e o problema da teleologia

Antes de empreender a análise crítica mais detida das concepções econômicas de Hegel, temos de tratar de um problema específico, que não só desempenhou papel decisivo em toda a história da filosofia alemã clássica, como figura entre aqueles pontos que fez de Hegel, como Lênin mostrou, um dos precursores do materialismo histórico. No tratamento dessa questão, reveste-se de importância especial para a história da filosofia o fato de que a nova e fecunda formulação do problema por Hegel se originou de um modo que de forma nenhuma pode ser chamado de casual, nascido de sua ocupação aprofundada com os problemas da economia moderna.

Temos em mente o problema da teleologia, da determinação correta da categoria de finalidade, mais precisamente como categoria da práxis, da atividade humana. Também nesse ponto a solução definitiva foi apontada por Marx. Ele determinou a essência do trabalho humano da seguinte maneira:

> Pressupomos o trabalho numa forma em que ele diz respeito unicamente *ao homem*. Uma aranha executa operações semelhantes às do tecelão, e uma abelha envergonha muitos arquitetos com a estrutura de sua colmeia. O que desde o início distingue o pior arquiteto da melhor abelha, porém, é o fato de que o primeiro tem a colmeia em mente antes de construí-la com a cera. No fim do processo de trabalho, chega-se a um resultado que já estava presente na *representação do trabalhador* no início do processo, portanto, um resultado que já existia *idealizado*. Isso não significa que ele se *limite* a uma alteração da forma do elemento natural; ele *realiza* neste último, ao mesmo tempo, *sua finalidade*, que ele *sabe* que determina, como lei, o tipo e o modo de sua atividade e ao qual ele tem de subordinar sua vontade.[143]

Em Marx, no entanto, essa ideia não fica restrita ao simples processo do trabalho, ao metabolismo entre homem e natureza; ele a aplica a todos os campos da práxis humana, em especial a toda a atividade econômica do homem. Citaremos só mais um exemplo característico: o que Marx diz sobre a relação entre consumo e produção.

> O consumo cria o estímulo da produção; cria também o objeto que funciona na produção como determinante da finalidade. Se é claro que a produção oferece

---
[143] [Karl Marx, *Das*] *Kapital*, v. I, cit., p. 186. [Ed. bras.: *O capital*, Livro I, cit., p. 255-6. Os grifos são de Lukács. – N. T.]

exteriormente o objeto do consumo, é igualmente claro que o consumo *põe idealmente* o objeto da produção como imagem interior, como necessidade, como impulso e como finalidade.[144]

Na filosofia da era moderna, o problema da finalidade ainda não tinha sido aclarado. O idealismo filosófico – sem consciência nenhuma da característica humana de pôr a finalidade – projetou a finalidade na natureza, procurou e encontrou um "portador" do ato de pôr a finalidade, a saber, Deus. Deus teria criado o mundo conforme um fim e tomaria providências imediata e mediatamente para que os fins por ele previstos se realizassem na natureza e na sociedade. Engels zombou com toda razão de tais formulações do problema.

> A suprema ideia universal a que se alçou essa ciência natural [até o século XVIII – G. L.] foi a da conformidade a fins (*Zweckmäßigkeit*) das instituições da natureza, a teleologia rasa de Wolff, segundo a qual os gatos foram criados para devorar os camundongos e os camundongos para ser devorados pelos gatos, e a natureza inteira para ostentar a sabedoria do Criador. A filosofia daquela época angariou a suprema honra de não se deixar iludir pelo estado limitado dos conhecimentos contemporâneos da natureza, de insistir – de Espinosa aos grandes materialistas franceses – em explicar o mundo a partir de si mesmo e deixar para a ciência natural do futuro a justificação detalhada disso.[145]

De fato, os pensadores significativos da era moderna travaram uma batalha acirrada e justa contra essa concepção da teleologia. Contudo, sua polêmica levou de modo consequente a uma rejeição rude e total de todo conceito de finalidade. Eles reconheceram corretamente que o ato de pôr um fim teria de ser algo subjetivo, algo humano, inferindo daí, contudo, uma subjetividade no sentido ruim, recusável. A total incompatibilidade entre causalidade e teleologia para o pensamento metafísico e até para as primeiras tentativas ainda não desenvolvidas da dialética tinha de levar, em decorrência do combate justo às pretensões teológicas da teleologia falsamente objetivista, à rejeição simultânea de toda teleologia. Assim diz, por exemplo, Hobbes: "A causa final só entra em cogitação para as coisas que possuem sensibilidade e vontade; mas também no caso delas a causa final, como mais tarde se mostrará, não é senão uma causa

---

[144] [Karl Marx,] *Zur Kritik der politischen Ökonomie*, Einleitung, cit., p. 246. [Ed. bras.: *Grundrisse*, cit., p. 46-7. Os grifos são de Lukács. – N. T.]

[145] [Friedrich Engels,] *Dialektik der Natur*, cit., p. 13.

eficiente"[146]. Hobbes deriva bem corretamente tudo o que acontece, incluindo todo o acontecimento humano, de nexos causais. Ele só não percebe que a estipulação de um fim assume uma posição específica *dentro* desse nexo. Muito parecido é o posicionamento de Espinosa sobre essa questão.

> Para mostrar agora que a Natureza não tem nenhum fim que lhe seja prefixado e que todas as causas finais não são senão ficções humanas, não será necessário falar longamente. [...] Acrescentarei, no entanto, o seguinte: que essa doutrina finalista subverte totalmente a Natureza, porquanto o que na realidade é causa considera-o como efeito, e inversamente; e, além disso, o que por natureza é anterior fá-lo posterior.[147]

Espinosa obviamente vê com toda a clareza que o pôr de fins desempenha um papel importante na atividade humana. A exemplo de Hobbes, porém, ele vê nisso apenas um reflexo meramente subjetivo, e o estabelecimento correto do domínio da causalidade leva, também no caso dele, à eliminação da dialética particular inerente à atividade humana, que mais tarde foi descoberta e perfeitamente formulada por Marx. Espinosa diz o seguinte sobre o homem:

> Como sua existência, sua ação também não tem princípio nem fim. O que se chama "causa final", aliás, não é senão o apetite humano, à medida que é considerado como princípio ou causa primitiva de uma coisa. Quando, por exemplo, dizemos que a habitação foi a causa final de tal ou qual casa, certamente não entendemos nada mais senão que um homem, tendo imaginado as vantagens da vida doméstica, teve desejo (*Trieb*) de construir uma casa. A habitação, pois, enquanto considerada como causa final, não é senão um apetite singular, e esse apetite é realmente uma causa eficiente, considerada "primeira" porque os homens ignoram comumente as causas dos seus desejos (*Triebe*).[148]

Percebe-se que a debilidade dessas belas exposições consiste no fato de que, ao constatar a necessidade causal do impulso (*Triebes*) humano, Espinosa esquece a dialética específica do estabelecimento de um fim no trabalho – na realização, igualmente necessária em termos causais, do impulso por meio do trabalho.

Na filosofia alemã clássica, o problema da teleologia, a exemplo de uma série de outras questões importantes da filosofia, passa a ser formulado de maneira

---

[146] [Thomas] Hobbes, *Lehre vom Körper* (Leipzig, 1915), v. X, cap. 7, p. 128. [Ed. bras.: *Do corpo – cálculo ou lógica*, trad. Maria Isabel Limongi, Campinas, Editora da Unicamp, 2009.]
[147] [Baruch] Espinosa, *Ethik*, erster Teil, Anhang (Leipzig, 1907), p. 37 e seg. [Ed. bras.: *Ética demonstrada à maneira dos geômetras*, cit., parte I, apêndice, p. 121.]
[148] Ibid., vierter Teil, p. 173. [Ed. bras.: ibidem, parte IV, prefácio, p. 284-5.]

nova, e um movimento na direção da dialética tem início em um nível relativamente elevado. Esse movimento já começa em Kant. De diversas formas, Kant formula o problema da teleologia de maneira nova. Essas formulações kantianas do problema não têm, contudo, como logo veremos, nenhuma relação direta com a inflexão que Hegel efetua no problema da teleologia. Apesar disso, devemos abordar essa formulação do problema por Kant, ainda que apenas em seus traços básicos. Em primeiro lugar, porque, com o auxílio de um exemplo concreto importante, poderão ser refutadas de maneira convincente as formulações mais recentes da história da filosofia que se negam a ver na teoria de Hegel algo além da execução consequente daquilo que Kant havia começado e, em segundo, porque a retomada dessa questão, a nova fluidez de todos os problemas da teleologia, sem dúvida, influenciaram indiretamente a inflexão levada a termo por Hegel – ou pelo menos a facilitaram, pois, mesmo que tenhamos de rejeitar como não científica e obscurecedora dos problemas essenciais da dialética a visão de que toda a filosofia clássica alemã é uma unidade indiferenciada, obviamente não incorreremos no extremo oposto, na noção de que Hegel teria, de certo modo, trabalhado filosoficamente no vácuo, formulado e, na medida do possível, resolvido todos os problemas unicamente por sua própria capacidade.

Em Kant há três diferentes novas formulações do problema da teleologia. Antes de fazer uma exposição sucinta delas, devemos observar que a postura de Kant em relação à antiga teleologia era tão desaprovadora quanto a de todos os filósofos significativos de seu tempo. Mesmo que, para ele, a realidade objetiva se converta em um mundo do mero fenômeno, esse mundo fenomênico, segundo a concepção kantiana, é completamente dominado pela causalidade, não havendo nele espaço para a teleologia.

O primeiro terreno em que Kant volta a introduzir o conceito da finalidade na filosofia é o da atividade humana, da moral. Essa aplicação padece de todos os erros do subjetivismo e do caráter abstrato, de cuja crítica já tomamos ciência por Hegel. A ideia central da finalidade a que Kant é levado aqui reside no fato de que o homem é um fim em si incondicional, de que ele sob nenhuma condição pode ser considerado meio para outro fim. Essa teoria, que depois foi formulada ainda mais radicalmente por Fichte, é uma manifesta revolta ideológica contra o tratamento dado ao homem no absolutismo feudal, uma moral que, à maneira do idealismo alemão, reflete os estados de espírito do período da Revolução Francesa.

Objetivamente, contudo, essa teoria volta a abrir um abismo intransponível entre homem e natureza, entre conformidade a fins e causação. Na medida em que Kant e Fichte são forçados a estabelecer, em algum momento e de algum modo, uma conexão entre seu mundo da pura moral e a realidade objetiva, surge – como Hegel demonstra em *Fé e saber* –, apesar da intenção filosófica contrária, o mesmo quadro que se apresentava na antiga teleologia.

> Pois aquela teleologia mais antiga referiu a natureza individualmente a fins que se situam fora desse individual, de modo que cada um deles só teria sido posto por causa de outro. [...] A teleologia fichtiana igualmente apresenta aquilo que aparece como natureza como se existisse por causa de um outro, a saber, visando a criar uma esfera e um espaço para os seres livres e transformá-la nas ruínas sobre as quais estes se ergueriam e, assim, alcançariam sua destinação. Esse princípio teológico ordinário de que a natureza nada é em si, mas só em relação a um outro, que ela é algo absolutamente profano e morto, a filosofia fichtiana tem em comum com toda a teleologia.[149]

Nesse ponto, não deixa de ser interessante observar que Hegel ressalta os méritos de Voltaire no combate satírico à antiga teleologia, reconhecendo a legitimidade do caráter empírico dessa crítica como crítica "*ad hominem*", que ridiculariza a mistura não filosófica de ideia e fenômeno própria da antiga teleologia, contrapondo satiricamente a tal imagem outra de feições semelhantes.

Bem mais fecunda para o desenvolvimento da filosofia foi a segunda tentativa de Kant de encontrar o uso correto do conceito da finalidade, um uso que parte da práxis do homem. A fundamentação kantiana da estética, a determinação da obra de arte como "conformidade a fins sem um fim" (*Zweckmäßigkeit ohne Zweck*) torna-se fundamental para todas as análises estéticas desse período. Schiller aprofunda essa ideia na direção do idealismo objetivo; ela se torna o centro metodológico da estética de Schelling e exerceu forte influência sobre a estética de Hegel, influência que foi constantemente reconhecida por nosso filósofo. A análise mais detida desse desenvolvimento situa-se fora do quadro deste trabalho. (Em meus livros *Goethe und seine Zeit* [Goethe e sua época] e *Beiträge zur Geschichte der Ästhetik* [Contribuições para a história da estética], tratei, ainda que apenas alusivamente, desse aspecto da estética de Schiller.)

Por fim, na mesma *Crítica da faculdade do juízo*, na qual registrou sua estética, Kant retomou filosoficamente o problema da teleologia em toda a

---

[149] *Erste Druckschriften*, p. 334 e seg.

amplitude. Nessa obra, o peso principal de seus esforços está em determinar filosoficamente a vida orgânica. Kant se deparou com a seguinte antinomia: de um lado, ele mantém de forma inabalável a afirmação de que a natureza (em seu caso, o mundo dos fenômenos) é dominada pela causalidade. E, dado que causalidade e teleologia se excluem de forma mútua, esta tem de ser eliminada da explicação da natureza. Por outro lado, a nova ciência em surgimento, a ciência da vida orgânica, suscitava problemas diante dos quais o velho aparato conceitual do mecanicismo inevitavelmente levava ao fracasso. É óbvio que Kant não foi capaz de vislumbrar a saída efetiva dessa crise provocada pela ciência da vida orgânica. Ele chegou, inclusive, a absolutizar como limite da capacidade do conhecimento humano em geral a incapacidade daquela época de encontrar uma saída. Ele diz o seguinte: "É absurdo para o homem [...] esperar que um Newton possa ainda surgir para explicar, nem que seja somente a geração de uma haste de capim, a partir de leis da natureza, a qual nenhuma intenção organizou"[150]. Kant não tinha ideia de que, passado meio século, surgiria, na pessoa de Darwin, esse "Newton das hastes de capim". A essa resignação gnosiológica diante da possibilidade de um dia resolver filosoficamente os problemas da vida orgânica corresponde o fato de que Kant, em todas as suas tentativas de encontrar uma solução, em todas as suas novas formulações conceituais de uma conformidade a fins inerente às formações orgânicas, não ousou ir além da forma de um uso "regulativo" da faculdade de juízo. As categorias da causalidade mecânica permanecem "constitutivas" (isto é, segundo Kant, determinantes do objeto) para aquilo que ele concebeu como realidade objetiva.

Apesar dessa solução agnosticista, apesar dessa absolutização dos limites com que o conhecimento da natureza se confrontava naquela época como limitações da capacidade do conhecimento humano em geral, é possível ver claramente em *Crítica da faculdade do juízo* como se dá a preparação da passagem para a dialética, como os problemas centrais da dialética são levantados, ainda que muitas vezes isso não aconteça de forma adequada. Pois quando Kant diz que esses problemas estão fora do alcance do entendimento humano, ele pinta, na forma da constatação de suas limitações, um quadro marcante das limitações do pensamento metafísico e, em parte, também das

---

[150] [Immanuel Kant,] *Kritik der Urteilskraft* (Leipzig, 1902), § 75, p. 277. [Ed. bras.: *Crítica da faculdade do juízo*, cit., p. 241, modif.]

da dialética idealista. Kant fundamenta da seguinte maneira o uso meramente "regulativo" da categoria da conformidade a fins:

> [...] não encontraríamos qualquer diferença entre o mecanismo da natureza e a técnica da natureza, isto é, a conexão de fins na mesma, se o nosso entendimento não fosse de molde a ir do universal para o particular. Por isso, a faculdade de juízo não pode conhecer qualquer conformidade a fins a respeito do particular e, em consequência, não pode realizar quaisquer juízos determinantes, sem possuir uma lei universal sob a qual possa subsumir aquele. Mas, embora o particular como tal contenha algo de contingente relativamente ao universal, a razão exige, não obstante, unidade na ligação de leis particulares da natureza e, em consequência, legalidade (legalidade essa do contingente que chamamos conformidade a fins), e já que a dedução das leis particulares a partir das universais a respeito daquilo que elas contêm em si de contingente é impossível *a priori* através da definição do conceito do objeto, então o conceito da conformidade a fins da natureza nos seus produtos torna-se necessário para a faculdade de juízo humana em relação à natureza, mas não um conceito dizendo respeito à determinação dos próprios objetos. Torna-se, por isso, um princípio subjetivo da razão para a faculdade de juízo, o qual, na qualidade de regulativo (não constitutivo), é válido do mesmo modo necessariamente para a nossa *faculdade de juízo humana*, como se se tratasse de um princípio objetivo.[151]

Kant confronta, então, essa capacidade de conhecimento humano, esse entendimento discursivo, para o qual o particular subsumido sob o universal sempre mantém uma contingência irrevogável, com a ideia de outro possível entendimento. Esse entendimento tem uma "completa espontaneidade da intuição", ele é um "entendimento intuitivo [...], o qual não vai do universal para o particular e desse modo para o singular (mediante conceitos), para o qual não se encontra aquela contingência do acordo da natureza nos seus produtos segundo leis particulares, visando ao entendimento". Kant estabelece, portanto, a ideia de uma forma específica de inteligência de um "*intellectus archetypus*", ressalvando expressamente que se trata apenas de uma "ideia", que essa espécie de conhecimento seria inatingível para o entendimento humano[152].

É evidente que aqui foi enunciado o programa visando a transcender as limitações do pensamento metafísico. E os pensadores importantes da Alemanha, sobretudo Goethe e Schelling, apropriaram-se desse programa com entusiasmo e bem pouca importância deram para o que Kant acrescentou a respeito da

---

[151] Ibid., § 76, p. 282 e seg. [Ed. bras.: ibidem, p. 245-6, modif.]
[152] Ibid., § 77, p. 284 e seg. [Ed. bras.: ibidem, p. 247 e seg.]

inatingibilidade desse modo do conhecimento, a respeito das limitações do conhecimento humano. A exposição dos efeitos que esse novo método teve sobre a filosofia alemã da natureza, sobre Goethe, sobre Schelling, situa-se, uma vez mais, fora do âmbito de nossas investigações. Sem dúvida, essa questão está estreitamente ligada ao movimento filosófico que teve Goethe e Schelling como ponto de partida e que foi fortemente influenciado por *Crítica da faculdade do juízo*. O exame da originalidade filosófica de Hegel nesse campo requereria investigações específicas. O que se sabe ao certo, porém, é que Engels, que de resto ressalta com nitidez a contraposição fundamental entre Kant e Hegel, une os dois pensadores na questão da finalidade interior. Polemizando contra Ernst Haeckel, que confronta rigidamente mecanicismo e teleologia, Engels diz o seguinte:

> Em Kant e Hegel, a *finalidade interna* é um protesto contra o dualismo. O mecanicismo aplicado à vida é uma categoria sem serventia; podemos falar, quando muito, de quimismo, caso não queiramos desistir de guiar-nos pelo sentido dos termos. [...] A *finalidade interna* no organismo impõe-se, então, segundo Hegel, V 244*, por meio do *impulso*. *Pas trop fort* [mas sem exagero]. O impulso harmonizaria o ser vivo individual em maior ou menor grau com seu conceito. Isso evidencia quanto toda essa *finalidade interna* é, ela própria, uma determinação ideológica. E, não obstante, Lamarck está por trás disso.[153]

Essa rápida exposição deve ter deixado claro para o leitor que as antigas contraposições envolvidas na questão da causalidade e da teleologia recuperaram sua fluidez já no curso da etapa pré-hegeliana do idealismo alemão clássico. Para chegar à formulação do problema que constitui a propriedade intelectual específica de Hegel, tivemos de levar em consideração esse ambiente geral do desenvolvimento do pensamento dialético. A nova formulação da teleologia aflora em Hegel em conexão com a questão do trabalho, mais precisamente no ponto em que ele passa a falar da utilização da ferramenta pelo homem. Citaremos a seguir suas exposições em sua forma mais madura, nas preleções de 1805-1806.

> Ela também é o *conteúdo* na medida em que é o que se quer, e meio do desejo, *possibilidade determinada* do mesmo. Tendo a ferramenta ou a lavoura cultivada e

---

* Ref. a Hegel, *Wissenschaft der Logik* [Ciência da lógica], Livro III, seção II, cap. 3, em *Werke*, v. V (2. ed., Berlim, 1841), p. 244. (N. T.)

[153] [Friedrich Engels,] *Dialektik der Natur*, cit., p. 221-2.

frutífera, tenho a *possibilidade*, o *conteúdo* enquanto *um universal*. Por essa razão, a ferramenta, o meio, é mais primoroso do que a finalidade do desejo, que é singular; ela engloba todas aquelas singularidades.

A ferramenta, porém, ainda não tem a atividade em si. Ela é uma coisa *inerte*, não retorna para dentro de si mesma. Ainda preciso trabalhar com ela. Interpus a *astúcia* entre mim e a coisidade exterior para poupar-me, cobrir com ela minha determinidade e deixar que se desgaste. O eu continua a alma desse silogismo em relação a ela, a atividade. Poupo-me com isso, porém, apenas em termos de quantidade, pois, não obstante, ainda ganho calos nas mãos. O fazer-de-mim-a-coisa ainda é um momento necessário; a atividade própria do impulso ainda não está na coisa. É preciso que eu ponha na ferramenta também minha própria atividade para torná-la uma ferramenta autônoma. Isso acontece assim: α) o fio está tão entrelaçado na linha que sua duplicidade é usada para fazer com que, nesse *antagonismo*, ele volte para dentro de si mesmo. A passividade se transforma em atividade, em coesão retentora; β) de modo geral, a atividade própria da natureza, a elasticidade da mola do relógio, a água, o vento, são usados para, em seu ser-aí sensível, fazer algo bem diferente do que quereriam fazer, seu fazer cego é convertido em um fazer conforme um propósito, no contrário de si mesmo: comportamento racional da natureza, *leis*, em seu *ser-aí* exterior. À *natureza mesma* nada sucede; *finalidades singulares* do *ser natural* convertem-se em finalidade universal. Nesse ponto, o impulso se retira por completo do trabalho. Ele deixa a natureza ralar-se, fica só olhando e rege a totalidade com um leve esforço apenas: *astúcia*. O flanco *largo* da violência é atacado pela ponta afiada da astúcia. É questão de honra da astúcia contra o poder agarrar o poder cego pelo flanco de tal modo que este se vire contra si mesmo, atacá-lo, apreendê-lo como determinidade, ser ativo contra ele ou fazer com que ele, enquanto movimento, volte para dentro de si mesmo, fazer com que se suprima [...]. [Acrescentado na margem – G. L.:] Vento, forte correnteza, oceano potente, submetidos, lavourados. Nada de trocar gentilezas com ele – sentimentalismo deplorável que se atém a singularidades.[154]

Facilmente se pode reconhecer a extraordinária importância filosófica dessas considerações de Hegel. A análise concreta da dialética do trabalho humano supera, em Hegel, o antagonismo antinômico de causalidade e teleologia, isto é, ela mostra o lugar concreto que o ato humano consciente de pôr uma finalidade assume *dentro* do nexo causal global, sem romper esse nexo, sem o transcender, sem apelar para um princípio transcendente nem – o que,

---

[154] *Realphilosophie*, v. II, p. 198 e seg. Cf. também Lasson, p. 422, e *Realphilosophie*, v. I, p. 220 e seg.

como vimos, ocorreu com os pensadores importantes anteriores – perder as determinações específicas da estipulação de fins no trabalho.

Como quase toda grande inflexão na filosofia, essa descoberta de Hegel é, em essência, extraordinariamente simples: todo homem trabalhador sabe por instinto que não pode fazer com o meio de trabalho, com objeto de trabalho etc., nada além do que a legalidade objetiva desses objetos ou de uma combinação deles permite e que, portanto, o processo do trabalho jamais poderá transcender os nexos causais das coisas. E toda invenção humana só pode consistir em revelar nexos causais objetivos ocultos e, em seguida, fazer com que estes cooperem com o processo do trabalho. Na visão correta de Hegel e Marx, o caráter específico do pôr de fins (*Zielsetzung*) consiste meramente no fato de que a representação da finalidade é anterior ao ato de pôr em movimento do processo do trabalho; que o processo do trabalho existe para realizar essa finalidade com o auxílio da identificação cada vez mais profunda dos nexos causais da realidade objetiva.

É correto e óbvio que o próprio pôr de fins seja causalmente condicionado – ao que Espinosa deu grande peso –, mas isso não suprime, como pensou Espinosa, o caráter específico do nexo teleológico no trabalho. Pelo contrário, esse conhecimento – que de modo nenhum escapou a Hegel, pois ele faz o processo do trabalho surgir da necessidade imediata e sempre volta a derivar todos os aperfeiçoamentos do processo do trabalho de suas razões sociais, em última análise, do impulso do homem para satisfazer suas carências necessárias – faz com que a unidade dialética de causalidade e princípio da finalidade do trabalho apareça com nitidez ainda maior, pois a partir dessa conexão está claro que a amplitude e a profundidade dos conhecimentos humanos sobre os nexos causais da natureza são condicionadas pelo pôr de fim no trabalho humano. O homem conhece cada vez melhor os nexos causais da natureza para fazer com que a natureza trabalhe mais e mais por ele. Por meio desse pôr de fins, ele confere aos objetos forma e função diferentes, às forças da natureza outros direcionamentos e modos de ação do que teriam sem sua intervenção nos nexos causais espontâneos da natureza. Contudo, essa nova função dos objetos e das forças da natureza é nova e, ao mesmo tempo, não é nova para a concepção hegeliana. O homem só pode empregar a "atividade própria da natureza" para suas finalidades, não podendo acrescentar nada à essência, às legalidades da natureza. Contudo, a intervenção de seu pôr de fins – igualmente legal e causalmente condicionada – extrai dessas legalidades novas possibilidades de ação até ali desconhecidas ou que apareceram apenas casualmente. A análise hegeliana concreta do processo do trabalho humano demonstra, portanto, que a antinomia de causalidade e teleologia constitui, na realidade, uma contradição dialética na qual aparece a legalidade de um nexo real da própria realidade objetiva em seu movimento, em sua reprodução constante.

Facilmente se percebe que, desse modo, Hegel passou em termos filosóficos muito à frente de seus predecessores. Ele deu o primeiro passo para apreender filosoficamente a relação correta, a interação correta, entre homem e natureza. Em Kant e Fichte, predominou nesse tocante um dualismo abstrato: a natureza foi concebida de forma unilateral apenas como campo de atividade passivo ou como mera limitação da atividade humana; por essa via, essa atividade mesma foi, como disse Hegel a respeito de Fichte, sublimada a uma "pura e nauseante altura" da moralidade abstrata. Disso não poderia resultar nada melhor que a "má infinitude" do progresso infinito.

Schelling, que até tentou transformar os princípios subjetivos de *Crítica da faculdade do juízo* em princípios objetivos, também faz isso apenas de modo meramente declaratório, abstrato, imediato, e, assim, em parte perde-se em uma espécie de misticismo, em parte permanece preso às limitações kantianas. Ele quer captar a unidade de natureza e homem por meio de uma ideia, que em si não deixa de ter certa profundidade filosófica: ele vê, em todo o universo, um processo unitário de atividade, no qual prevalece entre homem e natureza apenas a diferença de que a atividade da natureza é inconsciente, e a do homem, consciente. A real profundidade (e a real limitação) dessa ideia, porém, só poderia vir à tona por ocasião da efetiva concretização de ambas as atividades. Para Schelling não estava dada a possibilidade científica de tomar conhecimento do "produzir inconsciente" da natureza. Ele substituiu o que não sabia por formulações mais ou menos engenhosas. E, em relação à atividade consciente do homem, nunca empreendeu uma tentativa de fato séria de concretização. A única atividade humana que ele investigou de modo aprofundado e com conhecimento de causa foi a atividade artística. E até mesmo essa pesquisa serviu-lhe filosoficamente, em última análise, apenas para ter uma analogia real e apresentável para o misticismo da intuição intelectual. Por essa razão, ele tampouco consegue ir além do progresso infinito kantiano-fichtiano. "A contraposição entre a atividade consciente e a atividade inconsciente é necessariamente infinita, pois, se fosse suprimida, seria suprimido também o fenômeno da liberdade, que nele tem única e exclusivamente sua base."[155] Hegel poderia com tranquilidade ter aplicado sua crítica desaprovadora a Kant e Fichte também a esse ponto alto da teleologia schellinguiana.

Em troca, a análise precisa do processo do trabalho por Hegel dá origem a uma real concretização tanto da própria práxis humana quanto da relação do homem com a natureza. Enquanto os românticos declamavam a unidade de homem e natureza com grande dispêndio de energia lírica, Hegel investigou mediante a nítida recusa de todo "sentimentalismo deplorável" as reais conexões. Em *A ideologia alemã*, Marx diz sobre isso que "a célebre 'unidade do homem com a natureza' sempre se deu na indústria e apresenta-se de modo diferente em cada época de acordo com o menor ou maior desenvolvimento da indústria"[156]. Não há dúvida de que as concepções de Hegel até aqui expostas representam um passo significativo na direção desse conhecimento correto da relação entre homem e natureza.

A concretização dialética da atividade humana que ganha expressão na teleologia hegeliana do trabalho aponta, ao mesmo tempo, as mediações que conectam a práxis humana com a ideia do progresso social. Em toda a antiga concepção da teleologia surge necessariamente uma falsa hierarquia entre fim e meio. O caráter metafísico da formulação do problema gera uma confrontação rígida de ambos, e visto que o fim necessariamente possui um caráter "ideal", visto que ele necessariamente é a representação de alguma consciência, toda filosofia idealista impreterivelmente o coloca acima dos meios. Nas teleologias antigas, isso acontece por motivos francamente teológicos, dado que, nesse sistema, o portador da ideia da finalidade sempre é Deus. Contudo, o idealismo subjetivo de Kant e Fichte tampouco consegue transpor esse penhasco: por mais sincero que seja o *páthos* revolucionário da dignidade humana que carrega sua ideia da finalidade, a relação entre fim e meio permanece metafísica e idealista.

Em relação à consciência imediata, Hegel tampouco contesta a aparência de que, para ela, o fim está acima do meio. O que o homem quer de imediato é satisfazer suas necessidades, e todo trabalho, toda ferramenta etc. aparecem à sua consciência imediata apenas como meio para esse fim. Hegel, porém, acabara de mostrar a dialética objetiva concreta do processo do trabalho, que

---

[155] [F. W. J. Schelling,] "System des transzendentalen Idealismus", em *Werke*, cit., v. III, p. 602.
[156] [Karl] Marx e [Friedrich] Engels, *Die deutsche Ideologie* (Berlim, 1953), p. 41. [Ed. bras.: *A ideologia alemã*, trad. Luciano Cavini Martorano, Nélio Schneider e Rubens Enderle, São Paulo, Boitempo, 2007, p. 31.]

necessariamente vai além desse ponto de vista da consciência imediata. E exatamente esse ir além significa o progresso. Já citamos, em outros contextos, a seguinte sentença de Hegel: "O desejo sempre tem de começar do início"; pudemos ver, em sua filosofia da história, que a grande via do desenvolvimento da humanidade (em Hegel, a história da origem do espírito) passa pelo trabalho do "servo", ao passo que o fato de o "senhor" ater-se à fruição imediata, na satisfação imediata das necessidades, é estéril para a continuidade do desenvolvimento da humanidade.

A dialética hegeliana do trabalho mostra também por que isso é necessariamente assim; no trabalho, na ferramenta etc., expressa-se um princípio mais universal, mais elevado, mais social. Neles, é conquistado um território novo do conhecimento mais amplo e mais profundo da natureza, e isto não exclusivamente para o homem singular, mas para o desenvolvimento da humanidade inteira. Na medida em que esse processo se reproduz sem cessar, o que resulta daí não é um tedioso progresso infinito, mas a constante autorreprodução da sociedade humana em um degrau cada vez mais alto – ainda que irregular. Por essa razão, Hegel pode dizer com toda a razão que a ferramenta, o meio, está acima do fim para o qual é usada, acima do desejo enquanto impulso para a satisfação das necessidades.

Todas as consequências filosóficas dessa nova formulação da teleologia só seriam tiradas por Hegel alguns anos depois, em sua *Lógica*. (Não sabemos em detalhes em que medida as anotações de Iena foram usadas para redigir partes de *Lógica*, mas, nas passagens decisivas, veremos que suas ideias básicas remontam aos raciocínios de Iena apresentados por nós.) Citaremos a seguir, a partir de *Lógica*, algumas das mais importantes exposições sistemáticas de Hegel sobre o problema da teleologia – em parte porque nos parece importante mostrar que a análise dialética do processo do trabalho é a base para a posterior exposição sistemática da relação entre causalidade e teleologia, teoria e práxis em *Lógica*, em parte porque, no conspecto da lógica hegeliana, Lênin tomou justamente essas passagens como ponto de partida para observações fundamentais – observações que lançam uma luz de todo nova sobre a relação entre dialética hegeliana e materialismo histórico. Sendo assim, é natural que não deixe de ser interessante do ponto de vista histórico constatar que aquelas concepções de Hegel que, a juízo de Lênin, o levaram para bem perto do materialismo histórico surgiram da análise correta e abrangente das conexões econômicas; portanto, que os acercamentos de Hegel ao materialismo histórico de modo nenhum foram contingências, de modo nenhum foram manifestações de certa enigmática intuição (*Intuition*) genial, mas resultado do embate com os mesmos problemas objetivos que os fundadores do materialismo histórico resolveram com êxito.

Lênin cita a seguinte passagem da *Lógica* de Hegel:

> "Na medida em que o fim [*Zweck*] é finito [*endlich*], tem, além disso, um conteúdo finito; de acordo com isso, ele não é um absoluto nem pura e simplesmente um em si e para si racional. O meio, porém, e o termo médio exterior do silogismo, o qual é a consumação do fim; no meio, anuncia-se, portanto, a racionalidade como tal, que se conserva nesse outro exterior e, justamente, por meio dessa exterioridade. Nessa medida, o meio é algo superior aos fins finitos da conformidade a fins exterior; o arado é mais honroso que imediatamente o são as fruições que por ele são preparadas, e que são fins. O utensílio se conserva, enquanto as fruições imediatas perecem e são esquecidas. EM SEUS UTENSÍLIOS O HOMEM DETÉM PODER SOBRE A NATUREZA EXTERIOR, AINDA QUE, QUANTO A SEUS FINS, ELE LHE ESTEJA ANTES SUBMETIDO" (226).[157]

Lênin faz as seguintes observações na margem dessas exposições de Hegel: "Rudimentos do materialismo histórico em Hegel". E: "Hegel e o materialismo histórico". E logo após o trecho citado, acrescenta a seguinte observação: "O materialismo histórico como uma das aplicações e um dos desenvolvimentos das ideias geniais – das sementes, que, em Hegel, encontram-se no estado embrionário"[158].

Para o leitor que acompanhou nossas exposições até aqui, não há necessidade de acrescentar nada para mostrar que as exposições de Hegel em *Lógica* apenas sistematizam as ideias de Iena que citamos em detalhes, mas não vão além destas em termos objetivos e de conteúdo. Até mesmo a ideia de que o trabalho do homem com a ferramenta é, por sua essência, um silogismo está, como vimos, contida em várias passagens das obras econômicas de Hegel em Iena. O juízo emitido por Lênin refere-se, portanto, com todas as letras, às análises econômicas de Hegel em Iena.

Em *Lógica*, Hegel passa a desenvolver essa ideia no sentido de que a teleologia, que é o trabalho humano, a práxis humana, representa a verdade do mecanicismo e do quimismo. Essa formulação excede as análises de Iena em termos de clareza sistemática, mas os fundamentos objetivos e de conteúdo

---

[157] *Werke*, v. V, p. 226.[Ed. bras.: *Cadernos filosóficos*, cit., p. 200-1.]
[158] [Vladímir Ilitch] Lênin, *Aus dem philosophischen Nachlaß*, cit., p. 109. [Ed. bras.: ibidem, p. 201, modif.]

desse ponto também já estão contidos nas análises de Iena. Devemos destacar aqui especialmente que Hegel analisa essa relação da teleologia com o mecanicismo e o quimismo para descobrir como a técnica mecânica e química se relaciona com a realidade objetiva da natureza e, portanto, visualiza no processo econômico de produção o momento por cuja eficácia a teleologia se torna a verdade do mecanicismo e do quimismo. Lênin dotou essas observações de Hegel com uma série de comentários que realizam sua inflexão para o plano dialético-materialista. A fim de transmitir ao leitor uma noção bem clara dessas conexões, citaremos agora o teor completo das observações decisivas de Hegel e de sua crítica materialista por Lênin:

Hegel	*Dialética materialista*
Disso resulta a natureza da subordinação das duas formas anteriores do processo objetivo; o outro que nelas reside no progresso infinito é primeiro o conceito que lhes foi posto exteriormente, que é finalidade; não só o conceito é sua substância, como também a exterioridade é o fator que lhes é essencial, que perfaz sua determinidade. Portanto, a técnica mecânica ou química, por seu caráter de ser exteriormente determinada, oferece-se por si só à relação final que agora deverá ser analisada mais de perto.	Duas formas do processo *objetivo*: a natureza (a mecânica e a química) e a atividade humana do pôr do fim. A inter-relação dessas formas. As finalidades do homem parecem inicialmente ser estranhas ("outras") na relação com a natureza. A consciência do homem, a ciência ("o conceito"), reflete a essência, a substância da natureza, mas, ao mesmo tempo, essa consciência é algo exterior em sua relação com a natureza (que não coincide imediata nem simplesmente com ela). A técnica mecânica e química também serve a finalidades humanas porque seu caráter (sua consistência) consiste em sua determinação pelas relações exteriores (as leis da natureza).

Lênin acrescenta a toda essa seção da *Lógica* hegeliana as seguintes observações conclusivas:

> Na realidade, as finalidades humanas são geradas pelo mundo objetivo e o pressupõem – encontram-no como o que está dado, o que está aí. Porém, ao homem *parece* que suas finalidades provêm de fora do mundo, que são independentes do mundo ("liberdade"). *Nota bene*: tudo isso no parágrafo sobre a "finalidade subjetiva".[159]

---
[159] Hegel, cit., p. 217. Lênin, cit., p. 107 e seg. [Cf. idem.]

Por essa via, surge em Hegel uma formulação totalmente nova do problema referente à posição da práxis humana no sistema da filosofia; não é preciso mais uma discussão extensa para concluir que a nova concepção da práxis se baseia no fato de que, para Hegel, o trabalho, a atividade econômica do homem, constitui, de certo modo, a forma originária da práxis humana. Como diz Marx nas Teses sobre Feuerbach, o feito importante do idealismo alemão clássico foi elaborar na filosofia o "lado ativo" negligenciado pelo antigo materialismo*. Esse desenvolvimento já começa com Kant e Fichte. Estes, contudo, extrapolam a concepção da práxis em termos moralistas, concebendo-a sentimentalmente e, por essa via, surge em seus sistemas aquela confrontação rígida de teoria e práxis, aquele isolamento abstrato da "razão prática", de cuja crítica por Hegel já tomamos ciência. Não tomamos conhecimento, porém, só da crítica de Hegel à filosofia prática do idealismo subjetivo, mas também de sua própria visão concreta e positiva de como uma teoria da práxis humana pode ser fundamentada filosoficamente. Remetemos o leitor às análises de Hegel sobre trabalho, ferramenta etc., em sua análise de "domínio e servidão" em *Fenomenologia do espírito*. Essas tendências de Hegel voltam a receber, em *Lógica*, uma forma sistemática e sintética, a respeito da qual Lênin igualmente apresentou crítica fundamental em seus comentários a Hegel.

Hegel compara aqui a "ideia" do prático com o conhecimento meramente teórico e, ao fazer isso, chega aos seguintes resultados: "Na ideia prática, porém, ele se confronta com o real enquanto real. [...] Essa ideia é superior à ideia do conhecer contemplativo, pois tem a dignidade não só do universal, mas também do pura e simplesmente real"[160]. Em exposições posteriores, Hegel passa a oferecer uma fundamentação detalhada dessa superioridade concreta da ideia prática em relação à meramente teórica, o que, como já deve ter ficado bem claro para o leitor, nada tem a ver com o "primado da razão prática" kantiano-fichtiano, sendo-lhe, muito antes, diametralmente oposta. Hegel diz:

> Essa deficiência também pode ser vista em termos de que à ideia *prática* ainda falta o elemento *teórico*. Pois, nesta última, o que está do lado do subjetivo, do conceito que é contemplado pelo conceito em si, é apenas a determinação da *universalidade*; o conhecer está ciente de ser só um conceber, uma identidade,

---

* Karl Marx, 1. Ad Feuerbach (1845), em Karl Marx e Friedrich Engels, *A ideologia alemã*, cit., p. 533. (N. T.)

[160] Hegel, cit., p. 310 e seg.

indeterminada para si mesma, do conceito consigo mesmo; a execução, isto é, a objetividade determinada em e para si, é *algo dado* para ela, e o *verdadeiramente essente* é a realidade que existe independentemente do pôr subjetivo. Para a ideia prática, em contraposição, essa realidade, que, ao mesmo tempo, está diante dela como barreira intransponível, equivale ao em e para si nulo, que adquiriria sua determinação verdadeira e seu valor singular só mediante as finalidades do bem. Por conseguinte, a vontade bloqueia seu próprio caminho para chegar a sua meta ao separar-se do conhecer, e a realidade exterior não adquire, para ela, a forma do verdadeiramente existente: a ideia do bem, por conseguinte, só pode ser complementada pela ideia do verdadeiro.[161]

Lênin transcreveu todo o teor dessa passagem e acrescentou-lhe o seguinte comentário crítico:

O conhecimento [...] encontra o verdadeiramente existente diante de si como realidade que está aí independentemente do opinar subjetivo (pôr). (Isto é materialismo puro!) A vontade do homem, sua própria práxis, bloqueia o caminho para chegar a sua finalidade [...], separando-se do conhecimento e não reconhecendo a realidade exterior como o verdadeiramente existente (como a verdade objetiva). Faz-se necessária a *união do conhecimento com a práxis*.[162]

De suma importância para o contexto que constitui aqui o centro de nossa investigação – a saber, que Hegel, precisamente pelas tentativas de apropriar-se do objeto e do método da economia e auscultar a dialética que lhes é inerente, tornou-se o precursor do materialismo histórico – são algumas observações de Lênin que se vinculam direta ou quase diretamente a essas passagens de *Lógica*, cuja relação orgânica com os estudos econômicos de Hegel em Iena é evidente. Aludindo diretamente à passagem recém-citada, Lênin fala extensamente e em tom de aprovação sobre a teoria hegeliana, fazendo, todavia, correções críticas de cunho materialista, dizendo que o princípio prático de Hegel em sua relação com a realidade objetiva é, por essência, o silogismo. Ele diz o seguinte:

"Silogismo do agir" [...]. Para Hegel, o *agir*, a práxis, é um *"silogismo" lógico*, uma figura da lógica. E isso é verdadeiro! Naturalmente não no sentido de que a figura da lógica teria seu ser-diferente na práxis do homem (= idealismo absoluto), mas no sentido de que *vice-versa* [em sentido inverso] a práxis humana fica gravada na consciência do homem na forma de figuras lógicas por repetir-se bilhões de vezes.

---
[161] Ibid., p. 313 e seg.
[162] Lênin, cit., p. 138. [Cf. Vladímir Ilitch Lênin, *Cadernos sobre a dialética de Hegel*, cit., p. 181.]

Exatamente (e somente) por força desses bilhões de repetições é que essas figuras possuem a solidez de um preconceito e caráter axiomático.[163]

E, algumas páginas antes, mas igualmente no âmbito do comentário crítico às análises de Hegel sobre práxis e conhecimento, Lênin faz uma caracterização conclusiva da relação aqui discutida entre Hegel e Marx. Ele diz o seguinte:

> Tudo isso no capítulo "A ideia do conhecimento" (capítulo II) – na passagem para a "ideia absoluta" (capítulo III) –, o que indubitavelmente significa que, em Hegel, a práxis figura como elo na análise do processo do conhecimento, mais precisamente como passagem para a verdade objetiva (em Hegel: "absoluta"). *Logo, Marx conecta-se diretamente a Hegel* [ênfase minha – G. L.] quando introduz o critério da práxis na gnosiologia: ver as Teses sobre Feuerbach.[164]

Vemos que a nova formulação do problema da teleologia por Hegel, a vinculação do pôr de fins com a atividade econômica do homem em particular e – partindo daí – com a práxis humana universal, reveste-se de importância decisiva para o sistema filosófico de Hegel como um todo. Por essa via, é suprimida a separação mecânica de teoria e práxis, instaurada pelo idealismo subjetivo de Kant e de Fichte, e é estabelecida uma conexão objetiva entre práxis humana e realidade objetiva. Esse retorno à objetividade significa obviamente uma aproximação a pensadores importantes mais antigos, como, por exemplo, Espinosa ou Hobbes. A objetividade de Hegel, contudo, é filosoficamente superior à de seus grandes predecessores, pois ele incluiu a dialética do "lado ativo" do homem em sua concepção da realidade objetiva, podendo-se até dizer que, para a gnosiologia da dialética hegeliana, para o conhecimento da realidade objetiva, exatamente o "lado ativo" desempenha o papel decisivo. A relação entre teoria e práxis recebeu, desse modo, uma aclaração superior à que poderia ter atingido em toda a história da filosofia até ali. Uma superioridade que Marx pôde tomar como ponto de partida imediato para elevar a relação entre teoria e práxis à altura definitiva do esclarecimento filosófico.

Esse conhecimento superior da relação entre teoria e práxis tem consequências de máximo alcance para a dialética das categorias essenciais do sistema filosófico. Teremos de ocupar-nos aqui agora mais detidamente de

---

[163] Ibid., p. 139. [Cf. ibidem, p. 164.]
[164] Ibid., p. 133. [Cf. ibidem, p. 178.]

poucas dessas questões (liberdade e necessidade, contingência e necessidade). Ao fazê-lo, veremos que o conhecimento dialético correto de Hegel a respeito dessas categorias procede da mesma fonte de onde vêm os novos conhecimentos filosóficos até agora analisados. E poderemos observar, ao mesmo tempo, que o limite da dialética correta, o ponto em que a profunda dialética da realidade descamba para uma mistificação idealista, situa-se exatamente onde, por diversas razões, falham os conhecimentos econômicos de Hegel, onde ele se perde em mistificações no conhecimento da própria sociedade.

Hegel aborda os problemas da economia e sua relação com os problemas filosóficos com surpreendente grau de consciência. Já tivemos oportunidade de observar o grau de consciência com que ele vincula o problema da práxis e o trabalho, a atividade econômica. Contudo, essa clareza metodológica de Hegel de modo nenhum se limita ao tratamento de problemas específicos. Ele tem consciência de que as categorias do agir chegam à sua expressão mais clara justamente na esfera da economia em geral. Nas observações introdutórias ao ensaio sobre o direito natural, Hegel se manifesta sobre essa questão metodológica; o fato de falar ali sobre o direito natural, e não expressamente sobre economia, não muda em nada a essência da coisa, pois sabemos que, para Hegel, as categorias econômicas desempenham um papel decisivo em toda a estruturação da sociedade e em seu tratamento científico. Sobre a questão atinente ao modo como o mundo se reflete no espelho da ciência, ele diz ali que

> o que [se encontra – G. L.] mais próximo é a condição do direito natural, por se referir diretamente ao ético, ao motor de todas as coisas humanas, e consequentemente a ciência do ético tem um ser-aí, pertence à necessidade, deve ser uma com a forma empírica do ético, que igualmente está contida na necessidade, e enquanto ciência deve expressar essa forma empírica na forma da universalidade.[165]

Hegel concretiza o problema da liberdade e da necessidade, sobretudo, tratando-o sempre em um contexto histórico-social determinado. A luta de Hegel contra o idealismo subjetivo no campo da ética dirige-se, em primeira linha, como vimos, ao isolamento abstrato do conceito de liberdade em relação à realidade histórico-social. Quando Hegel, em função da análise da sociedade moderna, procura compreender a singularidade do indivíduo com o auxílio

---

[165] Lasson, p. 330.

das categorias da economia clássica, a totalidade desse automovimento da sociedade em seu conjunto tem de aparecer como produto das atividades singulares e, por essa razão, contingentes dos indivíduos. Citamos até agora diversas exposições de Hegel, das quais decorre inequivocamente essa sua concepção, que se encontra em plena consonância com a de Adam Smith. No entanto, para que possamos obter um quadro bem claro de sua concepção a esse respeito, temos de citar sua posterior caracterização da economia como ciência. Ali ele resume o problema da contingência e da necessidade como questão fundamental dessa ciência. Essa concepção se encontra em plena consonância com as exposições de Iena, só que as metas do conhecimento em Iena ainda não havia tornado necessário que Hegel expusesse de maneira abrangente suas concepções sobre a economia enquanto ciência. A exposição em *Filosofia do direito* tem o seguinte teor:

> [...] esse pulular de arbitrariedades gera de dentro de si determinações gerais, e esse algo aparentemente disperso e irrefletido é mantido por uma necessidade que se instaura por si só. Encontrar aqui esse elemento necessário é objeto da economia política, uma ciência que honra seu nome porque descobre as leis de uma massa de contingências. É um espetáculo interessante ver como aqui todas conexões são retroativas, como as esferas particulares se agrupam, exercem influência sobre outras e destas experimentam sua promoção ou seu impedimento. Esse entremear-se, inacreditável de início, porque tudo parece relegado à arbitrariedade do singular, é digno de nota antes de tudo e apresenta semelhança com o sistema planetário, que sempre permite ver apenas movimentos irregulares, cujas leis, porém, podem ainda assim ser conhecidas.[166]

Sobre essa base, Hegel levanta, no quadro da totalidade concreta e dinâmica da vida histórico-social dos homens, a questão da relação entre liberdade e necessidade e, pela primeira vez, soluciona-a concreta e corretamente. Engels diz sobre a solução encontrada por Hegel:

> Hegel foi o primeiro a expor corretamente a relação entre liberdade e necessidade. Para ele, liberdade é ter noção da necessidade. "*C*ega a necessidade só é *enquanto não é conceituada*."* A liberdade não reside na tão sonhada independência em relação às leis da natureza, mas no conhecimento dessas leis e na possibilidade

---

[166] *Rechtsphilosophie*, § 189 (Werke, v. VIII), p. 255, Adendo. Lasson, p. 336.

* G. W. F. Hegel, *Encyclopädie der philosophischen Wissenschaften im Grundrisse*, Teil 1, cit., p. 294. Ed. bras.: *Enciclopédia das ciências filosóficas*, v. I, cit., p. 275. (N. T.)

proporcionada por ele de fazer com que elas atuem, conforme um plano, em função de determinados fins.[167]

O contexto dessa concepção de liberdade e necessidade constitui, como vimos, o centro das análises de Hegel sobre a teleologia e, em conexão com isso, de sua análise da atividade humana em geral. Já conhecemos o lado puramente econômico desse problema, assim como, em estreita ligação com ele, a dialética do desenvolvimento progressivo dos conhecimentos humanos sobre as legalidades da natureza como base dessa atividade. Recordamo-nos igualmente da veemência com que Hegel se posicionou contra a sublimidade presumida do conceito abstrato de liberdade de Kant-Fichte. O que importa agora é visualizar de forma breve quais foram os efeitos desse modo hegeliano de ver as coisas sobre o modo de tratar a totalidade concreta da sociedade e sua história, pois resulta natural da concepção hegeliana que precisamente a vida histórica apareça como o real campo de atividade da liberdade, como o campo de batalha da dialética de liberdade e necessidade.

Como se sabe, a posterior filosofia hegeliana da história tem a "astúcia da razão" como conceito central. Em linguagem prosaica, essa expressão significa que os homens de fato fazem eles mesmos sua história, que o motor real dos acontecimentos históricos reside nas paixões humanas, em suas aspirações individuais, egoístas, mas que da totalidade dessas paixões individuais resulta, em termos de tendência principal, *algo diferente* do que desejam e almejam os homens em ação; que esse diferente, todavia, de modo nenhum representa algo casual, mas que exatamente nele aparece a legalidade da história, "a razão na história", o "espírito" – segundo expressões de Hegel.

O termo *"List"* [astúcia] tem uma longa história prévia em Hegel, que remonta a Iena. Lembremos que, ao fazer a análise metodologicamente muito importante da ferramenta (p. 460 e seg. deste livro), Hegel já usara essa expressão para conceituar filosoficamente a relação entre o homem trabalhador e a natureza. Em estreita ligação com isso, ele passa a aplicar o mesmo conceito da astúcia à relação de Estado e governo com o homem singular e, em especial, com a globalidade das relações econômicas dos homens. No próximo capítulo, detalharemos como nesse ponto começam as limitações da economia hegelia-

---

[167] [Friedrich Engels,] *Anti-Dühring* (Berlim, 1948), p. 138. [Ed. bras.: *Anti-Dühring. A revolução da ciência segundo o senhor Eugen Dühring*, trad. Nélio Schneider, São Paulo, Boitempo, 2015, p. 145-6.]

na, suas ilusões idealistas em relação ao Estado – ilusões que, como também veremos, estão estreitamente ligadas com suas ilusões napoleônicas gerais.

As concepções de Hegel, porém, não vêm apenas dessa fonte, mas adquirem um acento específico devido à influência daquele período sobre ele. Sua origem histórica é, muito antes, a concepção de sociedade de Hobbes e Mandeville, segundo a qual o equilíbrio da sociedade capitalista surge da interação das paixões egoístas e até más e viciosas dos homens e essa interação assegura o progresso na história. Essa concepção é, então, intelectualmente incrementada e generalizada na filosofia da utilidade pelos representantes importantes do Iluminismo francês (todavia, como mostrou Marx, numa linha igualmente idealista e ilusória); a economia de Smith, por sua vez, proporciona a todas essas teorias uma base e mostra, à luz sóbria dos fatos reais e de suas conexões reais, qual é efetivamente o alcance dessas concepções.

A concepção de sociedade de Hegel é herdeira de todo esse desenvolvimento. O quanto ele estava próximo do mesmo é evidenciado, por exemplo, pela seguinte passagem extraída das preleções de 1805-1806: "Exteriormente o real de fato não se parece com o ideal, porque o observador se atém ao imediato – ao necessário. É preciso ser capaz de suportar a devassidão, a ruína, a licenciosidade, a depravação dos indivíduos; o Estado é *a astúcia*"[168]. Em outra passagem, diz resumidamente sobre o mesmo problema: "*Astúcia* de o *governo* deixar que se faça o *proveito próprio* dos outros – o direito, o tino do comerciante sabe o que importa no mundo: proveito –, usá-lo em *proveito* deles e dispor as coisas de tal maneira que o proveito retorne para dentro desses outros"[169].

Nesse ponto, ao lado da teoria geral de Hegel sobre a relação entre sociedade burguesa e Estado, é digno de nota que ele compare essa atividade com a do comerciante na própria sociedade e tente adequar o conceito da "astúcia" do governo a seu conceito econômico geral da astúcia. Essa tendência de Hegel expressa-se ainda mais claramente em outra observação à margem no mesmo escrito.

> Não a *artificialidade* do Poder Legislativo etc. – *Si-mesmo* é o supremo. – *Renúncia livre aos poderes da necessidade* – astúcia deixar os indivíduos agirem, *cada qual cuida de si* – flui para dentro do universal – um estar-refletido-em-si-mesmo superior

---

[168] *Realphilosophie*, v. II, p. 251.
[169] Ibid., p. 262.

do espírito. – *Garantia* contra a arbitrariedade; constituição geral dos estamentos (*Stände*) – não das assembleias dos Estados (*Landstände*); razão universal – fluidez de todo individual. A *razão* do povo é tão competente quanto são as instituições.[170]

De tudo isso pode-se depreender claramente que aqui estão em luta dentro de Hegel duas tendências do pensamento, sendo que para ambas a teoria da astúcia, a dialética hegeliana de liberdade e necessidade, seria a lei determinante. Por um lado, a astúcia do governo em confronto com o automovimento da economia na sociedade burguesa moderna e, por outro, a astúcia da razão que se expressa nesse mesmo automovimento e que regula com leis próprias produção, reprodução e avanço da sociedade capitalista.

Repetidamente tomamos ciência de concepções de Hegel sobre quais foram os efeitos dessa dialética de liberdade e necessidade no curso da história universal. Remetemos, portanto, o leitor às exposições de Hegel sobre o papel do tirano na história, sobre a necessidade de seu aparecimento e a de seu desaparecimento (p. 421 e seg. deste livro).

Vimos também que Hegel enxerga uma dialética similar no papel dos grandes homens, dos "indivíduos histórico-universais" (cf., sobre Richelieu, p. 417 deste livro). Queremos citar aqui apenas algumas análises complementares extraídas das preleções de Hegel no período de Iena, nas quais expressa-se de modo especialmente plástico como, na dialética hegeliana da história, é estreita a ligação entre o nexo de liberdade e necessidade e o de contingência e necessidade. Em uma dessas preleções, Hegel chega a falar do gênio artístico. E, em franca polêmica contra a divinização e a mistificação romântica do gênio, ele apresenta uma análise muito sóbria da interação entre a atividade individual do gênio e o movimento social global, a vida do povo.

> Aqueles que são chamados de *gênios* adquiriram alguma habilidade especial, com a qual fazem das formas gerais do povo suas obras, como outros fazem outras coisas. O que eles produzem não é sua invenção, mas a invenção do povo *todo* ou o *achado*, ou seja, que o povo achou sua essência. O que pertence ao artista enquanto *tal* é sua atividade formal, sua habilidade particular nesse tipo de representação e até para esta ele foi educado na habilidade geral. Ele é semelhante àquele que se encontra entre trabalhadores que estão construindo um arco de pedra, cuja estrutura está presente como ideia de modo invisível. Cada qual assenta uma pedra. O artista da mesma forma. Por casualidade, ocorre que ele é o último; ao assentar sua pedra, o arco se

---

[170] Ibid., p. 252.

sustenta por si mesmo. Ao assentar essa pedra, ele vê que o conjunto forma um arco, enuncia isso e passa a ser tido como o inventor.[171]

Esse nexo ganha expressão ainda mais nítida em uma preleção simultânea, na qual Hegel fala expressamente do papel da personalidade significativa na história, em especial nas épocas de transição.

> Essas naturezas circunspectas nada fazem além de pronunciar a senha e os povos aderirão a elas. Os grandes espíritos capazes de fazer isso têm de estar *depurados* de todas as peculiaridades da forma precedente para que possam fazê-lo. Se quiserem realizar a obra em *sua* [da obra – N. T.] totalidade, eles também precisam tê-la apreendido em *sua* [dos grandes espíritos – N. T.] totalidade. Talvez eles a *agarrem* apenas por uma das pontas e a façam avançar. Por querer o *todo*, porém, a natureza derruba-os do *cume* em que se postaram e posta ali outras pessoas; e, sendo estas também unilaterais, [haverá – N. T.] uma sequência de indivíduos, até que a obra esteja toda concluída. No entanto, para ser o feito de *um* homem, este precisa ter conhecido a totalidade e, desse modo, ter se depurado de toda a limitação.[172]

Nessas exposições de Hegel, aparece, todavia, também aquela limitação de seu pensamento sobre a qual logo falaremos mais extensamente e que consiste em que ele mistifica o processo histórico como totalidade e lhe impinge um portador consciente, o "espírito". No âmbito dessa limitação, porém, é possível ver com clareza a maneira sóbria e dialética com que Hegel analisa o nexo entre o "indivíduo histórico-universal" e o curso da história, a maneira enérgica com que ele, de um lado, subordina o papel da personalidade significativa na história à execução da tarefa objetiva de que foi incumbida a sociedade pelas circunstâncias objetivas de seu próprio desenvolvimento. Por outro lado, é possível ver que Hegel percebe com clareza o papel da contingência na seleção das pessoas que chegam a dar conta de uma tarefa política, artística etc. importante para a história mundial.

Por ter essa clareza, ele se torna nesse campo um precursor do materialismo histórico. Marx e Engels, todavia, foram muito além de Hegel na concretização materialista dessa dialética de contingência e necessidade e superaram a concepção mistificada do curso histórico global mediante a linguagem efetivamente científica do materialismo histórico. Foi só entre seus seguidores vulgarizantes

---

[171] Rosenkranz, p. 180.
[172] Ibid., p. 189.

da Segunda Internacional que aflorou aquela extrapolação mecanicista da necessidade na história que fez desaparecer por completo o papel da personalidade, da atividade humana de indivíduos singulares, e converteu a necessidade em um autômato que funciona (para ser usado pelo oportunismo) sem atividade humana. Lênin e Stálin expurgaram o materialismo histórico dessa vulgarização mecanicista e, também nesse aspecto, restabeleceram e aprimoraram a teoria de Marx e Engels.

Já Engels, em idade avançada, teve de travar um combate ideológico contra essa forma de mecanização e vulgarização da história. Citamos aqui uma passagem da carta que ele escreveu a Heinz Starkenburg, que não só oferece uma correção dessas teorias falsas, como, ao mesmo tempo, mostra claramente o tanto que Hegel avançara no conhecimento correto dessas conexões, como ele realizara um trabalho metodológico preparatório para o materialismo histórico nesse ponto. Em suas análises, Engels parte da dialética de necessidade e contingência e diz o seguinte:

> Nesse ponto, trata-se, então, dos assim chamados grandes homens. Naturalmente é puro acaso que surja um grande homem nessa época bem determinada e nesse dado país. Se o riscarmos do mapa, no entanto, há uma demanda por substituição, e a substituição será encontrada, *tant bien que mal* [de alguma maneira], com o tempo será encontrada. Foi por acaso que Napoleão, justamente esse corso, tornou-se o ditador militar que a República francesa, exaurida por sua própria guerra, fez necessário – mas que, na falta de um Napoleão, outro teria preenchido o posto, isso está provado pelo fato de que tal homem foi encontrado toda vez que se precisou dele: César, Augusto, Cromwell etc. Mesmo que Marx tenha descoberto a concepção materialista da história, Thierry, Mignet, Guizot, todos os historiadores ingleses até 1850, provam que foi isso que se almejou, e a descoberta da mesma concepção por Morgan prova que o tempo estava maduro para ela e que ela *tinha de ser* descoberta.[173]

A limitação decisiva do conhecimento hegeliano da história, que impediu Hegel de aplicar concretamente e conforme a verdade ao curso da história suas concepções, corretas em termos filosóficos gerais, da relação entre necessidade e liberdade, entre necessidade e contingência, foi seu desconhecimento da luta de classes como motor da sociedade e da história. Hegel tinha um saber

---

[173] Engels a Starkenburg, 25 jan. 1894, em [Karl] Marx e [Friedrich] Engels, *Ausgewählte Schriften* (Berlim, 1952), v. 2, p. 475. [O verdadeiro destinatário dessa carta não foi Starkenberg – este apenas a publicou. De fato, a missiva de Marx foi enviada a W. Bargins – N. E.]

suficientemente universal e um olhar sóbrio e imparcial o bastante para vislumbrar, em casos específicos, os antagonismos de classe na sociedade. (Remetemos a suas observações sobre o contexto do surgimento das fábricas e da pobreza na p. 445 deste livro.) Contudo, sua concepção geral de sociedade e história ainda é constituída de tal forma que ele não vê o papel de força motriz dos antagonismos de classe no interior da sociedade – muito menos teria sido capaz de tirar conclusões metodológicas gerais de suas leis dinâmicas.

Os diversos Estados aparecem, portanto, na filosofia hegeliana da história, como individualidades unitárias e coesas. Hegel de fato percebe que, por trás dessas individualidades, estão ocultos desenvolvimentos sociais. Pense-se, por exemplo, em como ele deriva a unidade da França e a divisão da Alemanha do curso distinto da dissolução do feudalismo. Essas noções corretas, porém, não têm consequências metodologicamente levadas a termo. A história universal continua aparecendo essencialmente como uma luta pelo poder entre as nações e os Estados em si "unitários".

Essa luta é examinada, então, por Hegel com a mesma sobriedade com que ele analisou a luta econômica que os indivíduos travam entre si na sociedade burguesa. Essa luta aparece em *Fenomenologia do espírito* como o "reino animal do espírito". Ele analisa essa luta como o retorno e até como a forma propriamente dita do estado de natureza, da luta hobbesiana de todos contra todos. Veremos que, na filosofia hegeliana da sociedade, a regulação jurídica das conexões econômicas – que, segundo Hegel, representam igualmente em si um *"bellum omnium contra omnes"* [guerra de todos contra todos] – desempenha um papel extraordinariamente importante, inclusive muito superestimado – ainda que sua concepção da possibilidade e da necessidade da regulação jurídica seja radicalmente diferente da concepção kantiano-fichtiana. No entanto, quando um povo, uma sociedade, se constitui em Estado, cessa, segundo Hegel, a possibilidade de toda a regulação desse tipo entre os indivíduos-Estados. Em suas preleções de 1805-1806, ele diz:

> O todo é indivíduo, povo, voltado contra outro. É *aqui* que a restauração do estado de indiferença dos indivíduos entre si, do estado de natureza, se torna *real*. Essa relação é, em parte existência tranquila dos indivíduos independentes entre si, soberania, em parte união por meio de *contratos*. Os contratos, porém, não têm a *efetividade* do contrato real, não têm o poder *dotado de ser-aí* dos mesmos, mas o indivíduo-povo justamente é o universal enquanto poder *dotado de ser-aí*. Eles não devem, por conseguinte, ser analisados à maneira dos *contratos* burgueses; eles não têm

obrigatoriedade, já que uma das partes pode revogá-los. É essa ilusão perpétua de firmar tratados, comprometer-se e voltar a fazer esse compromisso desaparecer.[174]

Adiante veremos como é importante e destacado o papel que justamente a guerra desempenha na filosofia da história concebida por Hegel em Iena. Todavia, a despeito de uma superestimação napoleônica da importância da guerra, Hegel a analisa de modo igualmente sóbrio e histórico. Por um lado, ele polemiza, como podemos depreender das análises finais do trecho recém-citado, contra a utopia kantiana da paz perpétua. Por outro, está muito distante de deixar-se levar pelas proclamações das partes individuais em guerra. Ele tem total clareza sobre a relatividade da guerra de ataque e de defesa no sentido pragmático. Cada qual afirma que está se defendendo e sendo atacado pelo outro. E, nesse nível, não há maneira de decidir a questão. Em seu escrito sobre a Constituição, Hegel diz: "Cada parte funda o que é seu sobre direitos e acusa a outra parte de violar um direito. [...] O público toma partido, cada partido afirma ter o direito a seu lado, os dois partidos têm razão, e são justamente os direitos que acabam entrando em contradição entre si"[175].

Ora, Hegel infere de maneira consequente que essas lutas entre os Estados são, no plano imediato, lutas pelo poder, sendo que Deus, o espírito do mundo, sempre está à frente dos batalhões mais fortes. Esse realismo sóbrio na concepção dos fatos históricos é usado, então, pelos ideólogos do período imperialista para fazer de Hegel um dos precursores da "política de poder" irrefletida à maneira de Treitschke (Meinecke, Heller etc.). Ao fazer isso, esses senhores deixaram de ver dois "detalhes". Em primeiro lugar, que, para Hegel, apesar de seu desconhecimento da luta de classes, o poder de um Estado nunca cai como um raio do céu sem nuvens nem é o produto de algum "gênio". Basta lembrar a anterior comparação entre França e Alemanha para ver claramente quanto, para Hegel, a superioridade em termos de política do poder que se manifesta de modo imediato era apenas algo mediato e quanto ele sempre esteve empenhado em descobrir as mediações, aquelas circunstâncias sociais objetivas ocultas atrás dessa imediaticidade. E quando mais tarde, por ocasião da acachapante derrota da Prússia na batalha de Iena-Auerstedt (1806), todas as suas simpatias voltam-se para Napoleão e ele se posiciona contra a Prússia, isso de modo nenhum é admiração pelo "poder superior" do imperador francês,

---

[174] *Realphilosophie*, v. II, p. 260 e seg.
[175] Lasson, p. 99 e seg.

mas uma simpatia pelo legado social da Revolução Francesa e um desprezo pela Prússia carcomida pelo feudalismo.

Esse exemplo já leva para o segundo ponto de vista a ser afiançado contra a distorção histórica de [Friedrich] Meinecke, [Hermann] Heller e outros. Esses senhores esquecem completamente que Hegel foi o ideólogo de um período revolucionário, do período da constituição revolucionária das grandes nações modernas. Esse processo foi considerado progressista por Hegel – com toda razão. Na dialética histórica desse processo, que na realidade se desenrolou várias vezes na forma de grandes guerras, Hegel viu aquele estado de natureza em que, em virtude da dialética imediata das relações de poder, o desenvolvimento do espírito avança para seu nível máximo. Hegel visualizou esse nível máximo na sociedade burguesa moderna de um grande povo que se constitui como nação. Assim, de modo geral, ele captou corretamente o problema fundamental da época e também divisou com grande perspicácia o modo como essa dialética necessariamente se afirmou nos acontecimentos singulares aparentemente casuais, aparentemente arbitrários da história universal.

A limitação de sua concepção de história aparece, por sua natureza, no fato de que, de um lado, seu horizonte filosófico-histórico só chegava até essa perspectiva e, de outro lado – verificaremos isso detalhadamente adiante –, nem ele foi capaz de se elevar intelectualmente acima das contradições reais daquela época, envolvendo o surgimento da unidade nacional alemã, e seu sistema de pensamento refletia somente um dos extremos das contradições daquela época atinentes a essa questão central da revolução democrática na Alemanha (Lênin).

Nem histórica nem filosoficamente isso tem a ver com Bismarck – nem, muito menos, com a "política de poder" do imperialismo alemão. Meinecke, Heller e outros cometem uma distorção histórica semelhante à cometida pelos diversos oportunistas do social imperialismo durante a [Primeira] Guerra Mundial, ao aplicar os enunciados de Marx e Engels sobre a real progressividade das lutas nacionalistas de libertação anti-historicamente à guerra mundial imperialista, visando a defendê-la e apoiá-la como guerra supostamente "justa" e "nacionalista". Certos pontos pouco claros, certas obscuridades e contradições de Hegel – quando se usa com habilidade a arte sofística de citar – de fato constituem pretexto para essa falsificação histórica, o que em Marx e Engels não existe nem para servir de pretexto. A distorção das concepções destes últimos, porém, mostra que as falsificações imperialistas nem se importam com o pretexto, mas com seu propósito de fazer a apologia do imperialismo.

A linha básica da concepção hegeliana de história visa, portanto, a conduzir ao terreno concreto da realização da práxis humana como seu ponto alto para a compreensão filosófica da marcha real do desenvolvimento histórico que necessariamente levou ao surgimento da sociedade burguesa moderna. Essa necessidade surge, como vimos, das ações dos homens, de suas aspirações e suas paixões, das quais a dialética de necessidade e liberdade extrai outros resultados, mais gerais e mais elevados do que aqueles que os homens estabeleceram para si como finalidades de suas ações. A dialética concreta de necessidade e liberdade consiste, portanto, em Hegel, exatamente no fato de que essas paixões individuais, essas aspirações egoístas dos homens, são tão necessárias à realização da marcha do desenvolvimento histórico quanto seus resultados representam algo diferente e maior do que estava contido nessas forças motrizes imediatas e por elas foi pretendido. Desse modo, são ultrapassadas em muito tanto a moral quanto a concepção de história do idealismo subjetivo. Para Hegel, o movimento histórico não é um progresso infinito, mas uma marcha concreta de desenvolvimento; sociedade e história não são aspirações abstratas da "pura vontade" ainda mais abstrata.

Empenhando-se para superar a concepção idealista subjetiva tanto da esfera prática quanto da história, Schelling até certo ponto precedeu Hegel. A transformação dos princípios teleológicos em *Crítica da faculdade do juízo* deveria servir a Schelling para chegar a uma concepção concreta e unitária do desenvolvimento na natureza e na história. Nessa tentativa, Schelling chega, em um ponto, a certa altura da compreensão dialética na medida em que obtém uma noção de que na história se realiza outra coisa e mais do que visam as pessoas que agem na história. Schelling fala da

> relação pressuposta entre a liberdade e uma necessidade oculta [...], por força da qual pessoas obrigatoriamente se tornam, mediante seu próprio agir livre e não obstante contra sua vontade, causa de algo que jamais quiseram ou inversamente em virtude da qual necessariamente fracassa ou se frustra algo que quiseram alcançar mediante a liberdade e com o emprego de todas as suas energias.[176]

Essas noções corretas, porém, não puderam evoluir em Schelling para nenhum conhecimento efetivo. A necessidade de que fala aqui é confrontada por ele de modo inteiramente rígido, enquanto "inconsciente", com a liberdade enquanto algo consciente. Em Schelling, essa inflexibilidade chega a tal ponto

---

[176] *System des transzendentalen Idealismus*, cit., v. III, p. 594.

que do pressuposto de que o "inconsciente" é o princípio da objetividade histórica ele tira a seguinte conclusão: "Mas, então, é pura e simplesmente impossível que, com consciência, se possa produzir algo objetivo [...]"[177]. Por meio dessa contraposição abstrata e rígida de liberdade e necessidade, de consciência e inconsciente, é suprimida toda a possibilidade de uma dialética concreta da práxis; só se pode chegar a uma pseudodialética mística entre os princípios abstratos do consciente e do inconsciente.

Schelling chega, de um lado, a um irracionalismo místico na história e, de outro, não consegue ir além das limitações da concepção kantiana da teleologia, mesmo que tente suplantar sua subjetividade por meio de uma pseudo-objetividade que, uma vez mais, é de cunho místico. Ele pressente que a história não pode ser compreendida como legalidade no sentido da velha metafísica. Ele diz sobre o conceito de história "que nem uma sequência absolutamente sem regulação de ocorrências nem uma sequência absolutamente regulada mereceria o nome de história". Porém, o que está contido nessas exposições em termos de noção relativamente correta é imediatamente destroçado por Schelling: "Teoria e história são totalmente antagônicas. O homem só tem história porque não há teoria que possibilite calcular de antemão o que ele fará"[178].

Percebe-se que, nessas exposições, falta justamente aquilo que perfaz a grandeza filosófica e o significado que aponta para o futuro da inflexão hegeliana na teleologia, na aplicação à história da dialética do agir conforme a um fim. São, portanto, historicamente incorretas a derivação da filosofia hegeliana da sociedade e da história a partir da schellinguiana, a identificação da concepção de liberdade e necessidade em Schelling e Hegel. É possível e até provável que a concepção schellinguiana do processo histórico enquanto práxis inconsciente do absoluto tenha proporcionado um estímulo para a filosofia hegeliana da história. Porém, mais do que um estímulo ela não constituiu. Os elementos essenciais da filosofia hegeliana da história são mesmo os relacionados com a unidade dialética de teoria e práxis e, portanto, exatamente aqueles de que não há vestígio na concepção schellinguiana, aspecto em que Schelling jamais pôde ir além do dualismo kantiano-fichtiano.

A conexão real entre a filosofia hegeliana e a filosofia schellinguiana da história está dada, muito antes, exatamente no ponto em que residem as limitações

---
[177] Ibid., p. 613.
[178] Ibid., p. 589.

do pensamento de Hegel. Schelling encontra na arte uma unidade de liberdade e necessidade, de produzir consciente e inconsciente, e em analogia ele passa a formular – com o auxílio da intuição intelectual – a unidade no processo de desenvolvimento de natureza e história. Ao fazer isso, a grande debilidade de sua formulação não consiste só nesse ponto alto abstrato e místico, mas, sobretudo, no fato de que os momentos específicos do processo histórico em lugar nenhum e de modo nenhum podem ser idealmente aclarados e concretizados por meio dessa concepção de unidade dialética. E exatamente nisso reside o ponto forte da filosofia hegeliana da história. Ponto alto que necessariamente se perderá num lusco-fusco místico também no caso de Hegel – e aqui estamos diante de um elemento essencial de sua filosofia, que sempre terá um traço em comum com Schelling e do qual ele, na condição de idealista, jamais conseguiria se desfazer.

Trata-se da concepção do processo histórico como um todo. Dado que para o idealista objetivo Hegel – assim como para Schelling – o todo do processo de desenvolvimento de natureza e história é obra de um "espírito", necessariamente ressurge aqui a velha ideia teleológica que de resto foi superada por Hegel em todos os detalhes sociais e históricos. Pois, se o processo histórico tem como portador um sujeito unitário, se ele é resultado da atividade desse sujeito, a consequência disso para o idealista objetivo Hegel só pode ser a de vislumbrar no próprio processo histórico a realização do fim que esse "espírito" pôs para si mesmo no início do processo como finalidade. Desse modo, a totalidade do processo se transforma em Hegel – assim como em Schelling – em um pseudomovimento: é o retorno ao início, a realização de algo que esteve presente *a priori* desde o início.

Em *Fenomenologia*, Hegel diz o seguinte sobre isso:

> Pode exprimir-se também o acima exposto dizendo que "a razão é *o agir conforme a um fim*". A forma do *fim* em geral foi levada ao descrédito pela exaltação de uma pretendida natureza acima do pensamento – mal compreendido – e, em primeira linha, pela proscrição de toda conformidade a fins externa. Mas importa notar que – como *Aristóteles* também determina a natureza como um agir conforme a um fim – a finalidade é o imediato, *o que está em repouso*, o imóvel que é *ele mesmo motor* e que assim é *sujeito*. Sua força motriz, tomada abstratamente, é o *ser-para-si* ou a negatividade pura. O resultado só é o mesmo que o começo porque *o começo é finalidade*; – ou o real só é o mesmo que o seu conceito, porque o imediato como finalidade tem nele mesmo o Si ou a realidade pura.[179]

---
[179] *Werke*, v. II, p. 17 e seg. [Ed. bras.: Hegel, *Fenomenologia do espírito*, cit., p. 37, modif.]

Hegel não se dá conta aqui de que, na realização abstrata consequente de seu princípio teleológico, ele volta a incorrer na velha teologia teleológica. Pois seu grande feito filosófico consistiu exatamente no fato de ter tirado o princípio da finalidade do céu, para onde ele havia sido projetado pela teologia, e tê-lo levado para a realidade terrena do agir humano efetivo. Por essa razão, sua concepção da teleologia foi grande, nova e fecunda enquanto permaneceu terrena. Ao percorrer esse caminho até o fim como idealista objetivo coerente, Hegel destrói o que construíra como dialético. Nessa virada teológica do princípio teleológico persiste entre Hegel e Schelling uma grande afinidade nas concepções de história, a qual perdurou até depois do rompimento.

Ainda assim, jamais se pode esquecer que essa afinidade é a de suas limitações idealistas. A diferença entre eles consiste no fato de que Hegel faz uma volta enorme e, ao fazê-la, descobre muitas novas conexões dialéticas antes de seu pensamento perder-se na névoa idealista da "atividade" do demiurgo mistificado. Hegel avança até a barreira que permanece intransponível para todo idealismo. Essa contradição entre sistema e método está presente em Schelling apenas em grau muito pequeno e sempre minguante. Por essa razão, a história da filosofia deve colocar o peso nos pontos em que as duas concepções do desenvolvimento da história se diferenciam uma da outra.

VII. As limitações da economia hegeliana

A tendência histórico-filosófica de Hegel é derivar do posicionamento do homem em relação à sociedade burguesa moderna todas as categorias econômicas sociais – é mostrar como dessas conexões surgem leis objetivas do movimento das inter-relações entre homem, natureza e sociedade, como desse terreno brotam contradições, cuja superação e cujo reaparecimento em um patamar mais elevado em última análise tornam compreensível toda a estruturação de sociedade e história.

As novas formulações do problema por Hegel no campo da filosofia da práxis humana têm forte tendência antifetichista. A apreensão dialética do mundo inteiro como um sistema movido por contradições que transitam de uma para a outra se manifesta no conhecimento da sociedade, no fato de que Hegel está empenhado em conceber todas as categorias objetivas de cunho econômico e social como relações dinâmicas e contraditórias dos homens entre si. Por essa via, as categorias perdem sua inflexibilidade metafísica, fetichizada, sem, contudo, serem privadas de sua objetividade, pois a concepção hegeliana do prático sempre pressupõe uma interação com a realidade objetiva. Devido à atividade intensificada do homem, devido ao nível cada vez mais elevado dessa atividade, sempre são descobertas novas determinações no objeto e postas em interação com essa atividade. Quanto mais complexo e intrincado se torna o sistema da atividade humana na sociedade, quanto mais necessário passa a ser o embate dialético contra a petrificação metafísica, contra a fetichização das categorias, nas quais essas relações aparecem como formas objetivas sociais autocriadas da atividade humana, maior é o mundo das determinações objetivas com as quais a atividade humana interage e mais forte deverá ser, portanto, a tendência filosófica para a objetividade.

Esses princípios da metodologia hegeliana do conhecimento da sociedade já nos são conhecidos em seus grandes traços. A questão que agora nos ocupa é esta: onde está a limitação de Hegel na execução desse método? Ademais: o que essa limitação tem a ver com o idealismo filosófico de Hegel, com a característica particular de seu idealismo objetivo? E em que medida esse idealismo mesmo é determinado pelo modo hegeliano de compreender a sociedade burguesa moderna, seu surgimento e sua avaliação? Também aqui nos deparamos com complexos profundamente emaranhados de problemas, entre os quais existe uma interação que nada tem de simples. Por um lado, devemos examinar em que medida o idealismo filosófico exerce uma influência determinada sobre as limitações presentes na concepção hegeliana da economia; por outro lado e simultaneamente, é preciso pesquisar em que medida esse mesmo idealismo tem raízes na situação social de Hegel, na concepção de sociedade que, por essa via, tornou-se necessária.

O primeiro ponto essencial, que já deve ter chamado a atenção de todo leitor atento, é que Hegel concebe a sociedade burguesa como algo *unitário*. Isso, sem dúvida, é consequência do atraso econômico e social da Alemanha. As grandes lutas de classes dessa época na Inglaterra e na França, por um lado, levaram a que, na teoria do valor, fosse trazida à tona cientificamente a base econômica objetiva dos antagonismos de classe, mesmo que os clássicos da economia ainda não tivessem condições de tirar as consequências dessa descoberta para a estrutura contraditória da sociedade de classes. Por outro lado, a vivência imediata dessas grandes lutas de classes levou uma série de pensadores, jornalistas e políticos da Inglaterra e da França a uma tomada de conhecimento mais ou menos clara da factualidade objetiva das lutas de classes. De fato, na época do surgimento da filosofia de Hegel, já emergem concepções nas quais se manifesta pelo menos uma noção da necessidade com que os antagonismos de classe da sociedade burguesa devem conduzir para além dela.

Em Hegel, tais conhecimentos não estão presentes nem em uma nem em outra direção. Vimos, no entanto, que Hegel não só constata o contraste entre pobres e ricos na sociedade moderna como simples fato, mas também identifica sua necessária decorrência do desenvolvimento dessa sociedade. (Fábricas e desenvolvimento da pobreza.) É interessante e importante, porém, verificar que essa constatação correta de um fato reconhecido como necessário não tem consequência determinante para as concepções econômicas e sociais de Hegel. A constatação desse fato não leva Hegel a estabelecer uma conexão teórica entre elas e a teoria do valor de Adam Smith nem a ver esse contraste como fator que move a própria sociedade burguesa. O contraste entre pobres e ricos permanece em parte um fato com o qual a sociedade e sua pesquisa científica devem se conformar, em parte um elemento perturbador do funcionamento normal dessa sociedade, sendo tarefa do Estado e do governo compensar suas consequências excessivas, desagregadoras da sociedade. As agudas constatações de fatos nesse campo e até as constatações de suas conexões necessárias não tiveram, portanto, consequências teóricas para a concepção hegeliana da estruturação da sociedade, com o que não cabe indagar se seu conhecimento poderia ter algum efeito ulterior para a generalização filosófica.

Por essa razão, vale para toda a metodologia da filosofia hegeliana da sociedade a crítica que Marx fez a ela: "Considerar a sociedade como um único sujeito é, além disso, considerá-la falsamente, especulativamente"[180]. De fato, para Hegel, povo e Estado constituem um sujeito unitário, do qual faz parte também o "sistema das necessidades" econômico que está em sua base. Já vimos que, para ele, os grandes antagonismos que determinam a marcha da história mundial são os antagonismos entre os povos, não os que existem dentro dos povos. Pudemos notar que, no detalhe, Hegel observa e expõe com grande perspicácia histórica as mutações da estrutura social nos povos que estuda, argutamente faz uso de suas consequências para a resolução dos antagonismos histórico-universais entre os povos, mas nunca chega a identificar essas mutações internas e sua dialética imanente como motor do movimento dialético da história universal.

---

[180] [Karl Marx,] *Zur Kritik der politischen Ökonomie*, Einleitung, cit., p. 249. [Ed. bras.: *Grundrisse*, cit., p. 48.]

Aqui surge, portanto, um idealismo sobre a base econômica das lutas de classes pouco desenvolvidas na Alemanha. É claro que seria uma simplificação inadmissível deduzir diretamente desse ser social todos os modos de manifestação do idealismo de Hegel na economia. Pois vimos que seu horizonte social e histórico vai muito além da Alemanha; vimos que sua filosofia da sociedade capta idealmente, em seus traços essenciais, bem menos a situação da Alemanha daquela época e bem mais os problemas econômicos e sociais que surgiram em escala europeia global pela Revolução Francesa e pela Revolução Industrial na Inglaterra. Contudo, o idealismo na economia e a concepção da sociedade como sujeito unitário ganham um reforço com essas análises histórico-universais de Hegel. Ao dizer isso, temos em mente a aprovação – fortemente extrapolada em termos ideológicos – dele ao desenvolvimento pós-revolucionário da França, em especial suas ilusões políticas e sociais que se vinculam ao domínio napoleônico. Por meio disso, reforça-se e consolida-se o idealismo na economia proveniente de fontes alemãs, pois ele adquire, assim, um *páthos* suficientemente otimista, o *páthos* de uma renovação do mundo, uma nova forma do espírito do mundo, cuja expressão consumada foi *Fenomenologia do espírito*. Sem essas ilusões exageradas, sem essas esperanças utópicas, a influência do atraso econômico alemão na filosofia de Hegel certamente teria sido bem diferente.

No entanto, tampouco se pode ignorar que, na *tendência* de desenvolvimento da Alemanha, ainda atuava um fator social que não poderia deixar de influenciar a filosofia hegeliana nessa direção. Lênin indicou reiteradamente que o problema central da revolução burguesa na Alemanha foi a constituição da unidade nacional. Observamos que essa questão teve um papel muito importante no desenvolvimento político e intelectual de Hegel. E mesmo que mais tarde, como veremos, ele tenha procurado em escala cada vez maior, em um sentido napoleônico, a constituição dessa unidade nacional, que para ele estava inseparavelmente ligada à superação dos resquícios absolutistas feudais, da divisão dos pequenos Estados etc., isso de modo nenhum significa que a questão da unidade nacional tivesse deixado de assumir um lugar importante em seu pensamento e, de modo correspondente, de reforçar as tendências para a concepção da sociedade como sujeito unitário.

É sobre essa base que pôde surgir a concepção hegeliana do Estado como uma realização da "razão": é só a partir dela que o Estado aparece como algo que se situa além de todos os antagonismos da sociedade burguesa. (Logo veremos como essa concepção retroage sobre a relação entre sociedade burguesa e Estado.) O Estado só pode desempenhar esse papel em Hegel porque, para este, o povo concebido unitariamente se torna a corporificação das formas concretas, da marcha histórica concreta do desenvolvimento do espírito. É claro que, nessa história do desenvolvimento, já existem, para Hegel, contradições dialéticas; com efeito, toda a dialética da história universal se desdobra na forma de lutas que têm repercussões nesse ponto. A concepção hegeliana da história universal é a de uma sequência ininterrupta de grandes lutas, nas quais a condução do progresso, a corporificação da respectiva condição do desenvolvimento do espírito do mundo passa de um povo para o outro. Deparamo-nos aqui com uma espécie de "migração da alma" do espírito do mundo, sendo que cada uma das nações resulta respectivamente naquela forma unitária na qual o espírito do mundo aparece em determinado estágio.

Quanto a isso, não se pode deixar de notar dois pontos de vista: em primeiro lugar, é relativamente justificado elaborar a fisionomia unitária de uma nação, de um desenvolvimento nacional. Apenas vulgarizadores grosseiros do marxismo não enxergam esse momento e querem apagar por completo as peculiaridades nacionais em uma teoria das "formações" que se alternam. Na medida em que o marxismo elabora as causas sociais da diversidade do desenvolvimento, digamos entre França e Inglaterra, na medida em que ele reconhece que, nesses diferentes territórios, as classes e as lutas de classes devem ter um modo de manifestação diferente em cada caso, ele explicita a peculiaridade nacional com maior nitidez do que os pensadores e historiadores burgueses (entre eles, Hegel), que não viram essas forças motrizes reais dos desenvolvimentos nacionais e conceberam a unidade nacional de modo mais ou menos metafísico. A transformação radical da concepção metafísica em concepção dialética leva também aqui a uma concretização do problema.

Em segundo lugar, não se pode deixar de perceber que o resultado metodológico da filosofia hegeliana da história aqui esboçado por nós de fato é um resultado necessário, mas é só um resultado em que não está visível toda a riqueza das tendências contrárias atuantes na época. Já observamos de diversas maneiras essas tendências contrárias em Hegel. E, quando vemos, em *Fenomenologia*, como o espírito passa por um crescimento da forma do helenismo para a forma de Roma, o processo das contradições dialéticas que Hegel evidencia aqui é essencialmente um processo interno. Em especial em *Fenomenologia*, em que, concernente à metodologia geral, os acontecimentos externos da história universal têm um papel menor, nem sequer se faz menção da aniquilação da vida estatal das repúblicas citadinas gregas por meio de guerras externas e conquistas (Macedônia, Roma). A dissolução do espírito grego é um processo essencialmente interior. Na mesma linha, são analisados em *Fenomenologia* a grandeza e o declínio de Roma e a dissolução do *ancien régime* francês. E a posterior filosofia da história dispõe de um material ainda mais rico referente aos fatos da vida social e cultural, de modo que, nela, essa tendência contrária possivelmente é ainda mais forte do que em *Fenomenologia*.

Porém, a despeito de tudo isso, trata-se apenas de uma tendência contrária no pensamento de Hegel, que, apesar de sua força e de toda a riqueza de pontos de vista, jamais poderia chegar a um predomínio efetivo em sua metodologia, pois metodologicamente o caráter unitário de cunho metafísico do espírito do povo é de todo necessário para seu idealismo objetivo. A dissolução da unidade do povo na contradição dinâmica de forças antagônicas lutando umas contra as outras, que resultaria em uma direção e em uma fisionomia nacional bem delineada, mas não teria um "portador" unitário, necessariamente levaria a transcender as limitações do idealismo objetivo. As tendências contrárias estão presentes em Hegel e por vezes são extraordinariamente fortes. Elas, porém, só conseguem atuar dentro da moldura do idealismo objetivo. Para o desenvolvimento de Hegel, é bem característico que essas tendências contrárias e a grande concreticidade do tratamento histórico associada ao fortalecimento dessas tendências sejam mais fortes onde a tematização pode deixar de lado o problema do Estado; é o que acontece, por exemplo, na segunda parte de *Fenomenologia* e, em especial, em *Estética*.

A impossibilidade da vitória dessas tendências contrárias na filosofia de Hegel está associada a outro aspecto, igualmente bastante contraditório, de sua atuação: sua recusa da democracia radical, seu desconhecimento da energia criadora presente nas camadas plebeias. Conhecemos essa concepção de Hegel a partir do juízo que ele emitiu sobre a Revolução Francesa e sabemos que esse posicionamento não foi consequência da renegação de seus ideais republicanos juvenis, mas desde o início constituiu um traço importante de sua "fisionomia intelectual". Essa concepção, contudo, também tem consequências retroativas para toda a concepção da história universal; para a exposição do desenvolvimento histórico na Antiguidade e na Idade Média. Todavia, Hegel – em contraposição à filosofia da história do período de Berna – toma conhecimento da existência da escravidão na Antiguidade e, inclusive, não mais subestima a importância do trabalho escravo para as repúblicas citadinas gregas, para a vida política dos "livres"; chegamos a ver até mesmo como foi importante o papel que atribuiu à "servidão" e ao trabalho escravo no desenvolvimento da cultura humana. No entanto, isso nem de longe significa que os antagonismos entre escravistas e escravos, entre senhores feudais e servos, alguma vez tenham desempenhado um papel importante no desenvolvimento dialético da história mundial por Hegel. O fato de Hegel não reconhecer a capacidade criativa cultural da "plebe" senão no campo puramente econômico facilitou-lhe essencialmente a mistificação unificadora do espírito no povo e no Estado; essa é uma das razões pelas quais as tendências contrárias presentes nele, que há pouco tangenciamos, estão condenadas à derrota.

De um ponto de vista posterior, é muito fácil revelar e criticar essa limitação do pensamento hegeliano. Mais difícil é reconhecer que, na situação econômica, social e política da Alemanha daquela época, era impossível que uma filosofia grande e abrangente como a hegeliana surgisse sobre uma base radicalmente democrática. Já a linha não democrática adotada por Hegel para defender o progresso no caráter contraditório de seu desenvolvimento contém certos elementos utópicos diante da realidade alemã, implica um erguer-se intelectualmente acima dessa realidade alemã. Esse erguimento, porém, não o deixa pairando no ar, mas se dá sobre a base dos fatos histórico-universais bem fundamentados do desenvolvimento socioeconômico da França e da Inglaterra. A filosofia hegeliana do desenvolvimento da sociedade pôde, portanto, a despeito de todos os seus elementos idealistas e utópicos, colocar os dois pés no chão da própria realidade histórica, pôde captar corretamente em pensamentos momentos essenciais de seu desenvolvimento real.

Após a derrota do levante de Babeuf, durante a calmaria social na Alemanha, um democratismo radical não teria tido chão sob os pés; inevitavelmente ele teria se revertido em utopismo subjetivista. Os exemplos de Hölderlin ou Fichte mostram com precisão para onde esse caminho necessariamente teria levado na Alemanha daquela época. Portanto, de modo nenhum é por acaso, de modo nenhum é um aspecto sombrio meramente pessoal de Hegel, que suas concepções sociopolíticas tenham tomado esse rumo não democrático de desenvolvimento. Vemos tendências parecidas em todas as personalidades importantes desse período na Alemanha, sobretudo em Goethe. A evolução contraditória do pensamento na dialética idealista, que, de um lado, dissolveu a inflexibilidade metafísica do antigo materialismo e, de outro – ainda que de modo inconsciente, involuntário, contrário ao programa idealista –, acolheu fortes elementos da concepção materialista real do mundo objetivo, só pôde se dar sobre sua base, na qual o mínimo de utopismo possível na Alemanha foi unido com uma defesa concreta, intrépida, não apologética do progresso do desenvolvimento da humanidade. Nas circunstâncias alemãs dessa época, o democratismo radical não pôde constituir um elemento fecundo de estruturação dessa concepção realista e dialética da realidade, ao passo que, na Alemanha após a Revolução de Julho ou na Rússia das décadas de 1850 e 1860, ele se tornou precondição de uma apreensão abrangente e verídica de sociedade e história.

Ao nos aproximarmos agora da análise mais detida da filosofia da sociedade formulada por Hegel em Iena, podemos comentar de saída que nela se encontram duas importantes fissuras, ambas intimamente ligadas a esse idealismo econômico de Hegel. Em primeiro lugar, em Hegel, a estrutura interna da sociedade, sua diferenciação em estamentos, não foi desenvolvida a partir da própria economia. Em segundo lugar, Estado e governo, por sua vez, não são resultados de uma dialética econômica e social inerente às contradições entre os estamentos. Desse modo, deparamo-nos nessa filosofia da sociedade com duas origens ou fontes cujos elementos só poderão ser metodologicamente resolvidos e integrados no sistema se Hegel se tornar infiel a seu método recém-descoberto e extraordinariamente fecundo de desenvolver organicamente as categorias superiores a partir do caráter contraditório inerente às categorias inferiores (trabalho – divisão do trabalho; ferramenta – máquina etc.) e colocar uma formulação idealista a partir de cima no lugar do desenvolvimento dialético real.

Nos dois casos, é impossível não ver os intensos conflitos interiores de Hegel, o embate de tendências díspares e antagônicas em seu pensamento. Por seguidas vezes ele tem intuições da conexão correta das coisas; por seguidas vezes ele sente a necessidade de se empenhar por uma representação orgânica e correta da conexão entre elas. Podemos, inclusive, constatar que a derivação dialética dos estamentos em Hegel torna-se cada vez mais "econômica". O ponto alto da formulação puramente idealista é constituído, como logo veremos, por sua primeira tentativa de sistematização em Iena. E esse desenvolvimento na direção de uma fundamentação cada vez mais concreta, cada vez mais econômica, da estrutura social de modo nenhum cessa no período de Iena. Pelo contrário, é possível constatar que exatamente essa tendência fica cada vez mais forte em Hegel. Já vimos que a formulação da necessidade do contraste entre pobreza e riqueza recebeu sua forma perfeita e ao mesmo tempo mais incisiva em

Filosofia do direito. E não foi por acaso, pois, nesse texto, ao lado de Smith entra em cena Ricardo como importante condutor das concepções econômicas de Hegel. E esse desenvolvimento tem continuidade depois de *Filosofia do direito*. É bem característico da veracidade intrépida e do constante aprimoramento do pensamento de Hegel que, no último texto que escreveu em vida, aquele sobre a *reform bill* [lei de reforma eleitoral] inglesa (1831), após a Revolução de Julho, ele tenha chegado à intuição de que a tripartição da sociedade nos estamentos de nobreza, cidadãos e camponeses não correspondesse mais inteiramente à situação atual na maioria dos Estados[181]. Uma vez mais, é característico que dessa constatação de fatos econômicos Hegel não tire consequências para sua concepção geral. Pelo contrário, ele considera que, apesar de tudo, essa estrutura poderia ainda ser sustentada por medidas adequadas do governo. Porém, o simples fato de ter acompanhado com atenção um desenvolvimento social tão contrário a sua concepção básica e apresentado seus resultados totalmente contraditórios à própria concepção mostra como eram fortes e constantemente crescentes essas tendências contrárias em Hegel. O exemplo, todavia, também mostra que em Hegel elas jamais puderam se tornar predominantes.

Em seus escritos de Iena, podemos observar com exatidão como se torna cada vez mais realista, cada vez mais econômica, a estruturação dos estamentos da sociedade burguesa. O primeiro registro de suas concepções sobre a sociedade, *Sistema da eticidade*, caracteriza o ponto alto das formulações idealistas; não é por acaso que esse tipo de concepção objetiva culminou na experimentação de Hegel com a terminologia schellinguiana. Em Hegel, o fortalecimento das tendências realistas na apreensão concreta de problemas sociais corre como processo de desenvolvimento paralelamente à sua rejeição da forma schellinguiana de formação dos conceitos. Como sempre, Hegel parte do povo como unidade que se diferencia nos estamentos para, então, a partir dessa diferença, chegar novamente à unidade. Nesse ponto de partida metodológico da teoria da sociedade fica bem visível seu idealismo. E também já se vê que, ao fazer isso, Hegel se torna infiel às concepções dialéticas superiores já alcançadas, pois, na práxis em geral, seu ponto de partida é uma contradição dinâmica e dinamizadora, cuja superação em uma unidade resulta na unidade hegeliana específica de unidade e de contradição, levando, portanto, a uma superação da contradição que, em decorrência da dialética da própria coisa, leva

---

[181] Lasson, p. 305.

a formas cada vez mais elevadas do pôr e do superar da contradição. Aqui, em contraposição, o movimento se dá na direção contrária: ele parte da unidade, passa pela diferença e volta para a unidade. É inevitável que, nesse processo, a unidade adquira certo caráter schellinguiano, que nela as contradições apareçam como completamente extintas. Essa metodologia de modo nenhum pode ser simplesmente derivada da influência de Schelling. Ela é, muito antes, uma necessidade metodológica, que resulta por si só das contradições da concepção hegeliana de sociedade. Vimos e ainda poderemos observar com mais detalhes nas análises a seguir que, em contrapartida, há tendências contrárias em ação no próprio Hegel. Também já constatamos, porém, a impossibilidade de essas tendências contrárias alcançarem o predomínio, e a análise do significado sistemático da "alienação" em *Fenomenologia* nos mostrará que se trata aqui de uma contradição fundamental de toda a concepção filosófica de Hegel, contradição que ele não poderia superar sem transcender o quadro global do idealismo objetivo. Por razões que já conhecemos, isso era impossível; a grandeza de Hegel consiste em boa parte no fato de criar, dentro desse quadro, grandes espaços nos quais as tendências contrárias de sua dialética, mais fiéis à realidade, podiam se manifestar de modo relativamente solto.

O desenvolvimento de Hegel em Iena consiste essencialmente no fato de que, no âmbito da concepção global da "eticidade", o fator objetivo, econômico e histórico é enfatizado com intensidade cada vez maior, em contraposição ao papel da simples moralidade. Em *Sistema da eticidade*, essa proporção ainda é a menos favorável. Da unidade do povo é deduzida a diferenciação dos estamentos como diversidade dos graus das virtudes sociais. Hegel realiza essa dedução da seguinte maneira:

> O povo como totalidade orgânica é a não diferença absoluta de todas as determinidades do prático e do ético. Seus momentos como tais são a forma da identidade, da não diferença, em seguida a da diferença e, por fim, a da não diferença viva absoluta; e nenhum desses momentos é uma abstração, mas [cada um deles é] uma realidade. O conceito da eticidade foi posto em sua objetividade, na superação da singularidade. [...] A potência que se apresenta na eticidade, nessa realidade, no âmbito da totalidade completa, são os *estamentos*, e o princípio de cada qual é a forma determinada da eticidade. [...] Há, portanto, um estamento da eticidade livre absoluta, um estamento da probidade e um estamento da eticidade não livre ou natural.[182]

---

[182] Lasson, p. 464 e 471. Na bibliografia sobre Hegel, é reconhecido de modo geral que *Sistema da eticidade* surgiu nos anos 1801-1802, representando, portanto, a primeira sistematização

Pode-se ver claramente aqui a marcha geral do desenvolvimento dialético, partindo da unidade, passando pela diferença e retornando à unidade. Pode-se ver igualmente o fato de que a diferenciação dos estamentos constitui uma diferenciação da eticidade unitária do povo, uma hierarquia das virtudes. A diversidade econômica e social dos estamentos representa, nesse caso, o campo de atividade adequado para essas virtudes.

De modo nenhum pode ser visto como simples exterioridade, como mera questão formal, o fato de a dedução dos estamentos, nessa obra, acontecer de cima para baixo, isto é, o fato de Hegel descer do estamento geral para o da eticidade meramente natural, ao passo que o traçado mais maduro da estrutura da sociedade em Iena, nas preleções de 1805-1806, toma o caminho inverso, a saber, o da subida do "trabalho concreto" dos camponeses, passando pelos graus cada vez maiores de abstração na burguesia e chegando à suprema universalidade do estamento mais alto, pois nesse caminho de baixo para cima se expressa justamente a tendência contrária mais realista de Hegel, a "economização" bem mais forte da essência e do caráter de cada estamento. Uma vez mais, não é por acaso que não é possível dar conta dessa concepção mais realista, mais dialética, da estrutura estamental com a terminologia de Schelling, ao passo que esta oferece exatamente o aparato conceitual apropriado para uma formulação como a que encontramos em *Sistema da eticidade*. Pois o caminho de baixo para cima na estrutura estamental constitui uma forma ideal prévia, uma preparação filosófico-social do método fenomenológico: a exposição hegeliana autêntica da essência do espírito culmina em expô-lo como processo dialético do criar-se e encontrar-se no que foi criado. O espírito enquanto resultado de um processo dialético só pode ser desenvolvido por um caminho de baixo para cima, enquanto a formulação dedutiva de cima para baixo possui uma afinidade profunda com a forma schellinguiana da superação das contradições na unidade estática da intuição intelectual. Quando dissemos que a estrutura dos estamentos em *Sistema da eticidade* apresenta essencialmente uma hierarquia de virtudes, espera-se que ninguém mais pense que se trata

---

escrita que ele faz da filosofia da sociedade. Lasson é o único que quer deslocá-lo para depois do ensaio sobre o direito natural e, portanto, situá-lo aproximadamente nos anos 1802-1803. Ele, porém, não apresenta nenhum argumento convincente a favor dessa concepção. Em contraposição, deve-se dizer a Lasson que a influência da formação conceitual e da terminologia schellinguianas é essencialmente menor no ensaio sobre o direito natural do que em *Sistema da eticidade*. Cf., sobre isso, Lasson, p. xxxiv.

de uma aproximação de Hegel à ética kantiano-fichtiana, pois essas virtudes de modo nenhum são concebidas por Hegel em termos abstrato-formais, de modo nenhum são mero dever para a subjetividade moral; bem pelo contrário, são totalidades concretas de determinações sociais no interior da totalidade concreta da sociedade global.

Caso Hegel tenha precursores históricos nessa concepção da virtude, não se deve pensar em Kant e Fichte, mas muito antes em filósofos da sociedade dos iluministas do tipo de Montesquieu. Pois a teoria do Estado deste já faz uma diferenciação histórico-social das virtudes e dos vícios ao expor como na monarquia as virtudes que podem e devem ter uma função social positiva são bem diferentes do que são, por exemplo, em uma república. Hegel identificou claramente em Montesquieu a tendência para a totalidade concreta que é similar à sua. Sobre isso, ele diz no ensaio sobre o direito natural escrito pouco tempo depois:

> Reconhece-se como todas as partes da Constituição e da legislação, todas as determinações das relações éticas, são pura e simplesmente determinadas pelo todo e compõem um edifício no qual nenhuma conexão e nenhum ornamento existiu *a priori* para si, mas cada qual veio a existir por meio do todo e voltou a sujeitar-se a ele. Nesse sentido, *Montesquieu* fundou sua obra imorredoura sobre a noção da individualidade e do caráter dos povos [...].[183]

É evidente que aqui se trata apenas de uma afinidade metodológica; esta, no entanto, é bem considerável, e também nesse ponto, como em muitas outras passagens em Hegel, fica evidente que, na luta pela superação (*Uberwindung*) do caráter abstrato do idealismo subjetivo, ele recorre ao legado metodológico dos grandes empíricos e realistas da época do Iluminismo.

Ao fazer isso, todavia, surge um novo problema para Hegel, uma nova contradição em sua concepção da práxis. A diferenciação social da moral foi para Montesquieu um fato histórico-social que ele simplesmente expôs e analisou. Para Hegel, surge, em contraposição, o seguinte dilema filosófico: de um lado, a totalidade concreta das determinações histórico-sociais é, para ele – tanto no campo objetivo de atividade da moral quanto em sua determinidade subjetiva –, exatamente o caminho para superar a subjetividade mais abstrata da moral kantiano-fichtiana. Exatamente essa concreticidade histórico-social e essa unidade histórico-social dos princípios subjetivos e objetivos da moral são

---

[183] Ibid., p. 406.

confrontadas por ele com a pretensa sublimidade do dever abstrato, do imperativo categórico vazio de Kant e Fichte. De outro lado, é impossível para ele limitar-se a essa simples diferenciação da moral em moral estamental. Nesse ponto, seu caminho o leva para uma brenha indevassável de contradições, pois a culminância da filosofia da sociedade na ideia de que a virtude suprema, o grau máximo de consciência que cada homem pode alcançar, só pode ser o de seu estamento implicaria, sobretudo, o conhecimento dos antagonismos de classe como fundamento da sociedade – uma ideia à qual Hegel não podia chegar pelas razões que já conhecemos.

Contudo, se fosse levado a termo muito abruptamente, um limitar-se à simples diferenciação constituiria uma superficialidade também a partir desse ponto de vista, pois a sociedade forma constante e objetivamente uma unidade, mesmo que dinâmica e contraditória, e as consequências disso para o desenvolvimento foram constantemente ressaltadas de modo incisivo por Marx, Engels, Lênin e Stálin. Apenas para a sociologia vulgarizadora as classes específicas constituem "mônadas sem janelas". Portanto, pelas mais diversas razões, Hegel de fato precisou ver a diferenciação concreta das virtudes na diferenciação dos estamentos como princípio essencial da realidade, mas como princípio que, por sua vez, tem de voltar a ser superado na unidade. Mais tarde apontaremos repetidamente para as contradições concretas que resultam desse dilema para Hegel.

A caracterização dos diversos estamentos por Hegel permanece estável em seus traços básicos, mesmo que reiteradamente novas concretizações tenham sido acrescentadas, em especial no aspecto econômico. Daremos, pois, a caracterização dos estamentos, tratando da forma mais madura em que foram expostos (preleções de 1805-1806). A história do modo de exposição hegeliano da estrutura social denota, em troca, várias coisas interessantes a respeito de seu desenvolvimento. Hegel nunca mais retornou àquela dedução a partir de cima que examinamos aqui brevemente. É evidente que essa experiência com a terminologia schellinguiana não o satisfez.

O ensaio sobre direito natural, que segue imediatamente a *Sistema da eticidade*, adota um método de desenvolvimento radicalmente diferente: um método histórico. Nele, Hegel parte da exposição do mundo antigo e de sua dissolução e, sobre a base da análise do processo de desenvolvimento, quer chegar à dedução da necessidade daqueles três estamentos da sociedade moderna, sobre os quais já falara na obra precedente. Essas considerações históricas retomam em vários aspectos a filosofia da história de seu tempo de juventude, mas exatamente aqui pode-se ver com nitidez que suas concepções decididamente haviam mudado muito nesse meio-tempo.

A dialética histórica dessa dedução trata essencialmente dos primeiros dois estamentos. É certo que Hegel passa a falar também da escravidão quando se trata da Antiguidade; além disso, no ensaio, em certas oportunidades, é mencionado seguidamente o estamento camponês, ainda que ele seja mais suplemento do que objeto essencial da dialética. Importante para Hegel é a oposição entre livres e não livres na Antiguidade, entre cidadãos da pólis e aqueles cuja tarefa era sustentar materialmente os livres, as pessoas que vivem para a política e a guerra. A imagem da Antiguidade corresponde, portanto, na maioria dos traços essenciais, àquela que Hegel pintou no início da juventude, com a única diferença de que agora é retraçada também a base material, econômica, sobre a qual repousa a liberdade, a livre atividade política do cidadão da pólis.

Também a exposição da dissolução da Antiguidade mostra certos traços que têm aspectos em comum com os do começo da juventude de Hegel. Por exemplo, é interessante observar que a fonte histórica para esse período de dissolução permanece a mesma, a saber, Gibbon. E Hegel resume os resultados desse processo de dissolução de modo bastante parecido com o que fez no início da juventude, a saber, como processo de privatização de toda a vida. No entanto, enquanto no início Hegel viu nisso apenas algo negativo, apenas dissolução, agora ele passa a formular essa transformação em outros termos.

> Com a perda da eticidade absoluta e o rebaixamento do estamento nobre, os dois estamentos antes separados se tornaram iguais. [...] Na medida em que o princípio da unidade formal e da igualdade precisou vigorar, ele suprimiu por completo a verdadeira diferença interior dos estamentos. [...] O princípio da universalidade e da igualdade teve de apossar-se primeiro da totalidade de tal modo que, no lugar de uma separação, pôs uma mescla dos dois estamentos. Na verdade, com essa mescla sob a lei da unidade formal, o primeiro estamento foi totalmente suprimido (*aufgehoben*) e o segundo passou a ser o único povo.[184]

Aqui está em preparação a filosofia da história de *Fenomenologia do espírito*, em que a dissolução da democracia antiga no Império Romano viria a ser a fundamentação do "estado de direito", do nascimento da "pessoa" abstrata do direito, e desse estado se origina, então, sob a influência do cristianismo

---
[184] Ibid., p. 377.

que surge nesse terreno, a sociedade burguesa moderna, a sociedade da singularidade como princípio, a sociedade do burguês. Hegel considera esse desenvolvimento absolutamente irreversível. Segundo suas concepções, ele só não pode conquistar o domínio absoluto, mas precisa ser reconhecido em toda a sua disseminação:

> Esse sistema de propriedade e direito, que, por causa daquela solidez da singularidade, não se encontra em nada absoluto e eterno, mas inteiramente no finito e formal, deve, efetivamente separado e expelido do estamento nobre, constituir-se como estamento próprio e nele, então, ser capaz de expandir-se em toda a extensão e largura [...] quando esse sistema, ao mesmo tempo, tem de desenvolver-se e destruir a eticidade livre onde ela se mescla com aquelas relações e não está originalmente separado delas* nem de suas consequências, é necessário que esse sistema seja acolhido com consciência, tenha seu direito reconhecido, seja excluído do estamento nobre e lhe seja concedido um estamento próprio como seu reino, no qual possa assentar-se e, em sua confusão e na superação de uma confusão pela outra, desenvolver sua atividade plena.[185]

Essa formulação filosófico-histórica que culmina na proclamação do domínio econômico e, ao mesmo tempo, da "nulidade política" do burguês é, até agora, a expressão mais clara e franca da filosofia da história concebida por Hegel em Iena. Hegel trata das profundas contradições que resultam dessa concepção da sociedade de seu tempo em uma seção desse ensaio que segue imediatamente a essas análises, ou seja, na seção sobre a "tragédia e comédia no plano ético". Detalharemos no próximo item os problemas tratados nessa seção. Agora nos limitaremos a caracterizar essa concepção de sociedade de Hegel em seus traços essenciais. Ela é, em suma, a teoria da sociedade do período napoleônico, a sistematização filosófico-social das ilusões a que Hegel vinculou esse período. O sentido social dessa concepção tem mais ou menos o seguinte teor: tudo para o burguês na vida econômica, mas tudo sem o burguês na vida política do Estado, sobretudo no papel histórico-universal da nação, que se torna efetivo em primeira linha na guerra.

É bem característico do período de Iena o fato de a guerra desempenhar um papel determinante em toda a filosofia da sociedade de Hegel. Vemos a

---

* Correção do original *"von demselben"* [dele, do sistema] para *"von denselben"* [delas, das relações] conforme o original de Hegel. (N. T.)

[185] Ibid., p. 378 e seg.

preparação dessa constatação já no escrito sobre a Constituição da Alemanha: a análise da decadência interna da Alemanha tem o propósito essencial de mostrar por que ela se tornou incapaz de defender-se militarmente, ao passo que a outra maneira de superar o feudalismo transformou a França em uma das principais potências militares. (Lembremos também as notas do jovem Hegel sobre as diferenças entre os exércitos do *ancien régime* e da revolução; p. 115 desta obra.) Em todas as análises filosófico-sociais do período de Iena, essa relação com a guerra passa a ocupar o primeiro plano.

É só a partir daqui que é possível compreender o que Hegel entendeu por "estamento nobre", por "estamento geral". Ele caracteriza desse modo aquele novo estrato militar de liderança que ascendeu na França após a revolução e que sob Napoleão formou uma nova nobreza. Rosenzweig e outros intérpretes mais recentes de Hegel distorcem completamente os fatos quando tentam identificar aqui a nobreza tradicional. O domínio da singularidade na sociedade moderna, o criar a si próprio do indivíduo nessa sociedade por meio da "alienação", não permite nenhuma nobreza hereditária como base. Nas preleções de 1805-1806, Hegel até chega a falar da monarquia hereditária, considera a pessoa e a família do monarca como algo "natural", mas abre uma exceção apenas para o monarca. "O outro *indivíduo vale apenas como algo alienado*, formado, *como aquilo que ele fez de si.*"[186] A essa concepção corresponde, então, em todos os escritos de Hegel em Iena, a concepção de que a bravura, a determinação, de sacrificar a própria vida pelo povo não só é a mais elevada de todas as virtudes, mas a única em que a singularidade é superada na prática, não só na teoria, e em que a universalidade concreta da vida do povo é realizada no próprio indivíduo singular.

Essa concepção do primeiro estamento ainda recebe, no período de Hegel em Iena, suporte da filosofia da história, segundo a qual uma paz constante e duradoura necessariamente levaria à degeneração, ao nivelamento e à decadência da sociedade burguesa. Em *Fenomenologia do espírito*, Hegel confere a essa ideia a seguinte formulação extrema:

> Para não deixar que se enraízem e se endureçam nesse isolar-se, e que por isso o todo se desagregue e o espírito se evapore, o governo deve, de tempos em tempos, sacudi-los em seu íntimo pelas guerras e com isso lhes ferir e perturbar a ordem rotineira e o direito à independência. Quanto aos indivíduos, que afundados ali se

---
[186] *Realphilosophie*, v. II, p. 252.

desprendem do todo e aspiram ao *ser-para-si* inviolável e à segurança da pessoa, o governo, no trabalho que lhes impõe, deve dar-lhes a sentir seu senhor: a morte. Por essa dissolução da forma da subsistência, o espírito impede o soçobrar do ser-aí no natural; preserva o Si de sua consciência e o eleva à *liberdade* e à sua *força*.[187]

Se quisermos conhecer com clareza as reais fontes históricas dessa filosofia da história em Hegel, basta lembrarmos a caracterização do regime napoleônico por Marx, explicitando que Hegel nada mais fez que apreender intelectualmente (todavia, em uma forma ilusória, correspondendo a sua situação de idealista alemão) os traços básicos desse período (com todas as autoilusões heroicas). Marx diz:

> *Napoleão* foi a última batalha do *terrorismo revolucionário* contra a *sociedade burguesa*, também proclamada pela revolução, e sua política. É certo que Napoleão já possuía também o conhecimento da essência do *Estado moderno* e compreendia que este tem como base o desenvolvimento desenfreado da sociedade burguesa, o livre jogo dos interesses privados etc. Ele decidiu-se a reconhecer esses fundamentos e a protegê-los. Não era nenhum terrorista fanático e sonhador. Porém, ao mesmo tempo, Napoleão seguia considerando o *Estado* como um *fim em si* e via na vida burguesa apenas um tesoureiro e um *subalterno* seu, que não tinha o direito de possuir uma *vontade própria*. E *levou a cabo* o *terrorismo* ao pôr no lugar da *revolução permanente* a *guerra permanente*. Satisfez até a saciedade o egoísmo do nacionalismo francês, mas reclamou também o sacrifício dos negócios, o desfrute, a riqueza etc. da burguesia, sempre que assim o exigisse a finalidade política da conquista.[188]

A respeito de tais fundamentos surge a última e mais madura formulação de Hegel sobre a consolidação da sociedade burguesa nas preleções de 1805-1806. Nestas, o desenvolvimento vai, como já ressaltamos, de baixo para cima, do particular para o geral. Hegel tenta expor aqui o espírito em seu movimento, sua estruturação como resultado desse seu automovimento; a estrutura dos estamentos é, de certo modo, a via fenomenológica pela qual o espírito chega a si mesmo. No âmbito da metodologia de Hegel em Iena, esta é a forma mais concreta, mais econômica do desenvolvimento da estratificação estamental da sociedade. Portanto, esse é o lugar em que os saltos e as fissuras de sua

---

[187] *Werke*, v. II, p. 339. [Ed. bras.: Hegel, *Fenomenologia do espírito*, cit., p. 314.] Cf. também Lassen, cit., p. 466 e seg.; e *Realphilosophie*, v. II, p. 261 e seg.

[188] [Karl] Marx, *Die heilige Familie*, cit. [Berlim, 1953], p. 251. [Ed. bras.: *A sagrada família*, trad. Marcelo Backes, São Paulo, Boitempo, 2003, p. 142.]

concepção aparecem na forma menos dissimulada. Ao mesmo tempo, vemos aqui claramente por que a concepção da eticidade em Hegel, sua concretização na estratificação estamental, não pode significar um chegar-a-si-mesmo definitivo do espírito, mas que o automovimento dialético do espírito tem de procurar ir além do Estado e da sociedade. Não é por acaso que, nessas preleções, arte, religião e filosofia apareçam pela primeira vez em Hegel como uma esfera suprema e conjunta do espírito, como aquilo que ele denominaria mais tarde de espírito absoluto – a essência da coisa e sua problemática já estão presentes, mesmo que por enquanto falte o termo exato.

Ora, o desenvolvimento teórico da estratificação estamental e o fato de o espírito ir além desse estágio são expostos por Hegel da seguinte maneira:

> É preciso, então, explicitar três coisas: primeiro os membros do todo, a organização sólida exterior e suas entranhas, os poderes como são em si mesmos, em seguida a *mentalidade* da cada estamento, sua consciência de si, seu *ser* enquanto algo puramente sabedor em si: desprender-se imediato do ser-aí, saber do espírito a respeito de seu membro como tal e *elevação* acima dele; ali eticidade, aqui moralidade. Em terceiro, a religião. A primeira coisa é a natureza espiritual liberada; a outra é seu *saber* a respeito de si mesma, como [um saber] a respeito do saber; a terceira é o espírito que se sabe como espírito absoluto, a religião. – O estamento e o espírito de um estamento, esse espírito determinado é o que propriamente avança em sua formação, começando da confiança bruta e do trabalho e indo até o saber do espírito absoluto a respeito de si mesmo. No início, ele é a *vida* em geral de um povo. Desta ele tem de libertar-se [...]. O espírito que sabe toda a realidade e toda a essencialidade como si mesmo contempla-se, é *objeto* de si mesmo; ou ele é organismo para si existente. Ele forma sua consciência. Só então ele é verdadeiro espírito, em si. Em cada estamento ele tem um trabalho bem determinado, saber a respeito de seu ser-aí e atuar nele, e tem um conceito específico, saber da essencialidade. Ambos têm de em parte separar-se, em parte unir-se.[189]

Vemos aqui em uma forma mais clara aquele problema sobre o qual falamos: a necessidade que Hegel tem de elevar-se intelectualmente acima da sociedade, de constituir uma esfera do espírito absoluto na qual se efetue em plena forma o verdadeiro retomar do espírito a si mesmo. Hegel tem bastante clareza sobre a dialética complexa desse movimento. Ele mostra que vê claramente a dialética multifacetada da relação do indivíduo na sociedade burguesa moderna

---

[189] *Realphilosophie*, v. II, p. 253.

ao embutir a esfera da mentalidade moral individual, a da "moralidade", cujo movimento igualmente procura ir além do social, no sistema da sociedade e atribui à moralidade um papel que em parte se eleva acima da socialidade, em parte fica sujeita a ela em decorrência de seu caráter abstrato. (Uma forma sistematicamente acabada, essa dialética só a receberia em *Filosofia do direito*. Ali ela aparece pela primeira vez como esfera da negação e da diferença, que conecta dialeticamente à totalidade concreta da eticidade da vida do povo o sistema abstrato do mero direito.)

Porém, nem o desenvolvimento mais completo dessa dialética significa para Hegel uma solução dessa questão. Também no sistema posterior, acima do estágio da sociedade, do espírito objetivo, eleva-se o do espírito absoluto, a esfera da arte, da religião e da filosofia. Nas preleções de que tratamos, Hegel explicita claramente a necessidade de continuar avançando, ao menos como um dos principais motivos que tornam necessário o ulterior desenvolvimento do espírito. Como há pouco ficamos sabendo de Hegel, na sociedade consumada do espírito, este é apenas espírito em si. Isso quer dizer: ele se desmembrou em seus diferentes momentos (os estamentos). Estes formam em si uma totalidade orgânica, uma unidade; essa unidade, porém, ainda não se tornou o ser-para-si, ainda não se corporificou conscientemente na consciência de cada indivíduo. A dialética de moralidade e eticidade prescreve para Hegel imperativamente que a consciência moral individual, que necessariamente é abstrata, só pode chegar à plenitude na eticidade concreta. (Na mentalidade do estamento, ao qual pertence o indivíduo por sua escolha e seu desempenho.) Por essa razão, uma elevação ulterior acima da mentalidade estamental, uma superação que preserva a mentalidade estamental, só é possível para Hegel em alguma forma religiosa. Ele diz sobre isso nas mesmas preleções:

> Na religião, cada qual se eleva a essa noção de si enquanto si geral. Sua natureza, *seu estamento, afunda* como a imagem de um sonho, *como uma ilha distante que aparece na fímbria do horizonte na forma de uma nuvenzinha de vapor*. Ele é igual ao príncipe. É o saber a respeito de si como [saber a respeito] do espírito; ele vale para Deus tanto quanto qualquer outro. É a alienação de toda a sua esfera, de todo o seu mundo existente – não aquela alienação que é apenas forma, *formação*, e cujo conteúdo, mais uma vez, é o ser-aí sensível, mas alienação *geral* de toda a realidade; essa alienação replica a si mesma como algo perfeito.[190]

---

[190] Ibid., p. 267.

Vemos aqui claramente um dos motivos essenciais que tornaram necessária a colocação da religião, do cristianismo, no sistema de Hegel. Vemos, ao mesmo tempo, que esse motivo de modo nenhum foi de cunho religioso. O alcançar do ser-para-si pelo espírito, sua elevação acima da partição da sociedade em estamentos e em suas mentalidades éticas rigorosamente separadas, só podem ser superados no sentido hegeliano e, portanto, de modo a serem preservados, se puder ser encontrado um conceito da igualdade completa, em cujo conhecimento o espírito realmente chega a si. Ora, dado que, para Hegel, a desigualdade dos patrimônios na sociedade capitalista constitui um fato irrevogável, sendo inclusive a base econômica para o desenvolvimento da singularidade individual, em que ele vislumbra o princípio mais elevado da época moderna em comparação com a Antiguidade; dado que Hegel não tem como fazer ideia de uma condição de igualdade real dos homens; dado que, em decorrência de suas convicções antidemocráticas, ele não compartilha as ilusões dos democratas radicais da época da Revolução Francesa a respeito da igualdade que acarretaria a democracia burguesa consumada; por fim, dado que ele reconhece a burguesia como representante do moderno desenvolvimento econômico, mas constantemente se recusa a divisar na classe da burguesia mesma, em seu ser e sua consciência, o centro que coroa todo o desenvolvimento da humanidade – por todas essas razões, para Hegel, a igualdade exigida por seu sistema só pode ser a igualdade religiosa dos homens diante de Deus.

Teremos de ocupar-nos em detalhes da relação discrepante e ambígua de Hegel com a religião quando tratarmos de *Fenomenologia*. Neste ponto, foi necessário apenas apontar para esse motivo social essencial que o impele ao cristianismo. E, nesse contexto, talvez não deixe de ser interessante citar algumas declarações de Napoleão sobre o cristianismo, nas quais se enuncia com muita clareza a afinidade da situação. Todavia, só em um sentido abstrato, pois o próprio Napoleão foi um personagem ativo de liderança no grande drama da época: ele realiza por meio de ações, de atos políticos, o que Hegel tenta formular em pensamentos. Por essa razão, no caso dele, essa relação com o cristianismo pode expressar-se em termos francos e cínicos; pois para ele é suficiente abrir as igrejas, firmar uma concordata com o papa, deixar-se coroar imperador pelo papa etc. Ao lado disso, porém, ele pode expressar com o maior cinismo sua opinião particular sobre a religião. Em contraposição, quando Hegel formula em pensamentos esse movimento histórico e as ilusões necessariamente produzidas por ele, tem de relacionar-se de modo mais positivo com a religião.

No entanto, nele também havia elementos desse cinismo diante da religião, os quais ganham expressão não só em declarações particulares, que citaremos em momento oportuno, mas – involuntariamente – também em toda a exposição dialética da religião mesma.

Feitas todas essas ressalvas, as palavras de Napoleão podem muito bem ilustrar e lançar uma luz mais concreta sobre o posicionamento de Hegel diante da religião. Napoleão diz:

> Quanto a mim, não vejo a religião como o mistério da encarnação, mas como o mistério da ordem social; ela conecta uma ideia da igualdade com o céu e impede que o rico seja trucidado pelo pobre. [...] A sociedade não pode subsistir sem a desigualdade de patrimônio, e a desigualdade de patrimônio não pode subsistir sem a religião.[191]

As preleções de Hegel de 1805-1806 passam a efetuar a estruturação dos estamentos em uma forma "fenomenológica". Os estamentos representam, de certo modo, uma divisão do trabalho do espírito objetivo e equivalem aos estágios pelos quais ele chega a si. Por essa razão, dessa vez a exposição de Hegel começa com o estamento camponês como o estrato social que se encontra mais próximo do estado de natureza. Evidencia-se outra vez o alto nível das compreensões econômicas de Hegel quando ele procura a diferença essencial entre estamento camponês e estamento burguês no caráter distinto de seu trabalho. Ele confronta o trabalho concreto do camponês com o trabalho abstrato no comércio e na indústria e percebe que essa diferença está fundada no fato de que o camponês trabalha para suprir as próprias necessidades, não para o mercado. (Nesse ponto, pode-se ver mais uma vez com nitidez como Hegel traduz as concepções dos economistas ingleses para as condições alemãs. Ele só conhece de livros, não da realidade, o fazendeiro que trabalha para o mercado e que paga renda fundiária; de modo correspondente, nem mesmo faz alusão a ele em seu sistema.)

> O estamento camponês é, portanto, essa confiança sem individualidade, *que tem sua individualidade no indivíduo inconsciente*, na terra. Como trabalhador, ele não é o trabalhador da forma abstrata, mas supre desse modo a maior parte, o todo de suas necessidades; do mesmo modo, sua obra está ligada só interiormente com seu

---

[191] *Apud* Aulard, *Politische Geschichte der Französischen Revolution* (Munique/Leipzig, 1924), v. II, p. 614.

fazer. A conexão de sua finalidade com a realização da mesma é o inconsciente, a natureza; ele lavra, semeia, mas é Deus que provê o crescimento, as estações do ano e a confiança de que por si só virá a ser aquilo que ele colocou no solo. A atividade é o que acontece no subterrâneo.[192]

O estamento camponês é, portanto, para Hegel, um fundamento natural rudimentar e inconsciente da sociedade burguesa. Do mesmo modo que, nessa questão, ele permite que o desenvolvimento inglês passe sem deixar vestígios, também a solução da questão camponesa na Revolução Francesa não deixou nele nenhuma impressão comprovável. Só o que ele vê é o camponês alemão atrasado.

Isso chama mais atenção porque, de acordo com sua concepção social, o campesinato necessariamente perfaz a massa do exército, e já vimos que Hegel refletiu muito sobre o espírito do exército e reiteradamente tentou desvendar a raiz social da superioridade do exército revolucionário e do exército napoleônico. Sua desconfiança em relação a todo movimento de massa a partir de baixo, contudo, cega-o neste ponto. Por mais contundente que seja sua rejeição das razões da existência dos resquícios feudais na Alemanha, por mais resolutamente que reconheça a superioridade da França revolucionária, o povo mantém em sua concepção um caráter alemão filisteu, pré-revolucionário. Justamente o exército – cuja importância para a filosofia hegeliana da sociedade e da história já conhecemos – não é nenhum "povo em armas"; a burguesia faz apenas sacrifícios materiais para a guerra, os camponeses são mera bucha de canhão, exatamente como nas guerras do velho absolutismo feudal. O reflexo da "miséria alemã" no pensamento de Hegel arrasta aqui sua utopia napoleônica para dentro de um filistinismo alemão.

Correspondendo a essa concepção, Hegel vê um eventual levante e movimento dos camponeses apenas como "um elemento cego, enfurecido [...] como uma enxurrada que apenas destrói, quando muito deposita uma lama fertilizante geral, mas se esvai sem ter levado a termo nenhuma obra"[193].

Acima desse estamento, levanta-se, então, o do trabalho abstrato, o estamento da atividade comercial e industrial e do direito, a burguesia. Já tomamos conhecimento pela exposição de Hegel da esfera econômica desse estamento: é a esfera da contingência, que por sua legalidade própria se eleva à condição de necessidade. O caráter alemão da filosofia hegeliana da sociedade evidencia-se

---

[192] *Realphilosophie*, v. II, p. 254.
[193] Ibid., p. 255.

na mentalidade central desse estamento: a probidade. É evidente que Hegel tem em mente aqui essencialmente o filisteu alemão, não o capitalista inglês. Já sabemos de sua exposição da economia que, em Hegel, essa estrutura culmina no comerciante.

Interessante e característico da tendência fenomenológica predominante aqui de desenvolver o superior do inferior, o universal do particular, é que Hegel faz o estamento burguês culminar no comerciante para iniciar a exposição do estamento mais elevado, do estamento geral, com a análise do homem de negócios e, então, passando pelo erudito, avançar rumo ao cume propriamente dito de seu sistema, o soldado. A via fenomenológica tomada por Hegel aqui é a do particular para o universal. Ele diz expressamente: "Os estamentos inferiores ou os que têm no particular seu objeto e sua consciência"[194], visando a caracterizar desse modo camponeses e burgueses. Então, efetua a transição da seguinte maneira:

> O estamento público trabalha para o Estado. O espírito se elevou a objeto geral no *homem de negócios*. Seu trabalho, porém, é bastante dividido, abstrato, é trabalho maquinal. Ele decerto é imediato para o universal, mas orientado para um lado limitado e, ao mesmo tempo, fixo, no qual ele nada pode mudar. [...] Ele eleva o geral determinado à condição de saber a respeito do geral. [...] O espírito se elevou acima do caráter; ele perfaz o geral. O homem de negócios propriamente dito é parcial e simultaneamente um *erudito*.[195]

Por mais artificial que seja o feitio de trechos dessa passagem, percebe-se um leve progresso em comparação com a formulação de *Sistema da eticidade*. E, quando se admitem as premissas do pensamento de Hegel, realmente há aqui um desenvolvimento gradativo do universal a partir do particular, sendo que o papel decisivo é desempenhado pela concepção hegeliana do trabalho abstrato, do transformar-se inconsciente em social e universal de todo trabalho individual, de toda atividade econômica individual no capitalismo – portanto, um conhecimento real da estrutura da sociedade burguesa moderna.

Essa dedução, porém, chega, na melhor das hipóteses, ao homem de negócios. A transição deste para o erudito já é puramente construída, artificiosa. E o próprio Hegel tem aversão a visualizar no estamento do erudito a corporificação social da real universalidade da ideia, o autoconhecimento do espírito objetivo.

---

[194] Ibid., p. 253.
[195] Ibid., p. 259 e seg.

Ele diz, com certo humor ácido: "Para o erudito, a coisa mais importante é a vaidade de seu si-mesmo"[196]. E uma passagem deste para o estamento do soldado nem mesmo existe: o estamento do soldado constitui o ponto alto da estratificação estamental hegeliana, e isso por uma série de razões de que já tomamos conhecimento; estas, porém, não têm mais nada a ver com a marcha fenomenológico-econômica do particular para o universal.

Vemos, portanto, que também neste ponto, em que Hegel envida os maiores esforços para deduzir economicamente a estruturação estamental, parte bem considerável dessa dedução é mera aparência. A impossibilidade que Hegel enfrenta para efetuar tal desenvolvimento dialético não reside só naqueles elementos de sua concepção da sociedade, dos quais já tomamos conhecimento, mas em outro fator importante de sua economia, do qual agora devemos tomar ciência sucintamente.

Trata-se de que, em Hegel, o princípio do direito, do "ser reconhecido", desempenha um papel decisivo na estruturação da própria economia. Somente por meio desse "ser reconhecido", por meio desse elemento jurídico, é que certas categorias são por ele elevadas à real dignidade de categoria econômica; em outros casos, surgem diferenciações que não são minimamente importantes para a essência econômica da coisa, nas quais Hegel, contudo, põe um peso decisivo porque nelas o "ser reconhecido" se expressa de modo especialmente plástico. Assim, por exemplo, é feita uma importante distinção entre posse e propriedade.

> Na posse reside a contradição de que *uma coisa* é enquanto coisa um geral e, ainda assim, supostamente é apenas uma posse individual. Essa contradição se supera pela consciência ao ser posta em si como o oposto de si mesma; como reconhecida, ela é a posse individual e é simultaneamente geral, na medida em que, nessa posse individual, todos possuem. [...] Minha posse recebeu a forma da consciência; ela é determinada como minha posse, mas como *propriedade* ela não se refere só a mim, e sim ao geral.[197]

Aqui está em jogo uma linha de pensamento bizantina, quase escolástica, visando não só a apresentar a duplicação jurídica da vida econômica, a formulação jurídica das categorias econômicas, como algo mais elevado na hierarquia dos conceitos do que o meramente econômico, mas ainda a extrair da forma

---
[196] Ibid., p. 254.
[197] *Realphilosophie*, v. I, p. 240. Cf. também Lasson, p. 434.

jurídica um novo conteúdo. De modo muito semelhante procede Hegel, quando pretende ver o contrato como uma forma superior da troca. Sua linha de pensamento é a seguinte:

> Esse saber é expressado no *contrato*. É o mesmo que troca, só que é troca ideal: α) não dou nada, não alieno nada, não presto nada além de minha *palavra*, o dizer que quero me alienar; β) o outro do mesmo modo. Esse meu alienar é igualmente *sua* vontade; *ele* se satisfaz com que eu lhe entregue tal coisa; γ) também é seu alienar, é vontade comum; meu alienar é mediado pelo seu. A única razão pela qual quero me alienar é que ele também quer alienar, e porque sua negação é minha posição. É uma *troca* do declarar, não mais das coisas, mas ela vale o mesmo que própria coisa. Para ambos, o que vale é a vontade do outro como tal. – A vontade retrocedeu ao *seu conceito*.[198]

Essa superestimação dos princípios jurídicos na vida econômica não significa nenhuma aproximação de Hegel à forma kantiano-fichtiana dessa superestimação, ainda que, em todos eles, essa tendência esteja intimamente ligada ao idealismo filosófico. Contudo, em especial em Fichte, essa superestimação está relacionada com suas ilusões de que, enquanto não chegar o reino da pura moralidade, seria possível regulamentar a vida social dos homens por meio de leis e determinações legais no sentido da moral. Sabemos com quanta zombaria Hegel rejeitou essas tendências de Fichte. Nos fatos econômicos e sociais, ele sempre vislumbra o poder da própria vida e nem cogita violentá-la por meio de algum conceito, pois, segundo sua concepção, a expressão mais clara do poder e da dignidade do conceito são exatamente esses fatos da vida como foram produzidos pela própria vida.

São dois motivos do idealismo filosófico que impelem Hegel nessa direção. Em primeiro lugar, está em ação aqui uma tendência geral de toda aquela época. Nas observações que fez sobre a sociedade burguesa na época em que formulou suas Teses sobre Feuerbach, Marx escreve sobre a história da gênese do Estado moderno em conexão com a Revolução Francesa: "A presunção do sistema político. [...] Duplicação de todos os elementos em elementos sociais e sistema estatal"[199]. Essa duplicação, que recebeu sua forma mais marcante na duplicação do próprio homem em *bourgeois* e *citoyen*, ganha expressão nítida

---

[198] *Realphilosophie*, v. II, p. 218. Cf. também Lasson, p. 438 e seg.
[199] [Karl Marx e Friedrich Engels,] *Die deutsche Ideologie*, cit., p. 592. [Ed. bras.: *A ideologia alemã*, cit., p. 543, modif.]

em Hegel como duplicação das categorias econômicas em categorias propriamente econômicas e categorias jurídicas. Porém, o fato de essa duplicação desempenhar um papel tão importante para Hegel que o "ser reconhecido" chega a tornar-se em parte uma categoria central de sua teoria da sociedade está relacionado com o caráter específico de toda a sua filosofia.

Em conexão com os problemas econômicos em Hegel, já falamos sobre a categoria da "alienação". Só será possível submetê-la a um tratamento crítico detalhado quando analisarmos *Fenomenologia do espírito*. Aqui só poderemos investigar brevemente o caráter geral desse "ser reconhecido" em sua relação com a "alienação" puramente econômica enquanto sua forma mais elevada. Em Iena, Hegel se pronunciou várias vezes com clareza sobre essa questão. Em uma análise das preleções de 1805-1806, na qual ele examina filosoficamente a passagem do estado de natureza para o do direito, ele diz o seguinte:

> Direito é a *relação* da pessoa em seu comportamento para com outra, o elemento geral de seu ser livre ou a determinação, a restrição de sua liberdade vazia. Essa relação ou restrição não sou eu que devo idealizar e instaurar, mas o próprio objeto é esse produzir do direito em geral, isto é, da relação *reconhecedora*. – No reconhecer, o si-mesmo deixa de ser esse elemento individual; ele está de direito no reconhecer, isto é, não está mais em seu ser-aí imediato. O reconhecido é reconhecido como *imediatamente* válido, por meio de *seu ser*, mas justamente *esse ser é gerado de dentro do conceito*; é o ser reconhecido. O homem é necessariamente reconhecido e é necessariamente reconhecedor. Essa necessidade é própria dele, não a de nosso pensamento em contraposição ao conteúdo. Como reconhecer o próprio homem é o movimento e esse movimento supera justamente seu estado de natureza: ele é reconhecer; o natural apenas *é*, mas não é *algo espiritual*.[200]

Essas observações de Hegel são dignas de nota em todos os sentidos no que se refere ao conflito das tendências contraditórias em seu pensamento. Formalmente, mostram um grau extraordinariamente elevado de objetivismo, na medida em que deduzem todas as determinações do direito do movimento do próprio objeto, não do pensamento. O pensamento é aqui, para Hegel, apenas a reprodução intelectual do movimento das determinações reais no objeto externo (*objektiven Gegenstand*). Em termos de conteúdo, porém, aparece, nas mesmas análises, uma tendência cujas consequências apontam na direção diametralmente oposta. A análise da "alienação" em Hegel é significativa e

---

[200] *Realphilosophie*, v. II, p. 206.

de grande alcance, em primeiro lugar, porque nela se dá, pela primeira vez na história da filosofia, a tentativa de captar com o pensamento aquilo que Marx mais tarde denominaria fetichismo da mercadoria e de chegar por essa via ao conhecimento correto da sociedade, na medida em que as formas fetichizadas dos objetos da sociedade são dissolvidas como movimento das relações recíprocas dos homens na sociedade; em segundo lugar, também porque Hegel tem uma noção de que essas diversas formas da fetichização da objetividade social não se encontram no mesmo nível, mas revelam que há entre elas uma hierarquia de graus maiores e menores, de estágios mais elevados e mais baixos de fetichização.

Já tivemos oportunidade de observar essa tendência em Hegel quando ele comprova no trabalho, no produto do trabalho, na troca e no comércio e, por fim, no dinheiro tal hierarquia das formas cada vez mais elevadas de "alienação". Ali passou a ganhar força a tendência idealista, o idealista pôr de cabeça para baixo das relações reais. Hegel vê muito corretamente que comércio e especialmente dinheiro são formas da "alienação" superiores, por exemplo, à da produção simples. Até aí ele concorda com a concepção materialista correta de Marx. No entanto, enquanto Marx vê a forma mais simples do fetichismo (da mercadoria) como chave para a resolução das formas mais complexas, ainda mais fetichizadas da sociedade, Hegel percorre o caminho inverso. (Por ocasião da exposição da crítica de Marx a *Fenomenologia do espírito*, mostraremos em detalhes que a fonte econômica desse método errado de Hegel reside na concepção unilateral do trabalho, da própria atividade econômica do homem.) Para Hegel, a "alienação" do espírito e a reversão (*Zurücknahme*) dessa "alienação" constituem o caminho necessário da criação da realidade pelo espírito e, em consequência disso, também da reprodução intelectual desse processo pelo conhecimento. Por essa razão, para Hegel as formas superiores de fetichização não são superiores no sentido de se afastarem cada vez mais do objeto real, de apresentarem, portanto, formas cada vez mais vazias e esvaziadas de fetichização (Marx sobre o dinheiro). Pelo contrário: exatamente por isso elas são, para ele, formas de fato superiores da "alienação", a saber, formas espirituais puras do movimento de retorno ao espírito, que estão mais próximas da reversão da "alienação" pelo espírito em si mesmo, da transformação da substância em sujeito, do que as formas mais primitivas, mais originais da "alienação", aquelas que estão mais próximas do processo econômico material.

Essa concepção torna compreensível por que colocar o direito acima da economia foi uma necessidade metodológica para Hegel. Enquanto o materialismo histórico identifica na fetichização "superior" da forma jurídica seu caráter derivado, secundário, para Hegel a transformação das categorias econômicas em categorias jurídicas se torna uma forma superior da "alienação", uma forma mais espiritual, mais próxima do espírito. Segundo Hegel, o ser reconhecido do direito é de fato gerado a partir do conceito, ao passo que o objeto meramente econômico revela o conceito apenas em um estágio do ser-em-si inconsciente, em um estágio da proximidade com a natureza. Essa concepção está em constante interação com a concepção de Hegel já analisada por nós sobre o caráter unitário do povo no Estado. Ambas as tendências se reforçam mutuamente, e sua ação conjunta é, por seu turno, uma das causas por que as tendências contrárias de Hegel na direção do conhecimento correto da fetichização da objetividade social no capitalismo não podem prevalecer; ainda que Hegel, em alguns trechos (pense-se em seu conhecimento intuitivo de que o dinheiro é, ao mesmo tempo, uma coisa real e também eu e, portanto, relação dos homens entre si; p. 452 deste livro), chegue bem perto do conhecimento correto de conexões específicas.

Essa luta complexa de tendências contraditórias em Hegel, que, em última análise, sempre termina com a vitória da mistificação idealista-objetiva da realidade, traz consequências duplas para seus conhecimentos sociais. Marx ressaltou com muita precisão essa duplicidade.

> [...] já em *Fenomenologia* – apesar de seu aspecto absolutamente negativo e crítico e apesar da crítica efetivamente encerrada nela, crítica frequentemente antecipadora do desenvolvimento ulterior – está latente enquanto gérmen, enquanto potência, como um mistério, o *positivismo acrítico* e do mesmo modo o *idealismo acrítico* [as duas ênfases são minhas – G. L.] das obras hegelianas posteriores, essa dissolução filosófica e essa restauração da empiria existente.[201]

Disso decorre que a impossibilidade metodológica da vitória das tendências contrárias de cunho realista em Hegel tem dois tipos de consequências. Já vimos repetidamente um dos lados, o do idealismo acrítico, como, por último, na recém-analisada relação entre economia e direito, que foi posta de cabeça para baixo. O outro lado consiste no fato de que Hegel acolhe em seu sistema algo rudimentarmente empírico tal e qual está, cuja determinação social real, cuja

---

[201] [Karl] Marx, *Ökonomisch-philosophische Manuskripte*, MEGA 1, v. 3, p. 155. [Ed. bras.: *Manuscritos econômico-filosóficos*, cit., p. 122.] [Correção da nota original com o seguinte teor: "Die heilige Familie, a. a. O., S. 79". – N. T.]

efetiva universalidade social e filosófica ele não consegue descobrir, e o "deduz" como algo necessário por meio de um aparente movimento intelectual abstrato.

Não é por acaso que nele essas categorias na maioria das vezes assumem o caráter do "natural", pois ele mesmo sente que não as deduziu do movimento social real e, dado que ele muitas vezes tem intuições corretas e profundas sobre a relação entre a sociedade e sua base natural, ocorre-lhe buscar refúgio nessa base natural em casos desesperados como esses e mistificar como natural aquilo que não consegue deduzir socialmente. Na crítica da filosofia do direito de Hegel, Marx fala seguidamente dessa "conversão necessária do empírico em especulativo e do especulativo em empírico". Citamos desse complexo a passagem sobre o monarca, porque sabemos que essa derivação da monarquia hereditária da "natureza" desempenha um papel importante já nas preleções de 1805-1806. Marx diz o seguinte sobre isso:

> Desta maneira, portanto, produz-se também a impressão de algo *místico e profundo*. É muito banal que o homem tenha que nascer e que esta existência, posta pelo nascimento físico, eleve-se ao homem social etc., até ao cidadão do Estado; o homem se torna, pelo nascimento, tudo o que ele se torna. Mas é muito profundo, é chocante que a ideia do Estado nasça imediatamente e que, no nascimento do príncipe, ela mesma se engendre como existência empírica. Deste modo não se ganha nenhum conteúdo, mas apenas se modifica a *forma* do conteúdo velho. Ele recebeu uma *forma* filosófica, um atestado filosófico.[202]

Quando lemos, à luz dessa crítica, a "dedução" do monarca hereditário nas preleções de 1805-1806, vemos como Marx desmascarou corretamente a falsa profundidade no "positivismo acrítico" de Hegel. Hegel diz sobre o monarca:

> O *universal livre* é o ponto da individualidade; assim, livre do saber de todos, esta é uma [individualidade] não constituída por ela mesma, como extremo do governo e, portanto, uma [individualidade] imediata, uma [individualidade] *natural*: é o *monarca hereditário*. Ele é o nó firme e imediato da totalidade [...] aquelas [a saber, as demais pessoas na sociedade – G. L.] são a pluralidade, movimento, fluidez, este é o imediato, o *natural*. Unicamente este é o *natural*, isto é, foi aqui que *a natureza se refugiou* [...].[203]

---

[202] [Karl Marx, *Zur Kritik der Hegelschen Rechtsphilosophie*,] MEGA 1, v. I/1, p. 446. [Ed. bras.: *Crítica da filosofia do direito de Hegel*, trad. de Rubens Enderle e Leonardo de Deus, São Paulo, Boitempo, 2005, p. 59.]

[203] *Realphilosophie*, v. II, p. 250 e 252.

Fundamentação e defesa do idealismo objetivo | 513

Tais deduções ocorrem nas mais variadas passagens do sistema hegeliano, e ainda teremos oportunidade de analisar os aspectos corretos e os aspectos errados desse "natural" em Hegel. Desta vez nos limitaremos a esse exemplo, pois, além do significado geral recém-indicado para a metodologia social de Hegel, ele tem outro que nos interessa em especial. Até agora demonstramos apenas a primeira fissura na estrutura da sociedade por Hegel, a saber, que a estrutura estamental não brota dialeticamente da estrutura econômica da sociedade. Agora estamos diante da segunda fissura, a saber, a fissura entre a estrutura estamental da sociedade e o governo.

O desenvolvimento filosófico dos diversos estamentos em Hegel constitui a marcha do particular para o universal. Tendo sido alcançada a universalidade no estamento mais alto, surge para Hegel a dificuldade de delimitar conceitualmente o governo em relação a ele. É evidente que isso de modo nenhum é uma questão gnosiológica ou puramente filosófica. Trata-se, muito antes, do problema do caráter de classes da sociedade. E a luta interna das diversas tendências no pensamento de Hegel reflete com muita clareza seu posicionamento oscilante sobre essa questão. Ele obviamente não tem como chegar a uma real concepção do caráter de classe do Estado. Sua concepção da unicidade última da sociedade, sobre a qual falamos em detalhes, já impossibilita isso para ele.

No entanto, também dentro desse quadro há em Hegel uma tendência dupla, na qual se reflete a contradição objetiva da solução napoleônica para os problemas da sociedade moderna postos pela Revolução Francesa, claro que de maneira modificada, na qual se expressa o posicionamento específico de Hegel como alemão e elucidador filosófico dessa solução para a questão. Por um lado, há uma tendência de identificar o estamento mais alto (a nobreza militar napoleônica) com o Estado e o governo. Essa tendência expressa objetivamente o caráter da ditadura militar de Napoleão e a aprovação entusiástica de Hegel à grandeza heroica da França, que se originou desse modo. Por outro lado, a ditadura napoleônica não é a ditadura militar abstrata pura e simples, mas uma ditadura surgida sob as condições específicas da França pós-revolucionária; uma ditadura militar destinada a preservar e proteger o legado do conteúdo social burguês da Revolução Francesa, isto é, pôr o legado burguês da Revolução Francesa a salvo tanto das tentativas da restauração absolutista feudal quanto de uma continuação democrática da revolução.

É em *Sistema da eticidade* que Hegel articula com mais franqueza essa contradição interna. Sobre o governo, ele diz ali:

Ele parece ser imediatamente o primeiro estamento, porque este é a potência absoluta para os demais, a realidade da eticidade absoluta e do espírito realmente contemplado dos outros, estando os outros, porém, no particular. Unicamente ele é estamento contra estamento, e deve haver algo superior a ele próprio e sua diferença em relação aos outros. [...] O movimento do primeiro estamento contra os outros estamentos é assumido no conceito pelo fato de ambos terem realidade, ambos serem limitados e a liberdade empírica tanto de um quanto dos outros ter sido aniquilada; – essa conservação absoluta de todos os estamentos tem de ser o supremo governo e, de acordo com seu conceito, ele não pode caber propriamente a nenhum estamento, já que é a não diferença de todos. Portanto, ele tem de consistir daqueles que de certo modo renunciaram ao ser real em um estamento e vivem pura e simplesmente no ideal, os anciãos e os sacerdotes, sendo os dois propriamente uma coisa só.[204]

Também aqui precisa intervir a natureza como *deus ex machina*. Os anciãos e os sacerdotes desse escrito (uma reprodução mistificada do conselho dos anciãos no *Directoire* [Diretório]) teriam sido alçados acima do caráter contraditório do mundo do particular meramente pela idade; eles alcançariam aquele grau de universalidade que nem mesmo o primeiro estamento, enquanto estamento contra outros estamentos, pode conquistar. E vê-se claramente que Hegel se depara aqui com a mesma dificuldade que ele resolve em esboços posteriores mediante a aprovação da monarquia hereditária. E o método é o mesmo, na medida em que também aqui Hegel envolve, de modo inadmissível em termos intelectuais, um fato simples da natureza em um misticismo profundo.

Várias vezes apontamos para o fato de que a aplicação que Hegel faz da terminologia schellinguiana atingiu seu ponto alto em *Sistema da eticidade*. Nele fica claro para todos do que depende a possibilidade dessa influência, pois na mesma medida em que o conceito hegeliano da superação da contradição, a formulação da "unidade da unidade e da diversidade", ultrapassa em muito a não diferença schellinguiana, exatamente neste ponto esse conceito não é aplicável para Hegel. O método próprio, levado radicalmente às últimas consequências, conduziria na direção de uma concepção de fato dialética das classes e da relação dialética do Estado para combatê-las. Por razões já esclarecidas, Hegel não era capaz de chegar a tal compreensão das coisas. Agora ele tem de estabelecer uma relação de conteúdo social entre Estado

---

[204] Lasson, p. 478 e seg.

e governo, de um lado, e os estamentos, de outro; o conceito schellinguiano da não diferença combina bem melhor com essa relação do que a concepção hegeliana da contradição e de sua superação. E mesmo que mais tarde Hegel elimine a terminologia schellinguiana, a exposição objetiva dessa relação sempre conserva certo caráter schellinguiano. Portanto, certamente se pode dizer que elementos do pensamento schellinguiano tornaram-se componentes permanentes no sistema de Hegel. É preciso, porém, concretizar essa relação, é preciso reconhecer com Engels a contradição entre sistema e método em Hegel para, então, ver que os elementos schellinguianos atuam onde o sistema prevaleceu sobre o método e, portanto, onde Hegel é forçado a ficar aquém das consequências de seu próprio método também em termos de conteúdo social.

Obviamente essa exposição não cobre a totalidade da concepção hegeliana sobre a relação entre Estado e estamentos. Já indicamos que, por exemplo, o monarca hereditário muitas vezes desempenha um papel puramente decorativo no sistema hegeliano do Estado, que Hegel reconhece todo o teor do automovimento da sociedade burguesa e quer que a interferência do Estado nesse movimento seja reduzida ao mínimo. Entretanto, essas correções não suprimem o caráter contraditório dessa concepção hegeliana. Elas apenas mostram que Hegel coloca idealmente em primeiro plano ora um lado, ora o outro lado do desenvolvimento francês concomitante. É que o reconhecimento das necessidades econômicas do desenvolvimento da sociedade burguesa também faz parte do quadro daquele sistema napoleônico que geriu o legado da Revolução Francesa para a burguesia e que Hegel viu como o ponto alto do desenvolvimento social, a corporificação atual do espírito do mundo.

No que se refere às formulações filosófico-sociais de Hegel dessa época, é totalmente imprescindível remontar o tempo todo aos modelos franceses reais, dos quais suas concepções são reflexos ideais – muitas vezes mistificados. Não só os anciãos e os sacerdotes podem ser remontados a tais modelos, mas toda a estruturação estamental da filosofia hegeliana da sociedade, em especial o estamento geral como nova nobreza militar do tipo napoleônico. Podemos depreender como foi profunda a impressão dessas constituições sobre Hegel do fato de que, em seu último ensaio, aquele sobre a *reform bill* [lei de reforma eleitoral] inglesa, exatamente no ponto em que, como vimos, escreve sobre a problemática dessa estrutura estamental em conexão com o desenvolvimento continuado da sociedade capitalista, ele chega a falar da Constituição que

Napoleão outorgou ao reino da Itália, vislumbrando nela um modelo para o tempo presente[205].

Resumindo, podemos constatar que, na teoria hegeliana da economia e da sociedade, atuam ao mesmo tempo duas tendências diametralmente opostas, mutuamente excludentes. Por um lado, a tendência do desenvolvimento do universal a partir da dialética própria do particular. Pudemos observar essa tendência especialmente na exposição do trabalho, da divisão do trabalho, da ferramenta etc. Ela seguidamente ganha expressão nas concepções filosófico-sociais de Hegel que conseguem se desdobrar com relativa independência em relação ao problema do Estado ou nas que ele tira consequências filosóficas de cunho geral desses seus conhecimentos, de novo sem referir-se diretamente ao Estado. Assim, por exemplo, em *Lógica ienense*, encontra-se um desenvolvimento muito interessante e engenhoso do gênero a partir da dialética da individualidade como ele surge e se torna atuante na economia da sociedade burguesa[206].

Essas tendências de modo nenhum são episódicas em Hegel, pois o problema do capitalismo moderno, o papel econômico do burguês, o individualismo moderno que surge no terreno desse desenvolvimento econômico – em suma, os princípios do desenvolvimento econômico do capitalismo como entendido por Hegel – constituem para ele exatamente o fator decisivo, mediante o qual a era moderna se diferencia da Antiguidade. Exatamente eles constituem para Hegel o estágio superior do desenvolvimento, pelo qual a Antiguidade realmente é suplantada, realmente se torna simples passado e memória. Esses princípios representam, portanto, o ponto alto da filosofia hegeliana da história no período de Iena – o ápice de uma concepção que sempre permanecerá fundamental para a filosofia da história de seu período posterior.

Essa concepção filosófico-histórica, como não poderia deixar de ser no caso de um grande pensador coerente, está intimamente ligada a seus problemas filosóficos fundamentais de cunho geral. Já sabemos que o problema filosófico fundamental de *Fenomenologia do espírito*, o princípio de que Hegel se vale para superar em definitivo a dialética schellinguiana e apresentar ao público sua própria em forma própria, é exatamente o princípio da "alienação". Das exposições feitas até aqui ressalta de modo suficientemente claro que a era

---

[205] Lasson, p. 305. Napoleão estabelece ali como estamentos os *possidenti* [de posses], os *dotti* [doutos], os *mercanti* [comerciantes].

[206] *Jenenser Logik*, p. 151 e seg.

moderna, a sociedade burguesa moderna, tem de representar o estágio histórico mais elevado aos olhos de Hegel justamente porque nela a "alienação" se encontra em um estágio muito superior ao da socialidade imediata da democracia antiga. Esse período da suprema "alienação" pode e deve ser para Hegel, portanto, aquele em que poderá ser efetuada a revogação da "alienação" pelo espírito, a transformação da substância no sujeito.

Porém, como igualmente já vimos, essa mesma filosofia da história de Hegel tem outro lado: a independência do Estado e de suas funções histórico-universais em relação a essa base econômica. É óbvio que também aqui há uma conexão – inclusive uma de cunho econômico –, mas, em contraposição ao conhecimento real (embora muitas vezes incompleto) das conexões econômicas efetivas, reside aqui uma mistificação da concepção em si ilusória da relação entre o Estado e a sociedade burguesa no regime napoleônico. Segundo essa concepção, o Estado deve valer-se da sociedade burguesa para seus próprios fins, que são totalmente independentes dela. A finalidade da sociedade burguesa seria servir ao Estado (ao espírito) e oferecer-lhe sacrifícios, com base nos quais o Estado, então, garantiria e protegeria o funcionamento livre de atritos da sociedade burguesa. As particularidades da sociedade burguesa, da vida econômica, são, segundo essa concepção, subsumidas sob a universalidade do Estado. Elas em parte formam o pano de fundo vital obscuro, diante do qual se eleva a figura luminosa do espírito, em parte constituem momentos divergentes, nos quais se desmembra dialeticamente o espírito, atravessando a empiria e chegando a si mesmo, alienando-se e voltando a revogar a "alienação" em si. Temos, portanto, diante de nós, nessas duas tendências da filosofia de Hegel, os dois motivos ideais que levaram à concepção da "alienação", a saber, o real e o mistificado. Detalharemos sua batalha final em torno do método de Hegel quando tratarmos de *Fenomenologia do espírito*.

Como sabemos, não é acaso que em Hegel essas duas tendências tenham entrado em conflito. Também mostramos que a fonte real de sua contradição está na própria realidade, a saber, na realidade do Estado napoleônico. As tendências idealistas da concepção e interpretação hegelianas dessa realidade, porém, são reforçadas ainda mais pelo ser social especificamente alemão. Em sua crítica da filosofia kantiana, na qual ele visualiza em Kant igualmente um reflexo teórico do período da Revolução Francesa, Marx fala dos traços especificamente alemães da distorção do reflexo de fatos reais ocorridos na França por um filósofo alemão. Marx divisa na razão prática de Kant um reflexo de interesses materiais reais da burguesia liberal. Ele explica que, por essa razão, Kant "separou essa expressão teórica dos interesses que ela expressa, fez das determinações materialmente motivadas da vontade dos burgueses franceses puras autodeterminações da *'vontade livre'*, da vontade em si e para si [...]"[207]. Nessa explicação social e na concomitante crítica da filosofia kantiana, Marx também fala das ilusões específicas que tinham de surgir da situação alemã no tocante ao Estado.

> A partir dessa posição se explicam tanto a franca consciência burocrática que não se encontra em nenhuma outra parte quanto todo um conjunto de ilusões sobre o Estado que circulam na Alemanha, bem como a aparente independência que os teóricos daqui têm em relação aos burgueses – a aparente contradição entre a forma como esses teóricos pronunciam os interesses dos burgueses e esses próprios interesses.[208]

Marx naturalmente nunca identificou Kant e Hegel sem mais nem menos. Essa crítica, portanto, é aplicável a Hegel só na medida em que também em Hegel a influência da mesma situação social geral puder ser verificada. Tais traços são constatados reiteradamente por Marx em sua extensa crítica à filosofia do direito de Hegel. Ele ressalta em especial o caráter atrasado especificamente alemão que, na concepção hegeliana, ganha expressão no papel da burocracia na sociedade e no Estado. Ele diz algo que se reveste de importância extraordinária exatamente em termos filosóficos – a saber, discorre sobre a "universalidade imaginária" que se expressa na concepção hegeliana de burocracia e resume a exposição global de Hegel no sentido de que Estado e governo não são representações da sociedade burguesa, mas representações contra a sociedade burguesa[209]. Nessas observações marginais críticas à filosofia do direito de Hegel, Marx ressalta repetidamente que as contradições que emergem no pensamento de Hegel são reflexos de relações sociais reais. Quando critica as mistificações hegelianas da forma mais incisiva possível, ele nunca quer dizer que as concepções hegelianas de sociedade e Estado são algo puramente inventado por ele. Ele combate Hegel justamente porque, diante de um quadro em muitos aspectos correto das relações modernas reais, ele não enfatiza as tendências progressistas

---

[207] [Karl Marx e Friedrich Engels,] *Die deutsche Ideologie*, cit., p. 198. [Ed. bras.: *A ideologia alemã*, cit., p. 194.]
[208] Idem.
[209] [Karl Marx, *Zur Kritik der Hegelschen Rechtsphilosophie*,] MEGA 1, v. I/1, p. 455 e 459. [Ed. bras.: *Crítica da filosofia do direito de Hegel*, cit., p. 65 e 68.]

e que de fato apontam para o futuro e, em consequência, é forçado a produzir uma mistificação do existente. Ele diz, por exemplo:

> Não se deve condenar Hegel porque ele descreve a essência do Estado moderno como ela é, mas porque ele toma aquilo que é pela *essência do Estado*. Que o racional é real, isso se revela precisamente em *contradição* com a *realidade irracional*, que, por toda parte, é o contrário do que afirma ser e afirma ser o contrário do que é.[210]

Essa crítica a Hegel é, portanto, uma concretização da crítica ao "positivismo acrítico" de Hegel. Por não conseguir compreender determinadas tendências decisivas do desenvolvimento da sociedade moderna, Hegel é forçado a tomar a aparência pela realidade e a fundamentar filosoficamente essa pseudorrealidade por meio de um falso sentido profundo de cunho filosófico, por meio de uma pseudodialética. (O positivismo acrítico de Hegel ganhou expressão bem mais marcante em *Filosofia do direito* do que no período de Iena. Porém, sabemos da crítica marxiana que naquela época ele também já estava em ação. Essa crítica de Marx ao período posterior do desenvolvimento de Hegel atinge, portanto, com a ressalva feita pelo próprio Marx, também a concepção de sociedade e de Estado do período de Iena.)

Em exposições críticas, Marx fala do ponto central dessa debilidade político-ideológica de Hegel, que constitui uma debilidade filosófica central de todo o seu sistema: o problema da democracia. É bem característico da profundidade filosófica da crítica feita a Hegel pelo jovem Marx que ela seja posta em íntima relação com o problema do universal e do particular em Hegel.

> A democracia é a verdade da monarquia, a monarquia não é a verdade da democracia. A monarquia é necessariamente democracia como inconsequência contra si mesma, o momento monárquico não é uma inconsequência na democracia. Ao contrário da monarquia, a democracia pode ser explicada a partir de si mesma. Na democracia nenhum momento recebe uma significação diferente daquela que lhe cabe. Cada momento é, realmente, apenas momento do dêmos inteiro. Na monarquia, uma parte determina o caráter do todo. A constituição inteira tem de se modificar segundo um ponto fixo. A democracia é o gênero da constituição. A monarquia é uma espécie e, definitivamente, uma má espécie. A democracia é conteúdo e forma. A monarquia *deve* ser apenas forma, mas ela falsifica o conteúdo. Na monarquia o todo, o povo, é subsumido a um de seus modos de existência, a constituição política; na democracia, a *constituição mesma* aparece somente como

---

[210] Ibid., p. 476. [Ed. bras.: ibidem, p. 82.]

uma determinação e, de fato, como autodeterminação do povo. Na monarquia temos o povo da constituição; na democracia, a constituição do povo. A democracia é o *enigma* resolvido de todas as constituições. Aqui, a constituição não é somente *em si*, segundo a essência, mas segundo a *existência*, segundo a realidade, em seu fundamento real, o *homem real*, o *povo real*, e posta como a obra *própria* deste último. A constituição aparece como o que ela é, o produto livre do homem; poder-se-ia dizer que, em um certo sentido, isso vale também para a monarquia constitucional, mas a diferença específica da democracia é que, aqui, a *constituição* em geral é apenas *um* momento da existência do povo e que *a constituição política* não forma por si mesma o Estado.
Hegel parte do Estado e faz do homem o Estado subjetivado; a democracia parte do homem e faz do Estado o homem objetivado.[211]

Quando Marx apresenta aqui a democracia como o gênero e a monarquia como a má espécie, não é ele próprio que efetua uma abstração, ele apenas reproduz em pensamento o processo de abstração da própria história que, em muitas revoluções, produziu a democracia como a forma mais perfeita da sociedade burguesa. E quando, apenas alguns anos mais tarde, Marx caracteriza a mesma democracia como o campo de batalha mais apropriado para a conquista do socialismo, quando fala do desenvolvimento da revolução democrático-burguesa até chegar à revolução proletária, ele apenas reproduz formas ainda mais elevadas das generalizações efetuadas pela própria história, mas o direcionamento da pesquisa da sociedade continua o mesmo. Por essa razão, essa crítica a Hegel realmente atinge o ponto central de todas as debilidades de sua filosofia da sociedade.

Por não estar em condições de compreender o movimento rumo à democracia, que se expressou em formas grandiosas na Revolução Francesa, Hegel teve de renunciar não só historicamente, mas sobretudo filosófico-socialmente, a extrair da marcha do próprio movimento histórico-social, da relação dialética de seus momentos específicos, as universalidades reais, as que correspondem ao movimento histórico real. Ele foi obrigado, por um lado, a envolver momentos específicos com a falsa aura de uma pseudouniversalidade e, por outro, a emprestar às universalidades assim obtidas um ser-aí autônomo, a arrancá-las da dialética real da sociedade e da história, a fazer com que ficassem petrificadas

---

[211] Ibid., p. 434. [Ed. bras.: ibidem, p. 49-50.] O fato de Marx criticar Hegel aqui ainda do ponto de vista de uma democracia revolucionária consequente e não do ponto de vista socialista torna essas suas observações especialmente valiosas justamente para nosso problema.

nessa autonomização e, então, subsumir nesse universal hipostasiado todos os fenômenos específicos da sociedade e da história, todo o particular.

A luta das duas tendências que acompanhamos na filosofia hegeliana da sociedade mostra agora também seu lado filosófico. Uma das tendências, a do conhecimento real e correto das conexões dialéticas reais, torna-se o fundamento da nova lógica dialética, que obtém o universal do automovimento das contradições do particular, da superação e nova posição dessas contradições em níveis cada vez mais altos. A outra tendência, que leva à autonomização idealista de universalidades ficticiamente obtidas, é obrigada, à maneira da velha lógica metafísica, a subsumir o particular sob o universal. Por isso mesmo, a luta dessas duas tendências, que acompanhamos na filosofia da sociedade de Hegel, se reproduz na lógica como luta entre o desenvolvimento dialético real e a formulação especulativa.

Desse modo, retornamos a um dos mais importantes pontos de partida históricos da filosofia alemã clássica, àquele famoso parágrafo de *Crítica da faculdade do juízo*, que apresentou a exigência do "*intellectus archetypus*". Lembremos que, nessas análises, Kant considerou a necessidade de subsumir o particular sob o universal como uma limitação perpétua do entendimento humano. E o "*intellectus archetypus*" aparece para ele como exigência, de saída impossível de cumprir, que serve apenas como "ideia regulativa", de um entendimento que fosse capaz de ascender do particular para o universal. A importância desse programa kantiano consiste, como sabemos, no fato de que, nele, foi enunciado de modo fundamental e claro o caráter limitado do pensamento metafísico, ainda que isso tenha sido feito na forma da limitação da razão humana em geral. E o "*intellectus archetypus*" é um programa que visa à suplantação das limitações do pensamento metafísico, um programa da dialética.

O idealismo subjetivo e o idealismo objetivo separam-se exatamente no ponto em que a batalha é travada em torno da possibilidade ou da impossibilidade de cumprir essa exigência. Para todo idealismo subjetivo, essa limitação é insuperável. No idealismo subjetivo, o particular sempre tem de manifestar-se como contingente diante do universal. Quer isso aconteça na forma da extrapolação racionalista fichtiana do sujeito, diante de cuja universalidade moral abstrata todo o particular da vida empírica submerge em uma contingência má, quer decorra de uma divinização à maneira de Jacobi das singularidades sobre a base irracionalista do sentimento, as consequências permanecem as mesmas, a limitação kantiana não é transposta.

A "intuição intelectual" schellinguiana é a primeira a dar um passo adiante nesse ponto. No entanto, a transposição da limitação kantiana em Schelling é mais declaratória do que real. Ele proclama o *"intellectus archetypus"* como capacidade humana real de apreensão do mundo; essa capacidade, todavia, só está à disposição do gênio artístico e filosófico. Com essa declaração, porém, muito pouco aconteceu de fato em termos filosóficos, e o aparato intelectual da dialética schellinguiana (excetuando a estética) dificilmente apresenta prova real de como a contingência do particular poderia ser realmente superada, de como o universal pode ser realmente obtido a partir do particular. Na mesma proporção em que Schelling acreditou ter superado o mero caráter de exigência do *"intellectus archetypus"*, a verdadeira dialética, a real suplantação das limitações do pensamento metafísico, permanece, também no caso dele, algo a cumprir.

Também no período em que mais intensamente fez seus experimentos com a terminologia schellinguiana, Hegel não só usou a expressão "intuição intelectual" com muita parcimônia, mas constantemente estruturou suas exposições de tal maneira que na realidade podia renunciar ao uso desse novo "órgão" da filosofia. Vimos como eram grandes e sérias as aspirações de Hegel a derrubar a barreira entre o particular e o universal, como eram autenticamente filosóficas suas aspirações nesse sentido, isto é, realmente apreendendo a vida e extraindo dela reais generalizações. Hegel reconheceu com clareza que o momento da contingência presente no particular diante do universal não poderia ser eliminado por decreto, não poderia ser expulso do mundo por meio de uma formulação com base em analogias, como fez Schelling na maioria das vezes.

A superação da contingência do particular acontece em Hegel muito antes sobre a base do reconhecimento da impossibilidade de superá-la. Pensemos em sua concepção da economia capitalista. Esta é um movimento de elementos particulares, em que todos os elementos tanto subjetivos quanto objetivos, modos e capacidades dos homens singulares, sua posse etc. têm por princípio um caráter contingente. No entanto, o universal, a legalidade econômica, surge necessariamente dos movimentos desses elementos cuja contingência não pode ser superada.

Do mesmo modo, por exemplo, na relação teleológica do trabalho com seu meio e seu objeto, está dado um complexo de elementos contingentes por princípio e relacionados contingentemente uns com os outros. Contudo, o processo do trabalho produz algo que eleva esses elementos contingentes em sua conexão real a um nível da universalidade, algo que tem a capacidade de ascender dialeticamente a um nível cada vez mais elevado da universalidade etc.

Nessas exposições e em outras semelhantes de Hegel, a exigência pelo *"intellectus archetypus"* é realmente cumprida. A limitação kantiana se comprova como simples limitação do pensamento metafísico. Ao exacerbar as contradições interiores do pensamento metafísico, dissolver sua inflexibilidade, descobrir as contradições dinamizadoras e dinâmicas da realidade ocultas atrás delas, Hegel não só indica o caminho rumo ao pensamento dialético, como, ao mesmo tempo, mostra que este não é propriedade de gênios privilegiados, e sim uma capacidade inerente a qualquer pensar humano que apenas ficou imobilizada e petrificada pelo feitio metafísico do pensamento.

O percurso consequente desse caminho até o fim só poderia consistir na dialética materialista. Somente nela, como reflexo ideal do movimento dialético da própria realidade, a limitação kantiana experimenta um colapso completo. Dialética materialista e materialismo histórico, contudo, formam uma unidade necessária, fechada em si mesma. Vimos que as condições sociais para o filosofar de Hegel, por um lado, conferiram a seu pensamento de saída um caráter idealista; por outro lado, ergueram barreiras intransponíveis a suas concepções das leis da sociedade e da história, que tinham de refletir-se em seu pensamento como intensificação das tendências idealistas.

O passo que Hegel deu rumo à dialética só pôde ser concretizado de modo idealista. Devido a essa necessidade complexa do surgimento da peculiaridade da dialética hegeliana, seu objetivismo apresenta uma duplicidade igualmente peculiar. Por um lado, esse objetivismo cria um espaço para que uma dialética real se desenvolva e se torne consciente em um nível nunca antes visto. Por outro, esse mesmo objetivismo tem o efeito de agravar a deturpação e a mistificação idealistas da própria dialética.

O idealismo objetivo precisa de um "portador", no qual se corporifica essa objetividade. O "espírito" hegeliano, sendo essa forma do objetivismo da dialética hegeliana, reforça, como vimos, as tendências idealistas que representam uma autonomização do universal em relação ao particular e, por essa razão, fazem com que a dialética sempre recaia no pensamento metafísico. Essa duplicidade da dialética hegeliana não é uma simples consequência "imanente" do método do idealismo objetivo. Nas análises precedentes, nós nos esforçamos por mostrar como essa tendência dupla conflitante no pensamento de Hegel se originou objetivamente da própria realidade histórico-social e ainda foi reforçada pela situação histórico-social de Hegel. Todavia, uma vez que sobre essa base surgiu o idealismo objetivo como método da dialética, suas necessidades metodológicas têm de retroagir sobre as tendências ideais originadas imediatamente do ser. Porém, o fato primário é aqui, como em toda parte, o ser social. E a intenção era mostrar como esse ser social e sua apreensão igualmente necessária em termos sociais se refletem de maneira clara e reconhecível nas categorias filosóficas mais complexas, aparentemente mais abstratas, aparentemente mais distantes da vida social.

Engels caracterizou essa contradição como a que existe entre método e sistema em Hegel. E, nos últimos anos de vida, querendo introduzir os marxistas mais jovens no estudo de Hegel, sempre os advertiu para não ficarem tempo demais criticando as arbitrariedades das formulações hegelianas, mas procurarem ver onde e como Hegel desenvolve corretamente movimentos dialéticos reais. A primeira coisa seria um trabalho fácil a ser realizado por qualquer mestre-escola, a segunda, um importante conhecimento para todo marxista. Marx também sempre teve em mente essa diferenciação na época de sua luta mais ferrenha e politicamente mais atual contra a filosofia hegeliana. No extenso acerto de contas crítico com a ala esquerda do hegelianismo, levado a termo em *A sagrada família*, ele desmascara impiedosamente o "mistério da formulação especulativa", o modo totalmente equivocado com que Hegel chega do universal ao particular, a falsidade de toda a autonomização hegeliana do universal em relação ao particular. Ele mostra ali, com coerência lógica impiedosa, todas as limitações e as deformações da realidade cometidas por esse tipo de idealismo. Ao mesmo tempo, Marx separa nitidamente Hegel dos hegelianos que aprenderam *só* isso de sua dialética. Ele mostra a diferença fundamental entre a dialética de Hegel e a de seus seguidores:

> Mas depois disso Hegel costuma oferecer, dentro da exposição *especulativa*, uma exposição *real*, através da qual é possível captar a própria *coisa*. E esse desenvolvimento real *dentro* do desenvolvimento especulativo induz o leitor, equivocadamente, a tomar o desenvolvimento especulativo como se fosse real e o desenvolvimento real como se fosse especulativo.[212]

Não foram só seus discípulos diretos que efetuaram essa reiterada distorção idealista de Hegel; o posterior neo-hegelianismo a reproduz de um modo

---
[212] [Karl] Marx, *Die heilige Familie*, cit., p. 168. [Ed. bras.: *A sagrada família*, cit., p. 75.]

ainda mais intenso. Para desenterrar desse entulho a dialética real de Hegel, visando a torná-la fecunda para o tempo presente, foi imprescindivelmente necessário mostrar o caráter contraditório inerente às suas tendências básicas no campo em que mais claramente revelam sua origem, seu caráter social: no campo da economia.

VIII. "A tragédia no ético"

Não importando de que problemas concretos tenham partido, nossas análises sempre levaram à contraposição entre dialética idealista e dialética materialista. No entanto, justamente por isso ficou evidente que essa contraposição só aparece em seu resultado último, na forma pura da contraposição gnosiológica entre idealismo e materialismo. Esse resultado é a suprema culminância de um grande processo histórico: a organização da classe revolucionária do proletariado em uma classe "para si" (Marx) em meio a uma crise revolucionária geral da Europa, sendo que em alguns Estados muito importantes (Alemanha, Itália etc.) a realização da revolução democrático-burguesa ainda constituiu a tarefa central, a finalidade imediata da sublevação. A luta do jovem Marx contra Hegel, contra o hegelianismo em dissolução, revela a clara conexão entre o surgimento da dialética materialista e a ideologia da nova classe revolucionária, o humanismo proletário.

Essa luta é em duplo sentido uma superação da contraditória ideologia burguesa. Por um lado, todas as limitações desta são submetidas a uma crítica, e no âmbito desta fica demonstrado que o materialismo dialético é capaz de resolver uma série de questões decisivas, em relação às quais nem mesmo os melhores ideólogos do desenvolvimento anterior conseguiram avançar sequer até uma formulação clara do problema. Por outro lado, no novo humanismo proletário são acolhidos todos os momentos do pensamento anterior do desenvolvimento da humanidade nos quais o real conhecimento da realidade objetiva com todas as suas contradições reais foi refletido corretamente ou ao menos de modo tendencialmente correto. Como em toda superação dialética real, esses dois elementos, o da destruição crítica e o da conservação, estão correlacionados; o terceiro elemento da superação dialética, a saber, o erguimento a um nível mais elevado, só pode acontecer sobre a base da unidade íntima desses dois elementos.

Já citamos Lênin dizendo que Marx se conecta diretamente com Hegel. A partir da perspectiva histórica do surgimento do materialismo dialético, essa afirmação significa que o humanismo proletário brota da última grande crise ideológica do pensamento burguês, assim como a própria luta de classes do proletariado brotou gradativamente das lutas de libertação de oprimidos e explorados, como, de acordo com certa afirmação de Lênin, não existe muralha chinesa entre a revolução democrático-burguesa e a revolução proletária, como a revolução proletária se desenvolveu muito lentamente, muito gradativa e contraditoriamente a partir das lutas de libertação dos estratos oprimidos de todas as lutas de classes. O caráter específico das contradições do último grande período de crise do desenvolvimento ideológico da sociedade burguesa (de 1789 a 1848) é, portanto, em todos os aspectos, o ponto de partida ideológico, o ponto de conexão imediato da nova e incipiente concepção de mundo do proletariado revolucionário.

O idealismo objetivo de Hegel é a expressão filosófica máxima desse período do pensamento burguês. Ele é seu ponto alto no sentido duplo de que, nessa filosofia, se resumem os resultados intelectuais e metodológicos do desenvolvimento milenar da humanidade no nível mais elevado até ali alcançado pelo pensamento filosófico e, ao mesmo tempo, inseparavelmente disso, no sentido de que nela o caráter contraditório desse desenvolvimento, todas as contradições insolúveis e solucionadas por ela aparecem no nível máximo atingido até aquele momento. A posição singular de Hegel nesse período consiste em que sua filosofia, pela primeira vez na história da humanidade, tornou consciente esse *caráter contraditório do próprio ser-aí* como um problema central da filosofia.

As contradições objetivas da vida social, que se tornavam cada vez mais insolúveis, aparecem em todos os grandes ideólogos desse período. Toda uma série de contradições concretas chega a receber em outros pensadores um reflexo ideal mais real, mais de acordo com a verdade do que no próprio Hegel. Nesses pensadores, porém, o caráter contraditório só está presente objetivamente, apenas em si; todos eles buscam a verdade, como diz Marx, "em meio ao 'estrume' das contradições"[213], articulam com destemida veracidade as contradições encontradas, mas o próprio caráter contraditório não lhes vem à consciência como fundamento do ser-aí objetivo. (Fourier é o único pensador importante desse período, ao lado de Hegel, em quem esse caráter contraditório aparece de forma mais ou menos consciente.) Nesse processo,

---

[213] [Karl Marx,] *Theorien über den Mehrwert* (Stuttgart, [Dietz,] 1921), v. III, p. 94. [Ed. bras.: *Teorias da mais-valia: história crítica do pensamento econômico*, trad. de Reginaldo Sant'Anna, São Paulo, Difel, 1985, v. III, p. 1.139.]

o conhecimento do caráter contraditório insolúvel do desenvolvimento social que culmina nas contradições da sociedade capitalista impele Saint-Simon, Fourier e Owen a ir além da crítica do capitalismo, impele-os à reivindicação de uma nova sociedade que solucionará essas contradições na realidade social, impele-os ao socialismo.

Ricardo, o último e mais consequente teórico sistemático da economia capitalista, estabelece o desenvolvimento das forças produtivas materiais enquanto fundamento do progresso humano como ponto central com uma determinação nunca antes mostrada por ninguém. Contudo, ainda que na superfície o sistema de Ricardo apresente a mais rigorosa coesão, ainda que ele mesmo defenda, como caminho necessário do progresso, as consequências mais terríveis e desumanas do modo capitalista do desenvolvimento das forças produtivas materiais contra todo sentimentalismo romântico, manifesta-se também nele aquela contradição interna da cultura burguesa, cujo aparecimento não só indica claramente a hora em que chega ao fim o papel social de liderança da burguesia, mas também aponta para o papel sempre dicotômico e problemático que a classe da burguesia desempenha em um desenvolvimento social que ela mesma iniciou, do qual procedeu sua ascensão material, sua função social de liderança.

Não queremos falar aqui sobre as contradições da teoria do valor de Ricardo, das quais, na época da dissolução de sua escola, os primeiros ideólogos do proletariado já tiraram e puderam tirar consequências diretamente socialistas. Remetemos apenas ao caráter contraditório do posicionamento de Ricardo em relação ao papel da burguesia no cunho progressista das forças produtivas materiais, que Marx caracterizou de maneira profunda e marcante.

> Ele quer a *produção em função da produção*, e isto com *razão*. Quem afirmasse, como fizeram adversários sentimentais de Ricardo, que a produção como tal não é o fim, esqueceria que a produção em função da produção nada significa além do desenvolvimento das forças produtivas humanas e, portanto, *o desenvolvimento da riqueza da natureza humana como fim em si*. [...] O que não se entende aqui é que esse desenvolvimento das capacidades do gênero *humano*, embora ele se efetue primeiro à custa da maioria dos indivíduos humanos e de certas classes humanas, por fim rompe esse antagonismo e coincide com o desenvolvimento do indivíduo como tal, que, portanto, o desenvolvimento mais elevado da individualidade é adquirido pelo preço de um processo histórico no qual os indivíduos são sacrificados. [...] Portanto, a inescrupulosidade de Ricardo não só era *cientificamente honesta*,

mas também cientificamente exigida para o seu ponto de vista. Por isso mesmo, é totalmente indiferente para ele se o desenvolvimento das forças produtivas mata a propriedade fundiária ou o trabalhador. [...] A concepção de Ricardo em seu conjunto é do interesse da *burguesia industrial* unicamente *porque* e na medida em que o interesse desta coincide com o da produção ou com o desenvolvimento produtivo do trabalho humano. Onde ela se contrapõe a isso, ele é tão *inescrupuloso* com a burguesia quanto de resto é com o proletariado e a aristocracia.[214]

O grande escritor realista dessa época, Balzac, oferece, em *A comédia humana**, um compêndio de todas as contradições trágicas, tragicômicas e cômicas que brotam do solo da sociedade burguesa e se manifestam vivamente nas relações humanas. O quadro imenso e abrangente que Balzac pinta da sociedade é um gigantesco afresco em que é representado resumidamente o "reino animal do espírito" do capitalismo em toda a monstruosidade, com todas as contradições, com todos os sacrifícios, com todas as lutas heroicas e vãs travadas contra sua inumanidade. Ricardo e Balzac não foram socialistas e, de uma perspectiva subjetiva, até foram adversários do socialismo. Da análise econômica do capitalismo por Ricardo e do retrato literário tirado do mundo do capitalismo por Balzac, porém, decorre objetivamente a necessidade do surgimento do novo mundo, e isso de maneira tão plástica quanto, por exemplo, da crítica satírica do capitalismo por Fourier.

Goethe e Hegel situam-se no início dessa última florescência contraditória e trágica do desenvolvimento ideológico da sociedade burguesa. *Wilhelm Meister* e *Fausto*, *Fenomenologia do espírito* e *Enciclopédia* compõem parte das figurações monumentais, nas quais se concentram as últimas energias desse desenvolvimento para conferir a seu caráter contraditório trágico uma expressão literária ou intelectual. Em Goethe e Hegel, ainda é possível ver a aura do período heroico do desenvolvimento burguês com mais nitidez do que, por exemplo, em Balzac, para quem esse período aparece como gloriosa pré-história da prosa definitiva e temível do capitalismo que chegou ao poder. Especialmente o jovem Hegel encontra-se – até o fim do período heroico, até a derrubada de Napoleão – sob influência direta do heroísmo e das ilusões heroicas desse período de transição. "Não obstante o caráter nada heroico da

---

[214] Ibid., v. II/1, p. 309 e seg. [Ed. bras.: ibidem, v. II.]

* Honoré de Balzac, *A comédia humana* (trad. Vidal de Oliveira, São Paulo, Globo, 1990-1996), 17 v. (N. T.)

sociedade burguesa, muito heroísmo havia sido necessário, além da abnegação, do terror, da guerra civil e de batalhas entre povos, para trazê-la ao mundo."[215] Principalmente o jovem Hegel não está disposto a ignorar, no reconhecimento da sociedade burguesa em desdobramento e aperfeiçoamento, o heroísmo de sua gênese. Ou melhor, ele não quer reconhecer o fato de que o único propósito de todo esse heroísmo foi fazer do capitalista o dominador do mundo.

A profunda contradição idealista do jovem Hegel consiste precisamente no fato de ele – que foi o descobridor da nova teleologia real na atividade humana – não ter compreendido nem querer compreender a teleologia trágica de seu período. Ele inverte a relação entre meio e fim. Ao passo que, na realidade, todos os esforços heroicos do povo francês, as façanhas de todos os grandes vultos, de Marat a Napoleão, levaram no plano imediato apenas a estabelecer o domínio do capitalismo sobre as ruínas da sociedade feudal, o jovem Hegel quer, como vimos, conseguir à força para si uma filosofia da história na qual o desencadeamento das forças produtivas pelo capitalismo e o surgimento da sociedade burguesa desenvolvida serviriam para lançar a base de um novo período heroico, uma nova ascensão cultural da humanidade.

Contudo, nesse equívoco idealista de Hegel, nesse ato idealista de colocar de cabeça para baixo as conexões histórico-sociais, há uma profunda verdade humanista, uma crítica profunda, embora contraditória, do capitalismo. O fato de Hegel não conformar-se com o único propósito de todo o desenvolvimento da humanidade com todas as suas lutas e todos os seus sacrifícios ser estabelecer definitivamente a dominação da humanidade pelos interesses capitalistas dos Nucingen, Tailleffer e Keller*, e o fato de ele vislumbrar nesse domínio uma profunda humilhação da humanidade inteira e imaginar uma utopia heroica a fim de mostrar uma saída desse desfecho aviltante do desenvolvimento da humanidade implicam um protesto profundo contra o capitalismo, um protesto que objetivamente, sem que ele saiba, contra sua vontade, aponta para além do horizonte do capitalismo tanto quanto as análises econômicas de Ricardo e as figurações literárias do monarquista legitimista Balzac apontaram objetivamente para além desse horizonte.

---

[215] [Karl] Marx, "Achtzehnter Brumaire", em *Ausgewählte Schriften* (Berlim, 1953), v. 1, p. 227. [Ed. bras.: O *18 de brumário de Luís Bonaparte*, trad. Nélio Schneider, São Paulo, Boitempo, 2011, p. 27.]
* Famílias de magnatas e especuladores, personagens de *A comédia humana*, de Balzac. (N. T.)

Hegel teria sido um pensador medíocre, um utópico romântico sentimental, se tivesse levado adiante, de maneira consequente, esse seu protesto contra a cultura do capitalismo, contra o papel de liderança política e cultural da burguesia na sociedade burguesa. Sua grandeza intelectual, a fecundidade, o elemento indicativo do futuro de sua filosofia consiste justamente em sua inconsequência, no caráter contraditório de sua posição, no fato de, a exemplo de Ricardo, procurar a verdade "em meio ao estrume das contradições" e encontrá-la parcialmente, pois, enquanto analisamos essa crítica hegeliana da cultura capitalista, jamais devemos esquecer que a inevitabilidade e o caráter progressista do desenvolvimento capitalista constituíram o ponto de partida e o centro metodológico de sua filosofia da história.

E isso de modo nenhum em um sentido "econômico" estreito. A filosofia da cultura de Hegel repousa muito antes no fato de que só o novo tempo, a sociedade burguesa moderna, conferiu forma à individualidade do homem, sobre a qual repousa, em todos os campos da cultura humana, a superioridade da fase do desenvolvimento atualmente alcançada em comparação com a Antiguidade, apesar da grandiosidade de sua vida política e cultural. E, na concepção hegeliana, essa individualidade moderna não é produto da natureza, não é algo "orgânico", como pensam os românticos, que contrastam rigidamente essa "organicidade" da individualidade com os efeitos humanamente destrutivos e fragmentadores do desenvolvimento capitalista. Pelo contrário: para ele, ela é o resultado necessário desse desenvolvimento social, dito em termos filosóficos: o resultado necessário da progressiva "autoalienação" do homem, que alcança seu ponto alto na sociedade burguesa moderna. A contradição na filosofia da cultura de Hegel nada tem a ver, portanto, com um anticapitalismo romântico. Ela é muito mais profunda; ela consiste ao mesmo tempo na afirmação da necessidade e da progressividade do desenvolvimento econômico que leva ao capitalismo com todas as suas terríveis consequências, para as quais Hegel jamais cerrou os olhos (pense-se na exposição da pobreza e da riqueza no capitalismo por Hegel), e na luta entusiástica, suscitada por esse desenvolvimento de modo igualmente necessário, contra a humilhação, contra a degradação e a depravação do homem.

As contradições que afloram aqui em Hegel são, portanto, um aprimoramento dialético das críticas à divisão capitalista do trabalho e a suas consequências culturais que encontramos nos grandes economistas ingleses do período iluminista, em especial Ferguson e Adam Smith. O culto à Antiguidade, da

Renascença ao período napoleônico, sua elevação à condição de ideal, apoia-se na insolubilidade objetiva dessa contradição do desenvolvimento capitalista. Todas as utopias de realizar e renovar a Antiguidade em termos políticos, culturais ou artísticos estão apoiadas na esperança de superar essa contradição da vida moderna, a aniquilação do homem pelo desenvolvimento das forças produtivas humanas.

A grandeza de Ricardo como economista está baseada no fato de ele ter ignorado essa contradição com férrea coerência; isto é, ele até constatou todos os fatos em que essa contradição se manifestou, mas insistiu na ideia de que o caráter progressista do desenvolvimento das forças produtivas materiais teria de afirmar-se passando por todas essas contradições. Ela de fato se afirma, e nisso Ricardo tem razão; mas é só no socialismo que ela se afirma, não no capitalismo, e nisso consiste o erro histórico de Ricardo. É evidente, porém, que, se não tivesse se agarrado tão firmemente a esse erro, sua ideia jamais teria obtido essa força indicativa do futuro – um futuro que lhe era necessariamente desconhecido.

Hegel aborda essa contradição pelo lado oposto, ou seja, pelo lado da filosofia da cultura. Entretanto, isso não muda nada no fato de que essa mistura dialética de verdade e erro esteja presente em seu pensamento em outra forma, mas na mesma intensidade que em Ricardo. A superioridade da Antiguidade em comparação com a era moderna é justamente a expressão dessa contradição. Ferguson a tinha formulado de modo bem marcante: "Se as demandas por direito igual e liberdade igual devessem resultar em um rebaixamento de cada classe igualmente à condição de servos e mercenários, continuaríamos sendo um povo de hilotas e não teríamos mais cidadãos livres"[216]. Essa também é a filosofia da história do jovem Hegel. E sua importância intelectual consiste exatamente no fato de que ele, como vimos, apesar dessa avaliação da Antiguidade, apesar de saber que a sociedade capitalista é como é, desde a crise de Frankfurt se ateve inabalavelmente à noção de que a Antiguidade pertence irremediavelmente ao passado, que ela deixou de ser um modelo para o desenvolvimento da humanidade, que o desenvolvimento da humanidade atingiu seu ponto alto no desdobramento das forças produtivas pelo capitalismo. Para Hegel, esse ponto alto se

---

[216] [Adam] Ferguson, *Abhandlung über die Geschichte der bürgerlichen Gesellschaft* (Iena, [Fischer,] 1904), p. 261. [Ed. orig.: Adam Ferguson, *An Essay on the History of Civil Society*, Dublin, Boulter Grierson, 1767.]

expressa, então, no caráter contraditório dialético trágico, na nulidade da figura central desse desenvolvimento: na nulidade do burguês.

"Tragédia no ético" é o título que Hegel deu a uma seção breve e muito obscura de seu ensaio sobre o direito natural, que se conecta diretamente às suas discussões, aqui tratadas por nós, a respeito da necessidade do surgimento da sociedade capitalista e de seu caráter progressista histórico em comparação com a Antiguidade. Nas poucas observações dessa seção, ele pretende resumir a contradição da cultura no capitalismo, cujos contornos há pouco esboçamos, e o faz de uma forma que apresenta a questão como contraposição eterna no desenvolvimento da humanidade, na medida em que des-historiza a contradição até certo ponto, embora faça uma distinção nítida entre sua solução antiga e sua solução moderna.

Essas exposições figuram entre as mais obscuras dos escritos do jovem Hegel. A extrapolação idealista é visível de modo imediato e manifesto nos mais diferentes aspectos. Sobretudo, como já foi ressaltado, o conflito especificamente moderno é convertido em conflito perene. A "duplicação" do homem em *bourgeois* e *citoyen* aparece como um eterno confronto do espírito consigo mesmo, posto e superado na tragédia. Para lograr essa perenização do conflito, a vida burguesa é mistificada por Hegel em "natureza", em "subterrânea". O lato *citoyen* do homem aparece, em contraposição, como a "luz" que triunfa sobre esse "subterrâneo" e, não obstante, está ao mesmo tempo indissoluvelmente ligada a ele. Essa "natureza duplicada" do espírito, o eterno pôr e superar dessa contradição perfaz "A tragédia no ético".

> Isso nada mais é que a execução da tragédia no ético, que o absoluto representa eternamente consigo mesmo, ao gerar-se eternamente na objetividade e, nessa sua figura, entrega-se ao sofrimento e à morte e ergue-se de suas cinzas para a glória. O divino em sua figura e a objetividade têm, no plano imediato, uma natureza duplicada, e sua vida é a unidade absoluta dessas naturezas.[217]

Para Hegel, uma solução é encontrada e tem de ser encontrada apesar da tragédia e precisamente por meio da tragédia. Eterno não é só o conflito, mas também sua superação. A culminação necessária do idealismo objetivo no sujeito-objeto idêntico é, de um lado, a forma ideal mistificada da superação de contradições (não superáveis também na realidade); de outro lado, a estruturação

---

[217] Lasson, p. 380.

filosófica, que não é possível sem essa culminação no sujeito-objeto idêntico, igualmente pressiona por tal solução: no espírito, todas as contradições devem chegar à superação, mesmo sabendo que, em Hegel, a superação visou muito mais ao processo do superar que à condição do ser superado.

Já conhecemos o conteúdo social da superação da contradição: é a "domesticação" historicamente diferenciada da economia pelo Estado, sua subordinação aos interesses do homem realmente social desenvolvido por completo. Segundo Hegel, a "tragédia no ético" se desenrola historicamente nas mais diferentes formas. A bela solução da Antiguidade tinha de naufragar. Para seu tempo presente, Hegel espera que "o grande mestre do direito constitucional [...] em Paris"[218] encontre uma nova solução: o capitalismo aparece como base material, como servidor do novo período heroico. As ilusões napoleônicas se fundem aqui com a dialética idealista em uma unidade orgânica peculiar. Essa forma da solução da contradição encerra o desenvolvimento de Hegel em sua juventude. Vimos como o colapso das esperanças em uma renovação da Antiguidade acarretou a crise de Frankfurt em Hegel. Essas novas esperanças, que encontraram sua expressão mais patética em *Fenomenologia do espírito*, seriam substituídas, então, após seu colapso em decorrência da derrota de Napoleão, por uma profunda resignação, por um conformar-se realista com a prosa definitivamente instaurada pelo capitalismo. Em termos objetivos e de conteúdo, no entanto, essa contradição não resolvida, apenas aparentemente superada, sempre continua como problema central da concepção filosófica hegeliana da cultura no capitalismo.

A tragédia é complementada por Hegel, no ensaio sobre o direito natural, em uma breve exposição da solução cômica do mesmo problema. Também nesta as soluções da Antiguidade e da era moderna encontram-se lado a lado em sua diferença, também nesta a Antiguidade refulge nas cores mais maravilhosas da beleza e, não obstante, desapareceu, ao passo que o pôr e a solução prosaicos do conflito moderno na comédia constituem a tarefa atual do presente. Essa "comédia no ético" expressa-se na trivialidade e na risibilidade da vida cotidiana burguesa sobre o pano de fundo dos reais feitos do espírito do mundo, em contraposição à seriedade subjetiva, à atribuição subjetiva de importância a esses conflitos na própria vida.

---

[218] Carta de Hegel a Niethammer, de 29 ago. 1807, em *Briefe von und an Hegel* ([ed. Karl Hegel,] Leipzig, 1887), [v. 1,] p. 130.

De outro lado, porém, está a *outra comédia*, cujas realizações ocorrem sem destino e em verdadeira luta, porque a natureza ética está presa a elas mesmas. Nesta, os nós não se aglutinam em contraposições divertidas, mas em contraposições sérias para esse impulso ético, que, no entanto, são cômicos para o espectador; e a salvação em relação a elas é buscada em uma afetação de caráter e absolutidade que constantemente se veem iludidas e depostas.[219]

É muito fácil constatar e criticar a presunção e a mistificação idealistas desses raciocínios. Mas o que há realmente por trás dessa presunção? Antes de tudo, uma crítica da nulidade política da burguesia alemã que, no entanto, é ampliada para uma crítica do burguês em geral. Já sabemos como essa intuição de Hegel se originou de suas ilusões napoleônicas e de sua observação realista das relações alemãs; do mesmo modo, é de nosso conhecimento em que ponto a incompreensão de Hegel para com os problemas da democracia, para com a fecundidade política e cultural dos movimentos de massa a partir de baixo, impõe um limite às suas concepções.

Porém, a despeito de todas essas ilusões e limitações, Hegel acerta ao assimilar um aspecto do desenvolvimento da sociedade burguesa que só apareceria de modo bem palpável no fim do século XIX, a saber, a incapacidade da burguesia, sobretudo da alemã, de usar seu poder econômico, seu papel de liderança na economia, para alcançar o poder político que lhe caberia economicamente. Engels escreve, no ano de 1870, sobre esse caráter da burguesia:

> Esta é uma peculiaridade exatamente da burguesia em comparação com todas as classes dominantes anteriores: em seu desenvolvimento ocorre uma reviravolta a partir da qual todo o aumento posterior de seus recursos de poder, sobretudo, portanto, de seus capitais, contribui unicamente para torná-la cada vez mais incapaz de exercer o domínio político.[220]

Essas observações de Engels, que se referem diretamente à burguesia alemã, já contêm uma universalização da burguesia como um todo. Em um ensaio sobre o materialismo histórico, ele efetua essa universalização de modo ainda mais resoluto:

> Parece ser uma lei do desenvolvimento histórico que, em nenhum país europeu, a burguesia consegue conquistar o poder político – pelo menos não por um período

---

[219] Lasson, p. 383.
[220] Observação prévia à segunda edição de *Der deutsche Bauernkrieg* [A guerra camponesa alemã] (Berlim, 1951).

mais longo – da mesma maneira exclusiva como a aristocracia feudalista o deteve durante a Idade Média.[221]

É claro que Hegel não podia ter uma noção clara desses fatos, já que toda constatação de Engels foi feita em relação ao proletariado cada vez mais fortalecido, e Hegel ainda não sabia nada sobre a luta de classes entre burguesia e proletariado e de suas consequências para o poder do Estado e para a cultura. Apesar disso, na constatação hegeliana da "nulidade política" da burguesia, em conexão com a constatação de seu poder em constante crescimento e do caráter progressista geral da base desse poder, há uma compreensão que antecipa corretamente muita coisa que ocorreu na história posterior, que acerta premonitoriamente o aspecto especificamente contraditório do papel que a burguesia desempenharia no desenvolvimento da sociedade burguesa.

Já constatamos como traço pronunciadamente idealista da exposição hegeliana da "tragédia no ético" o fato de ele potencializar esse conflito especificamente moderno em uma contraposição eterna dentro do absoluto. Mesmo nessa exacerbação, porém, está contida a compreensão de uma contradição realmente existente entre o desdobramento real das capacidades humanas e a atividade econômica em todas as sociedades de classes. Na medida em que se fala do gênero humano como um todo, o trabalho inquestionavelmente é a base do desenvolvimento humano; mas nesse ponto Hegel tampouco vê contradição na universalidade do desenvolvimento do gênero. Ela só começa quando o desenvolvimento das capacidades humanas do indivíduo é levado em conta nas diferentes sociedades de classes. Pois é então que vem a lume que os grandes desdobramentos humanos e culturais da história, vistos da perspectiva de seus portadores individuais, encontram-se em contradição com a subsunção do homem sobre a atividade econômica, sob a divisão do trabalho por ela ditada.

A separação rigorosa, existente no período áureo da Antiguidade, entre uma – em termos hegelianos – base econômica "subterrânea" advinda do trabalho dos não livres e a alta cultura dos livres que apenas se aproveitavam dessa base figura entre os elementos que mostraram a cultura antiga sob uma luz sedutora. Todavia, para pensadores honestos isso foi o caso somente enquanto podiam nutrir ilusões a respeito do caráter social e econômico

---

[221] Introdução à edição inglesa de "Die Entwicklung des Sozialismus von der Utopie zur Wissenschaft" [O desenvolvimento do socialismo da utopia à ciência], em [Karl] Marx e [Friedrich] Engels, *Ausgewählte Schriften* (Berlim, 1952), v. 2, p. 101.

real dessa separação rigorosa. Há pouco citamos o que disse o iluminista Ferguson, que não vislumbra no desenvolvimento moderno uma libertação geral da humanidade por meio da abolição da separação precisa entre livres e escravos, mas uma transformação de todas as pessoas em hilotas, isto é, um rebaixamento geral das capacidades humanas e do desenvolvimento da personalidade humana mediante a universalização da atividade econômica para todos os membros da sociedade. Hegel, que, como mostramos repetidamente, estava muito distante de todo sentimentalismo romântico, que nunca subestimou a importância e o caráter progressista do desenvolvimento capitalista, moveu uma polêmica incisiva contra a avaliação cultural da atividade econômica humana tanto por parte da economia clássica quanto por parte de seus epígonos e seus críticos.

Em seu estudo histórico sobre Adam Smith, Marx fornece uma análise extensa do grande debate que se desenrolou na bibliografia econômica de toda a Europa em torno do conceito smithiano de trabalho produtivo e improdutivo, no qual os ideólogos econômicos do Diretório e do Consulado (Garnier) e do império (Ferrier e Ganilh) tiveram um papel de liderança. O próprio Smith, a exemplo da burguesia em geral em seu período revolucionário, considerou toda a atividade não econômica na sociedade como *faux frais* [custos] da produção, que em razão do desenvolvimento das forças produtivas devem ser reduzidos ao mínimo estritamente necessário. (A afinidade dessas concepções com os citados pontos de vista de Ricardo é evidente.)

De modo correspondente, todos os grandes economistas contemplam as diversas formas do trabalho improdutivo equiparando-as de um modo cinicamente revolucionário. Marx cita, por exemplo, as seguintes considerações de Adam Smith: "São os servidores da sociedade, sustentados por parte do produto anual da atividade de outras pessoas... A essa classe pertencem... clérigos, advogados, médicos, homens de letras de toda espécie, atores, bufões, músicos, cantores de ópera, dançarinos etc.". Marx, então, comenta essas considerações de Smith da seguinte maneira:

> Eis aí a linguagem da burguesia ainda revolucionária, que até então não subjugara a sociedade toda, o Estado etc. Essas ocupações transcendentes, veneráveis, a de soberano, juiz, militar, sacerdote etc., junto com todos os velhos grupos ideológicos que geram, eruditos, magistrados e padres, equiparam-se, *no plano econômico*, à turba de seus próprios lacaios e bobos, sustentados por eles e pelos ricos ociosos (a nobreza fundiária e os capitalistas desocupados). São meros *servidores* da

sociedade, como os outros são seus servidores. Vivem do produto *da atividade de outras pessoas* e, portanto, têm de ser reduzidos à quantidade imprescindível.[222]

Esse ponto de vista claramente revolucionário, cujo conteúdo seria mais tarde a exigência proclamada por Ricardo do desenvolvimento das forças produtivas a qualquer preço, modifica-se entre os ideólogos da burguesia depois que esta, na maioria das vezes com base em diversos compromissos, chegou ao poder no Estado ou ao menos obteve influência decisiva sobre o poder estatal. Surge, então, aquele ponto de vista "culto", que quer justificar ideologicamente todas as ocupações da sociedade capitalista que são úteis ou do agrado da burguesia, estendendo também a elas o conceito da produtividade, concebendo também seu trabalho como produtivo no sentido econômico. Essa concepção, com a qual tem início o obscurecimento dos princípios claros e rigorosos da economia clássica, sua transformação em apologética da burguesia, só pode esperar de Marx o mais ácido escárnio. Ele cita a seguinte declaração de Nassau Senior: "Segundo Smith, o legislador dos hebreus era um trabalhador improdutivo". E acrescenta:

> Trata-se de Moisés do Egito ou de Moisés Mendelssohn? Moisés teria manifestado a Mr. Senior seu repúdio à qualificação de "trabalhador produtivo" no sentido smithiano. Essa gente está tão submetida a suas ideias fixas burguesas que acreditaria ofender Aristóteles ou Júlio César se os chamasse de "trabalhadores improdutivos". Estes já considerariam uma ofensa o título de "trabalhadores".[223]

O posicionamento de Hegel aparentemente é direcionado tanto contra Smith quanto contra os críticos deste. Uma verdadeira contraposição, porém, só existe entre ele e esses apologistas "cultos" da burguesia. Em nenhum momento sequer ocorreu a Hegel a ideia de fundamentar um estamento geral, denominando seus participantes de trabalhadores economicamente produtivos em qualquer sentido estendido ou figurado. Pelo contrário: em todos os escritos que se ocupam dos estamentos, ele acentua com precisão que o "estamento universal" não é economicamente ativo e vive dos frutos do trabalho do segundo e do terceiro estamentos. Ele pôde se tornar o estamento universal para Hegel justamente por ser improdutivo no sentido de Smith.

---

[222] [Karl Marx,] *Theorien über den Mehrwert*, cit., v. I, p. 405. [Ed. bras.: *Teorias da mais-valia*, cit., v. I, p. 283, modif.]

[223] Ibid., p. 387. [Ed. bras.: p. 270.]

Ora, quando Hegel vê, na avaliação cultural e humana, toda a luz do lado da atividade economicamente improdutiva e as sombras do lado da burguesia, ele levanta um problema em que Smith e Ricardo nem sequer tocaram, dado que, para eles – e em especial para Ricardo –, o desdobramento das forças produtivas materiais e o desenvolvimento do gênero humano por ele produzido ocupou o primeiro plano do interesse. (Isso, claro, não significa que Smith e Ricardo tivessem fechado os olhos para as consequências humanas e culturais, por exemplo, da divisão capitalista do trabalho. Pelo contrário, eles veem com muita clareza os problemas que surgem daí – e especialmente Smith, que foi discípulo de Ferguson, ocupa-se de forma detida deles. Para eles, contudo, tudo isso está incondicionalmente subordinado à grande questão central do desenvolvimento das forças produtivas materiais.)

O cerne real da "tragédia no ético" consiste, pois, para Hegel, justamente no fato de concordar na totalidade com a concepção smithiana do desenvolvimento das forças produtivas materiais como um desenvolvimento necessário e progressista, até mesmo no sentido cultural, dado que ele, como repetidamente ressaltamos, estabelece uma conexão estreita entre a forma moderna, superior, mais desenvolvida e mais espiritual da individualidade e esse desenvolvimento das forças produtivas materiais, no sentido de Smith e Ricardo. Ele rejeita de modo tão contingente quanto Smith e Ricardo todas as lamentações românticas a respeito desse desenvolvimento como sentimentalismo deplorável, que só olha para o individual, não para o todo. Ao mesmo tempo, ele vê – o que o faz aproximar-se do âmbito de interesses e de formulação dos problemas de Balzac e Fourier – que o tipo humano que confere forma a esse desenvolvimento das forças produtivas no capitalismo e por meio do capitalismo constitui a negação prática de tudo que é grande, elevado e significativo produzido pelo desenvolvimento da humanidade até agora. Essa contradição de duas contraposições necessariamente interconectadas, essa estreita ligação inseparavelmente contraditória do progresso com um rebaixamento da humanidade, essa aquisição do progresso ao preço desse rebaixamento: este é o cerne real da "tragédia no ético".

Desse modo, Hegel enuncia, uma vez mais, uma grande e real contradição da sociedade capitalista (com certas ressalvas: de todas as sociedades de classes). A forma obscura e mistificada em que essa contradição é enunciada, a solução ilusória com que é resolvida no período de Hegel em Iena, não pode nos impedir de ver que aqui foi enunciada uma profunda e real contradição do desenvolvimento burguês, uma contradição que os grandes fundadores e representantes do marxismo constantemente reconheceram e que foi reiteradamente borrada, por veneração lacaiesca pela burguesia, apenas pelo oportunismo menchevique e a sociologia vulgar que lhe seguiu.

O grande escritor Maksim Górki se manifestou sobre essa questão em seu discurso no Congresso Literário em Moscou (1934):

> Temos todas as razões para esperar que, quando algum dia marxistas escreverem a história da cultura, ficará evidente *que o papel da burguesia no processo criativo da cultura foi fortemente superestimado*. [...] A burguesia não tem propensão para o criativo na cultura nem nunca teve uma – se esse criativo for concebido em termos mais amplos como o crescimento ininterrupto das comodidades materiais exteriores e o luxo. A cultura do capitalismo: o que é ela senão um sistema de medidas visando à disseminação e ao fortalecimento físicos e morais da burguesia sobre o mundo, sobre as pessoas, sobre as riquezas do solo e as forças da natureza?[224]

Górki expressa aqui apenas aquilo que Marx constatou reiteradamente sobre o papel da burguesia no desenvolvimento da cultura moderna. É interessante notar que, ao fazer essas constatações, Marx recorre com bastante frequência à contraposição em relação à cultura da Antiguidade para lançar a luz apropriada sobre a inumanidade mesquinha e a vil hipocrisia dos ideólogos da burguesia. Assim ele fala das ilusões de poetas e pensadores da Antiguidade ao esperarem que o desenvolvimento de invenções técnicas, de mecanizações do trabalho, propiciasse libertação para a humanidade. Em contraste, acrescenta o seguinte:

> "Os pagãos, sim, os pagãos!" Como descobriu o sagaz Bastian e, antes dele, o ainda mais arguto MacCulloch, esses pagãos não entendiam nada de economia política, nem de cristianismo. Não entendiam, entre outras coisas, que a máquina é o meio mais eficaz para o prolongamento da jornada de trabalho. Justificavam ocasionalmente a escravidão de uns como meio para o pleno desenvolvimento humano de outros. Mas pregar a escravidão das massas como meio para transformar alguns arrivistas toscos ou semicultos em *eminent spinners* [fiandeiros proeminentes], *extensive sausagemakers* [grandes fabricantes de embutidos] e *influential shoe black dealers* [influentes comerciantes de graxa de sapatos], para isso lhes faltava o órgão especificamente cristão.[225]

---

[224] [Maksim] Górki, *Über Literatur* (Moscou, Sovietskii Pisatelii, 1937), p. 448.
[225] [Karl Marx, *Das*] *Kapital*, v. I, cit., p. 428 e seg. [Ed. bras.: *O capital*, Livro I, cit., p. 481.]

Essa crítica devastadora de parte dos grandes pensadores do humanismo socialista à inumanidade e à falta de cultura do capitalismo foi precedida pelos importantes ideólogos da última grande época de crise do desenvolvimento do pensamento burguês já caracterizada por nós. Em Fourier, a passagem da crítica da cultura capitalista para o socialismo obviamente é um importante elemento que leva à clareza e à determinação dessa crítica. No instante em que a perspectiva da resolução real das contradições econômicas e culturais do capitalismo pela sociedade socialista tiver se tornado visível, aparecerá, à luz dessa perspectiva, o movimento das próprias contradições com uma clareza muito maior do que sem ela. Apesar disso, quem comparar com imparcialidade a crítica da sociedade dos romances de Balzac com a crítica de Fourier muitas vezes vai notar com admiração como são parecidas as constatações de fatos, de tipos sociais, de contradições na cultura capitalista a que chegaram o artista conservador e o socialista utópico.

Goethe e Hegel não só pertencem a uma etapa anterior, menos desenvolvida, do desdobramento das contradições capitalistas do que a de Balzac e Fourier, como vivem na Alemanha, onde essas contradições na realidade se manifestaram de modo bem menos agudo e decisivo. Apesar disso, os grandes poemas de Goethe refletem de maneira sempre renovada essas contradições, criticam de maneira direta e mediante confrontação com tipos humanos opostos, positivos (por vezes um tanto utópicos) essas tendências do desenvolvimento da cultura capitalista.

Hegel, sendo pensador abstrato, encontra-se em uma situação bem mais difícil e desfavorável que a de Goethe e também de Balzac. Ele não pode contentar-se com vivenciar a essência contraditória da cultura capitalista, a não cultura e a anticultura expressas em sua progressividade de cunho econômico, e expô-las em tipos humanos concretos. Pelo contrário, ele é forçado a elevar essas contradições às alturas da universalização ideal e articulá-las filosoficamente como contradições do ser. Em decorrência de sua situação social, por nós muitas vezes descrita, Hegel só chega à articulação do próprio caráter contraditório. E seu método até mesmo o força a encontrar uma superação aparente, mistificada, para o caráter contraditório insolúvel. Porém, apesar de todos esses obstáculos e esses entraves insuperáveis para Hegel, ele expressou esse caráter contraditório da cultura capitalista com o mesmo grau de clareza dos grandes poetas e pensadores, em companhia dos quais ele encerra a última grande florescência ideológica de sua época cultural.

Desse modo, porém, nem de longe esgotamos o teor filosófico da "tragédia no ético". Ativemo-nos até aqui, sobretudo, ao aspecto do conteúdo do caráter contraditório enunciado por Hegel e, por enquanto, deixamos de lado o modo da exposição dele, as formas particulares de suas mistificações do problema. Voltando-nos agora para esse lado da formulação hegeliana do problema, devemos ter clareza, em primeiro lugar, de que esses aspectos formais do tipo hegeliano da exposição de modo nenhum são puramente formais, mas estão vinculados – tanto no bom quanto no mau sentido – a importantes problemas de conteúdo de sua concepção de sociedade e de sua filosofia em geral. Em segundo lugar, muitas vezes já pudemos nos convencer de que as mistificações nas formulações dos problemas e das soluções em Hegel de modo nenhum significam sempre simplesmente algo falso; muitas vezes elas obviamente constituem uma saída idealista de uma problemática que, para ele, é social ou filosoficamente insolúvel. Em muitos casos, porém, no âmbito dessas mistificações, tais pseudossoluções ou falsas problemáticas estão estreitamente ligadas, de um modo por vezes não muito fácil de decifrar, a problemas profundos, a cuja solução real Hegel não conseguiu chegar, mas intuiu de maneira imaginativa e estimulante. Em todos esses casos, é preciso, portanto, diferenciar concreta e precisamente a profundidade falsa da profundidade real, pois em Hegel muitas vezes encontramos as duas coisas bem misturadas.

A forma particular da mistificação na "tragédia no ético" é, então, sua concepção como luta das facetas luminosas do ser social, humano, contra as potências "subterrâneas" obscuras. O próprio Hegel cita como exemplo ilustrativo daquilo que ele tem em mente *Oréstia*, de Ésquilo*, sendo que a luta de Apolo contra as Eumênides exemplifica a luta das potências luminosas contra as "subterrâneas", e o empate no desfecho da tragédia antiga, a reconciliação das Eumênides vingadoras, iluminaria o fato de que, no curso do desenvolvimento social, nenhum dos dois princípios pode ser definitivamente vencido ou aniquilado, mas sua luta sempre renovada representa justamente a "tragédia no ético". Segundo a exposição de Hegel, ela consiste em "que a natureza ética separa de si como um destino e posta diante de si sua natureza inorgânica, para não se envolver com ela, e me-

---

* Ésquilo, *Oresteia – Agamêmnon, Coéforas, Eumênides* (trad. Jaa Torrano, São Paulo, Iluminuras/Fapesp, 2004), 3 v. (N. T.)

diante o reconhecimento do mesmo na luta é reconciliada com o ser divino como unidade das duas"[226].

Esse "subterrâneo" (*Unterirdische*) tem para Hegel modos de manifestação muito diferentes. Entre estes figura, sobretudo, a família, que, segundo Hegel, é a "totalidade suprema de que a natureza é capaz"[227]. É óbvio que, ao dizer isso, ele de modo nenhum nega o caráter social do amor, do casamento, da família etc. No entanto, ele resiste, com razão, por exemplo, à teoria bárbara de Kant a respeito do casamento, na qual são completamente apagadas todas as determinações naturais da convivência matrimonial dos homens e os valores culturais e psíquicos que brotam dessa convivência, na qual, de modo correspondente, o lado físico do amor é rebaixado ao nível de um contrato qualquer referente ao uso de quaisquer objetos. Para Hegel, em contraposição, surge aqui uma complexa dialética do natural com o social, mostrando exatamente nesse ponto a superioridade do idealismo objetivo em relação ao idealismo subjetivo. Contudo, o problema da família tem para a filosofia hegeliana da história ainda outro aspecto, no qual intuições profundas sobre conexões históricas reais estão inseparavelmente misturadas com a necessária limitação de seu horizonte histórico e filosófico.

Hegel – como qualquer erudito de seu tempo – não tinha noção da sociedade gentílica. Acreditava, porém, e com toda a razão, que o Estado deve ter sido precedido de uma condição humana pré-estatal. Ora, como forma do espírito nessa condição humana pré-estatal, Hegel analisa a família em sua essência "subterrânea" natural. A exposição mais abrangente e mais bela do conflito entre essas duas épocas do desenvolvimento social é feita por Hegel em *Fenomenologia do espírito*, texto em que ele analisa o confronto trágico em *Antígona*, de Sófocles*. Essa análise é, em certo sentido, precursora daquela que Bachofen-Engels fizeram de *Oréstia*, de Ésquilo.

Todavia, há a diferença decisiva de que Bachofen, que escreveu bem depois, a seu modo, nos limites de sua concepção de história, deparou-se com o problema do matriarcado e de que o aspecto mistificado de sua análise foi decifrado em termos materialistas por Engels com o auxílio das descobertas de Morgan. Repetimos: Hegel não tinha noção da sociedade gentílica, do

---

[226] Lasson, p. 381 (v. I, p. 387).
[227] Ibid., p. 445.
* Sófocles, *Antígona* (trad. Donaldo Schüler, Porto Alegre, L&PM, 1999). (N. T.)

matriarcado. Sua condição pré-estatal é, portanto, a-histórica nesse aspecto, na medida em que ele considera a família bem posterior como fundamento e forma originária dessa sociedade pré-estatal. Hegel compartilha esse erro com todos os seus contemporâneos.

Sua exposição adquire, contudo, uma magnitude da perspectiva histórica que aponta para muito além dela no futuro, na medida em que, nesse confronto, ele pondera a justiça e a injustiça históricas com extraordinário senso de justiça e leva a termo com brilhantismo a igualdade dialética de direitos das duas partes. Ele vê também a necessidade histórica com que o ponto de vista da legalidade estatal sustentado por Creonte impreterivelmente triunfará, assim como reconhece a superioridade ética de Antígona e da condição social que representa esse ponto de vista. Essa justiça, essa ponderação dialética de correto e incorreto em relação às duas partes litigantes, não só resulta em uma análise brilhante do drama imortal, mas expressa o caráter contraditório do progresso, sobre o qual Engels discorreu repetidamente tendo em vista a dissolução da sociedade gentílica. Exatamente a unidade no conhecimento da necessidade de que a sociedade gentílica, em muitos aspectos, é superior em termos morais e humanos às sociedades de classes que tomam seu lugar, de que a dissolução da sociedade gentílica foi resultado da liberação de impulsos muito ruins e baixos no homem, de que, todavia, ao mesmo tempo e inseparavelmente disso, essa dissolução foi absolutamente necessária e significa um progresso histórico real – o estado de espírito dessa necessidade histórica profundamente contraditória paira como intuição sobre a análise hegeliana de *Antígona*. E, diante da grande diferença em termos de clareza, concreticidade histórica e cientificidade conquistadas por Engels, passando por Bachofen e Morgan, não se pode deixar de ver que o conhecimento – claro que, nesse caso, abstrato e incorreto no que se refere aos conteúdos decisivos – dessa necessidade e do necessário caráter contraditório do progresso na gênese da forma estatal da sociedade já constituiu o fundamento da luta hegeliana entre os deuses luminosos e as potências "subterrâneas".

Outro modo de manifestação de conteúdo social do "subterrâneo" em Hegel já é de nosso conhecimento: é o "poder imponderável" da vida econômica que forma um sistema unitário e imanente. Sabemos que Hegel sempre acalentou a ilusão de domesticar o poder da economia mediante a atividade do Estado. Porém, seu conhecimento correto de determinadas tendências antagônicas na economia do capitalismo leva-o a vislumbrar com clareza o constante perigo da dissolução da unidade da sociedade nessa imanência da economia, nesse explicitar-se livre e incontido de suas forças antagônicas.

> Logo a alta riqueza, que igualmente está ligada com a mais profunda pobreza – pois, na separação, o trabalho se torna geral, objetivo, nos dois lados –, produz mecanicamente, de um lado na universalidade ideal, de outro na universalidade real, e esse elemento quantitativo puro e inorgânico do trabalho, individualizado até no conceito, constitui imediatamente a máxima rudeza. Cai por terra o primeiro caráter do estamento da aquisição, o de ser capaz de uma intuição organicamente absoluta e da reverência por algo divino mesmo que posto fora dele, e instaura-se a bestialidade do desprezo de tudo o que é elevado. O destituído de sabedoria, o puramente universal, a massa da riqueza é o em-si; e o vínculo absoluto do povo, o ético, desapareceu, e o povo se dissolveu.[228]

Aqui se pode ver com clareza por que Hegel considera todo o sistema imanentemente fechado da economia uma potência "subterrânea" contra a qual o deus de luz da civilização estatal precisa travar uma luta ininterrupta.

Nesse e em outros modos de manifestação do "subterrâneo", do natural na sociedade, com bastante frequência ganha expressão clara o "positivismo acrítico" de Hegel; seguidamente reproduzimos sua crítica nas passagens pertinentes. Nessa concepção do "subterrâneo", porém, são tematizadas ainda algumas outras coisas que se revestem de importância ainda maior. Lembremos as análises hegelianas do trabalho e da ferramenta. Evidencia-se ali que o espírito, a atividade humana consciente, é superior à simples natureza, que o espírito submete essa natureza ao domínio da atividade humana consciente; no entanto, a objetividade, a continuidade, da existência da natureza não cessa por causa de sua suplantação, mas ininterruptamente incide na sociedade, encontra-se em interação contínua com a sociedade. E este é um momento bem essencial da suplantação hegeliana do idealismo subjetivo: a natureza não deve ser abstratamente violentada, mas assumida na cultura por essa interação concreta.

Disso resultam, então, para a filosofia hegeliana, os mais diferentes confrontos. É preciso reconhecer a vida própria, a legalidade própria dessas potências "subterrâneas". Hegel é o primeiro pensador na Alemanha que reconhece a legalidade própria da vida econômica e, por mais que cultive ilusões no sentido de que a atividade do Estado poderia atenuar e regular os antagonismos sociais decorrentes da economia, ele jamais concebeu essa função do Estado na forma

---

[228] Lasson, p. 492.

de um regulamentar abstrato, de uma violação da vida econômica, de eliminar por decreto as leis econômicas do capitalismo, cuja expressão mais plástica se encontra nas exigências utópicas de Fichte. Porém, exatamente porque Hegel exige aqui uma interação concreta – mesmo que o faça de forma ilusória em muitos aspectos –, surge a base social real para a "tragédia no ético". E isso justamente porque Hegel, como vimos, enxerga com relativa clareza o caráter cego e elementar da economia capitalista.

Assim, surge na "tragédia no ético" uma luta trágica ininterrupta entre a "alienação" (civilização, Estado – a luz) e a natureza (o imediato e elementar – o "subterrâneo"), sendo que o característico de Hegel é a transição ininterrupta dos momentos de um para o outro nessa contraposição. Pois, de um lado, para ele, a essência do progresso social, a vitória da civilização sobre a natureza, de modo nenhum é uma vitória de uma vez por todas, de modo nenhum é um "progresso infinito" linear e uniforme, mas uma vitória que surge de uma luta constante, constantemente renovada, cada vez mais acirrada. De outro lado, segundo a concepção hegeliana, a civilização jamais poderá conquistar contra a natureza uma vitória realmente completa, integral. O humanismo de Hegel reivindica o homem inteiro, indiviso. Pois a "alienação" levada ao extremo é, para Hegel, exatamente o ponto de conversão, no qual esta é reassumida no sujeito e superada. Portanto, sem essa luta constantemente renovada contra as potências do "subterrâneo", o homem, segundo Hegel, perderia a conexão com a natureza, com as potências elementares do ser-aí, tornando-se um esquema abstrato, uma máquina.

Essa transição dos momentos específicos de um para o outro, porém, também tem de ser analisada a partir do outro lado, pelo lado da civilização, do Estado, dos deuses da luz. Vimos que, para Hegel, exatamente o lado estatal do Estado, sua independência em relação à sociedade burguesa, seu domínio sobre ela, corporificou-se no estamento militar como o ápice necessário do estamento geral. Ao mesmo tempo, exatamente no ponto em que, segundo uma formulação esquemática e linear do sistema, surgiria a impressão de que todo "subterrâneo", todo elementar dali por diante está suplantado em definitivo, este volta a erguer a cabeça com força inusitada.

Já tratamos em detalhes o lado da filosofia hegeliana da sociedade e da história, segundo o qual a relação dos Estados entre si representa o retorno real do estado de natureza. Vimos que Hegel encara toda regulamentação legal para essa condição como algo provisório, que só vigora enquanto não entrar em confronto com os interesses reais, com as relações reais de poder e deslocamentos de poder dos Estados. A relação entre regulamentação legal e realidade social é vista por Hegel aqui de modo bem realista em contraposição às ilusões que ele cultiva em relação à validade do direito no âmbito de um Estado. (Todavia, essas ilusões tampouco são irrestritas, o que é evidenciado pela concepção, que já é de nosso conhecimento, referente à dissolução do feudalismo, à Revolução Francesa etc.)

Nessa concepção hegeliana, o Estado só é, portanto, um real deus da luz para baixo, apenas em relação à sociedade burguesa. Ao realizar de fato sua existência, ele ingressa como um todo na esfera do "subterrâneo", cai em poder do efeito meramente elementar da necessidade. Todavia, exatamente a partir desse confronto elementar dos Estados, dessa renovação insuprimível do estado de natureza, desenvolve-se em Hegel o real sentido da história. O dito de Schiller "a história universal é o juízo universal" é o lema de toda essa luta em Hegel. Sendo assim, a esfera da história volta a significar a vitória do deus da luz. No entanto, pudemos ver que a "tragédia no ético" representada "embaixo" precisa repetir-se "em cima", no processo global da história universal.

Essa reprodução ulterior da contradição fundamental em um patamar superior tem em Hegel uma história prévia muito interessante na dedução de seu "estamento universal", cuja figura culminante é o militar; uma dedução que tem consequências tão importantes para todo o nosso problema que ainda teremos de abordá-la sucintamente. Já conhecemos uma das formas dessa dedução a partir da teoria dos estamentos de Hegel. Aqui o corpo militar aparece como o ponto alto da condição estatal, o lado luminoso do homem.

Contudo, existe em Hegel uma dedução bem diferente, totalmente oposta, que recebeu sua forma mais marcante em *Sistema da eticidade*. Neste, há um grande capítulo com o título "O negativo ou a liberdade ou o crime". Nesse capítulo, Hegel desenvolve uma série de princípios que mais tarde costumaria sintetizar, na maioria, como o papel histórico-social do mal. Essa série concreta das figuras dessa negação é iniciada com os representantes históricos da "aniquilação natural", com Gengis Khan e Tamerlão. "O fanatismo por devastar, por ser elemento absoluto e assumir a forma da natureza, é exteriormente invencível; pois a diferença e o determinado perdem para a não diferença e a não determinidade; porém, como acontece com a negação em geral, ela tem dentro de si a própria negação."[229] Já seria notável e interessante se Hegel desenvolvesse seu

---

[229] Ibid., p. 458 e seg.

moderno estamento militar a partir daqui. A marcha de seu desenvolvimento, contudo, é ainda mais curiosa. Na continuação do tratado, ele aborda os crimes particulares na sociedade já formada. Ele fala de roubo e furto, dos crimes contra a honra, com o auxílio dos quais deixa especialmente claro que eles restauram o estado de natureza. A partir daqui as análises passam a tratar do homicídio, da vingança, do duelo e culminam na guerra como estado de natureza restaurado.

Nas preleções posteriores, essa dedução do estamento militar recebe uma fundamentação marcante, totalmente concordante com a descrita.

> O estamento do soldado e a guerra são [...] o real sacrifício do si, o perigo da morte para o indivíduo, esse encarar de sua negatividade imediata abstrata, como ele igualmente é seu si positivo imediato – o *crime* é necessário no conceito do direito e das leis em vigor –, de modo que cada qual, enquanto esse indivíduo faz a si próprio como poder absoluto, encara-se como absolutamente livre, para si e, na realidade, contra um outro enquanto negatividade geral. Na guerra, isso lhe é concedido; é crime *em favor do universal*, a finalidade é a conservação do todo contra o inimigo que vem para destruí-lo.*

Temos aqui o resumo conciso e preciso da dedução mais antiga: a guerra como crime em favor do universal. Agora Hegel considera necessário sublinhar com força esse universal a que a guerra está subordinado. E essa necessidade filosófico-moral anda de mãos dadas com sua concepção realista da história. Pois, na mesma dedução, ele demonstra o caráter moderno da guerra, isto é, mostra como a socialização, a alienação, impregna também a guerra; isso mais uma vez mostra que o estamento militar de Hegel nada tem a ver com um culto à nobreza, nada tem a ver com uma glorificação romântica da cavalaria. De modo correspondente, Hegel dá continuidade às exposições recém-citadas:

> Essa alienação precisa assumir justamente essa forma abstrata, precisa ser sem individualidade, ser recebida friamente da morte e entregue a ela do mesmo modo, não por meio da batalha estática, na qual o indivíduo visualiza o adversário e o mata movido pelo ódio imediato, mas na qual se dá para e se recebe da morte no vácuo – *impessoalmente*, do meio da fumaça da pólvora.[230]

É como se aqui Hegel quisesse, mediante a intercalação da "alienação" em sua forma moderna, superar o natural, o "subterrâneo", o elementar da

---

* *Realphilosophie*, v. II, p. 261 e seg. (N. T.)
[230] *Realphilosophie*, v. II, p. 261 e seg.

guerra com o pensamento, para, por essa via – apesar das deduções mais antigas –, elevar o militar para fora da esfera dessas potências e apresentá-lo realmente como figura culminante da estatalidade, do lado *citoyen* do homem, como militante a favor do deus da luz. Esse aspecto do problema sem dúvida está presente, mas a concepção hegeliana, não obstante, é mais complexa e contraditória, pois Hegel está muito distante de ver naquela linha de desenvolvimento do negativo, do crime, exclusivamente algo imediato e elementar, algo meramente natural, que se confronta com o social de maneira rígida e excludente, sem qualquer interação. Pelo contrário. O caminho que leva de Tamerlão aos militares modernos é, como vimos, um caminho da socialização, da "alienação". Isso se refere, porém, também às etapas intermediárias do crime individual. Essas também contêm estágios da "alienação". De fato, Hegel vê no mal exatamente um ponto alto da "alienação" – claro que numa forma em que esse mal se converte no oposto de si mesmo. Não é para menos que tenha intitulado o capítulo de *Sistema da eticidade* recém-tratado por nós também como capítulo sobre a liberdade. Resumindo, ele diz sobre essa questão: "O *mal*, a singularidade que caiu em si e, justamente assim, foi completamente alienada – o si que renunciou a seu ser-aí, que está ciente de outro mundo como seu. Na realidade, essa alienação é a única que de fato aparece"[231].

Vemos, portanto, que aquelas contradições obscuras que Hegel aborda na "tragédia no ético" formam as bases ideais de um problema central de toda a sua filosofia da história, do problema do papel do mal na sociedade e na história. Em suas análises críticas da moral de Feuerbach, Engels ressalta exatamente esse lado da filosofia de Hegel como muito superior à de Feuerbach.

> Em Hegel, o mal é a forma em que se apresenta a força motriz do desenvolvimento histórico. Mais precisamente, reside nisso um sentido duplo: de um lado, cada novo progresso necessariamente entra em cena como sacrilégio contra algum sagrado, como rebelião contra as condições antigas, definhantes, mas consagradas pelo costume; de outro lado, desde o despontar dos antagonismos de classe são exatamente as paixões más dos homens, ganância e despotismo, que se convertem em alavancas do desenvolvimento histórico, do que, por exemplo, a história do feudalismo e da burguesia são uma única prova contínua.[232]

---

[231] Ibid., p. 250.
[232] [Friedrich] Engels, *Ludwig Feuerbach und der Ausgang der klassischen deutschen Philosophie*, cit., p. 35. Ocupamo-nos aqui diretamente apenas do segundo aspecto das exposições de Engels. Por conseguinte, lembramos o leitor que a análise que Hegel faz de *Antígona* e do

Os intérpretes burgueses de Hegel sempre se movem entre falsos extremos. Antes da moda de enaltecer Hegel como o "maior irracionalista" da história da filosofia, sua filosofia era censurada como "panlogista", como demasiadamente harmônica. Especialmente na época do pessimismo apologético raso de Schopenhauer e E. v. Hartmann, a moda era acusar Hegel de não dar atenção às facetas obscuras da vida humana. O conhecimento da real filosofia de Hegel mostra que ele, como autêntico grande pensador, nada tem a ver diretamente com o otimismo raso nem com o pessimismo igualmente raso de uma apologia indireta da sociedade burguesa.

Sua filosofia surge muito antes como continuidade daqueles grandes pensadores que, desde o surgimento da sociedade burguesa, reiteradamente indicaram como o progresso da sociedade humana está indissolúvel, íntima e inseparavelmente ligado aos piores impulsos da natureza humana, com "ganância e despotismo". Nesse aspecto, a filosofia hegeliana da sociedade representa a continuidade direta da filosofia de Hobbes e Mandeville – claro que com o significativo passo adiante de que a dialética antes rudimentar, a exposição descritiva do caráter contraditório do progresso humano, transformou-se, em Hegel, em uma filosofia do caráter contraditório, em uma dialética consciente. Marx sempre viu a filosofia hegeliana nesse contexto histórico. Durante uma leitura de Darwin, escreve o seguinte a Engels:

> É estranho como Darwin consegue reconhecer, entre as bestas e as plantas, sua sociedade inglesa caracterizada por divisão do trabalho, concorrência, abertura de novos mercados, "invenções" e "luta pela sobrevivência" de Malthus. É o *"bellum omnium contra omnes"* [a guerra de todos contra todos] de Hobbes, lembrando também *Fenomenologia* de Hegel, na qual a sociedade burguesa figura como "reino animal do espírito", ao passo que em Darwin o reino animal figura como sociedade civil.[233]

Também aqui aflora a duplicidade da teoria da contradição de Hegel, repetidamente tratada por nós. Por um lado – e esta é a grandeza de Hegel –, ele apresenta essas contradições inescrupulosa e intrepidamente em sua irreconciliabilidade. A "tragédia no ético", como vimos, nada mais é que a grande tragédia do caráter contraditório do progresso humano na história das

---

surgimento da estatalidade, suas análises da revolução e "tirania" etc., igualmente pertencem a esse complexo, exposto de forma concisa por Engels, do papel do mal na história em Hegel.

[233] Carta a Engels, 18 de junho de 1862, MEGA II, v. 3, p. 77 e seg.

sociedades de classes – uma real e grande tragédia; pois os dois extremos dos momentos conflitantes implicam legitimidade e injustiça.

Por essa razão, mesmo tendo apresentado e analisado também uma "comédia no ético", o trágico é, para Hegel, a forma adequada para esse fato histórico-social.

> A comédia separa as duas zonas do ético de tal maneira que deixa cada uma agir inteiramente por si só, que, em uma delas, os antagonismos e o finito constituem uma sombra sem essência e, na outra, o absoluto constitui uma ilusão. A relação verídica e absoluta, porém, é que uma transparece com seriedade na outra, estando cada qual em relação corporal com a outra e sendo uma para a outra o destino sério. A relação absoluta está, portanto, estabelecida na tragédia.[234]

Dado que Hegel não podia enxergar além do horizonte da sociedade burguesa, da sociedade de classes em geral, expressa-se, nessa sua opção pela tragédia, sua profunda honestidade como pensador: ele reconhece como insuprimíveis as contradições do progresso no desenvolvimento das sociedades de classes.

Com isso, porém, ainda não foi percorrido todo o âmbito da filosofia de Hegel atinente a essa questão. A partir do instante em que, para ele, na época da crise de seu pensamento em Frankfurt, essas contradições adentraram sua consciência, surge em seu pensamento ininterruptamente a tendência para a "reconciliação" desses antagonismos. De Frankfurt ao período tardio em Berlim, essa tendência não só está presente, como se encontra em constante crescimento. Seria plausível vislumbrar nessa tendência algo puramente negativo em Hegel, uma simples acomodação à sociedade burguesa da época. E, sem dúvida, tais elementos negativos estão contidos na concepção hegeliana da "reconciliação"; também já apontamos repetidamente aqui para os efeitos deformadores de suas vitórias sobre a insolubilidade das contradições na filosofia da sociedade.

O próprio Hegel muitas vezes também teve a forte sensação de que o conhecimento da insolubilidade das contradições estava acima de sua "reconciliação". Se analisarmos mais de perto a passagem conclusiva recém-citada a respeito da "tragédia no ético", veremos que ele propõe como tarefa do modo expositivo da comédia exatamente aquilo que ele mesmo de resto julga encontrar como saída do caráter contraditório da sociedade burguesa, a saber,

---

[234] Lasson, p. 384.

a separação exata das esferas do *bourgeois* e do *citoyen*, o domínio da esfera estatal sobre a sociedade burguesa. E, quando chega aqui à conclusão de que a relação absoluta é representada exatamente pela tragédia, onde essa separação não acontece, onde os dois lados lutam um contra o outro como adversários equivalentes até a aniquilação recíproca, ele está submetendo toda a sua concepção da "reconciliação" à autocrítica.

Apesar disso, seria superficial dizer que Hegel se tornaria um pensador maior se não tivesse sequer visualizado a concepção da "reconciliação", pois a real exposição dialética do caráter contraditório do progresso humano só é possível a partir de um ponto de vista – a saber, aquele que está cheio de fé profunda no próprio progresso, em sua vitória definitiva, apesar de todo o caráter contraditório. Somente a perspectiva da sociedade sem classes pode oferecer uma exposição do caráter contraditório trágico do caminho até ela, sem se expor, por causa disso, aos perigos de um romantismo pessimista. Em razão disso, a crítica da sociedade feita por Fourier necessariamente é superior à de Hegel.

Se essa perspectiva estiver inacessível a um pensador que apreende com muita profundidade o caráter contraditório do progresso – e vimos com toda a clareza que ela não podia existir para Hegel –, a partir desse fato há duas possibilidades: ou o pensador se atém inabalavelmente à irreconciliabilidade das contradições, devendo incorrer, nesse caso, em um romantismo pessimista, ou ele acredita – apesar de tudo – na impossibilidade de resistir ao progresso humano tragicamente contraditório, devendo, nesse caso, essa sua fé corporificar-se necessariamente em alguma mistificação da falsa (*falschen*) consciência.

A grandeza do período filosófico em que atuou Hegel, seu nível intelectual extraordinariamente elevado, evidencia-se, entre outros, no fato de que dificilmente se consegue imaginar alguma formulação e solução de um problema, possível para esse período, que não tenha encontrado sua expressão filosófica em algum pensador mais ou menos significativo. É o caso também da primeira possibilidade, aqui abstratamente aventada, do ater-se à irreconciliabilidade das contradições: seu representante é [Karl Wilhelm Ferdinand] Solger, o ícone do romantismo filosófico na Alemanha, a quem o próprio Hegel teve em alta conta como pensador honesto e consequente.

Em Solger, a oposição de que estamos tratando expressa-se em uma forma bem mais mistificada do que no próprio Hegel. Solger formula essa contradição como contradição do absoluto e de sua corporificação na vida empírica. Porém, se nos lembrarmos das palavras introdutórias de Hegel à "tragédia no ético", quando ele diz que o absoluto "gera-se eternamente na objetividade", então devemos ver que aqui se trata do mesmo problema, ainda que Solger o trate de uma forma muito mais abstrata do que Hegel, ainda que ele também o levante diretamente como um problema da "filosofia da arte". Nas análises conclusivas de sua obra sobre a filosofia da arte, Solger diz sobre a relação entre o absoluto e sua corporificação no mundo finito:

> [...] e uma tristeza imensa deve se apoderar de nós quando vemos o que é mais esplêndido ser espalhado no nada por seu necessário ser-aí terreno. Não obstante, não podemos jogar a culpa disso em nada senão no próprio perfeito em sua revelação ao conhecimento temporal; pois o meramente terreno, quando o percebemos isoladamente, mantém-se coeso mediante imbricação recíproca e interminável surgir e perecer. Esse instante da transição, pois, no qual a própria ideia necessariamente é aniquilada, deve ser a verdadeira sede da arte.[235]

Não faz parte do escopo desta análise constatar a que descaminhos filosóficos concretos essa concepção do caráter contraditório levou o honesto e talentoso pensador Solger. Basta dizer que, a partir desse ponto de vista, ele forneceu a fundamentação filosoficamente mais profunda e dialética para o conceito distorcido e errado da "ironia" e, apesar da profundidade filosófica muito maior, tomou os caminhos do romantismo, os de Schlegel e Schelling. E isso não é nenhum acaso, assim como não foi por acaso que o caráter contraditório trágico do progresso humano na forma reconciliadora de Hegel apareceu como exposição rica e concreta das contradições reais da vida histórico-social, ao passo que o ater-se ao caráter contraditório tragicamente irreconciliável em Solger assume uma forma mistificada bastante abstrata.

É que nessa última contraposição se expressa o caráter interiormente contraditório da "reconciliação" hegeliana. Por um lado, essa reconciliação é uma mistificação idealista de contradições irreconciliáveis; por outro e simultaneamente, expressa-se exatamente nela o senso realista de Hegel, sua estreita ligação com a realidade social concreta de seu tempo, seu conhecimento aprofundado da vida real da sociedade humana, seu esforço para identificar as contradições do progresso em que se situa seu campo de batalha real na

---

[235] [Karl Wilhelm Ferdinand] Solger, "Erwin" (Berlim, 1815), v. II, p. 277. Hegel repetidamente reconheceu a importância da filosofia de Solger. Como, por exemplo, em *Ästhetik*, v. I, p. 105 (edição de Glockner), e num grande ensaio próprio sobre os escritos legados por Solger (edição de Glockner dos escritos de Hegel, v. XX, p. 132 e seg.).

vida econômica dos homens. Somente por meio desse amor à realidade, por meio dessa profunda e estreita ligação com ela, pôde surgir a concreticidade da dialética hegeliana. E a culminação do sistema na "reconciliação" mostra como os progressos da humanidade, inclusive no campo específico da consciência, no campo da filosofia, só podiam ser conquistados contraditoriamente, apenas pelos desvios da "falsa consciência" (Engels), enquanto o horizonte das sociedades de classes ainda estivesse cerrado para os pensadores.

4

O rompimento com Schelling e *Fenomenologia do espírito* (Iena, 1803-1807)

I. O amadurecimento das diferenças entre Schelling e Hegel até o rompimento

Nossas considerações até aqui mostraram que Hegel e Schelling lutaram juntos contra o idealismo subjetivo, mas de modo nenhum estiveram de acordo em todas as questões da filosofia. As diferenças não aparecem em parte nenhuma na época da cooperação pessoal até 1803, ano em que Schelling transferiu sua residência para Würzburg; quando muito, pode-se inferi-las do contraste entre os escritos de ambos. Como vimos, isso muitas vezes tampouco é tarefa fácil, pois exatamente na época da cooperação pessoal Hegel passa a experimentar o aparato terminológico schellinguiano. As preleções de 1805-1806 são as primeiras a mostrar um Hegel completamente livre da terminologia de Schelling.

Em paralelo a essa formação definitiva da linha especificamente hegeliana do filosofar também no aspecto linguístico-terminológico, tem início uma polêmica cada vez mais acirrada, sobretudo contra discípulos e partidários de Schelling, e também imediatamente contra ele. Para esse período de transição, contamos com material, de um lado, no bloco de anotações de Hegel em Iena, sobre cuja datação já falamos (p. 356 e seg. deste livro). De outro lado, revestem-se de grande importância os fragmentos de preleções dos últimos anos em Iena, que Rosenkranz publicou sob o título *Modificação didática do sistema*[1].

---

[1] Rosenkranz, p. 178 e seg. Não é possível datar pelo ano de surgimento os fragmentos aqui publicados. No entanto, dado que alguns coincidem quase literalmente com as publicações

Se quisermos entender e avaliar com acuidade o rompimento entre Schelling e Hegel, não devemos nos deixar seduzir pela aparência transmitida por nosso modo de exposição necessário, no qual acompanhamos passo a passo o desenvolvimento de Hegel, enquanto a filosofia de Schelling só nos interessou como contraste ou como objeto da crítica hegeliana. Isso poderia dar a impressão de que o desenvolvimento de Schelling nesse período parou, como se a crítica definitiva de Hegel, sua incisiva rejeição da filosofia schellinguiana em 1807 fosse dirigida contra o mesmo Schelling com que ele se aliara em 1801 para lutar contra o idealismo subjetivo.

Não nos é possível expor aqui o desenvolvimento interno do próprio Schelling[2]. Apesar disso, é preciso apontar rapidamente as etapas mais importantes do desenvolvimento de seu pensamento no período de que tratamos. Sabemos que o ponto de partida da cooperação filosófica entre Hegel e Schelling foi *Sistema do idealismo transcendental* (1800), deste último. A obra seguinte de Schelling, *Exposição do meu sistema de filosofia* (1801)*, caracteriza maior proximidade em relação ao pensamento hegeliano, sua tentativa mais séria de se apropriar dos princípios da dialética hegeliana. No entanto, logo aparecem em Schelling tendências diametralmente opostas. Em parte na forma da constante intensificação do elemento puramente construtivo na filosofia da natureza, em parte na forma da extrapolação cada vez maior dos pontos de vista estéticos – em decorrência da fundamentação da "intuição intelectual" sobre a *Estética* –, que estava presente como tendência já no primeiro sistema, mas com o passar do tempo levou a uma aproximação cada vez maior do culto ao gênio do romantismo, em parte na forma de um acolhimento cada vez mais intenso de correntes diretamente místicas, também em estreita interação com o romantismo, com sua glorificação da filosofia da natureza e com a teosofia de Jacob Böhme. Essa aproximação ao romantismo

---

das preleções de 1803-1804 e 1805-1806 por Hoffmeister, temos todas as razões para supor que o complexo inteiro pertence a esses anos. A datação exata de cada um dos fragmentos naturalmente seria interessante para mostrar que Hegel se desvinculou aos poucos de Schelling, mas tem importância secundária para exposições de nosso tema.

[2] Remeto aqui novamente a meu livro *Die Zerstörung der Vernunft* (Berlim, 1954; *Werke*, v. I), cap. 2, p. 84-269.

* F. W. J. Schelling, "Darstellung meines Systems der Philosophie" e outros textos, em *Historische-kritische Ausgabe. Werke* (Stuttgart, Frommann-Holzboog, 2009), série 1, v. 10 (Schriften 1801). (N. T.)

aparece no diálogo *Bruno* (1802)*, escrito em Iena, num primeiro momento apenas de forma mística platonizante. Mal havia chegado a Würzburg, contudo, Schelling publicou uma nova obra, intitulada *Filosofia e religião* (1804)**, na qual seu misticismo, que assumira cunho religioso, já se mostra abertamente; essa obra se reveste de uma importância muito grande para o desenvolvimento do autor, na medida em que, nela, já aparecem de modo relativamente claro os embriões de sua posterior filosofia puramente reacionária. Schelling, portanto, já havia consumado o afastamento da tendência comum, da consolidação da dialética idealista objetiva como filosofia do progresso, antes de Hegel lançar seu ataque à sua filosofia. Em termos objetivos, a separação dos caminhos dos dois pensadores foi definitivamente consumada com a última obra mencionada de Schelling. As outras obras de síntese do fim do período de Schelling em Iena, *Preleções sobre o método do estudo acadêmico* (1802)*** e *Filosofia da arte* (1802-1803)****, caracterizam os estágios intermediários de Schelling nesse caminho rumo àquele misticismo religioso; nesse tocante, todavia, é preciso observar que especialmente *Filosofia da arte* figura entre os pontos altos do desenvolvimento de Schelling pela apropriação concreta de grande quantidade de material da realidade. Quando acompanharmos a crítica cada vez mais incisiva de Hegel a Schelling, jamais poderemos esquecer que ela não foi provocada apenas pelo desenvolvimento de Hegel, mas também pelo desenvolvimento de Schelling na direção oposta.

Ao tratar da controvérsia filosófica entre Hegel e Schelling, devemos atentar para o fato de que não dispomos de nenhum documento, de nenhum texto de Hegel a respeito de toda uma série de pontos nos quais evidentemente houve as maiores diferenças possíveis. Não se trata aqui de uma lacuna casual em nosso material, mas da diferença metodológica fundamental entre a maneira como Hegel conduziu a polêmica contra o idealismo subjetivo de Kant, Jacobi e Fichte e a maneira como ele, mais tarde, criticou a filosofia schellinguiana. Como vimos, a luta contra o idealismo subjetivo foi integral. Ela partiu dos

---

* Idem, *Bruno oder über das göttliche und natürliche Prinzip der Dinge. Ein Gespräch* (Berlim, J. F. Unger, 1802). (N. T.)
** Idem, *Philosophie und Religion* (Tübingen, I. G. Cotta, 1804). (N. T.)
*** Idem, *Vorlesungen über die Methode (Lehrart) des akademischen Studiums* (ed. Walter E. Erhardt, Hamburgo, Meiner, 1990). (N. T.)
**** Idem, *Philosophie der Kunst* (Darmstadt, Wissenschaftliche Buchgesellschaft, 1960). Ed. bras.: *Filosofia da arte* (trad. Márcio Suzuki, São Paulo, Edusp, 2001). (N. T.)

problemas mais gerais da estruturação da filosofia e levou até as questões bem concretas da moral, da sociedade e da filosofia do direito. Em troca, na crítica a Schelling, Hegel faz referência – também em suas anotações pessoais – apenas aos problemas centrais da metodologia filosófica. Ora, se analisarmos as publicações de Hegel e de Schelling em Iena – e ainda citaremos alguns dos exemplos mais característicos –, ficará claro para todos que os dois divergiam fortemente em muitas questões já no período de Iena. Porém, exatamente a respeito dessas diferenças objetivas de opinião não dispomos de nenhum documento. Não chegou a nosso conhecimento se e em que medida elas foram tema de discussões orais entre Schelling e Hegel, exatamente porque Hegel não faz sequer alusões a essas diferenças nem mesmo em suas anotações pessoais.

Nessa metodologia diferenciada da polêmica, nessa limitação da crítica à questão metodológica central da filosofia, evidenciam-se maiores segurança e maturidade filosóficas de Hegel em comparação à época do debate com Fichte. Naquele momento, ele começava a conferir forma sistemática à sua metodologia e a aplicá-la a todos os campos do saber (sociedade, história, natureza). Essa formação do método, essa aplicação aos mais diversos campos, ocorreu em parte na luta e por meio da luta contra o idealismo subjetivo. Esse processo de autoentendimento sobre os problemas metodológicos da filosofia, porém, já está concluído para Hegel. Ele não tinha mais nenhum interesse em expor a superioridade de seu método de maneira a demonstrar reiteradamente, com base nas soluções concretas para questões concretas específicas, o necessário fracasso do adversário e a exatidão de seu próprio ponto de vista. Acrescenta-se a isso que moral e filosofia do Estado foram parte integrante tanto da filosofia dos representantes significativos do idealismo subjetivo quanto da de Hegel, ao passo que desempenharam um papel mais episódico no sistema de Schelling. Trata-se, agora, da decisão quanto às grandes questões metodológicas do idealismo objetivo, da dialética objetiva. Evidentemente a opinião de Hegel é de que, uma vez decididas *essas* questões, estará tudo resolvido em filosofia.

Apesar disso, temos de citar algumas considerações de Schelling sobre objetos da sociedade e da história, que diretamente não tiveram nenhuma relevância na crítica hegeliana à filosofia schellinguiana. O formato específico de nossa formulação da questão, porém, necessariamente requer isso de nós. Mostramos em detalhes como era profunda a conexão entre as concepções de Hegel sobre história, economia e sociedade e suas formulações filosóficas das questões, como estas últimas se originaram daquelas e por meio delas receberam sua forma especificamente hegeliana. É claro que em Schelling – como em cada um dos demais filósofos –, de modo objetivo, devem estar presentes conexões semelhantes, ainda que em uma forma concretamente muito modificada. A exposição detalhada das conexões concretas no desenvolvimento das concepções de Schelling obviamente não é tarefa nossa, mas de uma pesquisa de Schelling. Só o que nos interessa é mostrar, por meio de algumas afirmações especialmente características de Schelling, que a oposição entre ele e Hegel não se limitou às questões centrais do método filosófico, para as quais o próprio Hegel reduziu a discussão, mas objetivamente está presente também em todas as questões da filosofia da sociedade e da história. Enfatizar isso é importante, ainda, porque a bibliografia burguesa mais recente sobre Hegel facilita para si mesma o apagamento geral das diferenças entre a metodologia schellinguiana e a hegeliana da dialética ao desdenhar por completo a diferença entre suas concepções filosófico-sociais. (O exemplo mais marcante disso é [Hermann] Heller, mas se trata de um traço geral da bibliografia mais recente sobre Hegel.)

Lancemos agora um olhar para a filosofia da sociedade de Schelling no período de Iena. Em *Preleções sobre o método do estudo acadêmico*, ele obviamente precisa dizer algo também sobre os problemas da sociedade e da história. Ele faz, então, uma construção puramente formalista, ao variar a harmonia de necessidade e liberdade nas "potências" do real e do ideal. O que resulta disso em termos de conteúdo é que essa unidade é realizada, de um lado, em termos reais no Estado perfeito e, de outro, em termos ideais na Igreja. Essa contraposição é relacionada, então, de modo formalista com a época antiga e a época moderna, e a incapacidade de Schelling de compreender o caráter específico da sociedade burguesa moderna com base nesse esquema aparece nas seguintes declarações: "A assim chamada liberdade burguesa só produziu a mais turva mistura da escravidão com a liberdade, mas não produziu um existir absoluto e, bem por isso, novamente livre de uma ou da outra"[3].

Aqui se mostra em Schelling por enquanto apenas a completa incompreensão de todos os problemas da sociedade burguesa e de sua economia, cuja importância para a estruturação da dialética especificamente hegeliana já tratamos de forma detida. O fato de haver tendências reacionárias por trás dessa falta de compreensão, porém, é evidenciado pelas análises de Schelling

---

[3] [F. W. J.] Schelling, [Zehnte Vorlezung: "Über das Studium der Historie und der Jurisprudenz", em] *Werke*, cit., v. V, p. 314.

sobre o Iluminismo e a revolução e sobre a tarefa da filosofia em relação a ambos. Schelling insulta o Iluminismo pela "vacuidade de ideias" e o chama de pensamento do entendimento comum. Este é determinado por ele, então, como "o entendimento que recebeu a forma de raciocinar elevada e vazia de uma cultura falsa e superficial". A vitória desse entendimento significa, segundo Schelling, "a elevação do entendimento comum à condição de árbitro em questões da razão que necessariamente acarretará a *ochlocracia** no reino das ciências e, com esta, cedo ou tarde, o levante geral da plebe (*Pöbels*)". Uma concepção igualmente rasa da filosofia é, segundo Schelling, sua orientação para o útil. A filosofia deve travar uma luta inflexível contra todas essas tendências.

> Se algo é capaz de deter a torrente que avança e cada vez mais visivelmente mistura o alto e o baixo, desde o momento em que a plebe também passou a escrever e todo plebeu se alça à hierarquia de julgador, então isso é a filosofia, cuja divisa natural é o ditado: *odi profanum vulgus et arceo* [odeio o vulgo profano e o afasto].[4]

Essas citações poderiam ser multiplicadas. Acreditamos, contudo, que a situação já esteja completamente esclarecida: por um lado, sabemos que Hegel nunca polemizou de modo explícito contra essas concepções de Schelling e, por outro, está claro para quem acompanhou conosco o desenvolvimento de Hegel em Iena que existe aqui uma contraposição diametral em todos os problemas da filosofia da sociedade.

Todavia, na época de preparação de *Fenomenologia*, Hegel faz uma ampla crítica satírica às tendências romântico-reacionárias da escola de Schelling e também aos traços reacionários no próprio Schelling; os principais alvos dos ataques são o flerte com os conceitos místicos e religiosos, o desprezo pelo entendimento na filosofia, o jogo com as formas, a mistura bárbara de sentimento e entendimento na filosofia. Citaremos agora algumas das mais importantes observações de Hegel a esse respeito:

> Do mesmo modo que houve um período do gênio poético, atualmente parece ser o *período do gênio filosófico*. Juntam uma pitada de carbono, uma de oxigênio, uma de nitrogênio e uma de hidrogênio, amassam bem e enfiam tudo em um cartucho em que outros escreveram "polaridade" etc., põem uma vareta de vaidade etc.,

---

* Do grego *óchlos*, ou "plebe", o governo da plebe. (N. T.)

[4] [Schelling, Fünfte Vorlezung: "Über die gewöhnlichen Einwendungen gegen das Studium der Philosophie", em] Ibid., p. 258 e seg. [Vale para todas as citações diretas deste parágrafo. Citação em latim de Horácio, *Odes*, livro III, 1, 1. – N. T.]

soltam no ar como foguetes e acham que estão representando o empíreo. *Assim Görres, Wagner*. A mais grosseira empiria com formalismo de substâncias e polos, arrematada com analogias irracionais e *ideias súbitas de bêbado*.[5]

Em suas preleções concomitantes, Hegel combate o misticismo e o encontra em um nível ainda mais baixo. "Existe uma *coisa turva intermediária* entre o sentimento e a *ciência*, um sentimento especulativo ou a ideia que não consegue se libertar da fantasia nem do sentimento e que, não obstante, não é mais só fantasia e sentimento."[6] E, no desprezo satírico da falsa profundidade, Hegel chega a ponto de escrever o seguinte aforismo em seu bloco de anotações: "O que tiver um *significado* profundo não presta justamente por causa disso"[7].

Em tudo isso, Hegel traça, em especial em suas preleções, uma nítida linha divisória entre os adeptos de Schelling e o próprio Schelling. Sabemos que Hegel sempre reconheceu o mérito histórico de Schelling de dar o primeiro passo na direção do idealismo objetivo. Nesse período, evidentemente ele ainda está convicto de que Schelling poderia vir para o caminho certo da filosofia, de que se poderia persuadi-lo do modo correto de filosofar. Até mesmo na carta a Schelling, com a qual lhe enviou *Fenomenologia do espírito*, ele fala somente da crítica a seus partidários, não ao próprio Schelling, ainda que, como o leitor há de lembrar, naquela época Schelling já realizava experimentos "mágicos" com a vara de vedor, em relação aos quais Hegel compreensivelmente se mostrou mais do que cético, inclusive nas cartas escritas a Schelling em um tom muito polido e reservado. Tanto mais veemente e zombeteira é a crítica que faz em suas preleções à escola de Schelling. Ele adverte seus ouvintes para não sucumbirem à grandiosidade, ao aspecto pomposo da terminologia dessa gente, pois, diz ele:

> Vem à tona o segredo de que *por trás de tal exagero de expressão se escondem ideias bem comuns*. [...] Não sou capaz de introduzi-los às profundezas dessa filosofia [...], pois ela não tem profundeza e lhes digo isso para que *não se deixem impressionar*, como se por trás dessas palavras empolgadas e pesadíssimas necessariamente deva haver algum sentido. [...] De fato, porém, o atual formalismo pode ser facilmente ensinado em meia hora. Em vez de os senhores dizerem, por exemplo, que algo é *comprido*, digam que se estende no *comprimento* e que este comprimento é o

---

[5] Rosenkranz, p. 539.
[6] Ibid., p. 182.
[7] Ibid., p. 544.

magnetismo; em vez de dizerem *largo*, digam que se abre na *largura* e que essa largura é a *eletricidade*; em vez de dizerem *grosso*, corpóreo, digam que se estende à *terceira dimensão*; em vez de *pontiagudo*, digam que é *o polo da contração*; em vez de dizerem que o peixe é comprido, digam que ele se encontra sob o esquema do magnetismo etc. etc.[8]

E essas são apenas escaramuças preliminares. No essencial, nas questões decisivas da filosofia, Hegel não poupa nem mesmo Schelling, mesmo que reconheça seus méritos e seu talento, mesmo que ainda não o considere irremediavelmente perdido. Hegel direciona seus ataques contra os elementos centrais do método filosófico schellinguiano.

Trata-se, acima de tudo, da possibilidade e do tipo de conhecimento do absoluto. A possibilidade de conhecê-lo é o ponto em comum entre o idealismo objetivo de Schelling e o de Hegel, e em função de seu reconhecimento eles haviam lutado juntos contra o idealismo subjetivo. A possibilidade do conhecimento do absoluto, portanto, não está mais em discussão aqui. O ponto polêmico é, muito antes, o método, o como desse conhecimento. Sabemos que, para Schelling, a "intuição intelectual" constituiu o tipo de conhecimento do absoluto. Quanto mais tomaram forma as tendências estéticas e, mais tarde, as religiosas, tanto *mais diretamente* ele apresenta esse tipo de conhecimento. Assim, em *Filosofia e religião*, ele diz sobre esse conhecimento que "se chama intuição unicamente porque a essência da alma, que é una em si mesma com o absoluto, não pode ter nenhuma outra relação com este a não ser a *imediata*"[9].

Ora, essa imediaticidade da "intuição intelectual" tem metodologicamente duas consequências muito importantes. Em primeiro lugar, ela é posta em um contraste abrupto e excludente com o tipo "habitual", conceitual do conhecimento. Tanto a arte quanto a religião como "órgãos" exclusivos do conhecimento do absoluto sublinham em Schelling a tendência de separar o conhecimento do absoluto do pensamento normal por meio de um abismo intransponível. Essa busca da filosofia por afastar-se do pensamento, do entendimento e da razão provoca, então, ininterruptamente, a zombaria de Hegel, sendo sempre muito fácil perceber a profunda indignação filosófica que esse desprezo do entendimento e da razão, esse esnobismo místico-irracionalista, desencadeia em Hegel. Assim, Hegel escreve em seu bloco de anotações:

---

[8] Ibid., p. 184 e seg.
[9] *Werke*, cit., v. VI, p. 23.

Quando o absoluto escorrega no chão firme por onde passeava e cai na água, ele se torna um peixe, algo orgânico, algo vivo. Ora, quando volta a escorregar e cai no *puro pensamento* – pois tampouco o puro pensamento deve ser seu chão firme –, ele, caindo lá dentro com um baque surdo, viria a ser algo ruim, finito, a respeito do qual deveríamos ter vergonha de falar, caso isso não ocorresse por força do ofício e porque não há como negar que existe uma lógica nisso. A água é um elemento tão frio e tão ruim, mas a vida se sente tão bem nele. Acaso o pensamento seria um elemento muito pior? O absoluto se sentiria mesmo mal nele e também se portaria mal dentro dele?[10]

Hegel ridiculariza como barbarismo o temor diante do entendimento que ganha expressão nesse desprezo presunçoso do entendimento. Ele coloca o irracionalismo esnobe no mesmo nível da falta de cultura comum.

O bárbaro se admira quando escuta que o quadrado da hipotenusa é igual à soma do quadrado dos dois catetos. Ele pensa que isso poderia também ser diferente, atemoriza-se primorosamente diante do entendimento e permanece na intuição. *A razão sem entendimento não é nada, mas o entendimento é algo sem a razão.* O entendimento não pode ser presenteado.[11]

E Hegel não se cansa de repetir que a verdade, o conhecimento do mundo como ele realmente é, o conhecimento do absoluto, só pode se dar por essa via ascendente que começa na intuição imediata e passa pelo entendimento e pela razão. A aparente abstração, a aparente secura e a pobreza dos conceitos em comparação com a vitalidade imediata da intuição não deveriam assustar quem realmente está em busca de conhecimento nem o impedir de tomar o caminho correto para o conhecimento, pois só então ele aprenderá que também o conceito corretamente formulado provém da vida e retorna para a vida.

O indivíduo decerto conheceria a verdade de sua individualidade, que lhe designa com precisão a via do seu ser-aí, mas é da filosofia que ele esperaria a consciência da vida geral. Aqui poderia parecer que a esperança sai frustrada, quando, em vez da plenitude de vida, aparecem conceitos e as mais pobres abstrações, se vistas sobre o pano de fundo da riqueza do mundo imediato. O próprio conceito, porém, seria *o mediador entre si e a vida*, ao ensinar a encontrar a vida em si e o conceito na vida. Todavia, só a ciência mesma poderia persuadir disso.[12]

---

[10] Rosenkranz, p. 540.
[11] Rosenkranz, p. 545 (grifos meus – G. L.).
[12] Rosenkranz, p. 182.

Nessas passagens aparece com clareza a polêmica contra toda a concepção schellinguiana. No período de preparação de *Fenomenologia*, porém, há uma série de declarações de Hegel nas quais ele polemiza contra o tipo schellinguiano de conhecimento do absoluto; mesmo que não o faça diretamente, mesmo que o faça de forma tácita, ele formula suas ideias de tal maneira que nelas se expressa de modo nítido e polêmico um solapamento dos pressupostos de Schelling. Isso fica visível sobretudo onde Hegel – quanto mais tarde, mais resolutamente – subordina arte e religião de forma cada vez mais enérgica à filosofia como tipos de apreensão do absoluto, vislumbrando nelas cada vez mais resolutamente modos não adequados de sua apreensão. Ora, dado que, como sabemos, para Schelling exatamente a arte é o ponto em que se expressa da maneira mais visível e mais adequada a identidade plena de sujeito e objeto, essas passagens contêm uma polêmica indireta contra a teoria schellinguiana da "intuição intelectual". Essa polêmica chega ao nível do estilo de expressão das ideias. Para Hegel, dali por diante, a arte permaneceria sempre o modo mais imediato e, por essa razão, o mais baixo da apreensão do absoluto. Ele, porém, enfatiza em suas obras tardias – e já em *Fenomenologia do espírito* – que, apesar de seu caráter inadequado, o *conteúdo* da arte é sempre a verdade absoluta. Nas preleções de 1805-1806, a polêmica contra Schelling se acirra de tal modo que ele acentua quase exclusivamente o caráter inadequado da arte na apreensão do absoluto. Ele denomina a arte de

> Baco indiano que não é o espírito claro, ciente de si. [...] Para o espírito, esse elemento é, por conseguinte, inadequado. A arte só pode, em consequência, conferir a suas figuras um espírito limitado. [...] Esse meio da finitude, a intuição, não é capaz de apreender o infinito. Ele é apenas *suposta* infinitude [...] é representação *suposta*, não *verdadeira*. Nele não está contida a necessidade nem a forma do pensamento. A beleza é o véu que cobre a verdade mais do que a exposição dela.[13]

Repetimos: Hegel corrigiu o exagero dessas afirmações já em *Fenomenologia*, colocando-as na proporção dialética correta. Nós também só as citamos para mostrar ao leitor a profundidade com que a atitude polêmica contra a "intuição intelectual" de Schelling impregnou toda a filosofia de Hegel nesse período de transição.

---
[13] *Realphilosophie*, v. II, p. 265.

Essa impulsividade na polêmica de Hegel se explica a partir do fato de que a "intuição intelectual" não pretende ser só um tipo específico de conhecimento do absoluto, mas traz as mais amplas consequências para todo o sistema da filosofia, para a concepção da relação entre o homem e a verdade, entre o homem e o absoluto. Assim, chegamos à segunda consequência importante do tipo schellinguiano de conhecimento do absoluto. A "intuição intelectual" implica um *aristocratismo* na gnosiologia. Schelling explanou repetidamente que a verdade filosófica real, o conhecimento do absoluto, só seria acessível a poucos eleitos, só aos gênios. Haveria uma parte da filosofia, justamente a mais importante, que não poderia ser aprendida:

> Porém, justamente esse princípio da antinomia do absoluto e das formas meramente finitas, bem como o fato de que, na filosofia, arte e produção não podem estar separadas, do mesmo modo que forma e matéria não o podem na poesia, provam que também a dialética tem um lado a partir do qual ela não pode ser *aprendida* e que ela, não menos do que aquilo que, em conformidade com o significado original da palavra, poderíamos chamar de poesia na filosofia, baseia-se na faculdade produtiva.[14]

A conexão entre essa gnosiologia e suas concepções sobre a sociedade, o Iluminismo e a revolução etc. que citamos anteriormente é manifesta. O aristocratismo na gnosiologia quer constituir nesse campo um abismo intransponível entre "eleitos" e a plebe, do mesmo modo que a política da Restauração quis impô-lo novamente na área da política. A impulsividade de Hegel na questão da "intuição intelectual" baseia-se, portanto, de um lado, na decisão de manter a cientificidade da filosofia livre de toda a névoa irracionalista, do esnobismo obscuro; de outro lado, ela também tem raízes políticas. A sociedade moderna, como a concebe Hegel, tal qual se originou da Revolução Francesa, é para ele não só objetiva, mas também subjetivamente, não só em si, mas também para si, a corporificação do espírito do mundo. Isto é: segundo Hegel, esse ter-chegado--a-si do espírito no Estado moderno e na sociedade moderna não só deve ser objetivamente verdadeiro, mas também estar acessível como conhecimento para todo indivíduo. Em suas preleções, Hegel formula com muita clareza essa ideia:

> Deve ser concisamente observado que a filosofia como *ciência da razão* pelo modo universal de seu ser, justamente por sua natureza, é *para todos*. Nem todos chegam a ela, e não é disso que se trata, *tampouco todos os homens chegam a ser príncipes*.

---
[14] *Werke*, cit., v. V, p. 267.

O que *causa indignação* no fato de alguns homens estarem acima de outros reside única e exclusivamente em afirmar-se que seriam diferentes em virtude da natureza, *seres de outra espécie*.[15]

A conexão entre a formulação gnosiológica hegeliana do problema e suas concepções políticas gerais é evidente. Também é possível ver como é errado vislumbrar no estamento universal de Hegel uma aristocracia feudal baseada no nascimento nobre. Simultaneamente, evidencia-se que o contraste na aparência puramente filosófico entre Schelling e Hegel remonta a diferenças políticas e histórico-sociais muito profundas.

A rejeição por Hegel dos gênios eleitos de Schelling quanto ao conhecimento do absoluto, todavia, significa apenas que a *possibilidade* desse conhecimento está aberta a cada indivíduo, que cada indivíduo *pode* adquiri-lo para si. Para adquiri-lo realmente é preciso, também segundo o ponto de vista de Hegel, um trabalho intelectual considerável. Ao mesmo tempo, constitui uma das mais importantes tarefas da filosofia facilitar aos homens esse trabalho mediante sua metodologia. Em anotações pessoais, Hegel, então, formula o seguinte programa: "A barreira entre a *terminologia* filosófica e a consciência comum ainda precisa ser derrubada"[16].

O programa aqui proposto é realizado em *Fenomenologia*. No prefácio a ela, Hegel diz com grande precisão programática:

> A ciência, por seu lado, exige da consciência-de-si que se tenha elevado a esse éter para que viva e para que possa viver nela e por ela. Em contrapartida, o indivíduo tem o direito de exigir que a ciência lhe forneça pelo menos a escada para atingir esse ponto de vista e que o mostre em si mesmo. Seu direito funda-se em sua independência absoluta, que sabe ter em cada figura de seu saber, pois, em qualquer delas – seja ou não reconhecida pela ciência, seja qual for seu conteúdo –, o indivíduo é a forma absoluta, isto é, a *certeza imediata* de si mesmo, e assim é *ser* incondicionado, se preferem a expressão.[17]

À realização dessa exigência é dedicada toda a *Fenomenologia*. O programa aqui enunciado, porém, já implica uma rejeição impiedosa de toda a relação schellinguiana imediata com a filosofia. Em conexão direta com as exposições

---

[15] Rosenkranz, p. 186.
[16] Rosenkranz, p. 540.
[17] *Werke*, cit., v. II, p. 20 e seg. [Ed. bras.: *Fenomenologia do espírito*, trad. Paulo Meneses, Petrópolis/Bragança Paulista, Vozes/Universidade São Francisco, 2002, p. 40.]

programáticas citadas, Hegel faz a famosa crítica, concisa e aniquiladora, da "intuição intelectual" schellinguiana: "Além disso, não terá nada a ver com o entusiasmo que irrompe imediatamente com o saber absoluto – como num tiro de pistola – e descarta outros pontos de vista, declarando que não quer saber nada deles"[18].

Nessa crítica, aguça-se a velha diferença, já conhecida por nós, entre a dialética schellinguiana e a dialética hegeliana, a diferença na concepção do que é contradição e superação e que se converte numa contraposição irreconciliável. Já falamos repetidamente sobre essa diferença. Vimos que, em Schelling, trata-se da unidade simples das contradições, sendo que, nessa unidade, todo caráter contraditório foi apagado, ao passo que a identidade hegeliana dos contrários foi da identidade e da não identidade. De modo correspondente, as contradições não são apagadas na unidade, os elementos e as partes não são extintos no absoluto, mas superados no conhecido sentido triplo da dialética hegeliana; a saber, aniquilados, conservados e elevados a um nível superior.

No prefácio a *Fenomenologia*, Hegel acusa Schelling exatamente de apagar todos os elementos no absoluto. Ele o critica porque, em Schelling, tudo desaparece no abismo vazio do absoluto.

> É ingenuidade de quem está vazio de conhecimento pôr esse saber único – de que tudo é igual no absoluto – em oposição ao conhecimento diferenciador e pleno (ou buscando a plenitude); ou, então, fazer de conta que seu *absoluto* é a noite em que todos os gatos são pardos, como se costuma dizer.[19]

E a essa polêmica Hegel vincula uma crítica de alcance ainda maior à imediaticidade. Ele combate a filosofia da imediaticidade partindo da profunda ideia básica de sua própria concepção, a saber, que o homem é o produto de sua própria atividade e, por isso, alcança seu ser real só como resultado, não como ponto de partida. Essa transformação do ser em atividade suprime também a contraposição schellinguiana rígida do positivo e do negativo.

> Só essa igualdade *reinstaurando-se*, ou só a reflexão em si mesmo em seu ser-Outro, é que é o verdadeiro; e não uma unidade *originária* enquanto tal ou uma unidade *imediata* enquanto tal. É o vir-a-ser de si mesmo, o círculo que pressupõe seu

---

[18] Ibid., p. 22. [Ed. bras.: ibidem, p. 41.]
[19] Ibid., p. 14. [Ed. bras.: ibidem, p. 34.]

fim como sua meta, que o tem como princípio e que só é efetivo mediante sua execução e seu fim.[20]

Do ponto de vista e da altura do atual debate, não deixa de ser interessante olhar para trás, para a discussão entre Fichte e Schelling ocorrida alguns anos antes. Naquela ocasião, Fichte criticou Schelling por ter introduzido diferenças no absoluto, mais exatamente diferenças quantitativas. Ele escreve a Schelling:

> Posso lhe informar com poucas palavras o ponto que nos diferencia. – O absoluto [...] existe sob a forma da diferença quantitativa, diz o senhor que eu afirmo em minha exposição. Isso, todavia, é o que o senhor afirma; e *exatamente por isso* considerei seu sistema errado. [...] O mesmo faz Espinosa e em geral todo o dogmatismo. [...] O absoluto não seria o absoluto se existisse sob alguma forma.[21]

Nessa observação, fica clara a conexão entre Kant e Fichte. Embora o eu fichtiano pretenda ser uma suplantação da coisa em si kantiana, ele apresenta exatamente a mesma ausência de propriedades desta. Fichte de fato afirma que chegou a um autoconhecimento do eu por seu tipo de "intuição intelectual", mas dado que ele exclui por princípio desse absoluto todas as propriedades, todas as determinações, todas as modificações, o caráter de conhecimento desse autoconhecimento não passa de autoilusão. Formalmente, todavia, foi articulada uma cognoscibilidade em comparação com a incognoscibilidade fundamental da coisa em si kantiana, mas o *conteúdo* desse conhecimento é o mesmo vazio sem determinação como na renúncia kantiana ao conhecimento do absoluto.

Em comparação com esse ponto de vista, o idealismo objetivo de Schelling representa um grande avanço, na medida em que o absoluto teria determinações e propriedades concretas, cognoscíveis. Já se faz presente a tendência de querer que o conhecimento do absoluto seja o da realidade objetiva real. (Lembremos a crítica posterior de Hegel à coisa em si kantiana. Exatamente a relação entre coisa e propriedade constitui uma faceta gnosiológica decisiva da fecundidade e da exatidão dessa crítica.) A importância histórico-filosófica da luta comum de Schelling e Hegel nos primeiros anos em Iena não consistiu em impor essa cognoscibilidade do absoluto na forma da abstração fichtiana que nada significa e que suprime a si mesma, mas em impô-la concretamente, com toda a riqueza das determinações. Essa primeira etapa girou, portanto,

---

[20] Ibid., p. 15. [Ed. bras.: ibidem, p. 35.]
[21] Fichte an Schelling, 15 out. 1801, cit., v. II, p. 341.

em torno da questão de o absoluto cognoscível ter ou não determinações concretas acessíveis ao conhecimento. E, na resposta afirmativa a essa questão, Schelling e Hegel foram unânimes. Os contrastes que havia entre ambos já naquela época referiam-se ao método e ao caminho desse conhecimento, de um lado, e a seu conteúdo, de outro. É compreensível que, na primeira etapa dessa luta, as diferenças quanto ao método e à execução tenham recuado diante da imposição polêmica da causa mesma.

A crítica de Hegel a Schelling pressupõe, portanto, que essa luta já fora travada; a nova crítica move-se em um nível essencialmente mais elevado do que poucos anos antes. É interessante que Hegel retoma, nesse momento, o já citado argumento de Fichte referente às determinações quantitativas no absoluto. Ele o faz, contudo, a partir do lado diametralmente oposto: aquilo que para Fichte fora o transgredir das competências do conhecimento aparece em Hegel como abstração, como insuficiente concreção no conhecimento do absoluto[22]. Rosenkranz extrai das preleções de Hegel dos anos 1805-1806 sobre a história da filosofia uma passagem em forma de excerto:

> Ele se manifestou publicamente sobre *Schelling*, reconheceu calorosamente seu grande mérito, mas censurou a diferenciação meramente *quantitativa* da contraposição do absoluto em si como a simples indiferença em que tudo seria apenas preponderância de um ou de outro fator, mas não uma diferença verdadeira.[23]

Essa limitação das diferenças no absoluto é uma das causas do formalismo da filosofia de Schelling. Desse modo, é impossível para ele acolher toda a riqueza da vida, da realidade objetiva em seu conceito do absoluto. Ele é forçado a produzir construtos vazios como, por exemplo, que a natureza é a preponderância do elemento real sobre o elemento ideal etc., e mediante essas diferenciações formalistas a essência da coisa, o movimento real da realidade objetiva jamais poderá ser apreendido conceitualmente. Não é por acaso que,

---

[22] Não temos aqui a possibilidade de refutar em detalhes todos os construtos absurdos que a história burguesa da filosofia produz sobre esse processo de desenvolvimento. Remetemos apenas a um desses construtos que se tornou muito popular nos últimos anos, a saber, aquele que considera a superação hegeliana da forma schellinguiana do idealismo objetivo como uma espécie de retorno à posição de Fichte ou até à de Kant. Nesse ponto, em que Hegel retorna expressamente ao mais importante argumento do antigo debate entre Fichte e Schelling, deve ficar claro para todo leitor que ele, de fato, fala da mesma questão de que falou Fichte, mas critica em Schelling *exatamente o oposto*.

[23] Rosenkranz, p. 201.

nas preleções citadas, Hegel, em seguimento a essa crítica, acuse Schelling de falta de dialética.

Se visualizarmos em panorama a crítica de Hegel a Schelling até aqui apresentada, veremos claramente que todas as objeções metodológicas confluem nisto: o novo tipo de conhecimento do absoluto, fundado por ambos, fracassa em Schelling diante da riqueza e do movimento do mundo real. A crítica de Hegel ao caráter esquemático e formalista da filosofia schellinguiana se concretiza em *Fenomenologia* nas seguintes exigências ao método filosófico:

> De fato, tal procedimento [o esquematismo – G. L.] só fornece uma *indicação do conteúdo*, não o *conteúdo* mesmo. – Uma determinidade, tal como o magnetismo, por exemplo, em si concreta ou efetiva, é reduzida a algo morto, pois só é tomada como predicado de outro ser-aí, não conhecida como vida imanente desse ser-aí, ou seja, como a que tem nesta sua autoprodução e sua exposição nativas e peculiares. Acrescentar essa coisa principal – isso o entendimento formal deixa para os outros. Em vez de penetrar no conteúdo imanente da coisa, o entendimento lança uma vista geral sobre o todo e vem pairar sobre um ser-aí singular do qual fala; quer dizer, não o enxerga de modo nenhum. Entretanto, o conhecimento científico requer o abandono à vida do objeto; ou, o que é o mesmo, exige que se tenha presente e se exprima a necessidade interior do objeto.[24]

Vemos aqui a conexão filosófica real entre a dialética hegeliana específica e a simpatia de Hegel pelos empiristas importantes, que seguidamente tivemos ocasião de observar no período de Iena. Hegel considera a concordância dos resultados da filosofia com a realidade empírica um critério decisivo para dizer se um sistema filosófico está correto ou errado. Em uma anotação pessoal do período de Iena, ele fornece um esboço conciso de como os diversos sistemas da filosofia alternaram-se rapidamente e rapidamente correram ao encontro de sua ruína. Nesse tocante, a relação com o conhecimento da realidade empírica é, para ele, fator determinante dessa ruína. Ali consta o seguinte:

> *Ciência*. Que o indivíduo a possua, ele pode asseverar para si mesmo e para outros. Que isso é verdade é decidido pelo entorno mais próximo, o mundo coexistente e então a posteridade, quando aquele já tiver dado seu aplauso. No entanto, a consciência se elevou tanto na formação, a lerdeza bárbara da compreensão se tornou mais fluida e veloz, de modo que poucos anos já trazem a *posteridade*. Sobre a filosofia

---

[24] *Werke*, cit., v. II, p. 42 e seg. [Ed. bras.: *Fenomenologia do espírito*, cit., p. 58, modif. Os grifos são de Lukács. – N. T.]

kantiana há muito já foi pronunciada a sentença de morte, ao passo que a de *Wolff* se manteve por cinquenta e poucos anos. Mais rapidamente amadureceu a determinação do ponto de vista da *filosofia de Fichte*. Revelar o que a *filosofia schellinguiana* é em sua essência demandará pouco tempo. O juízo sobre ela está como que às portas, pois muitos já a entendem. No entanto, essas filosofias sucumbiram não tanto diante da prova, mas bem mais diante da experiência empírica, quanto a até onde se pode chegar com elas. Cegamente elas formam os adeptos, mas o tecido vai se tornando cada vez mais fino e, por fim, se surpreendem com uma transparência própria de teias de aranha. Tudo derreteu diante deles como gelo e escorreu-lhes por entre os dedos como mercúrio, sem que tivessem ciência do que lhes acontecia. Eles já não têm mais nada e quem olha para o que têm na mão com que ofereceram sua sabedoria nada vê além da mão vazia e segue adiante com escárnio.[25]

O idealismo objetivo de Schelling e o de Hegel têm em comum que a categoria do todo, da totalidade, desempenha um papel determinante neles. No entanto, exatamente hoje que a mais reacionária das filosofias joga a totalidade contra a causalidade e assim faz dela um baluarte do obscurantismo na filosofia (Spann*), é muito importante examinar mais de perto o caráter específico da totalidade em Hegel, para que se veja que ela nada tem a ver com essas concepções reacionárias e que exatamente na confrontação da concepção da totalidade de Hegel e de Schelling os elementos reacionários da concepção schellinguiana são criticados e superados.

Já apontamos para o peso considerável que Hegel deu ao fator da conservação na superação dialética das contradições. Essa tendência também se expressa no ponto em que ele examina o problema da parte e do todo. Uma vez mais expressa-se a compreensão de Hegel para as investigações específicas das ciências particulares. Sua dialética não visa a aniquilá-las, não visa a edificar sobre elas uma filosofia totalmente separada delas, mas, muito antes, a conservar seu sentido real para inseri-lo no contexto global do saber. Por essa razão, Hegel escreve o seguinte em seu bloco de anotações:

> A *má reflexão* é o temor de aprofundar-se na coisa, de ir sempre além dela e retornar para dentro de si. O analista, com diz *Laplace*, entrega-se ao cálculo e perde a tarefa de vista, isto é, a visão geral e o fato de que os momentos singulares do cálculo dependem do todo. O essencial não é só a noção de que o singular depende do

---

[25] Rosenkranz, p. 544.
* Othmar Spann (1878-1950), filósofo austríaco. (N. E.)

todo, mas igualmente a noção de que cada momento por si só, independentemente do todo, é o todo, e isso constitui o aprofundar-se na coisa.[26]

Somente pela compreensão dessas tendências presentes em Hegel entenderemos o conceito de totalidade de *Fenomenologia* corretamente, livre de deformações reacionárias. Hegel se expressa sobre essa questão com inequívoca clareza. Ele diz o seguinte:

> O verdadeiro é o todo. Mas o todo é somente a essência que se implementa através do seu desenvolvimento. Sobre o absoluto deve-se dizer que é essencialmente *resultado*; que só no *fim* é o que é na verdade. Sua natureza consiste justo nisto: em ser algo efetivo, em ser sujeito ou vir-a-ser-de-si-mesmo. Embora pareça contraditório conceber o absoluto essencialmente como resultado, um pouco de reflexão basta para dissipar esse semblante de contradição. O começo, o princípio ou o absoluto – como de início se enuncia imediatamente – são apenas o universal.[27]

Esse abstratamente universal é justamente o saber imediato da "intuição intelectual" schellinguiana. Em conexão direta com a recém-citada passagem, Hegel ilustra a vacuidade desse saber, dizendo que a expressão "todos os animais" ainda não pode valer por uma zoologia. Vimos com o auxílio de exemplos claros o quanto Hegel considera indispensável para a filosofia a investigação autônoma de cada um dos campos da realidade objetiva. Apesar disso, a filosofia não é uma simples acumulação desse tipo de conhecimentos sobre fatos; ela visa, muito antes, a formular em conceitos seu nexo interior e vital. Portanto, quando Hegel passa a ressaltar a importância filosófica da mediação, o que já conhecemos do período de Iena tratado até aqui, ele apenas estabelece em termos de metodologia filosófica, a partir do aspecto da forma, a mesma conexão entre partes e todo que havia estabelecido em termos objetivos e de conteúdo em suas observações. Por essa razão, complementa a determinação recém-fornecida sobre o verdadeiro como o todo, como resultado e fim do processo, com a determinação de mediação e reflexão.

> Com efeito, a mediação não é outra coisa senão a igualdade-consigo-mesmo semovente ou a reflexão sobre si mesmo, o momento do Eu para-si-essente, a negatividade pura ou reduzida à sua pura abstração, o *simples vir-a-ser*. [...] É, portanto, um desconhecer da razão [o que se faz] quando a reflexão é excluída do verdadeiro e

---

[26] Ibid., p. 548.
[27] *Werke*, cit., v. II, p. 16. [Ed. bras.: *Fenomenologia do espírito*, cit., p. 36.]

não é compreendida como um momento positivo do absoluto. É a reflexão que faz do verdadeiro um resultado, mas que, ao mesmo tempo, supera essa oposição a seu vir-a-ser; pois esse vir-a-ser é igualmente simples e não difere por isso da forma do verdadeiro, [que consiste] em mostrar-se como *simples* no resultado – ou melhor, ele é justamente esse ter-retornado à simplicidade.[28]

Ao tratar do período de Iena, falamos em detalhes sobre essa relação positiva de Hegel com a reflexão filosófica, como ele a chamou, e indicamos que, em virtude do desconhecimento desse princípio da filosofia, Schelling tinha, já naquela época, uma concepção bem diferente de conhecimento filosófico. Por essa razão, Hegel diz, em suas preleções, fazendo uma retrospectiva desse período, que a superação do idealismo subjetivo por Schelling aconteceu sem consciência filosófica do passo que dera, de sua essencialidade e de seu alcance. Concluindo, Hegel diz que Schelling "constitui a ideia especulativa de modo geral, *sem desenvolvimento* em si mesma, e de imediato passa à forma que ela tem como filosofia da natureza"[29].

Essas visões diametralmente opostas do conhecimento do absoluto em Hegel e Schelling expressam concepções diametralmente opostas do curso histórico. Já citamos enunciados de Schelling sobre a filosofia do Iluminismo, sobre a Revolução Francesa e sobre a sociedade burguesa moderna; os pontos de vista de Hegel sobre esses problemas são de nosso conhecimento em todos os detalhes. Agora não será mais necessário fazer extensas exposições para ver que a atitude desaprovadora de Schelling em relação à filosofia do Iluminismo e sua avaliação negativa do papel da reflexão para o conhecimento do absoluto são dois lados de um só comportamento. E o mesmo se dá nos demais campos da sociedade e da história, de um lado, e da formação conceitual filosófica, de outro. Enquanto o pensamento de Hegel, em paralelo à formação progressivamente mais clara de sua forma específica da dialética, torna-se cada vez mais histórico, em Schelling o fato de ater-se à imediaticidade da "intuição intelectual" produz em medida crescente uma visão global anti-histórica.

Essa diferença precisa ser especialmente sublinhada hoje, pois consolida-se cada vez mais na ciência burguesa a ideia de que o historicismo teria sido produto da filosofia da Restauração e do romantismo. Quando magnanimamente se admite um historicismo também em Hegel e assim se atenua de modo

---

[28] Ibid., p. 17. [Ed. bras.: ibidem, p. 36, modif.]
[29] Rosenkranz, p. 188 e seg.

eclético o juízo severo de Ranke, isso só acontece mediante a aproximação cada vez maior de Hegel ao assim chamado historicismo do romantismo. Em que consiste, porém, o tão louvado historicismo de Schelling? Em que ele – segundo o modelo dos adversários ideológicos da Revolução Francesa – ressalta de modo unilateral e exagerado o elemento da continuidade na história – tão unilateral que, para ele, todas as assim chamadas interrupções dessa continuidade (não só a Revolução Francesa, mas também a Reforma) não passam de interrupções da continuidade, constituindo, portanto, algo puramente negativo, um momento meramente perturbador. Desse chão só poderia mesmo brotar um pseudo-historicismo reacionário; não é de admirar que fascistas do quilate de um [Georg] Mehlis tenham se tornado grandes veneradores da filosofia da história de Schelling.

A concepção de história de Hegel, em contraposição, mostra como o progresso humano se impõe por vias desiguais, passando por contradições e antagonismos, mediante a atividade dos próprios homens; a unidade desse processo é a unidade de continuidade e descontinuidade, isto é, as revoluções constituem, para Hegel, elemento integrante da continuidade desigual do desenvolvimento do progresso humano. Em sua teoria da história e em sua práxis da historiografia, Hegel elevou as tradições assumidas do Iluminismo (Gibbon, Montesquieu, Voltaire, Rousseau, Herder, Forster etc.) a um nível mais alto, o das contradições conscientemente conhecidas do desenvolvimento histórico. Desse modo, ele inaugura igualmente o historicismo do último grande período do desenvolvimento ideológico burguês, o período que, passando pelas obras dos grandes historiadores franceses, levaria ao conhecimento da luta de classes na história, ao materialismo histórico, assim como a concepção de história de Schelling é uma das fontes das quais brota o pseudo-historicismo reacionário romântico do século XIX.

Desse modo, caracterizamos o âmbito das contraposições essenciais presentes no método filosófico de Hegel e Schelling à época de seu rompimento. Só o que ainda interessa aqui é ressaltar uma questão essencial, na qual se expressa claramente a posição especial das tendências filosóficas de Hegel em oposição não só a Schelling, mas a todos os pensadores do período do idealismo clássico, na qual todas essas contraposições aparecem de forma concentrada. Estamos nos referindo à tendência de Hegel de compor uma *lógica dialética*. A realização dessa tendência por ele, todavia, situa-se fora do quadro de nossa análise. Ele só concluiria sua lógica em Nürnberg, anos depois de finalizar

Fenomenologia do espírito. O problema metodológico da lógica dialética, porém, já está claramente presente nessa época como questão central, como coroamento conceitual do sistema. Como se sabe, *Fenomenologia* foi impressa como primeira parte do sistema da filosofia, e a segunda parte seria composta pela lógica. Essa unidade já deve ter sido expressa nas preleções de Hegel em Iena. Rosenkranz diz sobre essas preleções: "O excerto que Hegel fez do todo, que ele fez em função do contrato, ainda existe. Ele vinculou a fenomenologia à lógica de tal maneira que tomou aquela como introdução a esta e passou do conceito do saber absoluto diretamente para o do ser"[30].

Quando se está habituado a vislumbrar no método dialético a grande conquista do idealismo clássico alemão e a ver *Lógica*, de Hegel, como o ponto alto desse desenvolvimento, talvez, no primeiro momento, seja surpreendente ouvir dizer que a exigência de uma lógica dialética, da transformação da lógica em dialética, foi um feito bem pessoal de Hegel, por meio do qual ele se colocou em nítida oposição a seus predecessores. É claro que objetivamente havia tendências, e até bem fortes, para a dialética. Toda a assim chamada "filosofia transcendental" de Kant, de Fichte e de Schelling está profundamente imbuída de tendências dialéticas. Na consciência de Kant, de Fichte e de Schelling, porém, essa "filosofia transcendental" situa-se *ao lado* da lógica; os problemas dialéticos são resolvidos naquela, mas a velha lógica formal continua vivendo sua velha vida – respeitada ou desprezada, dependendo das circunstâncias –, sem qualquer alteração ao lado da nova ciência que surge.

Obviamente é impossível apresentar aqui todo o posicionamento de Kant, de Fichte e de Schelling em relação à lógica. Deve ser suficiente citar, a título de ilustração do estado de coisas na época do surgimento de *Fenomenologia*, algumas declarações características dos predecessores de Hegel para ver que eles nem mesmo chegaram a ver o problema da lógica dialética como algo a ser resolvido.

No prefácio à segunda edição de *Crítica da razão pura*, Kant fala do problema da lógica formal. Ele constata que, desde Aristóteles, ela não deu nenhum passo para trás, mas também nenhum para frente, se abstrairmos de acréscimos exteriores e não essenciais de sua exposição. Também na lógica, o importante para Kant é traçar as fronteiras entre as diversas ciências, entre as diversas partes da filosofia, tão rígida e rigorosamente quanto possível. De

---

[30] Ibid., p. 214. Entrementes, esse manuscrito de Hegel, utilizado por Rosenkranz, também se perdeu.

modo correspondente, para ele, o problema da lógica formal, da lógica no sentido estrito, se apresenta assim:

> O limite da Lógica, porém, acha-se determinado bem precisamente por ser uma ciência que expõe detalhadamente e prova rigorosamente nada mais que as regras formais de todo pensamento (seja *a priori* ou empírico, tenha uma origem ou objeto que quiser, encontre em nossa mente obstáculos acidentais ou naturais). A Lógica deve a vantagem de seu sucesso simplesmente à sua limitação, pela qual está autorizada e mesmo obrigada a abstrair de todos os objetos do conhecimento, bem como das suas diferenças, de modo a que nela o entendimento tem que lidar apenas consigo mesmo e com sua forma.[31]

A "filosofia transcendental", que, segundo Kant, lida com os objetos do mundo do fenômeno, tem de abandonar esse terreno seguro. Ao fazer isso, Kant chega a toda uma série de resultados que muito contribuíram para a consolidação da lógica dialética, sem que ele tivesse vislumbrado essa lógica como problema, sem que ele tivesse percebido que a lógica formal tem de ser transformada em uma lógica dialética, caso se pretenda resolver cientificamente os problemas lógicos da objetividade*, das relações objetivas, de modo satisfatório.

Esse caráter nada claro da formulação do problema por Kant, que não foi discernido como questão nada clara nem por Fichte nem por Schelling, confere a toda a "filosofia transcendental" um aspecto coruscante e indeterminado. Por um lado, ela é algo bem diferente da "lógica", pois se ocupa de objetos e relações objetais, mas se diferencia de todas as ciências particulares que se referem à realidade objetiva pelo fato de ocupar-se exclusivamente dos objetos e das relações objetais em geral, com os pressupostos mais universais de seu "pôr" (*Setzung*). Desse modo, a "filosofia transcendental" converte-se em algo que pode ser irrestrita e arbitrariamente dilatado. Visto dessa perspectiva, o transcender de Kant por Fichte e de Fichte por Schelling se efetua sempre de tal modo que quem vem depois se apropria de uma explicação mais ampla da essência e do método da "filosofia transcendental" e apresenta essa

---

[31] [Immanuel Kant,] *Kritik der reinen Vernunft* ([Stuttgart,] Reclam[, 1946]), p. 12 e seg. [Ed. bras.: *Crítica da razão pura*, trad. Valerio Rohden e Udo Baldur Moosburger, São Paulo, Nova Cultural, 1996, p. 35-6.]

* No original, Lukács repete aqui dois termos correlatos: "... *die logischen Probleme der Objektivität, der Gegenständlichkeit*..."; para efeitos desta tradução, suprimimos o segundo. (N. E.)

explicação como o sentido correto e próprio dessa ciência. Em contraposição, Kant se mantém à frente de Fichte e Fichte permanece à frente de Schelling no conceito original da "filosofia transcendental"; cada qual passa a combater seu predecessor, ou sucessor, do ponto de vista de uma ciência cujos princípios e limites efetivos não podem ser constatados de antemão, visto que uma determinação desses princípios só pode ser atingida no caminho da aclaração da relação entre lógica e dialética em geral.

É essa falta de clareza quanto aos princípios últimos da filosofia que dificulta tanto para o leitor atual a compreensão das discussões da época. Disso resulta também o fato de que seguidamente se apele "de repente" à lógica, que de resto é de todo negligenciada. Bem característica dessa situação é a polêmica de Fichte contra a expansão schellinguiana da filosofia transcendental para os problemas de uma filosofia da natureza. Ele escreve sobre isso em carta a Schelling:

> Uma filosofia da natureza certamente pode partir do conceito já pronto e estabelecido de uma natureza: mas, em um sistema do saber global, esse conceito mesmo e sua filosofia devem ser primeiramente deduzidos do "X" absoluto determinado pelas leis da razão finita. No entanto, um idealismo que continuasse a tolerar um realismo a seu lado não seria absolutamente nada: ou então, se pretendesse ser algo, seria a lógica formal geral.[32]

Portanto, só o que Fichte vê diante da dialética em surgimento na natureza é o seguinte dilema: ou ater-se, no caso da dialética, à sua "doutrina da ciência" e tratar a natureza como uma "pequena região da consciência" ou colocar ao lado de uma ciência natural puramente empírica uma lógica formal como fundamento filosófico.

Se analisarmos agora o posicionamento de Schelling diante desses problemas, chama atenção quão pouco ele compreendeu a tendência central do pensamento de Hegel na época em que mais intimamente cooperou com ele. Em *Preleções sobre o método do estudo acadêmico**, Schelling fala sobre os problemas da lógica e da dialética e, ao fazê-lo, alude de maneira perfeitamente visível à lógica dialética de Hegel, em surgimento. No entanto, quão pouco ele entendeu de sua essência depreendemos das abordagens subsequentes.

---

[32] Fichte a Schelling, 31 maio 1801, cit., v. II, p. 327.

* F. W. J. Schelling, "Vorlesungen über die Methode des akademischen Studiums", em *Werke*, cit., v. V. (N. T.)

Já citamos as determinações de Schelling a respeito da dialética, segundo as quais esta tem um aspecto que não pode ser aprendido, isto é, que é acessível apenas para os filosoficamente "iniciados", apenas para o gênio. "Ainda não existe tal dialética. Se fosse pura exposição das formas da finitude em sua relação com o absoluto, ela seria ceticismo científico: não se pode dizer que a lógica transcendental de Kant seja isso."*

Aqui se pode ver com muita clareza como Schelling imaginou o papel e a importância da lógica planejada por Hegel; pelo visto, já naquela época – como uma dissolução dialética de todos os conceitos finitos, pela qual o conhecimento racional supera a si mesmo e, por essa via, fundamenta como necessário o salto para o saber imediato, para a "intuição intelectual" – a menção da dialética transcendental de Kant nesse contexto certamente não é casual. Pois a dialética transcendental de Kant, em suas antinomias, dissolve no nada todo conhecimento absoluto dos princípios do mundo fenomênico, fundamenta filosoficamente a consumação da incognoscibilidade das coisas em si – para abrir caminho para a apreensão do absoluto pela "razão prática", pela "fé". Schelling rejeita essa solução de Kant considerando-a uma insuficiência, algo incompleto.

É característico, porém, que aqui o esquema dessa solução paire diante de seus próprios olhos, pois ele vê como tarefa da lógica dialética a fundamentação de um "ceticismo científico" e, portanto, uma reiteração da antinômica kantiana em um patamar filosoficamente mais alto. No que concerne à nova situação da filosofia, esse "ceticismo científico" deve preparar não uma crença subjetiva, mas uma intuição objetiva do absoluto. No entanto, a desagregação do mundo cognoscível e, desse modo, do método do conhecimento, preserva o esquema do dualismo kantiano, mesmo que de forma modificada: naquele, os membros dessa dualidade eram o conhecimento do mundo fenomênico e a crença subjetiva no absoluto; neste, consistem na autodissolução do conhecimento apropriado pelo entendimento e na autocontemplação suprarracional do sujeito-objeto idêntico. Para Schelling, a esfera dessa intuição é deslocada para um ponto muito acima de toda categoria do entendimento – como teria sido possível uma lógica para ele, uma lógica que visasse aos princípios últimos do conhecimento humano? A superação das contradições, a nova teoria das contradições não é, portanto, para Schelling, o cerne da nova filosofia, mas apenas uma introdução "propedêutica" a ela. (Pode-se ver aqui como foi amplo

---

* Ibidem, p. 269. (N. T.)

o alcance das consequências do posicionamento de Schelling em relação às categorias da reflexão.) Dessa concepção decorre necessariamente que, para Schelling, ao lado dessa dialética cética para gênios filosóficos, só há ainda a velha lógica. Esta é uma ciência puramente empírica, aquela – como em Fichte –, apenas uma parte da "filosofia transcendental" geral[33].

A partir dessas poucas declarações dos precursores importantes de Hegel, vê-se claramente que estes nada viram e nada entenderam dos problemas específicos reais da lógica dialética. Que exatamente o aspecto do conteúdo das categorias mais abstratas oferece a possibilidade de expô-las em seu movimento, em sua conexão dinâmica; que, de modo correspondente, a "ausência de conteúdo" da lógica formal igualmente constitui apenas um caso extremo desse aspecto do conteúdo, como na realidade o repouso é meramente um caso extremo do movimento; que, portanto, justamente por isso todos os problemas da realidade objetiva e do conhecimento subjetivo do homem constituem o objeto dessa lógica dialética; que só nela e só por meio dela podem chegar a ser solucionados em termos filosófico-científicos os problemas levantados pelo idealismo clássico na Alemanha em seu esforço de ir além do pensamento metafísico – esse conhecimento é conquista exclusiva de Hegel. Antes dele essas questões nem mesmo tinham sido levantadas conscientemente como questões.

Seria estimulante e interessante acompanhar o desenvolvimento dessas ideias de Hegel, seu gradativo assomar à consciência, seu condensar-se em um programa de solução de todas as questões da filosofia. Sem dúvida, já na fase inicial do período de Iena há iniciativas bastante enérgicas nesta direção, sobretudo nas teses de habilitação para a docência e em determinadas partes de *Lógica ienense*. Contudo, o caráter polêmico dos primeiros escritos de Hegel em Iena e sua paixão por conquistar para si todos os campos do saber humano (os primeiros anos em Iena constituem o período em que ele elaborou para si conhecimentos efetivos sobre as ciências naturais) impedem que ele exponha de forma sistemática essas suas concepções programáticas. Só os preparativos para esse sistema da filosofia trouxeram para Hegel a aclaração completa dessa tarefa central da filosofia. Em *Fenomenologia*, esse programa é enunciado, então, com toda a clareza, incluindo a importância de *Fenomenologia* como introdução à filosofia, sua relação com a lógica dialética.

---

[33] [Schelling,] *Werke*, cit., v. V, p. 269 e seg.

Neste ponto, nós nos limitaremos a mostrar de forma sucinta essa exposição do programa de Hegel para a lógica na própria *Fenomenologia*. No prefácio a *Fenomenologia*, Hegel caracteriza a lógica como idêntica à filosofia especulativa[34]. Esse enunciado recebe, então, no mesmo prefácio, uma concretização muito clara e substancial. Hegel diz o seguinte sobre a filosofia e seu método:

> A filosofia, ao contrário, não considera a determinação *inessencial*, mas a determinação enquanto essencial. Seu elemento e seu conteúdo não são o abstrato ou inefetivo, mas o *efetivo*, que se põe a si mesmo e é em si vivente: o ser-aí em seu conceito. É o processo que produz e percorre os seus momentos; e o movimento total constitui [...] sua verdade. [...] Talvez pareça necessário indicar antes os pontos principais do *método* desse movimento ou da ciência. Mas seu conceito já se encontra no que foi dito, e sua apresentação autêntica pertence à Lógica, ou melhor, é a própria Lógica. Pois o método não é outra coisa que a estrutura do todo, apresentada em sua pura essencialidade.[35]

Aqui já está enunciada com clareza a essência da lógica enquanto essência da filosofia propriamente dita, na qual o método de toda a sua estrutura e a relação entre todas as categorias que perfazem seu conteúdo são expostos no processo de seu movimento. A lógica enquanto a filosofia propriamente dita é, ao mesmo tempo, o pressuposto e a continuidade necessária e a completude de *Fenomenologia do espírito*, que é a introdução a ela. Em outra passagem do prefácio, Hegel determina ainda mais concretamente essa relação e o método da lógica, sua relação com o conteúdo de seus objetos. Ele diz o seguinte:

> Portanto, a *inteligibilidade* é, desse modo, um vir-a-ser; e enquanto é esse vir-a-ser, é a *racionalidade*. A natureza do que é está em ser, no seu próprio ser, seu *conceito*: nisto consiste a *necessidade lógica* em geral. Só ela é o racional ou o ritmo do todo orgânico: é tanto o *saber* do conteúdo quanto o conteúdo é *conceito* e *essência*; ou seja, só a necessidade lógica é o *especulativo*. [...] Essa natureza do método científico – por um lado, ser inseparável do conteúdo e, por outro lado, determinar seu ritmo próprio por si mesmo – tem sua apresentação propriamente dita na filosofia especulativa, como já foi lembrado.[36]

---

[34] *Werke*, v. II, p. 29. [Ed. bras.: *Fenomenologia do espírito*, cit., p. 47.]
[35] Ibid., p. 36 e seg. [Ed. bras.: ibidem, p. 53.]
[36] Ibid., p. 45. [Ed. bras.: ibidem, p. 60.]

Fenomenologia do espírito foi projetada como introdução a essa filosofia especulativa, cuja essência, como vemos agora com clareza, é idêntica à lógica dialética. Todavia, *Fenomenologia* é um gênero especial de introdução. No que segue, ainda falaremos em detalhes sobre seu caráter metodológico; a ideia básica de sua metodologia, porém, já ficou esclarecida a partir do que foi exposto até aqui: nela, pretende-se indicar o caminho que a consciência comum deve percorrer caso queira se elevar à condição de consciência filosófica. Portanto, enquanto em Schelling o acesso à filosofia real estava franqueado tão somente aos "eleitos" e estes se assentaram de uma vez por todas, mediante o ato da "intuição intelectual", bem no centro do conhecimento do absoluto, em Hegel, ao contrário, não só o próprio absoluto é – portanto, objetivamente – um processo e seu resultado, mas também a obtenção da razão humana subjetiva igualmente é, do ponto de vista de que o absoluto pode ser adequadamente conhecido, um processo e seu resultado.

Como essa introdução se diferencia qualitativamente de todas as introduções à filosofia escritas até então, também sua relação de conteúdo com a filosofia é radicalmente diferente das anteriores. As introduções anteriores são puramente formais, e o conteúdo propriamente dito só é dado na própria filosofia ou a própria filosofia tem, como no caso de Schelling, um conteúdo e uma objetividade radicalmente diferentes do saber finito e "profano" que a precedeu.

Para Hegel, em contraposição, a filosofia sempre e em toda parte é a mesma: ela sempre é o ato de enunciar os conteúdos essenciais da realidade em seu automovimento dialético. Por essa razão, a introdução à filosofia deve abranger *exatamente os mesmos* conteúdos que a própria filosofia abrange. O galgar da escada à filosofia, que, segundo as palavras do próprio Hegel, é oferecido ao homem em *Fenomenologia*, significa o processamento intelectual dos conteúdos da realidade em diversos níveis da consciência humana que vai se elevando cada vez mais. Ainda que apareçam nos diversos níveis da consciência e, de modo correspondente, sejam modificados em sua forma de manifestação objetiva, os conteúdos são os mesmos com que a filosofia objetiva, a lógica dialética, tem de ocupar-se. E não só isso: os diversos níveis de consciência que levam ao ponto de vista da filosofia, corporificados em *Fenomenologia* como "figuras da consciência", não são nem quanto à sua essência nem quanto à sua sequência algo casual, algo que estaria em uma relação meramente acidental com as interconexões objetivas da lógica dialética. Enquanto generalizações, seus conteúdos são os mesmos que os da filosofia, só que a sequência de seus níveis e sua vinculação uns com os outros etc. são distintas das da lógica dialética mesma. No entanto, dado que a realidade da qual se originaram tanto *Fenomenologia* quanto *Lógica* é a mesma, esses conteúdos de aparência distinta têm de corresponder-se necessariamente, mesmo que isso se dê de maneira complexa, não linear, não esquemática. Em Hegel, portanto, o caminho até a filosofia é percorrido no âmbito da filosofia.

Nas análises conclusivas de *Fenomenologia*, Hegel expressa essa ideia da seguinte maneira:

> Enquanto na fenomenologia do espírito cada momento é a diferença entre o saber e a verdade, e [é] o movimento em que essa diferença se supera (*aufhebt*), a ciência [a lógica – G. L.], ao contrário, não contém essa diferença e o respectivo superar (*Aufheben*); mas, na medida em que o momento tem a forma do conceito, reúne em unidade imediata a forma objetiva da verdade e [a forma] do Si que sabe. O momento não surge como esse movimento de ir e vir da consciência ou da representação para a consciência-de-si e vice-versa; mas sua figura pura, liberta de sua manifestação na consciência – o conceito puro e seu movimento para diante –, depende somente de sua pura *determinidade*. Inversamente, a cada momento abstrato da ciência corresponde em geral uma figura do espírito que se manifesta [isto é, da fenomenologia – G. L.]. Como o espírito aí-essente não é mais rico que a ciência, assim também não é mais pobre em seu conteúdo. Conhecer os conceitos puros da ciência nessa forma de figuras da consciência constitui o lado de sua realidade segundo o qual sua essência – o conceito –, que nele está posta em sua *simples* mediação como *pensar*, dissocia um do outro os momentos dessa mediação e se apresenta segundo a oposição interna.[37]

De tudo isso depreendemos como o método de *Fenomenologia do espírito* brota da polêmica de Hegel contra a filosofia schellinguiana, elevando-se, todavia, pela importância de seu conteúdo e de sua metodologia, muito acima dessa controvérsia e adquirindo um significado totalmente autônomo. De qualquer modo, poderíamos intitular os trechos polêmicos desse escrito que encerra o período de Hegel em Iena, enquanto correlato do escrito com que ele inaugurou sua atuação naquela cidade, de *Diferença entre o sistema filosófico schellinguiano e o sistema filosófico hegeliano*. Esse escrito encerra o processo dramático de diferenciação do idealismo alemão clássico: começou o período da filosofia de Hegel.

---

[37] Ibid., p. 609 e seg. [Ed. bras.: ibidem, p. 543, modif.]

Nossas análises até aqui aclararam a profunda originalidade metodológica de *Fenomenologia do espírito*. Essa demonstração faz ruir todas as sutilezas filológicas da ciência burguesa, que procura convulsivamente "precursores" de *Fenomenologia do espírito*. Caso se tratasse somente de um esporte filológico praticado por eruditos ociosos, nem valeria a pena tocar nessas questões. Toda essa filologia, porém, constitui apenas parte dos esforços por fazer crer que a filosofia alemã clássica constituiu uma unidade completa, isto é, dos esforços por apagar a peculiaridade da dialética hegeliana, pela qual ela se tornou precursora do materialismo dialético, por colocar Hegel em parte no mesmo nível do agnosticismo kantiano, em parte no do irracionalismo romântico. Diante dessas tendências, a ênfase na originalidade metodológica de *Fenomenologia do espírito* tem certa importância histórica.

Adiante compilaremos de forma concisa, em uma nota destinada aos leitores que se interessam pelos detalhes dessa questão, os dados essenciais do chamado pioneirismo. Em princípio, só o que se precisa dizer é que obviamente a ideia de *Fenomenologia* em certo sentido estava no ar. Os diferentes motivos, cuja união metodológica mais tarde observaremos na própria *Fenomenologia*, obviamente não foram inventados por Hegel, mas constituíam problemas bem determinados daquela época.

No entanto, uma coisa é os pensadores estarem imbuídos dos mesmos problemas da época, outra bem distinta é se suas diferentes formulações e soluções de problemas exercem determinada influência umas sobre as outras. O que refutamos é tão somente esta última alternativa. A ideia da vinculação dialética das categorias também estava no ar desde Kant e, não obstante, vimos que Hegel foi o primeiro a levantar o problema da lógica dialética em termos cientificamente concretos.

A situação é a mesma em relação aos problemas de *Fenomenologia do espírito*. Eles estão relacionados a dois complexos de problemas. Por um lado, a dialética das categorias do entendimento, sua superação recíproca em Kant, necessariamente levantou a questão referente a como é o caminho que leva a essa dialética e dessa dialética para um conhecimento do absoluto. Por outro lado, com o constante crescimento do sentido histórico, com o crescimento do conhecimento histórico, vincula-se a necessidade de uma concepção da história como caminho unitário que traz ao tempo presente – em especial da exposição de um caminho unitário e necessário de desenvolvimento do pensamento humano, da filosofia. (Winckelmann, Herder e Schiller precederam proféticamente, na história da arte e da literatura, o desenvolvimento da história da filosofia.) Tudo isso são tendências gerais da época, que teriam de exercer e de fato exerceram as mais diversas formas de influência sobre o surgimento de *Fenomenologia do espírito*. Também nesse caso, contudo, isso não significa que as tentativas de solução muito episódicas, muito fragmentárias, anteriores a Hegel tinham exercido influência essencial sobre a formulação *particular* do problema de *Fenomenologia*, e é especialmente inviável tirar conclusões da constatação de tais interconexões e afinidades – muito hipotéticas – para o tipo moderno de tratamento da história desse período da filosofia.

A mais recente tentativa nessa direção foi feita por Hoffmeister[38], que quis lançar uma ponte entre as "épocas da razão" em *Sistema do idealismo transcendental*, de Schelling, e em *Fenomenologia do espírito*. Sua argumentação nada tem de convincente. Em termos formais, não [convence] porque Schelling constantemente mistura o lado subjetivo (fenomenológico) com o lado objetivo (lógico) do problema, ao passo que a essência da fenomenologia consiste exatamente na elaboração consequente e metodológica desse lado subjetivo; e porque Schelling nem chega a levar essa ideia a termo de modo consequente, ao fazer cessar suas "épocas" em que o problema começa para Hegel, ou seja, na filosofia da práxis. Em termos de conteúdo, [não convence] porque está totalmente ausente em Schelling qualquer problema da relação entre práxis humana (trabalho) e o surgimento da consciência. Obviamente em Kant também há passagens que apontam nessa direção. *Crítica da razão pura* contém, no fim, um capítulo fragmentário intitulado "História da razão pura"[39]. Nesse texto, encontram-se apenas observações isoladas sobre um esquema de história da filosofia, sendo que exatamente o aspecto histórico é o que Kant desenvolve menos; ele coloca a ênfase na elaboração de determinadas possibilidades típicas do posicionamento em relação a questões decisivas da filosofia. Kroner[40], por sua vez, quer descobrir Fichte no papel de precursor. Pois Fichte fala, em determinada passagem[41], de uma "história pragmática" do espírito. Porém,

---

[38] *Einleitung zur Realphilosophie*, v. I, p. 91. [Johannes Hoffmeister, "Introdução", em Hegel, *Jenenser Realphilosophie*, ed. Johannes Hoffmeister, Leipzig, F. Meiner, 1931-1932, v. I, p. 91 – N. E.]
[39] [Immanuel Kant, *Kritik der reinen Vernunft*,] Cit., p. 641 e seg. [Ed. bras.: *Crítica da razão pura*, cit., p. 502 e seg.]
[40] [Richard Kroner, *Von Kant bis Hegel*, Tübingen, Mohr, 1921.] Cit., v. I, p. 147 e 372 e seg.
[41] *Werke*, cit., v. III, p. 415.

quando se examina essa passagem mais de perto, é preciso ver que se trata, mais ainda do que no exemplo de Schelling tratado anteriormente, apenas de uma ideia repentina da qual em lugar nenhum foram tiradas reais consequências metodológicas. É inegável que tais ideias têm suas raízes nas mesmas correntes e nos mesmos problemas da época como a própria *Fenomenologia*, mas nada têm a ver com algum papel precursor. Mais a sério devem ser levadas certas ideias de Goethe e Schiller. Em carta a Schiller (24.1.1798), Goethe diz que ocupar-se da história da teoria das cores o levou a ter ideias novas importantes:

> Quando se visualiza dessa maneira a série de acontecimentos espirituais de que é feita propriamente a história das ciências, não se zomba mais da ideia de escrever uma história *a priori*: pois tudo de fato evolui a partir das qualidades progressivas e retrocessivas do espírito humano, de sua natureza impulsiva e que de novo se retarda.

Visto que, de resto, também há uma profunda afinidade de tendências intelectuais entre Goethe e Hegel, tal encontro a meio caminho certamente é interessante. Ainda mais essenciais são certas ideias que Schiller exprimiu em suas *Cartas filosóficas*, pois aqui se tem o caso único em que um precursor, em certo sentido, foi reconhecido como tal pelo próprio Hegel. Pois o escrito de Schiller contém, nas partes finais, um poema filosófico, e foi desse poema que Hegel extraiu em citação livre o fecho de sua obra: "Do cálice desse reino dos espíritos, espuma até ele sua infinitude"*. Também as ideias isoladas que emergem em *Cartas filosóficas* e que mostram certa afinidade com Hegel de fato só são interessantes do ponto de vista do desenvolvimento de Schiller, de seu esforço sério e muitas vezes exitoso por ultrapassar as limitações do idealismo subjetivo kantiano; como "pré-história" de *Fenomenologia*, elas pouco contribuem para sua melhor compreensão.

II. A orientação política e a concepção de história de Hegel no período de *Fenomenologia do espírito*

Vimos que a questão filosófica central da filosofia hegeliana posterior aparece diante de nós em *Fenomenologia* já bem preparada na forma de um programa claramente articulado visando ao passo seguinte da atividade de Hegel. Com *Fenomenologia*, está concluído o período de preparação do sistema hegeliano –

---

* G. W. F. Hegel, *Fenomenologia do espírito*, cit., p. 545. (N. T.)

a significativa personalidade histórico-universal de Hegel já aparece pronta diante de nós nessa obra. Apesar disso, de modo nenhum seria correto identificar sem ressalvas o Hegel de *Fenomenologia* sem ressalvas com o do sistema posterior. Nesse entretempo, sucederam grandes transformações no mundo, às quais Hegel reagiu com entusiasmo, com todo o âmago de seu ser, e que, por isso mesmo, necessariamente deixaram marcas profundas em sua filosofia. Não é tarefa deste livro investigar essas transformações, ainda mais na medida em que afetam a estruturação de toda a filosofia hegeliana, o que acarreta a reestruturação de categorias importantes. A seguir, abordaremos alguns desses problemas, mas apenas para elaborar certos traços essenciais de *Fenomenologia* de modo mais plástico do que seria possível de outra forma.

Por outro lado, é preciso dizer que é falso interpor um abismo entre o Hegel de *Fenomenologia* e seu desenvolvimento posterior. O fato de, em *Enciclopédia*, o capítulo "Fenomenologia" ter uma importância bem mais restrita no sistema da filosofia projetado em Iena do que a obra que discutiremos agora nem de longe oferece suporte suficiente para isso. Tanto menos por sabermos que, ainda nos últimos anos de sua vida, Hegel preparou uma nova edição de *Fenomenologia do espírito*; todavia, só teríamos um conhecimento bem exato de sua posição posterior em relação a ela se essa nova edição de fato tivesse sido levada a termo e se pudéssemos comparar as modificações feitas por Hegel com a edição original. Infelizmente, não é o caso. Nosso conhecimento do desenvolvimento de Hegel, porém, é suficiente para perceber que, também para esse desenvolvimento, vale a concepção hegeliana da unidade dialética enquanto "identidade de identidade e não identidade". Como esse desenvolvimento se comporta em detalhes, como se relacionam suas etapas singulares com os grandes eventos da época, essas são questões que a pesquisa marxista deverá decidir depois de processar todo o material disponível sobre o tema.

Para os pesquisadores burgueses de Hegel, *Fenomenologia* representa algo desagradável e até inquietante. Sua intenção é eliminar seu caráter específico por meio de diversas hipóteses "engenhosas". Não queremos importunar nossos leitores com a discussão de todas essas teorias sem base nenhuma; queremos apenas mencionar brevemente, como exemplo especialmente marcante e desencorajador de tais "teorias", a mais recente concepção do conhecido pesquisador de Hegel Th.[eodor] Haering sobre o surgimento de *Fenomenologia*. Segundo a concepção de Haering, *Fenomenologia* é simplesmente uma improvisação. "A partir daqui parece plausível supor que lhe ocorreu a ideia de conferir uma forma extensa à introdução só *depois* da conclusão dos trabalhos de editoração e talvez até depois da entrega da primeira parte do manuscrito." E, visto que Haering de fato consegue provar, a partir de cartas de Hegel, que houve paralisações na entrega dos manuscritos para impressão, ele chega à "engenhosa" hipótese de que a segunda metade de *Fenomenologia* teria sido compilada rapidamente e de improviso a partir de manuscritos mais antigos e de anotações para preleções. Dessa história da gênese, Haering conclui que *Fenomenologia* em desenvolvimento de Hegel seria "algo apenas provisório". Sua essência consistiria somente em ser "uma visão da essência do espírito [...] em sentido quase husserliano"[42].

Não é muito difícil desvendar as causas que levaram o fascista Haering a diminuir dessa maneira a importância de *Fenomenologia*. Haym, o velho biógrafo de Hegel de tendência liberal-nacionalista, enunciou-as com toda clareza, mesmo que sem nenhuma compreensão para os problemas aí existentes. Sua apreciação de *Fenomenologia* termina com uma salva indignada de impropérios contra o comportamento não patriótico de Hegel na época da catástrofe da velha Prússia, na época da batalha de Iena (1806), pelo fato de Hegel ter comemorado a vitória de Napoleão contra o Exército da velha Prússia como uma vitória da civilização contra a barbárie feudal. Todavia, as consequências que Haym tira disso não se restringem a *Fenomenologia*, mas se referem a todo o pensamento de Hegel. Ele constata em Hegel um traço "estético" afastado da vida, que violenta a vida, e enaltece, em vez disso, o patriotismo de Fichte; o que "colocou de lado a metafísica empoeirada e seu discurso viril foi o grito que despertou o sentimento nacionalista adormecido"[43]. O fato de esse "erguer-se" de Fichte ter representado o fim de sua carreira como filósofo autêntico de importância europeia, o fato de ter sucumbido tragicamente como filósofo diante das contradições da Alemanha daquela época, isso não interessa nem um pouco a Haym. Sua biografia de Hegel surgiu naquele período de mudança radical da burguesia alemã, em que esta passou a liquidar de modo cada vez mais resoluto o que restava de suas antigas tradições libertárias, a subordinar incondicionalmente a ideia

---

[42] Haering, "Die Entstehungsgeschichte der Phänomenologie des Geistes", em *Verhandlungen des dritten Hegelkongresses* (1933) (Haarlem-Tübingen, 1934), p. 126, 130 e 137.
[43] [Rudolf] Haym, [*Hegel und seine Zeite*, 1887; 2. ed., Leipzig, W. Heims, 1927] cit., p. 258 e seg.

da "liberdade" à da "unidade"; em suma, a capitular diante da "monarquia bonapartista" (Engels) dos Hohenzollern sob a liderança de Bismarck[44].

Quem melhor desvendou as reais razões sociais da situação bastante complexa da Alemanha na época da batalha de Iena foi o renomado marxista alemão Franz Mehring. Ele compara inteligentemente a batalha de Iena ao assalto parisiense à Bastilha e expõe corretamente que essas diferentes formas da derrocada da monarquia feudal absolutista na Alemanha e na França tiveram consequências de enorme alcance[45]. Surgem daí especialmente aquelas contradições do período que estava começando, sobre o qual já discorremos, a saber, que a evolução da liquidação dos resquícios feudais na Alemanha e até a unificação, a libertação da Alemanha em relação ao domínio estrangeiro francês, percorreu caminhos diferentes. Nessa encruzilhada histórica, os românticos se posicionaram ao lado da libertação nacional sob a liderança prussiano-austríaca e, na medida em que esta tomou rumos cada vez mais reacionários, em especial após sua vitória, depois da derrubada de Napoleão, a maioria deles incorreu no mais tenebroso obscurantismo. (Fichte sucumbiu como filósofo diante da insolubilidade das contradições que se originaram daí.) Os alemães mais importantes desse período, Goethe e Hegel, aderiram a Napoleão, esperaram dele a destruição dos resquícios feudais na Alemanha e, desse modo, isolaram-se do estado de espírito das grandes massas populares, em especial do norte da Alemanha.

A veneração que Goethe e Hegel nutriam por Napoleão é fato tão conhecido e comprovado por uma quantidade tão grande de material que nem mesmo a historiografia nacionalista alemã é capaz de negá-lo por completo. Apesar disso, tentou-se também aqui apagar os vestígios dessas circunstâncias, transformando essa veneração por Napoleão em um culto abstrato do gênio em geral. (Assim procedeu especialmente a bibliografia sobre Goethe do período imperialista de Nietzsche a Gundolf.) O que nos interessa aqui é o conteúdo político concreto do posicionamento de Hegel em relação a Napoleão. E esse se expressa mais em suas cartas pessoais do que em suas obras impressas – por razões que, diante das condições alemãs daquela época, não carecem de mais

---

[44] Fiz uma exposição detalhada desse desenvolvimento da burguesia alemã e de suas consequências ideológica em meu ensaio "Karl Marx und F. Th. Vischer", em [G. Lukács,] *Beiträge zur Geschichte der Ästhetik* (Berlim, [Aufbau,] 1954)[, p. 217-85].

[45] [Franz] Mehring, ["Zur preußischen Geschichte – Vom Mittelalter bis Jena", em] *Gesammelte Schriften und Aufsätze* (Berlim, 1930), v. III, p. 374 e seg.

explicações. Pode-se observar inclusive que Hegel fala abertamente sobre essa questão quase só com o filósofo [Immanuel] Niethammer, amigo de confiança.

Naquelas cartas, no entanto, a linha política de Hegel aparece de modo totalmente inequívoco. No que segue, citaremos apenas algumas declarações importantes, mas que proporcionarão ao leitor clareza total de que Hegel de modo nenhum admirou em Napoleão algum gênio abstrato – aliás, ele estava muito distante de pensar algo assim, a julgar pelo conhecimento exato que temos de sua concepção do papel dos grandes homens na história –, e sim o executor do legado da Revolução Francesa na Alemanha, em suma: em todo esse período e até a derrubada de Napoleão ou mesmo depois disso, Hegel foi *adepto convicto da política da Confederação do Reno*.

A carta a Niethammer em que ele descreve suas impressões imediatas após a batalha de Iena é de conhecimento geral. Nós a mencionamos aqui apenas porque as demais cartas são do período posterior à conclusão de *Fenomenologia* e queremos mostrar que, em Hegel, há uma linha política direta que leva da aprovação ao golpe de Estado do 18 de brumário, no ensaio sobre o direito natural, à derrubada de Napoleão e que, portanto, o estado de espírito político e a concepção a respeito do presente na própria *Fenomenologia* constitui um componente orgânico desse desenvolvimento de Hegel. Em 13 de outubro de 1806, ele escreve o seguinte:

> Vi o imperador – esse espírito universal – saindo a cavalo para proceder ao reconhecimento da cidade; – de fato é uma sensação maravilhosa ver um indivíduo como esse que, concentrado aqui em um só ponto, sentado sobre um cavalo, estende a mão sobre o mundo e o domina. [...] Todavia, não havia como fazer prognósticos melhores [...] para os prussianos – mas da quinta-feira até a segunda-feira tais progressos só foram possíveis para esse homem extraordinário, sendo impossível não o admirar.[46]

Nas cartas posteriores, o conteúdo político concreto é expresso de modo ainda mais claro. Em 29 de agosto de 1807, Hegel escreve a Niethammer: "Os mestres de direito constitucional não se eximem de redigir escritos em quantidade sobre o conceito da soberania e o sentido da Ata Federativa. O grande mestre de direito constitucional está em Paris". Em seguida, Hegel passa a falar dos conflitos entre príncipes e assembleias em alguns Estados da Confederação do Reno e prossegue:

---

[46] *Briefe von und an Hegel* ([ed. Karl Hegel,] Leipzig, 1887[, 2 v.]), [v. 1,] p. 68.

Por ocasião da supressão desses conflitos em Württemberg, Napoleão disse furioso para o ministro württemberguense: constitui vosso senhor como soberano, não como déspota. Os príncipes alemães ainda não captaram o conceito de uma monarquia livre nem tentaram sua realização – Napoleão terá de organizar tudo isso. – Muita coisa ainda ficará diferente do que se imaginava.[47]

No mesmo espírito, ele escreve no dia 13 de outubro de 1807: "De qualquer modo, a decisão final parece não ter sido emitida por Paris, a qual, como se deve supor a partir de várias circunstâncias, exercerá influência não só sobre a partilha exterior dos territórios, mas, para o bem dos povos, também sobre sua organização interna"[48]. Em espírito semelhante, no dia 11 de fevereiro de 1808, ele escreve o seguinte sobre a introdução de *Code Napoléon* [Código Civil francês] na Alemanha:

> A importância do *Code*, porém, não tem comparação com a importância da esperança que se poderia extrair do fato de que também os demais trechos da Constituição francesa ou westfálica sejam introduzidos. – Dificilmente isso se fará de modo voluntário ou por nossa própria sensatez – pois onde estaria ela? –, mas, se for da vontade do céu, isto é, do imperador francês, que despareçam as *modalidades* características *de centralização* e organização vigentes até agora, nas quais não há justiça, não há popularidade, mas apenas a arbitrariedade e esperteza do indivíduo.[49]

A partir de tudo isso é possível depreender claramente que, nesses anos, Hegel não só foi adepto da política da Confederação do Reno, mas, em cada questão específica, esperou a solução progressista de Napoleão, de sua pressão enérgica sobre os príncipes alemães. Só não concordando com Napoleão, como se vê, na questão da centralização completa da administração. De todas as cartas, transparece claramente que também esse ponto ele viu como algo que poderia ser melhorado mediante um desenvolvimento próprio do sistema napoleônico. Portanto, essa crítica a um detalhe não permite construir nenhuma oposição de Hegel ao regime napoleônico.

A essa concepção corresponde perfeitamente o fato de Hegel ter assumido posição muito cética em relação à guerra alemã de libertação contra Napoleão e até o último momento ter esperado a vitória do imperador. Para Hegel, a

---

[47] Ibid., p. 130.
[48] Ibid., p. 135.
[49] Ibid., p. 158 e seg.

derrubada de Napoleão não passou de um acontecimento mundial trágico, e suas cartas estão cheias de crítica amarga à mediocridade que triunfara. Muito tempo depois, Hegel ainda não conseguira se conformar com esse estado de coisas e seguidamente manifesta a esperança de que o espírito do mundo, apesar de tudo, desse um passo de gigante e mandasse ao diabo as pulgas e os carrapatos que haviam triunfado. Só muito gradativamente se instaura, então, sua "reconciliação" com a condição existente na Alemanha, sendo que a exposição de cada uma das etapas desse desenvolvimento situa-se fora do quadro deste trabalho[50].

Expusemos esses estados de espírito de Hegel em detalhes porque têm uma relação estreita com problemas fundamentais de *Fenomenologia* – sobretudo com o juízo histórico a respeito do próprio tempo presente e, em decorrência, com a essencialidade da filosofia em um presente concebido nesses termos. Em suma, o ponto de vista de Hegel é que, após a grande crise universal que fora a Revolução Francesa, estava prestes a surgir uma nova era no mundo, com o regime napoleônico. E sua filosofia seria a expressão intelectual dessa era. Portanto, a avaliação específica que Hegel passa a fazer de seu próprio sistema filosófico é esta: ele sintetiza filosoficamente o *início* de um *novo* período mundial.

Rosenkranz publica as palavras finais das preleções de Hegel no outono de 1806, com as quais deu por encerradas suas leituras sobre *Fenomenologia*:

> Meus senhores, esta é a filosofia especulativa a que consegui chegar em sua composição. Encarem-na como um início do filosofar, ao qual os senhores darão continuidade. Encontramo-nos em uma época importante, em meio a uma fermentação, na qual o espírito deu uma acelerada brusca, ultrapassou sua forma anterior e está ganhando uma nova. Toda a massa anterior de representações e conceitos, os laços do mundo foram desfeitos e tudo está desabando como a imagem de um sonho. Um novo advento do

---

[50] Sobre a postura de Hegel depois da derrubada de Napoleão, cf. especialmente a carta a Niethammer de 29 de abril de 1814 (ibid., p. 371 e seg.). A ira e o desprezo de Hegel pela mediocridade dos estratos dominantes do período da Restauração não podem ser interpretados no sentido romântico do antagonismo entre o gênio solitário e a mediocridade humana generalizada. É possível encontrar essa crítica ao período da Restauração também entre os autores realistas mais significativos da França, como em Balzac e, em especial, em Stendhal. Além disso, nas cartas de Hegel, está claramente expresso o sentido político desse desprezo. Assim, na carta citada por nós agora, ele zomba das pessoas que trouxeram de volta os "velhos bons tempos" e concretiza isso em relação aos ânimos em Nürnberg, onde ele vivia na época e onde se esperava da Restauração o restabelecimento da velha "autonomia" e "imediaticidade imperial" da cidade de Nürnberg.

espírito se prepara. A filosofia tem de, em primeira linha, saudar e reconhecer seu aparecimento, ao passo que outros, resistindo a ele impotentes, agarram-se ao passado, e a maioria perfaz inconscientemente as massas de seu aparecimento. A filosofia deve prestar-lhe as devidas honras, reconhecendo-o como o eterno.[51]

Essa concepção é expressa, então, ainda mais claramente nas exposições programáticas do prefácio a *Fenomenologia*. A essa ideia Hegel associa aqui a necessidade de que a filosofia que enuncia em termos de pensamento essa nova figura (*Gestalt*) do espírito tenha, em um primeiro momento, forma abstrata; pois o novo ainda não se desdobrou na realidade, na própria vida histórica, ainda não se desmembrou em uma rica pluralidade de multiformes momentos. Essa conexão entre tempo e filosofia é o fundamento duradouro da concepção hegeliana do desenvolvimento do pensamento humano. Justamente por isso, porém, é importante notar concretamente que, na época da redação de *Fenomenologia*, ele concebe sua filosofia como a forma intelectual de uma figura *recém-nascida* da história universal, enquanto mais tarde, como logo veremos, sua concepção da relação entre sua filosofia e o desenvolvimento da história universal mudou por completo – mantendo os mesmos princípios que regem a relação entre história universal e filosofia em geral. A grande importância de que se reveste essa questão para o desenvolvimento filosófico de Hegel torna necessário citar essas suas exposições com todos os detalhes:

> Aliás, não é difícil ver que nosso tempo é um tempo de nascimento e trânsito para uma nova época. O espírito rompeu com o mundo de seu ser-aí e de seu representar, que até hoje durou; está a ponto de submergi-lo no passado e se entrega à tarefa de sua transformação. Certamente, o espírito nunca está em repouso, mas sempre tomado por um movimento para a frente. Na criança, depois de longo período de nutrição tranquila, a primeira respiração – um salto qualitativo – interrompe o lento processo do puro crescimento quantitativo; e a criança está nascida. Do mesmo modo, o espírito que se forma lentamente, tranquilamente, em direção à sua nova figura, vai desmanchando tijolo por tijolo o edifício de seu *mundo* anterior. Seu abalo se revela apenas por sintomas isolados; a frivolidade e o tédio que invadem o que ainda subsiste, o pressentimento vago de um desconhecido são os sinais precursores de algo diverso que se avizinha. Esse desmoronar-se gradual, que não alterava a fisionomia do todo, é interrompido pelo sol nascente, que revela num clarão a imagem do mundo novo. – Falta, porém, a esse mundo novo – como falta a uma criança recém-nascida – uma efetividade acabada; ponto essencial a não ser

---
[51] Rosenkranz, p. 214 e seg.

descuidado. O primeiro despontar é, de início, a imediatez do mundo novo – o seu conceito: como um edifício não está pronto quando se põe seu alicerce, também esse conceito do todo, que foi alcançado, não é o todo mesmo. Quando queremos ver um carvalho na robustez de seu tronco, na expansão de seus ramos, na massa de sua folhagem, não nos damos por satisfeitos se em seu lugar nos mostram uma bolota. Assim a ciência, que é a coroa de um mundo do espírito, não está completa no seu começo. O começo do novo espírito é o produto de uma ampla transformação de múltiplas formas de cultura, o prêmio de um itinerário muito complexo, e também de um esforço e de uma fadiga multiformes. Esse começo é o todo, que retornou a si mesmo de sua sucessão [no tempo] e de sua extensão [no espaço]; é o conceito que-veio-a-ser *conceito simples* do todo. Mas a efetividade desse todo simples consiste em que aquelas figuras, que se tornaram momentos, de novo se desenvolvem e se dão nova figuração; mas no seu novo elemento, e no sentido que resultou do processo. – Embora a primeira aparição de um mundo novo seja somente o todo envolto em sua *simplicidade*, ou seu fundamento universal, no entanto, para a consciência, a riqueza do ser-aí anterior ainda está presente na rememoração. Na figura que acaba de aparecer, a consciência sente a falta da expansão e da particularização do conteúdo; ainda mais: falta-lhe aquele aprimoramento da forma, mediante o qual as diferenças são determinadas com segurança e ordenadas segundo suas sólidas relações. Sem tal aprimoramento, carece a ciência da *inteligibilidade* universal; e tem a aparência de ser uma posse esotérica de uns tantos indivíduos. [...] Só o que é perfeitamente determinado é ao mesmo tempo exotérico, conceitual, capaz de ser aprendido por todos e de ser a propriedade de todos.[52]

Repetimos: não é possível nem mesmo indicar aqui o desenvolvimento posterior de Hegel. Porém, para nossos propósitos, é perfeitamente suficiente se confrontarmos com este prefácio de *Fenomenologia* as declarações muito claras e plásticas feitas por Hegel na introdução a *Filosofia do direito* (1820) sobre a relação entre filosofia e época. Enquanto concebeu *Fenomenologia* como um guia no caminho para um mundo *totalmente novo*, mais tarde Hegel apresenta – partindo da mesma base metodológica geral – uma *imagem diametralmente oposta* da relação entre sua filosofia e o tempo presente:

---

[52] *Werke*, v. II, p. 10 e seg. [Ed. bras.: *Fenomenologia do espírito*, cit., p. 31-2, modif.] Vemos como aqui, em Hegel, todos os problemas de *Fenomenologia* estão centrados no fato histórico de que se trata de enunciar o sentido filosófico de uma época universal totalmente nova. Até mesmo o caráter esotérico da filosofia, que ele quer superar em Schelling exatamente por meio de *Fenomenologia*, aparece como produto necessário dessa situação universal. Essa explicação histórica da filosofia schellinguiana obviamente não atenua a incisividade da luta de Hegel contra ela.

Sobre o *ensinar* como o mundo deve ser, para falar ainda uma palavra, de toda maneira a filosofia chega sempre tarde demais. Enquanto *pensamento* do mundo, ela somente aparece no tempo depois que a efetividade completou seu processo de formação e se concluiu. Aquilo que ensina o conceito mostra necessariamente do mesmo modo a história, de que somente na maturidade da efetividade aparece o ideal frente ao real e edifica para si esse mesmo mundo, apreendido em sua substância na figura de um reino intelectual. Quando a filosofia pinta seu cinza sobre cinza, então uma figura da vida se tornou velha e, com cinza sobre cinza, ela não se deixa rejuvenescer, porém apenas conhecer; a coruja de Minerva somente começa seu voo com a irrupção do crepúsculo.[53]

O modo extraordinariamente plástico com que Hegel expressa suas ideias nos dois casos evidencia esse contraste com nitidez: lá a aurora, aqui o crepúsculo; lá o *início* de uma nova época universal, aqui o *encerramento* de um período do desenvolvimento da humanidade. Dado que na filosofia de Hegel não existem estados de espírito, veremos que, em ambos os casos, estamos tratando de uma visão filosófico-histórica fundamentalmente diferente do desenvolvimento da era moderna, da posição histórica do tempo presente.

Essa nova periodização dos tempos modernos pode ser explicitada e comprovada de maneira bem simples. A concepção filosófico-histórica geral não se alterou mais em sua essência depois do período de Iena. A caracterização da Antiguidade, tanto da Grécia quanto de Roma, permaneceu a mesma de Iena. O fato de a exposição da Antiguidade ter sido ampliada e enriquecida com amplos estudos sobre o mundo oriental não representa uma mudança metodológica. Pudemos observar já em Frankfurt os primórdios desse desenvolvimento e veremos que, já em *Fenomenologia*, um grande capítulo é dedicado às religiões orientais. Outra coisa que permanece inalterada é a maneira extraordinariamente ligeira de que Hegel trata a história medieval. Ela adquire importância um pouco maior apenas na estética e na filosofia da religião; naquela, contudo, há uma forte tendência de conceber os valores histórico-universais reais da arte mais propriamente como produtos da Renascença, da suplantação da Idade Média. A periodização da estética, com sua forte ênfase na época "romântica" da arte, tampouco representa, portanto, uma concessão à glorificação da Idade Média pelos românticos.

---

[53] *Rechtsphilosophie*, [ed. Lasson, Leipzig, 1911] cit., p. 17. *Werke*, v. VIII, p. 20. [Ed. bras.: G. W. F. Hegel, *Linhas fundamentais da Filosofia do direito ou direito natural e ciência do Estado em compêndio*, trad. Paulo Meneses et al., São Leopoldo/São Paulo, Unisinos/Loyola, 2010, p. 44. Esta edição será citada a seguir pelo título breve *Filosofia do direito*.]

A única transformação de fato incisiva que podemos observar na filosofia da história do Hegel posterior em comparação com o período que ele passou em Iena diz respeito à era moderna: em Iena, a Revolução Francesa e sua superação (no triplo sentido hegeliano) por Napoleão constituiu o ponto de inflexão decisivo da história mais recente. Essa mudança constitui para Hegel em Iena a base histórica da exposição recém-citada da situação filosófica do tempo presente, da determinação do caráter necessário e das tarefas indispensáveis de um sistema científico no tempo presente. Em contraposição, descobrimos que, nas preleções posteriores sobre a filosofia da história, a *Reforma* assume a posição central na história da era moderna que em Iena Hegel havia atribuído à Revolução Francesa e a Napoleão.

Analisemos sucintamente as declarações mais importantes de Hegel sobre essa nova periodização da era moderna. Ele chama a Renascença científica e artística, a descoberta da América e do caminho para a Índia oriental de *"aurora* [...] que após longas tempestades pela primeira vez volta a anunciar um dia bonito". O acontecimento desse período que a tudo revoluciona, porém, é a Reforma: "Primeiro devemos considerar como tal a *Reforma*, como o *sol* que transfigura tudo, que segue àquela aurora no fim da Idade Média [...]"[54].

Essas imagens, como quase sempre é o caso em Hegel, não são simples imagens, mas exposições de ideias essenciais que se impregnam nos sentidos; esse fato é evidenciado pelas extensas discussões sobre a inflexão histórica levada a termo na Reforma, mais precisamente em sua forma luterana.

> Para os luteranos, a verdade não é um objeto feito, mas é o próprio sujeito que deve se tornar verdadeiro, renunciando a seu conteúdo particular em troca da verdade substancial e apropriando-se dessa verdade. [...] Desse modo, foi desfraldado o *último* estandarte [palavra grifada por mim – G. L.] em torno do qual se reúnem os povos, a bandeira do *espírito livre*, que está consigo mesmo, mais precisamente, na verdade, e que somente estando nela está consigo mesmo. Esta é a bandeira sob a qual servimos e a qual portamos. O tempo desde então até nossos dias não teve nem tem outro trabalho a fazer senão conferir forma a esse princípio dentro do mundo, fazendo com que a reconciliação seja em si e a verdade seja objetiva, segundo a forma.[55]

---

[54] [G. W. F. Hegel, "Vorlesungen über die Philosophie der Geschichte", em] *Werke* (2. ed., Berlim, 1840), v. IX, p. 496-7.
[55] Ibid., p. 502.

Já ressaltamos que não houve mudança na concepção metodológica geral de Hegel quanto ao modo da realização, do impor-se da ideia na realidade histórica. O que mudou no Hegel tardio foi meramente o juízo concreto a respeito de *onde* e *como* de fato aconteceu a inflexão decisiva na história da era moderna. Permaneceu inalterada a concepção metodológica da essencialidade do surgimento do novo, de seu caráter como "conceito simples" que se concretiza gradativamente, se desmembra em momentos e que impregna toda a realidade. O Hegel posterior só não desloca mais a realidade desse momento para seu próprio tempo, mas a situa de modo consequente no tempo da Reforma. Ele expressa isso claramente por ocasião da caracterização das tarefas imediatas da época da Reforma.

> Essa reconciliação do Estado e da Igreja instaurou-se para si *de imediato*. Ainda não se trata de uma reconstrução do Estado, do sistema jurídico etc., pois é preciso encontrar primeiro na ideia o que em si é o direito. As leis da liberdade precisaram antes configurar-se em um sistema daquilo que em si e para si é direito. O espírito não entra em cena nessa perfeição logo após a Reforma, pois esta se limita, em um primeiro momento, a transformações imediatas, como, por exemplo, a supressão de mosteiros, bispados etc. A reconciliação de Deus com o mundo desenvolveu-se primeiro em uma forma abstrata, ainda não na de um sistema do mundo ético.[56]

Acreditamos ser notória a identidade metodológica entre essas exposições sobre a essencialidade de uma ideia recém-surgida, sobre seu caráter necessariamente abstrato, não desenvolvido, concentrado unilateralmente em um ponto essencial do avanço, e as de *Fenomenologia*, como as que detalhamos há pouco. Contudo, para um pensador da concreticidade histórica e da coerência metodológica de Hegel, constitui uma diferença *qualitativa* se a ideia atingiu esse caráter simples no período de surgimento da própria filosofia de Hegel ou se essa filosofia aparece trezentos anos depois da inflexão histórico-universal, depois que a ideia já impregnou todas as áreas da vida e do pensamento humanos. A concepção da filosofia como a "coruja de Minerva" constitui apenas a consequência necessária da concepção filosófico-histórica concreta da era moderna, cuja realidade simples já tivera início com a Reforma e que, conforme as palavras do próprio Hegel, não tem outra tarefa senão dar vida a essa ideia e processar com ela e por meio dela todas as áreas da vida social.

---

[56] Ibid., p. 510.

Todavia, a Revolução Francesa obtém também na filosofia da história tardia de Hegel uma avaliação extraordinariamente positiva. Embora essas palavras de Hegel sejam conhecidas e muito citadas, temos de transcrevê-las para que a análise dessa passagem e das demais declarações dele que a complementam e concretizam nos mostre com clareza inequívoca que a boa avaliação da Revolução Francesa nada muda na periodização fundamental do Hegel tardio, a saber, que a era moderna começa com a Reforma e tudo o que vem depois apenas acarreta sua concretização e seu desdobramento, mas não pode produzir nada radicalmente novo. Hegel diz o seguinte sobre a Revolução Francesa:

> Enquanto o Sol se encontrava no firmamento e os planetas giravam em torno dele, ninguém viu que o homem se apoia sobre a cabeça, isto é, sobre as ideias, e constrói a realidade de acordo com elas. Anaxágoras foi o primeiro a dizer que o νους rege o mundo; mas só agora o homem alcançou o conhecimento de que a ideia deve reger a realidade espiritual. Isso foi, com efeito, um magnífico alvorecer. Todos os seres pensantes comemoraram essa época. Uma sublime comoção tomou conta daquele tempo, um entusiasmo do espírito fez o mundo se arrepiar, *como se só agora* [grifos meus – G. L.] tivesse acontecido a efetiva reconciliação do divino com o mundo.[57]

Grifamos as últimas palavras para chamar a atenção do leitor para o fato de que aqui Hegel faz certa ressalva estilística. Ele indica que, em termos subjetivos, as pessoas acreditavam entusiasticamente estarem levando a termo uma inflexão completamente nova na história – objetivamente, contudo, essa mudança já teria sido consumada na Reforma, pois, quando se analisa exatamente o *conteúdo* da inflexão, descobre-se nela exatamente o que Hegel mencionou como caracterização da Reforma. Todavia, a apreciação dessas passagens extraídas das preleções de Hegel sempre apresenta a dificuldade de que desconhecemos o momento exato em que ocorreu cada um dos enunciados de Hegel. Seus alunos compilaram esses livros em parte com base em sinopses do próprio Hegel, em parte com base em registros feitos pelos ouvintes das aulas. No caso destes últimos, eles tinham conhecimento exato das datas de registro. No caso das primeiras, não chegaram a investigar os distintos momentos. Eles produziram alguns textos com esse material que surgiu em tempos bem diferentes, sem se preocupar tanto com o fato de que às vezes havia um intervalo de dez a vinte anos entre algumas das declarações de Hegel escolhidas por eles. Portanto,

---

[57] Ibid., p. 535 e seg.

enquanto não tivermos conhecimento das diferentes "camadas temporais" de que se compõem essas preleções, devemos proceder com bastante cuidado ao tirar conclusões delas para o desenvolvimento de Hegel.

Nossa tarefa, contudo, nem consiste em distinguir cada uma das etapas do desenvolvimento posterior de Hegel. Adiante, recorrendo a textos do próprio Hegel cuja datação é indubitável, tentaremos comprovar certa linha de desenvolvimento e obteremos a confirmação cabal de nossa concepção. Aqui é suficiente que consigamos comprovar o *contraste geral* entre a periodização filosófico-histórica de Hegel no período de Iena e a que ele fez após a derrubada de Napoleão. E, para isso, outras passagens das mesmas preleções nos oferecerão suporte suficiente, mesmo que não saibamos a data exata do surgimento de cada uma das respectivas declarações de Hegel.

Com efeito, a ideia básica das preleções filosófico-históricas é que uma revolução social e estatal do naipe da que foi produzida pela Revolução Francesa só se tornou possível e necessária em países em que a Reforma não fora vitoriosa. Hegel expressa essa ideia repetidamente com muita clareza. Ele toma como ponto de partida o fato de que o movimento que começou com a Revolução Francesa nos países românicos predominantemente católicos não chegou a cessar, que ali tentativas de reação e de nova revolução se sucederam em um ritmo relativamente rápido. Ora, Hegel localiza a causa dessa inquietação exatamente no fato de esses países terem permanecido católicos.

> Assim, a abstração do liberalismo, partindo da França, percorreu o mundo românico, mas, por meio da servidão religiosa, este permaneceu atado à falta de liberdade política, pois trata-se de um princípio errado achar que as algemas podem ser tiradas do direito e da liberdade sem a libertação da consciência, que possa haver revolução sem reforma.[58]

Corresponde perfeitamente a essa concepção o trecho em que Hegel, ao enumerar as causas que levaram à Revolução Francesa, menciona a seguinte como última e decisiva: "E, por fim, por ser ele [a saber, o governo – G. L.] católico e, portanto, não ter o conceito da liberdade e a razão das leis como obrigatoriedade absoluta última, dado que o sagrado e a consciência religiosa estão separados disso"[59]. E como contraste complementar Hegel apresenta

---

[58] Ibid., p. 542.
[59] Ibid., p. 535. Cf. também as exposições sobre a Restauração e a Monarquia de Julho: ibid., p. 540 e seg.

uma exposição das razões pelas quais, na Alemanha, não houve revolução no sentido da Revolução Francesa e por que uma revolução desse tipo nem era incondicionalmente necessária nesse caso:

> Na Alemanha, no que se refere à secularidade, tudo já havia sido melhorado pela Reforma. [...] Assim, o princípio do pensamento já estava um tanto reconciliado; além disso, o mundo protestante tinha em si a consciência de que, na reconciliação anteriormente explicitada, já estava contido o princípio do aprimoramento ulterior do direito.[60]

Na filosofia da história posterior de Hegel, portanto, a revolução do tipo da francesa constitui tentativa vã dos povos de efetuar por vias seculares a reconciliação da razão com a realidade que, na Alemanha, foi levada a termo pela Reforma.

Com tudo isso, as religiões positivas concretas recebem na filosofia da história de Hegel um papel e um significado que não tiveram no período de Iena. Adiante trataremos em detalhes da função metodológica e filosófico-histórica da religião em *Fenomenologia*. Neste ponto, só o que precisa ser enfatizado antecipadamente é que, em *Fenomenologia*, sempre se fala somente da religião em geral ou, então, do cristianismo em geral. No período de Iena, Hegel dá muito pouco peso às diferenças entre catolicismo e protestantismo (e menos ainda à diferença entre luteranismo e calvinismo, que também desempenha um papel na filosofia da história posterior). É claro que de forma esporádica ele faz referência a esses problemas, mas estes nem de longe desempenham o mesmo papel que na filosofia da história posterior[61].

---

[60] Ibid., p. 533.

[61] A confrontação mais frequente de catolicismo e protestantismo em Iena é o contraste daquele enquanto religião estética, enquanto "religião bela", com este enquanto religião da prosa em irrupção. Desse fato alguns intérpretes modernos de Hegel tiraram conclusões no sentido de que ele teria nutrido simpatias românticas pelo catolicismo no período de Iena. Também nesse caso trata-se de um desconhecimento e de uma distorção das ideias de Hegel, pois na passagem em que Hegel mais detalha essa diferença, a saber, em um fragmento publicado por Rosenkranz, o catolicismo é caracterizado como "religião bela", mas o protestantismo aparece, em contraposição, como modo de manifestação da alienação em constante crescimento, como sintoma da crise que, segundo a concepção geral de Hegel, resultará na revogação (*Rücknahme*) da "alienação" no espírito. Visto que já conhecemos a concepção que Hegel tinha em Iena a respeito desse modo de desenvolvimento, de suas causas históricas e de suas consequências filosóficas, fica claro que, desse modo, Hegel coloca o protestantismo acima do catolicismo em sentido filosófico-histórico e, portanto, também aqui, como em toda parte, encontra-se em dura oposição aos românticos. O fragmento, que provavelmente surgiu nos primeiros anos

Na filosofia da história do Hegel posterior, porém, não se trata mais só do cristianismo em geral, mas exatamente das diferenças concretas entre o catolicismo e as diversas formas do protestantismo. Sem entrar em detalhes aqui a respeito do desenvolvimento posterior de Hegel, o que seria impossível, queremos nos limitar a mostrar que essa concepção – da qual tomamos conhecimento em seus traços gerais e segundo a qual a Reforma representa a inflexão decisiva da era moderna e a diferenciação dos países europeus importantes em católicos e protestantes constitui a base determinante para decidir seu destino estatal e social – se consolida em Hegel no período posterior, em especial em Berlim, e assume formas cada vez mais nítidas e delineadas. Na primeira edição de *Enciclopédia* (1817, Heidelberg), ainda não encontramos nenhum vestígio dessa concepção de história. No primeiro grande escrito do período de Berlim, em *Filosofia do direito* (1820), essa ideia já é enunciada com clareza. Nele, Hegel fala da relação entre a Reforma e o desenvolvimento da estatalidade no sentido moderno. "Por isso é tanto mais uma falha [pensar] que a separação eclesial seria, ou teria sido, uma desgraça para o Estado, pois *apenas graças a ela* ele pôde chegar a ser o que é sua determinação, a racionalidade e a eticidade autoconscientes."[62]

Essa concepção, porém, aparece ainda mais claramente na segunda edição de *Enciclopédia* (1827). Polemizando contra os filósofos catolizantes da época da Restauração, Hegel diz:

> De maneira coerente foi a religião católica tão altamente louvada, e ainda é muitas vezes louvada, como a única pela qual a solidez dos governos é assegurada – de fato, governos tais, ligados a instituições que se fundam sobre a não liberdade do espírito, que deve ser livre jurídica e eticamente; isto é, [governos ligados] a instituições do não-direito e a um estado de corrupção ética e de barbárie.*

E, na terceira edição (1830), ele acrescenta o seguinte esclarecimento a essa sentença:

---

do período de Iena, busca a solução na gênese de uma nova religião, de uma terceira religião, constituindo, portanto, um estágio muito mais baixo de desenvolvimento da filosofia hegeliana da história do que o representado por *Fenomenologia*, implicando, porém, exatamente o contrário daquele retorno romântico ao catolicismo que bem cedo ganhou expressão, por exemplo, em Novalis. Cf. Rosenkranz, p. 139 e seg.

[62] *Rechtsphilosophie*, cit., p. 219, § 270. [Ed. bras.: *Filosofia do direito*, cit., p. 252-3.]

* Georg Wilhelm Friedrich, *Enzyklopädie* (ed. Lasson, Leipzig, 1923), p. 466 e seg., § 552. Ed. bras.: *Enciclopédia das ciências filosóficas em compêndio* (1830), v. III: *A filosofia do espírito* (trad. Paulo Meneses, São Paulo, Loyola, 1995), p. 329. (N. T.)

Esses governos não sabem que têm no fanatismo a potência terrível que não se apresenta hostilmente contra eles só enquanto – e só com a condição de – ficarem presos na escravidão do não-direito e da imoralidade. Mas no espírito ainda está presente uma outra potência: [...] a sabedoria sobre o que é em e para si justo e racional na efetividade.[63]

A partir dessas poucas citações, fica claro que, nesse aspecto, houve em Hegel um desenvolvimento sempre crescente, que com toda probabilidade se iniciara decididamente por volta do período em Berlim.

Uma avaliação desse período não figura entre as tarefas do nosso trabalho. Além disso, com base em material tão parco, o resultado só poderia ser superficial. As efetivas análise e avaliação daquela forma da "reconciliação" com a realidade que caracteriza especialmente a época que Hegel passou em Berlim são tarefa para uma pormenorizada pesquisa marxista do desenvolvimento do Hegel posterior. Apenas apontaremos brevemente alguns pontos de vista que já ressaltamos – a saber, que o Hegel posterior se aproxima bem mais da realidade histórica concreta da Alemanha contemporânea do que na época em que esperava uma reconfiguração radical da Alemanha mediante a política napoleônica da Confederação do Reno. E, mediante o conhecimento e a análise de todo o material, será preciso ponderar exatamente onde e como esse realismo hegeliano significou um avanço no conhecimento da realidade objetiva e onde e como ele descambou para uma intensificação do "positivismo acrítico". As duas tendências estão presentes no Hegel posterior; será decisivo explicitar a luta concreta entre elas e mostrar qual foi o preço que Hegel pagou pela forma mais tardia e mais madura de sistematização de suas concepções.

Sem entrar em detalhes a respeito do desenvolvimento posterior de Hegel ou da avaliação fundamental de sua linha geral, devemos, ainda assim, fazer uma observação para evitar qualquer mal-entendido: por mais que a transformação da concepção hegeliana de história em comparação com a do período de Iena tenha sido um desenvolvimento para a direita, uma acomodação à situação vigente na Alemanha, a "coruja de Minerva" de Hegel jamais se transformou em corvo da reação no período da Restauração.

Houve tempos em que os críticos liberais levantaram essa acusação contra Hegel; agora ele é elogiado por fascistas e semifascistas por causa dessas supostas

---

[63] *Enzyklopädie* (ed. Lasson, Leipzig, 1923), p. 466 e seg., § 552. [Ed. bras.: *Enciclopédia*, cit. v. III, p. 329.]

simpatias. O fato é que, em todo esse período, Hegel seguidamente combateu o liberalismo alemão. Todavia, em primeiro lugar, seria preciso examinar essa luta ideológica de modo muito acurado, e só sobre a base do conhecimento efetivo da progressividade ou da natureza reacionária de determinadas tendências da época seria possível emitir um juízo sobre se o posicionamento de Hegel contra o liberalismo foi reacionário em todos os casos. É que, por exemplo, durante a crise constitucional em Württemberg (1815-1816), Hegel travou uma luta ideológica acirrada contra os representantes do antigo direito dos estamentos e apoiou a alteração da Constituição "a partir de cima". Quando se lê sua fundamentação, porém, percebe-se que ele combateu exatamente o elemento conservador do "antigo direito" e confrontou com ironia os defensores deste com o grande exemplo do povo francês, que aniquilou os "direitos antigos" do feudalismo. Em segundo lugar, tampouco se pode desconsiderar que, em *Filosofia do direito*, exposições polêmicas mais veementes e ácidas são dirigidas contra os ideólogos da Restauração, contra [Friedrich Karl von] Savigny e [Karl Ludwig von] Haller. A determinação concreta das tendências políticas do Hegel tardio não pode, portanto, sob nenhuma circunstância, ser feita de modo leviano; qualquer leviandade nesse ponto significa ir ao encontro das tentativas reacionárias de falsificação.

Tampouco se deve extrair da maior importância que adquirem as diversas religiões positivas na filosofia da história do Hegel posterior consequências precipitadas quanto a uma religiosidade hegeliana intensa demais, embora a religião certamente seja para o Hegel tardio mais importante do que fora para o jovem Hegel. A posição de Hegel em relação à religião sempre foi bastante dicotômica e ambígua. Esse caráter de sua posição em relação à religião foi reconhecido tanto por seus adversários da direita quanto por seus defensores da esquerda. De nada nos serviria detalhar aqui os ataques desferidos contra Hegel pelos reacionários religiosos. Somente para que o leitor tenha noção de como foram ferrenhos os ataques à filosofia hegeliana vindos desse lado, citaremos algumas observações de Friedrich Schlegel, de época posterior à sua conversão à Igreja católica, a respeito da "filosofia da negação" de Hegel: "O sistema da negação seria um grau ainda mais perverso do que o ateísmo ou a *divinização do eu e do si mesmo* (de Fichte), seria propriamente uma divinização do espírito negador e, portanto, satanismo filosófico de fato"[64].

---

[64] Friedrich Schlegel, *Philosophische Vorlesungen* (Bonn, 1837), v. II, p. 497.

A relação positiva de Hegel com a religião tampouco gozava de maior apreço entre seus adeptos de esquerda. O grande poeta Heinrich Heine, que, segundo as palavras de Engels, por muito tempo foi o único que entendeu a essência revolucionária da dialética hegeliana, também foi o primeiro a traçar linha divisória nítida entre a proclamação exotérica da religião por Hegel como espírito absoluto e seu ateísmo enquanto doutrina esotérica. Nesse tocante, era óbvio para Heine que a filosofia exotérica só poderia ter significado uma acomodação externa às relações políticas da Alemanha de então. Heine, que fora pessoalmente aluno de Hegel, aborda essa questão por ocasião da discussão do ateísmo:

> [...] Postei-me atrás do Maestro quando ele a compôs [a música do ateísmo – G. L.]; todavia, com sinais bastante ilegíveis e rebuscados, para que não fossem decifrados por qualquer pessoa – observei, por vezes, como ele olhava angustiado em volta, temeroso de que alguém o entendesse. [...] Quando certa vez fiquei aborrecido com a frase "Tudo o que é real é racional", ele sorriu estranhamente e comentou que também poderia ser: "Tudo o que é racional tem de ser...". [...] Assim, só bem mais tarde fui entender por que ele afirmara em *Filosofia da história*: o cristianismo já seria um progresso só por ensinar um Deus que morreu, ao passo que os deuses pagãos nada sabiam a respeito da morte. Mas que tremendo progresso se Deus nem sequer existiu![65]

A autenticidade dessa conversa de Heine com Hegel foi muitas vezes posta em dúvida pela ciência burguesa. Para nossos propósitos, é indiferente se essa conversa entre Hegel e Heine de fato aconteceu dessa forma. Importante é saber que os intelectuais radicais dos anos 1830 e 1840 podiam conceber e interpretar desse modo a posição de Hegel em relação à religião. E não foi só Heine que fez isso; depois dele, toda a ala radical dos jovens hegelianos fez. *A trombeta do Juízo Final** é uma crestomatia espirituosamente composta de sentenças de Hegel que, na política, apontam para a revolução e, na religião, para o ateísmo.

Para o período de Iena, no entanto, é característico que essa linha "esotérica" da posição hegeliana em relação à religião emerja de modo relativamente

---

[65] *Heines Werke* (ed. Elster), v. IV, p. 148 e seg. Declarações parecidas também em *Geständnisse* [Confissões] (ibid., v. VI, p. 46 e seg.) etc.

* [Bruno Bauer,] *Die Posaune des Jüngsten Gerichts über Hegel, den Atheisten und Antichristen. Ein Ultimatum* (Leipzig, Otto Wigand, 1841). (N. T.)

ostensivo. Em um fragmento de preleção publicado por Rosenkranz, encontramos, por exemplo, o seguinte enunciado:

> Na religião, todavia, o verdadeiro se apresentaria a nós; a fé teria desaparecido unicamente para nossa formação; a razão teria se fortalecido com sua exigência de que não creiamos o que é o verdadeiro, mas que o saibamos; que não o tenhamos só para a contemplação, mas que o compreendamos. O indivíduo certamente conheceria a verdade de sua individualidade, que lhe prescreve precisamente a trajetória de seu ser-aí, mas a consciência da vida geral ele esperaria da filosofia.[66]

Essa linha "esotérica" da posição de Hegel em relação à religião se expressa ainda mais decididamente nas notas registradas no bloco de anotações. Há ali uma série de sentenças causticamente humorísticas sobre esse ser passado, esse não ser mais atual da religião. Citaremos um exemplo. "Na Suábia se diz sobre algo que aconteceu há muito tempo: já faz tanto tempo que logo não será mais verdadeiro. Assim, já faz tanto tempo que Cristo morreu por nossos pecados que isso logo não será mais verdadeiro."[67] Ainda mais característica, no entanto, é outra passagem, na qual Hegel pela primeira vez cunha sua expressão bem conhecida e muito citada de que a vitalidade dos partidos se comprova em suas cisões. Quando colocamos a aplicação desse aforismo à religião no bloco de anotações ao lado de sua aplicação ao Iluminismo em *Fenomenologia*, essa linha de Hegel aparece com clareza. No bloco de anotações, Hegel escreve o seguinte:

> Um *partido é* quando se esfacela em si mesmo. É o caso do protestantismo, cujas diferenças agora se quer fazer coincidir em tentativas de união; – prova de que ele já não é mais, pois nas decomposições a diferença interior se constitui como realidade. Por ocasião do surgimento do protestantismo haviam cessado todos os cismas do catolicismo. – Agora a verdade da religião cristã está sempre à prova, não se sabe para quem; pois não é com os turcos que estamos lidando.[68]

Em *Fenomenologia*, essa frase é aplicada às diferenciações no interior do Iluminismo. Do mesmo modo que a frase visava a provar que as religiões cristãs

---

[66] Rosenkranz, p. 182. Muito parecida com esta é a passagem em *Diferença*, na qual Hegel fala que, na atualidade, a religião só teria lugar *ao lado* da formação (*Erste Druckschriften*, p. 15). Encontraremos tais concepções também em *Fenomenologia*.
[67] Ibid., p. 541.
[68] Ibid., p. 537 e seg.

do presente já haviam perdido sua efetiva vitalidade, em *Fenomenologia* ela quer provar a vitalidade do Iluminismo.

> Um partido se comprova como *vencedor* somente porque se decompõe em dois partidos: pois nisso mostra possuir nele mesmo o princípio que combatia, e com isso ter superado (*aufgehoben*) a unilateralidade em que anteriormente se apresentava. [...] Assim, a divisão nascida em um partido, e que parece uma desgraça, se mostra antes sua fortuna.[69]

Falaremos sobre o real caráter do conceito hegeliano de religião em momento oportuno, quando tratarmos de *Fenomenologia*. Aqui fez-se necessário apenas constatar que o caráter ambíguo da posição de Hegel em relação à religião, por um lado, não foi característica exclusiva do período de Iena, mas com as modificações correspondentes atravessa todo o desenvolvimento de Hegel; por outro lado, aparece mais clara e abertamente no período de Iena do que posteriormente, quando as diversas religiões positivas adquirem importância cada vez maior para a filosofia da história de Hegel. A dualidade aqui constatada para Iena a respeito do posicionamento esotérico e exotérico de Hegel em relação à religião sublinha ainda mais a legitimidade com que anteriormente estabelecemos um paralelo entre os pontos de vista francamente cínicos de Napoleão sobre a religião e a filosofia da religião ienense (p. 503 deste livro). Todavia, esse paralelismo de modo nenhum esgota, como veremos, o complexo problema da relação entre Hegel e a religião; ele, porém, é adequado para lançar uma luz mais clara sobre um de seus componentes.

III. Esboço da estrutura de Fenomenologia do espírito

O método de *Fenomenologia* está baseado em uma unidade dos modos histórico e sistemático de análise, na convicção de que existe uma profunda conexão interior entre a sequência lógico-metodológica das categorias, a sua sucessão dialética uma da outra e o desenvolvimento histórico da humanidade. Contudo, se quisermos entender corretamente o caráter desse historicismo de Hegel, essa historicização radical da filosofia, não devemos perder do horizonte dois importantes pontos de vista metodológicos, por meio dos quais Hegel se torna, também nesse quesito, até certa medida, um precursor do

---

[69] *Werke*, v. II, p. 434 e seg. [Ed. bras.: *Fenomenologia do espírito*, cit., p. 396, modif.]

materialismo histórico e por meio dos quais ele se encontra em oposição tão drástica à filosofia moderna da burguesia em declínio que tais pontos de vista são inteiramente deformados e em geral até totalmente ignorados por seus intérpretes burgueses.

O primeiro ponto de vista é que, para Hegel, *somente o espírito como um todo (ganze Geist)* tem uma história real. Hegel está completamente distante da representação da moderna história parcial especializada de áreas ideológicas, como, por exemplo, direito, arte, literatura etc. Mesmo que, em seu período posterior, ele trate de uma área parcial da ideologia, digamos, da estética, ele fornece também ali a história do desenvolvimento do espírito como um todo, só que com referência à posição específica da arte. Essa ideia foi enunciada de modo muito marcante em *Fenomenologia*.

> Só está no tempo o espírito total (*ganze Geist*); e as figuras que são figuras do *espírito* total, como tal, se apresentam em uma sucessão [temporal] porque somente o todo tem efetividade propriamente dita e por isso tem a forma da pura liberdade perante o Outro – forma que se exprime como tempo. Porém, os *momentos* do todo – consciência, consciência-de-si, razão e espírito –, por serem momentos, não têm ser-aí distinto um do outro.[70]

Se analisarmos o pensamento metodológico enunciado aqui por Hegel quanto ao conteúdo efetivo e a suas consequências efetivas para a concepção histórica do desenvolvimento da humanidade, sem nos distrairmos pela concepção global idealista, bem compreensível no próprio Hegel, veremos claramente a conexão entre essa linha básica de sua metodologia e a concepção de história que Marx desenvolveu em *A ideologia alemã* nos seguintes termos:

> A moral, a religião, a metafísica e qualquer outra ideologia, bem como as formas de consciência a elas correspondentes, são privadas, aqui, da aparência de autonomia que até então possuíam. Não têm história nem desenvolvimento; mas os homens, ao desenvolverem sua produção e seu intercâmbio materiais, transformam também, com esta sua realidade, seu pensar e os produtos de seu pensar.[71]

Todavia, justamente em passagens metodologicamente tão próximas, evidencia-se de modo claro quão grande é o contraste metodológico entre

---

[70] Ibid., p. 513. [Ed. bras.: ibidem, p. 461.]
[71] [Karl Marx,] *Die deutsche Ideologie*, [Berlim, 1953] cit., p. 23. [Ed. bras.: *A ideologia alemã*, trad. Rubens Enderle, Nélio Schneider e Luciano Martorano, São Paulo, Boitempo, 2007, p. 94.]

Marx e Hegel; quanto, exatamente em tais casos, a "inversão materialista" da dialética idealista de Hegel é absolutamente necessária. O ato de "colocar sobre seus pés" o espírito pelo reconhecimento de que o modo de produção tem prioridade em relação à ideologia não constitui uma simples inversão das claves, mas uma profunda reconfiguração de todos os momentos da história tanto em termos de conteúdo quanto em termos ideológicos. No caso de todos esses princípios, porém, seria equivocado não ver quanto essa concepção de história de Hegel tende ao materialismo histórico.

O segundo ponto de vista importante é que tudo o que a humanidade produziu deve ser compreendido como produto de seu desenvolvimento histórico e, em seu surgimento, deve ser compreendido a partir desse desenvolvimento, sem que, contudo, essa concepção histórica de todas as tendências e de todos os produtos da história implique um relativismo histórico. No curso do desenvolvimento histórico, são conquistadas verdades absolutas nas mais diversas áreas, cujo surgimento sempre é historicamente condicionado, mas cuja essência jamais poderá ser esgotada apenas pelo conhecimento e pela derivação de sua gênese histórica, por mais exato que seja esse conhecimento. O historicismo de Hegel nada tem a ver com o relativismo histórico que está sempre se perdendo no misticismo, como podemos observar na filosofia alemã da história de cunho reacionário de [Leopold von] Ranke a [Oswald] Spengler. Retornaremos a esse problema em detalhes quando tratarmos do espírito absoluto.

Esse historicismo de Hegel também determina o método e a estrutura de *Fenomenologia do espírito*. Nesse caso, porém, trata-se de um gênero especial devido à constante unificação e à separação de história e conexão sistemática. Esse gênero especial nunca foi corretamente compreendido pelos intérpretes burgueses de *Fenomenologia*. A expressão mais franca e crassa da incapacidade de compreender o método de Hegel nesse texto é emitida por Haym. Ele resume suas impressões – pois disso não passam essas declarações de Haym – da seguinte maneira:

> A história de *Fenomenologia* é uma história emancipada da lei da cronologia. Ora a sequência temporal da história mundial se torna o fio pelo qual a dialética se esgueira de uma figura psicológica até a outra. [...] Ora, porém, o motivo do progresso dialético é um motivo psicológico ou lógico e, obedecendo a essa ordem, formações muito distantes uma da outra se juntam, enquanto formações afins, que se condicionam temporal e historicamente, são dissociadas à força. A sensação de embaraço é a mesma quando se empreende a tentativa de captar tanto um como

o outro. Para dizer tudo de uma vez: *Fenomenologia é uma psicologia confundida e desorganizada pela história e uma história arruinada pela psicologia*.[72]

Em comparação com as modernas tentativas "profundas" ou "engenhosas" de explicação, essa confissão franca de perplexidade apresenta algo que suscita em nós um sentimento de simpatia por causa de sua honestidade subjetiva.

Friedrich Engels deu uma instrução metodológica muito clara para compreender *Fenomenologia do espírito*. A respeito dela, ele diz que se "poderia chamá-la de paralelo da embriologia e da paleontologia do espírito, um desenvolvimento da consciência individual por meio de suas diversas etapas, concebida como reprodução abreviada dos estágios que a consciência dos homens percorreu historicamente"[73]. Decerto não é por acaso que a ideia metodológica básica de *Fenomenologia* foi formulada de forma tão clara e plástica por Engels, mais precisamente, de maneira a estabelecer uma conexão – que, para Hegel, obviamente era inconsciente e desconhecida – entre esse método e os resultados bem posteriores da aplicação da teoria da evolução à natureza. A incompreensão dos intérpretes burgueses de Hegel tem a ver com o fato de assumirem uma postura hostil à teoria geral da evolução na natureza e na sociedade, de procurarem combatê-la e obscurecê-la de modo reacionário e, por essa razão, obviamente não quererem nem poderem entender os grandiosos pontos de partida nessa direção presentes na obra de Hegel.

Fato é que Hegel se pronunciou com extraordinária clareza sobre essa questão metodológica fundamental de sua obra. Da polêmica de Hegel com Schelling, é de nosso conhecimento que a tarefa de *Fenomenologia* consiste em fornecer à consciência comum uma escada para subir ao ponto de vista filosófico. Hegel, porém, não concebe esse problema de modo metodológico abstrato, mas com profunda concreticidade histórica: a trajetória que cada indivíduo tem de percorrer da consciência comum até a consciência filosófica é, ao mesmo tempo, o caminho do desenvolvimento da humanidade, é a síntese abreviada de todas as experiências do gênero humano, representando, como tal e a partir desse ponto de vista, o próprio processo histórico. A assim chamada arbitrariedade na seleção dos momentos históricos que sinalizam esse caminho, que o iluminam, que constituem indicadores do rumo a tomar

---

[72] Haym, cit., p. 243.
[73] [Friedrich] Engels, [*Ludwig*] *Feuerbach* [*und der Ausgang der klassischen deutschen Philosophie*, Berlim, Dietz, 1952] cit., p. 10-1.

em suas encruzilhadas, fica reduzida, portanto, ao fato de que essa aquisição consciente da experiência genérica (*Gattungserfahrung*) pelo indivíduo é um processo necessariamente *abreviado*, que se limita aos pontos nodais importantes da linha de desenvolvimento. Todavia, essa abreviação do caminho é apenas relativa: uma apropriação simples e abstrata dos resultados brutos não poderia levar a nenhum resultado efetivo, a nenhum apropriar efetivo das experiências genéricas do desenvolvimento da humanidade. Se Aristóteles formulou a grande verdade de que o homem é um "animal social", então Hegel concretizou essa verdade em *Fenomenologia* no sentido de que ele também é um "animal histórico". O próprio Hegel formula essa relação de experiência individual e experiência genérica no prefácio de *Fenomenologia*, texto que temos de citar em detalhes pela importância decisiva desse ponto de vista de Hegel para a compreensão da obra inteira.

> A tarefa de conduzir o indivíduo, desde seu estado inculto até o saber, devia ser entendida em seu sentido universal e tinha de considerar o indivíduo universal, o espírito consciente-de-si na sua formação cultural. [...] O indivíduo, cuja substância é o espírito situado no mais alto, percorre esse passado da mesma maneira como quem se apresta a adquirir uma ciência superior, percorre os conhecimentos preparatórios que há muito tem dentro de si, para fazer seu conteúdo presente; evoca de novo sua rememoração, sem no entanto ter ali seu interesse ou demorar-se neles. O singular deve também percorrer os degraus-de-formação-cultural do espírito universal, conforme seu conteúdo; porém, como figuras já depositadas pelo espírito, como plataformas de um caminho já preparado e aplainado. [...] Esse ser-aí passado é propriedade já adquirida do espírito universal e, aparecendo-lhe assim exteriormente, constitui sua natureza inorgânica. Conforme esse ponto de vista, a formação cultural considerada a partir do indivíduo consiste em adquirir o que lhe é apresentado, consumindo em si mesmo sua natureza inorgânica e apropriando-se dela. Vista porém do ângulo do espírito universal, enquanto é a substância, a formação cultural consiste apenas em que essa substância se dá a sua consciência-de-si e em si produz seu vir-a-ser e sua reflexão.
> A ciência apresenta esse movimento de formação cultural em sua atualização e necessidade, como também apresenta em sua configuração o que já desceu ao nível de momento e propriedade do espírito. A meta final desse movimento é a intuição espiritual do que é o saber. A impaciência exige o impossível, ou seja, a obtenção do fim sem os meios. De um lado, há que suportar as *longas distâncias* desse caminho, porque cada momento é necessário. De outro lado, há que *demorar-se* em cada momento, pois cada um deles é uma figura individual completa, e assim cada momento só é considerado absolutamente enquanto sua determinidade for vista como

todo ou concreto, ou o todo [for visto] na peculiaridade dessa determinação. – A substância do indivíduo, o próprio espírito do mundo, teve a paciência de percorrer essas formas na longa extensão do tempo e de empreender o gigantesco trabalho da história mundial, plasmando nela, em cada forma, na medida de sua capacidade, a totalidade de seu conteúdo; e nem poderia o espírito do mundo com menor trabalho obter a consciência sobre si mesmo. É por isso que o indivíduo, pela natureza da Coisa, não pode apreender sua substância com menos esforço. Todavia, ao mesmo tempo em fadiga menor, porque a tarefa *em si já* está cumprida, o conteúdo já é a efetividade reduzida à possibilidade. A imediatez foi obtida à força, a configuração foi reduzida à sua abreviatura, à simples determinação-de-pensamento.[74]

Se analisarmos *Fenomenologia do espírito* a partir desse ponto de vista, se entendermos que sua tarefa é a apropriação das experiências do gênero pelo indivíduo, a compreensão de sua estrutura nem é mais tão difícil como poderia parecer à primeira vista. Nela, história e sistema de modo nenhum foram embaralhados, mas se encontram em uma conexão metodológica necessária e muito rigorosa.

Só que, além disso, é preciso entender ainda por que, em *Fenomenologia*, todo o caminho da história precisa ser percorrido *três vezes* por necessidade metodológica. É porque, no texto, os momentos históricos de modo nenhum ocorrem arbitrariamente, mas em efetiva sequência histórica, e isso se repete três vezes no curso da obra do processo histórico; o que nos importa aqui é tão somente entender que essa repetição tampouco é uma arbitrariedade, um capricho de Hegel, mas a consequência necessária de sua tarefa metodológica.

Em um primeiro momento, destrinçaremos aqui de modo conciso e abstrato os aspectos mais gerais dessa tripartição e procederemos a seu detalhamento na análise de cada uma das seções. Pois a tripla repetição do curso da história não significa senão que o processo de apropriação das experiências genéricas históricas da humanidade pelo indivíduo é desmembrado em diversos estágios.

---

[74] *Werke*, v. II, p. 22 e seg. [Ed. bras.: *Fenomenologia do espírito*, cit., p. 41-2.] Do contexto global depreende-se claramente que se trata aqui da relação entre a experiência individual e a experiência genérica histórica. Hegel denomina aqui o indivíduo particular de "espírito incompleto, uma figura concreta: *uma* só determinidade predomina em todo o seu ser-aí, enquanto outras determinidades ali só ocorrem como traços rasurados" (ibid., p. 22 [ed. bras.: p. 41]). E nas análises anteriores sobre a relação entre indivíduo e gênero, Hegel certa vez denominou esta última "a suprema essência" (*Jenenser Logik*, p. 158). Portanto, está completamente claro que o leitor atual pode ler em toda parte "gênero" em vez de "espírito".

O ponto de partida é necessariamente constituído pela consciência natural e comum do indivíduo. No plano imediato, para esse indivíduo a sociedade é algo dado e acabado em todas as suas formas, algo que existe de modo totalmente independente dele. Ao empenhar-se individualmente para chegar da percepção imediata da realidade objetiva à sua racionalidade, o indivíduo percorre todos os estágios da história anterior da humanidade. Ele, porém, *ainda não* as percorre como história conhecida, mas como uma série de destinos humanos distintos. Ora, a consecução da racionalidade pela consciência individual consiste no fato de o indivíduo conhecer gradativamente o caráter efetivo da sociedade e da história como algo feito de forma coletiva pelos próprios homens.

Desse modo, a consciência ingressa no segundo círculo de apropriação das experiências genéricas. Ela passa a conhecer a história como história *real*, a sociedade e seu desenvolvimento não mais como coisa morta ou destino misterioso, mas como produto da atividade, da práxis dos próprios homens. Esse conhecimento, contudo, seria vazio e abstrato como simples resultado bruto do primeiro caminho. Por essa razão, a consciência individual que ascendeu dessa maneira ao conhecimento efetivo da essência de sociedade e história precisa percorrer *mais uma vez* todo o processo de desenvolvimento do gênero. Deparamo-nos, portanto, no segundo estágio, que trata igualmente de toda a história desde os primórdios até o presente, com a história *real* em sua totalidade social concreta.

A partir desse ponto de vista da apropriação do conjunto das experiências genéricas mediante o conhecimento da história real, a consciência individual chega, então, ao estágio do conhecimento absoluto. A partir desse estágio supremo, a consciência faz, então, uma *retrospectiva* de toda a história até então. Tomando conhecimento, ordenando e reunindo os momentos da verdade absoluta, por meio dos quais o espírito chegou ao conhecimento adequado de si mesmo, a consciência obtém, segundo Hegel, o conhecimento adequado das *leis do movimento* da história, o conhecimento da dialética da realidade.

A dialética que, nos dois primeiros estágios dominou apenas objetivamente a marcha da história, aparece no terceiro estágio como propriedade da consciência, como conhecimento. Contudo, esse conhecimento tampouco é um resultado pronto; não há formulação abstrata de resultados finais sem o caminho que levou a eles. Por essa razão, no terceiro estágio, é absolutamente necessário que a retrospectiva histórica abranja *toda* a história precedente. Aqui repete-se, portanto, pela terceira vez, o curso histórico. Nesse caso, porém, *não é mais* a história real, mas uma síntese dos esforços da humanidade por compreender adequadamente a realidade. Arte, religião e filosofia designam, para Hegel, as grandes etapas desse caminho do conhecimento intelectual adequado do mundo, do conhecimento da dialética como força motriz de todos os momentos tanto da consciência como da realidade objetiva.

Essa é, em traços grosseiros, a ideia básica da estrutura de *Fenomenologia do espírito*. Segundo nossas exposições até aqui, é perfeitamente compreensível que a pesquisa burguesa sobre Hegel não tenha sequer percebido essa estrutura. Hoje obviamente ela não defende mais o ponto de vista de Haym de que *Fenomenologia* simplesmente é um caos, mas suas "ordenações" competem com o caos que havia na cabeça de Haym. Não vale a pena, portanto, discutir com as diversas hipóteses que foram levantadas a esse respeito.

Em contraposição, é preciso ressaltar que a estrutura de *Fenomenologia* apresentada por nós corresponde em seus traços essenciais ao agrupamento feito por Marx em *Manuscritos econômico-filosóficos* na forma de um sumário do conteúdo, sem fornecer ali uma fundamentação dessa construção – correspondendo ao conteúdo e aos objetivos de suas análises críticas[75].

Discorreremos sobre a problemática dos momentos mais importantes da execução dessa ideia de Hegel em conexão com a análise detalhada de cada uma das partes. No entanto, é preciso enfatizar desde já que necessariamente nos limitaremos à exposição dos momentos mais importantes, mais exatamente aqueles relacionados imediata ou mediatamente ao problema fundamental de nosso trabalho. O leitor obviamente não deve esperar destas exposições um comentário detalhado de *Fenomenologia do espírito*.

Para diferenciar as partes umas das outras por meio de designações claras e à guisa de palavras-chave, caracterizaremos as diversas etapas desse caminho de acordo com a terminologia posterior adotada por Hegel em *Enciclopédia*, ou seja, com as expressões: espírito subjetivo, espírito objetivo e espírito absoluto. Nesse tocante, porém, o leitor não deve esquecer que essas expressões cobrem apenas aproximadamente os estágios expressos pela terminologia de Hegel em *Enciclopédia*. É certo que essas designações emergiram para ele repetidamente no período de Iena, mas sua aplicação definitiva ao sistema foi resultado de um estágio posterior de seu desenvolvimento. De qualquer modo, dado que

---

[75] [Karl] Marx, *Ökonomisch-philosophische Manuskripte*, MEGA 1, v. 3, p. 152. [Ed. bras.: *Manuscritos econômico-filosóficos*, trad. Jesus Ranieri, São Paulo, Boitempo, 2004, p. 119. Correção da nota original com o seguinte teor: "Die heilige Familie, a. a. O., S. 76-77". – N. T.]

em *Fenomenologia* Hegel não ressaltou a tripartição recém-exposta por nós expressamente como arcabouço de construção, acreditamos que o uso dessa designação – com a ressalva de que ela não é inteiramente precisa – facilitará a visão geral e a compreensão da estrutura interna de *Fenomenologia*.

Almejando essa visão geral, apresentamos, portanto, uma breve caracterização de como nossa subdivisão da composição de *Fenomenologia* se coaduna com o sumário do conteúdo hegeliano:

a) "Espírito subjetivo" – capítulos I-V: consciência, consciência-de-si, razão.
b) "Espírito objetivo" – capítulo VI: o espírito.
c) "Espírito absoluto" – capítulos VII-VIII: a religião, o saber absoluto.

a) "Espírito subjetivo"

Trata-se aqui da exposição da consciência individual em seu desenvolvimento do estágio mais baixo da percepção meramente imediata do mundo até as categorias supremas da razão, do modo como aparecem nessa consciência individual. O caráter comum de todo esse desenvolvimento reside no fato de que a consciência individual encontra em toda parte, tanto no estágio mais elevado quanto no mais baixo, um mundo exterior estranho e já pronto. (Natureza, sociedade.) Na luta contra ele e em interação com ele, ela se empenha por ascender a estágios cada vez mais altos. Em outros contextos, citamos a crítica materialista de Feuerbach a essa relação entre o indivíduo e a realidade objetiva, especialmente a natureza (p. 390 e seg. deste livro). Essa crítica demarca com muita precisão a limitação idealista da colocação hegeliana e mostra, em especial, que a relação entre a consciência individual e a natureza aparece em Hegel posta de cabeça para baixo.

Essencialmente mais complexa é a relação entre essa consciência e a sociedade. Na seção final deste capítulo, faremos uma crítica detalhada ao conceito hegeliano da "alienação", que também apontará aquelas deformações do problema que, devido ao caráter idealista da problemática, estão contidas na concepção hegeliana da objetividade das categorias sociais. Dado que as exposições feitas até aqui aclararam determinados aspectos essenciais da "alienação" hegeliana, porém, já podemos antecipar que sua concepção da relação entre os homens e a sociedade, a práxis social, contém uma série de momentos essenciais corretamente captados da realidade e de seu desenvolvimento.

Segundo a concepção hegeliana, diante da consciência individual se encontra uma realidade objetiva não conhecida, que aparece a ela pronta e estranha porque ainda não compareçem diante da consciência as determinações e as mediações pelas quais tanto a realidade objetiva da sociedade quanto a atividade e o papel da consciência individual nela efetivamente surgem e se tornam aquilo que são. *Em si*, porém, elas já estão presentes e em atividade, também segundo a concepção de Hegel.

O trabalho teórico e prático da consciência individual consiste exatamente em apropriar-se dessas conexões e, desse modo – em um longo e conflituoso processo histórico –, evoluir da consciência para a consciência-de-si (*Selbstbewußtsein*) e desta para a razão, transformando a substância em sujeito. Na parte final de *Fenomenologia*, Hegel descreve esse processo global, caracterizando-o da seguinte maneira: aos poucos e mediante luta, o sujeito arranca os conteúdos da substância* e os transforma em seus próprios; essa formulação bem idealista comporta o conteúdo bem materialista de que riqueza e desenvolvimento da consciência dependem de até que ponto essa consciência é capaz de refletir a realidade objetiva.

No contexto dessa exposição global, Hegel mostra a diferença entre a conexão das categorias na lógica objetiva e a mesma conexão na fenomenologia, que expõe a relação entre consciência e realidade. Naquela, são desenvolvidos os elementos singulares, e da totalidade de seu desenvolvimento surge a totalidade concreta do sistema. Nesta, em contraposição, a consciência se confronta com a realidade global que, de início, aparece incompreendida, abstrata, cujos momentos e riqueza de conteúdo e de estrutura só emergirão aos poucos no curso de um longo desenvolvimento e, por essa via, farão com que a consciência individual, que de início era igualmente abstrata, cresça até tornar-se concreta. Hegel caracteriza assim a linha básica desse processo:

> Portanto de início, da substância, só pertencem à consciência-*de-si* os *momentos abstratos*; porém, enquanto esses momentos, como movimentos puros, impelem para diante a si mesmos, a consciência-de-si se enriquece até extrair da consciência a substância toda, a estrutura completa de suas essencialidades. E enquanto esse comportamento negativo para com a objetividade é igualmente positivo, é [um] pôr, ela engendrou a partir de si esses momentos e, por isso, ao mesmo tempo, os restaurou para a consciência. No *conceito* que se sabe como conceito, os *momentos* se apresentam, pois, anteriormente ao *todo implementado*, cujo vir-a-ser

---

* Mudança do texto original de "*seine Inhalte*" (referindo-se aos conteúdos do sujeito, leitura que conflita com a segunda parte da frase) para "*ihre Inhalte*" (referindo-se aos conteúdos da substância). (N. T.)

é o movimento desses momentos. Na *consciência*, ao contrário, é anterior a esses momentos o todo, mas o todo não-conceituado.[76]

Disso decorre que o desenvolvimento da consciência de um estágio a outro não é o movimento real, existente em si e para si, do próprio espírito, mas apenas uma forma de manifestação, uma aparência, ainda que objetivamente necessária, uma aparência fundada na essência do próprio espírito. As determinações objetivas da realidade, como já foi enfatizado, estão presentes e ativas em si; somente para a consciência atuante e em desenvolvimento, que as encontra já prontas, são ainda desconhecidas e, por essa razão, lhe são estranhas. Surge, portanto, um movimento imediatamente no interior de uma "falsa consciência": a alternância de uma figura da "falsa consciência" por outra. Dado que por trás desse movimento atuam categorias objetivas do desenvolvimento social, que constituem objetivamente, mesmo que as pessoas atuantes não saibam disso, a síntese da atividade social dos próprios indivíduos, esse processo tem uma tendência clara: a da transformação da "falsa consciência" em consciência correta, a tendência do surgimento da consciência dos indivíduos sobre o caráter social de sua atividade e de sua consciência sobre a sociedade enquanto produto global de sua atividade.

O modo peculiar de exposição de *Fenomenologia* consiste no fato de que constantemente é esclarecida ao leitor a conexão entre as categorias objetivas e as categorias subjetivas, conexão que a respectiva "figura individual da consciência" não é capaz de divisar. Por ocasião de um caso marcante desse tipo, Hegel discute da seguinte maneira a conexão geral aqui predominante:

> *Para nós* [para o leitor – G. L.], o movimento precedente comparece ante essa nova figura; porque, em si, essa figura emergiu dele, o momento donde provém é necessário para ela. A ela [à "figura" – G. L.], porém, manifesta-se esse elemento como algo *encontrado*, na medida em que ela não tem consciência nenhuma de sua origem. Para essa figura, a essência consiste antes em ser *para si* mesma ou em ser o negativo contrastando com o Em-si positivo.[77]

A dificuldade de compreensão nessa primeira parte se deve em grande medida a esse modo duplo de exposição. Por um lado, Hegel apresenta apenas "figuras da consciência", isto é, ele mostra seguidamente como se comporta

---

[76] *Werke*, v. II, p. 604. [Ed. bras.: *Fenomenologia do espírito*, cit., p. 538.]
[77] Ibid., p. 276 e seg. [Ed. bras.: ibidem, p. 261, modif.]

do ponto de vista dos diversos estágios da consciência individual a estrutura objetiva do mundo, seu movimento dotado de leis próprias. O ponto de partida imediato é com frequência essa consciência individual, sua concepção da realidade, seu agir com base nessa sua concepção, o movimento, imanente a essa concepção, do nível de consciência do desenvolvimento individual. No plano imediato – e essa imediaticidade é, para Hegel, um momento muito importante do contexto global –, parece que o movimento que acontece aqui, a dissolução dialética de cada "figura da consciência" e sua substituição por outra, mais elevada, subjetivamente mais aprofundada em si mesma, decorre apenas da dialética do desenvolvimento da consciência. As grandes etapas desse percurso, a evolução da consciência para consciência-de-si e desta para a razão, desenrolam-se *imediatamente* dentro da consciência individual.

Por outro lado, essa dialética é apenas uma parte, apenas um momento do movimento dialético global da totalidade. Esse movimento global, contudo, efetua-se *pelas costas* de cada uma das "figuras da consciência" em ação. Hegel não é nenhum kantiano para equiparar as formas da consciência subjetiva com as formas e as legalidades da realidade objetiva (em Kant: o mundo fenomênico, que é o único cognoscível). O fato de ele tratar, em *Fenomenologia* – com destaque para sua primeira parte –, de todas as categorias objetivas em sua correlação orgânica com a consciência e até apresentar as conexões de tal maneira que as categorias aparecem diante de nós na mesma sequência e no mesmo contexto em que foram elaboradas pela consciência e apreendidas de modo mais ou menos adequado por ela constitui a metodologia necessária dessa obra enquanto introdução à filosofia, como instrução para que a consciência ascenda ao ponto de vista filosófico.

Em nenhum instante, porém, as categorias objetivas da realidade cessam objetivamente de existir e de atuar. Só que, nessa primeira etapa, elas constituem o pano de fundo mudo ou hostil, sempre em movimento, mas jamais compreendido pelas "figuras da consciência". Elas estão aí e atuantes *em si*, mas somente em si, não para a consciência dos sujeitos imediatos dessa etapa do desenvolvimento do espírito. O espírito ainda não se conheceu no homem como espírito.

Esse dualismo, que, para Hegel, todavia, não significa uma concepção dualista do mundo, mas apenas a consequência metodológica daquela abstração de que parte *Fenomenologia*, deve se refletir também no modo da exposição. O dualismo só está presente para as "figuras da consciência", não para o filósofo e, por essa razão, tampouco para o leitor. Quando, na passagem citada, Hegel observa que as conexões decisivas entre objetividade e subjetividade não são transparentes para as "figuras da consciência", mas são compreensíveis *para nós*, ele está se referindo ao leitor filosófico que contempla essa via do desenvolvimento do gênero humano de um posto mais elevado.

Isso faz com que surja na exposição uma alternância ininterrupta entre a subjetividade imediata das "figuras da consciência" e a objetividade existente em si das legalidades não discernidas por aquelas, um constante vaivém entre esses dois pontos de vista. A compreensibilidade é dificultada sobretudo pelo método da própria *Fenomenologia*. Ela não é a história objetiva do desenvolvimento da realidade mesma (esta é apresentada por Hegel em *Enciclopédia*, em suas exposições singulares, bem como em *Filosofia da história* etc.), mas o desenvolvimento das experiências do gênero humano no jogo da consciência individual. As categorias objetivas, portanto, agem segundo suas legalidades próprias objetivas, mas sua forma de manifestação metodológica é determinada por sua correlação com essa consciência.

Por trás dessa abstração metodológica de *Fenomenologia* há uma importante e fecunda ideia básica de Hegel, que capta determinações essenciais da vida: a saber, que a relação entre gênero e indivíduo constitui um processo dialético muito complexo, que o papel ativo do indivíduo na gênese do próprio gênero, no desenvolvimento das experiências genéricas, é imenso e irrevogável. A limitação à consciência individual de fato é uma abstração metodológica de *Fenomenologia*, e a presunção realmente existente da consciência individual de ser capaz de construir sua realidade puramente a partir da própria atividade é autoilusão, cujos colapsos trágicos Hegel descreve exatamente na primeira parte de *Fenomenologia*. Contudo, apesar dessa autoilusão da consciência individual, o papel da consciência individual no processo global objetivo do gênero não é mera aparência, mas um elemento essencial efetivo do movimento global.

Retendo a objetividade do em-si constantemente ativo, Hegel supera o idealismo subjetivo do tipo kantiano e fichtiano; retendo o papel determinante do indivíduo, da consciência individual, ele transcende a concepção mecanicista do gênero, que se revelou no materialismo antigo, inclusive no de Feuerbach. Lembremos a crítica que Marx fez na sexta tese sobre Feuerbach para compreender o real significado dessa realização de Hegel. Marx diz ali, contra Feuerbach: "Por isso, a essência só pode ser apreendida como 'gênero', como generalidade interna, muda, que une muitos indivíduos *de modo natural*"[78]. A verdade da exposição hegeliana consiste exatamente no fato de que ele não concebe essa conexão como meramente natural, mas como etapa do processo geral da "alienação".

As dificuldades descritas até aqui referentes à exposição dessa parte de *Fenomenologia* podem, portanto, ser resumidas também no sentido de que a consciência individual se move em uma realidade "alienada" pela própria atividade humana, mas ainda não chegou ao conhecimento de que a objetividade dessa realidade é o produto da "alienação" produzida por ela própria. A trajetória dessa primeira parte consiste exatamente em conduzir a consciência individual até o limiar desse conhecimento, até a conversão nesse conhecimento.

O caminho do desenvolvimento ascendente da consciência individual (consciência – consciência-de-si – razão) leva a conflitos com essa realidade "alienada" que são mais graves, mais trágicos, quanto mais a consciência individual evolui e ganha altura, visando a transformar, como resultado desses conflitos trágicos, o espírito até ali existente apenas em si (a unidade de objetividade e subjetividade na práxis e experiência do gênero humano) em um espírito existente para si, que se conhece como tal.

A partir desse ponto de vista, também o caminho histórico vinculado com o desenvolvimento ascendente dos estágios da consciência aparece como necessário ainda em outro sentido. Quando Hegel analisa sua época como o ponto do desenvolvimento do espírito no qual este pode revogar essa sua "alienação" dali por diante completa, por trás desse construto idealista, cuja crítica faremos adiante, encontra-se a ideia histórica correta de que a sociedade capitalista moderna produziu social-objetivamente o máximo de "alienação" quando comparada com todas as sociedades anteriores. E essa forma trágica que adquirem os conflitos entre consciência individual e visão objetiva da sociedade no fim dessa parte expressa, uma vez mais, uma tendência realmente existente do desenvolvimento da sociedade: a individualidade humana, no sentido que atualmente lhe conferimos, não é na realidade um produto da natureza, mas o resultado de um desenvolvimento sócio-histórico milenar, cujo ponto alto é formado exatamente pela sociedade burguesa moderna.

Todas as discussões de Hegel sobre o desenvolvimento da consciência individual nesse estágio devem, portanto, ser compreendidas do ponto de vista dessa dialética. Somente assim se dissolve a aparência objetivamente necessária, que

---

[78] *Die deutsche Ideologie*, cit., p. 595. [Ed. bras.: *A ideologia alemã*, cit., p. 534.]

se converte em figura autônoma na imediaticidade da consciência individual e se transforma em forma de manifestação necessária do desenvolvimento da experiência do gênero humano. Hegel discute essa dialética da forma de manifestação da consciência individual da seguinte maneira:

> O conceito dessa individualidade – de que ela, como tal, é para si mesma toda a realidade – inicialmente é *resultado*. A individualidade ainda não apresentou seu movimento e realidade e aqui é posta *imediatamente* como *simples ser-em-si*. [...] Seja como for, essa *limitação* do ser *não* pode *limitar o agir* da consciência, porque essa é aqui um perfeito *relacionar-se-de-si-consigo-mesma*; está superada a relação para com o Outro que a limitaria. [...] Essa *natureza* originária determinada da consciência, que nela é livre e permanece inteiramente, manifesta-se como o próprio *conteúdo* imediato e único do que é o fim para o indivíduo. Decerto o *conteúdo* é determinado, mas só é *conteúdo* geral enquanto consideramos isoladamente o *ser-em-si*. Mas, na verdade, o conteúdo é a realidade penetrada pela individualidade: a efetividade tal como a consciência tem em si enquanto singular [...].[79]

A exposição detalhada de cada uma das etapas desse caminho seria tarefa para um comentário completo a *Fenomenologia do espírito*; é impossível para este trabalho assumir tal missão. Temos de nos limitar à análise de alguns momentos essenciais, mais precisamente àqueles que têm ligação mais estreita com nosso problema, ou seja, com a relação entre Hegel e a sociedade burguesa. Já analisamos em detalhes a mais importante inflexão da primeira parte, o papel do trabalho na gênese da consciência-de-si humana, no capítulo "Domínio e servidão" (p. 407 e seg. deste livro).

Ressaltamos ali a ideia muito importante para Hegel de que a continuação do desenvolvimento da consciência-de-si passa pelo trabalho, isto é, pela consciência do servo trabalhador, não pela do senhor ocioso. Contudo, o simples trabalho na sociedade de escravos e também em sua dissolução, que se efetua como processo de subversão do Império Romano, é, em um primeiro momento, totalmente abstrato. Ao descrever o estoicismo, o ceticismo e o cristianismo em surgimento (consciência infeliz), Hegel descreve diversas formas desse desenvolvimento da consciência, enfatizando o caráter abstrato, que não compreende a realidade, a atividade humana, de todos esses níveis de consciência. Sobre a visão de mundo da "consciência infeliz", ele escreve o seguinte:

---

[79] *Werke*, v. II, p. 296 e seg. [Ed. bras.: *Fenomenologia do espírito*, cit., p. 277-8, modif.]

A consciência da vida, de seu ser-aí e de seu operar, é somente a dor em relação a esse ser-aí e operar, pois nisso só possui a consciência de seu contrário como sendo a essência, e a consciência da própria nulidade. [...] Seu pensamento, sendo tal, fica em um informe badalar de sinos, ou emanação de cálidos vapores; um pensar musical que não chega ao conceito, o qual seria a única modalidade objetiva imanente. Sem dúvida, seu objeto virá ao encontro desse sentimento interior puro e infinito, mas não se apresentará como conceitual; surgirá pois como algo estranho. [...] Portanto, para a consciência, só pode fazer-se presente o *sepulcro* de sua vida. [...] Enquanto não tem *para si mesma* essa *certeza*, seu interior permanece ainda a certeza *cindida*, de si mesma. A confirmação que através do trabalho e do gozo poderia obter, é por isso uma certeza igualmente *cindida*. Quer dizer: a consciência deveria, antes, aniquilar para si tal confirmação; de modo que, embora essa confirmação nela se encontre, seja só a confirmação do que é para si: a saber, a confirmação de sua cisão. Para essa consciência, a efetividade [...] já não é uma *nulidade em si* [como para o estoicismo e o ceticismo – G. L.], [...]. É uma efetividade *cindida em dois pedaços* [...].[80]

Como já ficou claro para nós, a dificuldade de compreender a marcha do desenvolvimento histórico nessa seção de *Fenomenologia* consiste no fato de que os acontecimentos e as épocas históricos se sucedem e atuam como prescrito por seu ser em si na realidade histórica mesma, mas sua forma de manifestação é determinada pelo modo como esta reflete no desenvolvimento da consciência individual. Por essa razão, nessa seção aparecem com mais nitidez duas grandes crises da humanidade. Esboçamos até agora sucintamente a primeira, que é a da dissolução da Antiguidade e do surgimento do cristianismo, com suas consequências para o desenvolvimento da consciência. A dificuldade de compreendê-la reside no fato de que, em virtude da estrutura metodológica de *Fenomenologia*, tudo o que há de obscuro nesse ponto só pode ser aclarado na segunda e na terceira seções, a saber, quando aparecerem nitidamente os acontecimentos objetivamente históricos e sociais que estavam na base do desenvolvimento da consciência, quando esse estágio do desenvolvimento do automovimento dialético do gênero humano for compreendido objetivamente em sua legalidade como estágio do desenvolvimento. O que já podemos ver aqui é que, como já é de nosso conhecimento, o cristianismo constitui, para Hegel, a base ideológica geral da era moderna. A essencialidade da "consciência infeliz" aqui sucintamente reproduzida mostra que, aos olhos de Hegel, o

---

[80] Ibid., p. 160, 164, 165 e 166. [Ed. bras.: ibidem, p. 160 e 164-5.]

cristianismo pode cumprir esse papel, sobretudo porque nele a "alienação", a soltura do indivíduo das amarras naturais de uma sociedade primitiva, aparece em um estágio mais elevado e mais desenvolvido do que nas filosofias antigas que acompanharam ideologicamente esse processo objetivo de dissolução, para as quais, contudo, segundo a concepção de Hegel, a reação da consciência foi puramente negativa, mais abstrata, não levando tanto em consideração a alienação em surgimento e crescente.

A segunda crise da consciência individual acontece na época do surgimento da sociedade burguesa moderna e no interior desta. Temos de omitir aqui a marcha do desenvolvimento da consciência que Hegel descreve entre essas duas crises, na qual se trata principalmente do desenvolvimento da dominação consciente da realidade exterior da natureza. Na segunda grande crise, deparamo-nos, então, com todos os problemas morais e sociais, sendo o conteúdo de sua concepção de nosso conhecimento a partir das exposições do próprio Hegel, de suas polêmicas contra a concepção de sociedade e de moral do idealismo subjetivo. Para não alongar demasiadamente nossa exposição, devemos lembrar ao leitor os conteúdos de nossas exposições anteriores e, neste ponto, abordar apenas o aspecto especificamente fenomenológico dessas questões. Trata-se aqui, portanto, da dialética do enfrentamento entre indivíduo e realidade social, já sendo de nosso conhecimento que esta última aparece para o indivíduo como uma necessidade enigmática, incompreendida, como algo estranho à práxis do indivíduo e por vezes até contrapondo-se hostilmente a ele nos casos trágicos extremos do ir-até-o-fim nas aspirações individuais.

> Assim, por meio da experiência – em que sua verdade deveria vir-a-ser para ela – a consciência tornou-se, antes, um enigma para si mesma: as consequências de seus atos não são, para ela, atos seus; o que lhe acontece não é, *para ela*, a experiência do que *é em si*; a passagem não é uma simples mudança de forma do mesmo conteúdo e essência, ora representado como essência e conteúdo da consciência, ora como objeto ou essência *intuída* de si mesma. A *necessidade abstrata* vale portanto como *potência da universalidade*, [uma potência] apenas negativa e não-concebida, contra a qual a individualidade se despedaça.[81]

Hegel passa a descrever diversas formas de comportamento puramente individual em relação à realidade, diversos estágios da consciência meramente individual: o "desejo" que colide com a "necessidade" e contra ela se

---
[81] Ibid., p. 275. [Ed. bras.: ibidem, p. 259-60.]

despedaça; a "lei do coração", na qual a persuasão subjetiva individual relativa ao bem-estar da humanidade quer prescrever-lhe sua lei para chegar ao resultado de que os diversos indivíduos vivem conforme diversas "leis do coração" que têm conteúdos opostos e, em sua tendência, muitas vezes se defrontam de modo francamente hostil; e, por fim, em um estágio ainda mais elevado, a "virtude", que, partindo já de uma grande altura subjetiva de pureza moral, quer melhorar o mundo para inteirar-se, então, de que a necessidade objetiva do "curso do mundo" não dá a mínima para esses postulados subjetivos da moralidade individual.

Em todas essas lutas e em todos esses conflitos, cada uma das "figuras da consciência" só assiste ao naufrágio de suas aspirações individuais, assiste ao esfacelar-se de tudo aquilo que sua consciência necessariamente lhe prescreve como caminho contra o poder desconhecido de uma realidade estranha. Apenas para o observador de fora fica claro quais são as forças que atuam nessas tragédias filosóficas que, no plano imediato, são puramente individuais.

> O agir e o atarefar-se *puramente singulares* do indivíduo referem-se às necessidades que possui como ser natural, quer dizer, como *singularidade essente*. Graças ao meio universal que sustém o indivíduo, graças à *força* de todo o povo, sucede que suas funções inferiores não sejam anuladas, mas tenham efetividade.[82]

Os detalhes desse desenvolvimento, uma vez mais, não cabem aqui, mas em um comentário pormenorizado. Importante é, sobretudo, o princípio do desenvolvimento, no qual aos poucos é incutida dialeticamente no indivíduo, na consciência individual, claro que muito lentamente e muito desigualmente, por meio de pesados colapsos trágicos, a conexão entre sua própria subjetividade e o em-si desconhecido da realidade social objetiva. O princípio dessa história da educação da consciência individual pode ser visualizado na citação recém-apresentada: trata-se do princípio da conexão real entre o indivíduo e a sociedade por meio de suas necessidades, por meio da satisfação destas, por meio da criação das condições de sua satisfação com seu próprio trabalho. Uma vez mais, é bem característico de toda a estrutura da filosofia de Hegel que as sublimes tragédias da subjetividade que nelas sucumbe muitas vezes se passam em elevadas regiões ideológicas, que elas põem em movimento profundos problemas morais; que a própria problemática, contudo, que nessa altura moral

---

[82] Ibid., p. 265. [Ed. bras.: ibidem, p. 251.]

jamais poderia deixar a esfera da contraposição trágica de princípios estranhos entre si e excludentes, é resolvida – também filosoficamente, também para a consciência individual da fenomenologia – pela atividade econômica do homem na sociedade. O homem trabalhador é justamente – para empregar uma terminologia goethiana similar à da dialética hegeliana – o "fenômeno originário" do sujeito-objeto idêntico, da substância que vem a ser sujeito, da "alienação" e da tendência para sua revogação no sujeito. É no trabalho, na satisfação das necessidades por meio do trabalho, que a socialidade existente em si de toda práxis humana está objetivamente mais próxima da reversão no ser para si.

A esse delineamento fundamental corresponde o delineamento histórico: o fato de que, em Hegel, a suplantação dessa barreira da concepção de mundo, a superação da simples subjetividade da consciência individual na sociedade capitalista, acontece por meio da atividade econômica. Os colapsos trágicos da consciência individual, já esboçados por nós, eram, do ponto de vista da gradação fenomenológica no desenvolvimento da consciência, "a realização da consciência racional do si por si mesmo". Ora, na medida em que o poder do em-si social aparece cada vez mais concretamente, nós nos aproximamos com intensidade e nitidez cada vez maiores da sociedade capitalista, do "reino animal do espírito", como Hegel a chama nessa seção. Desse modo, a consciência individual chega ao estágio máximo que lhe é dado sem superar a si mesma enquanto "individualidade que é real em si e para si".

Para Hegel, essa realidade surge por meio da socialidade do trabalho.

> O *trabalho* do indivíduo para [prover as] suas necessidades é tanto satisfação das necessidades alheias quanto das próprias; e o indivíduo só obtém a satisfação de suas necessidades mediante o trabalho dos outros. Assim como o singular, em seu trabalho *singular*, já realiza *inconscientemente* um trabalho *universal*, assim também realiza agora o [trabalho] universal como seu objeto *consciente*: torna-se sua obra o todo *como todo*, pelo qual se sacrifica, e por isso mesmo dele se recebe de volta.[83]

Se recordarmos a economia de Hegel em todo o período de Iena e já na segunda metade do período de Frankfurt, essa passagem não contém nada novo nem surpreendente. A superação filosófica do depender-só-de-si-mesma da consciência individual, de seu estar-encerrada no mundo estreito da subjetividade, acontece por meio do conhecimento da atividade econômica do homem

---

[83] Ibid., p. 266. [Ed. bras.: ibidem, p. 251.]

na sociedade burguesa moderna; acontece porque Hegel tira filosoficamente todas as consequências possíveis da economia smithiana. Pois o ponto de vista a que a consciência individual deve ser levada é o da unidade do individual e do social, tanto no sentido objetivo quanto no subjetivo. Em si essa unidade está contida na própria práxis econômica do homem, naquilo que ele faz diariamente. Tudo o que importa é que as determinações objetivas dessa sua atividade cotidiana ingressem em sua consciência de modo claro e preciso.

Característico da origem tanto social quanto filosófica do pensamento de Hegel, assim como da tendência fundamental de *Fenomenologia*, é que a "figura da consciência" na qual e por meio da qual se efetua a inflexão decisiva é o "interesse próprio". Hegel se apoia aqui sobre os ombros da filosofia da sociedade do Iluminismo de Hobbes a Helvécio – especialmente sobre os ombros da economia smithiana. A legalidade própria e a força própria da individualidade, nas quais Hegel vislumbra o princípio essencialmente mais elevado da sociedade moderna em comparação com o da sociedade antiga, expressam-se exatamente no fato de que esse interesse próprio, de um lado, perfaz a realidade imediata e a legitimidade subjetiva da consciência individual e, de outro, sem saber e sem querer, constitui a mais importante força motriz social da sociedade burguesa.

Essa contraposição entre sociedade antiga e sociedade moderna é formalizada por Hegel mais tarde em uma forma bastante ideológica: "O desenvolvimento autônomo da particularidade [...] é o fator que, nos Estados antigos, se apresenta como o irromper da corrupção dos costumes e o fundamento último de seu declínio"[84]. Hegel introduz, em seguida, nesse mesmo ponto, o cristianismo como o princípio essencialmente diferenciador entre sociedade antiga e sociedade moderna. Em *Fenomenologia*, o desenvolvimento é bem mais palpável, mais terreno. Hegel pura e simplesmente exibe a dialética do interesse próprio, mais exatamente a dialética da má consciência presente no interesse próprio, segundo a qual o indivíduo só em sua imaginação é capaz de levar a termo os princípios do interesse próprio de modo coerente; em contraposição, na realidade, essa sua atividade visando ao interesse próprio necessária e inevitavelmente se converte em atividade social, socialmente útil, associada à atividade de outros homens e que se dissolve na atividade genérica da humanidade. "Quando [a individualidade – G. L.] age por interesse próprio, simplesmente não sabe o que faz. Quando

---

[84] *Rechtsphilosophie*, cit., p. 155, § 185. [Ed. bras.: *Filosofia do direito*, cit., p. 190.]

assegura que todos os homens agem por interesse próprio, apenas afirma que nenhum homem possui consciência do que seja o agir."[85]

Isso de modo nenhum significa que essa superação objetiva da autoilusão da consciência que age por interesse próprio tenha superado ou mesmo enfraquecido seu caráter voltado ao interesse próprio ou o papel e a importância da práxis individual na sociedade. Exatamente no ponto em que o desenvolvimento de *Fenomenologia* se depara com a suplantação do estágio da subjetividade, no ponto em que Hegel com mais ênfase ressalta a socialidade existente em si de toda práxis humana como a verdade oculta sob a autoilusão da consciência individual, exatamente nesse ponto ele enfatiza ao máximo o significado *social* irrevogável da individualidade humana – mais precisamente, não em uma sublimidade moral estilizada de cunho kantiano-fichtiano, mas na imediaticidade voltada ao interesse próprio com que aparece no cotidiano do capitalismo. A vitalidade, o movimento progressivo vivo da sociedade humana, baseia-se, para Hegel, adepto de Smith, justamente nessa atividade dos indivíduos voltada para o interesse próprio:

> O *agir e o atarefar-se da individualidade são, pois, fim em si mesmo. O uso das forças, o jogo de suas exteriorizações*, são o que lhes confere vida, senão seriam o Em-si morto. O Em-si não é um universal irrealizado, inexistente e abstrato; mas ele mesmo é imediatamente essa presença e efetividade do processo da individualidade.[86]

O momento essencial dessa dialética é a superação gradativa, cada vez mais intensa, da imediaticidade da atividade subjetiva e, com ela e através dela, da imediaticidade da consciência individual: sua "alienação" e o tomar consciência da realidade "alienada" não só como campo de atividade estranhado da individualidade, mas, ao mesmo tempo e inseparavelmente disso, como fundamento, conteúdo e determinidade da própria individualidade, da consciência individual. Essa "alienação" acontece por meio da dedicação da atividade humana à coisa mesma, por meio da corporificação e da alienação do trabalho na coisa, não sendo esta somente um objeto simples (transformado pelo trabalho) da realidade objetiva exterior, mas, ao mesmo tempo, um ponto nodal do interesse social, um ponto em que se cruzam aspirações individuais, um ponto de transposição do subjetivo em objetivo.

---

[85] *Werke*, v. II, p. 293. [Ed. bras.: *Fenomenologia do espírito*, cit., p. 275, modif.]
[86] Ibid., p. 293. [Ed. bras.: ibidem, p. 275, modif.]

Esses cruzamentos complexos, essa imbricação tão emaranhada de atividades humanas e de coisas em que se corporificam essas atividades, dão origem à unidade dinâmica e dotada de leis próprias do todo social. Todavia, em um primeiro momento, essa inteireza e essa unidade não se tornam conscientes para os indivíduos que nela agem. "Eles não sabem disso, mas o fazem", diz Marx[87]. Por meio desse fazer, porém, vem à tona com nitidez cada vez maior não só a objetividade dessas conexões, mas também seu reflexo no subjetivo, ainda que, nesse estágio, Hegel apenas aduza o conjunto dos pressupostos e das precondições para a efetiva conversão na objetividade consciente da práxis social. Ele passa a descrever da seguinte maneira a relação entre a consciência individual e o todo:

> O *todo* é interpenetração semovente da individualidade e do universal; mas como este todo está presente para a consciência só como essência *simples*, e assim, como abstração *da Coisa mesma*, os momentos do todo caem fora da Coisa e fora um do outro; como momentos dissociados. O *todo como tal* só será apresentado exaustivamente por meio da alternância dissociadora do projetar-para-fora e do guardar-para-si.[88]

Isto é, por meio da relação capitalista das mercadorias.

Nas exposições muitas vezes complexas e obscuras da relação entre o "agir e o afã" da individualidade e a "Coisa mesma", nunca se pode perder de vista que, nessa "Coisa mesma", coincidem os dois lados da mercadoria, sua objetividade natural como coisa e sua objetividade social como mercadoria – e isso do ponto de vista da consciência individual, que, de um lado, vislumbra nela o produto da própria atividade, a finalidade dessa atividade, e, de outro, a vê como mero meio para satisfazer suas necessidades, meio que, passando pelos dois momentos, envolve-se nas mais diversificadas inter-relações com os demais indivíduos e, desse modo, com o movimento e a vida de toda a sociedade.

Desse modo, aparece aqui a dialética mediante a qual o homem é alçado, no trabalho individual, na atividade econômica da troca, acima da simples subjetividade à universalidade social: um desenvolvimento que já conhecemos muito bem a partir das obras que Hegel escreveu em Iena. Aqui Hegel descreve esse processo da seguinte maneira:

---

[87] [Karl Marx, *Das*] *Kapital*, v. I, [Berlim, 1949] cit., p. 79. [Ed. bras.: *O capital: crítica da economia política*, Livro I: *O processo de produção do capital*, trad. Rubens Enderle, São Paulo, Boitempo, 2013, p. 149.]

[88] *Werke*, v. II, p. 312. [Ed. bras.: *Fenomenologia do espírito*, cit., p. 290.]

Já não se ocupa [o homem – G. L.] da Coisa como *desta sua Coisa singular*, mas dela se ocupa como *Coisa*, como universal que é para todos. [...] Mas os que se sentem – ou se mostram – ludibriados por essa intromissão, o que queriam era enganar de igual maneira. Fazem de conta que seu agir e afã é algo só para eles, onde somente têm por fim a *si* e a sua *própria essência*. Só que, enquanto algo fazem, e com isso se expõem e mostram à luz do dia, contradizem imediatamente por seu ato a pretensão de excluir a própria luz do dia, a consciência universal e a participação de todos. A efetivação é, antes, uma exposição do Seu no elemento universal, onde vem-a-ser – e tem de vir-a-ser – a *Coisa* de todos.[89]

Assim, a dialética do trabalho, da atividade humana, da práxis social, é toda embutida na dialética da relação com a mercadoria e subordinada a ela, pois Hegel vê com toda clareza que, por meio da mera atividade do trabalho, não há como obter o caráter complexo da objetividade social. A "alienação" simples contida na mera atividade do trabalho deve assumir uma forma complexa, capitalisticamente fetichizada, para poder representar as relações humanas como a base da objetividade social na sociedade burguesa moderna. (Na última seção deste capítulo, mostraremos em detalhes, com o auxílio da crítica marxiana à teoria da alienação de Hegel, onde ele se equivocou nessa exposição da forma capitalista da "alienação" do trabalho e em que consistem as consequências concretas de seus equívocos.)

Podemos nos contentar aqui, em um primeiro momento, com o seguinte resultado: saber para onde leva a dialética dessas formas "alienadas" de objetividade, as contradições dinâmicas entre a atividade do homem, sua relação com outros homens e sua relação com os objetos de sua atividade e da satisfação de suas necessidades. Hegel resume esses resultados assim:

> A consciência experimenta os dois lados como momentos igualmente essenciais, e aí [também experimenta] o que é a *natureza da Coisa mesma*. A Coisa mesma não é somente uma Coisa oposta ao agir em geral e ao agir singular; nem um agir que se opusesse à subsistência e que fosse o gênero livre de seus momentos – que constituiriam as suas *espécies*. A Coisa mesma é uma *essência* cujo *ser é o agir* do indivíduo *singular* e de todos os indivíduos e cujo agir é imediatamente *para outros*, ou uma *Coisa*; e que só é Coisa como *agir* de *todos e de cada um*. É a essência que é a essência de todas as essências: a *essência espiritual*. A consciência experimenta que nenhum daqueles momentos é *sujeito*; mas que, ao contrário, se dissolve na *Coisa mesma universal*. Os momentos da individualidade, que para essa consciência

---

[89] Idem. [Ed. bras.: ibidem, p. 291.]

carente-de-pensamento valiam sucessivamente como sujeito, se agrupam na individualidade simples, que sendo *esta* é ao mesmo tempo imediatamente universal. A Coisa mesma perde, assim, [...] a determinidade de universal abstrato e sem-vida; ela é, antes: a substância impregnada pela individualidade; o sujeito, em que a individualidade está tanto como ela mesma, ou como *esta*, quanto como de *todos* os indivíduos; o universal, que só é um *ser* como este agir de todos e de cada um; uma efetividade, porque *esta* consciência a sabe como sua efetividade singular e como efetividade de todos.[90]

Pela aclaração dessa conexão tornou-se possível a superação da consciência individual na objetividade social. O "espírito subjetivo" converte-se aqui no "espírito objetivo". Hegel conclui sua primeira seção com dois capítulos adicionais sobre a "razão legisladora" e a "razão examinando as leis". Ambos contêm uma crítica incisiva da filosofia kantiano-fichtiana como máxima expressão filosófica desse estágio do desenvolvimento da consciência humana, no qual o ponto de vista geral que a consciência subjetiva tem a respeito da realidade objetiva não se alça acima da imediaticidade, para o qual o mundo social dos objetos com que se confronta tem de permanecer algo estranho e até hostil. Os conteúdos dessa crítica a Kant e Fichte já são de nosso conhecimento a partir das obras que Hegel escreveu em Iena; não precisamos, portanto, entrar em detalhes sobre eles.

Tampouco é algo novo a metodologia contida na sequência à primeira vista surpreendente em que Hegel, depois de ter trazido a consciência individual, em termos concretos e objetivos, mediante a análise do trabalho e da relação com a mercadoria, à conversão em objetividade social, agora ainda introduz uma discussão extensa com um ponto de vista filosófico já superado nesse estágio. Por um lado, sabemos a partir de obras anteriores de Hegel que ele concebeu Kant e Fichte como a máxima expressão filosófica da crise geral do desenvolvimento da humanidade que se manifestou em termos histórico-sociais na Revolução Francesa. Por outro, temos conhecimento do lado idealista da "alienação" em Hegel, segundo o qual ele vislumbrou nas formas "superiores" dessa alienação, mais distanciadas da relação imediata com as mercadorias, "mais espirituais", um estágio de seu desenvolvimento que se encontra mais próximo da autodissolução e da autossuperação dialética do que o "fenômeno originário" econômico da "alienação" mesma.

---

[90] Ibid., p. 313. [Ed. bras.: ibidem, p. 292.]

Essa metodologia idealista de Hegel, com que já nos deparamos em sua economia na forma da superioridade do "ser reconhecido" jurídico em relação às categorias econômicas, repete-se nessa passagem decisiva de *Fenomenologia do espírito*. O fato de ele não vislumbrar na dialética da própria sociedade capitalista, mas na filosofia de Kant e Fichte, o real ponto de transposição para o "espírito objetivo" constitui a expressão do mesmo idealismo filosófico que aparece na inversão da hierarquia entre categorias econômicas e categorias jurídicas na própria economia. É claro que esse momento idealista precisa ser levado em conta e criticado por Hegel na avaliação desse desenvolvimento. No entanto, isso apenas turva, sem jamais obscurecer completamente, a essência do próprio desenvolvimento, a adução do conhecimento da sociabilidade para a consciência individual por meio da dialética de sua própria atividade econômica.

b) "Espírito objetivo"

Desse modo, Hegel levou a consciência individual a um estágio no qual ela é capaz de compreender a própria história, a história do gênero humano em sua realidade. Portanto, é metodologicamente compreensível e até incondicionalmente necessário que só agora, a partir desse estágio de desenvolvimento da consciência alcançado de forma árdua, o curso efetivo da história seja mais uma vez recapitulado.

No entanto, agora isso se dá de uma maneira totalmente diferente. O que, no primeiro percurso pela história, formara um substrato sombreado e até enigmático para a consciência que naquela época se tinha do desenvolvimento fenomenológico, aparece agora em uma conexão histórica ordenada e racional. É óbvio que objetivamente se trata do mesmo curso da história; objetivamente a legalidade desse processo histórico é a mesma; objetivamente não se alterou nem a relação entre o indivíduo e a totalidade histórico-social nem o papel do "agir e afã" subjetivo nela.

Já sabemos, contudo, que, para a metodologia de *Fenomenologia do espírito*, todas as categorias aparecem em correlação com o sujeito e são ordenadas em relação ao desenvolvimento do sujeito. O estágio superior da subjetividade significa, portanto, uma nova forma do gênero específico de objetividade dessa obra: modificou-se radicalmente a essência das "figuras" que se manifestam, nas quais e em cuja sequência é explicitado filosoficamente o caminho da experiência do gênero humano. Daí resulta, então, a necessidade de expor o caminho do desenvolvimento histórico desse novo e superior estágio da experiência genérica igualmente em seu desenvolvimento histórico, isto é, voltar a percorrer o desenvolvimento histórico nesse estágio da consciência.

Encontramo-nos agora, portanto, no terreno da *história real*, enquanto no primeiro percurso pelo desenvolvimento histórico, que foi igualmente histórico em si, as categorias hegelianas autênticas da historicidade *ainda não* puderam emergir devido ao gênero específico da posição fenomenológica da consciência diante da realidade. A diferença qualitativa desse estágio em relação ao anterior é acentuada por Hegel com muita nitidez. Nas observações introdutórias a essa seção, ele diz o seguinte sobre as "figuras" que dali por diante passam a emergir: "São figuras, porém, que diferem das anteriores por serem os espíritos reais, efetividades propriamente ditas; e [serem] em vez de figuras apenas da consciência, figuras de um mundo"[91].

Na análise do mundo antigo, Hegel concretiza ainda mais essa ideia metodológica e caracteriza a diferença em relação ao estágio anterior do desenvolvimento com precisão maior, sendo que não se deve deixar de atentar para o fato de que a caracterização concreta que Hegel confere à "figura de um mundo", nesse caso, pertence ao mundo antigo e, não sem mais nem menos, a todo esse estágio da consciência. Apesar disso, acreditamos que essas exposições de Hegel iluminarão ainda mais a diferença qualitativa entre o primeiro e o segundo estágios justamente por sua concreticidade.

> As essências éticas universais, são, assim, a substância como consciência universal e a substância como consciência singular; elas têm o povo e a família por sua efetividade universal [...]. Nós vemos, nesse conteúdo do mundo ético, atingidos os fins que se propunham as anteriores figuras da consciência, carentes-de-substância. O que a razão aprendia somente como objeto tornou-se consciência-de-si, e o que esta só tinha dentro dela mesma está presente como verdadeira efetividade. O que a observação sabia como um *achado*, em que o Si não tinha nenhuma parte, aqui é [um] costume encontrado, mas [também] uma efetividade que ao mesmo tempo é ato e obra de quem a encontra.[92]

Partindo disso, Hegel oferece uma crítica detalhada de uma série de "figuras da consciência" já expostas, ao explicitar o estágio agora alcançado – segundo a terminologia de sua lógica – como a verdade do precedente.

---

[91] Ibid., p. 330. [Ed. bras.: ibidem, p. 306.]
[92] Ibid., p. 343. [Ed. bras.: ibidem, p. 317-8.]

Tratamos aqui, portanto, da história real da humanidade, mas, correspondendo às tarefas especiais de *Fenomenologia*, tampouco é contada toda a história *in extenso* – são ressaltadas as grandes crises e inflexões na história que realmente marcaram época na experiência do gênero humano, no desenvolvimento do gênero humano e de sua consciência-de-si. De modo correspondente, essa seção é subdividida da seguinte maneira:

"A. O *espírito verdadeiro*. A eticidade." (A sociedade antiga e sua dissolução.)

"B. O *espírito estranhado de si mesmo*. A cultura." (O surgimento da sociedade burguesa, a crise ideológica do Iluminismo e a crise mundial da Revolução Francesa.)

"C. O *espírito certo de si mesmo*. A moralidade." (A utopia de Hegel a respeito de uma Alemanha sob o domínio de Napoleão. Poesia e filosofia do classicismo alemão como a forma ideológica máxima do período napoleônico, da solução da crise mundial.)

Estamos, portanto, diante da exposição sintetizadora do problema que assume a posição central no pensamento de Hegel desde a crise de Frankfurt: o surgimento da sociedade burguesa moderna. A tarefa é mostrar, de um lado, como a sociedade antiga necessariamente se dissolveu e, de outro, como as formas contraditórias da sociedade burguesa surgiram dessa dissolução como estágio superior do desenvolvimento da humanidade e, por fim, como Hegel pensa ter encontrado uma "reconciliação" das contradições dessa sociedade burguesa. Aqui também temos a ver com uma série de problemas, cuja posição e solução por Hegel já é de nosso conhecimento a partir de suas obras mais antigas. Tampouco nesse caso detalharemos esses momentos já conhecidos; apenas ressaltaremos o que é especialmente característico da metodologia específica dessa obra e o que advém dessa nova problemática como resultado novo.

Esse novo se refere principalmente à dialética da "alienação". Mesmo que tenhamos conhecido cada vez melhor também esse lado da filosofia de Hegel no decorrer de sua atividade em Iena, ao tratar de *Fenomenologia* estamos diante da obra em que a "alienação" se tornou o conceito central e basilar de toda a dialética. De modo correspondente, repete-se agora, na segunda seção, em um estágio superior e de forma modificada, o processo de desenvolvimento da primeira parte. Anteriormente, o desenvolvimento partiu da relação imediata entre a consciência e um mundo dos objetos totalmente estranho e chegou ao despontar da noção de que a objetividade social tem na "alienação" seu fundamento objetivo. Agora a trajetória também vai da imediaticidade à "alienação" consumada.

Nesse estágio, porém, uma e outra significam algo completamente diferente: algo objetivo. A imediaticidade é aqui a relação objetiva entre o homem antigo e a comunidade das repúblicas citadinas democráticas. A dissolução dialética da imediaticidade, isto é, a trajetória até a "alienação" consumada na sociedade capitalista, não é, portanto, precipuamente um processo da consciência. Pelo contrário, é a dissolução objetivamente social das formas de sociedade constituídas pelas repúblicas citadinas antigas, a trajetória complexa e desigual do desenvolvimento que levou ao surgimento da sociedade burguesa moderna, passando por Roma e pela Idade Média. Hegel enuncia esse programa do mesmo modo nas observações introdutórias dessa seção. Ele aborda a exposição do mundo grego enquanto verdadeira corporificação da eticidade; ao mesmo tempo, com noção da necessidade de que esse mundo deve se dissolver para dar lugar a outro, ao mundo superior, "alienado" da sociedade burguesa moderna:

> O espírito é a *vida ética* de um *povo*, enquanto é a *verdade imediata*: o indivíduo que é um mundo. O espírito deve avançar até a consciência do que ele é imediatamente; deve superar a bela vida ética e atingir, através de uma série de figuras, o saber de si mesmo.[93]

A exposição da bela e imediata eticidade do mundo grego constitui aqui (e na terceira seção) um ponto alto das realizações literárias de Hegel. Dado que já analisamos repetida e detalhadamente todos os problemas principais da concepção que Hegel tem da sociedade antiga e de sua necessária ruína, porém, acreditamos não ser necessário abordar esses problemas outra vez agora. Somente algumas observações devem ser feitas sobre a ruína da Antiguidade, sobre aquelas formas do modo de manifestação do espírito por meio das quais Hegel descreve o surgimento da individualidade já "alienada" no Império Romano. Isso não só nos aproxima praticamente do conteúdo da linha de pensamento de *Fenomenologia*, como, ao mesmo tempo, é apropriado para, com o auxílio de exemplos concretos, lançar luz sobre a diferença entre o primeiro estágio, o do "espírito subjetivo", e o estágio objetivo agora alcançado.

---

[93] Ibid., p. 330. [Ed. bras.: ibidem, p. 306, modif.]

Lembremos que, naquele primeiro estágio, surgiram, a partir de "domínio e servidão", as "figuras da consciência" das filosofias estoica e cética e, mais tarde, a da "consciência infeliz" (cristianismo). Agora Hegel passa a descrever o mesmo processo a partir do lado social objetivo. Como sabemos, a condição social grega era a da eticidade imediata. E sabemos igualmente qual era a inter-relação entre indivíduo e sociedade daí decorrente: um desenvolvimento belo e harmônico do homem, em decorrência da harmonia imediata entre homem e sociedade, uma harmonia, contudo, na qual a personalidade humana existiu somente em si, de modo imediato, em forma não alienada. Todo desenvolvimento da personalidade (pensemos no problema já tratado do interesse próprio) necessariamente tem um efeito dissolvente, desagregador, sobre essa sociedade.

Dessa dissolução surge, então, segundo a concepção hegeliana de história, o Império Romano: a eticidade imediata é substituída pelo sistema legal abstrato. Depois do conhecimento que acumulamos a respeito das concepções de Hegel sobre a sociedade, não pode mais constituir surpresa para nós que o objetivismo dessa derivação, no caso, apareça de forma a constituir o jurídico como elemento decisivo. E, em especial no ponto em que Hegel quer expor a primeira e, por essa razão, mais simples e mais abstrata forma da "alienação", decorre naturalmente de sua concepção que, para ele, o jurídico se converte no "conceito simples" da "alienação" e somente por meio do desenvolvimento da vida econômica no sentido capitalista moderno esse "conceito simples" alcança um efetivo desdobramento, chega à sua explicitação em um rico sistema de elementos concretos.

Hegel passa a descrever, então, a condição social que assim surge e o sujeito novo e alienado que necessariamente dela se origina.

> O universal, estilhaçado nos átomos dos indivíduos absolutamente múltiplos – esse espírito morto –, é uma *igualdade* na qual *todos* valem como *cada um*, como *pessoas*. [...] Nós vimos as potências e as figuras do mundo ético naufragarem na necessidade simples do *destino vazio*. Essa potência do mundo ético é a substância refletindo-se em sua simplicidade; porém a essência absoluta que reflete sobre si mesma – justamente aquela necessidade do destino vazio – não é outra coisa que não o *Eu* da consciência-de-si.

Essa nova condição é a sociedade romana, o domínio do direito abstrato:

> Esse *Ser-reconhecido* é sua [da essência – G. L.] substancialidade, que por sua vez é a *universalidade abstrata*, pois seu conteúdo é *esse Si rígido*, e não o Si que se

dissolveu na substância. Assim, a personalidade saiu, nessa altura, da vida da substância ética: é a independência, *efetivamente em vigor*, da consciência.[94]

Muito interessante agora é a forma com que Hegel retorna, nesse contexto, às "figuras da consciência" correspondentes da primeira seção, ao estoicismo e ao ceticismo. (E especialmente interessante é que, nesse contexto, a "consciência infeliz" nem mesmo é mencionada.) Hegel expressa sua opinião de maneira extraordinariamente clara, não necessitando de um comentário extenso. Seja apontada antecipadamente apenas a ideia básica de que ele sublinha em tom enérgico a identidade de conteúdo entre o que significam essas formas ideológicas e o que significa o domínio do direito romano (isto é, para Hegel, a condição social no Império Romano); ao fazer isso, ressalta que este representa a realidade e aquelas retomam a mera opinião subjetiva sobre essa realidade.

> O que para o estoicismo era o *Em-si* apenas na *abstração*, agora é *mundo real*. [...] Por sua [do estoicismo – G. L.] fuga da *realidade*, a consciência estoica só alcançava o pensamento da independência; ela é absolutamente para *si*, porque não vincula sua essência a um ser-aí qualquer; mas, abandona qualquer ser-aí e coloca sua essência somente na unidade do puro pensar. Da mesma maneira, o direito da pessoa não está ligado nem a um ser-aí mais rico ou mais poderoso do indivíduo como um tal indivíduo nem ainda a um espírito vivo universal; mas antes ao puro Uno de sua realidade abstrata – ou a ele enquanto consciência-de-si em geral.[95]

Essa conexão ganha uma expressão ainda mais clara quando Hegel passa a tratar do ceticismo e estabelece um paralelo entre ele e o formalismo necessário da condição do direito, pois, nesse ponto, ele mostra que, por trás de ambos, encontra-se outro poder mais real, o do desenvolvimento social, que ambos são apenas formas de expressão de uma condição de mundo em dissolução, na qual os elementos estruturais da posterior sociedade burguesa moderna passaram a tornar-se efetivos exclusivamente de modo negativo. Eles ainda não constituem aquele sistema coeso, dotado de leis próprias, movendo-se segundo suas leis, das relações recíprocas "alienadas" dos homens em sua práxis social; eles aparecem, por conseguinte, como formas de expressão de uma potência social desconhecida, contingente e arbitrária.

---

[94] Ibid., p. 360. [Ed. bras.: ibidem, p. 332.]
[95] Ibid., p. 361. [Ed. bras.: ibidem, p. 333, modif.]

Pois o que vigora como essência absoluta é a consciência-de-si como o puro *Uno vazio* da pessoa. Em contraste com essa universalidade vazia, a substância tem a forma da *plenitude* e do *conteúdo*; e agora esse conteúdo é completamente deixado livre e desordenado, já que não está presente o espírito que o subjugava e mantinha coeso em sua unidade. – Portanto, em sua *realidade*, esse Uno vazio da pessoa é um ser-aí contingente e um mover e agir carentes-de-essência, que não chegam a consistência alguma. Como o ceticismo, assim o formalismo do direito, sem conteúdo próprio, por seu conceito [mesmo] encontra uma subsistência multiforme – a posse – e, como o ceticismo, lhe imprime a mesma universalidade abstrata, pela qual a posse recebe o nome de *propriedade*. Mas no ceticismo, a realidade assim determinada se chama *aparência* em geral e tem apenas um valor negativo; enquanto no direito, tem um valor positivo. [...] Os dois são o mesmo *universal abstrato*: o conteúdo efetivo ou a *determinidade* do "Meu" – quer se trate agora de uma posse exterior, ou então da riqueza ou da pobreza interiores do espírito e do caráter – não está contido nessa forma vazia e não lhe diz respeito. O conteúdo efetivo pertence, assim, a uma *potência própria*, que é algo diverso do Universal-formal; [potência] que é o acaso e o arbítrio. Por isso a consciência do direito experimenta, antes, em sua própria vigência efetiva, a perda de sua realidade, e sua inessencialidade completa; e designar um indivíduo como uma *pessoa* é expressão de desprezo.[96]

E Hegel continua explicitando que a privatização da vida, a transformação de todos os homens em sujeitos jurídicos abstratos, em "burgueses" apenas economicamente ativos, anda de mãos dadas com a decadência completa de toda vida pública, com o despotismo cada vez mais aprimorado dos imperadores romanos. Essa exposição, que já é de nosso conhecimento a partir do ensaio sobre o direito natural, é resolvida por Hegel também aqui com uma breve caracterização do déspota típico, do "senhor do mundo".

Estamos tratando aqui, portanto, da "alienação" em sua primeira forma primitiva, abstrata. É e permanece próprio da periodização filosófico-histórica de Hegel que ele conceba o Império Romano nesse papel de precursor abstrato do capitalismo moderno e trate a Idade Média ligeiramente como episódio secundário para o desenvolvimento do espírito. A necessidade desse processo consiste em que, segundo a concepção de Hegel, o ser social do homem não pode ser imediato, natural. A bela corporificação dessa imediaticidade natural na democracia grega carrega em si, por isso mesmo, a necessidade interior da decomposição. O sujeito tem de alienar-se, estranhar-se, cada vez

---

[96] Ibid., p. 361 e seg. [Ed. bras.: ibidem, p. 333-4, modif.]

mais intensamente, envolvendo-se em conexões sociais cada vez mais ricas, tornando-se o sujeito-objeto idêntico dessas relações sociais por meio de seu trabalho, seu "agir e afã" individual, movido pelo interesse próprio, e, no ponto alto de sua alienação, progressivamente reconhecer-se como tal sujeito-objeto idêntico da práxis social no curso desse desenvolvimento, no curso do desdobramento objetivo da riqueza das determinações sociais, da coesão e da legalidade própria do sistema econômico moderno.

O processo filosófico geral que constitui a base de *Fenomenologia*, a saber, o extrair da riqueza da substância pelo sujeito (cf. p. 614 e seg. deste livro), assume aqui, na descrição desse processo, sua figura mais pura e clara. Aqui aparecem também aquelas determinações essenciais a respeito das quais Marx várias vezes mostra que estão contidas na exposição da "alienação" mistificada por Hegel – pois excluem-se da exposição de Hegel tanto as determinações da natureza, cuja concepção aparece nele como mera alienação do espírito, como pura inversão idealista das conexões, o que foi corretamente provado por Feuerbach (cf. p. 390 deste livro), quanto o lado religioso e mistificador de sua teoria da "alienação", a saber, sua revogação no sujeito, a superação da objetividade em geral como superação da "alienação", que, nessa seção mesma, ainda não aparece desenvolvido, mas apenas em seu fim. Aqui aparece a alienação do sujeito como a atividade social do gênero humano, por intermédio da qual surge na sociedade uma objetividade autocriada, que extrai suas energias vitais da atividade social do sujeito e, tornando-se cada vez mais rica, intrincada e abrangente, toma para o sujeito o lugar da anterior substância sem vida. Em suma: ao estranhar-se totalmente, o sujeito conhece-se na teoria e na prática como idêntico à substância.

Somente a partir dessa concepção filosófica torna-se compreensível o sentido real da periodização hegeliana da história universal; somente a partir disso se pode reconhecer sua legitimidade relativa como concentração do curso histórico do surgimento histórico da sociedade burguesa moderna. Já dissemos que Hegel passa rapidamente pela Idade Média. Com poucas observações, ele tangencia a relação entre os senhores feudais e o monarca medieval. Ele está mais interessado na dissolução do sistema feudal, sendo que, para ele, também agora, como antes no escrito sobre a Constituição, a forma francesa da dissolução do feudalismo e do surgimento da monarquia absoluta se manifesta como forma clássica desse desenvolvimento.

De modo geral, em *Fenomenologia*, essa orientação filosófico-histórica de Hegel no desenvolvimento da França é evidente. Ao lado da Grécia e de

Roma, de cuja essência filosófico-histórica ele tratou em detalhes nessa parte, destaca-se apenas o desenvolvimento francês como capaz de representar para a filosofia, em sua forma pura, todo o desenvolvimento moderno. Da dissolução do feudalismo à Revolução Francesa, portanto, *Fenomenologia* se move exclusivamente em terreno francês. E também para a exposição dos embates ideológicos recorre-se aqui apenas à França: a luta do Iluminismo contra a religião desenrola-se aqui em terreno francês, em formas francesas, do mesmo modo que as lutas sociais e políticas desse período. O único autor que Hegel cita literalmente em todas essas exposições, ainda que não mencione seu nome, é Diderot.

A forma fenomenológica em que se desenrolam as lutas internas ao absolutismo francês é o contraste e a dialética de poder do Estado e riqueza. Hegel descreve como os vassalos do império antes autônomos decaem à condição de cortesãos aduladores, como a "consciência fidalga" da nobreza (mais uma alusão a Montesquieu) se converte em mera bajulação diante do monarca. Esse processo é, ao mesmo tempo, a conversão do "poder estatal" na "riqueza", com a qual, no estágio anterior, ele se confrontava com estranheza e hostilidade.

Deparamo-nos aqui, na forma particular do modo de exposição de *Fenomenologia*, com o processo do gradativo aburguesamento da monarquia absoluta. E, uma vez mais, é bem característico de Hegel que ele, como já caracterizara, na passagem do estado de natureza para a civilização, o trabalho do servo como o caminho do espírito até a consciência-de-si, agora vislumbre na "riqueza" burguesa, não no "poder estatal" absoluto, não na "consciência fidalga" feudal, o caminho do sujeito até o ser-para-si, até a transformação real da substância no sujeito, no portador do real estranhamento historicamente progressivo. "A riqueza já possui nela mesma o elemento do ser-para-si."[97]

O conteúdo ideológico decisivo dessa revolução é a luta do Iluminismo contra a religião. Para entender inteiramente a concepção histórica de Hegel, devemos antecipar que, para ele, o Iluminismo surge das contradições inerentes à monarquia absoluta que está se aburguesando e que a consumação da luta que o Iluminismo trava aqui ideologicamente contra a religião é exposta por Hegel economicamente na sociedade capitalista desenvolvida e em sua ideologia, e no campo político na Revolução Francesa.

---

[97] Ibid., p. 388. [Ed. bras.: ibidem, p. 355, modif.] Lembramos ao leitor a determinação do dinheiro como eu (*Realphilosophie*, v. II, p. 257).

Ora, no que se refere à luta do Iluminismo contra a religião, chama atenção como a "fé" (assim é caracterizada do começo ao fim a religião como "figura de um mundo") se sai mal. Hegel mostra conteúdos efetivos, efetiva riqueza de ideias, exclusivamente no caso do Iluminismo. Ele faz também aqui uma crítica ao Iluminismo que já conhecemos de Frankfurt, ao protestar contra conceber a religião como enganação consciente do povo. Ele, porém, não protesta contra essa noção em nome da verdade do conteúdo da religião, e sim em nome do historicismo, da necessidade histórica das formas ideológicas em estágios bem determinados de desenvolvimento da humanidade.

> Quando foi formulada a pergunta geral *"se era permitido enganar um povo"*, a resposta de fato deveria ser que a questão estava mal colocada, porque é *impossível* enganar um povo nesse terreno. Sem dúvida, é possível em algum caso vender latão por ouro, passar dinheiro falso por verdadeiro; pode ser que muitos aceitem uma batalha perdida como ganha; é possível conseguir que se acredite por algum tempo em outras mentiras sobre coisas sensíveis e acontecimentos isolados. Porém, no saber da essência, em que a consciência tem a *certeza* imediata *de si mesma*, está descartado completamente o pensamento do engano.[98]

Contudo, uma declaração feita pouco antes desta última mostra quão pouco a religião ganhou com essa defesa. Nela, Hegel quase tangencia, na exposição da religião, a crítica de Feuerbach:

> O Iluminismo acertadamente enuncia a fé como uma consciência desse tipo, ao dizer que é um ser de sua própria consciência – seu próprio pensamento, um produto da consciência – aquilo que para a fé é a essência absoluta. Com isso declara a fé como sendo um erro e uma ficção poética sobre o mesmo que o Iluminismo é.[99]

Muito mais importante é, em contraposição, o desenvolvimento propriamente dito do próprio Iluminismo. Já é de nosso conhecimento, a partir dos escritos iniciais de Hegel em Iena, que ele concebeu a filosofia do Iluminismo como sintoma da grande crise que atingiu seu ponto culminante na Revolução Francesa. *Fenomenologia* proporciona uma imagem muito mais clara e detalhada sobre essa crise e sua concepção por Hegel. A reestratificação completa da sociedade que, segundo Hegel, sucede na transformação do feudalismo em monarquia absoluta e no aburguesamento desta é descrita aqui como passagem

---

[98] Ibid., p. 416. [Ed. bras.: ibidem, p. 380-1.]
[99] Ibid., p. 413 e seg. [Ed. bras.: ibidem, p. 378-9.]

de "figuras" diferentes e à primeira vista opostas; nessas figuras, expressa-se o abalo de todos os fundamentos das concepções morais vigentes até aquele momento e das formas da eticidade social desenvolvidas até aquele momento, a relativização dessas formas, sua conversão em seu oposto.

Já aludimos brevemente a alguns desses desenvolvimentos precedentes, como, por exemplo, à transformação da nobreza feudal em nobreza cortesã, a impregnação de todos os órgãos e as instituições estatais pelo poder do dinheiro representado pela burguesia. A subversão da eticidade nesse período de transição mostra-se, portanto, no plano fenomenológico, na transmutação da "consciência fidalga" na "consciência vil" etc., no fato de que, para nós – para o leitor filosófico –, evidencia-se como esses tipos de posicionamento moral se convertem dialeticamente um no outro.

A "consciência cindida" (*zerrissene Bewußtsein*), enquanto produto intelectualmente mais desenvolvido dessa crise de transição, compreende, então, essa relatividade geral que se tornou predominante. Para essa consciência, as "figuras" e o que elas representam em termos sociomorais não se convertem mais uma na outra como processos que transcorrem em si, mas essa consciência obtém a clareza e a noção do que realmente se passa. Ela considera esse processo como o processo de sua própria cisão (*Zerrissenheit*) e a si mesma como o ponto culminante consciente do processo, sua consciência da dialética do processo como a consciência-de-si do próprio processo.

> Mas a linguagem do dilaceramento [*Zerrissenheit* – N. E.] é a linguagem perfeita e o verdadeiro espírito existente de todo esse mundo da cultura. Essa consciência-de-si, à qual pertence a revolta que rejeita sua rejeição, é imediatamente a absoluta igualdade-consigo-mesma no dilaceramento absoluto – a mediação pura da pura consciência-de-si consigo mesma. [...] O *ser-para-si* tem *seu ser-para-si* por objeto, como algo simplesmente *Outro*; ao mesmo tempo, de modo igualmente imediato, como *si mesmo*; [tem por objeto a] si como um Outro, não que esse tenha um outro conteúdo, mas o conteúdo é o mesmo Si na forma de absoluta oposição e de um ser-aí indiferente completamente próprio. Assim está aqui presente o espírito desse mundo real da cultura: espírito *consciente* de si em sua verdade e [*consciente*] de seu *conceito*.[100]

As ideias básicas dessas exposições de Hegel não são completamente novas para nós. Já em *Diferença*, ele falara da cultura como mundo da cisão e,

---

[100] Ibid., p. 391 e seg. [Ed. bras.: ibidem, p. 358-9.]

ao mesmo tempo, caracterizara este como ponto de passagem crítico, mas necessário, no caminho até a verdadeira filosofia. Hegel também enfatizou seguidamente que o ceticismo real, que visa à essência da coisa no conhecimento da relatividade dos diferentes objetos e conceitos entre si, tem um momento de verdade, um momento que pode levar à obtenção da noção dialética na unidade dinâmica dos contrários.

Essas ideias são, então, atreladas por Hegel ao quadro sociofilosófico geral da "alienação". Por meio do desenvolvimento máximo da "alienação" desprendem-se todos os laços imediatos na sociedade humana, perdem sua firmeza natural, seu repousar imediato em si mesmos, e são lançados no redemoinho dialético da nova sociedade capitalista em surgimento, cuja essência é a "alienação". A "alienação", porém, não é um processo exterior que se efetuaria no sujeito sem essencialmente o reconfigurar. Nos estágios primitivos, ela é efetuada de modo inconsciente. Suas consequências assaltam a consciência como uma fatalidade exterior não compreendida. No estágio supremo, contudo, que em Hegel representa justamente essa cisão consciente de si, surge no sujeito a noção daquele movimento objetivo que produziu esse caráter da realidade e, com ele, o seu próprio.

Poucos anos antes da redação de *Fenomenologia do espírito*, Goethe descobriu o manuscrito do diálogo genial de Diderot intitulado *Le Neveu de Rameau* [O sobrinho de Rameau] e o publicou em tradução comentada para a língua alemã. Mais uma vez, é característico da afinidade interior entre Goethe e Hegel que este tenha sido um dos primeiros a reconhecer a importância literária, intelectual e social dessa obra-prima. De modo nenhum é por acaso que o diálogo de Diderot é a única obra moderna citada em *Fenomenologia*.

A compreensão de Hegel, porém, transcende a de Goethe em um sentido muito importante, pois, para Hegel, o diálogo de Diderot não é só uma obra-prima que caracteriza sua época de modo insuperável, mas também é aquele fenômeno do Iluminismo em que a *dialética* já emerge de modo consciente. Como sabemos, a importância filosófica da "alienação" é, para Hegel, justamente esta: somente por meio dela pode expressar-se aquela forma particular da dialética que seu pensamento almejou desde Frankfurt. E, no mesmo período em que confronta sua própria dialética com as de Fichte e Schelling, rejeitando-as rispidamente, ele reconhece no diálogo de Diderot um parente e precursor real e autêntico. (Aliás, observe-se aqui de passagem que Marx e Engels concordam plenamente com Hegel nessa avaliação da obra-prima de

Diderot; Engels vê esta e o tratado sobre a desigualdade de Rousseau como as grandiosas primeiras exposições modernas da dialética.)

Para *Fenomenologia*, é especialmente importante no diálogo de Diderot que ele não extraia sua dialética de ponderações filosóficas abstratas, mas de um tratamento vivo dos problemas morais de seu tempo. Isso torna tal diálogo um objeto apropriado para Hegel expor sua ideia básica de cunho histórico-filosófico, a saber, a de que a dialética enquanto posse da consciência subjetiva também é produto da vida social, não simplesmente resultado de um pensar filosófico abstrato. A filosofia, como a síntese máxima do pensamento humano, de modo nenhum tem para Hegel, como ainda veremos, a tarefa de inventar conteúdos; sua função original e própria consiste somente em ordenar e aclarar aquilo que o próprio desenvolvimento social produziu, para que sua legalidade suprema – a dialética – aflore de forma clara e genuína.

Essa concepção de Hegel sobre como o autoconhecimento do processo sociomoral necessariamente surge como dialética na consciência – mais exatamente, na forma de uma compreensão da própria vida e ainda não na forma consciente da filosofia – é ilustrada justamente com o auxílio do diálogo de Diderot na exposição sobre o Iluminismo. As exposições de Hegel contendo o extrato metodológico e intelectual da obra de Diderot e que introduzem as passagens dessa obra citadas por ele constituem uma inflexão tão importante no desenvolvimento fenomenológico da consciência humana que temos de citá-las em detalhes. O caráter dessa inflexão está claro a partir das exposições feitas por nós até este momento e das sentenças de Hegel já citadas: até agora, as "figuras" fenomenológicas foram objetos de uma dialética objetiva, mas a partir deste ponto a dialética se tornou subjetiva, o sujeito alienado passou a ser consciente de toda a dialética da "alienação".

> Esse espírito é esta absoluta e universal inversão e este estranhamento da realidade e do pensamento: a *pura cultura*. O que no mundo da cultura se experimenta é que não têm verdade nem as *essências efetivas* do poder e da riqueza nem seus *conceitos* determinados, bem e mal, ou a consciência do bem e do mal, a consciência nobre e a consciência vil; senão que todos esses momentos se invertem, antes, um no outro, e cada um é o contrário de si mesmo. O poder universal que é a *substância*, enquanto chega à sua espiritualidade própria através do princípio da individualidade, recebe nele seu próprio Si apenas como o nome; e enquanto poder *efetivo*, é antes a essência impotente que se sacrifica a si mesma. – Mas tal essência, carente-de-si e abandonada – ou seja, o Si tornado coisa –, é antes o

retorno da essência a si mesma: é o *ser-para-si*, *essente-para-si*, a existência do espírito. – Os *pensamentos* dessas essências, do *bem* e do *mal*, invertem-se também nesse movimento: o que é determinado como bom é mau; o que é determinado como mau é bom. A consciência de cada um desses momentos, julgada como consciência nobre ou vil, é uma consciência que em sua verdade se mostra antes o inverso do que devem ser tais determinações: tanto a nobre é vil e abjeta como a abjeção se muda na *nobreza* da liberdade mais aprimorada da consciência-de-si. – Do mesmo modo, considerado formalmente, tudo é *para fora* o inverso do que é para *si*; em compensação, o que é para si não o é em verdade, e sim algo outro do que pretende ser: o ser-para-si é antes a perda de si mesmo, e o estranhamento de si é antes a preservação de si mesmo. – Assim, o que ocorre é isto: todos esses momentos exercem uma justiça universal reciprocamente; cada um tanto se estranha em si mesmo quanto se configura no seu contrário e, dessa maneira, o inverte. – No entanto, o espírito verdadeiro é justamente essa unidade dos absolutamente separados; na verdade o espírito, como seu meio-termo, chega à existência precisamente pela *livre realidade* desses extremos *carentes-de-si*. [...] Esse julgar e falar é pois o verdadeiro e incoercível, enquanto ele próprio tudo subjuga; é aquilo que *só verdadeiramente* conta nesse mundo real. Cada parte desse mundo chega, pois, ao resultado de que seu espírito seja enunciado, ou seja, que se fale dela com espírito e se diga o que ela é. – A consciência honrada [o pensamento metafísico no campo da moral – G. L.] toma cada momento por uma essência permanente; e é inculta carência-de-pensamento não saber que ela também faz o inverso. A consciência cindida, ao contrário, é a consciência da inversão – e, na verdade, da inversão absoluta; nela, o conceito é o que domina, e que concentra os pensamentos amplamente dispersos para a honradez. Por isso, a linguagem da consciência dilacerada é rica-de-espírito.[101]

A razão pela qual essas exposições tiveram de ser detalhadas é o fato de designarem o ponto em que a dialética já emerge com plena clareza no caminho do desenvolvimento hegeliano da experiência genérica. E, para a filosofia da história de Hegel, é de suma importância que esse emergir da dialética não seja só um momento da vida mesma, mas que também seja um produto da alienação e do estranhamento capitalistas da vida social e pessoal e que, portanto, só nesse estranhamento a consciência-de-si possa chegar ao conhecimento real de si, ao conhecimento de si como elemento e parte da realidade objetiva.

Soma-se a isso ainda como momento significativo o fato de Hegel determinar justamente a filosofia e a literatura do Iluminismo como o emergir

---

[101] Ibid., p. 392 e seg. [Ed. bras.: ibidem, p. 359-60, modif.]

dessa tomada de consciência da dialética. Todavia, a dialética que ali vem à tona ainda não é bem aquela que Hegel considera sua forma plena. Quando se leem com atenção as exposições recém-citadas, percebe-se que a dialética ali descrita possui o momento da passagem das determinações contrárias de uma para a outra, mas que não aparece nenhuma síntese dialética. Os contrários se convertem ininterruptamente um no outro e, desse modo, revelam a nulidade de todas as representações metafísicas da essencialidade rígida dos objetos, de sua identidade abstrata consigo mesmos. Essa conversão ininterrupta em seu contrário, porém, não tem direção. Trata-se de um *perpetuum mobile* da passagem dos contrários de um para o outro.

Exatamente por isso a essência da sociedade capitalista é exposta aqui a partir do aspecto que está no centro de nossa análise – do ponto de vista da moral social – de um modo dialeticamente mais adequado do que onde Hegel leva esses contrários a uma unidade superior, a uma "reconciliação". Por outro lado, pode-se ver de modo igualmente claro – já tratamos desse problema em conexão com a "tragédia no ético" – que uma dialética que não contém nenhum direcionamento para um progresso, para um desenvolvimento superior, não seria capaz de expor a história do desenvolvimento de toda a humanidade em seu contexto e na linha básica de sua progressividade. Disso resulta uma contradição no pensamento de Hegel, à qual ainda teremos de retornar.

Neste ponto, porém, não se trata apenas de se alcançar a consciência dialética no pensamento humano em geral, mas também de qual é o contexto social concreto, de qual é a situação histórica e de quais são as lutas ideológicas em conexão com as quais se dá esse avanço em direção à consciência-de-si ideológica. É, então, preciso repetir uma vez mais que, de um lado, Hegel concebe e expõe todo esse período como uma importante transição crítica da história da humanidade – até como sua crise mais decisiva. De outro lado, deve-se dizer que a dialética da "consciência cindida" não é só uma expressão dessa crise, como, ao mesmo tempo, é a arma decisiva do espírito humano contra a "fé".

Nesse contexto, Hegel ressalta a força irresistível dessas ideias. Toda a exposição dessa seção se desenrola sob o signo da vitória do Iluminismo sobre a religião: ponto por ponto, esta é escorraçada das posições que ocupava havia milênios e a dialética do movimento imanente dos objetos terrenos, do homem e de suas relações sociais, da consciência humana e das coisas em que se desdobra a práxis humana ocupa todas as áreas da ideologia que antes eram preenchidas com conteúdos religiosos.

Por conseguinte, *a fé perdeu o conteúdo que preenchia seu elemento*; e colapsa em um surdo tecer do espírito dentro dele mesmo. Foi expulsa de seu reino, ou esse reino foi posto a saque; enquanto a consciência desperta monopolizou toda a diferenciação e expansão do mesmo, reivindicou e restituiu à terra todas as partes como propriedade dela.[102]

Nesse ponto, todavia, Hegel faz ressalvas, só que estas se referem ao desenvolvimento posterior, à esfera do "espírito absoluto", na qual, como veremos, é atribuído à religião um papel bem diferente. As ressalvas que Hegel faz aqui em relação ao triunfo irresistível do Iluminismo sobre a fé são, portanto, apenas preparativos da passagem ao estágio seguinte. No terreno de crise do novo espírito em surgimento, no terreno do real vir-a-si do espírito mediante sua "alienação" plena, a irresistibilidade do Iluminismo é, para Hegel, fato progressivo, historicamente necessário.

O capítulo seguinte dessa seção traz o título: "A verdade do Iluminismo". Essa verdade ou, conforme a terminologia hegeliana mais geral, esse estágio superior do desenvolvimento dialético, é a sociedade capitalista desdobrada. Já o encontramos na primeira seção de *Fenomenologia*. Ali ele apareceu, considerado do ponto de vista da consciência individual, como o "reino animal do espírito", como o mundo do interesse próprio. Todavia, ali no em-si do movimento social – desconhecido do sujeito individual – já vigoraram a universalidade e a socialidade do "agir e afã" individual do sujeito movido por interesse próprio. Aqui e agora, correspondendo ao estágio superior da experiência do gênero, é enunciada a conexão objetiva, ainda que constantemente em conexão com o desenvolvimento do aspecto consciente. Aqui já emerge, por conseguinte, o teor real da "alienação" em sua objetividade: "*o pensar é coisidade*, ou *coisidade é pensar*"[103]. O conceito hegeliano de "estranhamento" alcançou, desse modo, sua expressão clara. Constatar isso, por sua vez, é de grande importância para a compreensão correta da terceira parte, pois veremos que o autoconhecimento completo do espírito absoluto no "saber absoluto" não produz nada de novo *em termos de conteúdo* em relação a esse estágio.

Por essa via, atingiu-se a abstração máxima no estranhamento máximo: a essência da sociedade capitalista. Ao elevar, em seguida, o anterior conceito do interesse próprio meramente subjetivo a um estágio superior, mais objetivo,

---

[102] Ibid., p. 432. [Ed. bras.: ibidem, p. 394.]
[103] Ibid., p. 437. [Ed. bras.: ibidem, p. 398.]

Hegel sistematiza novamente ideias fundantes da filosofia da sociedade do Iluminismo: ele renova, em uma forma que já se tornou dialética também para o sujeito, a teoria iluminista da utilidade ou da exploração.

Ora, é muito interessante acompanhar como Hegel, por um lado, continua generalizando e objetivando a dialética com que há pouco nos deparamos no campo da filosofia moral e faz dela a lei dialética do movimento objetivo da sociedade capitalista e, por outro lado e ao mesmo tempo, deriva dela essa teoria da "utilidade". Ao fazer isso, ele parte da concepção do *perpetuum mobile* dialético que há pouco descrevemos.

> Esse movimento simples de rotação deve desdobrar-se, pois ele mesmo só é movimento enquanto diferencia seus momentos. [...] Mas, ao colocar-se *fora* daquela *unidade*, é por isso a alternância – *que a si mesma não retorna* – dos momentos do *ser-em-si*, do *ser-para-um-Outro* e do *ser-para-si*; é a realidade, tal como é objeto para a consciência efetiva da inteligência pura: *a utilidade*. A utilidade, por pior que possa parecer à fé ou à sentimentalidade, ou ainda à abstração que se denomina especulação e que se fixa no *Em-si*, mesmo assim é nela que a pura inteligência consuma sua realização e é *objeto* para si mesma; objeto que agora não renega mais e que também não tem para ela o valor de vazio ou de puro Além. Com efeito, a pura inteligência, como vimos, é o próprio conceito essente, ou a pura personalidade igual a si mesma, que de tal modo se diferencia em si, que cada um dos [termos] distintos é, por sua vez, puro conceito, quer dizer, que é imediatamente não-diferente. É a simples consciência-de-si pura que tanto é *para si* quanto é *em si*, em uma unidade imediata.[104]

Desse modo, Hegel faz uma exposição fenomenológica da posição dos homens uns em relação aos outros no capitalismo como a forma maximamente alienada do desenvolvimento da humanidade e, por essa razão, a mais progressiva, a mais adequada ao espírito. Segundo essa descrição, a sociedade capitalista é o *perpetuum mobile* da conversão entre a coisa em o eu. Todo homem é – em uma conversão ininterrupta para si e para os demais – simultânea e inseparavelmente ambos. E somente na medida em que essa dialética se reproduz ininterruptamente, na medida em que os homens, indo desse modo atrás da utilidade subjetiva, realizam a utilidade objetiva, o *perpetuum mobile* do capitalismo, o modelo real desse estágio da dialética hegeliana, se mantém por si mesmo em automovimento real.

---

[104] Ibid., p. 437 e seg. [Ed. bras.: ibidem, p. 398-9.]

Podemos depreender o quanto Hegel tratava de traduzir os conceitos da economia capitalista na linguagem da dialética analisando as conclusões bastante abstratas que ele tira das recém-citadas análises sobre o útil. Trata-se formalmente das relações totalmente abstratas entre o ser-em-si, o ser-para--um-outro e o ser-para-si; no entanto, quando se penetra mais fundo no cerne do conteúdo dessas ponderações abstratas, percebe-se que se trata da dialética fenomenológica da relação com as mercadorias, que Hegel examina aqui tanto objetivamente em seu automovimento quanto subjetivamente em sua correlação com a consciência do homem da sociedade capitalista.

> Seu *ser-em-si* não é, portanto, *ser* permanente, mas deixa imediatamente de ser algo, em sua diferença; ora, um tal ser que imediatamente não tem firmeza, não é *em si*, mas essencialmente *para um Outro*, que é a potência que o absorve. Contudo, esse segundo momento oposto ao primeiro, ao *ser-em-si*, desvanece tão imediatamente quanto o primeiro: ou melhor, como *ser só para Outro* é, antes, o *desvanecer* mesmo, e o que está *posto* é o *ser-retornado-a-si-mesmo*, o *ser-para-si*. [...] O útil exprime essa natureza da pura inteligência no *desdobramento de seus momentos*, ou seja, exprime-a *como objeto*. O útil é algo subsistente *em si*, ou coisa; esse ser-em-si, ao mesmo tempo, é apenas puro momento; assim ele é absolutamente *para um Outro*, mas é tanto para um Outro somente quanto é em si. Esses momentos opostos retornaram à unidade inseparável do ser-para-si.[105]

A dialética da relação com a mercadoria é, portanto, o desvelamento concreto do que significa a unidade dialética de coisa e eu. Para Hegel, o duplo sentido da objetividade e da subjetividade do útil expressa o movimento da práxis humana, por intermédio do qual sucede essa objetivação social do homem, essa retransformação em subjetividade, da relação social com os objetos. A teoria da utilidade assumida do Iluminismo caracteriza, para Hegel, a máxima compreensão (*Einsicht*) intelectual que pode ser alcançada nesse estágio. Ela é um conhecimento adequado e, enquanto tal, para Hegel, o atingir do autoconhecimento do espírito. No entanto, ela ainda não é o último de todos os estágios do conhecimento, pois se trata apenas do autoconhecimento dessa condição, não de todo o desenvolvimento que leva até ele e para além dele. "A pura inteligência (*Einsicht*) tem, assim, no útil seu próprio conceito, em seus momentos *puros*, por *objeto*. Ela é a consciência

---

[105] Ibid., p. 438. [Ed. bras.: ibidem, p. 399.]

dessa *metafísica*, mas ainda não é seu conceituar, não chegou ainda à *unidade* do *ser* e do *conceito* mesmo."[106]

Nessa limitação do estágio do conhecimento aqui alcançado, nós nos deparamos novamente com o problema fundamental geral da dialética hegeliana, com a necessidade incondicional de alçar-se acima do mero autoconhecimento da sociedade capitalista, que, contudo, está ligada à obrigatoriedade de efetuar essa autoelevação em parte na forma de uma utopia, em parte na forma de uma "reconciliação" acomodadora: à obrigatoriedade tanto do "positivismo acrítico" quanto do "idealismo acrítico" na dialética hegeliana.

Contudo, justamente por causa dessa ambiguidade complexa que resulta daí para a filosofia hegeliana, é absolutamente necessário sublinhar com força o estágio do atingir-a-si-próprio do espírito que em Hegel representa o que foi alcançado. Pudemos ver e constatar isso na dialética do Iluminismo a partir do ponto de vista da consciência. Nas observações conclusivas do capítulo de que estamos tratando, Hegel aborda a mesma questão a partir do ponto de vista do ser. Ele constata que, nos estágios anteriores de *Fenomenologia*, faltou exatamente o mundo, a realidade imanente para a consciência humana. Nesse tocante, a sociedade capitalista realizada e efetivada representa algo totalmente novo na história.

> Na utilidade alcança-se isso que falta, na medida em que a pura compreensão atinge aí a objetividade positiva: por isso a utilidade é consciência efetiva satisfeita em si mesma. Essa objetividade constitui agora o seu *mundo*: tornou-se a verdade de todo o mundo anterior, tanto ideal como real. [...] O útil é o objeto na medida em que o penetra o olhar da consciência-de-si, e a *certeza singular* de si mesmo tem nele seu gozo – seu *ser-para-si*. A consciência-de-si penetra o objeto, e essa compreensão [penetrante] contém a *verdadeira* essência do objeto – que é ser "algo penetrado-pelo-olhar" ou ser *para um Outro*. Assim, a compreensão mesma é o *saber verdadeiro*, e a consciência-de-si tem de modo igualmente imediato a certeza universal de si mesma; tem sua *consciência pura* nessa relação em que se reúnem assim tanto *verdade* quanto presença e *realidade*. Estão reconciliados os dois mundos, e o céu baixou e se transplantou para a terra.[107]

---

[106] Ibid., p. 439. [Ed. bras.: ibidem, p. 400.] Marx reconheceu claramente essa relação entre Hegel e a teoria da utilidade do Iluminismo (cf. *Die deutsche Ideologie*, cit., p. 431 [ed. bras.: *A ideologia alemã*, cit., p. 396]). Nas discussões subsequentes a essa parte, Marx oferece um esboço detalhado do desenvolvimento histórico dessa teoria de Hobbes a Bentham.

[107] Ibid., p. 440. [Ed. bras.: ibidem, p. 400-1, modif.]

Assim, segundo as concepções de Hegel, a realidade capitalista corresponde à noção dialética que tomou a palavra pela primeira vez no Iluminismo como autoconhecimento do homem social. A realidade e a verdade dos dois movimentos, do social real e do ideológico, é a base da irresistibilidade com que eles se impõem no mundo da realidade e no do pensamento. Contudo, o ímpeto irresistível do espírito humano rumo ao estágio supremo de seu desenvolvimento, rumo ao extremo em termos de "alienação" que leva à revogação da "alienação" no sujeito, ainda tem, em *Fenomenologia*, uma terceira "figura de um mundo" suprema e extrema: a Revolução Francesa e o Terror de 1793. Também aqui Hegel ressalta, sobretudo, a irresistibilidade desse movimento. Do capitalismo e do Iluminismo tinha de surgir, segundo ele, a forma suprema da "alienação", a "liberdade absoluta", começando sua marcha triunfal pelo mundo. "Essa substância indivisa da *liberdade absoluta* se eleva ao trono do mundo sem que poder algum lhe possa opor resistência."[108]

As concepções de Hegel sobre a Revolução Francesa mesma nos são suficientemente conhecidas. Não precisaremos, portanto, tratá-las mais a fundo aqui. Listaremos apenas de forma sucinta alguns momentos à guisa de repetição sintetizadora. Em primeiro lugar, Hegel sublinha também aqui que a Revolução Francesa representa uma cesura na história universal, que depois dela nem uma única das "figuras" anteriores poderia retornar à antiga forma. "Todas essas determinações estão perdidas na perda que o Si experimenta na liberdade absoluta."[109] A condição do mundo que agora surge das ruínas do mundo velho é sua efetiva superação no sentido hegeliano que já conhecemos. Em segundo lugar, a "liberdade absoluta", o "terror jacobino", também foi historicamente necessário, segundo a concepção de *Fenomenologia*: ela é o ponto alto absoluto da "alienação", o ponto de conversão em que pode suceder sua revogação pelo sujeito.

> A liberdade absoluta conciliou assim a oposição entre a vontade universal e a singular, consigo mesma; o espírito estranhado de si, levado até o cúmulo de sua oposição,

---

[108] Ibid., p. 442. [Ed. bras.: ibidem, p. 403.]

[109] Ibid., p. 449. [Ed. bras.: ibidem, p. 408.] A condição social "apaziguada" do mundo após a Revolução Francesa não significa, portanto, para Hegel, nenhuma restauração, nenhum retorno ao *ancien régime*. Isso é importante também para a concepção hegeliana das condições alemãs. Hegel sempre se previne de que sua concepção seja identificada com a situação alemã daquela época. Assim, por exemplo, em uma glosa à margem das preleções de 1805-1806: "*Garantia* contra a arbitrariedade. Constituição geral dos estamentos – não as assembleias provinciais", isto é, não aquela forma de estruturação estamental que existia na Alemanha daquela época (*Realphilosophie*, v. II, p. 252).

em que são ainda diferentes o puro querer e o puro querente, reduz tal oposição a uma forma transparente e nela encontra-se a si mesmo.[110]

No entanto, o estágio da "reconciliação" com a realidade alcançado desse modo, que possibilita a "tirania" do terror jacobino, o papel de "Teseu" desempenhado por Robespierre na sociedade burguesa, realmente é uma "reconciliação" com essa sociedade burguesa. Ou seja, do mesmo modo que nas anteriores preleções de Iena são rejeitados da "liberdade absoluta" aqueles momentos em que, segundo as concepções de Hegel, desejou-se mais que a aniquilação dos resquícios feudais e a liberação de todas as energias da sociedade burguesa. Hegel denomina a liberdade absoluta de "compenetração completa da consciência-de-si e da substância", acrescentando, contudo, a seguinte ressalva decisiva:

> Uma compenetração em que a consciência-de-si, que experimentou contra ela a força negativa de sua essência universal, não quereria saber-se nem encontrar-se como este particular, mas só como universal; portanto também poderia arcar com a realidade objetiva do espírito universal, a qual a exclui enquanto particular.[111]

Apesar da obscuridade estilística dessa passagem, depreende-se dela com suficiente clareza que o particular deve ser entendido justamente como a manutenção, a liberação da sociedade capitalista, enquanto o universal enquanto universal significa a conversão da igualdade social jurídica, formal, em igualdade social real. Das muitas considerações já citadas de Hegel, sabemos que ele tinha total clareza sobre a desigualdade factual na sociedade burguesa, baseada precisamente na igualdade dos direitos que a Revolução Francesa havia criado e que compreendeu e aprovou como progressista exatamente essa condição realisticamente concebida da sociedade no capitalismo, ao passo que rejeitou como "conversa fiada" todo transcender da mera abolição dos privilégios feudais e todo passo para a criação de uma igualdade real (p. 422 deste livro). Por essa razão, o "tumulto" da "liberdade absoluta" precisa aquietar-se e dele surgir a forma completa, reconciliada consigo mesma, da sociedade burguesa.

Desse modo, volta a emergir, em uma forma alterada em parte pela situação política mundial entrementes modificada, em parte pela metodologia específica da obra, aquele problema de que tratamos detalhadamente por ocasião da "tragédia

---

[110] Ibid., p. 451. [Ed. bras.: ibidem, p. 409-10, modif.]
[111] Ibid., p. 448 e seg. [Ed. bras.: ibidem, p. 408, modif.]

no ético". Neste ponto, queremos, em um primeiro momento, apontar para a situação política mundial modificada. *Fenomenologia* já havia sido essencialmente concluída quando foi travada a batalha de Iena, mas Austerlitz e muitos outros feitos do império napoleônico haviam sido cometidos nesse meio-tempo, de modo que devemos ver a influência de Iena sobre Hegel não como virada súbita, mas apenas como confirmação adicional de concepções já nutridas. E, em correspondência a esse posicionamento global, é estruturada agora a parte conclusiva do "espírito objetivo" e, nela, em especial a exposição sobre a Alemanha.

Conhecemos a perspectiva política de Hegel nesse período a partir das cartas a Niethammer. Em uma delas, escrita após a derrubada de Napoleão, Hegel aponta para as páginas determinantes em que trata da transição dialética da Revolução Francesa para a exposição sobre a Alemanha como uma passagem em que ele teria antecipado intelectualmente o desenvolvimento futuro. Essa passagem está diretamente ligada a uma que citamos anteriormente, na qual Hegel [apresenta]* os resultados positivos e irrevogáveis da "liberdade absoluta" para o desenvolvimento do espírito [...]**:

> [Como o reino do mundo efetivo passa ao reino da fé e da inteligência, assim também a liberdade absoluta passa de sua efetividade que a si mesma se destrói, para uma outra terra do espírito consciente-de-si;]*** e ali, nessa irrealidade, ela tem o valor de verdadeiro. No pensamento do verdadeiro o espírito se reconforta, na medida em que o *espírito é pensamento* e pensamento permanece; e sabe que esse ser, encerrado na consciência-de-si, é a essência perfeita e completa. Surgiu a nova figura do *espírito moral*.[112]

Portanto, o capítulo sobre o "espírito moral" é a exposição da utopia napoleônica de Hegel para a Alemanha. Ora, característica desse capítulo é a pobreza de conteúdo em comparação com os anteriores. Seu conteúdo essencial é uma

---

* Conjetura do tradutor. Frase truncada no original. (N. T.)
** Frase truncada no original; não é possível saber exatamente o que foi omitido, mas a citação seguinte permite concluir que falta pelo menos a primeira frase da citação literal seguinte. (N. T.)
*** A parte da citação entre colchetes falta no original, que está truncado nesse ponto, mas é necessária em vista do conteúdo da nota de rodapé seguinte. (N. T.)
[112] Ibid., p. 451. [Ed. bras.: ibidem, p. 410.] Essa passagem é citada por Hegel na carta a Niethammer de 29 abr. 1814 (cit., p. 372). É interessante observar que, na carta, as palavras "para uma outra terra" foram sublinhadas e Hegel acrescenta entre parênteses: "Ao escrever isso, eu tinha uma *terra* em mente".

repetição sistematizada da crítica ienense às teorias morais de Kant, Fichte e Jacobi. O aspecto decepcionante obviamente não consiste no fato de Hegel apenas sistematizar suas ideias histórico-filosóficas etc. gerais. Isso ele também faz nas partes sobre a Antiguidade ou sobre a Revolução Francesa. Apesar disso, essas partes são essenciais e ricas em conteúdo por conterem uma exposição filosófica em si importante, substanciosa e original de etapas fundamentais do desenvolvimento sócio-histórico. Aqui, contudo, onde Hegel deveria dizer em que consiste propriamente a essência da nova época do mundo que ele anunciou em suas preleções de Iena, em que consiste o teor real daquele "espírito moral", que ele julga corporificado em uma Alemanha unificada e liberta do feudalismo por Napoleão, ele só consegue dizer coisas negativas e críticas – a saber, que esse teor é a suplantação dialética das contradições internas da moral de Kant, Fichte e Jacobi.

Em suas exposições críticas anteriores sobre esses pensadores, Hegel seguidamente apelou para a eticidade social em vista das presunções abstratas das diferentes formas do idealismo subjetivo. Por exemplo, em vista de Jacobi, ele demonstrou com toda razão e de modo plenamente convincente a concordância entre moral individual e eticidade geral entre os gregos (p. 407 e seg. deste livro). Contudo, sob as condições e as finalidades bem determinadas de *Fenomenologia*, essa via está bloqueada para ele, pois aqui teria de demonstrar essa concordância na eticidade de uma condição social que ainda não existia de fato. Hegel acredita que uma Alemanha assim libertada ostentaria aquela forma superior do capitalismo, aquela relação, segundo ele, correta de Estado e eticidade com a vida econômica, exigida por ele na "tragédia no ético" como equivalente moderno da solução grega inviabilizada dali por diante; trata-se, porém, de uma fé abstrata sem nenhum conteúdo social – e, por essa razão, também filosoficamente vazia e abstrata, mera exigência.

Onde fica mais evidente esse caráter de dever-ser, de resto tão pouco frequentemente em Hegel, é nas considerações conclusivas do capítulo, nas quais aparece como conteúdo propriamente dito dessa condição social o "espírito absoluto" corporificado na religião. Nele está contida pela primeira vez a afirmação da realidade que chegou a si mesma, a "reconciliação" para a qual ruma toda a filosofia da história dessa obra.

O *sim* da reconciliação – no qual os dois Eus abdicam de seu *ser-aí* oposto – é o ser-aí do *Eu* expandindo-se em dualidade, e que aí permanece igual a si; e que, em sua completa alienação e [em seu perfeito] contrário, tem a *certeza* de si mesmo: é o deus que se manifesta no meio daqueles que se sabem como [sendo] o puro saber.[113]

Sabemos da concepção filosófica geral de Hegel que seu "espírito objetivo" sempre deve transcender para o "espírito absoluto". (Cf., sobre estamento e religião, p. 501 deste livro.) Em todas as demais passagens de sua filosofia da sociedade, porém, Hegel oferece, antes de avançar para essa "reconciliação", uma imagem real das contradições sociais que somente nessa forma superior podem encontrar unificação e superação últimas. Aqui, em troca, essa parte positiva relativa ao aspecto social da reconciliação está vazia, e o pensamento salta das etapas sociomorais preparatórias *diretamente* para a esfera do "espírito absoluto".

Nesse ponto, é possível ver, a partir de outra perspectiva, a diferença entre a filosofia da história de Hegel no período napoleônico e a do período posterior, de que já tratamos detalhadamente (p. 592 e seg. deste livro). A "reconciliação" do Hegel posterior foi com uma situação social *real* – em alguns momentos utopicamente matizada, mas real em sua essência –, a saber, com a situação da Prússia das décadas de 1820 e 1830. Aqui, entretanto, a "reconciliação" apresenta teor social puramente *utópico*. Por um lado, é característico da honestidade intelectual de Hegel que ele prefira deixar em branco essa lacuna em sua realidade também em termos de pensamento a expor puros devaneios na forma de realidade. Por outro lado, surge objetivamente uma superioridade da forma posterior da "reconciliação", uma superioridade em termos de teor econômico e social real. (Já sabemos que o preço pago por essa superioridade é um aumento do "positivismo acrítico".)

Esse desenvolvimento particular da história alemã e a posição assumida por Hegel nela reforçam e consolidam em Hegel exatamente o elemento mistificado do "espírito absoluto". Aqui emerge às vezes também em sua filosofia da sociedade e da história a dualidade de tendências esotéricas e exotéricas, de que falamos ao tratar de sua filosofia da religião (p. 603 e seg. deste livro). Todavia, nos dois casos, trata-se de uma interação complexa e de uma transição recíproca das duas tendências, no máximo de um silenciar ou atenuar de determinadas convicções nos escritos publicados, mas não de um dualismo rígido de concepções publicadas e concepções ocultadas.

O fato de o "espírito absoluto" ocupar o primeiro plano já na concretização do conteúdo da teoria da sociedade decorre necessariamente de que, nas

---

[113] Ibid., p. 508. [Ed. bras.: ibidem, p. 457.]

circunstâncias históricas dadas, que Hegel busca constantemente visualizar de modo realista, não há outra possibilidade de determinar uma posição histórica para a Alemanha. Isso acontece, como vimos, na própria *Fenomenologia* como a utopia sem conteúdo do "espírito moral".

Após a derrubada de Napoleão, essa tendência emerge às vezes com tamanha nitidez que o povo alemão aparece na história de modo geral apenas como o portador do "espírito absoluto", como proclamador da filosofia. Assim, Hegel diz em sua preleção inaugural em Heidelberg (1817): "Nós [a saber, os alemães – G. L.] recebemos da natureza a vocação superior de sermos guardiões desse fogo sagrado [...], como outrora o espírito do mundo reservara à nação judaica a suprema consciência, de modo que ele proviesse dela como um novo espírito"[114]. É compreensível que, em Hegel, um afastamento tão extremo da realidade histórica, do significado atual da filosofia, não poderia durar muito. No período de Berlim, a última forma da "reconciliação", que já conhecemos, toma o lugar dessa orientação extrema no espírito absoluto.

No interior dessa tendência, porém, há outra, a "esotérica". Para o Hegel desse período de transição, nem mesmo o saber absoluto é apenas e sempre mera constatação conceitual de quanto a história avançou na realidade e em que consistem as leis dessa marcha [histórica]. A concepção hegeliana de filosofia tem, nessa época, ainda uma tendência "esotérica" secundária – a saber, a esperança de reconfigurar a própria realidade ou ao menos acelerar essa reconfiguração mediante a revolução do ideário humano. Assim, ele escreve ainda no período napoleônico, em 18 de outubro de 1808, a Niethammer: "Estou a cada dia mais convencido de que o trabalho teórico traz mais no mundo que o prático; uma vez revolucionado o reino da representação, a realidade não resiste"[115]. Nas cartas escritas logo após a derrubada de Napoleão, essa tendência aparece com ainda mais força.

Todavia, ela muda de significado nas diferentes etapas. Na época em que Hegel aderiu à política da Confederação do Reno, ela pode significar simplesmente um suporte interno daquela linha geral de desenvolvimento que Hegel aprova na política de Napoleão. A revolução das representações alemãs pode significar apenas uma aceleração da liquidação dos resquícios feudais advinda delas próprias. No período de transição entre a derrubada de Napoleão e a nova

---

[114] *Geschichte der Philosophie*, v. 1 (ed. Glockner), p. 20.
[115] *Briefe [von und an Hegel]*, cit., p. 194.

filosofia da história orientada para a Prússia, essa tendência "esotérica" adquire caráter utópico muito mais forte: a esperança de que, apesar da vitória manifesta da reação, o espírito do mundo voltasse a decidir-se pelo avanço, ainda que do ponto de vista do Hegel daquela época não se vissem as forças reais que poderiam levar a isso. A nova concepção surgida em Berlim a respeito do posicionamento da filosofia em relação à história, que pode ser resumida na imagem da "coruja de Minerva", é menos compatível com tal tendência "esotérica". De qualquer modo, os diálogos com Heine citados por nós sobre o sentido real da identidade de "racional" e "real" apontam claramente sua existência também nesse período, dado que, nas obras tardias de Hegel, há passagens que permitem uma interpretação semelhante à que Heine põe na boca de Hegel nesse diálogo.

A falta de conteúdo apontada por nós no decisivo capítulo final, no qual Hegel trata do próprio desenvolvimento social, indica com clareza que, para ele, era objetivamente impossível dar conta intelectualmente das contradições da sociedade capitalista, de cuja concepção hegeliana tratamos na discussão da "tragédia no ético". Após a profunda e essencial exposição do movimento em forma de contradições que sempre voltam a se reproduzir como contradições, após a exposição do Iluminismo, da economia da sociedade capitalista e da Revolução Francesa, Hegel não é capaz de prosseguir, no interior da área social, com a "reconciliação" em uma figura social positiva.

Essa figura positiva é uma necessidade para seu sistema, mais precisamente, como vimos, tanto do ponto de vista da exposição histórico-filosófica da situação e da importância da Alemanha quanto do ponto de vista histórico-filosófico geral, que não permitiu nem podia permitir que Hegel se detivesse em uma dialética do tipo que ele expôs por ocasião do diálogo de Diderot. A necessidade metodológica dupla e obrigatória, porém, ainda não conseguira forçar o surgimento de um novo conteúdo social. Hegel apenas indica o lugar que essa figura deveria ocupar em seu sistema, mas a figura em si permanece uma sombra sem essência, mera transição ao "espírito absoluto". Ressaltamos a honestidade intelectual de Hegel que o fez dar preferência a deixar nesse ponto uma lacuna real em vez de fazer constar ali um conteúdo inventado. Isso faz com que também esse capítulo, de resto não tão rico em conteúdo, contenha uma verdade histórica – pois o atraso social, a falta de conteúdo político e a nulidade da vida alemã dessa época realmente constituíram o fundamento histórico do nascimento do "espírito absoluto" ou de seu modelo na vida mesma, da literatura e da filosofia alemãs clássicas.

c) "Espírito absoluto"

Vimos que o movimento histórico-social real chegou de certo modo a estacionar já no capítulo final da seção anterior. O terceiro estágio, o estágio supremo, no qual a consciência percorre a história pela última vez do começo ao fim, em determinado sentido não é mais *uma história real*. Ou seja, não se trata mais do tempo presente do respectivo surgimento da "figura de um mundo", não se trata mais da sequência e do surgimento reais dessas diferentes figuras. O espírito se realizou objetivamente e, desse modo, também a consciência teve de alcançar fenomenologicamente o estágio que corresponde a esse desenvolvimento do espírito.

A partir desse estágio alcançado é feita agora uma *retrospectiva* de toda a história até o momento atual. Enquanto, na primeira seção, a história real se desenrolou, de certo modo, às costas das "figuras da consciência", de forma que elas mesmas só tomavam conhecimento de si como resultado pronto de um processo desconhecido por elas e vivenciaram seus confrontos necessários com o mundo exterior como contradições abstratas entre subjetividade em geral e objetividade em geral; enquanto, na segunda seção, as "figuras de um mundo" eram atores do drama histórico-universal, no qual o espírito chegou a si progressivamente de figura em figura, e, por essa razão, vivenciaram essa transição dramaticamente, lutando, vencendo ou sendo derrotadas, mas sempre como seu presente histórico – agora a grande epopeia da história universal em seu conjunto é narrada como processo consumado. Nesse caso, a diferenciação de Goethe-Schiller entre o dramático como presente e o épico como passado, que aqui colocamos na base de nossas exposições, é mais do que só uma comparação, pois, na diferença de ponto de vista entre a segunda e a terceira seções de *Fenomenologia*, trata-se da perspectiva a partir do presente e da perspectiva a partir do passado. Só poderemos compreender corretamente as exposições fenomenológicas de Hegel sobre o espírito absoluto se soubermos que se trata da retrospectiva do desenvolvimento já concluído do espírito, de um conhecimento *a posteriori* das mais profundas legalidades desse desenvolvimento, de um conhecimento que é possível apenas no fim, somente "*post festum*".

O próprio Hegel expressou repetidamente esse ponto de vista em *Fenomenologia*. Quando fala sobre as obras de arte da Antiguidade, ele sublinha a diferença entre o significado que essas obras tiveram para os próprios contemporâneos e o significado que adquirem em nossa retrospectiva.

Assim, o destino nos entrega, com as obras daquela arte, não o seu mundo nem a primavera e o verão da vida ética, em que elas floresceram e amadureceram, mas somente a recordação velada dessa realidade. [...] Assim, o espírito do destino que nos oferece essas obras de arte é mais que a vida ética e a realidade daquele povo, pois é a *re-memoração* do espírito ainda *exteriorizado* nelas [...].[116]

Nas observações conclusivas sobre o saber absoluto, essa ideia retorna com forte ênfase:

Mas a *re-memoração* (*Er-Innerung*) as [as figuras superadas do processo – G. L.] conservou; a rememoração é o interior, e de fato, a forma mais elevada da substância. Portanto, embora esse espírito recomece desde o princípio sua formação [isto é, a fenomenologia é ponto de partida para a lógica – G. L.], parecendo partir somente de si, ao mesmo tempo é de um nível mais alto que [re]começa. O reino dos espíritos, que desse modo se forma no ser-aí, constitui uma sucessão na qual um espírito sucedeu a um outro, e cada um assumiu de seu antecessor o reino do mundo.[117]

Correspondendo a essa perspectiva da "re-memoração" (*Er-Innerung*), Hegel acentua que aqui não emerge mais nada novo em termos de conteúdo. A própria história universal se completou com o encontrar-a-si-mesmo do espírito na objetividade social. Nenhum dos conteúdos que o saber absoluto, a filosofia, pode ter se origina dela, e sim da própria realidade; eles são produzidos pelo processo histórico da autoposição (*Selbst-Setzung*) do espírito. O novo que surge nesse estágio são as conexões e as legalidades que conduziram e determinaram as lutas históricas, mas que não foram identificadas pelos próprios heróis dramáticos dessas lutas, e agora assomam claramente à consciência, sendo iluminadas pelo saber absoluto.

Ao tratar da religião, que ocupa parte decisiva desse desenvolvimento, Hegel discorre em detalhes sobre a metodologia particular dessa seção. Ele diz o seguinte sobre a relação entre a religião e as "figuras da consciência" e as "figuras de um mundo" antes tratadas:

Se portanto ao espírito que-se-sabe pertencem, em geral, consciência, consciência--de-si, razão e espírito, assim pertencem às figuras *determinadas* do espírito que--se-sabe as formas *determinadas* que dentro da consciência, [da] consciência-de-si,

---

[116] *Werke*, v. II, p. 564 e seg. [Ed. bras.: *Fenomenologia do espírito*, cit., p. 505, modif.]
[117] Ibid., p. 611. [Ed. bras.: ibidem, p. 544, modif.]

da razão e do espírito, se desenvolveram em cada qual de modo particular. A figura *determinada* da religião extrai para seu espírito efetivo, das figuras de cada um de seus momentos, aquela que lhe corresponde.[118]

Assim sucede um novo ordenamento e uma nova seleção do material histórico já existente, já elaborado pelo espírito.

Dessa maneira, agora se ordenam as figuras que tinham surgido até aqui, diversamente de como apareciam em sua série. Sobre esse ponto é preciso antes observar brevemente o necessário. – Na série considerada, cada momento aprofundando-se em si mesmo se modelava, dentro de seu princípio peculiar, em um todo; e o conhecer era a profundeza – ou o espírito – em que possuíam sua substância os momentos que para si não tinham substância alguma. No entanto, a partir de agora, essa substância se fez patente [...]. Se assim a série única até aqui considerada, no seu desenrolar marcava nela com nós os retrocessos, mas retomava desses nós a marcha única para a frente, agora é como se estivesse quebrada nesses nós – os momentos universais – e rompida em muitas linhas. Essas linhas, reunidas em um único feixe, se juntam simetricamente, de modo que coincidam as diferenças homólogas em que se moldou, dentro de si, cada linha particular.[119]

Hegel ainda acrescenta a observação "de que essas diferenças essencialmente só devem ser tomadas como momentos do vir-a-ser, não como partes". Trata-se, portanto, do novo ordenamento do material histórico já conhecido visando a desvendar suas legalidades interiores. A exposição que, na segunda seção, foi predominantemente histórica agora é histórico-sistemática.

Até aqui ressaltamos nitidamente a diferença entre a segunda e a terceira seções. Antes de empreender a análise das consequências filosóficas mais importantes que resultam disso, porém, temos de observar que essas diferenças não devem ser entendidas em um sentido de fato excludente. Não se trata de crer que, segundo a concepção de Hegel, o espírito encontra à disposição um material sem vida, acabado, que ele dali por diante selecionaria e ordenaria de modo totalmente independente do curso histórico, visando a extrair legalidades abstratas.

Próprio da terceira seção é, pelo contrário, um movimento em duas direções inerente à essência do material. Em primeiro lugar, o modo de tratar o material, seu novo ordenamento, não é abstrato-sistemático, mas, como já foi

---
[118] Ibid., p. 514. [Ed. bras.: ibidem, p. 462.]
[119] Ibid., p. 514 e seg. [Ed. bras.: ibidem, p. 462-3.]

dito, histórico-sistemático. Isso quer dizer que as legalidades que se pretende extrair são leis do movimento do próprio curso histórico, cuja essencialidade concreta se expressa nesse processo, em seu desenvolvimento histórico, em sua sequência histórica. Não se trata, portanto, de um modo de análise a-histórico nem supra-histórico, mas de uma *recapitulação* do processo global a partir do ponto de vista mais elevado a que se chegou; em segundo lugar – o que detalharemos adiante –, essa terceira seção contém um movimento subjetivo, fenomenológico: o desenvolvimento da consciência até o saber absoluto, cujas etapas são designadas aqui pela arte e pela religião. A recapitulação da marcha do desenvolvimento histórico da humanidade é, portanto, ao mesmo tempo, a luta da consciência por seu estágio supremo de desenvolvimento, pela capacidade de apreensão adequada do mundo na ciência da filosofia. Lembremos que, em sua polêmica contra Schelling, Hegel falou do dever da ciência de fornecer à consciência comum uma escada para galgar o ponto de vista filosófico; estamos, então, diante do último e mais alto degrau dessa escada.

Na análise crítica da filosofia de Hegel, muitas vezes já apontamos para o fato de que exatamente o "espírito absoluto" constitui o território em que as tendências idealisticamente mistificadoras fixaram residência; sobre esse aspecto do "espírito absoluto", muita coisa terá de ser dita a seguir. Seria, porém, totalmente falso vislumbrar no "espírito absoluto" apenas o aspecto mistificador. Isso era moda na época do predomínio do positivismo na visão de mundo burguesa, e o legado do mais raso positivismo ainda sobrevive em nossa sociologia vulgar.

A análise da história levada a termo pela sociologia vulgar pressupõe que todo fenômeno histórico esteja completamente esclarecido depois de desvelada sua gênese social. (Não dispomos aqui de espaço suficiente para falar a respeito de como a sociologia vulgar banaliza e distorce também a gênese social.) Contudo, não esqueçamos que o materialismo histórico – do qual os sociólogos vulgares se apresentam como defensores contra o idealismo – assume um ponto de vista fundamentalmente contrário nessa questão. Marx, Engels, Lênin e Stálin nunca pensaram que o conteúdo factual, a verdade objetiva de uma teoria científica, é resolvido pelo desvelamento de sua "gênese social". Mesmo que desvelássemos com o máximo de minúcia possível e com efetivo refinamento todas as razões sociais com base nas quais ocorreu, exatamente nos séculos XV e XVI, a revolução da astronomia por Copérnico, Galilei e Kepler, nem assim essa análise forneceria resposta à pergunta pelo valor de verdade da nova astronomia, ela não responderia à pergunta se e em que medida essas teorias refletem corretamente a realidade objetiva da natureza.

Marx realizou essa distinção em relação à arte com a maior nitidez possível. Depois de oferecer uma análise profunda e detida das condições sociais de surgimento das epopeias homéricas, ele constata o seguinte: "A dificuldade não está em compreender que a arte e o epos gregos estão ligados a certas formas de desenvolvimento social. A dificuldade é que ainda nos proporcionam prazer artístico e, em certo sentido, valem como norma e modelo inalcançável"[120]. E, em *Materialismo e empiriocriticismo* e em seus *Cadernos filosóficos*, Lênin lançou as bases metodológicas para uma análise dialética da objetividade do conhecimento.

É de suma importância compreender que a concepção do "espírito absoluto" em Hegel representa a tendência filosófica na direção de tal objetividade. A filosofia dos séculos XVII-XVIII contrapôs com bastante frequência objetividade e historicidade, gerando uma contraposição não dialética e tosca entre a objetividade do conhecimento e a gênese histórica de todas as formações da sociedade humana e do pensamento humano. Ora, uma das inflexões mais importantes levadas a termo por Hegel na filosofia é a inflexão para o historicismo autêntico. Predomina em Hegel o esforço por conceber todos os fenômenos da vida social, incluindo a filosofia, como produtos de um processo histórico de progressão unitária, para compreender cada instituição social, cada obra de arte, cada ideia como resultado da época em que surgiram.

Essa revolução do modo filosófico de análise na direção de um historicismo abrangente acabaria, contudo, em mera relativização, se Hegel tivesse parado na constatação há pouco esboçada. Como sua filosofia queria levar a conhecimentos objetivos, especialmente à fundamentação da objetividade do conhecimento, foi preciso ressaltar também o outro lado.

Esse outro lado é acentuado, então, no "espírito absoluto". Para Hegel, os fenômenos do desenvolvimento da humanidade pertencem à esfera do "espírito absoluto" justamente em virtude de seu teor objetivo de verdade. As formações históricas do espírito objetivo surgem e perecem com o surgimento e o perecimento das condições históricas que determinam sua existência. Esse

---

[120] [Karl] Marx, *Zur Kritik der politischen Ökonomie*, Einleitung, p. 269. [Ed. bras.: *Grundrisse*, trad. Mario Duayer e Nélio Schneider, São Paulo, Boitempo, 2011, p. 63.]

processo, no entanto, produz ininterruptamente o domínio pelo homem da realidade objetiva até ali não conhecida. E os resultados desse processo não só ingressam na continuidade histórica do desenvolvimento, mas, na medida em que são estágios reais para a apreensão adequada da realidade pelo homem, preservam uma existência para além das condições temporais de sua gênese e para além do instante histórico que necessariamente os produziu. Mediante esse aspecto de seu ser-aí, eles constituem momentos do "espírito absoluto". A partir desse ponto de vista, torna-se compreensível por que Hegel falou, na passagem citada, que no "espírito absoluto" não emergem novos momentos em termos de conteúdo, mas somente aqueles que o processo histórico produziu e que agora aparecem em uma nova ordenação, pois a efetividade histórica atual, por exemplo, de uma teoria, não é imediatamente idêntica a seu teor de verdade. Hegel vê claramente que os dois lados precisam receber tratamento metodológico distinto. O primeiro lado pertence ao âmbito do "espírito objetivo"; o segundo, ao do "espírito absoluto".

A separação e o concomitante vínculo de espírito objetivo e espírito absoluto representam em Hegel, ao mesmo tempo, um passo adiante em comparação com a concepção mecanicista do progresso histórico da maioria de seus predecessores. Antes de Hegel, de modo geral não só foram contrapostas rigidamente história e verdade objetiva, mas também, de muitos modos, divisou-se na história um progresso gradativo, linearmente ascendente. A unidade dialética de espírito objetivo e espírito absoluto, que, ao mesmo tempo, comporta separação e contraposição dialéticas, oferece a Hegel a possibilidade de expor dialeticamente desigualdades no desenvolvimento histórico, por exemplo, progressos que contêm momentos de retrocesso, retrocessos que, em determinadas situações, proporcionam impulsos para uma nova ascensão. Obviamente muitos pensadores importantes viram e até expressaram claramente essas desigualdades do desenvolvimento histórico. (Basta pensar no papel desempenhado pela Antiguidade como termo de comparação na crítica da divisão capitalista do trabalho levada a cabo por iluministas importantes.) Não obstante, a dialética hegeliana é a primeira forma desenvolvida de processamento intelectual da história na qual tais contradições do desenvolvimento não só são constatadas como fato, mas também compreendidas em termos histórico-filosóficos, inseridas no método histórico de exposição do processo de desenvolvimento. (Quando muito, pode-se encarar Vico como precursor de Hegel nesse aspecto.)

O modo retrospectivo de análise da terceira seção de *Fenomenologia* ainda tem outro aspecto metodológico importante e fecundo. Marx indicou que as formas inferiores de desenvolvimento só podem ser compreendidas adequadamente a partir das formas superiores já constituídas. As tendências de desenvolvimento na história revelam seu nexo real, seu significado real apenas quando tais formas superiores já tiverem se tornado realidade histórica. Na terceira seção de *Fenomenologia do espírito*, Hegel tenta apreender retrospectivamente a história do desenvolvimento da compreensão adequada do mundo do ponto de vista de sua própria dialética enquanto a forma mais elevada dessa compreensão existente até aquele momento. As tendências para a dialética que existiram e foram consciente ou, na maioria das vezes, inconscientemente atuantes no curso da história serão agora sintetizadas como processo unitário que leva a essa forma mais completa e mais adequada da dialética.

Ao fazer isso, Hegel diferencia três grandes etapas do desenvolvimento da consciência: arte, religião e filosofia. Ainda falaremos em detalhes sobre a deformação idealista da concepção hegeliana decorrente da atribuição desse papel à religião. Aqui nos importa enfocar brevemente outra ideia genial e de amplo alcance de Hegel. Ele não só intuiu que o racional e o correto com bastante frequência apareceram em formas não racionais e incorretas, como considerou tarefa do historiador filosófico descobrir e elaborar em cada fenômeno, em cada tendência do desenvolvimento, a "razão da história" que lhe é inerente.

De resto, Hegel estava muito distante da tacanhice acadêmica que mais tarde se afirmou e ainda hoje impera, que toma conhecimento e reconhece inovações intelectuais importantes, descobertas de novas conexões dialéticas, somente quando elas aparecem vestindo o uniforme oficial de uma filosofia acadêmica com o correspondente rótulo filosófico. O ponto de vista de Hegel, pelo contrário, é que a humanidade lutou no decorrer de seu desenvolvimento das mais diferentes maneiras e pelas mais diferentes vias a fim de dar conta da realidade em termos intelectuais. Agora ele está empenhado em mostrar, na exposição do processo global, as etapas singulares da trajetória do desenvolvimento em correspondência com a realidade e não em conformidade com as preconcepções estreitas de um ramo profissional. Portanto, com a mesma veemência com que combateu entre contemporâneos toda exposição filosófica não rigorosa, todo beletrismo filosófico, na mesma proporção ele tem clareza de que, por exemplo, as grandes obras de arte do desenvolvimento da humanidade, as epopeias homéricas, as tragédias e as comédias gregas, Shakespeare, Diderot ou Goethe – concomitantemente com e inseparavelmente de seu alto valor estético – representam grandes etapas na conquista e na dominação intelectual da realidade pelo homem. Vimos que Hegel rejeitou de forma categórica o exagero schellinguiano da arte à condição de órgão próprio do conhecimento do absoluto; essa rejeição, no entanto, não o levou a um estreitamento de ponto de vista.

Com essa visão, o "espírito absoluto" representa o esforço de Hegel por apreender a conquista da realidade pelo gênero humano como um processo grande, complexo e desigual, sendo que o filósofo tem o dever de conhecer e avaliar os diversos passos sem preconceitos, de acordo com seu real significado factual, histórico e dialético.

A trajetória do "espírito absoluto" até a filosofia, passando pela arte e pela religião, por sua vez, ainda tem outro significado, no qual se expressam as questões específicas da dialética hegeliana. O saber absoluto, o estágio supremo do conhecimento humano segundo Hegel, tem para ele um significado idealista específico: a revogação da "alienação" no sujeito, isto é, a completa superação da objetividade. Só poderemos fazer a crítica conclusiva dessa teoria hegeliana na última seção de nosso trabalho. Aqui, porém, já precisamos apontar para algumas questões metodológicas que se encontram em estreita conexão com esse problema. A exposição do processo histórico real que acompanhamos na seção precedente leva somente à consumação absoluta do processo da alienação. Vimos como o Iluminismo, o capitalismo e a Revolução Francesa designaram o ponto alto dessa trajetória até a superação de toda imediaticidade natural, até a "alienação" completa.

Também vimos que a tentativa de Hegel de começar o movimento retrocessivo já na própria vida social falhou devido à sua honestidade intelectual. A etapa do "espírito moral" representaria, segundo o esquema hegeliano, o ponto em que esse movimento começa na própria vida social. O esquema, contudo, permanece esquema, isto é, indica-se no desenvolvimento o lugar em que essa revogação da "alienação" no sujeito deveria suceder, mas o lugar permanece vazio na exposição filosófica. Veremos que, para além das condições históricas atinentes à situação da Alemanha, as quais já analisamos, há razões sociais profundas; veremos que apenas a perspectiva concreta de uma condição social que realmente resolva as contradições do capitalismo é que também poderá indicar filosoficamente o caminho para a solução do problema da "alienação"; enquanto isso, em Hegel, deparamos com um problema erroneamente formulado, ou um pseudoproblema, de tal modo que, em decorrência dessa situação social, ele também não é capaz de resolver de modo satisfatório nem as conexões que corretamente intuiu.

Agora constatamos o fato de que a dialética hegeliana pressiona a revogação da "alienação" na forma da superação da objetividade. Segundo Hegel, quanto mais adequada for a apreensão do mundo, mais clara deve aparecer nela essa tendência. Esse direcionamento específico da dialética hegeliana passa a determinar o outro lado da função metodológica do espírito absoluto. A elevação acima da história imediata, cujos resultados importantes, fecundos e positivos para o método do conhecimento analisamos há pouco, transforma-se aqui no esforço por voltar a superar o caráter de realidade da realidade, por transformar a objetividade em puro ser-posto pelo sujeito, na identidade de sujeito e objeto, por completar o processo da transformação da substância em sujeito. Essa necessidade não só condiciona toda a esfera do espírito absoluto, como determina, ao mesmo tempo, sua estrutura, a sequência de seus estágios. A sequência hegeliana "arte, religião, filosofia" é determinada essencialmente também pela intensidade com que, em cada um desses estágios, consegue expressar-se essa última tendência específica da dialética hegeliana, a da superação da objetividade.

Também nesse ponto Hegel permanece fiel à metodologia que ofereceu em suas observações introdutórias a essa seção. O espírito absoluto não quer gerar nada inteiramente novo em relação ao desenvolvimento histórico real; seu propósito é apenas aclarar de forma cabal e em termos filosóficos aquilo que esse desenvolvimento já produziu. Por essa razão, Hegel parte aqui dos resultados que já conhecemos da exposição do Iluminismo e do capitalismo:

> *A coisa* é Eu: de fato, nesse juízo infinito a coisa está superada: a coisa nada é em si; só tem significação na relação, somente *mediante o Eu*, e mediante *sua referência* ao Eu. Para a consciência, apresentou-se esse momento na pura compreensão e no Iluminismo. As coisas são pura e simplesmente úteis, e só segundo sua utilidade há que considerá-las.[121]

Até esse ponto, como bem lembramos, já tínhamos chegado à filosofia do Iluminismo e até esse ponto se afirma a tendência correta e justificada da superada hegeliana da "alienação", a saber, a dissolução de toda a objetividade

---
[121] *Werke*, v. II, p. 596 e seg. [Ed. bras.: *Fenomenologia do espírito*, cit., p. 532, modif.]

sólida em processos dialéticos, sendo que, em Hegel, todavia necessariamente se coloca o pressuposto idealista de que sem sujeito tampouco é possível tal objetividade em processo. O conhecimento de conexões essenciais nesse estágio da "alienação", porém, reside no fato de ele ser aplicado exclusivamente ao processo social e desvelar a interação entre sujeito e objeto, a dissolução das formações sociais fetichizadas em uma relação dinâmica e contraditória dos homens entre si, que são momentos essenciais do processo social.

Sabemos, contudo, que Hegel não se contentaria com essa exposição da alienação, esse modo de sua superação. Ele tinha de ir além dela – e esse ir além passa a assumir a forma puramente mistificada da superação da objetividade em geral. Hegel parte aqui do estágio supremo do espírito objetivo, do estágio da moralidade, e diz:

> A consciência-de-si *cultivada*, que percorreu o mundo do espírito estranhado de si, produziu por sua alienação a coisa como a si mesma: portanto, conserva-se ainda a si mesma na coisa e sabe a falta de autonomia da coisa, ou sabe que a coisa é *essencialmente* apenas *ser-para-outro*; ou, para exprimir perfeitamente a *relação* – isto é, o que constitui aqui somente a natureza do objeto – a coisa para ela vale como algo *para-si-essente*. Ela enuncia a certeza sensível como verdade absoluta, mas esse mesmo *ser-para-si* como momento que apenas desvanece e passa ao seu contrário: ao ser que ao outro se abandona. [...] A consciência moral, enquanto em sua representação do mundo, desprende do Si o *ser-aí*, ela igualmente o recupera dentro de si mesma.[122]

Hegel passa a caracterizar a consciência moral claramente como a figura que faz a condução para o espírito absoluto e cuja função essencial consiste exatamente nessa condução. Desse modo ele depois justifica, como vimos, por que já na consciência moral não emergiram novos conteúdos sociais. Para Hegel, essa figura justamente é o início da revogação da "alienação": a "re-memoração" (*Er-Innerung*). Com esse desmembramento etimologizante da palavra, Hegel quer atribuir a ela um significado adicional. Não se trata da simples memoração, em que um processo percorrido é mais uma vez recapitulado pela memória humana (ou pela memória mistificada do espírito), mas se pretende ressaltar o "interior" (*Innerliche*) em contraposição à "alienação"*.

---

[122] Ibid., p. 597. [Ed. bras.: ibidem, p. 532-3, modif.]

* Há nessa passagem um jogo de palavras que pode ser esclarecido fazendo referência a uma conferência ministrada por Lukács em Paris, em 29 de janeiro de 1949, intitulada "Novos

"Re-memoração" é a expressão para o movimento revogador da "alienação" pelo sujeito. Desse modo, está cabalmente fundamentado por que nessa parte, por princípio, não pode emergir nenhum conteúdo novo. Pois, segundo Hegel, o espírito criou os objetos de sua efetividade e sua realidade no decorrer do processo de "alienação". Segundo essa concepção, o processo retrocessivo da "re-memoração" por consequência só pode consistir em superar as formas da objetividade já criadas, em revogá-las no sujeito.

O estágio supremo de *Fenomenologia* é designado pelo saber absoluto diante da religião, porque nele essa tendência se expressa de modo marcante, claro e consequente, ao passo que, como veremos, o caráter de representação da religião ainda lhe prescreve determinada manutenção da objetividade e, desse modo, uma inadequação na realização suprema do sujeito-objeto. Sobre a relação entre esses dois estágios, Hegel diz o seguinte:

> Por conseguinte, o que na religião era *conteúdo* ou forma do representar de um *outro*, isso mesmo é aqui [no saber absoluto – G. L.] *agir* próprio do *Si* [...]. O que aqui acrescentamos é, de uma parte, somente a *reunião* dos momentos singulares, cada um dos quais apresenta em seu princípio a vida do espírito todo; e, de outra parte, o manter-se-firme do conceito na forma do conceito, cujo conteúdo já havia resultado naqueles momentos e na forma de uma *figura da consciência*.[123]

Ao empreender agora a análise dos problemas principais da seção, queremos primeiro ressaltar alguns momentos nos quais se expressa a diferença específica dessa seção em relação às anteriores. Pois Hegel incorreu em uma autoilusão ao crer que aqui transcorre somente o movimento duplo da memoração recapituladora e da "re-memoração" (*Er-Innerung*) retrocessiva nos objetos já

---

problemas da pesquisa hegeliana". Tal conferência foi pronunciada em francês. Referindo-se aos capítulos relativos ao espírito absoluto, Lukács comenta: "A categoria central desse período é aquela que Hegel chama de *Er-Innerung*, em contraste com a alienação, *Entäusserung*, da primeira e da segunda partes [de *Fenomenologia*]. É difícil dar uma boa tradução para essas palavras, pois se traduz agora *Er-Innerung* por 'interiorização'; mas *Er-Innerung* quer dizer também 'recordar' [rememoração]; isto é, a humanidade atinge sua meta e olha agora para trás. Se, então, nesse momento me sirvo da palavra 'interiorização', eu vos peço sempre lembrar que *Er-Innerung* tem sempre esse duplo sentido. De igual modo, traduzimos *Entäusserung* por 'exteriorização'; trata-se de uma tradução do termo econômico '*aliénation*' [em inglês, *alienation*], que Hegel tomou provavelmente da economia inglesa; e esta palavra perdeu seu sentido econômico e prático". Lukács; "Les Nouveaux problèmes de la recherche hegelienne", em *Bulletin de la Société française de Philosophie* (Paris, Armand Colin, abr.-jun. 1949), ano 43, n. 2, p. 68. (N. E.)

[123] Ibid., p. 602. [Ed. bras.: *Fenomenologia do espírito*, cit., p. 536-7.]

produzidos pelo processo. Dado que esse movimento retrocessivo, essa superação da "alienação" enquanto superação da objetividade em geral, não é um movimento descoberto por Hegel no interior dos próprios objetos, mas um movimento por ele inventado para completar sua filosofia, para a solução das dificuldades especificamente idealistas e, por conseguinte, insolúveis de sua dialética, devem surgir aqui também problemas de conteúdo novo, que, todavia, na maior parte se comprovam como deformações – tanto históricas quanto sistemáticas – do conteúdo das conquistas até agora obtidas. É óbvio que um pensador do calibre de Hegel enuncia algumas verdades importantes, algumas determinações essenciais também sob tais circunstâncias dificultadoras.

Sobretudo tem de ser observado que o papel da religião se inverte por completo em comparação com a segunda seção, na qual ela desempenha um papel bem secundário ao lado do Iluminismo. Nesta seção, a importância do Iluminismo é diminuída e a função da religião é posta energicamente no centro do desenvolvimento da consciência da humanidade. Isso já se evidencia no fato de que toda a exposição da arte se converte em subdivisão da religião. A Antiguidade é tratada aqui, por exemplo, como "arte-religião". E especialmente notável é esse remanejamento dos pesos na história da era moderna. O fato de a religião, o cristianismo, tornar-se o centro de todas as análises gera uma imagem inédita da história, em contraposição àquela que observamos na segunda seção.

Essa contraposição das imagens da história na segunda e na terceira seções desvela o princípio antagônico, contraditório, da própria dialética hegeliana, do qual já falamos diversas vezes e ao qual ainda retornaremos no curso da exposição detalhada dos problemas da concepção hegeliana de religião. Neste ponto, apenas anteciparemos alguns momentos. Em primeiro lugar, é bastante característico de Hegel que sua linha "esotérica" em relação à religião se expresse exatamente onde ele pretende descrever a história real em seu decurso real; portanto, na segunda seção. Em segundo lugar, é característico das tendências contraditórias reunidas na concepção hegeliana da "alienação" que, na segunda seção, a questão da natureza praticamente não seja tratada. Essa seção é quase toda de cunho puramente histórico-social. Os problemas da filosofia da natureza, em especial os problemas da relação entre a consciência individual e os conteúdos e as formas da objetividade da natureza, têm um papel importante na primeira seção. Eles só voltam a aflorar na terceira seção para que sua objetividade, a exemplo da dos conteúdos sociais, possa ser revogada no sujeito. Nisso se externa de modo bem marcante o duplo aspecto da concepção da alienação: em suas facetas realmente fecundas, ela se refere à atividade social real do homem; em sua universalização idealista, em contraposição, ela se torna um princípio da objetividade em geral. Ao passo que Hegel consegue falar de modo bem concreto, gradual e essencial sobre o processo da alienação na sociedade, ele, porém, correspondendo à situação filosófica real, só sabe pronunciar mistificações e declarativas sobre a "alienação" da natureza.

Ademais, indique-se ainda que aqui Hegel tampouco realiza seu princípio de modo coerente – e exatamente nessa incoerência mostra ser um historiador e filósofo importante. Ainda indique-se sobre o modo como é mostrado nessa terceira seção o papel do Iluminismo na gênese da dialética. Seja indicado apenas que, na exposição da Antiguidade, Hegel confere um peso decisivo às tendências antirreligiosas, iluministas, da tragédia e da comédia. É óbvio que, tanto na exposição hegeliana quanto na realidade, essas tendências voltam-se contra a forma grega das representações de Deus, contra a religiosidade antiga. Porém, é característico de toda a linha "esotérica" da filosofia hegeliana da história que quase não exista nenhuma personagem de ponta do processo ideológico na qual ele não constate e ressalte tais tendências iluministas, desagregadoras da religião.

Citaremos a seguir apenas algumas observações breves em que Hegel resume essa função da tragédia e da comédia.

> Esse destino completa o despovoamento do céu – a combinação, carente de pensamento, da individualidade e da essência –, uma combinação pela qual o agir da essência aparece como um agir inconsequente, casual, indigno de si; pois a individualidade, só superficialmente unida à essência, é a individualidade inessencial. O banimento de tais representações carentes-de-essência, que foi exigido por filósofos da Antiguidade, começa assim já na tragédia [...].[124]

E, em termos muito parecidos, só que em um tom mais resoluto, ele fala da comédia:

> Por conseguinte, a *comédia* tem antes de tudo o aspecto de que [nela] a consciência-de-si efetiva se apresenta como o destino dos deuses. Essas essências elementares, como *momentos universais*, não são um Si nem são efetivas. Embora estejam dotadas da forma da individualidade, essa forma lhes é apenas atribuída e não lhes

---

[124] Ibid., p. 556 e seg. [Ed. bras.: ibidem, p. 498.]

compete em si e para si: o Si efetivo não tem, por sua substância e conteúdo, um tal momento abstrato. Ele, o sujeito, está, pois, elevado acima de um tal momento, como acima de uma propriedade singular; e revestido dessa máscara, exprime a ironia de tal propriedade querer ser alguma coisa para si.[125]

Por fim, ainda devemos apontar outra peculiaridade dessa terceira seção. É a única vez em que Hegel faz referência, em *Fenomenologia*, à história do Oriente. Na primeira seção, de fato apareceram o assim chamado estado de natureza e a passagem dele para o da civilização, mas, no capítulo sobre "domínio e servidão", esse caminho leva à forma antiga da escravidão. Na segunda seção, a história real começa com as democracias gregas. Na presente seção, na qual a história da religião aparece como o conteúdo máximo da história, como a forma mais profunda da luta da humanidade para dar conta intelectualmente da essência e da legalidade do mundo, Hegel acredita ter o direito de recorrer a essas épocas do desenvolvimento que não constaram em sua exposição da história real. Essa pré-história é importante para a terceira seção também porque, nas religiões orientais, as relações mistificadas entre os homens e a natureza orgânica e inorgânica desempenham um papel importante e, por essa razão, Hegel pode usar essas religiões para descrever as primeiras tentativas de revogação da objetividade na natureza como as primeiras etapas da trajetória geral que leva à superação da objetividade em geral.

Essa suprema história do espírito é, portanto, para Hegel – como mais tarde para Feuerbach –, uma história da religião. A concepção hegeliana, porém, constitui aqui, em todos os sentidos, algo violentamente contraposto a Feuerbach. Por um lado, Hegel se restringe bem menos à história da religião que seu grande sucessor materialista, pois ofereceu, nas seções precedentes, uma vasta e rica história profana do desenvolvimento da humanidade. Por outro lado, em Feuerbach, a história das religiões é uma crítica materialista, um desmascaramento materialista das religiões, ao passo que em Hegel essa exposição pretende levar justamente a restaurar o papel da religião no desenvolvimento da humanidade, no sistema da filosofia, um papel que havia sido rebaixado com afinco nas exposições precedentes.

Feuerbach foi o primeiro a identificar e a criticar, no sistema hegeliano, esse duplo movimento na filosofia de Hegel, essa superação e essa restauração da religião. Sua crítica não chega a referir-se diretamente a *Fenomenologia*

---

[125] Ibid., p. 558. [Ed. bras.: ibidem, p. 499-500.]

do espírito, mas se refere a todo o sistema de Hegel; no entanto, ela atinge as debilidades essenciais do método também daquelas partes da filosofia de Hegel de que nos ocupamos. O resumo da crítica feuerbachiana, a saber, que a filosofia hegeliana supera a teologia cristã e em seguida a restaura, atinge os momentos essenciais da terceira seção de *Fenomenologia*, especialmente se o leitor tiver em mente os resultados da segunda seção. Feuerbach diz:

> A matéria de fato é posta em Deus, isto é, posta como Deus, e pôr a matéria como Deus é o mesmo que dizer que não há Deus, e, portanto, significa o mesmo que revogar a teologia, reconhecer a verdade do materialismo. Ao mesmo tempo, ainda é pressuposta a verdade da essência da teologia. O ateísmo, a negação da teologia, volta, por conseguinte, a ser negado, isto é, a teologia é restaurada pela filosofia. Deus é *Deus* somente no momento em que superar, negar, a matéria, a negação de Deus. E, segundo Hegel, somente a negação da negação é verdadeira posição. Por conseguinte, acabamos voltando ao lugar de onde havíamos partido – ao regaço da teologia cristã.[126]

Em Hegel, todavia, há uma crítica da religião também nessa esfera da "re-memoração", da revogação da "alienação", e essa crítica inclusive perfaz um dos principais conteúdos dessa seção, pois o que Hegel quer é avançar da suplantação incompleta da objetividade em geral, que ocorre apenas no nível da representação, rumo à sua superação completa no mundo do conceito, na filosofia. O conteúdo dessa crítica, porém, é diametralmente oposto ao da crítica materialista da religião. Por um lado, Hegel parte do fato de que conteúdos e momentos essenciais do autoconhecimento dialético do espírito estão contidos na religião, isto é, de que a religião efetua o processo essencial da revogação da "alienação" de um modo correto quanto ao conteúdo e até de que os momentos positivos da síntese dialética, os momentos da "reconciliação", tornaram-se conscientes pela primeira vez na religião. Por outro lado, ele quer provar que esses momentos da dialética correta só conseguem realizar de maneira incompleta sua forma suprema no interior da religião.

Portanto, também em Hegel, a filosofia se posiciona criticamente em relação à religião, sendo também para ele uma crítica da religião. A intenção dessa crítica, contudo, não é, como para o materialista Feuerbach, desmascarar a inverdade interior de todo o mundo das representações religiosas e reconduzir os conteúdos deformados da religião ao que são na realidade. A crítica hegeliana da religião

---

[126] Feuerbach, *Grundsätze der Philosophie der Zukunft*, § 21, *Werke*, cit., v. II, p. 301.

é, muito antes, uma conservação, uma eternização de todos os conteúdos da religião; o que se critica é meramente sua forma de manifestação, seu caráter de *representação*. Como veremos, essa crítica obviamente respinga no conteúdo e, desse modo, implica certa exposição comprometedora também dos conteúdos religiosos; não obstante, seu direcionamento fundamental é, como Feuerbach acentuou corretamente, uma restauração da religião e da teologia.

A ambiguidade de todo o posicionamento hegeliano em relação à religião nessa seção de *Fenomenologia* mostra-se com muita clareza. A religião é, para Hegel, apenas uma fase intermediária no real alcançar-a-si-próprio do espírito, mas – segundo a linha principal das exposições nessa seção – uma fase intermediária indispensável. Na medida em que as "figuras" hegelianas urgem para a "reconciliação" em decorrência do caráter específico da dialética hegeliana, elas devem rumar na direção da religião. O significado da religião consiste aqui, para Hegel, no fato de que em parte aqueles conteúdos da vida histórica que perfazem o conteúdo do saber absoluto se movem, em virtude da forma religiosa, na direção desejada da revogação da "alienação" no sujeito, e em parte manifestam-se nas formas religiosas (portanto, como veremos, de modo incompleto, inadequado) as categorias mais importantes da síntese dialética.

Característico da ambiguidade de toda a concepção hegeliana de religião é que, nela, apesar dessa linha básica prescrita imperativamente pelos momentos essenciais de sua dialética idealista, também têm voz as tendências reais, não religiosas na direção da dialética. Hegel designa expressamente duas vias que levam à dialética e, ao fazê-lo, ressalta que a forma da dialética de que já tomamos conhecimento no Iluminismo aparece, em sentido fenomenológico, antes da religiosa e tem, aos olhos de Hegel, uma forma superior do ser-para-si. Ele diz sobre isso:

> Essa reconciliação da consciência com a consciência-de-si mostra-se portanto como efetuada dos dois lados: primeiro, no espírito religioso; outra vez, na própria consciência como tal. Os dois lados se diferenciam um do outro por ser o primeiro a reconciliação na forma do *ser-em-si* e o outro, na forma do *ser-para-si*. Tais como foram considerados, eles incidem inicialmente fora um do outro; a consciência, na ordem em que se apresentavam para nós suas figuras, de uma parte chegou aos momentos singulares dessas e de outra parte atingiu, há muito, sua unificação; antes que a religião também tivesse dado a seu objeto a figura de consciência-de-si efetiva.[127]

---

[127] *Werke*, v. II, p. 598 e seg. [Ed. bras.: *Fenomenologia do espírito*, cit., p. 533-4.]

Dessas análises decorreria imediatamente uma superfluidade da religião. Se a consciência humana, como Hegel mostrou no caso do Iluminismo, chegou à compreensão subjetiva clara do caráter contraditório dialético do ser-aí e do pensamento (dialética na forma do ser-para-si) antes que a religião tivesse chegado a esse estágio, tem-se a impressão de que Hegel nem necessitaria da fase intermediária da religião para chegar à dialética plenamente explicitada.

Vimos repetidamente que, em Hegel, há diversos gêneros de razões muito importantes que o impedem de trilhar esse caminho até as últimas consequências. Em primeiro lugar, a concepção idealista do sujeito-objeto idêntico exige a superação da objetividade em geral; no entanto, a dialética aqui descrita consegue por si mesma apenas transformar a objetividade das coisas em processos, faltando-lhe a culminação mistificada da dialética idealista. Em segundo lugar, porém – e isto é bem essencial –, ao deter-se no estágio dessa dialética, sob as circunstâncias sociais concretas de sua efetividade, Hegel se defronta, em decorrência da limitação histórica de seu horizonte, com um dilema, cujos dois lados ele rejeita como pensador consequente e honesto e, por isso mesmo, procura diante dele um terceiro ponto de vista mais elevado, um *tertium datur*. Por ocasião da análise social desse dilema, mostramos os dois lados: deter-se na dialética de que estamos falando representaria um ceticismo romântico diante do desenvolvimento social, a saber, a simples demonstração de seu caráter contraditório e, portanto, um ponto de vista que em muitos aspectos se aproximaria da economia de Sismondi. Se, porém, fosse buscada e encontrada uma "reconciliação" "imanente" dessas contradições, ela teria de situar-se na linha de Bentham, como de fato não é nenhum acaso que o cumprimento real dessa dialética, o "céu na terra" descrito ali como finalização, seja precisamente o mundo da "utilidade". (Os iluministas pré-revolucionários, como, por exemplo, Helvécio, escapam a essas consequências mediante sua situação histórica pré-revolucionária: o "princípio da utilidade" é, para eles, a exigência do esfacelamento dos resquícios feudais, do surgimento da sociedade burguesa, mas não uma filosofia do capitalismo já desdobrado e dominante.)

Hegel encontra-se, com efeito, diante de um dilema que Marx caracterizou como insolúvel para o pensamento burguês. Marx fala da diversidade da individualidade produzida, de um lado, pelas formas subdesenvolvidas de sociedade e, de outro lado, pelo capitalismo; ele faz, assim, uma aplicação do conteúdo dessa formulação do problema que está muito próxima exatamente do problema hegeliano. Ele diz sobre isso:

É tão ridículo ter nostalgia daquela plenitude original: da mesma forma, é ridícula a crença de que é preciso permanecer naquele completo esvaziamento. O ponto de vista burguês jamais foi além da oposição a tal visão romântica e, por isso, como legítima antítese, a visão romântica o acompanhará até seu bem-aventurado fim.[128]

O *tertium datur* real, a perspectiva da sociedade socialista, está bloqueado para Hegel por razões que conhecemos. Ele sempre rejeitou uma solução romântica, e suas concepções de sociedade e Estado eram, como sabemos, de tal natureza que uma solução na linha de Bentham não era cogitada por ele. Assim, Hegel foi obrigado – não só em razão das tendências universalmente idealistas de seu pensamento – a transcender esse tipo da dialética e procurar outra possibilidade de solução.

Nesse ponto se oferece à tendência idealista, por sua natureza, a via religiosa. Vimos, porém, a partir das concepções de Hegel citadas por último que, na filosofia, ele procurou uma síntese das duas vias, dos dois tipos de dialética. Era impossível que tal empreendimento pudesse ser conciliado com um resultado unitário e satisfatório. No entanto, exatamente essa busca em meio ao "esterco das contradições" e, assim condicionada, a duplicidade do posicionamento de Hegel em relação à religião determinam de modo inseparável a grandeza e a limitação de seus resultados no campo da elaboração da dialética. O direcionamento para a religião leva à consolidação da forma especificamente hegeliana da dialética: imediaticidade a ser superada – alienação – revogação da alienação no sujeito. Por essa via, aparece em sua exposição e crítica da religião exatamente o inverso da crítica materialista de Feuerbach: não é o conteúdo mistificado da religião que é deduzido de seu fundamento "humano" (Feuerbach), de seu fundamento histórico-social, e, desse modo, dissolvido; pelo contrário, Hegel quer conservar exatamente esse conteúdo e, como veremos, até mistificá-lo ainda mais: a crítica se volta meramente contra a forma de manifestação desses conteúdos, contra a *representação* que, segundo Hegel, expressa de modo incompleto esse conteúdo correto.

Expusemos em detalhes as razões sociais que impelem Hegel ao idealismo. Vemos agora como esse idealismo se encontra a si próprio nos mitos da religião e, por meio de sua superação (preservadora), consegue pela primeira vez chegar de fato a si mesmo. Essa verdade da religião é, para Hegel, a dialética

---

[128] [Karl] Marx, *Grundrisse der Kritik der politischen Ökonomie* (Berlim, 1953), v. I, p. 80. [Ed. bras.: *Grundrisse*, cit., p. 110.]

da "alienação", e sua revogação, a "re-memoração". Somente nela pode expressar-se o que falta à concepção hegeliana da dialética na "cultura" (*Bildung*) no Iluminismo, a saber, o momento da unidade sintética, da "reconciliação", da superação da objetividade. Os mitos das religiões, especialmente os do cristianismo, são, portanto, mistificados *por Hegel* no sentido de que, neles, as formas originárias da dialética hegeliana, a tríade dialética, a "alienação" e sua revogação etc., aparecem como conteúdo real da religião. Em consequência, a religião oferece para Hegel – aparentemente – uma realidade histórica, um movimento histórico, em que essas formas do movimento da realidade e do pensamento aparecem como surgidas da coisa mesma.

A ambiguidade do posicionamento hegeliano em relação à religião aparece aqui em seu estágio supremo. Por um lado, a religião histórica deve ser aquele movimento histórico real e, ao mesmo tempo, aquela figura da consciência na qual se expressam as formas supremas da relação entre os homens e seu meio ambiente histórico-social autocriado. Para alcançar isso, é preciso reduzir todos os mitos da religião às categorias da dialética hegeliana. Na sequência, Hegel expõe como na criação do mundo, na relação entre Deus e homens, na trindade da pessoa de Deus, na morte do Redentor etc. etc., aparecem as categorias fundamentais de seu próprio sistema. Por outro lado, a crítica tem início exatamente nessa mistificação. Mais precisamente de maneira dupla: em primeiro lugar, essas categorias religiosas aparecem como não humanas o suficiente, isto é, a projeção mítica do humano levada a termo pela religião e executada de modo ainda mais exagerado por Hegel obscurece o próprio homem, no qual e em cuja consciência Hegel vê a chave de todos os problemas, à qual ele busca remontar todos os problemas. Segundo Hegel, a religião deve representar a identidade da natureza humana e da natureza divina. Porém, ela o faz de modo imperfeito e, ao criticar essa imperfeição, Hegel não percebe que foi ele mesmo que levou ao extremo a mistificação religiosa. Em segundo lugar e em rotunda contradição com o ponto de vista recém-mencionado, para Hegel, o que a religião ensina, o que a comunidade religiosa imagina, ainda é demasiadamente terreno, demasiadamente "alienado", demasiadamente objetivado. Na religião, na fé religiosa da comunidade, o conceito ainda não chegou a si enquanto conceito.

A nosso ver, não é indispensável expor aqui extensamente essa interpretação da dogmática cristã no sentido hegeliano, essa introdução da interpretação das categorias hegelianas na teologia cristã e a subsequente crítica do cristianismo (no qual – para dizê-lo sucintamente – se critica que ele não apresente a dialética hegeliana em uma forma mítica adequada). Nós nos contentaremos com alguns exemplos para que o leitor veja como Hegel interpreta a religião cristã e como chega dessa concepção à sua crítica. Hegel apresenta, por exemplo, a passagem dialética do espírito abstrato para a realidade mais ou menos da mesma forma em que mais tarde, em *Enciclopédia*, dá-se a passagem da lógica para a filosofia da natureza. Ele coloca esse sentido na base dos mitos cristãos e os interpreta e critica da seguinte maneira:

> Assim, o espírito somente eterno ou abstrato torna-se para si *um Outro*, ou seja, entra no ser-aí e [entra] imediatamente *no ser-aí imediato*. *Cria*, portanto, um mundo. Esse *criar* é a palavra da representação para o *conceito* mesmo, segundo o seu movimento absoluto, ou para [significar] que o Simples enunciado como absoluto, ou o pensar puro, por ser o abstrato, é antes o negativo; e assim é o oposto a si, ou *Outro*.[129]

Ou Hegel fala da morte de Cristo:

> O que pertence ao elemento da *representa*ção – isto é, que o espírito absoluto, como *um* espírito *singular*, ou melhor, um *particular*, representa em seu ser-aí a natureza do espírito – aqui se transfere pois à própria consciência-de-si, ao saber que se preserva em seu *ser-outro*. Essa consciência portanto não *morre* efetivamente – como se representa que o ser *particular* morreu *efetivamente* – mas sua particularidade morre em sua universalidade; quer dizer, morre em seu *saber*, que é a essência reconciliando-se consigo. [...] A morte do mediador, apreendida pelo Si, é o superar de sua *objetividade* ou de seu *ser-para-si particular*. Esse ser-para-si *particular* tornou-se consciência-de-si universal.[130]

Portanto, Hegel critica a religião porque essas relações dialéticas, esses "mistérios últimos" da dialética hegeliana, que nela foram introduzidos como mistérios pelo próprio Hegel, aparecem de forma inadequada em termos de representação. Cite-se também apenas um exemplo disso:

> No entanto, o *representar* da comunidade não é esse pensamento *conceituante*; mas tem o conteúdo sem sua necessidade, e em lugar das formas do conceito leva, para o reino da consciência pura, as relações naturais de Pai e Filho. Ao comportar-se, desse modo, *representando-se* no pensar mesmo, certamente a essência

---

[129] *Werke*, v. II, p. 579. [Ed. bras.: *Fenomenologia do espírito*, cit., p. 517.]
[130] Ibid., p. 589 e seg. [Ed. bras.: ibidem, p. 526, modif.]

lhe é revelada; mas, de uma parte, os momentos dela devido a essa representação sintética dissociam-se um do outro [...], de outra parte, essa [consciência] se retira desse seu objeto puro, e se lhe refere apenas exteriormente. O objeto lhe é revelado por algo estranho, e nesse pensamento do espírito não reconhece a si mesma, não reconhece a natureza da consciência-de-si pura.[131]

É bem característico da ambiguidade presente na concepção hegeliana de religião o fato de ele ressaltar energicamente a inadequação da representação diante do conceito, mas, ao mesmo tempo, vislumbrar nisso apenas um problema da forma do modo de manifestação das verdades últimas e definitivas e não buscar no efeito deformador da representação nenhum elemento de conteúdo. Em um estágio anterior de suas exposições, quando essa relação entre representação e religião ainda não havia sido deslocada para o centro, ele se expressa sobre essa questão de conteúdo de modo rude e grosseiro:

> Quanto mais puro é o próprio conceito, mais se degrada em sua vã representação, se o seu conteúdo não for tomado como conceito, mas como representação. [...] Como também a *ignorância* de tal consciência [...] são a mesma conexão do sublime e do ínfimo, que no organismo vivo a natureza exprime ingenuamente, na combinação do órgão de sua maior perfeição – o da geração – com o aparelho urinário.[132]

O espírito deve, portanto, ir além da religião. Na comunidade religiosa, o sujeito-objeto idêntico ainda não foi alcançado.

> Ela não tem ainda a consciência sobre o que ela é; é a consciência-de-si espiritual, que não é, como esta consciência-de-si, objeto para si. Ou seja, não se abre à consciência de si mesma, mas, na medida em que é consciência, tem essas representações que foram consideradas. [...] Ao efetuar-se *em si* essa unidade da essência e do Si, a consciência tem ainda também essa *representação* de sua reconciliação, mas como representação. Obtém a satisfação ao acrescentar *exteriormente*, à sua pura negatividade, a significação positiva da unidade de si com a essência: assim sua satisfação fica afetada pela oposição de um além. Sua própria reconciliação entra, pois, como um *longe* na sua consciência; como um longe do *futuro*, assim como a reconciliação, que o outro Si [a saber, Cristo – G. L.] realizou, aparece como um longe do *passado*. [...] Por conseguinte, sua reconciliação está em seu coração, mas ainda cindida com sua consciência; e ainda está rompida sua realidade.[133]

---

[131] Ibid., p. 577. [Ed. bras.: ibidem, p. 516.]
[132] Ibid., p. 262 e seg. [Ed. bras.: ibidem, p. 248-9.]
[133] Ibid., p. 591 e seg. [Ed. bras.: ibidem, p. 528.]

Por essa razão, a reconciliação real, a superação real, só pode ser alcançada no saber absoluto. Aqui vemos, portanto, a suprema ambiguidade de Hegel em seu posicionamento diante da religião. Por um lado, ele introduz no cristianismo como mistérios todos os conteúdos da sua dialética e, desse modo, resgata-o especulativamente. Por outro lado, ele supera exatamente por meio desse resgate especulativo a religião como tal, aniquilando-a como religião.

Por isso é tão justificada a crítica de Feuerbach, que ressalta a mistura de tendências ateístas e teológicas na filosofia de Hegel. E de fato não foram só pensadores de orientação ateísta que identificaram essa tendência em Hegel e, a exemplo de Feuerbach, a criticaram como ambiguidade ou, a exemplo de Heine e Bruno Bauer, distinguem com cuidado o "ateísmo esotérico" do cristianismo exotérico, não havendo dúvida de que o ponto de vista de Feuerbach é o mais correto. Também não existe nenhum verdadeiro pensador religioso-reacionário que tenha acatado essa solução de Hegel, que a tivesse identificado e reconhecido como expressão filosófica da essência religiosa do cristianismo. Em outro contexto, vimos o que disse Friedrich Schlegel, convertido ao catolicismo, que qualificou a dialética hegeliana como algo pior do que ateísmo, como nada menos que satanismo. Um reacionário que deve ser levado mais a sério como pensador, o filósofo da religião da década de 1840 Søren Kierkegaard, dinamarquês, que exerce uma influência determinante especialmente sobre a atual "filosofia da existência" irracionalista, dedicou livros inteiros à refutação da concepção hegeliana de religião. Para nós, suas concepções são apenas sintomaticamente interessantes, como confirmações emitidas pela parte adversária de como foi ambíguo o posicionamento de Hegel diante da religião.

Nesse tocante, é importante dizer que a polêmica de Kierkegaard parte exatamente do ponto em que a religião deve ser um momento do espírito absoluto, em que ela, portanto, compartilha a objetividade dialética da filosofia, ainda que, em Hegel, em um estágio imperfeito. Esse objetivismo de Hegel – e vimos que o "resgate" hegeliano do cristianismo consiste justamente em que seus mitos contêm objetivamente as formas supremas da dialética absoluta – é combatido por Kierkegaard como estritamente contraditório à essência da religião, à essência do cristianismo.

> Ora, se o cristianismo for essencialmente algo objetivo, é importante que o observador seja objetivo, mas, se o cristianismo for essencialmente a subjetividade, é um erro o observador ser objetivo. [...] Se o especulador for ao mesmo tempo crente (o que de fato se afirma), ele há muito já deveria ter percebido que a especulação

jamais poderá adquirir, para ele, a mesma importância que a fé. Pois exatamente como crente ele está infinitamente interessado em sua bem-aventurança e está certo dela na fé. (*Nota bene*: tanto quanto se pode sê-lo como crente, isto é, não de uma vez por todas, mas a cada dia com o espírito de certeza da fé associada com o interesse infinito, cheio de entusiasmo pessoal.) E ele então não edifica nenhuma bem-aventurança eterna sobre sua especulação, tratando a especulação, muito antes, com suspeita, para que ela não o seduza nem o atraia da certeza da fé (que, a cada instante, tem dentro de si a dialética infinita da incerteza) para o saber objetivo indiferente. Assim, a coisa pura e simplesmente se comporta de modo dialético. Por conseguinte, se disser que edifica sua bem-aventurança eterna sobre a especulação, ele se contradiz de modo cômico, pois a especulação em sua objetividade é de todo indiferente em relação à sua, à minha e à tua bem-aventurança eterna, ao passo que esta reside precisamente na autoestima retirante adquirida com esforço extremo. Ao mesmo tempo, ele mente quando se faz passar por crente [...]. Porém, para o especulador nem mesmo pode aflorar a questão de sua bem-aventurança eterna pessoal, exatamente porque sua tarefa consiste em afastar-se cada vez mais de si mesmo, tornar-se cada vez mais objetivo e, assim, sumir de diante de si próprio e converter-se na força contemplativa da especulação.[134]

Deixamos Kierkegaard fazer uso da palavra para expressar tão extensamente sua rejeição de Hegel não só porque seu próprio posicionamento desmascara os modernos intérpretes irracionalistas de Hegel melhor do que se poderia fazê-lo

---

[134] [Sören] Kierkegaard, ["Philosophische Brocken. Abschliessende unwissenschaftliche Nachschrift", em] *Gesammelte Werke* (Iena, [Eugen Diederichs,] 1910), v. VI, p. 146 e seg. Essa postura de rejeição radical do irracionalista Kierkegaard não atrapalha os modernos intérpretes de Hegel no ato de "sintetizar" Hegel com Kierkegaard, de interpretar *Fenomenologia* a partir de um ponto de vista kierkegaardiano-heideggeriano. Ao lado de alguns alemães (como, por exemplo, Löwith), Jean Wahl dedicou a esse intento um livro inteiro: *Le Malheur de la conscience dans la philosophie de Hegel* [A infelicidade da consciência na filosofia de Hegel] (Paris, 1929). O kierkegaardismo de Wahl se evidencia no fato de fazer da "consciência infeliz" o centro de toda a *Fenomenologia* sem perceber ou sem querer perceber que esta aparece em Hegel como uma "figura" da consciência individual, subjetiva, e a religião mesma, na terceira parte, ocasionalmente faz referência a ela, bem como a outras "figuras da consciência" anteriores, mas no essencial, como mostramos, trilha o caminho oposto, a saber, vislumbra nos mitos religiosos uma manifestação mítica das categorias dialéticas objetivas. É instrutivo, portanto, deixar o próprio Kierkegaard tomar a palavra contra seus modernos veneradores e renovadores. Evidencia-se a mesma imagem que, a seu tempo, Lênin mostrou quando contrapôs ao falatório enrolado e cheio de ressalvas dos solipsistas modernos a linguagem sincera do velho reacionário filosófico Berkeley. Kierkegaard também é um reacionário em todos os sentidos filosóficos, mas ainda não foi afetado pela moderna decadência eclética, pois pronuncia suas ideias de modo franco e sincero e não quer conciliar o irreconciliável. – Sobre a filosofia kierkegaardiana, cf. o capítulo 2 de meu livro *Die Zerstörung der Vernunft* (Berlim, 1954); *Werke*, v. 9, p. 219-69.

com uma polêmica, mas também porque, desse modo, se mostram claramente em sua contraditoriedade as duas orientações divergentes que se originaram do idealismo da era moderna na renovação da religião. É óbvio que essa contradição existe *no interior* do idealismo; e óbvio que as duas orientações idealistas devem ser igualmente combatidas. Apesar disso, seria errado simplesmente identificá-las e não perceber as diferenças sociais e filosóficas entre elas.

Kierkegaard representa a renovação irracionalista da religião em conformidade com a filosofia da vida, uma tendência que apareceu na Alemanha já no período de Hegel em Iena, representada por *Discursos sobre a religião*, de Schleiermacher, que Hegel, a seu tempo, atacou de forma violenta em sua luta contra o idealismo subjetivo. Essa tendência tem uma base idealista subjetiva, agnosticista; ela percebe que a antiga religião é incompatível com os conteúdos e os métodos da cientificidade moderna e, por essa razão, quer delimitar e assegurar uma esfera da subjetividade para a religião, na qual esta possa ter a continuidade de sua vida assegurada enquanto modo de manifestação original e irrevogável da subjetividade humana, isto é, segundo essas concepções, da vida humana em geral. Schleiermacher e ainda Kierkegaard acreditaram poder coadunar esse ponto de vista irracionalista místico com os elementos subjetivistas da teologia protestante. Seus sucessores modernos, por exemplo, de Simmel a Heidegger, desistem dessa culminância de conteúdo teológico e querem resgatar a religião intelectualmente como forma de vida subjetiva do homem em geral. A tendência fundamental agnosticista irracionalista, contudo, se manteve. E no último e mais coerente representante dessa corrente, em Heidegger, ela se intensifica a ponto de converter-se em completo desespero e a uma rejeição radical da possibilidade e do valor de todo conhecimento objetivo. (Tendências semelhantes já afloraram em [Ludwig] Klages.)[135]

A forma hegeliana da renovação idealista da religião, de deixar desembocar a filosofia idealista em religião e teologia, tem outro caráter e outra origem. Ela é, como vimos, objetivista; ela não se põe em contradição com o conhecimento da realidade objetiva, mas, pelo contrário, o valor da religião reside, para Hegel, exatamente no fato de que nela devem expressar-se as categorias objetivas supremas da dialética, ainda que em uma forma inadequada, de tal modo que formam o penúltimo estágio até o conhecimento adequado da realidade objetiva.

---

[135] Cf., sobre isso, o capítulo 4 de *Die Zerstörung der Vernunft* [Berlim, Aufbau, 1954; *Werke*, v. 9].

A essa tendência oposta nas intenções filosóficas corresponde exatamente a diversidade da origem. A renovação da religião sobre um fundamento schleiermacheriano-kierkegaardiano é essencialmente uma corrente moderna, mesmo que ela assuma muito elementos do pensamento mais antigo, de filósofos vinculados à filosofia da vida e irracionalistas de outro gênero, como, por exemplo, de Jacobi. (A afinidade entre Jacobi e Schleiermacher já foi apontada por Hegel em *Fé e saber*.) Em consequência, ela se torna a precursora direta das correntes irracionalistas que acabaram encontrando na "teoria dos mitos" fascista sua expressão mais reacionária; a filosofia hegeliana da religião, em contraposição, é a última manifestação filosófica do Iluminismo *alemão*.

Nossas análises mostraram claramente, nos pontos em que Hegel foi de fato grande e pioneiro como pensador, sua independência em relação à linha geral do desenvolvimento alemão. Vimos que, a despeito de todas as inevitáveis vinculações a seus predecessores alemães, constantemente transcendeu os limites das formulações dos problemas e das soluções para os problemas propostas por Kant e, exatamente nesse ponto, se diferenciou de Fichte e Schelling, que durante toda a vida se ativeram a esses limites. Contudo, onde as consequências ideológicas do ser social daquela época na Alemanha aparecem como limitações do pensamento hegeliano, ele se torna seguidor das tendências kantianas. No caso da filosofia da religião, isso assume certo tom tragicômico. Lembremos (p. 86 e seg. deste livro) o quanto foi desaprovadora e zombeteira a postura do jovem Hegel em relação à renovação kantiana da religião enquanto âmbito de realização dos postulados da "razão prática". Em sua filosofia da religião, porém, o próprio Hegel renova metodologicamente – claro que em um nível superior, o do idealismo objetivo – a forma kantiana de resgate da religião.

A afinidade metodológica consiste no fato de que, nos dois casos, a filosofia idealista não é capaz de dar conta, em termos teóricos, da dialética da realidade objetiva. Essa incapacidade que advém da situação social da Alemanha e tem o próprio idealismo como expressão filosófica é, então, dissimulada e encoberta no conjunto do sistema. Em Kant, isso se faz por meio da complementação, na "razão prática", da rejeição agnosticista da cognoscibilidade das coisas em si pela absolutidade dos mandamentos morais, fazendo com que a religião da razão constitua um terreno pseudo-objetivo, inventado, de cumprimento desses postulados: Kant cria para si uma esfera da religião para dar a seus postulados morais um suporte na própria realidade. Hegel de fato superou esse dualismo tanto no terreno gnosiológico (cognoscibilidade da coisa em si) quanto na relação entre teoria e práxis (trabalho e teleologia). Desse modo, porém, o problema da objetividade última e suprema de suas categorias dialéticas nem de longe foi resolvido. Obviamente ele não consegue encontrar na realidade o princípio de sua "reconciliação", a transformação real da substância em sujeito, a revogação da "alienação", a superação de toda objetividade na identidade de sujeito e objeto. Como vimos, o desenvolvimento da religião em uma forma mais uma vez mistificada por Hegel oferece-lhe, então, uma pseudorrealidade e uma pseudo-objetividade correspondentes às kantianas: um âmbito do desenvolvimento histórico, do desenvolvimento da consciência humana, no qual essas categorias da dialética hegeliana parecem estar presentes como momentos do movimento da realidade mesma.

O Iluminismo alemão nunca foi capaz de combater a religião em uma forma tão resoluta e radical como fizeram o Iluminismo inglês ou mesmo o francês. Em decorrência do atraso alemão, ele sempre operou visando à reconciliação da religião com os princípios da razão, buscando constantemente desnaturar, reinterpretar nos termos do Iluminismo alemão, a religiosidade cotidiana, costumeira, a tal ponto que esta pudesse ser harmonizada com os princípios da razão – modificados para cada caso. *Nesse* aspecto metodológico, portanto, a filosofia hegeliana da religião é sucessora da de Kant, como de modo geral das tendências do Iluminismo alemão.

A dicotomia e a ambiguidade da filosofia hegeliana da religião são, portanto, um modo de manifestação geral do Iluminismo alemão. Por essa razão, não é de admirar que ela só tenha se mantido como corrente predominante enquanto o desenvolvimento econômico não levou a um aguçamento real das lutas de classes internas. Na década de 1840, quando as lutas preparatórias para a revolução burguesa entraram em um estágio agudo, a filosofia hegeliana da religião necessariamente perdeu o papel de liderança e de mediação que havia conservado até então em uma luta ininterrupta contra o materialismo, de um lado, e o irracionalismo romântico, de outro. Não foi por acaso que a dissolução da escola hegeliana começou na questão da religião e levou, por um lado, ao enrijecimento reacionário e, por outro, à crítica materialista da filosofia hegeliana da religião por Feuerbach; tampouco foi por acaso que a convocação de Schelling para Berlim (1843) selou o fim da filosofia de Hegel como filosofia oficial do Estado prussiano.

A partir daí, a filosofia hegeliana da religião não desempenha mais nenhum papel ideológico importante. Ela foi irremediavelmente suplantada pela história. E isso se deu não só no sentido de que o desenvolvimento progressista da ideologia alemã a transcendeu; também a reação religiosa não pôde mais encontrar nenhum ponto de apoio na filosofia da religião *real* de Hegel. É claro que o neo-hegelianismo procura exatamente essa base. Ele, porém, consegue lançar uma ponte até o tempo presente apenas a partir de falsificações das concepções de Hegel. Essas falsificações são de um tipo muito diversificado, movendo-se, porém, em um nível filosófico tal que não vale a pena entrar em discussão com elas. Acabamos de citar um caso extremo, que é a reinterpretação de Hegel no sentido do irracionalismo kierkegaardiano-heideggeriano. A concepção que Kroner tem de Hegel como o "maior de todos os irracionalistas" constitui apenas uma variante eclética dessa concepção extrema, dessa falsificação modernizante radical de Hegel, dessa adaptação às necessidades da fascistização geral da filosofia alemã. E nem mesmo vale a pena falar da "teoria" de Lasson a respeito da religiosidade protestante – que teria constituído ininterruptamente a linha básica do pensamento de Hegel desde os fragmentos de Berna até as últimas obras –, pois ela se encontra em franca contradição com todos os fatos do pensamento de Hegel em cada período de sua vida.

A afinidade metodológica assinalada entre as filosofias da religião de Kant e Hegel, sua origem comum nas debilidades e nas limitações do Iluminismo alemão, obviamente não significa que as duas sejam idênticas. Com efeito, já ressaltamos as diferenças por ocasião da fundamentação dessa afinidade de tendências e origem. Essas diferenças se reduzem essencialmente a que, em Hegel, há nesse campo uma ambiguidade ainda maior do que em Kant. A filosofia kantiana da religião, não obstante todas as ressalvas, é a filosofia de um deísmo iluminista.

A filosofia de Hegel conta com – apesar de todos os seus protestos contra isso – um momento preponderantemente panteísta. A enorme influência de Espinosa sobre o pensamento dos iluministas alemães no fim do século XVIII, a começar por Lessing, Herder e o jovem Goethe, provoca na Alemanha uma corrente panteísta, que, nos diferentes pensadores, comporta elementos materialistas distintos. Esse panteísmo ofereceu aos idealistas alemães a possibilidade de expor a realidade objetiva, a natureza e a sociedade, cientificamente, isto é, como regidas por suas próprias leis imanentes, de rejeitar radicalmente todo mais-além – e, ao fazer isso, ainda assim chegar a uma concepção geral, na qual os princípios idealistas recebem seu coroamento filosófico necessário em Deus. O próprio Hegel sempre resistiu firmemente a ser caracterizado como panteísta, embora tenhamos visto a partir de sua crítica da religião em *Fenomenologia* que ele a considera como forma inadequada de manifestação do espírito justamente porque nela as formas dialéticas não aparecem como leis do movimento da essência do mundo, do sujeito-objeto idêntico, mas ainda têm em si a forma de representação da transcendência.

Sua ambiguidade na questão religiosa evidencia-se exatamente no fato de não querer ver que essa transcendência perfaz exatamente a essência da religião e de querer, portanto, ao mesmo tempo, suprimir e preservar a religião; que seu Deus, na medida em que preenche as exigências hegelianas reais, deixa de ser um Deus no sentido teológico-religioso. Schopenhauer disse com bom humor que o panteísmo é uma forma polida do ateísmo, uma forma polida de pedir que Deus deixe o recinto do mundo. A ambiguidade irrevogável do idealismo alemão clássico e, em especial, de Hegel consiste em, nesse ponto, procurar compatibilizar o incompatível, ou seja, negar a criação e o movimento do mundo por Deus e, não obstante, ao mesmo tempo, querer resgatar filosoficamente as representações religiosas a isso vinculadas.

Essa não é uma peculiaridade individual da filosofia de Hegel. Porém, dado que ele elevou a dialética, nesse período, a seu estágio máximo, as contradições oriundas dessa ambiguidade aparecem, no seu caso, em sua forma mais aguda e mais irreconciliável possível. Não seria correto procurar aqui uma simples acomodação de Hegel às relações políticas da Alemanha atrasada. É significativo que Marx tenha rejeitado desde o início tal juízo a respeito de Hegel e se esforçado por desvelar as contradições internas de seu pensamento que o levaram a isso – no fundo, já na dissertação de 1840. Também aqui vemos como os limites de Hegel estão intimamente ligados aos limites gerais do idealismo alemão.

A seu tempo, Kant sinalizou que os dois grandes perigos do pensamento filosófico são o ceticismo e o dogmatismo e, com sua filosofia, tentou indicar uma terceira via com a intenção de evitar os perigos de ambos. Para todo leitor atual, está claro que essa via só pode ser a da dialética, que tanto evita a negação da verdade objetiva (ceticismo) e vê o momento da relatividade em um nexo dialético correto com o do absoluto quanto rejeita toda decretação de uma verdade objetiva cientificamente não fundamentável, de toda pseudo-objetividade, de todo pseudoabsolutismo (dogmatismo). Já sabemos, a partir da crítica hegeliana, que Kant falhou nessa tentativa. A partir de nossa extensa exposição da dialética hegeliana, sabemos também a que ponto Hegel chegou na suplantação dessas antinomias, especialmente na constatação da relação dialética correta entre absoluto e relativo. Apesar disso, ele foi obrigado a, em última análise, reproduzir esse dilema em um estágio muito elevado sem chegar a uma solução completa e satisfatória.

O elemento que corresponde ao ceticismo kantiano em um nível superior é o daquela dialética da mera conversão dos contrários um no outro, sem direção, sem desenvolvimento superior, que observamos em *Fenomenologia* como dialética do "ser-para-si", como a dialética do Iluminismo. Anteriormente, na análise da "tragédia no ético", vimos que os limites dessa dialética estão ligados ao fato de que, para Hegel, é impossível desvelar na própria realidade uma tendência de movimento das contradições dialéticas que ele observou com perspicácia no capitalismo. Se esse deter-se no mero movimento das contradições fosse executado de modo coerente, teria levado a um niilismo dialético ao estilo de Solger. Portanto, desse ponto de vista, parece compreensível por que Schelling certa vez estabeleceu uma conexão estreita entre a dialética e o ceticismo. Em Hegel, todavia, não surge nenhum ceticismo, somente aquele "delírio báquico, no qual não há membro que não esteja ébrio; e [...] ao separar-se, também imediatamente se dissolve"[136]. Precisamente aquele automovimento sem direção das contradições que sem cessar se superam e outra vez se põem. Apenas a partir daqui se torna de todo compreensível por que Hegel faz essa dialética surgir na "consciência cindida", por que ele vislumbra no Iluminismo uma manifestação da crise do espírito.

Essa dialética não precisa necessariamente aparecer em formas declaradamente românticas, como em Solger; ela é a dialética sustentada por Mefistófeles em *Fausto*, de Goethe:

> Fausto: Pois bem, quem és então?
> Mefistófeles: Sou parte da Energia,
>   Que sempre o Mal pretende e que o Bem sempre cria.
> Fausto: Com tal enigma, que se alega?
> Mefistófeles: O Gênio sou que sempre nega.
>   E com razão: tudo o que vem a ser
>   É digno só de perecer;
>   Seria, pois, melhor, nada vir a ser mais.*

---

[136] *Werke*, v. II, p. 37. [Ed. bras.: *Fenomenologia do espírito*, cit., p. 53.]

* Johann Wolfgang von Goethe, *Faust: eine Tragödie* (Ditzingen, Reclam, 1971), cap. 6: No quarto de trabalho. Ed. bras.: *Fausto: uma tragédia – primeira parte*, trad. Jenny Klabin Segall, São Paulo, Editora 34, 2011, p. 119. (N. T.)

É evidente que essa filosofia do diabo se aproxima muito da concepção hegeliana do papel do mal na história. Mais importante, contudo, é que, nessa passagem, Goethe tampouco consegue atingir um ponto situado além das contradições. É evidente que Fausto, e Goethe com ele, não compartilham esse ponto de vista do "ceticismo dialético" de Mefistófeles; mas também está claro, sem que possa ser tratado aqui em detalhes, que, em *Fausto*, Goethe também só chega a uma solução positiva dessas contradições pela via da decretação mitológica.

Tivemos oportunidade de observar sobejamente, na filosofia da religião de *Fenomenologia*, esse ato de decretar um mito. E a luta heroica de Hegel pela verdade dialética "em meio ao esterco das contradições" é outra vez evidenciada pelo fato de que se podem resumir suas batalhas filosóficas contra Kant, Fichte e Schelling dizendo que ele posterga tanto quanto possível os limites desse decretar dogmático e desenvolve a verdade dialética tanto quanto possível a partir do movimento interior das contradições na própria realidade objetiva. Contudo, para poder realizar isso plenamente, Hegel deveria ter visto para onde leva, na própria realidade, o movimento das contradições do capitalismo, o "delírio báquico" de sua ininterrupta superação e nova posição (*Neusetzung*). No entanto, ele não viu nem poderia ter visto isso. Ele compreendeu o capitalismo como a "figura" até aquele momento suprema do processo histórico; mas, para tratar do desenvolvimento posterior, ele dispunha tão somente de formulações vazias, idealistas. Nesse aspecto, aplica-se, portanto, também a ele o que Marx disse sobre a concepção de história da economia clássica: "Assim, houve história, mas não haverá mais"[137].

Esta necessidade de decretar a verdade positiva conclusiva do sistema tem origem, portanto, na situação social, da qual e na qual surgiu a dialética hegeliana. Esse fundamento do ser, porém, tem um efeito bastante complexo na filosofia. Ele não só tem consequências imediatas para a filosofia social e a filosofia da história de Hegel, mas aparece como a forma mais abstrata possível da solução das questões filosóficas últimas: como o problema do critério da verdade. O materialismo antigo estabeleceu, com toda razão, como critério da verdade a concordância da concepção humana do mundo com a realidade objetiva, o reflexo correto do mundo exterior independente da consciência. Sua

---

[137] [Karl] Marx, *Das Elend der Philosophie* (Berlim, 1952), p. 141-2. [Ed. bras.: *A miséria da filosofia*, trad. Paulo Roberto Banhara, São Paulo, Escala, p. 110.]

limitação consistiu em que ele, como mostrou Lênin, foi incapaz de desvelar e articular filosoficamente a dialética de fato existente nesse reflexo da realidade.

O idealismo alemão parte exatamente do problema da dialética. Para a dialética idealista, levanta-se, contudo, o problema – insolúvel para ela – do critério da verdade. Surge a pergunta: em que, em concordância *com o que*, é possível conhecer a verdade de um enunciado? A inconsequência de Kant nas questões da dialética manifesta-se, então, no fato de que, quanto ao critério da verdade, ele é obrigado a apelar para a lógica formal. A verdade se mostra na concordância lógico-formal do juízo pensado consigo mesmo. Todavia, Kant também faz outras tentativas de derivação do critério da verdade. Tivemos, porém, oportunidade de ver quanto, nos pontos decisivos, ele se viu obrigado a recorrer às aparentes segurança e apoditicidade da lógica formal, quando conseguiu encontrar somente esse critério para os conteúdos do imperativo categórico. Tomamos conhecimento da crítica de Hegel à vacuidade e à inconsequência dessa argumentação quando tratamos de sua crítica ao exemplo kantiano do depósito (p. 402 e seg. deste livro).

O idealismo objetivo teve de sair em busca de outros critérios. Schelling os encontra na renovação da teoria platônica das ideias: a concordância com as ideias deve ser o critério da verdade, visto que os enunciados filosóficos, as produções artísticas etc. não são senão reflexos dessas ideias na consciência humana. Estamos lidando aqui com um materialismo posto misticamente de cabeça para baixo, com uma mistificação da essência da realidade objetiva em forma de ideias platônicas, para que nestas pudesse ser encontrado um critério da verdade. Em *Filosofia da arte*, de Schelling, são perceptíveis, apesar dessa mistificação, determinados resquícios de um apoiar-se inconsciente na gnosiologia do materialismo e, por essa razão, essa gnosiologia pôde representar um avanço na história da estética. No diálogo *Bruno*, porém, os aspectos místicos dessa teoria já vêm para o primeiro plano e levam em linha reta ao posterior misticismo religioso de Schelling. A concepção da "intuição intelectual" como "faculdade genial" dada somente a poucas pessoas reforçou essas tendências dogmaticamente místicas da filosofia schellinguiana.

A lógica dialética de Hegel vai muito além da de seus predecessores em todos os aspectos. Esse ir além, contudo, é – do ponto de vista do todo – apenas um deslocamento do problema para uma distância remota, a obtenção da possibilidade de resolver as questões individuais da gnosiologia mediante uma aplicação sub-reptícia do reflexo da realidade objetiva – para que, no fim, todas as dificuldades possam aparecer em proporções intensificadas. A lógica hegeliana, de um lado, mostra que as coisas aparentemente rígidas são, na realidade, processos e, de outro lado, concebe a objetividade dos objetos como produto da "alienação" do sujeito. Das duas maneiras, o problema kantiano da coisa em si é resolvido como a relação entre coisa e propriedade, um problema que Fichte havia simplesmente eliminado por decreto e cuja solução Schelling, por sua vez, alegou ter alcançado mediante decreto oposto. A concepção dos objetos como "alienações" do espírito proporcionou, então, a Hegel a possibilidade de simplesmente aplicar a teoria do reflexo à análise gnosiológica da realidade empírica sem admiti-lo. Ele pôde comparar qualquer ideia com a realidade objetiva que lhe corresponde – e a exatidão do critério da concordância com a realidade objetiva não falha nos casos singulares –, ainda que essa realidade não seja concebida como realmente independente da consciência, e sim como produto da "alienação" de um sujeito que é mais elevado do que a consciência individual. E, dado que o processo da "alienação" é dialético, Hegel, nessa aplicação involuntária e inconsciente de critérios materialistas, por vezes avança mais na direção do conhecimento correto do que os antigos materialistas.

A dificuldade só começa diante da totalidade do conhecimento. Hegel acentua o caráter processual do conhecimento, o fato de que o próprio absoluto seria resultado do processo global. No entanto, é claro que, para aferir a exatidão do conhecimento do processo global, ele precisa igualmente de um critério. E, nesse ponto, pode-se ver como os conceitos máximos da dialética hegeliana, que em um primeiro momento adquirem aparência abstrusa e mística, surgem forçosamente de seus pressupostos, pois, se a objetividade dos objetos é produto de um rompimento temporário do sujeito-objeto idêntico, é inevitável que o critério da verdade suprema do processo global residisse na demonstração da identidade de sujeito e objeto, no alcançar a si mesmo do sujeito-objeto idêntico. Se a trajetória desse espírito, porém, parte de uma identidade original, que precisa ser pressuposta nessa construção, e o próprio processo consiste na criação da objetividade pela "alienação", é absolutamente necessário que Hegel represente a reobtenção da identidade de sujeito e objeto na forma da revogação da "alienação", da transformação da substância em sujeito, da superação da objetividade como tal.

A dialética hegeliana tem, portanto, uma enorme vantagem em relação às demais formas da gnosiologia presentes no idealismo alemão clássico: ela pode operar, em áreas muito amplas do conhecimento humano, com uma gnosiologia do reflexo da realidade – ainda que não legitimamente deduzida; ela ganha, portanto, um espaço que abrange um terreno largo e extenso do conhecimento humano para a apreensão correta do mundo exterior, para a elaboração das determinações essenciais do conhecimento.

Isso, entretanto, não é mais que a obtenção de um grande espaço de ação. No que se refere à totalidade do conhecimento, Hegel, a exemplo de seus predecessores, igualmente só resolve de modo místico e mistificador a questão do critério gnosiológico, a pergunta *com o que* o objeto conhecido deve concordar para ser reconhecido como verdadeiro. O que já ressaltamos repetidamente foi que, em certos pontos, Hegel não conseguiu ir além de Schelling; isso se confirma como verdadeiro no ponto culminante de sua filosofia. Precisamente essa limitação gnosiológica – cujo fundamento social, como esperamos, já deve ter ficado claro – reforça e consolida as tendências teológico-religiosas da filosofia de Hegel, apesar de seu comportamento ambíguo em relação à religião mesma, pois o poder do fundamento social, em última análise, tem de se sair vitorioso. Marx diz o seguinte:

> O *reflexo religioso* do mundo real só pode desaparecer quando as relações cotidianas da vida prática se apresentam diariamente para os próprios homens como relações transparentes e racionais que eles estabelecem entre si e com a natureza. A figura do processo social de vida, isto é, do processo material de produção, só se livra de seu místico véu de névoa quando, como produto de homens livremente socializados, encontra-se sob seu controle consciente e planejado.[138]

IV. A "alienação" como conceito filosófico central de *Fenomenologia do espírito*

Antes de empreender a análise detalhada do conceito da "alienação", será proveitoso recapitular, ao menos com algumas palavras, o desenvolvimento desse problema até o ponto em que estamos – a gênese do conceito no pensamento de Hegel. Basta lembrar que, para o jovem Hegel do período republicano em Berna, a "positividade" caracterizou uma instituição ou um complexo de ideias que se confrontava como algo estranho, como objetividade morta, com a subjetividade do homem, sobretudo a da práxis humana. Já naquela época,

---

[138] [Karl Marx, *Das*] *Kapital*, v. I, cit., p. 85. [Ed. bras.: *O capital*, Livro I, cit., p. 154, modif. Grifo de Lukács.]

tal "positividade" foi criada para designar o caráter específico da sociedade moderna. Naquela época, contudo, o jovem Hegel confrontou de modo rígido e excludente a era "não positiva" da democracia grega com a era moderna. Sua filosofia da história consistiu na esperança revolucionária de que a renovação da Antiguidade daria vida, na Revolução Francesa e por meio dela, a uma nova era da liberdade, do domínio real do homem, uma era sem "positividade".

A derrocada dessas esperanças, que provocou a crise de Frankfurt no pensamento de Hegel, acarreta, em suma, uma concepção mais histórica e mais dialética da "positividade". As instituições modernas não são mais de saída rígida e irremediavelmente positivas, mas reiteradamente se examina em termos concretos como algo *se tornou* "positivo", como a relação entre a práxis social dos homens e as instituições da sociedade se transforma, surge e desaparece em termos historicamente concretos. Como sabemos, o desenvolvimento dessa maior concreticidade histórica transcorre em paralelo ao processamento gradativo dos resultados intelectuais da economia clássica da Inglaterra por Hegel com o interesse crescente pelos problemas econômicos do capitalismo, com a compreensão crescente deles. E sabemos igualmente que, no curso dessa crise de crescimento de Hegel, a concepção da forma específica de sua dialética assomou à sua consciência. Quanto mais esse processo avançava, quanto mais se desdobrava a imagem de mundo de Hegel, mais o conceito da "positividade" passava para o segundo plano na terminologia hegeliana. Ele jamais desapareceu por completo. Contudo, ele é tratado cada vez mais no sentido específico em que a jurisprudência e a teologia do direito positivo ou da religião positiva costumam expressar-se. A generalização filosófica dos períodos de Berna e de Frankfurt desaparece. Nesse processo, é característico de Hegel que o termo "positivo" conserve um ressaibo de rejeição. A filosofia hegeliana do desenvolvimento não tolera que alguma instituição se reporte à sua longa existência como se fosse um título que lhe confere o direito de continuar existindo. Esse gênero de "positividade" é tratado por Hegel ainda muitos anos depois do período de Iena como algo sem vida, a ser removido do caminho da história.

O desdobramento e o aprofundamento da filosofia de Hegel, porém, marginalizam somente o termo "positividade", não o problema que em Frankfurt fora designado com essa palavra – a saber, a relação dialética entre a práxis humana na sociedade e os objetos por ela própria criados. Não precisamos recapitular aqui os resultados de nossa análise do período de Iena a respeito do desenvolvimento de Hegel nem quanto ao conteúdo social nem quanto à terminologia filosófica. Gradativamente se impõe – durante a ininterrupta experimentação com a terminologia – a ideia de que, na práxis social dos homens, a imediaticidade original, a natureza, é e tem de ser suplantada e substituída, nesse processo, por um sistema de formações que a práxis humana criou por seu próprio trabalho e por sua própria realização; por meio do trabalho que não só produz esses objetos sociais, mas transforma o sujeito humano, superando também nesse ponto a imediaticidade original e estranhando o sujeito de si próprio.

Em luta primeiro com o idealismo subjetivo e, em seguida, com a forma schellinguiana do idealismo objetivo, surge em Hegel uma nova terminologia filosófica visando à expressão filosófica adequada dessas conexões recém-elaboradas, visando a alçar à universalidade filosófica as formas da objetividade social que ele elaborou por meio do estudo da economia e da história. É assim que categorias como mediação, reflexão (*Reflexion*) etc. adquirem sentido especificamente hegeliano; é assim que a teoria da unidade das contradições, que já havia sido formulada em termos abstratos em Frankfurt, converte-se, no sentido especificamente hegeliano, em uma teoria desenvolvida do movimento das contradições e de sua superação. No curso desse desenvolvimento, os termos "alienação" e "estranhamento" recebem posição central no sistema hegeliano. É difícil escrever a história exata desse desenvolvimento. Vimos que as preleções de 1803-1804 de muitos modos ainda operam com a terminologia schellinguiana. Nas preleções de 1805-1806, a palavra "alienação" aflora diversas vezes, mas nem de longe é o termo predominante, embora nos dois conjuntos de preleções, em especial no último, uma quantidade muito grande de problemas sociais e filosóficos, que em *Fenomenologia* são tratados como problemas da "alienação", já sejam levantados e resolvidos em essência no mesmo sentido, faltando apenas subsumi-los terminologicamente ao conceito básico posterior. É em *Fenomenologia* que o novo sistema conceitual se realiza de modo consequente.

Em e para si, as palavras "alienação" (*Entäusserung*) e "estranhamento" (*Entfremdung*) não são novas. Elas são simplesmente as traduções para o alemão da palavra [inglesa] "*alienation*", que foi usada tanto na economia inglesa para designar a venda da mercadoria quanto em quase todas as teorias do contrato social, pautadas pelo direito natural, para designar a perda da liberdade original, a transmissão, a exteriorização da liberdade original à sociedade originada pelo contrato. Pelo que sei, "alienação" já foi usada filosoficamente por Fichte, mais exatamente tanto no sentido de que o pôr do objeto constitui uma alienação do sujeito quanto no sentido de que o objeto deve ser concebido como uma razão "alienada"[139].

O problema em si, ainda que com outra terminologia, emerge em um trabalho do jovem Schelling. Citaremos aqui essa passagem porque ela caracteriza muito bem tanto o faro do jovem Schelling para novos problemas quanto seu estilo mental, sempre extremado, sempre buscando o exagero, sempre levando à imobilização as próprias iniciativas dialéticas. Schelling designa aqui por *"Bedingen"* [condicionar] o que Hegel mais tarde caracterizaria como "alienação".

> *Condicionar* se chama a ação pela qual algo se torna uma *coisa, condicionada*, aquilo que foi convertido em coisa, o que simultaneamente deixa claro que nada pode ser posto *como coisa por si mesmo*, isto é, que uma coisa incondicionada constitui uma contradição. Pois *incondicionado* é o que não foi convertido em coisa, que nem pode ser convertido em coisa.[140]

Não há dúvida de que aqui o jovem Schelling tangencia de uma forma bastante abstrata o mesmo problema que o jovem Hegel enfrentou tão renhidamente. Schelling, porém, encontra com facilidade uma solução elegante e engenhosa, que "apenas" comete o pequeno erro de instaurar um abismo intransponível entre práxis e objeto e, exatamente assim, inviabilizar uma solução para o problema posto por ele mesmo. Ora, dado que tanto em Fichte quanto em Schelling esses experimentos terminológicos são episódicos e não exercem nenhuma influência decisiva sobre os problemas fundamentais de seu sistema filosófico, podemos, apesar de todos esses precursores, considerar o sistema conceitual de *Fenomenologia* uma realização bem original do próprio Hegel.

A partir de *Fenomenologia*, a "alienação" aparece em um estágio muito elevado de universalização filosófica. O conceito já se elevou muito acima de seu terreno original de surgimento e aplicação, muito acima da economia e da filosofia da sociedade. Apesar disso, é possível constatar em sua aplicação filosófica por Hegel com bastante precisão os diferentes significados que surgiram dessa aplicação original e da posterior universalização filosófica.

---

[139] No primeiro sentido, cf. "Grundlagen der gesamten Wissenschaftslehre" [Bases de toda a doutrina da ciência] (1794), *Werke*, cit., v. I, p. 360. No segundo sentido, cf. "Darstellung der Wissenschaftslehre" [Exposição da doutrina da ciência] (1801), ibid., v. IV, p. 73.

[140] "Vom Ich als Prinzip der Philosophie" [Sobre o eu como princípio da filosofia] (1797), em *Werke*, cit., v. I, p. 166.

Nesse aspecto, é possível diferenciar em Hegel três níveis do conceito da "alienação": em primeiro lugar, a complexa relação sujeito-objeto vinculada a todo trabalho, a toda atividade social e econômica do homem. Surge aqui o problema da objetividade da sociedade, de seu desenvolvimento, das leis desse desenvolvimento, ao mesmo tempo que é mantida plenamente a ideia de que os próprios homens fazem sua história. Ou seja, a história é concebida como desenvolvimento dialético, complexo, rico em interações e contradições, do gênero humano mediante a práxis dos indivíduos humanos socializados. Nesse ponto, Hegel avançou um passo extraordinário na concepção dialética da relação entre subjetividade e objetividade. Um avanço, primeiro, em comparação com as teorias da sociedade dos antigos materialistas, que não conseguiam coadunar o papel subjetivo da práxis humana com a objetividade das legalidades sociais na maioria concebidas como naturais (clima etc.) nem ir além das antinomias da respectiva exageração de um desses momentos concebidos como rígidos; sumariamente, há aqui um grande progresso em relação a Kant e Fichte, para os quais a necessidade e a objetividade formam um mundo totalmente heterogêneo, estranho, excludente em confronto com o mundo da liberdade e da práxis. Como se sabe, Schelling, em seu período idealista objetivo, só conseguiu superar esse dilema na forma de intuições obscuras, de um modo mais declaratório que filosófico.

Em segundo lugar, trata-se da forma especificamente capitalista da "alienação", daquilo que Marx mais tarde chamaria de fetichismo. É óbvio que Hegel não tem concepções claras sobre esse ponto; não as tem já pelo fato de conhecer a base econômica dos antagonismos de classe somente como fatos sociais (pobre e rico), sem ser capaz de tirar conclusões teoricamente fundamentais. Certas intuições do problema da fetichização dos objetos sociais no capitalismo, porém, já estão presentes nele – e é preciso constatar que foi o único pensador do idealismo alemão clássico que ao menos intuiu esses problemas. Todavia, a consequência da falta de clareza teórica de Hegel na teoria econômica do valor é que seguidamente ele funde esse tipo de objetividade social "alienada" com o tipo anterior, ou seja, que encara como decorrência necessária da socialização do trabalho, da práxis humana em geral, muito do que é um sinal específico, fetichizado, da essência da sociedade capitalista – e vice-versa. Apesar dessa deficiência, cuja crítica constitui um dos pontos centrais do juízo emitido por Marx a respeito de *Fenomenologia*, sem dúvida há tendências enérgicas em Hegel no sentido de deduzir a objetividade fetichizada das formações e das relações socioeconômicas do homem, das relações sociais dos homens.

O idealismo também leva Hegel aqui ao cometimento de exageros tais que muitas vezes o impedem de perceber o papel mediador das coisas nessa dissolução dos objetos sociais nas relações humanas; isso acontece com frequência, mas não sempre. Pelo que sei, essa forma particular do idealismo, com suas primeiras tentativas de dissolução da objetividade fetichizada das formações sociais no capitalismo, emerge pela primeira vez em Hegel. Ela desempenha um papel muito importante na dissolução da escola de Ricardo. Assim, Marx diz sobre Hodgskin:

> Todo o mundo objetivo, o "mundo das mercadorias", submerge-se aí em mero momento, em mera atividade que desaparece e de contínuo se renova dos homens que produzem socialmente. Agora compare-se esse "idealismo" com o grosseiro fetichismo material a que se traduz a teoria ricardiana "nesse incrível borrador", MacCulloch, para quem se desfaz a diferença entre homem e animal, e mesmo entre seres vivos e coisas. E depois se diga que a oposição proletária, em confronto com o espiritualismo sublimado da economia burguesa, tem apregoado um materialismo grosseiro voltado apenas para a necessidade brutal.[141]

Obviamente não se podem ignorar as profundas diferenças entre Hegel e Hodgskin. Hodgskin tira já da teoria ricardiana do valor consequências socialistas, por mais obscuras e contraditórias que sejam; como vimos, na época da redação de *Fenomenologia*, Hegel não entendeu todos os problemas e as contradições internas da teoria smithiana do valor. No caso dele, nem se pode falar de consequências socialistas. Daí já decorre obviamente que, em todas essas questões, Hodgskin pôde e teve de atuar de modo bem mais resoluto que Hegel. Contudo, todas essas diferenças em nada mudam o fato de que, em Hegel, houve tendências enérgicas nessa direção e de que ele foi o único pensador que procurou tirar conclusões filosóficas desses fatos econômicos.

Em terceiro lugar, há uma ampla universalização filosófica desse conceito: nesse caso, "alienação" significa o mesmo que coisidade (*Dingheit*) ou objetividade (*Gegenständlichkeit*); ela é a forma em que, na história da gênese da objetividade, esta é apresentada filosoficamente como momento dialético na trajetória do sujeito-objeto idêntico de volta a si mesmo, passando pela "alienação". Hegel diz:

---

[141] [Karl Marx,] *Theorien über den Mehrwert*, (Stuttgart, [Dietz,] 1921), cit., v. III, p. 318. [Ed. bras.: *Teorias da mais-valia. História crítica do pensamento econômico*, trad. Reginaldo Sant'Anna, São Paulo, Difel, 1985, v. III, p. 1.316, modif.]

O ser-aí imediato do espírito – a *consciência* – tem os dois momentos: o do saber e o da objetividade, negativo em relação ao saber. Quando nesse elemento o espírito se desenvolve e expõe seus momentos, essa oposição recai neles, e então surgem todos como figuras da consciência. A ciência desse itinerário é a ciência da *experiência* que faz a consciência; a substância é tratada tal como ela e seu movimento são objetos da consciência. A consciência nada sabe, nada concebe, que não esteja em sua experiência, pois o que está na experiência é só a substância espiritual, e em verdade, como *objeto* de seu próprio Si. O espírito, porém, se torna objeto, pois é esse movimento de tornar-se um *Outro* – isto é, *objeto de seu Si* – e de superar esse ser-outro.[142]

As tendências essenciais da mistificação que residem nessa revogação da objetividade já são de nosso conhecimento. Porém, já sabemos também que exatamente mediante esse caráter processual da "alienação", mediante a concepção de que o absoluto, o sujeito-objeto idêntico, é apenas o resultado do processo, Hegel ganhou um amplo espaço de ação para a elaboração das determinações dialéticas essenciais da realidade objetiva e do pensamento, "de modo que, no fim das contas, o sistema de Hegel nada mais representa que um materialismo virado idealisticamente de cabeça para baixo tanto em termos de método quanto de conteúdo"[143].

Seria muito perigoso, porém, entender essa frase de Engels como se o ato materialista de pôr a filosofia de Hegel sobre seus pés consistisse meramente em inverter as claves filosóficas. Pelo contrário, nossas investigações mostraram que o método idealista desfigura completamente problemas bem decisivos, que, no tratamento de questões individuais, noções importantes e extrapolações idealistas se interpenetram sem parar e por vezes até se cruzam e misturam na mesma frase. Tampouco seria correto conceber o espaço de ação para obtenção das determinações históricas essenciais, posto em primeiro plano por nós anteriormente em função da simplicidade e da compreensibilidade, como se, em Hegel, o percurso estivesse em ordem e como se a mistificação idealista só tivesse início no fim. Acreditamos que as exposições concretas que fizemos até agora demonstraram concretamente a incorreção de tais concepções. Neste ponto, temos de nos limitar a ressaltar alguns dos problemas mais importantes.

---

[142] *Werke*, v. II, p. 28. [Ed. bras.: *Fenomenologia do espírito*, cit., p. 46, modif.]
[143] [Friedrich] Engels, *Ludwig Feuerbach und der Ausgang der klassischen deutschen Philosophie*, cit., p. 21.

Mediante a união equivocada de "alienação" e "coisidade" ou objetividade, Hegel faz diferenciações totalmente erradas no ponto em que determina a essência de natureza e sociedade e busca ressaltar sua diversidade. Segundo Hegel, ambas, tanto a natureza quanto a história, são "alienações" do espírito. A natureza, porém, é uma alienação perene do espírito, cujo movimento, por isso mesmo, é apenas um pseudomovimento, um movimento do sujeito; para Hegel, a natureza não tem história real. "Esse último vir-a-ser do espírito, a *natureza*, é seu vivo e imediato vir-a-ser. Ora, a natureza – o espírito alienado – em seu ser-aí não é senão essa eterna alienação de sua *subsistência*, e o movimento que estabelece o *sujeito*."[144]

Em contraposição, a "alienação" na práxis social do gênero humano, na história, é uma "alienação" do espírito ao tempo e, portanto, um vir-a-ser real segundo a concepção hegeliana, uma história real. Veremos, todavia, que a concepção hegeliana da "alienação", em última análise, transforma em pseudomovimento também o vir-a-ser realmente intencionado na história. Hegel diz sobre essa forma da "alienação":

> Mas o outro lado de seu vir-a-ser, a hist*ó*ria, é o vir-a-ser *que sabe* e que se *mediatiza* – é o espírito alienado ao tempo. Mas essa alienação é igualmente a alienação dela mesma: o negativo é o negativo de si mesmo. Esse vir-a-ser apresenta um movimento lento e um suceder-se de espíritos, um ao outro; uma galeria de imagens, cada uma das quais, dotada com a riqueza total do espírito, desfila com tal lentidão justamente porque o Si tem de penetrar e de digerir toda essa riqueza de sua substância. Enquanto sua perfeição consiste em *saber* perfeitamente o que *ele é* – sua substância –, esse saber é então seu *adentrar-se em si*, no qual o espírito abandona seu ser-aí e confia sua figura à rememoração.[145]

Tivemos a oportunidade de observar, em *Fenomenologia*, as consequências metodológicas imediatas dessa diferença entre o tipo da "alienação" da natureza e o da história. Na segunda seção, na qual Hegel trata da história real, todos os problemas da natureza somem quase por completo. Eles só ocorrem na primeira e na terceira seções, e, especialmente nesta última, a concepção hegeliana da objetividade na natureza contribui muito para a mistificação dos problemas da dialética. Contudo, desaparece da metodologia histórica de Hegel a real interação entre natureza e sociedade, a história da natureza

---
[144] *Werke*, v. II, p. 610. [Ed. bras.: *Fenomenologia do espírito*, cit., p. 544, modif.]
[145] Ibid., p. 610 e seg. [Ed. bras.: idem.]

quando tem lugar o desenvolvimento social. Como discípulo do Iluminismo, Hegel naturalmente sabe alguma coisa sobre as relações entre natureza e sociedade, sobre os desenvolvimentos sociais determinados por condições naturais (clima, etc.). Em sua posterior filosofia da história afloram também esses problemas, mas eles são, em certo sentido, apenas problemas das análises introdutórias gerais e não têm nenhuma influência real sobre a estrutura metodológica da própria história.

Ainda mais importante é que, no caso do grande historiador dialético Hegel, não se pode nem falar de uma história do desenvolvimento na natureza mesma, e isso apesar da grande descoberta de Kant no terreno da origem dos mundos (que, diga-se de passagem, restou totalmente sem influência sobre o sistema filosófico kantiano e não historicizou sua concepção filosófica da natureza); e isso apesar de importantes esforços de alguns contemporâneos, especialmente de Goethe, de demonstrar e comprovar concretamente a ideia do desenvolvimento no mundo orgânico.

Naturalmente há na filosofia hegeliana da natureza certa sequência de desenvolvimento, mas esta justamente não pretende ser, segundo sua concepção, nenhuma sequência histórica que se desenrola no tempo. O curso temporal é reservado por Hegel para a história no sentido estrito, para a história da sociedade humana. Obviamente isso tampouco deve ser entendido como se não houvesse em Hegel tendências opostas. Estas, porém, são sempre investidas interrompidas no meio das exposições. Assim, por exemplo, em *Lógica ienense*, há a tentativa de compreender a Terra até certo ponto em termos evolutivos como palco da história humana. Aqui, porém, expressa-se de maneira extraordinariamente grosseira a tendência de que houve história, mas não haverá mais; segundo Hegel, quando a história humana começa, a Terra está pronta e sua história já cessou por completo. E também essa história mesma é algo muito contraditório. Citaremos as observações sintetizadoras de Hegel porque elas são bem características dessa concepção.

> Como momento de seu ciclo, a Terra é para si mesma algo imobilizado, já originado do processo; ela própria é, nesse momento, realmente o todo que imprimiu sobre si mesmo o caráter da determinidade, mas uma determinidade que perdura nela, que se eximiu do tempo. [...] A Terra, portanto, enquanto essa totalidade, representa apenas a imagem do processo sem o próprio processo. [...] O processo vivo da Terra como tal está somente em seus elementos, que não constituem a sua totalidade mesma. [...] O processo mesmo é, portanto, passado para esse conteúdo;

revivê-lo através do tempo e representar os momentos de sua imagem como uma consequência não interfere no conteúdo dos mesmos.[146]

Dado que todos os posicionamentos desse gênero assumidos por Hegel estão eivados de contradições internas e dado que seguidamente já encontramos, exatamente em meio às suas primeiras mistificações, importantes determinações dialéticas e históricas, não nos surpreenderá que essa nítida separação entre "alienação", isto é, objetividade na natureza e na história, também tenha seu aspecto positivo, que, também nesse ponto, Hegel está no encalço de diferenciações essenciais. Ele quer captar em termos filosóficos o caráter específico da história humana e tem de fazê-lo em uma época em que os pensadores mais próximos dele no campo da dialética do idealismo objetivo estiveram orientados de modo bastante unilateral para a natureza (Schelling e Goethe); em uma época em que, na sucessão de tais pensadores, floresceu uma exageração místico-romântica das categorias da filosofia da natureza, ameaçando com isso fazer naufragar sem deixar vestígios toda concreção real do processo histórico, da peculiaridade do desenvolvimento histórico da sociedade, nesse misticismo formalista do "eterno" e natural.

Sob tais circunstâncias históricas, é compreensível que Hegel tenha formulado de modo bastante contundente a diferença metodológica entre natureza e história e por vezes tenha chegado a fazer do reconhecimento da prioridade do espírito sobre a natureza um problema moral humano. Ele diz algo muito interessante sobre isso em suas preleções de Iena:

> De fato, o espírito individual, como energia do caráter, pode estar seguro de si mesmo e afirmar sua individualidade, não importando o que seja a natureza. Sua postura negativa em relação à natureza, como se ela já fosse algo diferente dele, despreza seu poder e, nesse desprezo, ele se mantém distanciado e livre dela. E o indivíduo realmente só é grande e livre na proporção do tamanho de seu desprezo pela natureza.[147]

Na formulação crua dessa passagem, não se pode deixar de atentar, à guisa de complemento, para o fato de que Hegel fala aqui de homens singulares atuantes e que, portanto, essas análises de modo nenhum anulam a polêmica contra a violação da natureza pelo idealismo subjetivo de Fichte ou entram em contradição com ela.

---

[146] *Jenenser Logik*, p. 320 e seg.
[147] Rosenkranz, p. 187.

Marx apreciou devidamente essa postura de Hegel, que sempre retorna também em suas obras tardias. Lafargue conta que Marx várias vezes citou com aprovação a seguinte afirmação de Hegel: "Até mesmo a ideia criminosa de um canalha é mais grandiosa e sublime do que as maravilhas do céu"[148].

Com essas formulações bastante contundentes, Hegel quer estabelecer uma nítida diferença justamente entre os aspectos específicos do desenvolvimento social da humanidade e o desenvolvimento da natureza. E, mesmo que Hegel não tenha identificado com acuidade o desenvolvimento em relação à natureza, ele tocou, por meio dessa diferenciação nítida, uma determinação fundante e essencial do desenvolvimento social: exatamente aquele momento da história da humanidade em que os próprios homens fazem sua história. Marx apontou claramente para essa diferença entre as duas histórias – todavia, tendo conhecimento correto de sua objetividade e de sua unidade. Assim faz, por exemplo, quando, em conexão com Darwin, fala sobre a tecnologia natural e exige que se escreva uma história crítica da tecnologia. "E não seria ela mais fácil de ser compilada, uma vez que, como diz Vico, a história dos homens se diferencia da história natural pelo fato de fazermos uma e não a outra?"[149]

Esse lado, a história da humanidade, foi intuído corretamente por Hegel tanto quanto por Vico, a despeito de este ter ignorado e mistificado o outro lado, a história da natureza.

O conhecimento e o reconhecimento de que a concepção hegeliana de história não só proporciona a possibilidade de uma imagem em muitos aspectos correta da história, mas também comporta muitas determinações metodológicas essenciais da ciência histórica, não significa que aqui o aspecto mistificador da "alienação" não seja igualmente efetivo. Também nesse ponto Hegel anula, por meio de sua concepção global, aquilo que edificou minuciosa, penosa e argutamente no curso da exposição do processo. Já dissemos aqui que o processo histórico como um todo tem uma meta – mais precisamente, a superação de si mesmo, seu retorno ao sujeito-objeto idêntico; de acordo com a concepção hegeliana da história global, da qual já tomamos conhecimento, trata-se de uma "alienação" ao tempo. A revogação da história no sujeito absoluto é, portanto, uma superação do tempo, o que constitui consequência coerente da superação

---

[148] [Paul] Lafargue, *Erinnerungen an Marx. Karl Marx, eine Sammlung von Erinnerungen und Aufsätzen* (Berlim, 1947), p. 43.
[149] [Karl Marx, *Das*] *Kapital*, v. I, cit., p. 389. [Ed. bras.: *O capital*, Livro I, cit., p. 446, nota 89.]

da objetividade. Por meio disso tudo, porém, não só o processo dialético da história foi posicionado entre duas fronteiras místicas, nas quais reaparecem as categorias religiosas da criação do início e do fim dos tempos, mas início e fim do próprio processo histórico têm de coincidir, isto é, o fim da história tem de estar pré-formado já em seu início. Estamos tratando aqui da mesma autorrevogação de sua própria concepção genial mediante a universalização desmedida e ilimitada que já constatamos ao tratar da teleologia. Hegel se pronuncia de modo absolutamente claro sobre esse caráter da história:

> Essa substância, que é o espírito, é o seu *vir-a-ser* para [ser] o que é *em si*; e só como esse vir-a-ser refletindo-se sobre si mesmo ele é em si, em verdade, o *espírito*. O espírito é em si o movimento que é o conhecer – a transformação desse *Em-si* no *Para-si*; da *substância* no *sujeito*; do objeto da *consciência* em objeto da *consciência-de-si*; isto é, em objeto igualmente superado, ou seja, no *conceito*. Esse movimento é o círculo que retorna sobre si, que pressupõe seu começo e que só o atinge no fim.[150]

Esse fim, porém, é o espírito absoluto, e este tem seu ponto culminante no saber absoluto, na filosofia. A história se torna, assim, um movimento que, na realidade, deve se desenrolar como processo, mas que só atinge sua consumação real na filosofia, na compreensão do caminho *post festum*, que, segundo a concepção hegeliana, é sua finalidade imanente desde o início, é o em-si inerente a ela desde o começo. Essa ideia é tão decisiva para a filosofia da história de *Fenomenologia do espírito* que perfaz o conteúdo essencial das análises finais de toda a obra.

> Mas a *re-memoração* (*Er-Innerung*) as conservou; a re-memoração é o interior, e de fato, a forma mais elevada da substância. Portanto, embora esse espírito recomece desde o princípio sua formação, parecendo partir somente de si, ao mesmo tempo é de um nível mais alto que [re]começa. O reino dos espíritos, que desse modo se forma no ser-aí, constitui uma sucessão na qual um espírito sucedeu a um outro, e cada um assumiu de seu antecessor o reino do mundo. Sua meta é a revelação da profundeza, e essa é o *conceito absoluto*. Essa revelação é, por isso, o superar da profundeza do conceito, ou seja, sua *extensão*, a negatividade desse Eu que-em-si-se-adentra: negatividade que é sua alienação ou [sua] substância. Essa revelação é seu *tempo*, em que essa alienação se aliena nela mesma, e desse modo está, tanto em sua extensão quanto em sua profundeza, no Si. *A finalidade* – o saber

---

[150] [*Werke*,] v. II, p. 605. [Ed. bras.: *Fenomenologia do espírito*, cit., p. 539, modif.]

absoluto, ou o espírito que se sabe como espírito – tem por seu caminho a rememoração dos espíritos como são neles mesmos e como desempenham a organização de seu reino. Sua conservação, segundo o lado de seu ser-aí livre que se manifesta na forma da contingência, é a história; mas, segundo o lado de sua organização conceitual, é a *ciência* do *saber que se manifesta*. Os dois lados conjuntamente – a história conceituada – formam a rememoração e o calvário do espírito absoluto; a realidade, a verdade e a certeza de seu trono, sem o qual o espírito seria a solidão sem vida; somente

> "do cálice desse reino dos espíritos
> espuma até ele sua infinitude".[151]

Isso é essencialmente uma autossuperação da história. A história é transformada em mera realização de uma finalidade existente desde o início em seu sujeito, em seu espírito, e, ao mesmo tempo, supera-se sua imanência: não é a história mesma que contém sua própria legalidade real e seu próprio movimento real, mas tudo isso adquire existência real apenas na ciência que compreende e supera a história, no saber absoluto. Por essa via, porém, supera-se a construção idealista objetiva da história. O espírito que, precisamente segundo a concepção hegeliana, deve fazer a história, cuja essência deve consistir justamente em ser a força motriz propriamente dita, o motor da própria história, acaba fazendo a história apenas aparentemente, como mostra Marx em *A sagrada família*.

> Hegel se torna culpado, pois, de uma [...] insuficiência [...] ao teorizar que o espírito absoluto, na condição de espírito absoluto, apenas faz a História em *aparência*. Uma vez que o espírito absoluto, com efeito, apenas atinge a *consciência* no filósofo *post festum*, na condição de espírito criador universal, sua fabricação da História existe apenas na consciência, na opinião e na representação do filósofo, apenas na imaginação especulativa.[152]

Tudo isso – e ressaltamos apenas os pontos mais essenciais – é a consequência necessária da concepção hegeliana da "alienação". Nesse ponto, inicia-se a grande discussão do jovem Marx com o problema filosófico central de Hegel. Essa discussão é um dos momentos mais importantes da inversão da dialética idealista em dialética materialista, da crítica do idealismo hegeliano

---

[151] Ibid., p. 611 e seg. [Ed. bras.: ibidem, p. 544-5, modif.] As linhas finais são citadas de memória de *Cartas filosóficas*, de Schiller.
[152] [Karl Marx,] *Die heilige Familie*, [Berlim, 1953] cit., p. 202. [Ed. bras.: *A sagrada família*, trad. Marcelo Backes, São Paulo, Boitempo, 2003, p. 103.]

e, ao mesmo tempo, da reclamação da herança dialética pela nova ciência do materialismo dialético.

Em *Manuscritos econômico-filosóficos* (1844), Marx faz uma crítica sistemática e abrangente da dialética hegeliana[153]. Essa crítica apresenta duas peculiaridades metodológicas muito importantes para nós.

Em primeiro lugar, ela se concentra em *Fenomenologia do espírito* e, no marco desta, na concepção hegeliana da alienação e de sua superação. Essa concentração de fato tem também razões polêmicas, advindas da história da época, dado que a subjetivação da filosofia de Hegel, que estava sendo efetuada pelos jovens hegelianos radicais, sobretudo por Bruno Bauer e Stirner, apoiava-se principalmente nessa obra de Hegel e levava a termo uma mistificação de sua metodologia que vai muito além de Hegel. A liquidação filosófica dessa ala esquerda da escola de Hegel em processo de dissolução era um importante pressuposto não só da elaboração teórica da nova ciência do materialismo dialético, mas também da afirmação e da consolidação da ideologia política da revolução em preparação, do programa teórico e prático do partido proletário em formação naquela época; essas discussões de Marx já são, portanto, em certo sentido, trabalhos preparatórios para o *Manifesto Comunista*.

Por outro lado, como veremos a seguir, a crítica da concepção hegeliana da alienação constitui parte importante da crítica de Feuerbach a Hegel e, portanto, da grande virada do idealismo para o materialismo que se efetuou na Alemanha na década de 1840. Exatamente nessa crítica se revelam, em uma forma concentrada, tanto os aspectos importantes quanto as fraquezas e as limitações do materialismo feuerbachiano. A crítica marxiana à alienação hegeliana é, portanto, também o resgate da herança de Feuerbach e, ao mesmo tempo, sua suplantação, um transcender dialético do velho materialismo de Feuerbach.

A segunda peculiaridade característica e importante dessa crítica é a unificação, que desde Hegel pela primeira vez volta a verificar-se na Alemanha, dos pontos de vista econômico e filosófico no tratamento de todos os problemas da sociedade e da própria filosofia. Todavia, essa unificação acontece em Marx

---

[153] Cf., a respeito do que segue, também meu trabalho "Zur philosophischen Entwicklung des jungen Marx" [Sobre o desenvolvimento filosófico do jovem Marx], *Deutsche Zeitschrift für Philosophie*, caderno de 2 nov. 1954. [Ed. bras.: "O jovem Marx. Sua evolução filosófica de 1840 a 1844", em György Lukács, *O jovem Marx e outros escritos de filosofia*, org. e trad. Carlos Nelson Coutinho e José Paulo Netto2. ed., Rio de Janeiro, Editora UFRJ, 2009, p. 121-202.]

em um nível incomparavelmente mais elevado do que em Hegel, e isso em termos tanto econômicos quanto filosóficos. No âmbito filosófico, trata-se, como sabemos, da suplantação da dialética idealista pela materialista. No entanto, a crítica do idealismo que surge daí está baseada em um conhecimento também da economia essencialmente mais elevado do que Hegel tinha e que era possível para ele. As análises econômicas de Marx já contêm uma *crítica socialista* das concepções dos clássicos da economia. (O ensaio genial do jovem Engels, em *Anais Franco-Alemães*, precedeu as análises de Marx nesse ponto.) Foi essa crítica socialista da economia capitalista e sua formulação científica nas obras dos clássicos que tornou possível descobrir o movimento dialético real na própria vida econômica, na práxis econômica dos homens. Esse conhecimento concreto do desenvolvimento dialético da vida econômica, que nos jovens Marx e Engels logo se tornou cada vez mais completo, lançou a base para a crítica das concepções que tentaram apreender conceitualmente essa realidade: clássicos econômicos de um lado, Hegel de outro.

Portanto, quando criticou a alienação hegeliana como conceito central da fenomenologia e da dialética idealista em geral, Marx não escolheu de forma aleatória esse ponto central. A intuição genial de Hegel descobriu, sobre a base de uma compreensão muito incompleta da economia, a alienação, o estranhamento, como um fato fundamental da vida e, *por essa razão*, deslocou esse conceito para o centro da filosofia. A crítica marxiana de Hegel parte da concepção mais profunda e mais correta dos *fatos econômicos mesmos*. Primeiro é preciso compreender economicamente, sobre a base de uma crítica socialista do estranhamento capitalista no trabalho, a peculiaridade real e a legalidade dos fatos econômicos fundantes, para em seguida fazer uma crítica abrangente e dialética do certo e do errado, do essencial e do mistificado na concepção hegeliana desses fenômenos.

A unilateralidade da crítica de Feuerbach a Hegel deve-se em boa medida ao fato de aquele importante pensador ter examinado e superado criticamente somente as últimas consequências filosóficas da alienação hegeliana. Feuerbach não tem nenhuma noção do processo que leva da própria realidade a essa concepção e que se reflete, então, contraditoriamente na filosofia de Hegel – ele não tem noção do nexo entre economia e filosofia na alienação hegeliana. Por essa razão, sua crítica permanece necessariamente unilateral, incompleta e abstrata; por essa razão, ele não consegue suplantar – apesar de sua posição filosófica materialista contrária à do idealista Hegel – as limitações e as parcialidades hegelianas que são, em última análise, de cunho social, não meramente filosófico, e estão associadas, como veremos, justamente à relação com a sociedade burguesa.

Nesses manuscritos de Marx, a vinculação de economia e filosofia é, portanto, uma profunda necessidade metodológica, o pressuposto para uma suplantação real da dialética idealista de Hegel. Por essa razão, seria superficial e rasteiro acreditar que a discussão de Marx com Hegel só começaria na última parte do manuscrito, a que contém a crítica de *Fenomenologia*. As partes precedentes, de cunho puramente econômico, nas quais Hegel nem é mencionado expressamente, contêm a fundamentação mais importante dessa discussão e crítica: a aclaração econômica do fato real do estranhamento. Citaremos aqui apenas algumas das exposições mais essenciais de Marx. Marx parte dos fatos reais da economia capitalista. Ele rejeita nitidamente toda forma de robinsonada econômica, pois esta deduz a divisão do trabalho, a troca etc. do mesmo modo que a teologia deduz a origem do mal da queda no pecado, isto é, ela parte do fato já estabelecido, cujo surgimento ela deveria aclarar. Com base na análise dos fatos reais da economia capitalista, Marx faz a seguinte descrição do estranhamento que ganha existência no processo do trabalho:

> O objeto (*Gegenstand*) que o trabalho produz, o seu produto, se lhe defronta como um *ser estranho*, como um *poder independente* do produtor. O produto do trabalho é o trabalho que se fixou num objeto, fez-se coisal (*sachlich*), é a *objetivação* (*Vergegenständlichung*) do trabalho. A efetivação (*Verwirklichung*) do trabalho é a sua objetivação. Esta efetivação do trabalho aparece ao estado nacional-econômico como *desefetivação* (*Entwirklichung*) do trabalhador, a objetivação como *perda do objeto* e *servidão ao objeto*, a apropriação como *estranhamento* (*Entfremdung*), como *alienação* (*Entäusserung*). [...] Na determinação de que o trabalhador se relaciona com o *produto de seu* trabalho como [com] um objeto *estranho* estão contidas todas estas consequências.[154]

Aqui o nome de Hegel ainda não é mencionado, e dos fatos econômicos ainda não se tira de imediato nenhuma consequência filosófica. No primeiro relance, porém, percebe-se que essas observações na aparência meramente descritivas já contêm a crítica fundamental da concepção filosófica hegeliana, pois o estranhamento é aqui separado da maneira mais precisa possível da

---

[154] [Karl] Marx, *Ökonomisch-philosophische Manuskripte* (1844), MEGA 1, v. 3, p. 83. [Ed. bras.: *Manuscritos econômico-filosóficos*, cit., p. 80-1, modif.]

própria objetividade, da objetivação no trabalho. Essa é uma característica do trabalho em geral, da relação entre a práxis humana e os objetos do mundo exterior, aquele é um efeito decorrente da divisão social do trabalho no capitalismo, do surgimento do assim chamado trabalhador livre, que tem de trabalhar com meios de produção estranhos e que, portanto, se defronta tanto com esses meios de produção quanto com seu próprio produto como poder estranho, independente.

Quando consideramos o próprio processo do trabalho, essa estrutura fundante da sociedade capitalista aparece, então, potenciada e concentrada no sujeito do trabalho. Marx ressalta aqui, sobretudo,

> que o trabalho é *externo* (*äusserlich*) ao trabalhador, isto é, não pertence a seu ser, que ele não se afirma, portanto, em seu trabalho, mas se nega nele, que não se sente bem, mas infeliz, que não desenvolve nenhuma energia física e espiritual livre, mas mortifica sua *physis* e arruína seu espírito. O trabalhador só se sente, por conseguinte e em primeiro lugar, junto a si [quando] fora do trabalho e fora de si [quando] no trabalho.

Desse estado de coisas na sociedade capitalista surge, então, a inversão de todos os valores humanos. "O animal se torna humano, e o humano, animal. Comer, beber e procriar etc. são também, é verdade, funções genuina[mente] humanas. Porém na abstração que as separa da esfera restante da atividade humana, e faz delas finalidades últimas e exclusivas, são [funções] animais." Desse modo, o estranhamento atua tanto subjetiva quanto objetivamente em todo o âmbito da vida humana. Objetivamente, o produto do trabalho aparece como objeto estranho e que domina o homem; subjetivamente, o processo do trabalho é um estranhamento de si que corresponde subjetivamente ao estranhamento da coisa[155].

Desses pressupostos, que Marx extrai sem exceção de observação e exposição minuciosas da vida econômica, ele tira as seguintes conclusões sintetizadoras da relação entre o indivíduo e o gênero humano na sociedade capitalista:

> Na medida em que o trabalho estranhado 1) estranha do homem a natureza, 2) [e o homem] de si mesmo, de sua própria função ativa, de sua atividade vital; ela estranha do homem o *gênero* [...]. Primeiro, estranha a vida genérica, assim como

---

[155] Ibid., p. 85 e seg. [Ed. bras.: ibidem, p. 82-3. Refere-se a todas as citações diretas deste parágrafo. – N. T.]

a vida individual. Segundo, faz da última em sua abstração um fim da primeira, igualmente em sua forma abstrata e estranhada.[156]

É evidente que essas constatações sobre o estranhamento do trabalho com todas as suas consequências sociais e humanas só poderiam ter surgido sobre a base de uma crítica socialista da sociedade capitalista. A partir daí se compreende o alcance daquela observação de Marx de que Hegel de fato se encontra à altura da economia clássica e entende corretamente o trabalho como processo de autoprodução do homem, mas não teria noção dos aspectos negativos do trabalho na sociedade capitalista e analisaria o trabalho apenas a partir dos aspectos positivos. Toda a crítica filosófica de Marx aos conceitos fundamentais de *Fenomenologia* está baseada nesta constatação: o fato de Hegel não ver esses aspectos do trabalho necessariamente faz com que surjam em sua filosofia separações errôneas e unificações errôneas, mistificações idealistas. A descoberta da dialética real do trabalho no capitalismo constitui a base de uma crítica materialista da filosofia que fez da concepção unilateral desse trabalho um alicerce para a compreensão filosófica do desenvolvimento do gênero humano.

Já citamos a observação crítica de Marx segundo a qual a filosofia hegeliana tem uma tendência para o "idealismo acrítico". Esse "idealismo acrítico" se manifesta na concepção da filosofia mesma – e, desse modo, já nos encontramos em meio à crítica filosófica de *Fenomenologia*. Hegel fala da "alienação" e de sua superação pela filosofia. Em paralelo, ele nem chega a intuir que a filosofia que deve superar a "alienação" em seu sistema é, ela própria, uma forma de manifestação marcante e característica da "alienação".

> Assim, o espírito filosófico nada mais é do que espírito pensante [a partir] do interior de seu estranhamento-de-si, isto é, espírito estranhado do mundo, [espírito] que se concebe abstratamente. – A *lógica* – o *dinheiro* do espírito, o *valor do pensamento*, o [valor] especulativo do homem e da natureza – sua essência tornada totalmente indiferente contra toda determinidade (*Bestimmtheit*) real e, portanto, [essência] não real – é o *pensar alienado* que, por essa razão, faz abstração da natureza e do ser humano real; o pensar *abstrato*.[157]

Hegel não vê isso e, na medida em que não apreende esse pensamento estranhado como pensamento estranhado, na medida em que vê exatamente

---

[156] Ibid., p. 87. [Ed. bras.: ibidem, p. 84.]
[157] Ibid., p. 154. [Ed. bras.: ibidem, p. 120, modif.]

nesse pensamento o motor da superação da "alienação", ele incorre em seu idealismo acrítico, colocando filosoficamente de cabeça para baixo as interconexões e as determinidades reais do estranhamento na vida. A partir desses fundamentos, o idealismo hegeliano identifica de modo coerente a essência do homem com a consciência-de-si.

> Todo estranhamento da essência humana *nada* mais é que o *estranhamento da consciência-de-si*. O estranhamento da consciência-de-si não vale como *expressão* – expressão que se reflete no saber e no pensar – do estranhamento *efetivo* da essência humana. O estranhamento *efetivo*, que se manifesta como [estranhamento] real, não é, pelo contrário, segundo sua *mais íntima* essência oculta – primeiro trazida à luz por intermédio da filosofia –, nada mais que a *manifestação* do estranhamento da essência humana efetiva, da *consciência-de-si*. A ciência que conceitua isso se chama, por conseguinte, Fenomenologia. Toda reapropriação da essência objetiva estranhada aparece, então, como uma incorporação na consciência-de-si; o homem apoderado de sua essência é *apenas* a consciência-de-si apoderada da essência objetiva. O retorno do objeto ao si é, portanto, a reapropriação do objeto.[158]

As observações críticas de Marx mostram de modo marcante como a identificação errônea de homem e consciência-de-si brota necessariamente da concepção errônea do estranhamento na vida social. Do lado subjetivo, decorre a identificação errônea, apontada e criticada por Marx, de homem e consciência-de-si; do lado objetivo, resulta a equiparação de estranhamento e objetividade em geral.

Em suas análises econômicas, Marx traça com precisão, valendo-se dos fatos da vida real, a fronteira entre objetivação no trabalho em si e estranhamento de sujeito e objeto na *forma capitalista* do trabalho. Sobre essa base, ele pode, então, desvelar a equiparação errônea em Hegel. Por essa razão, ele critica a base metodológica de *Fenomenologia* da seguinte maneira: "Não que a essência humana se *desumanize*, se *objetive* em oposição a si mesma, mas sim que ela se *objetive* na *diferença* do, e em *oposição* ao, pensar abstrato [é o que] vale como a essência posta e como [a essência] a ser superada do estranhamento"[159].

A essa problemática equivocada de Hegel, que já conhecemos em detalhes a partir de *Fenomenologia* e de toda a sua história prévia, segue, então, a culminação equivocada da filosofia de Hegel na superação da objetividade.

---

[158] Ibid., p. 158. [Ed. bras.: ibidem, p. 125, modif.]
[159] Ibid., p. 155. [Ed. bras.: ibidem, p. 121-2, modif.]

Vale, portanto, vencer o *objeto da consciência*. A objetividade enquanto tal vale por uma relação *estranhada* do homem, [relação] não correspondente à *essência humana*, à consciência-de-si. A *reapropriação* da essência objetiva do homem, produzida enquanto [algo] estranho sob a determinação do estranhamento, tem assim o significado de não só superar o *estranhamento*, mas [também] a *objetividade*, ou seja, dessa maneira o homem vale como uma essência *não objetiva, espiritualista*.[160]

Aqui se evidencia com toda clareza como a problemática e a solução idealistas equivocadas de Hegel forçosamente resultam de sua concepção também necessariamente unilateral e incompleta da sociedade capitalista; evidencia-se como essa forma suprema da dialética idealista só poderá ser cabalmente superada quando e onde uma crítica socialista da economia capitalista tiver se tornado possível em decorrência da perspectiva da superação real do estranhamento capitalista.

Marx contrapõe, então, à teoria idealista da superação da objetividade a teoria materialista da objetividade. Nesse tocante, é válido constatar já agora o ponto a que adiante chegaremos, a saber, que essa teoria materialista marxiana igualmente explica o estranhamento capitalista e sua superação e, por essa razão, é capaz de uma crítica mais completa e abrangente do idealismo de Hegel do que a crítica feita a ele por Feuerbach, que passou ao largo desse problema social sem lhe dar atenção e, por essa razão, por um lado, não percebeu os momentos justificados da teoria hegeliana e, por outro, comete erros parecidos com os do idealismo hegeliano quanto à concepção de homem e sociedade, partindo do ponto de vista contrário. A quintessência dessa teoria materialista marxiana da objetividade é a seguinte:

> Quando o *homem* real, corpóreo, com os pés bem firmes sobre a terra, aspirando e expirando suas forças naturais, assenta suas *forças essenciais* objetivas e efetivas como objetos estranhos mediante sua alienação (*Entäusserung*), este [ato de] *assentar* não é o sujeito; é a subjetividade de forças essenciais *objetivas*, cuja ação, por isso, tem também que ser *objetiva*. O ser objetivo atua objetivamente e não atuaria objetivamente se o objetivo (*Gegenständliche*) não estivesse posto em sua determinação essencial. Ele cria, assenta apenas objetos, porque ele é assentado mediante esses objetos, porque é *natureza* desde a origem. No ato de assentar não baixa, pois, de sua "pura atividade" a um *criar* do *objeto*, mas sim seu produto *objetivo* apenas confirma sua atividade *objetiva*, sua atividade enquanto atividade

---
[160] Ibid., p. 157. [Ed. bras.: ibidem, p. 124-5, modif.]

de um ser natural objetivo. [...] *Ser* objetivo, natural, sensível tanto quanto ter fora de si objeto, natureza, sentido, ou ser, ele próprio, objeto, natureza, sentido para um terceiro são coisas idênticas. [...] Um ser não objetivo é um *não-ser*.[161]

A crítica materialista de Marx ao idealismo de Hegel funda-se, portanto, sobre a exposição dos pressupostos reais do pensamento humano e da práxis humana, que são contrapostos à suposta ausência de pressupostos do idealismo absoluto. Esse contraste desencobre, ao mesmo tempo, os pressupostos reais do idealismo absoluto. A dialética materialista é, portanto, também nesse sentido, a verdade da dialética do idealismo objetivo, porque não só a destrói criticamente, como, ao mesmo tempo, deduz necessariamente a origem de seus erros e, a partir dessa dedução, encontra um caminho para sua superação real, isto é, também para a conservação dos momentos essenciais e corretos presentes nela. Ora, na medida em que esses pressupostos reais da filosofia, os fatos reais da vida (da natureza, da economia, da história), são contrapostos aos pressupostos mistificados do idealismo objetivo, na medida em que o reflexo dialético correto desses fatos leva às conclusões filosóficas corretas, revela-se o caráter tanto do "idealismo acrítico" quanto do "positivismo acrítico" de Hegel como consequência necessária de seu ser social. Dessa exposição decorre, então, "por si mesma", como e por que Hegel não obstante foi capaz de, em meio a tais mistificações idealistas, formular determinações reais e essenciais não só sobre economia e história, mas também sobre as conexões dialéticas da realidade objetiva em geral, como a dialética hegeliana pôde se tornar precursora imediata da dialética materialista. Nesse tocante, o ponto decisivo, que repetidamente foi ressaltado por nós, é que Hegel concebe o trabalho como processo de autoprodução do homem, do gênero humano.

Exatamente sobre a base desse reconhecimento se assenta a crítica mais incisiva de Marx ao ponto em que em Hegel essas compreensões corretas aparecem em uma forma mistificada e, desse modo, distorcida. Há pouco citamos a observação de Marx segundo a qual em Hegel a história é transformada em uma história meramente aparente. Trata-se da constatação de que a superação da objetividade no saber absoluto leva à consequência de que o portador hegeliano da história, o espírito absoluto, não faz história realmente, como Hegel imagina, mas só aparentemente. Tomando como ponto de partida a crítica da teoria hegeliana da objetividade, Marx passa a criticar a mistificação presente

---

[161] Ibid., p. 160 e seg. [Ed. bras.: ibidem, p. 126-7, modif.]

em toda essa teoria de um "portador" da história, a base da mistificação idealista da história em Hegel.

> Este processo tem de ter um portador, um sujeito; mas o sujeito só vem a ser enquanto resultado; este resultado, o sujeito que se sabe enquanto consciência-de-si absoluta, é, por isso, o *Deus*, o *espírito absoluto, a ideia que se sabe e aciona*. O homem real e a natureza real tornam-se meros predicados, símbolos deste homem não real oculto, desta natureza não real. Sujeito e predicado têm, assim, um para com o outro, a relação de uma absoluta inversão, *sujeito-objeto místico* ou *subjetividade que sobrepuja o objeto*, o *sujeito absoluto* como um *processo*, como *sujeito exteriorizando-se* e retornando a si da exteriorização, mas, ao mesmo tempo, retomando-a de volta em si, e o sujeito como este processo; o puro círculo *infatigável* em si.[162]

Portanto, para Hegel, a história real se desenrola de tal maneira que tem um "portador" abstraído, mistificado, fictício, que obviamente só pode "fazer" a história de modo abstrato, mistificado, fictício. O processo real, as determinações reais do processo, pois, só podem – diríamos – insinuar-se na construção por alguma porta dos fundos. O fato de esses elementos reais se tornarem predominantes na exposição das etapas concretas, das transições concretas do processo, constitui o caráter contraditório fundamental da dialética hegeliana, que já é de nosso conhecimento e que já analisamos sob diversos aspectos.

Mais de uma década depois, Marx retorna à mesma questão em Hegel; dessa vez, contudo, não mais na forma de crítica direta a *Fenomenologia do espírito*, mas na avaliação sintetizadora das bases filosóficas do idealismo hegeliano como um todo. Na extensa introdução a *Crítica da economia política*, Marx analisa as diversas vias do reflexo teórico, do domínio teórico da realidade objetiva que se complementam e se interconectam e, ao fazê-lo, confronta a via efetiva, materialista, para esse conhecimento às ilusões hegelianas a respeito dela.

> O concreto é concreto porque é a síntese de múltiplas determinações, portanto, unidade da diversidade. Por essa razão, o concreto aparece no pensamento como processo da síntese, como resultado, não como ponto de partida, não obstante seja o ponto de partida efetivo e, em consequência, também o ponto de partida da intuição e da representação. Na primeira via, a representação plena foi volatilizada em uma determinação abstrata; na segunda, as determinações abstratas levam à reprodução do concreto por meio do pensamento. Por isso, Hegel caiu na ilusão de conceber o real como resultado do pensamento que sintetiza-se em si, aprofunda-se

---

[162] Ibid., p. 167 e seg. [Ed. bras.: ibidem, p. 133, modif.]

em si e movimenta-se a partir de si mesmo, enquanto o método de ascender do abstrato ao concreto é somente o modo do pensamento de apropriar-se do concreto, de reproduzi-lo como um concreto mental. Mas de forma alguma é o processo de gênese do próprio concreto.[163]

Temos diante de nós a forma mais madura e resumida da crítica marxiana ao idealismo hegeliano.

Essa crítica abrangente da concepção hegeliana da "alienação" possibilita a Marx fazer a crítica materialista também do outro conceito fundante da dialética hegeliana, o de superação. Neste ponto, outra vez é importante indicar que, quando critica a dialética idealista, quando a suplanta criticamente e acolhe seus elementos valiosos na dialética materialista, Marx se ocupa *exclusivamente* de sua forma especificamente hegeliana. Assim, por exemplo, no caso de que tratamos agora, nem mesmo são mencionadas a versão schellinguiana da superação, a saber, a destruição das determinações superadas, sua dissolução mediante a superação no absoluto, e a forma kantiana da antinomia agnosticista. Marx vê a dialética hegeliana como suplantação completa e definitiva das formas precedentes da dialética. Ele critica, portanto, exclusivamente a forma hegeliana suprema da superação dialética, na qual as determinações superadas não são somente aniquiladas, mas, ao mesmo tempo, são conservadas e elevadas a um nível superior – superação que não permite a anulação do ser diferente no absoluto, mas respeita seu ser-aí, sua legitimidade relativa. A "alienação" tem em Hegel, em contraposição a Schelling, um significado positivo, criador de objetividade, e é deste que parte, então, a crítica marxiana, ao considerar as discussões de Hegel com seus predecessores como decididas completamente a favor de Hegel. Marx passa a examinar as debilidades idealistas dessa forma hegeliana da superação e, ao fazê-lo, chega ao seguinte resultado:

> Por outro lado, diz Hegel, está aqui presente ao mesmo tempo este outro momento: que ela [a consciência-de-si, o sujeito – G. L.] igualmente superou e recuperou dentro de si esta alienação e esta objetividade, e está, portanto, *junto de si* em seu *ser-outro enquanto tal*. – Nesta exposição temos, juntas, todas as ilusões da especulação. – *Em primeiro lugar*: a consciência, a consciência-de-si, está *junto de si* em seu *ser-outro enquanto tal*. [...] Isto implica, em primeiro lugar, que a consciência – o saber enquanto saber –, o pensar enquanto pensar alega ser imediatamente o

---

[163] [Karl Marx,] *Zur Kritik der politischen Ökonomie*, Einleitung, p. 257. [Ed. bras.: *Grundrisse*, cit., p. 54-5.]

outro de si mesmo, alega ser sensibilidade, realidade, vida [...]. Este aspecto está aqui contido na medida em que a consciência, enquanto consciência apenas, tem o seu impulso não mediante a objetividade estranhada, mas mediante a *objetividade enquanto tal*. – *Em segundo lugar*, implica que o homem consciente de si, na medida em que reconheceu e superou o mundo espiritual – ou a existência espiritual universal de seu mundo – enquanto autoalienação, confirma-o novamente, contudo, nesta figura alienada e o toma como seu verdadeiro modo de existência, restaura-o, alega estar, em *seu ser-outro enquanto tal, junto de si*; por conseguinte, depois da superação, por exemplo, da religião, depois do reconhecimento da religião como um produto da autoalienação, encontra-se, não obstante, confirmado na *religião como religião*. Aqui *está* a raiz do *falso* positivismo de Hegel ou de seu criticismo apenas *aparente*; o que Feuerbach caracterizou como o pôr, o negar e o restaurar da religião ou teologia – mas que deve ser apreendido de modo mais universal. A razão está, pois, junto de si na não-razão enquanto não-razão. O homem que reconheceu levar no direito, na política etc., uma vida alienada, leva nesta vida alienada, enquanto tal, sua verdadeira vida humana. A autoasserção, autoconfirmação em *contradição* consigo mesma, tanto com o saber como com a essência do objeto é, portanto, o verdadeiro *saber* e a verdadeira *vida*. – Assim, não se pode mais falar de uma acomodação de Hegel em face da religião, do Estado etc., pois esta mentira é a mentira de seu princípio*.[164]

Estamos aqui diante da mais profunda crítica das limitações de Hegel exatamente em seus aspectos mais positivos e mais importantes. Nessa passagem, Marx desvela as consequências filosóficas últimas do posicionamento de Hegel em relação à sociedade capitalista, na medida em que esta se reflete nos problemas abstratos da construção metodológica da estrutura dialética de sua filosofia. Desencobrimos de diversas maneiras essas contradições no próprio Hegel e demonstramos que sua raiz está no ser social de seu tempo, bem como em seu posicionamento em relação a esse ser. Agora vemos a que consequências puramente filosóficas essas contradições do ser levaram e tinham de levar. Vemos, ao mesmo tempo, que toda crítica das ambiguidades de Hegel nas questões de religião, Estado etc., que partiu do dualismo entre o

---

* Aqui foi substituída a palavra *"Progress"* [progresso] do original de Lukács pelo termo *"Prinzip"* [princípio], segundo o original de Marx. (N. T.)

[164] [Karl] Marx, *Ökonomisch-philosophische Manuskripte* (1844), MEGA 1, v. 3, p. 133-4. [Ed. bras.: *Manuscritos econômico-filosóficos*, cit., p. 129-30, modif.] O traço médio [–] no início da frase substitui aqui os novos parágrafos do original. [Correção da referência original equivocada com o seguinte teor: *"Die heilige Familie*, a. a. O., S. 88-89". – N. T.]

Hegel esotérico e o Hegel exotérico, não foi capaz de atingir nem de suplantar a problemática central da filosofia de Hegel. O fato de, no próprio Hegel, como vimos, estarem presentes subjetivamente esses momentos de separação entre enunciados esotéricos e exotéricos não muda em nada essa questão, pois o caráter contraditório, a problemática de sua filosofia, chega inclusive ao centro de seus pontos de vista exotéricos. Obviamente é e permanece uma questão para a história da filosofia examinar onde, quando e como se encontram elementos de uma acomodação à sociedade de seu tempo nos diversos problemas concretos tratados por Hegel. Contudo, a exposição histórica constantemente deve ter clareza de que, como quer que essas perguntas sejam respondidas em diversos casos concretos, isso não resolve a questão central da problemática da dialética hegeliana[165].

A profundidade da crítica marxiana se mostra no fato de que ela ascende dos problemas da vida real para as questões mais abstratas da dialética hegeliana, resolvendo-as filosoficamente de modo definitivo no sentido do materialismo dialético, encontrando a partir daí, contudo, na mesma hora, uma vinculação imediata com as questões atuais da vida. Estamos tratando, nesse caso, da contradição central de toda a filosofia hegeliana, com a contradição que Engels caracterizou mais tarde como contradição entre sistema e método[166].

Essa contradição comporta, contudo, o caráter contraditório da filosofia de Hegel em relação à questão do progresso humano e especialmente em relação à questão da posição ocupada no processo da história pela sociedade capitalista de modo geral e por sua forma especificamente alemã. Na filosofia de Hegel, a questão da superação é, de um lado, a forma última e mais abstrata da própria dialética e, de outro lado, ela também é de suma importância para a filosofia hegeliana da sociedade e da história. O caráter contraditório de tendências progressivas e reacionárias em Hegel se concentra, por conseguinte, naquele caráter contraditório do processo dialético da superação cuja crítica acabamos de ouvir de Marx.

---

[165] Em meu ensaio "Zur philosophischen Entwicklung des jungen Marx", *Deutsche Zeitschrift für Philosophie*, caderno de 2 nov. 1954, demonstrei detidamente que Marx, a partir de sua dissertação doutoral, rejeitou como superficial a diferenciação feita pelos jovens hegelianos entre linha esotérica e linha exotérica de Hegel e a explicação desta última como simples acomodação.

[166] [Friedrich] Engels, *Ludwig Feuerbach und der Ausgang der klassischen deutschen Philosophie*, cit., p. 10 e seg.

A crítica socialista da "alienação" descobriu na forma capitalista do trabalho o modo da existência real e realmente a ser superado do estranhamento. A universalização filosófica dessa crítica mostra que a concepção hegeliana da "alienação", segundo a qual a consciência está consigo como tal em seu ser-diferente, comporta *eo ipso* um importante momento reacionário, uma defesa do existente, mesmo que historicamente esteja suplantado. O fato de Hegel também apresentar uma tendência contrária em relação à história do passado e de reiteradamente retomá-la apenas confirma a exatidão da crítica de Marx e Engels a ele: a exatidão da contradição indissolúvel entre sistema e método em Hegel.

Essa contradição e as tendências nela contidas desempenham um papel decisivo nos grandes debates ideológicos da década de 1840, que constituíram a preparação ideológica para a revolução democrática. Estamos tratando aqui de duas formas diferentes dessas concepções; ambas, no entanto, levam a uma passividade política, a um não entender dos problemas concretos da revolução democrática e ademais – teoricamente – da revolução em geral. O significado geral desses problemas transcende em muito os debates dos anos 1840, pois os posicionamentos equivocados de fato brotam da vida social do capitalismo, e somente sua forma intelectual foi determinada, na década de 1840, pelos debates em torno da forma hegeliana da superação na dialética. Uma das formas dessas concepções errôneas é a continuidade direta do idealismo hegeliano, a continuidade de sua subjetivação, a intensificação de seus erros idealistas entre os jovens hegelianos. A outra forma surge da crítica gnosiologicamente correta, mas abstrata e unilateral, que o próprio Feuerbach fez à superação hegeliana.

Analisemos, antes, a primeira corrente. Dado que, segundo Hegel, a "alienação" é, em última análise, uma "alienação" da consciência, ela deve ser superada *na* consciência, *exclusivamente* pela consciência. Para o próprio Hegel, a identidade entre o saber absoluto e o filósofo que detém esse saber permanece em um lusco-fusco. Devido a seu objetivismo, Hegel resiste a fazer dessa identidade uma simples união pessoal. Essa tendência, porém, está contida imanentemente na posição hegeliana. Uma vez mais, é Heinrich Heine que tira todas as consequências disso em um tom irônico e autoirônico.

> Nunca fui pensador abstrato e aceitei a síntese da doutrina hegeliana sem checá-la, dado que suas conclusões adularam minha vaidade. Eu era jovem e altivo, e fez bem ao meu orgulho quando Hegel me informou que o bom Deus não é, como

pensava minha avó, aquele que reside no céu, mas que eu mesmo aqui na terra sou o bom Deus.[167]

O que Heine explicitou aqui ironicamente tornou-se doutrina filosófica e política na "filosofia da consciência-de-si" de Bruno Bauer, que exerceu perigosa e nociva influência tanto sobre a inteligência de esquerda da Alemanha quanto – tomando o desvio do "socialismo verdadeiro" – sobre o partido proletário em surgimento.

Se considerarmos a crítica incisiva de Marx a essa concepção de Bauer em *A sagrada família*, veremos que ela brota diretamente da crítica filosófica da superação hegeliana já citada, sendo que devemos acrescentar a observação de que o orgulho intelectual de Bauer, o desprezo soberano pela atividade das massas na história, também constitui uma tendência que brotou da filosofia e da concepção de história hegelianas, mas que negligenciou suas tendências realistas, significativas e progressistas e levou seu idealismo subjetivisticamente ao auge. Marx diz o seguinte sobre essa concepção de Bauer:

> Os inimigos do progresso, *afora* a massa, são, precisamente, os *produtos*, capacitados e dotados de um corpo *próprio*, da *auto-humilhação*, da *autorreprovação*, da *autoalienação* da *massa*. Por isso a massa se volta contra seus *próprios* defeitos ao voltar-se contra os *produtos* de sua *auto-humilhação* aos quais atribui uma existência independente, do mesmo modo que o homem, ao se voltar contra a existência de Deus, volta-se contra sua *própria religiosidade*. Mas, como aquelas autoalienações *práticas* da massa existem no mundo real de uma maneira exterior, a massa tem de combatê-las também *exteriormente*. Ela não pode considerar esses produtos de sua auto-humilhação, de modo algum, tão só como se fossem fantasmagorias *ideais*, como simples *alienações da autoconsciência*, e querer destruir o estranhamento *material* apenas mediante uma ação *espiritualista interior*. Até mesmo a revista de Loustalot já tinha por divisa, em 1789:

> *Les grands ne nous paraissent grands*
> *Que parce que nous sommes à genoux*
> *– – – Levons nous! – – –*[168]

Mas para levantar-se não basta levantar-se em *pensamento*, deixando que sobre a cabeça *real* e *sensível* permaneça flutuando o jugo *real* e *sensível*, que nós não logramos fazer desaparecer por encanto através das ideias. A *Crítica absoluta* [de

---

[167] [Heinrich] Heine, ["Geständnisse"], em *Werke*, cit., v. VI, p. 48.
[168] A citação francesa significa: "Os grandes só nos parecem grandes/ porque nós estamos de joelhos./ Levantemo-nos!".

Bruno Bauer – G. L.], no entanto, pelo menos aprendeu da *Fenomenologia* de Hegel *a arte* de transformar as cadeias *reais e objetivas*, existentes *fora de si*, em cadeias dotadas de uma existência *puramente ideal*, puramente *subjetiva*, que existe apenas *dentro de mim*, transformando, portanto, todas as lutas *externas* e sensíveis em lutas puramente mentais.[169]

Não é preciso comentar que essa ideologia de Bauer brota diretamente da concepção hegeliana da "alienação" e de sua superação. Tampouco é preciso tecer comentários sobre sua periculosidade política ou sobre o fato de que tal ideologia da passividade do orgulho intelectualista continua viva na sociedade capitalista e ainda hoje é efetiva, mesmo que não julgue mais encontrar suporte teórico na filosofia de Hegel. No entanto, a filosofia hegeliana contém importantes subsídios para tal concepção, o que é evidenciado não só pela história da década de 1840, mas também – em formas especialmente extremas e grotescas – pelo neo-hegelianismo da época imperialista.

Voltemo-nos agora para a segunda forma, isto é, para a crítica de Feuerbach à dialética hegeliana nessa questão, e examinemos brevemente a relação entre Marx e ela. Marx avalia como positivo e pioneiro na crítica de Feuerbach o fato de este ter apresentado a forma hegeliana da superação como restauração do superado. Em outros contextos, já citamos o lugar decisivo assumido aqui pela crítica de Feuerbach a Hegel (p. 668 e seg. deste livro). Marx considera como grande feito de Feuerbach ter apresentado a prova de que a filosofia de Hegel é uma religião restaurada, bem como o fato de Feuerbach ter avançado até o materialismo verdadeiro e, por fim, ter feito sua crítica da superação, da negação da negação. Nós vamos nos limitar ao último ponto. Feuerbach tem razão "na medida em que ele confronta à negação da negação, que afirma ser o absolutamente positivo, o positivo que descansa sobre si mesmo e positivamente se funda sobre si mesmo". Esse positivo é justamente a prioridade do ser em relação à consciência. Ora, segundo Feuerbach, no processo da superação, a dialética de Hegel coloca as conexões entre ser e consciência de cabeça para baixo. E Feuerbach demonstra como dessa inversão idealista decorre em Hegel a restauração mental da religião pela filosofia. Marx, então, resume assim a concepção de Feuerbach: "Feuerbach compreende, portanto, a negação da negação *apenas* como contradição da filosofia consigo mesma,

---

[169] [Karl] Marx, *Die heilige Familie*, cit., p. 636. [Ed. bras.: *A sagrada família*, cit., p. 99-100, modif.]

como a filosofia que afirma a teologia (transcendência etc.) depois de tê-la negado. Por conseguinte, afirma-a em oposição a si mesma"[170].

Marx aceita esse lado materialista da crítica de Feuerbach, mas critica imediatamente sua unilateralidade. Esta consiste, de um lado, no fato de Feuerbach tratar a "alienação" como problema puramente filosófico e, por essa razão, igualmente fica restrito à abstração (cf. a crítica posterior de Marx e Engels ao caráter abstrato do "homem" de Feuerbach); de outro lado, no fato de o posicionamento materialista de Feuerbach em relação à realidade não ser dialético e, por essa razão, ignorar tudo o que havia de dialeticamente correto em Hegel, ainda que de forma desfigurada, e rejeitar por completo a dialética hegeliana – tanto o que há de correto quanto o que há de errado nela. Portanto, como ressalta Marx na passagem citada, Feuerbach vê a negação da negação apenas como a posição filosoficamente débil do idealista Hegel. E, por essa razão, contrapõe-lhe "direta e imediatamente a posição sensivelmente certa, fundada sobre si mesma".

A consequência dessa limitação à pura gnosiologia é o caráter abstrato da formulação do problema por Feuerbach; a linearidade, o descarte consciente de todas as mediações, elimina com o idealismo hegeliano também a dialética. E, por essa via, Feuerbach passa pelas determinações essenciais e mais importantes contidas na filosofia de Hegel sem lhes dar atenção. Marx explica, complementando:

> Mas na medida em que Hegel apreendeu a negação da negação – conforme a relação positiva que nela reside, como a única e verdadeiramente positiva, e conforme a relação negativa que nela reside, como o ato unicamente verdadeiro e como o ato de autoacionamento de todo o ser –, ele somente encontrou a expressão *abstrata, lógica, especulativa* para o movimento da história, a história ainda não *efetiva* do homem enquanto um sujeito pressuposto, mas em primeiro lugar *ato de produção, história da geração* do homem.[171]

A crítica socialista do capitalismo reconhece, portanto, na *Fenomenologia* hegeliana, algumas determinações essenciais e corretas dos processos que Marx mais tarde chamaria de "pré-história" do desenvolvimento da humanidade, ao passo que Feuerbach, que procede de uma direção diferente da de Hegel,

---

[170] [Karl] Marx, *Ökonomisch-philosophische Manuskripte* (1844), MEGA 1, v. 3, p. 123-4. [Ed. bras.: *Manuscritos econômico-filosóficos*, cit., p. 118. Correção da referência original equivocada com o seguinte teor: "*Die heilige Familie*, a. a. O., S. 75-76.". – N. T.]

[171] Ibid., 124. [Ed. bras.: ibidem, p. 118-9. Correção da referência original equivocada com o seguinte teor: "Ebd., S. 76.". – N. T.]

mas que igualmente permanece dentro do horizonte burguês, é capaz apenas de uma alternativa rígida diante da dialética hegeliana. Em sua exposição de *Fenomenologia*, Marx cita alguns dos momentos essenciais em que Hegel capta de modo intelectualmente correto certos traços dessa pré-história da humanidade. E precisamente desse modo ele indica que a ideia do estranhamento e de sua superação em Hegel de fato é idealisticamente desfigurada e reacionariamente deturpada, mas não é de saída uma ideia de todo errada, como pensa Feuerbach; trata-se, antes, de um reflexo correto, só que capitalisticamente comprometido e unilateral da realidade, cujas tendências corretas devem ser conservadas para o desenvolvimento filosófico do futuro.

> *Fenomenologia* é, por isso, a crítica oculta (*verborgene*), em si mesma ainda obscura e mistificadora; mas na medida em que ela retém (*hält fest*) o *estranhamento* do homem – ainda que também este último apareça apenas na figura do espírito –, encontram-se nela ocultos *todos* os elementos da crítica, muitas vezes *preparados* e *elaborados* de modo que suplantam largamente o ponto de vista hegeliano. A "consciência infeliz", a "consciência honesta", a luta entre "consciência nobre e consciência vil" etc. etc., estas seções isoladas encerram os elementos *críticos* – embora ainda numa forma estranhada – de esferas totais, como a religião, o Estado, a vida civil etc.[172]

A crítica realmente abrangente da dialética hegeliana evolui, portanto, em Marx, ao mesmo tempo para uma crítica da unilateralidade e da limitação de Feuerbach no juízo emitido sobre Hegel e, desse modo, para uma crítica do materialismo metafísico de Feuerbach, para uma crítica de sua rejeição da dialética. O tratamento mais detido dessa crítica de Marx situa-se fora do escopo deste trabalho. A única coisa importante para nós é que a forma feuerbachiana da crítica do idealismo hegeliano igualmente gerou consequências políticas muito perigosas nos embates intelectuais dos anos 1840. Pois a crítica feuerbachiana à negação da negação até remonta de forma correta ao imediatamente sensível da vida material, mas Feuerbach não é capaz de compreender o movimento dialético nessa mesma vida material. Ele não sabe apreender, como Marx explica nas Teses sobre Feuerbach, o momento prático na sensibilidade.

> O principal defeito de todo o materialismo existente até agora (o de Feuerbach incluído) é que o objeto (*Gegenstand*), a realidade, o sensível, só é apreendido sob a forma do *objeto* (*Objekt*) ou da *contemplação*, mas não como *atividade humana*

---

[172] Ibid., 128. [Ed. bras.: ibidem, p. 122. Correção da referência original equivocada com o seguinte teor: "*Die heilige Familie*, a. a. O., S. 80.". – N. T.]

sensível, como *prática*; não subjetivamente. Daí o lado *ativo*, em oposição ao materialismo, [ter sido] abstratamente desenvolvido pelo idealismo – que, naturalmente, não conhece a atividade real, sensível, como tal. Feuerbach quer objetos sensíveis (*sinnliche Objekte*), efetivamente diferenciados dos objetos do pensamento: mas ele não apreende a própria atividade humana como atividade objetiva (*gegenständliche Tätigkeit*), razão pela qual ele enxerga, em *A essência do cristianismo*, apenas o comportamento teórico como o autenticamente humano, enquanto a prática é apreendida e fixada apenas em sua forma de manifestação judaica, suja. Ele não entende, por isso, o significado da atividade "revolucionária", "prático-crítica".[173]

Vê-se aqui, com muita precisão, que a preparação econômica da crítica filosófica a Hegel, a saber, a separação precisa entre a objetividade e o estranhamento na práxis humana, é preparação para a crítica não só ao idealismo hegeliano, mas também ao materialismo mecanicista de Feuerbach.

Neste ponto, é importante apontar sucintamente para as consequências desse posicionamento nos embates ideológicos e políticos da década de 1840. Em suas observações sobre Feuerbach, Engels captou claramente o momento essencial de seu posicionamento em relação à realidade e o criticou incisivamente. Ele cita as seguintes sentenças de Feuerbach:

> O ser não é um conceito geral, separável das coisas. [...] O ser é a posição da essência. O *que é minha essência é meu ser*. [...] A linguagem já identifica ser e essência. Apenas na vida humana distinguem-se ser e essência, *mas apenas* [em] *casos anormais, infelizes* – pode ocorrer que onde se tenha seu ser não se tenha sua essência, mas justamente por causa dessa separação não é verdade que não se esteja com a alma lá onde se está realmente com o corpo. Somente onde está teu coração, *estás Tu*. Mas todas as coisas estão – *com exceção de casos contra a natureza* – com muito gosto onde estão e são com muito gosto o que são.*

Engels acrescenta, então, a essa citação, a seguinte caracterização sociopolítica precisa, apontando as consequências necessárias dessa posição filosófica na política, consequências que Feuerbach, como democrata revolucionário honestamente convicto em termos subjetivos, com certeza não quis tirar, mas que, não obstante, decorrem necessariamente do modo como liquidou a dialética hegeliana, do descarte de todas as determinações e todas as relações

---

[173] [Karl Marx e Friedrich Engels,] *Die deutsche Ideologie*, cit., p. 593. [Ed. bras.: *A ideologia alemã*, cit., p. 533, modif.]

* Ibidem, p. 600. Ed. bras.: ibidem, p. 80-1. (N. T.)

mediadoras, de seu retorno à imediaticidade e que refletem o fato constituinte de que ele assume uma postura cega e comprometida com a vida socioeconômica do capitalismo. E, como mostram as observações de Engels, essa cegueira pode adquirir objetivamente caráter apologético e reacionário. Engels diz:

> Um belo panegírico ao existente. Exceção feita a casos contra a natureza e alguns poucos casos anormais, terás muito gosto em ser, desde os sete anos de idade, porteiro numa mina de carvão, permanecendo catorze horas diárias sozinho, na escuridão, e porque lá está teu ser, então lá está também tua essência. [...] Tua "essência" é estar submetido a um ramo de trabalho.[174]

Essa crítica de Engels mostra exatamente por que os intelectuais radicais, por vezes de orientação socialista, que, na década de 1840, buscaram em Feuerbach um fundamento filosófico para seu radicalismo político não conseguiram encontrar nele nenhuma diretriz – o mesmo acontecendo com os que quiseram extrair tal diretriz da dialética hegeliana. Uma análise precisa da posição de Feuerbach mostraria que tais formas da defesa consciente ou inconsciente do existente sobre a base da unidade filosófica imediata de ser e essência – *mutatis mutandis* – estiveram ativas por muito tempo depois de Feuerbach e independentemente dele e ainda hoje estão ativas na defesa de condições reacionárias.

Tivemos de apontar brevemente para essas consequências políticas das lutas ideológicas dos anos 1840 para que ficasse claro como a suplantação crítica da dialética idealista de Hegel por Marx brota da crítica socialista da sociedade capitalista e estende seu crescimento para a preparação ideológica da Revolução de 1848 – e, indo além desta, para todas as revoluções democráticas e proletárias vindouras. Esse movimento interior da crítica marxiana mostra com toda clareza quão pouco esses problemas filosóficos podem ser concebidos e criticados, inclusive no próprio Hegel, de modo "puramente" filosófico. A debilidade de Feuerbach nessa questão consiste em boa medida no fato de ter abordado a dialética hegeliana em termos puramente filosóficos, puramente gnosiológicos, no fato de, para ele, não existir conexão dialética entre a vida social, entre a práxis econômica e social dos homens, e os problemas últimos e decisivos da filosofia. O fato de Hegel ter tomado ciência dessas conexões, o fato de ter se empenhado, ainda que

---

[174] Ibid., p. 600. [Ed. bras.: ibidem, p. 81.] A passagem correspondente de Feuerbach se encontra em [*Grundsätze der*] *Philosophie der Zukunft* [Filosofia do futuro], § 27, cit., v. II, p. 311.

muitas vezes em vão, por colocar essas conexões na base de sua dialética, tem como consequência a superioridade (de certos aspectos, de certas áreas) de sua filosofia – apesar do idealismo – em relação à de Feuerbach. Por essa razão, sua forma da dialética constitui um estágio decisivo para a história universal da filosofia: a forma máxima da dialética idealista e, desse modo, da filosofia burguesa em geral, o elo de transmissão ao qual o surgimento do materialismo dialético pôde se ligar *diretamente*.

Lênin não pôde conhecer os manuscritos de Marx, por nós analisados em detalhe, que contêm as conexões decisivas entre economia e dialética referentes à crítica e à avaliação de Hegel. Apesar disso, ele viu com toda clareza essas conexões. Já citamos aqui sua sentença de que Marx se vincula *diretamente* a Hegel (p. 470 deste livro). Desse modo, Lênin acentua um ponto de vista que foi completamente negligenciado no período da Segunda Internacional, mesmo que Marx e Engels não tivessem perdido oportunidade de, em prefácios, notas, cartas etc., ressaltar como indispensável a importância de Hegel e de seu estudo para a compreensão da dialética materialista. No período da Segunda Internacional, porém, essas indicações passaram completamente despercebidas até pelos teóricos mais importantes e honestos. Nem mesmo Plekhanov, que, em contraposição a Mehring e Lafargue, ocupou-se muito detidamente da filosofia hegeliana, tem a mínima noção dessas conexões, do nexo metodológico profundo entre economia e dialética.

Depois de Marx, Lênin foi o primeiro a restabelecer esse nexo. Seria muito superficial restringir as observações críticas de Lênin sobre a *Lógica* hegeliana puramente à gnosiologia em sentido estrito. Quando Lênin discorre sobre problemas gnosiológicos, ele também os trata – como vimos em relação à questão da teleologia – a partir de um ponto de vista amplo e abrangente, do ponto de vista real do marxismo autêntico. Por conseguinte, em suas observações críticas a respeito de Hegel, Lênin repetidamente toca nessa questão decisiva.

Queremos documentar esse fato com algumas poucas frases essenciais de Lênin.

É impossível compreender completamente O *capital*, de Marx, sobretudo o capítulo 1, sem ter estudado a fundo e sem ter compreendido *toda* a *Lógica* de Hegel. Como consequência, meio século depois, nenhum marxista compreendeu Marx!![175]

---

[175] [Vladímir Ilitch] Lênin, *Aus dem philosophischen Nachlaß* [(Berlim, 1949)], cit., p. 99. [Ed. bras.: *Cadernos filosóficos: Hegel*, trad. Edições Avante!, São Paulo, Boitempo, 2018, p. 191.]

E em outra passagem:

> Se Marx não deixou uma *"Lógica"* (com letra maiúscula), deixou a *lógica* de O *capital*, e isso deveria ser utilizado profundamente nesta questão [trata-se da dialética de Hegel – G. L.]. Em O *capital* aplica-se a uma ciência a lógica, a dialética, a gnosiologia <não são necessárias três palavras: é uma coisa só> do materialismo, que tomou tudo o que há de valioso em Hegel e fez esse valioso avançar.[176]

Essas observações encontram-se caracteristicamente no âmbito das investigações sobre o plano da dialética em Hegel e são seguidas, o que também é característico, por observações sobre a aplicação dialética das categorias econômicas em O *capital*, de Marx. Assim, Lênin indica, tal como a seu tempo fez Marx, o modo como se devem formular e resolver problemas filosóficos no materialismo dialético. O "período leninista" do desenvolvimento filosófico inaugurado por Stálin deveria trilhar, em cada área da filosofia, esses caminhos do materialismo dialético e, mediante essa práxis filosófica, liquidar definitivamente o legado do período da Segunda Internacional.

É óbvio que essa peculiaridade do "período lêninista" da filosofia também deve ter relação com sua história. O presente livro foi dedicado à pesquisa de tais conexões. Ele quer mostrar de modo historicamente concreto a parcela de participação das contradições reais da sociedade capitalista na forma máxima da filosofia burguesa, na dialética idealista de Hegel. A intenção foi mostrar essa conexão em toda a complexidade social e filosófica; para isso, houve a tentativa de trazer à luz que efeitos tiveram o reflexo intelectual dessas contradições na economia clássica da Inglaterra e a explosão real dessas contradições na Revolução Francesa sobre o surgimento e o desenvolvimento dessa dialética e que diferença fez – tanto para o bem quanto para o mal – o fato de esses eventos franceses e ingleses reais e ideológicos terem se articulado na cabeça de um filho da Alemanha socioeconomicamente atrasada na forma do método dialético, do sistema idealista.

Foi essa formulação do problema que possibilitou transcender, também no tratamento da relação entre Hegel e seus predecessores, o modo de análise esquematizante, violador e deformador da complexidade dos fatos reais, habitual na história burguesa da filosofia e cujas marcas também podem ser encontradas de muitas formas no tratamento de tais questões por marxistas.

---

[176] Ibid., p. 249. [Ed. bras.: ibidem, p. 327.]

Acreditamos ter mostrado que tanto a independência de Hegel em relação a seus contemporâneos e predecessores importantes quanto suas involuntárias concordâncias com eles remetem a esses problemas do ser social.

Não se trata de mera questão histórica nem de mero assunto interno dos chamados "estudos hegelianos". (Embora também essas questões sejam importantes e atuais como momentos da luta contra a deturpação fascistizante e fascista da história.) A exposição das causas reais da grandeza e das limitações da dialética hegeliana significa, ao mesmo tempo, um aclarar da relação entre Hegel e Marx, um concretizar do legado histórico elaborado criticamente a partir da dialética hegeliana e conservado no materialismo dialético, pois está claro que Marx sempre se ocupou criticamente com o Hegel *real*. Exatamente em meio a suas polêmicas, ele sempre traça o mais precisamente possível a fronteira entre o que Hegel de fato representa com todas as suas limitações e o que seus alunos e seus sucessores fizeram dele. Entre essa crítica marxiana e nossa época, porém, situa-se quase todo um século, cuja "façanha", nesse tocante, consistiu exatamente na deformação da imagem do Hegel real, uma deformação que até agora não foi confrontada por nenhum estudo marxista correspondente sobre o próprio Hegel, por nenhuma exumação nem nenhuma elaboração do Hegel real. As representações com que a maioria dos leitores filosoficamente formados se acerca de Hegel são – sem que eles saibam – profundamente influenciadas pela deformação burguesa da filosofia hegeliana. E o significado de grande alcance das observações críticas de Marx, Engels, Lênin e Stálin só será corretamente entendido e corretamente valorado quando se souber exatamente qual é o objeto *real* dessa crítica, quando se souber quem é o Hegel *real*.

Somente depois de estabelecidas essas conexões fica claro o significado *filosófico* dos estudos econômicos e das concepções econômicas de Hegel. Por mais incompletas e contraditórias que tenham sido essas concepções – em diversos casos detalhamos as contradições inerentes a elas –, certamente não é nenhum acaso que o realizador decisivo da dialética idealista tenha sido o *único* filósofo daquele período que *seriamente* ensaiou um tratamento crítico da estrutura econômica da sociedade capitalista. A *forma específica* da dialética desenvolvida por Hegel brotou dessa ocupação crítica com os problemas da sociedade capitalista, com os problemas da economia.

Repetimos: a simples forma da unidade das contradições já emerge, na era moderna, em Nicolau de Cusa e Giordano Bruno; mas, no que se refere às questões *decisivas* da dialética, nem a filosofia de Schelling, o estágio máximo da dialética anterior a Hegel, representa um real progresso em relação àquela dialética. As categorias especificamente hegelianas, cujo surgimento e caráter contraditório estudamos aqui com exatidão, são as primeiras a conferir à dialética um nível de conhecimento, um desenvolvimento das determinações essenciais, que a dialética materialista de Marx pôde tomar como ponto de partida – superando-as e invertendo-as criticamente, vinculando-se, no entanto, diretamente a elas. A imensa importância da crítica marxiana a Hegel consiste justamente no fato de apontar a razão da grandeza e das limitações da dialética hegeliana na exatidão e na estreiteza de sua concepção das contradições e das leis do movimento da sociedade capitalista, da economia do capitalismo.

A grandeza histórica específica de Hegel só pode ser de fato compreendida a partir daqui. Todo pensador é, como Hegel diz diversas vezes, filho de seu tempo; como tal, ele toma, naturalmente, seus predecessores como ponto de partida. Contudo, quando para determinar o significado e o nível de um pensador, é preciso indagar em que medida depende dessa herança de conteúdo e de método necessariamente assumida e em que medida é capaz de pôr à prova, sem preconceitos, em face da realidade, os conteúdos e as formas filosóficas que recebeu para superá-los e elaborá-los de forma crítica; é preciso indagar em que medida parte da própria realidade e em que medida continua determinado pelas tradições filosóficas de seus predecessores.

Nisso reside a diferença qualitativa entre Fichte e Schelling, de um lado, e Hegel, de outro (para não falar de pensadores menores desse período, que, no entanto, ainda são verdadeiros gigantes se comparados aos "grandes" da filosofia burguesa atual). É óbvio que os pontos de partidas e as tendências de desenvolvimento da filosofia fichtiana e da filosofia schellinguiana são igualmente determinados pela realidade social objetiva. No âmbito filosófico, porém, eles permanecem presos às limitações da filosofia kantiana e quando, por exemplo, Schelling avança do idealismo subjetivo para o idealismo objetivo, ele não é capaz de romper a moldura kantiana de formulação e solução dos problemas filosóficos, mas apenas de ordená-los de outra maneira; superar Kant torna-se, no caso dele, algo mais declaratório do que realmente filosófico.

Hegel é o único filósofo do período pós-kantiano que se acerca dos problemas contemporâneos de modo original – no mais profundo sentido desta palavra. Analisamos em detalhes seus primórdios na juventude e pudemos ver como todos os problemas da dialética brotaram, embora não em sua forma madura posterior, da ocupação crítica com os dois fatos histórico-universais da época, a saber, a Revolução Francesa e a Revolução Industrial, na Inglaterra. Foi só no curso da formação concreta de seu próprio sistema que surgiu em Hegel a vinculação intelectual real com seus predecessores. Desde o início, porém, trata-se de uma vinculação crítica, que rompe a moldura intelectual da concepção kantiana. Fortes pontos em comum entre ele e seus predecessores só apareceram, como vimos, quando o ser social da Alemanha imprensou a dialética hegeliana em limitações estreitas e, por vezes, filisteias.

Historicamente, na época, Hegel só pode ser equiparado a Goethe. Não é por acaso que, nos trabalhos preparatórios para *Fenomenologia do espírito*, encontram-se extensas e detalhadas discussões críticas com *Fausto*, de Goethe. Pois nas duas obras expressa-se uma aspiração semelhante: a tentativa de abranger enciclopedicamente os momentos do desenvolvimento do gênero humano até o estágio que haviam alcançado naquela época e expor o movimento que lhes é imanente, a legalidade que lhes é própria. Não foi sem razões que Púchkin denominou *Fausto* de "Ilíada da vida moderna" e que a expressão espirituosa de Schelling sobre sua própria filosofia do espírito, ao denominá-la um retorno do espírito ao lar, uma "odisseia do espírito", aplica-se muito antes a *Fenomenologia* do que a qualquer obra de Schelling.

Goethe e Hegel vivem no início do último grande período trágico do desenvolvimento burguês. Diante de ambos já se escancaram as contradições indissolúveis da sociedade burguesa, a cisão violenta de indivíduo e gênero decorrente desse desenvolvimento. Sua grandeza consiste, por um lado, no fato de encararem destemidamente essas contradições e de empreenderem a tentativa de encontrar a máxima expressão literária ou filosófica para essas contradições. Por outro lado, eles vivem no início desse período, de modo que ainda lhes é possível criar – embora não sem artificialidades e contradições – quadros sintéticos contendo determinações abrangentes e ainda assim profundas e verdadeiras da experiência genérica da humanidade, do desenvolvimento da consciência do gênero humano. Nesse aspecto, *Wilhelm Meister* e *Fausto* são documentos tão imorredouros do desenvolvimento da humanidade quanto *Fenomenologia*, *Lógica* e *Enciclopédia*. É óbvio que, em vista dessa afinidade profunda de suas tendências básicas últimas, não se pode deixar passar despercebida sua distinção intelectual: Goethe se orientou muito mais fortemente para a natureza do que Hegel e, durante toda a vida, esteve muito próximo do materialismo; em contrapartida, não foi capaz de compreender algumas descobertas dialéticas muito importantes de Hegel. Uma história extensa desse grande período deveria considerar minuciosamente essas diferenças. E somente depois que tal investigação de afinidades e diferenças entre Goethe e Hegel fosse concretamente levada a termo, apareceriam de modo realmente claro e em seu estágio supremo as contradições internas da progressividade desse período.

Para nossos propósitos, basta a constatação dessa tendência comum. Não precisamos examinar em detalhes a complexa dialética das causas e das consequências que fizeram com que a ocupação crítica de Goethe com os problemas da sociedade capitalista em parte fosse mais realista, em parte visse mais longe no futuro, mas em parte resultasse menos dialética, menos contraditória do que a de Hegel. Aqui, é suficiente que o ponto de partida no trabalho humano como processo de autoprodução do homem tenha sido a ideia básica comum a Goethe e a Hegel. É suficiente que essa ideia tenha aflorado, embora ainda não em uma forma econômica consciente, já no fragmento do *Prometeu* do jovem Goethe e – de modo bem característico da diferença entre Goethe e Hegel – tenha adquirido um acento antirreligioso. Nas obras maiores de Goethe, porém, esse autoproduzir-se do homem por meio do trabalho aparece em íntima conexão com o desembocar desses problemas no enfrentamento do homem com a sociedade capitalista; com o desembocar desses problemas em uma crítica humanista incisiva da sociedade capitalista; com uma crítica humanista que, em nenhum momento, perde de vista a ideia do progresso humano, que, por isso mesmo, prefere mover-se "em meio ao esterco das contradições" e abrir um caminho por aí a fazer concessões a alguma corrente romântico-reacionária. Seria ridículo e pedante traçar paralelismos mecanicistas e minuciosos entre as grandes obras de Goethe e a filosofia de Hegel. No entanto, o caminho pelo qual Goethe encontra *Wilhelm Meister* ou *Fausto* é, em um sentido histórico amplo, o mesmo que o espírito percorre na *Fenomenologia* hegeliana[177].

---

[177] Expus detalhadamente essa relação entre *Fausto* e *Fenomenologia* em meu livro *Goethe und seine Zeit* (Berlim, 1952); *Werke*, v. 7, p. 41-184.

Índice de autores e obras citados

Anaxágoras 597
Antônio de Pádua 179
Apolônio de Tiana 132
Archenholz, Johann Wolfgang von 82
Aristides 124
Aristogíton 101-2
Aristóteles 66, 369, 432, 483, 537, 575, 609
Augusto 477
Aulard, Alphonse 80, 82, 106, 504

Babeuf, François Noël 80, 396, 490
Bachofen, Johann Jakob 119, 542
Balzac, Honoré de 292, 424, 528-9, 538, 540, 591
Bastian, Adolf 539
Bauer, Bruno 36, 75, 176, 257, 603, 676, 700, 713-4.
Bentham, Jeremy 61, 428-9, 647, 671-2
Berkeley, George 47, 63, 66, 374-5, 677

Bismarck, Otto von 50, 100, 414, 419, 480, 588
Böhme, Jakob 350, 556
Borgia, Cesare 414
Bouterwek, Friedrich 353
Bruno, Giordano 721
Brunstäd, Friedrich 48
Büchner, Georg 219
Büchner, Ludwig 60
Bürger, Gottfried August 103
Burke, Edmund 185, 328
Byron, George Gorden Noel Lorde 292

Calvino, João 398
Cambon, Pierre Joseph 106
Cart 184-5, 187
Catão, Marco Pórcio Prisco 116, 127
Catarina de Médici 424
César, Gaio Júlio 477, 537
Chaumette, Pierre Gaspard 80

Cleômenes III de Esparta 127
Condorcet, Antoine Marquês de 327, 398
Constant de Rebecque, Benjamin 69, 110, 218, 344
Copérnico, Nicolau 658
Cromwell, Oliver 109, 477
Custine, Adam Philippe 171
Cuvier, George 214

Danton, Georges 80
Darwin, Charles 63, 458, 549, 697
Diderot, Denis 68-9, 76, 92, 366, 637, 640-1, 654
Dilthey, Wilhelm 14, 22-3, 26, 48, 50-1, 71, 188, 357, 414
Diógenes Laércio 409

Ebbinghaus, Julius 48
Eckhart ("Meister Eckhart") 71
Edelmann, Johann Christian 68
Engels, Friedrich 21-2, 32, 45-7, 55, 57--61, 65, 75-6, 79-80, 105, 107, 109, 123-4, 144, 146, 149, 151-2, 156, 164, 176, 186, 190, 194, 229, 253, 255-7, 278, 284, 293, 304, 317, 340, 348, 354, 372, 385, 395, 409-10, 451, 454, 460, 464, 468, 472-3, 476-7, 480, 496, 508, 515, 518, 524, 534-5, 542-3, 548-9, 553, 588, 603, 608, 640-1, 658, 693, 701, 711-2, 715, 717-9, 721
Anais Franco-Alemães 65, 256-7, 348, 451, 701
Anti-Dühring 55, 473
A origem da família, da propriedade privada e do Estado 124
Der deutsche Bauernkrieg [A guerra camponesa alemã] 534

Deutscher Sozialismus in Versen und Prosa [Socialismo alemão em verso e prosa] 146
Dialektik der Natur [Dialética da natureza] 395, 454, 460
Ludwig Feuerbach und der Ausgang der klassischen Philosophie [Ludwig Feuerbach e o fim da filosofia clássica] 55, 75, 149, 151, 229, 409, 548, 608, 693, 711
Schelling und die Offenbarung [Schelling e a revelação] 340
Epicuro 133
Erdmann, Johann Eduard 48
Eschenmayer, Adam Karl August 340
Espinosa, Baruch de 29, 70, 369, 378, 394, 406, 454-5, 462, 470, 568, 681
Ética 378, 455
Tratado teológico-político 70
Ésquilo 541-2

Falkenheim, Hugo 185
Ferguson, Adam 112, 131, 443, 530-1, 536, 538
Fernando Carlos, Arquiduque da Áustria 414
Ferrier, François-Louis-Auguste 536
Feuerbach, Ludwig 32, 44, 55, 59-60, 75--6, 144, 149, 151-2, 175, 190-1, 304, 343-4, 348, 360, 390-1, 409, 548, 613, 617, 636, 638, 668-70, 672, 676, 680, 700-1, 706, 710, 712, 714-9
Grundsätze der Philosophie der Zukunft [Princípios da filosofia do futuro] 669, 718
Zur Kritik der Hegelschen Philosophie [Sobre a crítica da filosofia de Hegel] 390
Fichte, Johann Gottlieb 21-2, 33, 35, 45--7, 53-4, 58, 61, 71, 78, 88-9, 93, 95-6,

Índice de autores e obras citados | 727

110-1, 148, 153, 177, 194, 234-
-7, 242-3, 247-8, 252-3, 288-9, 312-3,
318, 321-2, 339, 340-7, 350-3, 362,
364-5, 367, 369-73, 375-7, 383, 385-
-405, 407, 409-10, 432-3, 435, 456-7,
463-4, 468, 470, 473, 490, 495-6,
508, 545, 557-8, 568-9, 571, 575-7,
579, 584, 587-8, 602, 628-9, 640,
651, 679, 684, 686, 689-91, 696, 722.
Das System der Sittenlehre [O sistema da doutrina dos costumes] 236
Der geschlossene Handelsstaat [O Estado comercial fechado] 110, 344, 432
Grundlage des Naturrechts [Fundamento do direito natural] 110, 398
Wissenschaftslehre [Doutrina da ciência] 312, 340-1, 345, 351, 398, 690

Fídias 103

Fielding, Henry 123

Fischer, Hugo 407

Fischer, Kuno 48, 51

Forster, Georg 56-7, 69-71, 78, 122-4, 143, 164-5, 195-6, 218, 274, 574

Fourier, Charles 526-8, 538, 540, 551

Fox, Charles James 218

Frederico II, rei da Prússia 414, 418

Galiani, Fernando 64

Galilei, Galileo 658

Galvani, Luigi 348

Ganilh, Charles 536

Garnier, Germain 536

Gengis Khan 546

Gibbon, Edward 69, 71, 105, 131, 139, 327, 497, 574

Glockner, Hermann 49

Gneisenau, August Conde Neithardt de 58

Goethe, Johann Wolfgang 42, 51, 57-8, 61,
68, 100, 123, 127, 146, 169, 170, 182,
189, 193, 196, 216, 218, 232, 239,
243, 255, 277, 300-4, 333, 346, 348,
361., 365-6, 370, 384, 405-8, 457,
459-60, 490, 528, 540, 585, 588, 640,
655, 662, 681, 683-5, 695-6, 723-4.
Fausto 42, 182, 189, 528, 683-4, 723-4.
Os sofrimentos do jovem Werther 127, 405
Prometeu 406, 724
Wilhelm Meister 181-2, 189, 193, 300, 365, 528, 723-4.

Górki, Maksim 162, 539

Görres, Joseph von 561

Graco, Tibério Semprônio e Gaio Semprônio 113

Grotius, Hugo 6

Guizot, Guillaume 186, 477

Gundolf, Friedrich 588

Haeckel, Ernst 460

Haering, Theodor 51-2, 74, 100, 221, 270, 357, 586-7

Haller, Karl Ludwig von 602

Hamann, Johann Georg 232

Harmódio 101-2

Hartmann, Eduard von 549

Haym, Rudolf 48-9, 51, 151-2, 156, 210-
-2, 215, 218, 352, 429, 587, 607, 612

Hébert, Jacques René ("Père Duchesne") 80

Hegel, Georg Wilhelm Friedrich
Análise dos escritos éticos de Kant (1798) 229-255
A positividade da religião cristã (1795-1796, 1800) 83-5, 90-1, 101-2, 122, 125, 131, 183, 322-36

Autobiografia (1804) 328
Bloco de anotações de Iena ("Wastebook", 1803-1806) 356-9, 370, 409, 555, 561-2, 571, 604
Ciência da lógica (publicada em 1812--1816) 61, 72, 158, 264, 296, 302, 317. 373, 381, 465-9, 575, 582, 719, 723
Constituição da Alemanha (1799) 52, 179, 181, 220-229, 304, 328, 334, 410, 413, 499
Diário de viagem de Berna (1796) 86
Diferença entre o sistema filosófico fichtiano e o sistema filosófico schellinguiano (1801) 340, 352, 367, 371, 378, 380-1, 386, 392, 582, 639
Enciclopédia (publicada em 1817) 97, 136, 161, 178, 373, 389, 410, 528, 586, 600, 612, 617, 674, 723
"Fé e saber" (1802) 353, 392, 408, 457, 679
Fenomenologia do espírito (1807) 42, 52-3, 61, 65, 78, 97, 119, 147-8, 154, 161, 167, 177, 182, 256-7, 281, 313-5, 319, 329, 331, 334, 354-5, 360, 363, 366, 371-2, 380-2, 384-5, 389-90, 413, 415, 426, 431, 434, 436, 439-41, 448, 468, 478, 483, 487-9, 493, 497, 499-500, 503, 509-10, 516--7, 528, 533, 542, 549, 555, 560-1, 564, 566-7, 570, 572, 575, 579-85, 585-605, 605-724
Filosofia do direito (publicada em 1821) 206, 256, 292, 410, 446, 472, 491-2, 502, 519, 593, 600, 602
Fragmento de sistema de Frankfurt (1800) 260., 264, 266, 275, 279, 289, 299, 305-322, 323, 326, 333, 337, 355, 365, 379-81.
Lei de reforma eleitoral inglesa (1831) 492, 515
Lógica ienense (1801-1802) 52, 355, 377, 380-1, 412,516, 579, 610, 695

O espírito do cristianismo e seu destino (1799) 230-2, 236-7, 245, 260, 267, 269-322, 328, 337
Pequenos fragmentos de Berna (1793--1796) 53, 119-22, 363-4.
Preleções de 1803-1804 em Iena 261, 295, 413, 436, 444, 447, 475, 55-6, 689, 696
Preleções de 1805-1806 em Iena 295, 361, 413, 420-1, 425, 427, 429, 435--8, 442, 445, 448, 460, 474, 478, 494, 496, 499-500, 504, 509, 512, 55-6, 564, 569, 591, 648-9, 651, 689, 696
Preleções sobre a história da filosofia 350, 362, 653
Preleções sobre estética 119, 163, 225, 289, 303, 489, 556
Primeiros fragmentos de Frankfurt (1797-1798) 187-210
Sistema da eticidade (1801-1802) 52, 232, 261, 263-4, 318-9, 360, 423, 435-7, 439, 446-7, 450-1, 492-6, 506, 513-4, 546, 548
Sobre as mais recentes relações internas de Württemberg, especialmente sobre a constituição dos magistrados (1798) 210-220, 224, 226, 229, 328, 340
Tese de habilitação para docência (1801) 353, 439, 579
Tipos de tratamento científico do direito natural (1803) 330, 353, 369, 379, 392, 411-2, 436, 471, 493-6, 532-4, 589, 635
Tradução do escrito do advogado Cart (1797) 184-7, 212, 258,
Heidegger, Martin 314, 677-8, 681
Heine, Heinrich 42, 44, 219, 424, 603, 654, 676, 712-3
Heller, Hermann 413, 479-80, 559
Helvécio, Claude Adrien 68, 76, 92, 370--2, 624, 671

Heráclito 66
Herbart, Johann Friedrich 47
Herder, Johann Gottfried 73, 76, 78, 232, 406, 574, 583, 681
Hippolyte, Jean 41
Hobbes, Thomas 66, 225, 369, 417, 419, 439, 454-5, 470, 474, 478, 549, 624, 647
Hodgskin, Thomas 64-5, 692
Hoffmeister, Johannes 52, 68, 97, 114, 221, 305, 556, 584
Holbach, Paul Heinrich Dietrich Barão de 68-9, 76, 92, 371-2
Hölderlin, Friedrich 42-3, 51, 77, 126, 164-5, 167, 180, 184, 298-9, 427, 490
Hölty, Ludwig Christoph Heinrich 103
Homero 659, 661
Hume, David 60, 63, 66, 69, 374, 452
Husserl, Edmund 48, 587

Jacobi, Friedrich Heinrich 68, 196, 251, 353, 369, 388, 391, 393-4, 403-9, 521, 557, 651, 679
José II, imperador romano-germânico 415
Juliano (Flavius Claudius Julianus "Apóstata") 103

Kant, Immanuel 21, 29, 31, 35, 45-50, 53-4, 58, 60, 63, 70-3, 79, 83, 86-90, 93-6, 110, 125, 137, 148, 155-6, 177, 190, 196-7, 210, 225n, 229-49, 251-3, 255, 268, 281, 288-91, 293-4, 300, 302-3, 306, 310-3, 315, 321-3, 340-7, 350, 353-4, 368-75, 377, 386-8, 390--5, 401-5, 407, 409, 432-5, 456-60, 463-4, 468, 470, 473, 478-9, 482, 494-6, 508, 517-8, 521-3, 542, 557, 568-9, 571, 575-8, 583-5, 616-7, 625,
628-9, 651, 679-86, 691, 695, 709, 722-3
A religião nos limites da simples razão 237
Crítica da faculdade do juízo 345-6, 348, 379, 457-8, 460, 463, 481, 521
Crítica da razão prática 71-2, 79, 87, 125, 345, 402
Crítica da razão pura 71, 87, 343, 346, 575-6, 584
Ideia de uma história universal com um propósito cosmopolita 433
Metafísica dos costumes 231, 242
Kepler, Johannes 658
Kierkegaard, Søren Aabye 23, 314, 676, 677-9, 681
Klages, Ludwig 678
Kleist, Heinrich von 291
Klopstock, Friedrich Gottlieb 77, 103
Kroner, Richard 50, 405, 407, 584, 681
Krug, Wilhelm Traugott 353

Lafargue, Paul 697, 719
Lamarck, Jean Baptiste Antoine Pierre de Monet de 63, 460
Laplace, Pierre Simon Marquês de 571
Lassalle, Ferdinand 356, 265, 399
Lasson, Georg 52, 74, 114, 203, 270, 493-4, 681
Lavoisier, Antoine Laurent 348
Leibniz, Gottfried Wilhelm 44
Lênin, Vladimir Iliitch 13-4, 21, 45, 47, 57, 59-60, 72, 152-3, 162, 173, 257, 264, 276, 312, 317, 372, 374-5, 381, 432, 453, 465-70, 477, 480, 487, 496, 525-6, 458-9, 677, 685, 719-21
Aus dem philosophischen Nachlaß [*Cadernos filosóficos*] 152, 257, 276, 317, 374, 381, 466, 659, 719-20

Materialismo e empiriocriticismo 72, 312, 659
Lessing, Gotthold Ephraim 44, 68-70, 75--6, 98, 355, 406, 681
Liebmann, Otto 47
Locke, John 66
Loustalot, Elisée 713
Löwith, Karl 190, 677
Lukács, György 51, 112, 162, 243, 348, 379, 457, 556, 588, 677, 700, 711, 724
  Beiträge zur Geschichte der Ästhetik [Aportes à história da estética] 51, 243, 457, 588
  Goethe und seine Zeit [Goethe e sua época] 51, 112, 243, 457, 724
  Literaturtheorien des 19. Jahrhunderts und der Marxismus [Teorias literárias do século XIX e o marxismo] 162
  Zerstörung der Vernunft [A destruição da razão] 42, 348, 379, 407, 556, 677-8
  Zur philosophischen Entwicklung des jungen Marx [Sobre o desenvolvimento filosófico do jovem Marx] 700, 711
Lutero, Martinho 102

MacCulloch, John Ramsay 539, 692
Malthus, Thomas Robert 549
Mandeville, Bernard de 66, 474, 549
Mann, Thomas 43
Maquiavel, Nicolau 105, 304, 413-4, 417--8, 420
Marat, Jean Paul 529
Marivaux, Pierre Carlet de Chamblain de 69
Marx, Karl 42-5, 47, 51, 55, 57-62, 64, 67, 107-9, 127, 146, 148, 149, 155-7, 164-6, 168, 176, 186, 192, 217, 219, 255-7, 264-5, 276, 278, 317, 343-4, 348-9, 354, 360, 383-5, 391, 396, 431, 433-4, 436-7, 449-50, 452-3, 455, 462, 464, 468, 470, 474, 476--7, 480, 486, 496, 500, 508, 510-2, 517-20, 524-7, 529, 536-7, 539, 549, 606-7, 612, 617, 626-7, 636, 640, 647, 658-9, 661, 671, 682, 684, 687, 691-2, 697, 699-715, 718-22
  A ideologia alemã 58, 61, 67, 156, 217, 464, 468, 508, 518, 606, 647, 717
  A miséria da filosofia 684
  A sagrada família 107, 169, 144, 500, 524, 699, 713-4
  Diferença entre a filosofia da natureza de Demócrito e a de Epicuro 155, 682
  Manifesto Comunista 700
  Manuscritos econômico-filosóficos 62, 65, 148, 257, 384, 431, 434, 511, 700, 702-8, 710, 715, 719
  O 18 de brumário de Luís Bonaparte 529
  O capital, Livro I 108, 383, 539, 626, 687, 697
  Teorias do mais-valia 64-5, 192, 264--5, 436, 526, 537, 692
  Teses sobre Feuerbach 59, 156, 468, 470, 508, 617, 716
  Zur Kritik der politischen Ökonomie [*Contribuição à crítica da economia política* e *Grundrisse*] 164, 396, 454, 486, 659, 672, 709
Mathiez, Albert 80, 82
Mehlis, Georg 574
Mehring, Franz 46, 186, 355, 588, 719
Meinecke, Friedrich 49, 413, 418, 479-80
Mendelssohn, Moses 68-9, 537
Mignet, François 477
Milton, John 103

Montesquieu, Charles-Louis de Secondat, barão de la Brède e de 69, 105, 117-8, 131, 369, 416, 419, 495, 574, 637

Morgan, Lewis 477, 542

Mornet, Daniel 186

Mosheim, Johann Lorenz von 70-1, 138

Münzer, Thomas 134

Musäus, Johann Karl August 103

Napoleão I da França 58, 100, 109, 168--71, 184, 220, 226, 333, 397, 400, 414-5, 477, 479, 499-500, 503-4, 513, 516, 528-9, 533, 587-91, 595, 598, 605, 631, 650-1, 653

Newton, *sir* Isaac 458

Nicolai, Friedrich 370

Nicolau de Cusa (Nikolaus Chrypffs de Cusa) 381, 721

Niethammer, Immanuel 533, 589, 591, 650, 653

Nietzsche, Friedrich 42, 417, 588

Nohl, Hermann 52, 70, 71, 74, 84-5, 90, 113, 188, 228, 232, 269, 336

Novalis (Friedrich Freiherr von Hardenberg) 349, 600

Owen, Robert 527

Paul, Jean (Jean Paul Friedrich Richter) 407

Péricles 113

Petty, *sir* William 66, 431

Platão 66, 116, 369, 425, 432

Plekhanov, Georgii Valentinovitch 46, 60, 719

Proudhon, Pierre Joseph 257

Púchkin, Alexander Sergeievitch 189, 723

Rabaut-Saint Etienne, Jean Paul 106

Ranke, Leopold von 328, 413-4, 419, 574, 607

Raynald, Guillaume Thomas François 69

Reimarus, Hermann Samuel 75

Reinhold, Karl Leonhard 350, 371-2

Ricardo, David 64, 192, 264-5, 445, 492, 527-31, 536-8, 692

Richelieu, Armand-Jean du Plessis Duque de 304, 417, 420-1, 424, 475

Rickert, Heinrich 49

Robespierre, Maximilien de 74, 77-83, 107, 111, 118, 168, 235, 344, 398-9, 422-4, 649

Rodbertus, Johann Karl 265

Rosenkranz, Karl 53, 114, 197, 210, 219, 225, 231-3, 236, 255, 257-60, 305, 357, 415, 425, 427, 555, 569, 575, 591, 599, 604

Rosenzweig, Franz 52, 100-1, 114, 221, 413-5, 419, 423, 499

Rothschild, Meyer Amschel 424

Rousseau, Jean-Jacques 69, 92, 105-6, 118, 124, 131, 136, 150, 235, 370, 574, 641

Ruge, Arnold 344

Saint-Just, Antoine de 74, 107

Saint-Simon, Claude Henri de 527

Savigny, Friedrich Karl von 602

Scharnhorst, Gerhard Johann David von 58

Schelling, Caroline 339

Schelling, Friedrich Wilhelm Joseph 42, 46-7, 53-4, 71-2, 77-8, 87-9, 93-6,

104, 111, 119, 153, 172, 180, 187, 199, 207, 231, 263, 281-2, 305, 307, 312-8, 335, 339-63, 364, 367, 369--70, 373, 375, 378-80, 382, 384-92, 411, 434, 436, 457, 459-60, 463-4, 481-4,492-4, 496, 514-6, 522, 552, 555-79, 581-2, 584-5, 608, 640, 658, 662, 679-80, 683-7, 689-91, 696, 709, 722-3
Bruno ou sobre o princípio natural e divino das coisas 557, 685
Exposição do meu sistema 351, 556
Filosofia da arte 557, 685
Filosofia e religião 362, 557, 562
Nova dedução do direito natural 93, 388
Preleções sobre o método do estudo acadêmico 411, 557, 559, 577
Profissão de fé epicurista de Heinz Widerporst 349
"Relação entre a filosofia da natureza e a filosofia em geral" 361
Sistema do idealismo transcendental 281, 312, 342-3, 347, 351-2, 556, 584
Sobre o eu como princípio da filosofia 690
Schiller, Friedrich 58, 69, 71-2, 77, 83, 112, 123-4, 128, 169, 182, 186, 196, 232-3, 239, 243, 255, 277, 291,300--1, 303-5, 348, 353, 365, 405-6, 427, 457, 546, 583, 585, 655, 699
Cartas sobre a educação estética 71, 112, 300
Os bandoleiros 405
Intriga e amor 405
Cartas filosóficas 585, 699
"Sobre a poesia ingênua e sentimental" 123
Wallenstein 182, 305
Guilherme Tell 186
Schlegel, August Wilhelm von 339, 552

Schlegel, Friedrich 339, 406, 552, 602, 676
Ateneu 339
Lucinda 406
Preleções filosóficas 602
Schleiermacher, Friedrich Ernst Daniel 177, 269, 406, 408-9, 678-9
Discursos sobre a religião 239, 376, 646
Schmidt, Erich 355
Schopenhauer, Arthur 47, 549
Schulze, Gottlob Ernst ("Sch.-Aenesidemus") 353, 369
Senior, Nassau William 537
Shakespeare, William 123,661
Simmel, Georg 405, 407, 409, 678
Sinclair, Isaak von ("Crisalin") 180
Sismondi, Jean Charles Leonard Simonde de 671
Smith, Adam 66, 192, 260-1, 264-5, 318, 420, 431, 433, 435, 442-3, 445, 447, 449, 472, 474, 482, 491, 530, 536-8, 624-5, 692
Sócrates 120-1, 134
Sófocles 103, 542
Solger, Karl Wilhelm Ferdinand 551-2, 683
Erwin 552
Spann, Othmar 330, 571
Spengler, Oswald 607
Stálin, Josef Vissarionovitch 47, 477, 496, 658, 720-1
Stein, Karls Reichsfreiherr vom und zum 58
Stendhal (Marie Henri Beyle) 591
Steuart, *sir* James Denham 53, 221, 229, 259-61, 264-5, 269, 431

Stirling, James Hutchinson 354-5
Stirner, Max (Kaspar Schmidt) 257, 700
Strauß, David Friedrich 75

Tamerlão 546, 548
Tauler, Johannes 71
Tchernichevski, Nicolai Gavrilovitch 152
Thierry, Augustin 477
Treitschke, Heinrich von 417, 479

Vico, Giovanni Battista 225, 432, 660, 697

Vischer, Friedrich Theodor 51
Volta, Alessandro 348
Voltaire, François Marie Arouet 69, 143, 222, 355, 369-70, 457, 574

Wagner, Heinrich Leopold 561
Wahl, Jean 19, 23, 677
Wieland, Christoph Martin 78, 82
Winckelmann, Johann Joachim 583
Windelband, Wilhelm 48-9
Wolff, Christian Freiherr von 454, 571
Woltzendorff, Kurt 398

Biblioteca Lukács

Coordenador José Paulo Netto
Coordenador adjunto Ronaldo Vielmi Fortes

Próximos volumes

Goethe e sua época
O realismo russo na literatura universal (Problemas do realismo II)
Existencialismo ou marxismo
Estética
Pensamento vivido. Uma autobiografia em diálogo

Volumes publicados

2010

Prolegômenos para uma ontologia do ser social
Questões de princípio para uma ontologia hoje tornada possível
  Tradução Lya Luft e Rodnei Nascimento
  Supervisão editorial Ester Vaisman
  Revisão técnica Ronaldo Vielmi Fortes
  Prefácio e notas Ester Vaisman e Ronaldo Vielmi Fortes
  Posfácio Nicolas Tertulian

2011
O romance histórico
  Tradução Rubens Enderle
  Apresentação Arlenice Almeida da Silva

2012

Lenin
Um estudo sobre a unidade de seu pensamento
    Tradução Rubens Enderle
    Apresentação e notas Miguel Vedda

Para uma ontologia do ser social I
    Tradução Carlos Nelson Coutinho, Mario Duayer e Nélio Schneider
    Revisão da tradução Nélio Schneider
    Revisão técnica Ronaldo Vielmi Fortes, com a colaboração de Ester Vaisman e Elcemir Paço Cunha
    Apresentação José Paulo Netto

2013

Para uma ontologia do ser social II
    Tradução Nélio Schneider, com a colaboração de Ivo Tonet e Ronaldo Vielmi Fortes
    Revisão técnica Ronaldo Vielmi Fortes, com a colaboração de Elcemir Paço Cunha
    Prefácio Guido Oldrini

2015

Reboquismo e dialética
Uma resposta aos críticos de História e consciência de classe
    Tradução Nélio Schneider
    Revisão técnica Ronaldo Vielmi Fortes
    Prefácio Michael Löwy
    Posfácio Nicolas Tertulian

2016

Marx e Engels como historiadores da literatura
    Tradução e notas Nélio Schneider
    Revisão técnica e notas da edição José Paulo Netto e Ronaldo Vielmi Fortes
    Prefácio Hermenegildo Bastos

Georg Wilhelm Friedrich Hegel (1770-1831) em 1810.
Gravura de Hugo Bürkner (1818-1897).

Publicado em 2018, oitenta anos após a conclusão de sua redação e setenta após o lançamento da edição original alemã, num contexto em que, então como agora, é preciso continuar combatendo as forças fascistas, este livro foi composto em Revival565 BT, corpo 10,5/14,2, e impresso em papel Avena 70 g/m² pela Rettec, em novembro, para a Boitempo, com tiragem de 3 mil exemplares.